KB106993

인생을 소요 해탈하게 하는 • **제2판**

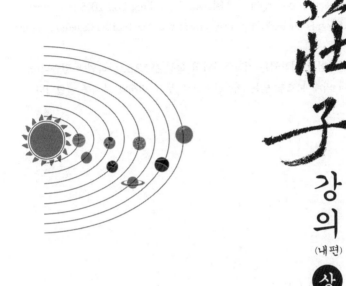

莊子
강의
(내편)
상

남회근 지음
송찬문 번역

마하연

莊子諵譁 (上)

南懷瑾 先生 講述

ⓒ 南懷瑾文化事業有限公司, 2006

Korean translation copyright ⓒ Mahayon Publishing Co., 2015
Korean edition is published by arrangement with Nan Huai Jin Culture Foundatian.

장자강의 (내편) (상)

1판 1쇄 2015년 5월 10일 | 1판 발행 2015년 5월 15일 | 1판 2쇄 2016년 6월 1일
2판 1쇄 2021년 3월 25일

지은이 남회근 강술 | 옮긴이 송찬문 | 펴낸이 송찬문 | 펴낸곳 마하연 | 등록일 2010년
2월 3일 | 등록번호 제 311-2010-000006 호 | 주소 10266 경기도 고양시 덕양구 통일
로 966번길 84-4 | 전화번호 010-3360-0751 | 이메일 youmasong@naver.com
다음카페 홍남서원 http: //cafe.daum.net/youmawon

ISBN 979-11-85844-02-2   004150

출판설명

(1)

이 책의 출판은 그 과정이 상당히 구불구불 복잡했습니다. 지금으로부터 20여 년 전 1981년 가을에 남회근 선생님께서 『장자』를 대북의 십방(十方)서원에서 강해하셨습니다. 수 년 뒤에 당시 청중 가운데 원관(圓觀)스님과 영회(永會)스님께서 강해 녹음테이프를 들으며 문자로 기록했습니다. 뒤이어 편자는 문자 정리 작업을 시작했으나 첫 편만 완성하고는 사정 때문에 잠시 멈추고, 다른 사람이 무거운 책임을 짊어주기를 바랐습니다.

그로부터 시간이 흘러 6,7년 전에 갑자기 대륙에서 간체자 본이 출현했는데, 책 이름이 『남회근선생강장자청기(南懷瑾先生講莊子聽記)』였습니다. 그 책의 내용 문자는 녹음 효과와 언어장애 등 여러 가지 요소 때문에 중요한 부분에서 의미가 틀리거나 편차가 있었습니다. 게다가 정리 작업을 한 사람이 많은 부분에서 중복해서 조합 편집했기 때문에 읽어보면 전체적으로 가지런하고 편리하지만 원래의 의미와 정신은 오히려 모르는 사이에 유실되어버렸습니다.

이런 이유로 노고(老古)출판사는 독자들이 올바르게 시청(視聽)하도록 서둘러서 강의 기록을 정리할 계획을 했습니다. 먼저 굉인(宏忍) 비구니 스님께서 적극적으로 통합 추진했습니다. 대만·홍콩·싱가포르·상해 등지의 도반 여러 사람을 초대하여 2005년 9월 사이에 소주(蘇州) 묘항(廟港)의 '정명난야(淨名蘭若) 농과(農科)'에서 함께 모여 공동 협력 작업을 했습니다. 그렇게 3개월의 시간을 들여 마침내 초보적인 문자정리를 완성했습니다. 그리고 가장 중요한 것은 뒤에 남선생님의 지시를 받아 많은 부분을 다시 수정(修整)하였습니다.

(2)

남선생님의 수십 년 동안의 강의를 살펴보면, 의미를 명백하게 주장하고 충분히 설명하여 나타내는 것을 중요시하지, 중요하지 않은 사소한 부분에 대해서는 지나치게 따지지 않습니다. 강의가 여러 종류의 학식과 수양에 관련되고 가없이 넓기 때문에 문자 정리 작업이 아주 쉽지 않습니다. 도반들이 비록 힘써서 하지만 오랜 세월이 지나고 시일이 걸림을 면하기 어렵습니다. 그 때문에 늘 독자들의 불만을 불러일으키거나, 법을 위반하면서 엮고 인쇄 발행 판매하는 일조차도 나타납니다.

얼마 전에, 『화우만천유마설법(花雨滿天維摩說法)』(유마경 강의/역주)이 출판된 뒤 독자가 팩스로 보내온 편지에서 이렇게 원망했습니다. "남선생님이 20여 년 전에 강의한 것을 당신들은 지금에야 출판하다니 이 책을 보고 싶었던 사람은 이미 열반해 버렸겠소..." 독자 대중들의 열성과 관심 때문에 강의 기록 정리 작업을 더욱 신중하고 엄밀하게 해야만 합니다. 글은 사상을 표현하는 것[文以載道]이므로 만약 잘못된 내용이 세상에 널리 퍼지면 독자와 문화에 대하여 오히려 부정적인 영향을 끼치기 때문입니다.

『장자』강의기록을 대륙에서 멋대로 정리 인쇄 발행한 일에 대해 말해본다면, 그 동기에는 아마도 대중들과 함께 누리고 싶다는 좋은 뜻이 있었겠지만, 경솔하게 작성함으로써 타인의 권익을 경시했고, 원 강의자에 대하여 존중했다 할 것이 조금도 없었습니다. 이런 갖가지 일들이 모두 세상 법에서 용납이 안 되는 것인데, 하물며 그 인과응보의 환난(患難)이야 더더욱 말할 나위가 있겠습니까!

이와 유사한 사건이 아직도 많이 일어납니다. 특히 남선생님이 강의한『종경록(宗鏡錄)』을 대륙에서 허락을 받지 않고 인쇄 발행한 일은 더욱 엄중합니다. 내용의 많은 부분들이 원래의 의미에서 벗어났기 때문에 아직은 자세히 수정해야 합니다. 그래서 남선생님은 아직까지 대만에서의 출판을 허락하지 않고 있습니다. 그런데 공교롭게도 대륙에서 부처님을 배운다고 자칭하는 인사들이 의외로 법을 어기고 인과응보를 이와 같이 소홀히 여기다니 슬프고 탄식할 일입니다!

(3)

『장자』라는 책은『사고전서(四庫全書)』에서 도가로 분류합니다. 뿐만 아니라 도교에서는 이를 수행 근거로서『남화경(南華經)』이라고 받들어 왔습니다. 그러나 천고 이래로 식견 있는 선비는 모두, 그것이 제자백가에서 중요한 지위를 차지하고, 그 내용이 세간과 출세간의 모든 관념 법칙과 실제의 심신수양의 도리를 포괄하고 있다고 보았기 때문에, 중화문화의 가장 위대한 불후의 저작으로 보았습니다. 더욱이 미국의 1977년도 노벨 화학상 수상자인 일리야 프리고진(Ilya Prigojine)은 1970년대에 일어난 물리학계의 중대한 카오스 이론이 장자의 혼돈설과 서로 꼭 부합한다는 등등의 말을 스스로 했습니다. 서양의 최신 과학인 카오스 이론은 뒷날 계속 발전하여 중국문화에 대한 새로운 평가와 새로운 관점을 낳았습니다. 그러므로『장자』가 중요시되고 있는 그 일단을 엿볼 수 있습니다.『장자』는 비록 긴긴 세월을 지나며 시간과 공간이 바뀌었더라도 그것이 말한 바는 시종 우뚝 서서 움직이지 않았습니다.

그러나 장자의 문장 기세가 얼마나 절묘하고 고상하고 우아하던 간에 현대인의 입장에서 보면 여전히 글이 까다롭고 어려워 이해하기 어렵고 그 높이와 깊이를 헤아릴 수 없습니다. 근대에 많은 학자들의 관련 주해나 구어체 번역이나 주석들을 참고로 보면 대부분 문자적인 해석이거나 다른 사람들의 주해를 모아 놓은 것일 뿐, 일반 독자들의 입장에서 보면 사실 그로부터 이익을 얻기가 어렵습니다.

게다가 문학가나 철학자는 세간법 해설을 위주로 하기 때문에 출세간의 도리를 이해하기 어렵습니다. 그리고 또 다른 방면의 전문가들은 출세간 부분의 연구를 위주로 하기 때문에 그 양쪽을 다 겸비한 사람은 아주 드뭅니다.

(4)

지금의 남회근 선생님은 청년 시기에 이미 제자백가의 학문을 두루 연구했고, 30대에는 불경과 도가의 법술에 깊이 들어가 여러 해에 걸쳐서 몸소 힘써 실제 수증(修證)하였습니다. 그러므로 『장자』를 강해함에 있어 경사자집(經史子集) 가운데서 노닐면서, 출세간이든 입세간이든 그 정수(精髓)를 이루고 있는 의미를 평론 비교하고, 정면으로 말하기도 하고 반면으로 말하기도 합니다. 더더구나 『장자』가 선종과 도가에 들어가고 나오는 의미를 제시하고 있습니다. 뿐만 아니라 통속적인 말로써 깊은 내용을 쉽게 풀어내어 독자 청중을 위하여 문을 열어주고 있습니다. 남선생님의 강의가 따로 일가의 풍격을 갖추었다고 일컫더라도 과분하게 칭찬하는 말이 응당 되지 않을 것 같습니다.

게다가 남선생님의 강의 특징은 작은 부분에 구애받지 않고 훈고(訓詁)를 중시하지 않기 때문에 학술 면에서 정확함[精確]이 부족하다는 비평을 늘 받습니다. 대체로 남선생님이 집중하는 곳은 주요 취지[宗旨]와 대의(大義)일 뿐입니다. 『서상기(西廂記)』이든 『홍루몽(紅樓夢)』이든 말하는 사람이 손숙오(孫叔敖)여도 되고 다른 사람이어도 됩니다. 오직 말하는 내용이 중요합니다. 그러기에 식자들 중에는 결점보다는 장점이 많다고 말하는 자도 있습니다.

이와 같은 일들 일체(一切)에 대하여, 남선생님은 남들이 자기를 소라고 부르던 말이라고 부르던 개의치 않는다는 입장입니다. 그러나 문자 정리작업 입장에서 보면 우리들은 반드시 깊이 자기를 검토하고 고쳐나감으로써 독자들의 기대를 저버려서는 안 됩니다.

그밖에 특별히 독자들에게 설명해야 할 것은, 이 책의 내용 중 여러 부분의 강해가 앞뒤가 다른 곳이 있는 듯하여, 남선생님에게 풀이를 해달라고 했지만 시종일관 원래 의미를 유지하였다는 점입니다. 여기에서 특별히 독자들에게 말씀드리는데, 한쪽만 단단히 붙들어 줄 필요는 없습니다. 뒷날 응당 따로 해득[悟解]이 있을 것입니다. 그렇지 않으면 그냥 한번 웃고 말아도 됩니다.

게다가 남선생님의 강의 방식은 두루 분석하고 강해하고 비유하지만 결론을 내리지 않는 선종 교육법과 같습니다. 결론을 내리지 않고 남겨두어 청중으로 하여금 이해하고난 뒤에 스스로 결론을 짓도록 하는 것이야말로 진정한 해득입니다. 남선생님이 일부러 한수 남겨 놓고는 독자에게 설명하지 않는 것으로 오인하는 독자가 있을 것 같기에 여기서도 특별히 독자에게 말씀드립니다.

본서의 제목에 대해서 여러 곳에서 건의가 있었습니다. 그러나 남선생님의 일생의 특성은 본디 학자로서 자부하지 않고, 더욱이나 자기가 강의한 저작을 중시하기를 좋아하지 않습니다. 뿐만 아니라 과거 수십 년 동안의 강의가 책으로 만들어질 때 마다 책의 제목을 겸양(謙讓)하게 했습니다. 예컨대 논어강의는 『논어별재(論語別裁)』, 맹자강의는 『맹자방통(孟子旁通)』, 노자강의는 『노자타

설(老子他說)』이라고 했는데, 모두 다 학술의 정통에 들어가지 못하고 그저 주변의 비전문가의 말일 뿐임을 표시한 것입니다. 그래서 이 책에 대해서도 특별히 '『장자남화(莊子諵譁)』'라고 이름을 지었는데, 남선생님께 그 원래 의미를 물어봤더니 '혼자 중얼거려 본 것일 뿐이다!'는 뜻이라고 말하셨습니다.

(5)

이번 작업에 참가 협조한 친구들로는 첫째로 굉인 스님이 컴퓨터로 원고를 고치느라 가장 수고하였습니다. 장진용(張振熔) 선생은 주요 자료의 조사 검증을 맡았고, 친증(親證) 비구니와 염위연(閻瑋燕) 여사는 원래의 강의 녹음을 다시 청취하며 대조했습니다. 그밖에 이소미(李素美) 거사는 세심하게 오류를 교정했고 허강(許江) 선생과 미쓰 남영영(南榮榮) · 마굉달(馬宏達) · 사복지(謝福枝) · 사금양(謝錦揚) · 구양철(歐陽哲) 등 여러 선생들과 도반들은 타자를 하거나 자료를 찾거나 교정 대조하면서 모두 열심히 참여했습니다. 이 책의 인쇄 발행에 즈음하여 각 분들에게 최고의 감사 말씀을 드립니다.

본서가 채택하여 사용한 『장자』 원문은 중화서국(中華書局) 판본입니다. 책속의 문장부호를 찍는 데는 왕재귀(王財貴) 선생이 편찬 수정한 『노자장자선(老子莊子選)』을 참고하였습니다.

그리고 책속의 소제목들은 편자가 더하였습니다.

2006년 2월 대북에서
유우홍(劉雨虹) 쓰다

역자의 말

천하의 기서(奇書) 장자 코끼리 만지기 주해서들

우리는 흔히 말하기를 '아는 만큼 보이고, 보는 만큼 안다'고 합니다. 우리가 일상적으로 접촉하는 사람이나 물건이나 일 등도 자기의 지식, 견해, 경험, 이해관계, 지혜의 폭과 깊이에 따라 다르게 알고 봅니다. 하물며 옛날부터 천하의 기서(奇書)요 난해(難解)하기로 유명한『장자』라는 고전은 더 말할 나위가 없습니다. 이로써 미루어보면, 고금중외(古今中外)의 그렇게 많은『장자』주해서들에 대해 우리가 한마디로 서평을 한다면 그 대부분은 아마 '중맹모상(衆盲摸象)'이라는 네 글자일지도 모릅니다.

저는『장자』를 십대 후반에 처음 읽었는데 시골 바로 이웃집 친구에게 빌려 본 것이었습니다. 송지영(宋志英) 역해 동서문화사 출판본『장자』였습니다. 아직 철모르는 소년이 장자의 심오한 사상이야 어찌 이해하리요만은 나오는 이야기들이 너무나 재미있어 연거푸 세 번이나 다 읽었습니다. 그 뒤에도 출판된 몇 종의 번역본들을 읽어보았습니다. 장자를 이해하려는 노력들은 아름답지만 역시 '중맹모상'이라는 느낌이 들었습니다. 그런데 남회근 선생이 강술한『장자남화(莊子諵譁)』가 2006년 4월에 초판이 나왔습니다. 저는 곧바로 중국서점을 통해 구입하여 읽었습니다. 선생의 강의는『논어별재』가 그렇듯이 참으로 탁월한 이해요 해석이었습니다. 일생동안 동서양의 철학과 종교를 깊게 연구하고 종통(宗通)과 설통(說通)을 겸비한 일대(一代)의 종사(宗師)의 강해는 역시 '아는 만

큼 보이고, 보는 만큼 안다'는 말이 저절로 떠올랐습니다. 선생은
『장자』의 이해와 해석에 새로운 지평을 열었다고 말할 수 있을 것
입니다. 문자적인 해석이거나 다른 사람들의 주해를 모아 놓은 것
이 아니라, 선생 자신이 통철(通徹)한 장자 사상의 논리로써 『장자
』내7편을 일이관지(一以貫之)하고 있기 때문입니다.

남회근 선생이 장자를 꿰뚫다

　독자들의 책 읽기 안내를 위하여 선생의 해석 입장과 중요한 개
념에 대한 설명을 본문에서 몇 단락 뽑아 소개합니다.

　『장자』를 연구하면서 각 가(家)의 주해를 사용할 방법이 없습니
다. 적어도 저의 재간이 부족하고 학문이 부족하기 때문입니다. 저
는 오직 후대의 불학(佛學)으로써 해석하는 것만이 비교적 이해하
기에 쉽다고 생각합니다. 그러나 불학에 대하여 진정으로 이해가
있어야 합니다.
　실제로 『장자』내7편은 서로 연관된 것입니다. 이는 제가 『논어
별재(論語別裁)』에서 『논어』20편은 연관된 것이라고 말함과 같습
니다.
　평소에 『장자』를 연구하면서 가장 골치 아프고 문제가 가장 복
잡한 곳이 바로 제물론(齊物論) 편입니다. 그리고 장자 문장의 사고
맥락이 가장 '기세가 웅장 성대하면서도, 정신이 멍해지고 흐릿한
것[汪洋博大, 淌恍迷離]'도 바로 이 편입니다. 이 말은 장자에 대한
옛사람의 비평인데, 사실은 조금도 흐릿하지 않고 조리가 아주 분
명합니다.

장자의 문장은 너무나 아름답습니다. 읽어보면 이 말 한 마디 툭 하고 저 말 한마디 툭 합니다. 만약 전편의 논리를 분명히 알게 되면 그것은 대단히 조리가 있습니다. 그는 빙빙 돌려 말하기도 하고, 기뻐 웃기도 하고, 성내 욕하기도 하며, 정면으로 또는 반면으로 말합니다.

중국 도가인 노자가 말하는 '자연(自然)'이란 인도철학에서의 자연이 아니요 서양철학에서의 자연도 아닙니다. 서양 학문에서 말하는 자연은 물리세계를 가리키는 것인데, 질(質)이 있고 형상[象]이 있는 것을 가리키는 것으로 바로 우리가 말하는 자연과학과 같습니다. 또 하나는 인도의 자연외도(自然外道)입니다. 그 자연도 역시 물리세계의 자연이 아니라 생명의 자연을 말하는 것입니다. 추구하지 말고 그대로 그냥 내맡겨두어 흘러가는 구름이나 물처럼 모든 것을 그 자연스러움에 맡기는 것입니다. 인도의 이 철학사상의 자연교파(自然敎派)는 하나의 주재자가 있고 생명이 있는 그런 이론관념세계의 자연으로 변해버렸습니다. 다시 중국 도가에서 말하는 자연을 살펴보면, 물리세계인 자연도 개괄했다고 할 수 있고 인도철학에서의 자연도 개괄했다고 할 수 있습니다. 그것의 부호가 바로 도(道)인데, 공자가 『역경(易經)』에서 그 의미를 확대한 형이상의 도인, 이 본체의 힘이기도 합니다.

그러므로 우리가 중국 도가에서 말하는 자연의 개념을 살펴보면 서양과 인도철학에서의 개념과 다른 것이니 절대 구분해야지 같은 것으로 말해서는 안 됩니다. 우리들이 후대에 번역한 물리화학 등의 학과는 통틀어 자연과학이라고 말하는데, 고대의 자연이라는 이 명사를 차용한 것일 뿐입니다. 다들 흔히 본말이 도치되어 옛 고서에 나오는 자연을 자연과학의 자연으로 여기고 있습니다.

일체의 만유생명은 모두 자연스러운 변화이며, 만물과 생명, 사람의 신체와 심리는 모두 자연스럽게 변화과정 중에 있다는 것입니다. 이른바 '조물(造物)'과 또 하나의 명사인 '조화(造化)'도 장자가 말한 것입니다. '조물'이란, 우주 사이에는 한 가지 기능이 있고 한 가지 힘이 있어서 만물을 창조할 수 있음을 말합니다. 종교가들이 말하는 인격화된 어떤 것이 아닙니다. 인격화된 어떤 것이거나 고정적으로 형체화 된 하나의 전능한 어떤 것이 아닙니다. 이 기능은 '할 수 있다[能]', '할 수 없다[不能]'고 말할 것이 없습니다. 그래서 조물이라고 명칭을 하나 지었습니다. 그것은 만물을 창조하고 만물은 자연스럽게 모두 변화 속에 있습니다.

『장자』에서 말하는 생명과 관계되는 도리와 우언(寓言) 비유(比喩) 가운데서 대단히 중요한 중심점이 하나 있는데, 여러분들은 소홀히 하지 말기 바랍니다. 그것은 바로 사람이 도(道)를 안다면 비록 자연스러운 변화 속에 있으면서도 스스로 우주의 주인이 되어 자기의 생명을 주재할 수 있다는 것입니다. 이게 바로 생명의 승화(昇華)입니다. 이러한 사람을 진인(眞人)이라고 부릅니다. 진인은 천체 상의 해와 달을 손에 가지고 있어 마치 새알처럼 가지고 논다고 말할 수 있습니다. 이 진인은 우주보다도 더 위대하며 견줄만한 생명의 기능이 있습니다.

『장자』의 내7편 내용은 겉으로 보면 모두 어떻게 해탈하고 그 자연스러움에 따른다는 것입니다. 그러나 자연 법칙에 위반하는 것으로서 이 변화를 따라가지 않고 이 변화를 초월할 수 있는 것이 하나 있습니다. 오직 도(道)를 아는 사람만이 그렇게 할 수 있습니다. 이거야말로 중심의 중점입니다. 우리가 『장자』를 읽을 때 왕왕이 자연스러운 변화와, 아름다우면서도 유머적이며 재미있는 문자에 빠져버려 그 사이에 자기 뜻대로 할 수 있는 것이 하나 있다는 것을 잊어버립니다. 대개 『장자』를 연구하는 사람들은, 심지어 장자를 좋아하는 우리 같은 사람들도 제 경험에서 보면, 고금 이래의 각종의 주해는 대부분 그저 '소요해탈(逍遙解脫) 순기자연(順其自然)'이라는 이 일면에만 주의를 기울이고, 역행수도(逆行修道)하여 생명을 주재한다는 이 일면은 소홀히 했습니다.

그러나 우리는 유의해야합니다! 중국의 아주 먼 상고 시대의 이런 신화를 통해서 우리들의 문화중심은 시종일관 사람의 생명 가치를 두 개의 단계까지 끌어올린다는 사실을 증명했습니다. 그 하나는 입세(入世)의 성인입니다. 또 하나는 세상에 들어가 성공한 다음에 공로가 이루어지고 난 다음에 몸이 물러나 다시 인간세상을 벗어나는 출세(出世)의 성인이 되는 것입니다. 이것이 중국문화의 총결론인데, 장자는 신화(神化)의 요점을 모두 가리켜보였습니다. 생명마다 모두 신화(神化)의 기능이 있지만 안타깝게도 우리들 자신들의 지혜가 부족하여 이 기능을 상실해버렸습니다.

우리가 알듯이 장자를 읽고 난 뒤에 사람은 두 가지 것에서 벗어나지 않습니다. 하나는 지각(知覺)이요 하나는 감각(感覺)입니다. 우리들의 지각 생각이 최고처에 이르고 완전히 고요해지면 모르는 게 없는 속에서 실제로는 무지(無知)인 것 같습니다. 그게 최고의 경계입니다.

장자는 지(知)와 부지(不知)의 중요함을 말하는데, 이 강령을 먼저 파악해야 합니다. 다시 말해, 인류의 지식은 학문이라 할 수 없습니다. 우리들에게는 하나의 대 학문이 있는데 바로 '알지 못하는 바가 없는[無所不知]' 그 도체, 즉 우리들 생명의 근원입니다. 자신이 일생을 살면서 생명의 근원조차도 모르니 헛되게 사람 노릇 한 겁니다. 그러므로 몹시 가련합니다. 장자의 관념은 자기 생명의 본원(本源)을 인식해야 진인(眞人)이라 할 수 있다는 것입니다

이 책은 남회근 선생이 강술한 『장자남화』(상,하)를 완역한 것입니다. 역자가 2009년 1월부터 매주 1회 3시간 씩 여러 학우님들과 서울 인사동(仁寺洞) 모처에서 강독을 시작하였습니다. 그렇게 강독하여 오다 2010년 7월초 제가 뜻 밖에 큰 병을 얻어 부득이 원서의 제6편 대종사(大宗師) 앞부분에서 중지하였습니다. 그때 함께 공부하였던 분들은 성원경(成元慶)·황규진(黃圭珍)·김상훈(金尙勳)·권오향(權五香)·전은숙(田銀淑)·최석화(崔錫花)·정재희(鄭在熙)·이용우(李龍雨)·송효석(宋孝錫) 님 이었습니다. 그 후 저는 1년 반 동안의 요양으로 건강을 많이 회복하고 그 나머지를 구두 번역 녹음 하였습니다. 이 모든 녹음테이프들은 정창숙(鄭昶淑) 님이 컴퓨터로 청취하여 문자로 기록하였습니다. 그리고 저는 출판을 위해 2014년 가을부터 번역 원고를 검토 손질하기 시작하여 미흡하나마 이제 마쳤습니다. 강독 학우님들과 정창숙님에게 진심으로 감사드립니다.

저는 천근의 짐을 쿵! 내려놓으면서, 독자들이 이 장자 강의를 읽고 흉금이 높이 날고 넓어지고, 마침내는 무하유지향(無何有之鄉)에 노닐기를 바랍니다.

2015년 5월 2일
신평리 심적재(深寂齋)에서
송찬문(宋燦文) 씀니다

차 례

일러두기

1. 이 책은 대만의 노고문화사업주식회사(老古文化事業股分有限公司)가 발행한 2006년4월 대만 초판1쇄본의『장자남화(莊子諵譁)』(상,하)를 완역한 것입니다.

2. 장자 원문의 풀이는 저자의 해석을 반영함을 원칙으로 하였으며 예스러운 표현을 가능한 살렸습니다.

3. 번역 저본에 나오는 중국어 인명과 지명 책이름 등의 고유명사는 중국식 발음으로 표기하지 않고 우리식 한자 발음으로 표기하였습니다.

3. 이 장자강의는 내7편 중 소요유, 제물론, 양생주, 인간세 편을 상권으로, 덕충부, 대종사, 응제왕 편을 하권으로 나누어져 있습니다.

4. 이 장자강의는 저자가 1981년에 대만에서 행한 것으로 강의에서 언급하고 있는 화폐단위나 국제사정은 당시의 시대 상황입니다.

5. 독자의 이해를 돕기 위해 주석을 달거나 보충하였을 경우에는 '역주' 또는 '역자보충'이라 표시하였습니다. 모르는 용어나 내용은 사전이나 관련 서적 등을 참고하고 특히 남회근 선생의 다른 저작들도 읽어보기 바랍니다. 선생의 저작들은 전체적으로 서로 보완 관계에 있기 때문입니다.

강의를 시작하며

『노자』와『장자』이 두 권의 책에 관하여 전체 중국문화 체계에
서 차지하는 분량은 대단히 무겁습니다. 뿐만 아니라 이 두 권의
책을 잘 아는 사람들도 많습니다. 역대이래의『장자』에 대한 주해
는 더더구나 하나하나 열거할 수 없을 정도입니다. 하지만 관점과
해석은 저마다 다릅니다. 이제 우리가 새롭게 다시 연구하면서, 먼
저 중국 문화 역사상『장자』의 위치와 그것이 차지하는 분량을 특
별히 제시하여 먼저 설명하고자 합니다.

우리가 다들 알듯이 전국(戰國) 시대에 소위 제자백가의 학술사
상은 대단히 활기차게 발달했습니다. 두 인물이 그 대표인데, 춘추
(春秋) 시대 말기에는 공자(孔子)였고 전국 시대에 이르러서는 맹자
(孟子)였습니다. 당시의 중국은 천하가 크게 혼란하였습니다. 춘추
전국 시대는 앞뒤로 3~4백 년 동안이나 오래도록 어지러웠습니다.
이때는 우리의 역사상 가장 혼란한 시기였습니다. 그러나 학술 방
면에서만은 오히려 가장 발달한 시기였습니다. 하지만 청년 학우
들이 분명히 해야 할 개념이 하나 있습니다. 이른바 학술사상이 가
장 발달했다는 것은 학술사상이 가장 자유로웠다는 말이 아니라,
그 시대에는 자유롭니 자유롭지 못하니 할 것이 없었습니다, 각종
사상이 활기차게 자유롭게 발전했다는 것입니다.

춘추전국 시대에는 문화와 문자가 완전히 통일되지는 않았습니
다. 특히 정치체제가 형성한 제후들은 각기 한 지역을 제패하고 학

술사상의 불일치를 가져왔습니다. 그러나 부인할 수 없는 것은, 이 것이 여전히 하나의 중국문화 계통의 학술사상에 속한다는 점입니다.

남을 위할 것인가 자기를 위할 것인가를 다투다

우리가 『장자』를 보면 『맹자(孟子)』를 연상할 수 있습니다. 『맹자』라는 책에서는 『장자』를 비평 공격한 적이 없습니다. 그러나 맹자는 묵자(墨子)와 양자(楊子)를 상당히 비판합니다. 이 두 사람은 모두 도가에 속하는 인물입니다. 묵자는 천하를 이롭게 하기 위하여 온 몸이 다 닳도록 수고할 것을 주장했습니다. 즉, 자기는 없고 오직 세상을 구제하고 사람들 구제만 하는 것입니다. 천하를 이롭게 하기 위하여 머리 꼭대기서부터 발바닥까지 모두 희생할 수 있습니다. 그래서 묵자는 현인(賢人)정치를 주장했습니다. 양주(楊朱) 사상은 묵자와는 반대였습니다. 양주는 철저한 개인 자유주의자였습니다. 한 터럭을 뽑아서 천하를 이롭게 할 수 있더라도 하지 않는다는 겁니다. 왜 그렇게 하지 않을까요? 왜냐하면 사람마다 자기 스스로 자존(自尊)해야 하기 때문입니다. 나는 터럭 하나를 뽑아서 당신을 이롭게 할 수 없다. 그러나 나도 당신의 몸에서 터럭 하나를 뽑아서 나를 이롭게 할 생각이 없다. 사람마다 스스로 자기를 관리하면 된다는 겁니다.

이 두 사람의 사상은 하나는 절대적으로 무아위공(無我爲公), 자기를 잊고 타인만을 위하는 것입니다. 또 하나는 절대적으로 자기만을 위하는 개인주의요 자유주의입니다. 이것은 철학사상에 속하는 큰 문제입니다. 사실은 천지간의 사람들 중에는 절대적인 대공(大公)까지 실천할 수 있는 사람은 하나도 없습니다. 예를 들어 말하면, 우리는 지금 이 11층에 있는데, 우리가 관심을 갖고 돌보는 사람은 이 11층에 있는 우리 자기의 사람들입니다. 같은 건물의 아래층에 있는 사람들이 무엇을 하든 우리들은 상관하지 않습니다. 돌볼 방법도 없습니다. 그러므로 이 '공(公)'이란 이 11층의 범위 속에 있을 뿐입니다. 만약 조금 확충하면 대북시까지는 돌보지만 대만 전체를 돌볼 길은 없습니다. 대만 전체를 돌볼 수 있다고 해도 세계 전체를 돌볼 길은 없습니다. 그러므로 '공(公)'이란 모두 비교적인 것입니다. 절대적으로 공(公)만을 위한다[絶對爲公]고 말하고자 하면, 그런 이념이 있다고 말할 수 있을 뿐 그런 사실은 아주 적습니다.

그와는 반대로, 만약 양자(楊子)의 노선을 걸어가 절대적으로 개인만을 위한다면[絶對爲私] 좋을까요? 역시 불가능합니다. 왜냐하면 천하에는 절대적으로 자기만을 위할 수 있는 사람이 하나도 없기 때문입니다. 내 것을 당신은 건드리지 말아, 당신 것을 나도 가져가지 않을 테니. 이렇게 할 수 없습니다. 내 것은 당신이 건드려서는 안 돼. 그렇지만 당신 것은 바로 내 것이야 라고 말한다면 오히려 적지 않은 사람이 그러기를 원합니다. 그러므로 절대적으로 자기가 자기만을 위하여 한다는 것도 불가능합니다. 맹자가 비평 공격한 이 두 사람은 바로 이 두 가지 점을 얘기한 겁니다.

맹자가 대표하는 유가사상의 '공(公)을 위한다'는 이해할 수 있는 것입니다. 그것은 적당히 개인의 자아와 자기의 사사로움을 조금 보류하고 중간적인 노선을 걸어가는 것으로 중용(中庸)의 도에 속합니다. 오직 그렇게 해야 만이 사회가 비로소 안정될 수 있다고 봅니다. 맹자는 그의 저작에서 묵자와 양자를 비평하지만 장자를 비평하지 않았습니다. 그래서 장자는 묵자의 후대 사람이거나 맹자가 장자 이전 사람이라고 보는 사람이 있습니다. 이것은 역사학술적인 고증 범위에 속하는 것이므로 깊이 파고들어가지 않겠습니다. 하지만 우리가 확정할 수 있는 한 가지 점은, 공자와 맹자의 문화사상은 바로 주(周)왕조의 문화를 대표하며, 제(齊)나라 노(魯)나라 계통이라는 겁니다. 특히 노나라 계통이며 북방 계통의 문화사상이라고 말해야합니다.

온유돈후(溫柔敦厚)와 공령쇄탈(空靈灑脫)

우리 중국인은 다들 『사서(四書)』를 읽었습니다. 좋은 문장을 쓰기 위해서는 반드시 『맹자』를 외어야 했고. 더욱이 『장자』를 외워야 했습니다. 소동파(蘇東坡)는 좋은 문장을 쓰려면 『맹자』와 『장자』, 사마천(司馬遷)의 『사기(史記)』 이 세 부의 책을 반드시 줄줄 외워야 대 문장가가 될 수 있다고 말한 적이 있습니다. 『사서』의 문장과 그 문학적 경지는 『노자』 『장자』와는 다릅니다. 공자의 문장과 맹자의 저작은 돈후(敦厚: 푼더분하다. 후더분하다. 인정이 많고 후하다. 성실하고 친절하다. 온유돈후는 부드럽고 인정이 깊다는 뜻임/역주)하고 근엄하며 또한 풍류적[風流]입니다. 이 풍류적이다는 말을 잘못 알지 말기 바랍니다. 낭만적이다는 말이 아닙니다! 『노자』와 『장자』는 남방의 사상을 대표하고 초나라 문화입니다. 그 문학적 경지는 공령(空靈: 변화가 많아 포착하기 힘들다. 시문이 생동적으로 쓰여 진부하지 않다/역주)하고 시원스럽습니다. 후세에는 도가를 대표한다고 보았습니다. 중국의 이른바 도가사상은 유가사상과도 판연히 차이가 있습니다.

노장(老莊) 이후에 이른바 남방 초나라는 중국 문학에서 지극히 훌륭한 명성을 지니고 있습니다. 대표적인 작품이 굴원(屈原)의 『이소(離騷)』와 『초사(楚辭)』 등 입니다. 이런 부류의 문장들은 노장과 동일한 계통입니다. 그래서 문장의 기세가 북방 계통과는 다릅니다. 겉으로 보면 정신병자가 말한 것 같아서 이 말 한 마디 툭 던지고 저 말 한마디 툭 던집니다. 마치 『장자·제물론(齊物論)』편에서 말하는 '취(吹)'와 같은데, 이 어휘는 장자가 맨 처음 쓰기 시작한 겁니다. '취'라고 말하지만 그가 허풍 치는 것은 대단히 맛이 있습니다. 천고이래로 중국의 대 문학가 대 사상가들은 겉으로는 다들 『노자』와 『장자』를 욕했지만 실제로는 저마다의 문장이 모두 남몰래 그들을 배우고 있었습니다. 오직 청나라 왕조 때 문학 사상가이자 괴짜였던 김성탄(金聖嘆)이야말로 공개적으로 제기하고 떠받들어 『장자』를 그의 육재자서(六才子書) 속에 열거하여 넣었습니다. 『장자』『사기』『이소』『수호전(水滸傳)』『두보율시(杜甫律詩)』『서상기(西廂記)』가 그것입니다. 그는 이게 중국의 여섯 분 대 재자들의 저작이라고 보았습니다. 만약 육재자서를 이해한다면 모든 문장의 기교를 다 배워버린 것 이라고 했는데, 이 견해도 아주 일리가 있습니다.

우리 이제 본론으로 돌아갑시다. 『장자』의 문장 사상은 그토록 가없이 넓고 큽니다. 그렇지만 당시에 정통 문화로 보았던 것은 제(齊)나라 노(魯)나라 문화였습니다. 하지만 『맹자』에서는 공자를 아주 드물게 언급했지만 『장자』 책 가운데서는 오히려 공자를 언급한 곳이 많습니다. 겉으로 보면 장자는 공자를 꾸짖고 있는 것 같지만 실제로는 정직하고 진실하게 공자를 몹시 받들어 올리고 있습니다. 이 점을 이해하기 위해서는 문학적 기교를 이해해야 합니다.

『장자』라는 책은 우리가 알듯이 도가를 대표할 뿐만 아니라, 중국 수천 년의 문화와 지식인들에게 영향을 미쳤습니다. 그 속에 내재하는 시원스러움과 말하고 있는 인생의 경지는 동한에서부터 남북조시대에 이르기까지 3~4백년간의 특수한 문화사상의 경지를 형성했습니다. 더욱 재미있는 것은 지금에 이르기까지 우리들은 여전히 그것의 큰 영향을 받고 있다는 점입니다.

침착하고 시원스러웠던 사람들

예를 들어 말하면, 동한(東漢) 말기의 삼국 시대에 당시 촉(蜀)나라의 제갈량(諸葛亮)은 문무를 겸비하여 전방에 나가면 장수요 조정에 들어오면 재상이었습니다. 그러나 역사에서의 묘사든 공연연기에서든 간에 그는 군복을 입은 적이 없었습니다. 한결같이 긴두루마기를 입고 머리에는 소요건(逍遙巾)을 하나 묶고 있습니다. 이것은 명사 풍[名士派] 서생의 상징입니다. 그는 손에 거위 털 부채를 하나 들고 유유자적하게 노니는 모습입니다. 이것은 우리가 역사상 빚은 한 인물인데 대단히 아름답습니다. 전방에서 전쟁을 할 때 제갈량은 한 사람이 밀고 있는 수레에 앉아 있습니다. 사천(四川)에 가 본적이 있는 사람은 다 아는데, 그런 수레를 사천 사람들은 계공거(鷄公車)라고 부릅니다. 바퀴 하나짜리 수레인데, 밀 때 찌그덕찌그덕 소리가 납니다. 제갈량은 수레에 앉아서 부채를 흔들면서 부대의 전쟁을 지휘합니다. 두보(杜甫)는 시속에서 그를 이렇게 묘사했습니다. '천추만고 저 하늘 구름위의 봉새 같네[萬古雲霄一羽毛]', 풍채가 지극히 시원스럽고 고상했습니다. 이 수 백 년 동안의 상황을 자세히 연구해보면, 정치·군사·사회·교육이 모두 다 이런 기풍이었습니다. 즉, 노장사상의 영향으로 빚어진 것이었습니다.

제갈량 이외에도 남북조(南北朝) 시대에는 다들 유사한 기풍이었습니다. 예컨대 진(晉)왕조 때 명장이었던 양호(羊祜)는 사마염(司馬炎)이 중국을 통일하도록 도왔습니다. 이 양호는 전방에서 대원수(大元帥)였을 때 '경구완대(輕裘緩帶)'로 유명했습니다. 이와 같은 상장군(上將軍)이 전방에서 작전 지휘할 때 뜻밖에도 '경구(輕裘)'였습니다. 입은 게 겨울철의 가죽 두루마기였고 군복을 입지 않았습니다. '완대(緩帶)'는 고대의 문관무장(文官武將)이 허리에 묶는 그 가죽 띠입니다. 유사시에는 단단히 묶고 평소에는 느슨하게 걸쳐놓았습니다. 즉, 경극(京劇)에서 보듯이 허리띠가 배아래 부분에 걸쳐 있는 것이 경구완대이며, 느긋함을 표시하는 것입니다. 경극에서 주유(周瑜)나 관공(關公: 관우/역주)을 연기할 때에는 반쪽에 입는 것이 좁은 소매인데, 그것은 무장의 소매입니다. 다른 반쪽은 큰 두루마기로 옷이 크게 걸려있습니다. 이런 사람이 대표하는 것은 문무를 겸비하였다는 것입니다. 절반은 문인을 대표하는 것이요, 절반은 무장을 대표하는 것이며, 좁은 소매는 칼로 싸울 준비를 한 것입니다. 무대연기에서 그렇게 분장을 하는데, 고대의 의관은 바로 그렇게 입는 법이였습니다. 왜냐하면 고대에는 문무합일(文武合一)이었기 때문입니다. 그러므로 많은 선비들이 겉에 입는 것은 긴 두루마기였으며, 작전을 하게 될 때 긴 두루마기를 벗어버리면 그 안은 무인 복장이었습니다. 뿐만 아니라 항상 몸에 칼을 지니고 다녔습니다. 칼을 절반을 내보이는 것은 싸울 수 있다는 것을 표시했습니다. 책 읽고 글쓰기를 나도 할 수 있다는 바로 그런 분위기였습니다.

남북조의 역사를 읽어보면 아주 재미있는데, 그런 인물들이 전방에서 작전을 할 때 저마다 유유자적하게 노니는 분위기가 있었습니다. 또 남북조 시대의 유명한 사안(謝安)은 비수(肥水)의 전쟁에서 부견(符堅)의 팔십만 대군을 무찔러 퇴각시켰을 때, 전방의 승전 보고를 받을 때 그는 한 참 바둑을 두고 있는 중이었습니다. 그렇지만 꼼짝도 하지 않았습니다. 사실 그는 마음속으로는 몹시 기뻤지만 겉으로는 장자의 소요(逍遙)와 가뿐함을 표시하고자 했습니다. 바둑을 다 두고 나자 즉시 방으로 달려갔는데 얼마나 급하게 달려갔던지 신발 밑바닥창이 다 떨어져 나가버렸습니다. 이로써 알 수 있듯이 그는 겉으로는 침착 소요했지만 내심으로는 여전히 몹시 흥분해있었습니다.

또 고대에 과거시험을 봤던 어느 부친이 있었는데 1, 20년이나 시험을 봤어도 합격이 안됐습니다. 뒷날 한번은 아들하고 함께 시험을 보았습니다. 방(榜)이 붙던 날, 이 아버지는 몹시 긴장되어 방에 들어가 목욕을 했습니다. 아들이 밖에서 소리쳤습니다. 아버지!, 저 합격했어요. 아버지는 안에서 목욕을 하면서 이렇게 대답했습니다. 하찮은 공명에 합격한 게 뭐가 대단하다고 뭘 긴장해! 아들이 이어서 말했습니다. 아버지, 당신도 합격했어요! 그의 아버지는 아! 한 소리 하면서 문을 열더니 옷 입는 것조차도 잊어버리고는 맨 몸으로 뛰어나왔습니다.

우리가 과거의 많은 과거시험 이야기들을 보았는데, 침착한 척한 그런 것들도 이 문화의 일종의 반면 모습이었습니다. 많은 학자 문인들의 침착함이 진짜였던 가짜였던 모두『장자』의 영향을 받았던 것입니다.

외편과 잡편의 영향력

『장자』 책은 내편(內篇)·외편(外篇)·잡편(雜篇)으로 나누어집니다. 내편에는 7편만 있습니다. 학자들은 고증하기를, 내편은 진정으로 장자 자신이 쓴 것이고, 외편과 잡편은 후세 사람들이 더한 것으로 신뢰할 수 없다고 봅니다. 내편은 물론 대단히 유명합니다. 그러나 중국문화에 끼친 영향력이 가장 큰 것은 오히려 외편과 잡편이었지 내편이 아니었다는 점을 다들 잊어버렸습니다. 모든 중국의 황제의 제왕학, 군사학, 모략학, 작전의 모략, 사람됨의 모략은 모두 외편과 잡편의 영향을 받았습니다. 역대이래로 대 정치가나 창업 인물들, 심지어 조조(曹操) 등과 같은 일반인들까지도 모두 외편의 영향을 받았음을 뚜렷이 볼 수 있습니다.

외편은 우리 중국문화에 수천 년 동안 영향을 미쳤으며 모든 모략학의 비조가 됩니다. 이밖에 우리 인생에 대한 계발이나 수도 면에서의 계발도 대단히 거대하였습니다. 이점에 특별히 유의하기 바랍니다.

제1편 소요유(逍遙遊)

소요 해탈한 인생

이제 우리는 먼저 제1편 소요유(逍遙遊)를 연구하기 시작하겠습니다. 소요(逍遙)라는 두 글자는 서문정(西門町: 대북시 지명/역주)의 그 목욕하는 소요지(逍遙池)가 아닙니다. 하지만 그 소요지도『장자·내편』의 의미를 좀 취했습니다. 중국문화에서 '소요'라는 두 글자는 장자가 먼저 제시한 것입니다. 우리들은 오늘날 늘 말하기를 사람은 소요 좀 해야 한다고 하는데, 이 소요는 항상 수도자의 이상을 가리킵니다. 어떻게 소요할 것인지는 부처님을 배우는 사람이 해탈을 추구하는 것과 다름없습니다. 제가 보기에는 많은 수도자들이 소요하지 못할 뿐만 아니라 갈수록 고통스러워합니다. 저 수도하고 정좌하는 사람들은 채식도 하고 계율도 지키고, 이렇게 저렇게 하는데, 그런 것을 도라고 부를까요? 살펴보면 그는 조금도 소요하지 못합니다. 부처님을 배우는 사람들도 조금도 해탈하지 못합니다. 이것이 얼마나 괴롭겠습니까? 그러기에 우리는『장자』의 제목을 보면 특별히 주의해야합니다.

『장자』제1편은 소요유를 제시합니다. '소요'는 소요고 '유'는 유입니다. '소요'를 해야 '유'할 수 있기 때문입니다. 불가(佛家)의 관념을 빌려 쓰면, 인생은 해탈할 수 있어야 유희삼매(遊戲三昧)를 얻을 수 있으며, 그래야 감히 인생의 경계 속에서 유희할 수 있습니다. 인생이 해탈을 얻지 못하면 그 인생은 처음부터 고통스러운 일입니다. 어떻게 소요할 수 있을까요? 철학 관념에서 말하면 무엇이 인생일까요? 우리들은 답을 하나 줄 수 있습니다. 바로 고통의 누적을 인생이라고 부릅니다. 그럼 고통을 어떻게 해결하여 없앨까요? 바로 소요의 해탈을 얻어야 합니다. 즉, 장자가 제시한 소요유라는 것입니다. 소요유 전편의 내함은 무엇보다도 먼저 인생은 고견(高見)을 갖추어야 한다는 것입니다. 보통 우리들이 말하는 견지(見地)·견해(見解)·안목(眼目)·사상(思想)입니다. 어떤 사람이 멀리 내다보는 안목이 없고 견해가 없으면서 어떤 사업에 성공하고 싶어 하거나 하나의 아름다운 인생을 완성하려 한다면 불가능한 일입니다. 뒷날 중국의 선종도 무엇보다 먼저 구견(具見)을 중시했습니다. 먼저 도를 보아야[見道] 도를 닦을 수 있습니다. 만약 도를 닦는 사람이 도를 보지 못했다면 무슨 도를 닦겠습니까? 우리가 금덩어리를 보아야 방법을 생각해서 금덩어리로 물건을 만들 수 있는 것이나 다름없습니다. 만약 금조차도 보지 못했고 그저 허튼 생각만 하고 있다면 무슨 소용이 있겠습니까! 도를 닦는 사람은 먼저 반드시 도를 보아야 할 뿐만 아니라 보통사람이라도 진정으로 인생을 이해해야만이 비로소 어떻게 올바른 사람이 될지를 알 수 있습니다. 그래서 장자는 먼저 '구견'을 제시합니다.

구견(具見)과 비유

그렇다면 무슨 견(見)을 갖추어야 할까요? 소요유 편에서는 우리들에게 해탈의 견을 갖추라고 일러줍니다. 인생이 물질세계에, 현실의 환경에 갇혀 괴로워하지 말라고 합니다. 만약 물질세계에 속박된다면, 현실 환경에 갇혀 괴로워한다면, 그런 인생의 견해는 이미 수준 미달입니다. 우리는 조금 전에 인생은 고통의 누적이라고 말했는데, 그것은 보통사람을 가리키는 것입니다. 만약 높고 먼 견지를 갖출 수 있다면, 만약 물질세계에 속박되지 않을 수 있다면, 만약 인생의 고통스런 환경에 곤혹당하지 않을 수 있다면, 사람은 초월할 수 있으며 승화(昇華)할 수 있습니다.

이 소요유 편에는 두 가지 큰 중점이 있습니다. 여덟아홉 군데의 비유는 우리들에게 인생과 진정한 수양 방법을 일러줍니다. 장자의 비유를 얘기해보겠습니다. 우리가 알듯이 세상에서 가장 심오한 도리는 사람의 감정처럼 어떤 언어문자로도 표현해 낼 길이 없습니다. 저는 늘 말하기를 사람과 사람사이에 오해가 있는 것은 단지 언어문자가 충분히 표현할 수 없기 때문이라고 합니다. 사람이 정감을 표현해 낼 길이 없을 때에는 울 수밖에 없습니다! 왜냐하면 사람이 울면 다른 사람이 비로소 이 사람은 정이 많고 상심하고 있다는 것을 알기 때문입니다. 그가 울지 않으면 우리는 그 사람의 정감을 알지 못합니다. 그렇지 않고 하하하 크게 웃어서 기절할 정도로 웃으면, 다른 사람은 그가 기뻐서 죽을 지경이라는 것을 압니다. 이 도리도 바로 인생철학입니다.

그밖에 또 가장 고명한 방법이 있는데, 표현할 수 없는 것을 에둘러서 비유로써 표현하는 것입니다. 그러기에 세계에서 가장 고명한 몇 사람의 대 종교가들, 예컨대 석가모니불이나 예수 같은 분은 모두 비유를 잘 썼습니다. 장자도 늘 비유를 사용합니다. 왜냐하면 여러 곳에서 비유를 쓰지 않으면 표현할 길이 없기 때문입니다. 예를 들어 어떤 사람이 몹시 예쁘다고 얘기하는데, 어느 정도로 예쁠까요? 양귀비보다 훨씬 예쁘다고 합니다. 양귀비가 도대체 얼마나 예쁜지 우리들도 본적이 없습니다. 하지만 그 양귀비를 가지고 비유하여 그 예쁜 정도를 설명합니다. 이렇게 하면 곁에 있는 사람이 이해하게 됩니다. 그러므로 장자의 소요유에는 두 가지 중점이 있는데 많은 비유를 사용합니다. 첫 번째 중점은 구견(具見)입니다. 두 번째 중점은 물화(物化)입니다.

물화(物化) 피화(被化) 자화(自化)

물화(物化)는 중국문화 속에서 하나의 대 제목입니다. 도가에서는 우주속의 모든 생명, 일체(一切) 만물은 모두 물(物)과 물(物) 사이의 상호변화라고 봅니다. 예컨대 우리 사람들도 물화입니다. 한 남자와 한 여자로부터 다시 그렇게 많은 사람들이 변화해 나왔습니다. 또 우리들 생명이 살아있는 것은 소고기나 흰쌀밥이나 빵이나 채소나 무 등에 의지하여 변화해 나온 것입니다. 우리들의 배설물은 또 비료로 변하고, 비료는 또 만물로 변화합니다. 일체 만물은 상호 변화하고 있습니다. 그럴 뿐만 아니라 또 변하지 않으면 안 됩니다. 불변하는 것은 어떤 것도 없습니다. 이게 바로 물화입니다. 그러므로 도가의 관념 속에서 천지우주 전체는 시간과 공간이 형성하고 변화하는 하나의 거대한 보일러입니다. 우리들은 이 변화하는 보일러 속에서 피화(被化)—변화를 당하고, 변화를 받는[受化] 하나의 작은 분자일 뿐입니다. 우리들은 단지 우주의 천변만화[萬化] 가운데 떨어진 아주 작고 작은, 변화 당하는 물(物)에 불과할 뿐입니다. 크게는 우주, 작게는 미생물에 이르기까지를 최초에 그리고 영원히, 변화시킬 수 있는 작용[能化作用]을 일으키는 그것은 누구일까요? 변화시킬 수 있는 그자, 그것을 붙들어 쥐면 도(道)를 얻고, 소요할 수 있게 됩니다. 그렇지 않으면 우리들은 시종 여전히 변화를 당하여, 우리들은 변화의 주인이 되지 못하며, 조화(造化)의 주인이 될 수 없습니다. 조화의 주인을 틀어쥐어야 물외(物外)에 초연할 수 있습니다. 즉, 만물변화의 범위 밖으로 뛰어 넘은 것입니다.

하지만 장자는 또 우리들에게 일러주기를, 사람도 만물의 하나이며 사람은 자화(自化)—스스로 변화할 수 있다고 합니다. 우리가 도를 얻기 이전에는 변화 당하지만, 만약 우리가 구견, 즉 도를 본다면 우리들은 스스로 변화할 수 있어서, 이 유한한 생명을 무한한 생명으로 변화시킬 수 있습니다. 또 우리들의 유한한 기능[功能]을 무한한 기능으로 변화시킬 수 있습니다.

물화의 도리는 우리 천천히 다시 토론하겠습니다. 제2편 제물론에서 진정한 변화가 무엇인지를 우리들에게 말해줍니다. 사람은 자기를 하나의 초인(超人)으로 승화시킬 수 있습니다. 그러나 어떻게 초인으로 변할까요? 초인은 가장 평범함 속에서 변화합니다. 이 것을 해내어야 진정으로 소요에 도달한 것입니다. 우리는 먼저 이 원칙을 틀어쥐고 토론합시다. 이 자리에 계신 여러 선생님들, 여러 학우님들은 『장자』를 연구해 본 사람들이 많습니다. 저는 이제 저의 의견을 말씀드리는 것일 뿐입니다. 이제 원문을 보겠습니다. 장자에는 우아하고 아름다운 글이 많이 있으며 대단히 높은 문학경지이기도 합니다.

대우(大禹)가 물을 다스렸다

북극해[北冥]에 물고기 한 마리가 있는데, 그 이름이 곤어[鯤]이다.
곤어의 크기는 몇 천 리 인지 모른다. 변화해서 새가 되면 그 이름이
대붕새[鵬]이다.

北冥有魚, 其名爲鯤。鯤之大不知其幾千里也。化而爲鳥, 其名
爲鵬。

 이 책에서 북명(北冥)의 '명(冥)'자는 삼수(氵)변이 없습니다. 다
른 책에서는 삼수변이 있는 명(溟)자입니다. 특히 도가 서적에는
모두 삼수변이 있습니다. 중국 도가에 한 부의 아주 오래된 것으로
서 세계 지리를 말하는 책이 있는데, 『산해경(山海经)』이라고 합니
다. 지금 미국에서 유행하고 있는데, 어떤 사람이 아주 애를 써서
연구하고 있습니다. 『산해경』의 서술에 근거하면 우리들의 옛 조
상 대우(大禹)는 치수(治水)하러 미국에 간 적이 있습니다. 오늘날
미국에도 믿는 사람이 있습니다. 『산해경』을 읽어보았기 때문입니
다.
 『산해경』 기록에 의하면 대우는 모두 9년 동안 치수를 했습니
다. 미국에 갔을 뿐만 아니라 유럽에도 갔고 중동, 홍해, 지중해 일
대에도 갔습니다.
 대우의 치수를 연구해 보면 역사에서는 그 경과 상황을 전혀 볼
수 없습니다. 그 당시의 전국의 인구는 아마 대만보다도 얼마 많지
않았을 것입니다. 그러나 그는 9년 가운데서 장강과 황하를 열어
서 전국의 홍수를 큰 바다로 방류할 수 있었습니다. 이것은 정말

해내기 쉽지 않은 일입니다! 게다가『산해경』의 그 전기(傳記)에 의하면 그는 동남아 각국도 다 가 본적이 있는데, 그는 도대체 어떻게 갔을까요? 그 당시에는 비행기도 없었습니다. 도가가 하는 말에 의하면 그는 용(龍)의 등을 타고 갔습니다. 용의 등을 타고서 각지를 갔습니다. 이런 종류의 신화는 너무나 많습니다. 또 말하기를 그가 황하 상류의 용문(龍門)을 열려고 할 때 부적을 한 번 그리기만 하면 천상으로부터 거령인(巨靈人: 원래 강의 신. 크고 힘이 센 신을 말함/역주)이 내려왔습니다. 그 거령인은 대우의 지시대로 화산(華山) 쪽에다 손을 걸치고 두 발은 황하의 양변에 쭈그렸습니다. 어떻게 했는지 모르지만 한번 밀치자 용문이 열렸습니다. 그 과정은 물론 빨라서 몇 분밖에 걸리지 않았습니다. 그래서 그는 9년 동안에 전국의 큰물을 다스릴 수 있었습니다.

우리가 지금 들어보면 아주 재미있는데, 도대체 과학일까요? 신화일까요? 자세히 생각해 보면 이 속에는 아주 많은 문제가 들어있습니다. 상고 시대에는 기계조차도 발달하지 않았습니다. 용문을 여는 것은 그만두고, 전국의 인력으로 장강의 한 구역을 파는 데만 당신에게 30년을 주었더라도 해내지 못했을 텐데 어떻게 9년 치수가 성공했을까요? 이와 같은 자료들은 모두 중국『도장(道藏)』속에 있으며, 대우의 전기 속에서 찾아야 있습니다.

『산해경』은 읽어보면 볼수록 기괴합니다. 변화 발전하여 전 세계 인류 중에는 천심국(穿心國, 貫胸國)이 있다고 말합니다. 사람이 태어날 때부터 몸에 구멍이 하나 있다는 겁니다. 귀인이 아니면 구멍이 없거나 구멍이 있어도 좀 작습니다. 이 구멍은 뻥 뚫려있습니다. 귀인이 식사를 하고나서 길을 가고자 하면 그의 몸에 아랫사람들이 큰 막대기를 양쪽으로 끼워 두 사람이 메고 갑니다. 천심국 이외에도 각양각색의 나라, 갖가지 인류가 있다고 책에 나옵니다.

지금 오히려 우리가 『산해경』을 연구하는 것이 아니고 외국인이 연구하고 있습니다. 이리저리 연구한 결과 대우가 미국에 가본 적이 있었다는 것을 알게 되었으며, 최근에 논문 등도 발표하고 있습니다. 어떤 미국 학우가 저에게 물었습니다. 선생님, 대만에서 『산해경』을 살 수 있습니까? 살 수 있습니다! 라고 저는 말하고 그에게 살 수 있는 곳을 알려주었습니다. 그는 한 부를 사서 얼른 연구하고자 합니다.

북명의 물고기

『산해경』에서 말하는 북명 지방은 우리들이 오늘날 말하는 지구의 북극에 해당합니다. 이 점에 유의해야 합니다! 이로써 알 수 있듯이 도가의 전설은 상고 시대에 그 관념이 우리들보다도 넓었고 학술사상 경계도 우리들보다 컸습니다. 반대로 우리들 후세들은 북명을 무슨 발해(渤海)니 뭐니 하고 말함으로써 그 범위를 축소했습니다. 장자는 말합니다. 북명에 물고기가 한 마리 있는데, 곤어(鯤魚)라고 부른다. 이 곤어는 얼마나 클까? 몇 천 리나 큰지를 모른다.

장자는 말합니다. 이 한 마리의 물고기는 이상하다. 갑자기 한번 변화하여 바다 속으로부터 하늘로 날아 올라가는 새로 변하는데, 대붕새라고 한다. 그것의 등은 어떨까요? 장자가 쓰고 있는 문자는 대단히 과학적입니다! '대붕새의 등은[鵬之背]', 이 새의 등이 얼마나 큰지를 말하는데, '몇 천리인지 모른다[不知其幾千里也]'고 합니다. 이것은 아주 이상합니다! 우리 먼저 이 문제를 토론하겠습니다. 이것은 바로 중국 고대의 과학관입니다. 여러분 젊은이들은 듣고 나서는 틀림없이 웃으며, 우리가 과학을 함부로 지껄이고 있다고 생각할 겁니다. 실제로 우리 자신들의 옛 조상의 문화는 세계 과학사에서 선두에 서 있었습니다. 우리가 과학이 있을 때 서양 문화에는 아직 그 그림자도 없었습니다! 물론 우리가 오늘날은 또 수천 년 뒤떨어져 있습니다. 진보를 추구하지 않았기 때문입니다. 지금은 남한테 배우지 않으면 안 됩니다. 우리에게는 또 많은 과학이론이 있는데, 여러분들은 들으면 아마 더욱 웃을 겁니다. 그러나 진짜인지 가짜인지 아직 모른다면 아직 경솔하게 웃어서는 안 됩니다. 우리는 대만의 그 머리에 뿔이 난 사슴을 아는데, 전해오는 바에 의하면 바다 속의 상어가 나이에 도달하면 모래사장으로 뛰어오를 줄 알고, 모래사장에서 뒹굴자 마자 곧 산으로 달려가 사슴으로 변한 것이라 합니다. 믿고 안 믿고는 당신에게 달려있고, 말하고 안하고는 저한테 달려있습니다. 저도 옛 사람의 책속에서 본 것입니다.

그러나 어떤 것들은 변할 줄 아는 게 확실합니다. 파리와 모기는 구더기와 장구벌레가 변해서 나온 것입니다. 예컨대 누에나방은 누에가 변해서 나온 것입니다. 모두가 물화의 도리입니다. 우리 사람도 변해서 나온 것입니다. 정자와 난자가 변해서 나온 것입니다. 『화서(化書)』라는 도가의 서적이 한 부 있는데, 당나라 말기 오대(五代) 시대 때의 한 신선인 담초(譚峭)라는 사람이 지은 것으로, 물화의 도리만을 얘기하고 있습니다. 무엇이 무엇으로 변화한다며 일체가 변화하고 있다고 말합니다. 그러므로 사람도 변하고 있습니다! 사람마다 생각과 나이가 다 변하고 있습니다. 남자는 갱년기에 이르면 성실했던 사람이 갑자기 교활하고 괴벽스런 사람으로 변해버리기도 합니다. 왜냐하면 다 변화하고 있기 때문입니다! 심리학에 비추어 말하면 사람이 나쁘게 변한 것이 아니라 병으로 변한 겁니다! 맞지요? 보세요, 우리가 여기 앉아 있는데, 다들 변하고 있습니다! 원래는 저마다 엄마 품속의 작은 갓난애였는데 지금은 별난 모습으로 변해버렸습니다. 마치 저처럼 머리털도 하얗게 변했습니다. 모두 변하고 있습니다!

그래서 장자는 말하기를 바다 속에 물고기 한 마리가 있는데 갑자기 일변하여 하늘로 날아올라 한 마리의 거대한 대붕새로 변한다고 합니다. 여기서 두 가지 일을 제시합니다. '침잠비동(沈潛飛動)'이라는 네 글자가 그것입니다. 가라앉아 깊은 바다 속에 잠복해 있다가 갑자기 일변하여 멀리 가고 높이 날아오른다는, 바로 이 두 가지 일입니다.

장자는 시작하자마자 이미 우리들에게 인생의 도리를 일러주었습니다. 어떤 사람이 재수가 없어 어쩔 수 없을 때에는 깊은 물속에 침잠해 있으면서 꼼짝도 하지 않아야 합니다. 깊은 물속에는 본래에 동물이 있습니다. 해저 동물은 아주 많습니다! 심해 속의 생물들은 모두 엄청 큽니다. 그리고 깊은 바다 속은 깜깜합니다. 밝은 빛이 없습니다. 심해 속의 동물들은 그 자체가 빛을 띠고 있고 전기를 띠고 있습니다. 머리나 혹은 날개에 밝은 빛이 있습니다. 그러므로 도가의 지식은 깊고 넓습니다. 사람이 젊을 때이거나 혹은 수도에서 성공하지 못했다면 침잠(沈潛)할 필요가 있습니다. 도를 닦아서 상당한 정도에 이르렀을 때는 변화하게 되어 날아 움직여 승화합니다. 도가는 이런 의미를 우리들에게 일러주며, 도가에는 그런 사실도 있습니다.

많은 젊은이들이 수도하기를 좋아하는데, 무엇이 '북명(北冥)'일까요? 우리 신체적으로 말하면 단전·해저(海底) 아래를 북명이라고 합니다. 도가는 또 무엇을 '남명(南冥)'이라고 말할까요. 머리

꼭대기에 있습니다. 그러므로 정(精)을 수련하여 기(氣)로 변화시키고[練精化氣], 기를 수련하여 신(神)으로 변화시키고[練氣化神], 신을 수련하여 허(虛)로 돌아가서[練神還虛] 수련이 정상에 도달한 것인데, 불가에 비추어 말한다면 천백억 화신(化身)의 도리입니다. 도가와 불가에서의 『장자』 해석은 그런 면 쪽으로 해석했습니다만, 그러나 우리는 그런 것들을 상관하지 맙시다. 그저 여러분들에게 지식을 소개한 것일 뿐입니다.

대붕새의 등은 몇 천 리 인지 모른다. 성난 듯 기(氣)가 충만하여 날아오르면 그 날개가 마치 하늘을 뒤덮은 구름과 같다. 이 새는 바다가 거대하게 움직이면 남극해[南冥]로 옮겨가려 한다. 남극해는 천지(天池)이다.

鵬之背不知其幾千里也；怒而飛，其翼若垂天之雲。是鳥也，海運則將徙於南冥。南冥者，天池也。

　장자는 말합니다. 이 물고기는 새로 변하는데, 새의 등은 물고기 자체가 변하기 전처럼 역시 몇 천리만큼이나 큰지 모른다. 그렇지만 그것이 변한 뒤에 원래 물고기였던 때와 비교하면 더 대단하다. 새의 등은 수 천리인데 아직 그 속에는 두 날개를 계산하지 않은 것이다. 그 두 날개를 한 번 펼치면 마치 하늘위의 구름처럼 하늘의 양쪽을 다 덮어버린다. 얼마나 크다고 할까요? 지구의 동반구와 서반구를 다 가려버리고 있는 겁니다. 이것이 장자의 문장입니다. 허풍 치기를 배우고 문장 쓰기를 배우려면 장자를 배워야합니다. 전해오는 바에 의하면 당나라 시대의 유명한 시인인 두보(杜甫)는 시를 짓고 싶을 때 말하기를 말이 사람들을 놀라게 하지 않으면 맹세코 쉬지 않겠다[語不驚人誓不休]고 했답니다. 사람들이 놀랄 정도로 말을 하려면 장자가 그렇게 크게 허풍 치는 것을 배워야 합니다. 글짓기에 흥미가 있는 청년 학우들은 특히 장자의 문장과 그의 작문 경계에도 유의해야 합니다.

성난 듯 기(氣)가 충만하여 날아오르다

대붕이 막 날아 오르려한다고 방금 전에 말했는데 장자는 한마디로 형용하고 있습니다. '성난 듯 기(氣)가 충만하여 날아오르면 그 날개가 마치 하늘을 뒤덮은 구름과 같다[怒而飛, 其翼若垂天之雲]' 어떻게 날까요? '노이비(怒而飛)'입니다. 여기서 '노(怒)'자는 마치 갑자기 화를 내는 것처럼 기(氣)가 충만하다[鼓]는 의미입니다. 『역경(易經)』에서 공자도 충만함을 형용할 때는 북을 치다의 북 '고(鼓)'자를 자주 사용하였습니다. 도는 만물 속에 충만하되 성인처럼 근심하지 않는다[鼓萬物而不與聖人同憂]. 만약 우리가 우리 중국 문자를 연구해보면 '고(鼓)'자가 바로 충만하다는 의미임을 알게 됩니다. 그러므로 기가 충만하면 날고, 충만하지 않으면 날지 않습니다. 여기서의 노(怒)는 꼭 화를 내는 것을 가리키는 것은 아닙니다. 노(怒)는 형용사로서 노력(努力)하다의 노(努)자와 같은데, 생명이 충만의 최고점에 도달했을 때 그것은 날아오르기 시작합니다.

대붕새의 날개는 그렇게 크고, 그 몸이 북극으로부터 몇 천리인지 모릅니다. 남북극의 절반을 이미 차지했습니다. 그런 다음 그 두 날개를 한번 펼치면 동반구와 서반구 양쪽이 그에 포함되어버립니다. 이는 마치 『불설아미타경(佛說阿彌陀經)』에서 부처님들이 설법할 때 '두루 삼천대천세계를 덮는 넓고 긴 혀의 모습[出廣長舌相, 徧覆三千大千世界]'이라고 형용하는 것이나 다름없습니다. 이제 이 대붕새가 날을 때도 그렇습니다.

'이 새는 바다가 거대하게 움직이면 남극해[南冥]로 옮겨가려 한다[是鳥也, 海運則將徙於南冥]', 여기서의 '해운(海運)'은 결코 통관업자가 아닙니다. 또한 교통부에서 운영하는 것도 아닙니다. '해운'은 바로 거대한 움직임입니다. '운(運)'이란 움직임입니다. 장자는 어쩔 수 없어 '해운'이란 명칭을 만들어 냈습니다. 이 우주 사이에는 하나의 동력(動力)이 있고, 생명에는 운동 에너지[動能]가 있습니다. 이 운동 에너지는 마치 바다처럼 거대합니다. '운(運)'은 돌며 움직인다는 전동(轉動)의 뜻입니다. 이 운동 에너지가 일단 전동하면 그의 생명은 변하지 않으면 안 됩니다.

원래 북극 심해속의 한 마리의 물고기가 한번 변하여 대붕새로 변하여 성난 듯 기운차게 날아오르는데, 날고자 하면 조건이 있어야 합니다. 우리가 알듯이 오늘날 비행기가 이륙할 때 만약 풍향과 풍력이 좋지 않다면 이륙을 방해할 것입니다. 새도 마찬가지입니다. 사람조차도 마찬가지입니다. 날아오르고자 하면 어떤 것이 하나 있어야 합니다. 그것은 무엇일까요? 그 어떤 것이 빙빙 돌고 있는데, 우주 사이에는 그런 하나의 힘이 있습니다. 불가에서는 이를 윤회 회전이라고 말하며 그 힘이 움직이고 있는 것입니다. 그래서 그 힘이 대붕새를 날아오르도록 추동(推動)했습니다. 어디로 날아갈까요? 남명까지 날아갑니다. 남극까지 날아갑니다. '이 새는 바다가 거대하게 움직이면 남극해[南冥]로 옮겨가려 한다'에서, 중점으로 '바다가 거대하게 움직이면'에 유의하기 바랍니다. 다들 왕왕 그것을 가볍게 읽고 지나쳐버립니다.

그래서 뒷날 도가가 수도를 해석하거나, 불가와 인도 요가학파가 몸의 기맥을 해석하기를, 해저(海底)로부터 발동하여 머리 정수리까지 승화시키기 어렵기 때문에 반드시 그것을 도와주는 어떤 것이 있어야 하는데, 자기의 기맥을 수련하여 성취하면 그 도와주는 어떤 것이 있게 된다고 했습니다.

'남명자, 천지야(南冥者, 天池也)', 남명은 북명과 다릅니다. 북명은 지구의 뿌리입니다. 남명은 허공과 우주가 잇닿은 곳인데 천지(天池)라고 합니다. 우리는 오늘날 과학이 발달했고 세계의 과학자들이 연합해서 탐험하고 있습니다만, 북극의 탐험은 아직 약간의 그림자만 있을 뿐입니다. 왜냐하면 비행기가 북극 상공을 날아갈 때 지남침이 제대로 작동하지 않고 운전대도 어쩔 수가 없으며, 그것이 회전해버리는 까닭을 지금까지 아무도 모르기 때문입니다. 그런데 그게 바로 '해운'입니다. 그러므로 비행기가 북극 상공을 날아갈 때는 모든 게 소용이 없습니다. 모두 북극의 가장자리를 한 번 돌고서 되돌아옵니다. 과학 환상소설가들은 말하기를, 비행기가 만약 다시 조금 모험을 해서 북극으로 날아 들어간다면 지구 내부의 흡입력에 의하여 어떤 한 구멍으로 빨려 들어갈 것이라고 합니다. 이 구멍은 마치 우리들의 입에 한번 빨려 들어가면 또 다른 한쪽으로 빠져나오듯이 남극으로 가게 됩니다. 과학 환상소설이 그렇게 말하고 있고, 중국 소설도 일찍부터 그렇게 말했는데, 지구는 우리의 몸처럼 양쪽이 서로 통해 있습니다. 도대체 소설일까요? 과학일까요? 아직 모릅니다.

남극은 도대체 어떠할까요? 지금은 감히 말하지 못합니다. 현재의 과학도 대답하지 못합니다. 단지 약간의 표면적인 상황들을 알 뿐입니다! 장자도 '남극해는 천지(天池)이다'라고 한마디 했을 뿐입니다.

신기하고 괴이한 기록들

제해(齊諧)는 고대의 전설적인 괴이한 일들을 기록한 책이다. 그 책에 말하기를 "대붕새가 남극해로 옮겨가려 할 때는, 두 날개가 한 번 치면 바닷물이 3천 리나 솟구치고, 부요(扶搖) 태풍을 일으켜 서로 치고 싸우면서 바람을 한곳으로 말아 모아 9만 리나 날아오른다. 6월에 기[息: 氣]를 보충하기 위해서 가는 것이다"고 했다.

齊諧者, 志怪者也。諧之言曰：鵬之徙於南冥也, 水擊三千里, 搏扶搖而上者九萬里。去以六月息者也。

　'제해(齊諧)'라는 책이 한 권 있었는데 제나라 사람의 필기(筆記) 소설이었습니다. 제나라 사람들은 강태공(姜太公)의 후대들입니다. '해(諧)'란 들어왔던 전기(傳奇) 이야기들을 전문적으로 말해줍니다. 이 책은 없어져 지금은 볼 수 없습니다. 장자는 물론 보았을 것입니다. 이 책은 우리가 오늘날 보는 『산해경』이나 다름없습니다. '지괴자야(志怪者也)', '지(志)'란 기록하다는 뜻인데, 고대의 그런 신비하고 기이한 일들만을 기록한 것입니다.
　장자는 말합니다. 여러분들은 내가 허풍치고 있다고 생각하지 말기 바란다. '제해'라는 이 책이 그 증거이다. 이 책에서 말한다. 이 대붕새가 남극까지 날아가고자 할 때는 '수격삼천리(水擊三千里)', 두 날개가 한번 치면 바닷물이 솟구쳐 오르기를 3천 리 고공이라 한다! 사람들을 놀라게 하겠지!. 만약 날개를 다시 들어 올려서 6천 리 높이로 올라가고 이렇게 날개 짓을 30번 하면 9만 리 높이가 된다. 보세요, 이 새는 얼마나 잘 날을 줄 압니까! 물을 3천리나 치고 난 다음에 그 날개를 한 번 치면 태평양과 대서양의 바닷물을 다 쳐서 올려버리게 됩니다. 우리는 일찍이 태풍경보를 발령했어야 합니다. 그런데 이 새는 어떨까요? 자기는 비행기처럼 날아 올라갔습니다.

'부요(扶搖) 태풍을 일으켜 서로 치고 싸우면서 바람을 한곳으로 말아 모아 9만 리나 날아오른다[搏扶搖而上者九萬里]', '칠 단(搏)' 자의 작문 상 의미는 마치 바람과 서로 치고 때리고 싸우는[搏鬪] 것 같다는 것입니다. '부요(扶搖)'는 큰 바람의 이름입니다. 오늘날 사람들이 태풍에게 이름을 지어주는데, 고대 사람들도 큰 바람에게 이름을 지어주었습니다. 이 큰 바람을 '부요풍(扶搖風)'이라고 하는데, 얼마나 큰지 모르겠습니다. 대붕새가 두 날개를 한번 치고 몸이 위로 올라가면 큰 태풍이 하나 일어나는데 '부요풍'이라고 부릅니다. 그리고 한번 솟구쳐 고공으로 올라갑니다. 이 새는 9만 리 고공에 있어서 우리들에게는 보이지 않습니다. 우리가 새를 보지 못하는 것이 아니라, 우리는 그저 날씨가 변한 것만을 보게 됩니다. 태양이 보이지 않아 낮이 캄캄하게 변해진 것을 보게 됩니다. 태양이 그것에 가려져 있는 겁니다.

자, 장자의 문장은 이랬다저랬다 하는데, 당신은 믿지 않습니까? 그가 고서(古書) 한 단락을 인용하여 당신에게 들려주는 것은, 자기 말이 진짜이지 가짜가 아니라고 혼잣말을 하는 것입니다.

6월의 비행

'6월에 기[息: 氣]를 보충하기 위해서 가는 것이다[去以六月息者

也]', 문제가 나타납니다. 이 대붕새는 우리보다 복을 누리고 있습니다. 6월 사이에 우리는 여전히 여기서 『장자』 책을 연구하고 있는데, 대붕새는 여름 방학을 해서 남방으로 가니 시원하겠습니다. 이 말을 옛사람들이 들으면 틀림없이 믿지 않을 것인데, 남방은 더워 죽을 지경입니다. 그런데 대붕새는 왜 남방으로 날아갈까요? 남극이 영하 몇 도나 되는지 모르며 얼어 죽을 정도라는 것을 지금 사람들은 다 믿고 알고 있을 겁니다. 아마 대붕새는 이 세계가 열이 난 것이라고 느꼈는지 모릅니다. 북극의 빙산이 녹아내리고 인류가 함부로 해서 대붕새가 남극의 저 대 빙산에 가서 좀 서늘하게 지내려고 하는지도 모릅니다. 문제는 왜 5월이 아니고 8월도 아니냐는 것입니다. 7월 보름에도 가능합니다! 그런데 그는 왜 꼭 6월 달에 가려고 하는 것일까요?

책을 읽을 때는 주의해야 합니다! 이 6월의 문제는 『역경』을 배운 적이 있는 사람은 알게 됩니다. 즉, 12벽괘(辟卦)에서 하지(夏至)에는 일음(一陰)이 생기고 이어서 6월입니다. 12벽괘는 1년 12개월을 나타냅니다. 즉, 지구 기후의 전체적인 회전 순환을 나타내는 것입니다. 이 기운(氣運)의 회전 순환은 지구와 우주물리의 변화를 뚜렷이 보여줍니다.

무엇을 '식(息)'이라고 할까요? 중국의 문자에 유의해야합니다. '식'이란 끝났다는 의미가 아닙니다! '식'은 성장의 의미입니다. 그러므로 '소식(消息)'이라는 두 글자를 주의해야 합니다. '소(消)'는 방사(放射)하는 것이요 소모하는 것이요 마치는 것입니다. '식'은 되돌아서 성장하는 것이요 충전하는 것입니다. 충전해서 다시 방사합니다! 그러므로 대붕새가 6월에 그곳으로 가는 것은 보충하는 것이요 충전하는 것입니다. 이 식(息)과 소(消)의 두 가지 도리를 분명히 알아야 합니다.

우리는 장자가 제시했던 것을 다시 되돌아보겠습니다. 제일 먼저는 침잠비동(沈潛飛動)을 제시하여, 큰 물고기 한 마리가 대붕새로 변한 것을 설명했습니다. 즉, 물화의 시작과 만물은 모두 변화하고 있음을 설명했습니다. 그 다음에 6월을 말해서 소식이 나타났습니다. 그는 우리들에게 소식을 말해줍니다.

생명의 힘

신기루나 보이지 않는 극미세 먼지 등 일체의 물리 상황과, 생물은 생명이 의지하는 힘인 기[炁: 息]가 불어넣어진 것이다.

野馬也, 塵埃也。生物之以息相吹也。

'야마야(野馬也), 무엇을 '야마(野馬)'라고 할까요? 주의하기 바랍니다, 야마는 말[馬]이 아닙니다. 야마는 바로 불교에서 말하는 양염(陽焰)입니다. 태양광의 일종의 환영(幻影)입니다. 고대의 책에서 말하는 신기루입니다. 우리가 항해할 때 갑자기 전면이 마치 어떤 곳인 것 같은 것을 봅니다. 도시도 보고 사람이 오고가는 것도 봅니다. 사실은 가짜입니다. 해시(海市: 신기루/역주)의 환영입니다. 사막 지대에도 이런 현상이 있습니다. 우리 이 자리에 있는 사람들은 여름에 자동차를 타고 고속도로를 달려 본적이 있습니다. 태양이 강렬할 때 위에서 내리 비추는데 앞에 펼쳐진 길 한 구간이 바라보니 온통 물입니다. 그러나 당신이 정말로 그곳에 이르렀을 때는 물이 조금도 없습니다. 그게 바로 양염인데, 태양의 반영(反影: 반사하여 비치는 그림자/역주)입니다. 도로상의 이 반영이 해면에 비추는 게 신기루인데, 역시 물리변화 현상입니다. 오늘날 문학 용어로 말하면 투영(投影)입니다. 야마는 그것을 가리킵니다.

'진애야(塵埃也)', '진애'는 물질의 가장 미세한 먼지[最微塵]를 말합니다. 불교에서는 미진(微塵)이라는 두 글자를 자주 사용합니다. 장자는 말하기를, 그 먼지가 가장 작은 것이 되면 보이지 않는 것이 회진(灰塵)이라고 합니다. 이상은 형용하는 두 마디 말인데, 모든 물리상황을 묘사 서술한 것입니다.

세상의 생명 중에서 큰 것으로는 이 큰 물고기가 대붕새처럼 그렇게 큰 것으로 변합니다. 사람은 아직 크다는 수준에 미치지 못합니다. 그러나 가장 작은 것도 아닙니다. 왜냐하면 가장 작은 것은 한 알갱이의 먼지처럼 그렇게 작기 때문입니다. 그밖에 또 한 가지가 있는데, 환영(幻影) 같은 생명입니다.

이런 그림자들, 이런 생명들은 이 세계에서 하나의 힘에 의지하여 살고 있습니다. '생물지이식상취야(生物之以息相吹也)', 그는 요점을 제시하고는, 그 힘을 '식(息)'이라고 부릅니다. 즉, 후세 수도자들이 말하는 기(氣: 炁)입니다. 만약 이 기가 없다면 죽게 됩니다. 그러나 이 한 가닥의 기는 공기의 기가 아닙니다. 그러므로 '신기루나 보이지 않는 극미세 먼지 등 일체의 물리 상황과, 생물은 생명이 의지하는 힘인 기[炁: 息]가 불어넣어진 것이다[野馬也, 塵埃也, 生物之以息相吹也]'. 이 생명의 한 가닥 기(炁)가 마치 어린애가 풍선껌을 불 듯이 그것을 불어 크게 하면 이 생명은 충실해집니다. 이 기가 없다면 납작해져버립니다. 납작해지는 게 바로 노화(老化)요. 노화의 최후는 사망입니다.

이 기(氣)가 크게 불어지면 어떨까요? 곧 '노이비(怒而飞)', 곧 부풀어 오르기 시작하고 곧 승화할 수 있습니다. 이와 같은 물리 작용에 다들 유의하기 바랍니다! '취우(吹牛: 중국어에서 허풍치다는 뜻임/역주)'에서 그 '취'자도 장자가 불어낸 것입니다. 취기(吹氣: 기를 불다/역주)의 취도 진정한 불어냄입니다. 생명이란 이런 것입니다.

장자의 문장은 이 말 한마디 저 말 한 마디로서 마치 조금도 상관이 없는 것처럼 보이지만 사실은 곳곳마다 서로 관계가 있습니다. 하지만 오늘날 사람들이 읽는 법은 맛이 없습니다. 고문을 읽는 법으로 해야 합니다. 장의사에서 제문(祭文)을 읽듯이 그렇게 읽어야합니다. 예전에 책을 읽을 때는 모두 그렇게 읽었습니다. 그렇게 읽어야 그의 문장이 거침없이 미끈히 내려가고 중간에 끊어진 적이 없다는 것을 알게 됩니다.

하늘은 얼마나 푸르고 얼마나 멀까

(사람들이 생각하는 것처럼) 하늘의 짙푸른 색은 정말로 하늘의 본래 색깔일까?! 우주는 아득히 멀어서 정말로 끝이 없는 것일까?! 높은 하늘에서 아래를 내려다보아도 그와 같을 뿐이다.

天之蒼蒼, 其正色邪? 其遠而無所至極邪? 其視下也, 亦若是則已矣。

장자는 우리들에게 세 가지 문제를 제기하고 묻습니다. 그는 말합니다. 우리가 고개를 들어서 하늘을 보면 맑은 하늘을 보는데 한 점의 구름도 없이 푸르고 푸르다. 그것을 짙푸른[蒼蒼] 색깔이라고 부르고, 우리는 그것이 푸른 하늘[藍天]이라고 생각한다. 당신에게 묻겠다. 하늘은 정말로 푸른색[藍色]일까? 당신은 하늘에 올라가서 본 적이 있는가? 그 푸른색인 것을 하늘이라고 부르는가? 그렇다면 오늘 밤의 이 까만색인 것은 하늘이라 부르지 않는가? 역시 하늘이다! 내일 아침에 해가 떠오르면 하늘에 보이는 하얀 그 빛도 역시 하늘이다! 보세요, 장자는 얼마나 과학적이고 얼마나 논리적입니까!

그는 첫 번째 문제를 제기하여 우리에게 묻습니다. '천지창창, 기정색야(天之蒼蒼, 其正色邪)', 당신은 짙푸른 하늘이 바로 하늘의 본래 색깔이라고 생각하는가? 여기서 의문사 '야(邪)'자는 감탄식 물음표[?!]입니다. 바꾸어 말하면, 하늘이 도대체 무슨 색깔인지 당신은 단정할 길이 없습니다! 왜냐하면 하늘은 변화하고 있고, 그것은 공(空)한 것이므로 고정된 하나의 색깔이 없기 때문입니다. 그러므로 『장자』를 읽을 때에는 그가 제기하는 문제에 유의해야합니다. 문제 뒤에는 여전히 많은 문제들이 있습니다.

두 번째 문제입니다. '기원이무소지극야(其遠而無所至極邪)', 당신은 이 우주가 무한히 크다고 생각하는가? 더 이상 멀 수 없을 정도로 멀다고 생각하는가? 이 문제에 대하여 장자는 당신에게 답안을 주지 않았습니다. 그래서 후세 사람들은 중국 선종은 완전히 장자의 영향을 받았다고 말했습니다. 선종의 교육법은 영원히 당신에게 해답을 주지 않고 당신 자신으로 하여금 해답을 하게 합니다. 장자는 말합니다. 당신은 우주는 멀어서 끝이 없다고 생각하는가? 당신이 만약 그렇다고 말한다면, 우리가 여기에 서 있는 것도 우주의 하나의 기점인 셈이다. 내가 만질 수도 있다! 우주는 바로 여기에 있는데 당신은 왜 그것이 끝이 없는 것이라고 말하는가? 이것은 논리 문제이다. 그러므로 '흰 말은 말이 아니며, 흰 말은 흰색이 아니다[白馬非馬, 白馬非白].'는 주장은 변론이 끝이 없다.'

세 번째 문제입니다. '높은 하늘에서 아래를 내려다보아도 그와 같을 뿐이다[其視下也, 亦若是則已矣]', 그는 말합니다. 그가 높은 고공에서 우리가 아래 있는 것을 보는 것은, 마치 상방의 세계에서 하방의 세계를 보는 것과 같다. 그런데 이 역시 아래에서 위로 보는 것과 같을까? 오늘날 많은 사람들이 비행기를 타는데, 수천 미터의 고공으로 날아올랐을 때 아래를 내려다보면, 대만을 내려다보면, 이 바다 섬의 화면은 마치 어린 아이의 숙제 그림과 같아서 아주 재미있습니다. 이런 고층 건물을 보면 성냥갑 크기 밖에 안 됩니다. 우리가 지면에 서서 보는 그런 고층 건물이 절대 아닙니다. 입장이 다르면 관점이 달라집니다. 그는 이 두 가지 문제에서 어떤 사람도 반박하지 않았습니다. 그렇지만 이미 우리들의 경계를 뒤엎어버렸습니다. 부정해버렸습니다. 당신은 당신의 지식이 충분하다고 생각하지 말라. 당신의 관념은 틀렸을 가능성이 있다. 꼭 옳은 것도 아니고 꼭 틀린 것도 아니다. 당신은 이 물고기가 대붕새로 변하지 않았다고 생각하는가? 있다. 당신은 우주란 그런 것이라고 생각하는가? 그런 것이 아니다. 그러나 장자는 그렇게 말하지 않습니다. 그렇게 말한다면 장자가 아닙니다. 그는 단지 몇 가지 문제들을 제시할 뿐입니다. 이 몇 가지 문제들을 연구해 보면 당신은 자기의 모든 관념을 뒤엎어버릴 것입니다. 그러므로 사람은 선입견을 고집하여 자기가 모두 옳다고 해서는 안 됩니다.

큰 바다와 같은 포부

또 물이 깊고 두텁게 쌓여 있지 않으면 큰 배를 띄울 힘이 없다. 한 잔의 물을 마룻바닥의 패인 곳에 쏟아 부으면 겨자씨는 배가 되지만 잔을 놓으면 그 바닥에 달라붙는다. 물은 얕고 배는 크기 때문이다.

且夫水之積也不厚，則其負大舟也無力。覆杯水於坳堂之上，則芥爲之舟；置杯焉則膠，水淺而舟大也。

　장자는 또 한 가지 이야기를 하는데, 또 하나의 도리입니다. 그는 말합니다. 큰 바다의 물이 만약 그렇게 가득 채워져 있지 않고 그렇게 깊고 깊지 않다면, 큰 배를 몰 길이 없다. 수 만 톤의 배가 바다에 떠서 가고자 하는데, 만약 그렇게 깊고 두터운 물이 없다면 되겠습니까? 그는 한 비유를 합니다. 가령 우리가 유리컵 한 잔을 가득 채운 물을, '복배수(覆杯水)', 쏟아 붓는 것입니다. 손톱으로 땅바닥에 작은 구덩이를 하나 파서 그 한 잔의 물을 거기다 쏟아 부으면 작은 구덩이의 물은 몇 만 톤의 큰 배를 실을 수 있을까요? 오직 어린애가 놀 때에 겨자씨를 영국의 커다란 유조선으로 가정하고 그 작은 구덩이의 물에 놓으면 뜰 수 있습니다.

　그는 말합니다. 만약 한 잔의 물을 잔 크기만큼의 구덩이 속에 쏟아 넣은 다음, 이 둥근 잔을 그 물 위에 놓아 그것을 배로 삼을 경우는 당연히 뜨지 않을 것이다! 움직일 수 없고 달라붙어버린다. 왜냐하면 물은 얕고 잔은 크기 때문이다. 보세요, 장자가 말을 잘할 줄 아는 것을. 『장자』를 통과하면 참선할 수 있게 될 것입니다. 이런 한 가지 일에 여러 층 차가 있습니다. 첫째, 그는 당신에게 분명히 일러줍니다. 큰 바다처럼 물이 깊고 두터워야 큰 물고기를 용납할 수 있고, 큰 배가 그 안에서 간다. 만약 깊은 바다와 같은 용량이 없다면 저 작은 구덩이에 한 잔의 물을 부어서 작은 겨자씨를 하나 띄우는 것인데, 그것은 어린애 눈에 위대함이다. 만약 그 잔을 다시 그 물위에다 놓게 되면 움직이지 않게 된다. 일체가 모두 용량 크기의 문제이다.

이것은 바로 인생의 견해·안목·사상·견지를 말하고 있는 것입니다. 사람마다 기개·지식·범위·흉금이 모두 다릅니다. 당신이 큰 공을 이루고 큰 사업을 세우고자하면 자기의 그릇을 큰 바다처럼 그렇게 크도록 배양해야 합니다. 자기의 학문능력을 큰 바다처럼 그렇게 깊도록 배양해야 합니다. 당신이 도를 닦고자 하고 도닦을 재목의 수준에 도달하고자 한다면 먼저 바다처럼 넓고 크도록 변해야합니다. 그러므로 불교에서는 아미타불의 눈을 형용하기를, '검푸른 눈동자의 맑고 큼은 네 개의 큰 바다와 같네[紺目澄淸四大海]'라고 합니다. 푸르면서 거대하기가 네 개의 큰 바다와 같습니다. 그러나 우리의 눈은 너무 작습니다. 때로는 우리들의 눈은 흰자위조차도 보지 못합니다! 당연히 관점과 기백도 다 안 됩니다. 이상의 몇 마디 말은 아주 많은 의미를 드러냈습니다. 그는 돌아와 다시 대붕새가 날아오르는 조건을 이야기 합니다.

큰 바람을 타고 높이 날다

바람이 깊고 두텁게 쌓여있지 않으면 큰 날개를 띄을 힘이 없다. 그러므로 대붕새는 9만 리 높이까지 날아올라야 바람이 날개 아래에 있다. 그런 뒤에야 비로소 바람을 타게 되고, 푸른 하늘을 등에 진 채 가로막을 것이 없게 된 뒤에야 비로소 남극에 도달한다.

風之積也不厚, 則其負大翼也無力。故九萬里, 則風斯在下矣。

而後乃今培風；背負靑天而莫之夭閼者，而後乃今將圖南。

  '이후내금배풍(而後乃今培風)'의 '이제 금(今)'자에 대해서 어떤 사람은 주장하기를, 원문에 따라서 '금(今)'으로 읽어야한다고 합니다. 그런데 고서에서는 한 점[丶]을 더할 것을 주장하여. 명령(命令)하다의 '령(令)'자라는 겁니다. 그래서 저는 여러분들에게 양쪽으로 다 해석할 수 있음을 알게 해드리겠습니다. 장자는 말합니다. 대붕새가 날고자 할 때 바람이 없으면 안 되는데, 만약 바람의 힘이 충분하지 않다면 두 날개가 펼칠 수 없어서 날아오를 수 없다. 대붕새가 9만 리 고공 이상까지 날아오르면 대기층은 모두 그 아래에 있다. 장자는 매우 과학적입니다. 항공학을 배운 사람은 다 알 듯이, 비행기가 날아오르려 할 때 풍향이 적합하지 않으면 날아오를 수 없습니다. 난류(亂流) 속에서는 이륙할 수 없습니다. 헬리콥터는 난류 속에 떨어질 수 있습니다. 비행기가 난류를 만났을 때는 재빨리 위로 날아올라 그 난류를 뛰어넘어야 합니다. 새가 날아오르려면 아래로는 풍력을 의지해야 합니다. 풍력이 크면 클수록 날아오를 때 그만큼 쉽기 때문에 날개를 빨리 치면 곧 날아오릅니다. 만약 우리가 장래에 도를 닦아 성공 하려면, 날아오르기 시작하는 것처럼 풍력을 이용해야 하는 것도 같은 도리입니다.

  이 도리를 인생에 비유해보겠습니다. 당신이 사업에 성공하고 싶다면 본전이 있어야 합니다. 본전이 바로 당신의 바람[風]입니다. 많은 청년들이 이렇게 저렇게 하고 싶다고 한참이나 말하지만 당신은 그럴 자본 있습니까? 돈이 한 푼도 없습니다. 당신은 바람이 없는 것이니 당연히 날아오를 수 없습니다. 그렇다면 당신은 얌전히 집에서 정좌하세요! 날려고 하지 않으면 얼마나 좋습니까! 날아오르고 싶다면 바람의 힘을 배양해야 합니다. 풍력이 크면 클수록 그만큼 높이 날아오릅니다. 그러므로 젊은이들이 사업을 한번 하고자 한다면 당신의 학문·재능·재지(才智)를 모두 양성해야합니다. 그게 바로 당신의 바람입니다. 풍력이 클수록 그만큼 9만 리 고공으로 날아오를 수 있습니다. 아래를 내려다보면 이른바 '천하의 초빙에 응하는 것[馳騁天下]'으로, 천하 만물이 모두 당신 아래에 있으면서 극히 작습니다. 그때에 당신은 이미 자신이 위대하다고 느끼지도 않으며, 위대하다고 말할 것도 없습니다.

고공에서 내려다볼 때 만약 영웅이 서 있는데, 긴 두루마기를 입고 손에 큰 칼을 만지작거리고 있다면, 당신은 고공에서 생각하기를, 아, 저 어린애는 뭘 하고 있는지 모르겠다고 할 겁니다. 당신은 그런 경계를 생각 좀 해 보십시오. 그런 인생 경계에 무슨 의미가 있겠습니까! 만약 아래에서 두 사람이 서로 싸우고 있는 것을 고공에서 본다면 두 마리의 개미가 서로 싸우고 있는 것을 보는 것 같아, 손가락으로 한번 꼬집으면 그 둘을 해결해버릴지도 모르는, 그런 인생 경계를 생각 좀 해 보십시오! 그 속의 한 층 한 층의 도리는 아직도 많고 많습니다! 모두 선종의 화두입니다. 이어서 다음에 말합니다.

바람의 힘이 그렇게 크기 때문에 이 대붕새는 날아올라 가서 푸른 하늘을 등에 업었습니다. 푸른 하늘은 얼마나 멀까요? '가로막을 것이 없다[而莫之夭閼者]', 얼마나 먼지 모릅니다. 무량무변합니다. 이런 공령한 환경 속에서야 그는 비로소 '도남(圖南)', 비로소 남극에 도달할 수 있습니다. 도가는 남극이 장생불로의 땅의 상징이라고 말합니다. 그래서 수성(壽星)을 남극선옹(南極仙翁)이라 일컫습니다. 이 대붕새가 날아가는 환경이 이렇게 공령해야 비로소 그러한 성취가 있습니다. 만약 한 인간의 사상과 그릇이 공령하지 않다면 끝장입니다. 저 컵이 작은 구덩이의 물에서 배가 되는 것이나 다름없어서 영원히 움직일 수 없습니다. 높고 먼 공령한 경계가 있어야 이 인간세상에서, 이 우주 속에서, 자유자재하게 날을 수 있으며, 그래야 소요할 수 있습니다. 그렇지 않다면 그것은 소모 (消耗)한다는 '소(消)'요 덜덜 떤다는 '요(搖)'로서, 다 소모해 버리면 덜덜 떨 수밖에 없습니다. 장자가 말하는 소요는 진정한 소요입니다. 『장자』를 읽으면 자기의 흉금이 높이 날고 확대될 것입니다.

일이십 년 전에 지위도 높은 어떤 사람이 남투(南投; 대만의 지명/역주)로부터 저를 보러온 일이 생각납니다. 그는 말하는 게 온통 흥! 하! 였습니다. 그래서 우리는 그 사람을 흥하이장(哼哈二將)이라고 불렀습니다. 그는 말했습니다. 최근에 번뇌가 많아 정좌를 해도 문제를 해결하지 못하는데 어떻게 할까요? 저는 그더러 장자를 읽으라고 권했습니다. 뒷날 저에게 말하기를 장자 책을 읽고 나서 몹시 편해져 해탈한 느낌이 있으며, 지금은 흥! 도 하! 도 하지 않는다고 했습니다.

대붕새와 작은 새

매미와 작은 새가 대붕새를 비웃으며 말했다. "우리는 푸드덕 날아 이 느릅나무에서 저 박달나무로 도달하는데, 이것도 멀어서 때로는 도달하지 못해 땅바닥에 떨어진다. 그런데 저 대붕새는 어째서 구만 리나 날아올라 남쪽으로 가는 쓸데없는 일을 하는 것일까?"

蜩與學鳩笑之曰：我決起而飛, 槍楡枋, 時則不至而控於地而已矣。奚以這九萬里而南爲？

'조여학구소지왈(蜩與學鳩笑之曰), '조(蜩)'는 벌레인데 무슨 벌레일까요? 매미입니다. 장자는 어떤 사물을 말할 때마다 항상 물화를 언급합니다. 한약에는 선태(蟬蛻)라는 약이 있습니다. 매미는 여름에 나무 그늘에서 듣기 좋게 울고 가을이 되면 변화하여 껍데기를 벗고 나옵니다. 이 빈 껍데기를 선태라고 하며 약재로 사용합니다. 목이 쉬었을 때 선태는 열을 물러나게 할 수 있어서 매미처럼 소리를 내게 할 수 있습니다. 또 '학구(學鳩)'는 일종의 작은 새입니다. 작은 벌레와 작은 새는 모두 대붕새를 본적은 없고 남이 그런 얘기를 하는 것을 들었을 뿐입니다. 작은 새와 작은 벌레는 대붕새의 일을 듣고 비웃기를, 저 대붕새는 정말 쓸데없는 일을 한다. 구태여 그렇게 멀리 날아 남극까지 갈 필요가 있을까? 우리의 경우는 '결기이비(我決起而飛)'한다.

장자 문장에 유의하기 바랍니다. 대붕새가 나는 경우는 '노이비(怒而飛)'로서, 높이 날아가는 것입니다. 작은 새가 나는 경우는 '결기이비(決起二飛)'로서, 푸드덕 날아가고 푸드덕 뛰어오는 것입니다. 우리는 어떤 녀석이 푸드덕 가버렸다고 표현하는데, 이 소리는 날아가도 멀리 못 날아감을 표현합니다. 그렇지요? 만약 대붕새를 표현하기를 푸드덕 한번 하고는 남극에 도달한다고 한다면, 그건 아닙니다. 그러므로 형용사가 매우 관계가 있습니다. '성난 듯 기(氣)가 충만하여 날아오르는 것'과 '푸드덕 날아가는 것'은 같지 않습니다. '결기이비'는 바로 푸드덕 날아가는 것입니다. 작은 새도 자기가 푸드덕 하고 나는 것에 매우 득의양양합니다. '창유방(槍楡枋)'이란 이 작은 나무에서 저 작은 풀로 날아가는 것인데, 역시 먼 것입니다! 이 건물 층에서 저 후면까지 날아갔다 한 번에 날아오는 것도 통쾌합니다. '시즉불지(時則不至)', 만일 새가 날아서 도달하지 못하면 떨어집니다. '이공어지이이의(而控於地而已矣)', 바닥에 떨어질 뿐이며 떨어져도 죽지는 않습니다. 이게 바로 작은 새의 비행입니다.

늙은 암탉도 우리들에게 쫓겨 급하게 되었을 때는 꼬꼬꼬! 하면서 푸드덕 날아 두 세 걸음 앞으로 갑니다. 그도 자기가 대단하다고 자기가 위대하다고 느낍니다. 인생경계는 그렇게 많이 다릅니다. 그래서 작은 새는 대붕새를 비웃습니다. 저 형씨는 쓸데없는 짓 하네! 9만 리까지 날아올라 남극으로 뭐 하러 가는 거야[奚以這九萬里而南爲]?

장자는 이렇게 한 단락 얘기해 놓고는 말하지 않기로 했습니다. 사라져버렸습니다. 작은 새가 대붕새를 비웃는 것만 당신에게 말해주고 있을 뿐입니다. 여러분 주의하십시오! 다들 작은 새가 되지 마십시오. 세상의 일부 대단한 사람들은 아직 출세하지 못했을 때에는 그에 대해서 이리 비웃고 저리 비웃는 사람들이 있었습니다. 바로 작은 새의 흉금이었습니다. 역사상 그런 사례가 많이 보입니다. 당나라 왕조 말기 시대에 나라를 찬탈하고 왕위를 도둑질하여 잔당(殘唐) 5대(五代)를 열어 양(梁) 왕조 황제라고 불렸던 주온(朱溫)은 아직 황제가 되지 않았을 때 몹시 가련했습니다. 엄마가 그의 삼형제를 데리고 남에게 고용되어 일했습니다. 그 자신도 남을 도와 일하고자 했습니다. 그 사장님은 날마다 그를 꾸짖었습니다. 너 이 녀석, 키는 큰 놈이 하루 종일 일도 게을리 하고 입으로 허풍만 치다니. 주온은 그에게 꾸지람을 듣고서 화가 나서 말했습니다. 당신들 늙은 농부 시골뜨기는 그저 집 짓고 재산이나 살 줄 알지 우리들 대장부 뜻을 어찌 알겠소? 그 사장님은 그를 때리려 했습니다. 그 사장님의 어머니가 보고서 말했습니다. 때리지 마라. 이 녀석은 앞길이 한량없다. 잘 대해 주어야 한다. 그 사장님은 바로 작은 새나 마찬가지였습니다. 할머니는 주온에게 물었습니다.

너는 이것도 안하려고 하고 저것도 안하려고 하는데, 너는 도대체 뭘 하고 싶은 거냐? 그는 말했습니다. 제게 사냥 무기를 주는 게 제일 좋습니다. 제가 산속에 가서 당신을 위해서 사냥을 하겠습니다! 사냥한 짐승 요리를 좀 마련해서 당신이 드시게 해 드리겠습니다. 노부인이 말했습니다. 좋다! 네가 원하는 대로 모두 도와주겠다. 그래서 주원은 뒷날 황제가 되어 이 할머니와 자기 어머니를 함께 맞이했는데, 그녀에게 감사하기 위해서였습니다. 그렇지만 그 사장에 대해서는 잡아 죽이지 못하는 게 한스러웠습니다. 이 녀석, 안목이 그렇게 작아서 남을 깔보다니. 그러므로 다들 남을 볼 경우 안목을 좀 크게 내다보아야 합니다. 이런 작은 새로 변하지 마십시오. 이 단락에 대해서 장자는 자세히 말하지 않았기에 제가 역사 이야기를 가지고 말했습니다.

계획된 여행

아침에 외출하여 저녁에 돌아올 길을 가는 사람은 세 끼 식사를 하고 돌아오므로 그의 배는 여전히 블룩하다. 백 리 길을 갈 사람은 전날 밤에 양식을 찧어 준비해야 한다. 천 리 길을 갈 사람은 석 달 양식을 모아 준비해야 한다. 저 두 작은 것들이 무엇을 알겠는가! 작은 견지(見地)는 큰 견지에 미치지 못하고, 짧은 수명은 긴 수명에 미치지 못한다. 어떻게 그런 도리를 알 수 있을까?

適莽蒼者, 三湌而反, 腹猶果然 ; 適百里者, 宿舂糧 ; 適千里者, 三月聚糧。之二蟲又何知 ? 小知不及大知, 小年不及大年。

奚以知其然也？

'적망창자(適莽蒼者)', 무엇을 '적(適)'이라고 할까요? 길을 걸어서 여기서 저기로 가는 겁니다. 고문에서 표현하기를 아침의 하늘색을 '망(莽)'이라 부르고, 저녁 하늘색을 '창(蒼)'이라고 합니다. 남북조 시대 때 다음의 시가 한 수 있었습니다.

저녁 하늘은 짙푸르고 들판은 아득히 넓네　　　天蒼蒼　野茫茫
바람이 불어와 풀 누우니 소와 말이 보이네　　風吹草低見牛羊

이것은 서북 지방의 저녁 모습입니다. 대만의 아침의 그런 모습이 '망(莽)'인데, 해가 막 산위에 떠오를 때입니다. 기후가 다르기 때문에 표현이 두 가지입니다. 장자는 말합니다. 어떤 사람이 아침에 외출하여 저녁에 집에 돌아올 것을 준비한다. '삼손이반(三飱而反)', 아침식사를 하고서야 출발해 한낮에 친구 있는 곳에서 한 끼를 먹고 저녁에 집에 돌아와서 저녁 식사할 것을 준비한다. '복유과연(腹猶果然)', 그의 배는 아직도 불룩하다. 만약 1백 리를 갈 준비를 한다면 어떨까? 준비가 달라진다. 약간의 건량(乾糧)을 지녀야 한다. 길이 좀 멀어서 이삼일 지나 돌아올지도 모른다. 만약 1천 리를 걸어갈 것이라면 준비가 또 달라진다. 2~3개월의 건량을 지녀야 한다.

마치 장자가 여행을 잘 할 줄 아는 듯이 우리들에게 외출할 때 어떻게 준비하라고 일러주고 있습니다. 바꾸어 말하면, 우리들에게 인생의 경계를 일러주고 있습니다. 앞길이 원대(遠大)하다면 원대한 계획이 있어야 합니다. 안목이 짧고 얕은 사람은 그저 현실만을 봅니다. 오늘만 붙들어 쥔 것으로 좋고. 내일이 없습니다. 어떤 사람들은 안목이 좀 넓어, 내일만 붙들고 모레가 있는 것은 모릅니다. 어떤 사람들은 오늘도 내일도 모레도 다 필요 없습니다. 그에게는 영원한 것만 하나 갖고자 합니다. 그러므로 또한 말합니다. '지이충우하지(之二蟲又何知)?', 결론에 도달했습니다. 이 두 작은 것들이 알기는 뭘 알겠는가? 그들의 지식 범위는 또한 어떠할까요? 또 그들도 날아보았습니다. 마치 늙은 암탉처럼 세 걸음은 날아본 적이 있습니다! 그러므로 말하기를 '작은 견지는 큰 견지에 미치지 못한다[小知不及大知]'라고 합니다.

여기서의 '지(知)'는 견지입니다. 그 지식의 범위에는 학문과 안목과 그릇의 크기가 포함됩니다. 한 인생이 안목이 없다면 현실만 봅니다. 좀 멀리 본다 하더라도 한계가 있습니다. 원대한 식견[遠見]과 고견(高見)이 있는 사람이라야 천추(千秋)의 대업(大業)이 있어서 영원히 위대합니다. 그러므로 '소지불급대지(小知不及大知)', 지혜의 크기에는 모두 범위가 있습니다. '소년불급대년(小年不及大年)', 수명에도 길고 짧음이 있습니다. 어떤 사람들은 자신이 생명을 틀어쥐지 못해서 몇 십 년 살고, 기껏해야 팔구십 년이며, 일백 년을 살더라도 결국 죽고 맙니다. 생명을 틀어쥘 줄 모르기 때문에, 시간을 틀어쥐지 못합니다. 이것이 '짧은 수명은 긴 수명에 미치지 못한다'입니다.

앞서 소요유 편의 요점을 말했듯이, 제일 첫 부분에서 먼저 물화(物化)를 제시했습니다. 물화 작용의 첫 번째 요점이 침잠비동(沈潛飛動)입니다. 이것이 바로 중국 고대의 생물과 화학의 과학 관념으로서 단지 고대의 과학에 속할 뿐이니 현재의 과학 관념으로 비교하지 말기바랍니다. 맞는지 안 맞는지에 대해서는 따로 그 증명을 구하기를 기다릴 뿐입니다. 장자의 뜻은 변화의 도리를 말하는 것입니다. 그리고 곤어라는 물고기가 대붕새로 변하는 것을 설명으로 삼고 있습니다.

두 번째의 요점은 일체의 생물, 만유 생명이 변하는 까닭은 그 속에 어떤 것이 하나 있어서 그것들로 하여금 변화하게 한다는 것을 말합니다. 장자는 그 어떤 것에 대해 하나의 명칭을 제시했는데, 바로 식(息)입니다. 식(息)은 바로 소식(消息)인데, 『역경』에서 말하는 소식입니다. 뒷날의 도가는 그것을 기(氣)라고 불렀습니다. 만물은 모두 기화(氣化)입니다. 장자 문장의 표현방법과 말하는 도리는 인간세상의 모든 학문지식을 모두 불학 명사인 비량(比量)으로 귀납시킨 것이지 현량(現量)의 경계가 아닙니다.

현량(現量)이란 그 진실한 것이 드러난 것입니다. 우리는 이제 불학 명사를 차용하여 장자가 말하는 그 도리를 이해했습니다. 그는 말하기를, 인류의 견해와 지식, 생활의 경험은 모두 비량이지 진실이 아니라고 합니다. 그러므로 같은 기후, 같은 공간, 같은 시간, 같은 색깔, 같은 음식이라도 사람들 저마다의 느낌 정도는 같지 않습니다. 이 모든 것은 비교적인 것으로서 모두 비량에 속합니다. 비교적인 것은 절대적인 것이 아니요 진정한 것이 아닙니다. 장자는 경중(輕重)의 비량, 지혜의 비량, 대소의 비량이 있다고 봅니다. 사람은 저마다 자기의 지식 범위에 근거해서 사물을 보는 것이 모두 서로 같지 않습니다. 모두 비교적입니다.

장자의 문장은 너무나 아름답습니다. 읽어보면 이 말 한 마디 툭하고 저 말 한마디 툭 합니다. 만약 전편의 논리를 분명히 알게 되면 그것은 대단히 조리가 있습니다. 그는 빙빙 돌려 말하기도 하고, 기뻐 웃기도 하고, 성내 욕하기도 하며, 정면으로 또는 반면으로 말합니다. 수명 시간의 길이가 다르기 때문에 사람의 지혜, 경계, 이해의 크기도 다른 것입니다.

'해이지기연야(奚以知其然也)', '해이(奚以)'는 고문에서의 글쓰기법입니다. 진한(秦漢) 시대부터 청나라 시대까지 모두 이런 식으로 썼습니다. 오늘날의 하이(何以: 왜, 어째서, 무엇으로, 어떻게의 의미임/역주)나 같습니다. 백화문으로는 나(那: 그럼, 그렇다면 의미임/역주)나 즘마양(怎麽樣: 어떻게 의미임/역주)에 해당합니다. '해이지기연야(奚以知其然也)'는, 그렇다면 어떻게 그런 도리를 알까요? 입니다. 다음에서 한 예를 듭니다.

생명의 길고 짧음

큰 비가 내린 뒤 다음날 아침에 자라난 표고버섯은 그믐과 초하루를 모르고, 여름철만 사는 매미는 봄가을을 모른다. 수명이 짧기 때문이다. 초(楚)나라 남쪽에 명령(冥靈)이라는 큰 거북이 한 마리가 있었는데, 5백 년을 봄으로 살고 5백 년을 가을로 살아 1천 년을 살았다. 상고 시대에 대춘(大椿)이라는 큰 나무 한 그루가 있었는데, 8천 년을 봄으로 살고 8천 년을 가을로 살아 1만6천 년을 살았다. 그런데 8백 살을 산 팽조(彭祖)가 오래 산 것으로 특히 소문나 많은 사람들이 그와 비교하고 싶어 하니 슬픈 일이 아닌가!

朝菌不知晦朔, 蟪蛄不知春秋, 此小年也。楚之南有冥靈者, 以五百歲爲春, 五百歲爲秋。上古有大椿者, 以八千歲爲春, 八千歲爲秋。而彭祖乃今以久特聞, 衆人匹之, 不亦悲乎！

'큰 비가 내린 뒤 다음날 아침에 자라난 표고버섯은 그믐과 초하루를 모르고[朝菌不知晦朔]', 그는 버섯류인 표고버섯으로 비유를 삼고 있습니다. 큰 비가 내린 뒤 어둡고 습기 진 곳에 그 다음날 이른 아침에 나무뿌리에서 흰 색의 버섯류들이 자라나 있는데, 이것은 식물 균류들의 화생(化生)입니다. 이런 종류의 것들은 '부지회삭(不知晦朔)', '회(晦)'는 매달 그믐이고 '삭(朔)'은 매월 초하루입니다. 바꾸어 말하면 이러한 종류의 생물들은 수명이 일 개월도 못됩니다. 가령 그것이 월초에 태어난 것이라면 월말을 보지 못합니다. 그러므로 그것은 인간세상에 한 달이라는 시간이 있는 것을 모릅니다.

그밖에 또 하나의 벌레는 '혜고(蟪蛄)'라고 하는데 매미처럼 변화합니다. 매미는 여름철에 사는 생물로서 가을 이후에는 죽어버립니다. 가을 뒤에 날씨가 추워지면 그것은 소리를 내지 못하게 됩니다. 옛사람들은 그것을 한선(寒蟬)이라고 했습니다. 중국문학에서 '금약한선(噤若寒蟬)'이라 말하는데, 사람이 환경에 놀라서 한마디도 감히 하지 못하는 것을 형용합니다. 추운 날 그 매미처럼 말입니다. 이런 생물들은 한 계절만 살 뿐이기에 일 년 중에 봄과 가을이 있는 줄을 모릅니다[蟪蛄不知春秋, 此小年也]. 또 일부 더 작은 세균들은 몇 분만의 수명이 있거나 몇 초간의 수명이 있을 뿐입니다. 우리는 그것들이 몹시 가련하다고 느낍니다. 왜냐하면 우리는 7,80년 동안 살아서 자기 자신이 상당히 위대하다고 생각하기 때문입니다. 사실 그 몇 초간의 생명도 일생을 산 것이요 역시 쾌활합니다. 이런 느낌의 경계는 사람마다 다르고, 생명체마다 다릅니다. 작은 것은 우리가 이해하기 쉽지만 큰 것은 믿기가 그리 쉽지 않습니다.

'초(楚)나라 남쪽에 명령(冥靈)이라는 큰 거북이 한 마리가 있었는데, 5백 년을 봄으로 살고 5백 년을 가을로 살아 1천 년을 살았다[楚之南有冥靈者, 以五百歲爲春, 五百歲爲秋]', 1천 년을 산 이

'명령(冥靈)'이란 무슨 물건일까요? 사실은 일종의 거북으로 큰 거북입니다. 우리가 남에게 장수를 빌며 보내주는 것은 거북의 표식 아니면 흰 학의 표식입니다. 이 두 가지 생물은 모두 오래 삽니다. 천년 된 거북은 죽지 않을 수 있습니다. 왜냐하면 그것들은 기(氣)를 먹을 수 있고, 때로는 작은 생물이나 세균들을 먹을 뿐이기 때문입니다.

담 모퉁이에 한 마리 거북을 눌러 놓으면 그것은 수십 년이나 일백 년 동안 먹지 않아도 죽지 않습니다. 그러나 그것이 호흡을 하려할 때는 머리를 내밀고, 작은 벌레가 그 앞에 이르는 것을 만나면 삼킵니다. 날아다니는 작은 벌레 한 마리를 삼키면 충분합니다. 우리가 식당에 가서 한 끼 한바탕 실컷 먹는 것이나 다름없습니다. 거북은 배가 고파지면 머리를 내밀어서 공기를 한 호흡 빨아드리고 다시 움츠려 들어가 오래 동안 눌러 참고 있습니다. 그래서 오래 살 수 있습니다.

어떤 책들에서는 '명령'이 일종의 식물이라고 해석하는데, 그리 합당하지 않습니다. 명령은 거북의 일종입니다. 거북에는 여러 종류가 있습니다. 이 종류의 큰 거북은 마치 바다의 대모(玳瑁)와 같은데, 장강 이남에 비교적 많습니다. 그러므로 말합니다. 초나라 남쪽에 명령이라는 거북이 있는데 그것들은 1천 년을 살 수 있어서 5백 년이 봄인 셈이고 5백년이 가을인 셈이다.

'상고 시대에 대춘(大椿)이라는 큰 나무 한 그루가 있었는데, 8천 년을 봄으로 살고 8천 년을 가을로 살아 1만6천 년을 살았다[上古有大椿者, 以八千歲爲春, 八千歲爲秋]', 우리들의 수명 입장에서 보면 1천 년은 대단합니다. 그렇지만 사실은 이에 그치지 않습니다. 상고 시대에 일종의 나무가 있었는데 '대춘(大椿)'이라 불렀고 8천 년을 봄으로 삼고 8천 년을 가을로 삼았습니다. 그 생명은 모두 합하여 1만6천 년이었습니다. 이 대춘 나무는 중국의 도가 입장에서 보면 희한한 것이 아닙니다. 왜냐하면 도가는, 사람이 정(精)을 수련하여 기(氣)로 변화할 수 있으며, 기를 배양하는 공부를 닦아 성공하면 천지와 함께 쉬고 해와 달과 그 수명을 함께 할 수 있다고 보기 때문입니다. 수명은 우주와 마찬가지로 오랠 수 있고, 태양과 달과 마찬가지로 길 수 있습니다.

중국의 일부 학자들은 대춘 나무에 대해서 감히 믿지 않는 학자들이 있었습니다. 그들은 대춘이란 장자가 가설해 낸 것이라고 생각했습니다. 장자가 말한 것이 가짜이든 진짜이든 간에 생물의 수명에는 수천 년의 것이 있습니다. 아리산(阿里山)에 있는 신목(神木)이 바로 그 한 예입니다.

'그런데 8백 살을 산 팽조(彭祖)가 오래 산 것으로 특히 소문나[而彭祖乃今以久特聞]', '팽조(彭祖)'는 중국에 유명한 장수자입니다. 모두들 그가 8백 살을 살았다고 알고 있습니다. 팽조는 요임금 시대 때 사람으로 그의 성은 전(籛)씨이고 이름은 갱(鏗)입니다. 요임금이 그를 팽성(彭城)에 분봉했기 때문에 팽조라고도 부릅니다. 남방 초나라 사람입니다. 8백 살을 살았다고 하지만 상고 시대 입장에서 보면 이 수명은 노자와 비교했을 때는 길다고 할 수 없습니다. 도가의 전기에서 노자는 몇 살을 살았는지 모릅니다. 왜냐하면 그는 매 시대마다 출현했고 매 시대마다 성씨를 바꿨기 때문입니다. 우리가 오늘날 말하는 노자는 주나라 왕조 때의 이름입니다. 그의 실제 수명은 아는 사람이 없습니다.

팽조가 8백 년을 산 것은 역사상 그 증명이 있습니다. 그래서 장자는 제시하여 말합니다. 팽조의 수명이 가장 길어서 '이구특문(以久特聞)', 가장 오래 살았다고 특별이 소문났다는 것입니다. '많은 사람들이 그와 비교하고 싶어 하니 슬픈 일이 아닌가[衆人匹之, 不

亦悲乎]!', 팽조의 나이 입장으로 보면 8백 년을 살아서 우리 일반인들이 그와 서로 비교해보면 정말 너무 하찮습니다. 몇 십 년 살면 벌써 할아버지 할머니로 부르니 정말 가련하고도 슬픕니다. 옛날에 우스개 얘기가 하나 있었습니다. 회갑 잔치에서 손님이 장수하시라 빌기를, 할아버님 팽조만큼 오래 사세요 하자 그 할아버지가 말했습니다. 너는 나를 깔보는구나. 팽조는 겨우 8백 살 살았어. 나는 1천 살을 살고 싶다. 손님이 말했습니다. 저는 그런 기록 찾을 수 없는데요! 할아버지가 말했습니다. 너는 책을 너무 적게 읽었어. 들어본 적 없느냐? 좋은 사람은 수명이 길지 않고 화근을 일으키는 사람은 천년을 산단다!

장자는 이 단락에서 아직도 여전히 대붕새를 얘기하고 있습니다. 하지만 그 중간에 다른 이야기를 많이 끼워 넣고 비유로써 설명하기를 사람마다 지식의 범위에 한계가 있기 때문에 저마다의 경계 지혜의 비량이 다르다고 했습니다. 수명의 길고 짧음도 사람의 지식의 비량(非量)으로부터 온 것이라 했습니다. 옛 사람들이 장자의 문장이 왕양호탕(汪洋浩蕩)하다고 찬탄했습니다. 즉, 광대하다는 뜻입니다. 큰 바다의 파도의 경우 얼마나 많은 파도가 있는지 모릅니다. 그러나 귀결시키면 여전히 하나의 큰 바다입니다. 장자의 문장은 뒷부분을 보면 앞부분을 잊어버리는데, 사실은 자연히 논리와 법칙이 있습니다. 물화(物化)에 대해서 그는 다시 반면적인 설명을 하나 하면서 고대 역사의 한 가지 경험을 인용합니다.

북극의 천지(天池)

상(商)나라 탕왕(湯王)이 현명한 신하 하극(夏棘)에게 물었던 문제도 바로 이것이었다. 불모 지역인 궁발(窮髮)의 북쪽에 어두운 바다가 있는데, 그곳이 천지(天池)이다. 그곳에 물고기가 있는데 그 너비가 몇천 리요 그 길이는 아직 아는 사람이 없다. 그 이름은 곤어이다.

湯之問棘也是已。窮髮之北有冥海者，天池也。有魚焉，其廣數千里，未有知其脩者，其名爲鯤。

　'상(商)나라 탕왕(湯王)이 현명한 신하 하극(夏棘)에게 물었던 문제도 바로 이것이었다[湯之問棘也是已]', 중국의 상고 시대 때 상(商)나라 탕왕이 당시 고명하고 학문이 있으며 도덕수양이 있는 사람에게 물었습니다. 그런데 그 사람의 이름은 '극(棘)'이었습니다. 이 사실을 통해서, 장자가 말하는 '북명에 물고기가 있는데 갑자기 대붕새로 변해서 남극을 향하여 날아간다는 것'이 진짜이지 가짜가 아님을 증명할 수 있습니다.
　송나라 시대의 대 문학가인 소동파(蘇東坡)를 농담조로 소동피(蘇東皮)라고 부릅니다. 그런데 그의 문장이 격식에 구애되지 않은 것도 모두 장자를 배운 것으로, 역시 이 말 한마디 툭 저 말 한마디 툭 합니다. 여기서 장자가 말하는 '궁발지북(窮髮之北)'은 어느 곳일까요? 먼저 무엇이 '궁발'인지 말하겠습니다. 땅의 머리털인 풀입니다. 북방 민족은 가장 북쪽 지방에 사는데, 풀조차도 없는 곳입니다. 그곳이 바로 궁발이라는 곳으로, 러시아로부터 북극에 이르는 곳을 가리킵니다. 그래서 러시아인들을 궁발의 백성이라고 합니다. 이점은 『산해경』과 중국 상고사를 연구하면 알게 됩니다. 이 단락의 문장 속에서 장자가 말하는 북명은 바로 북극으로서, 러시아의 북쪽으로부터 극북(極北)에 이르는 곳에 있음을 증명하고 있습니다. 그러므로 궁발은 바로 그 지명이며 고대에는 민족의 명칭이기도 했습니다. 궁발의 북쪽은 최 북방입니다. '유명해자(有冥海者)', 그곳에 명해(冥海)가 있는데, 바로 장자가 시작부분에서 언급했던 북명입니다.

'천지야(天池也)', 장자가 위에서 언급하기를 대붕새가 남쪽을 향하여 날아가서 남명에 도착하고 그곳이 천지라고 했는데, 이제 또 되돌아서 왜 북극 역시 천지(天池)라고 말하는 것일까요?

이점에 관하여는 중국 상고의 과학과 물리를 연구하면 알 수 있습니다. 북극에 도달하고 다시 계속 앞으로 나아가면 바로 남극입니다. 남극과 북극은 연결되어 있습니다. 왜냐하면 지구는 공처럼 둥근 것이기 때문에, 걸어서 북극에 도달하고 다시 걸어가면 바로 남극이요, 남극에 도달해서 다시 걸어가면 북극입니다. 그러나 정말로 남극이나 북극 그곳에 도달하면 당신은 그곳에서 벗어날 수 없습니다. 왜냐하면 지구 중심에 흡인력이 있어서 당신을 빨아들이기 때문입니다. 듣건대 지구의 내부도 시끌벅적하답니다. 그래서 거기에 또 하나의 세계가 있는데 우리들 세계보다 더 좋답니다. 일단 그곳에 들어간 뒤에는 영원히 장생불사합니다. 1만6천 년을 사는 데 그치지 않습니다. 문제는 들어가기 어렵다는 것입니다.

중국의 감숙(甘肅)에 우리의 선조인 황제(黃帝)의 무덤 뒤에 구멍이 하나 있는데, 그곳으로부터 지하 안으로 들어갈 수 있다고 합니다. 그밖에 티베트의 고원에나, 사천(四川)과 섬서(陝西)의 화산(華山) 등에는 모두 몇 개의 구멍이 있어서 지구 중심에 도달할 수 있다고 합니다. 도대체 어쩌할까요? 우리는 이런 신화들을 잠시 상관하지 않을 수밖에 없습니다.

이 단락의 이야기를 장자는 왜 중복해서 인용할까요? 사람의 지식이란 유한하기 때문에 작은 경계의 것은 큰 경계를 모르고, 사람의 수명과 경험에 한계가 있기 때문에 큰 경계를 볼 기회가 없다는 것을 말하는 겁니다. 한참 말하고 난 뒤 그에게는 고고학 경험이 있다며 역사상의 증명을 제시하고 있습니다. 우리의 상고 문화에서 상나라 탕왕은 그 당시에 같은 문제를 물은 적이 있다. 이런 사실을 통해서, 상고에 이 문제가 널리 전파되었음을 알 수 있다. 그는 말합니다. 북명에 물고기 한 마리가 있다. 그의 넓이가 몇 천리인지 모른다. '미유지기수자(未有知其脩者)', '수(脩)'는 길이입니다. 이 물고기가 얼마나 긴지 모른다. 오늘날 문학 속에서 어떤 사람이 '호리호리하다, 길다'는 뜻으로 '수장(修長)'하다고 표현하는데, 이 수(脩)자는 수(修)자와 통용합니다. 이 물고기의 이름을 곤어라 한다[其名爲鯤].

큰 것과 작은 것

새가 있는데 그 이름이 대붕새이다. 그 등은 태산 같고 날개는 하늘을 뒤덮은 구름 같다. 부요(扶搖)와 회오리[羊角] 태풍을 일으켜 서로 치고 싸우면서 바람을 한곳으로 말아 모아 9만 리 높이까지 날아올라 구름을 벗어나 대기층을 아래에 두고 푸른 하늘을 등에 업은 뒤 남쪽을 향하여 남극해로 간다. 작은 새가 대붕새를 비웃어 말했다. "저 녀석은 구태여 그곳까지 갈 필요가 있을까? 나는 펄쩍 날아올라도 불과 몇 길을 못 올라가 내려와 쑥대들 사이를 퍼덕이며 날아다닌다. 이것도 통쾌하게 날아다니는 것인데 저 녀석은 구태여 그곳까지 갈 필요가 있을까?" 이것이 작은 것과 큰 것의 차이이다.

有鳥焉, 其名爲鵬, 背若泰山, 翼若垂天之雲, 搏扶搖羊角而上者九萬里, 絶雲氣, 負靑天, 然後圖南, 且適南冥也。斥鴳笑之曰 : 彼且奚適也? 我騰躍而上, 不過數仞而下, 翶翔蓬蒿之間, 此亦飛之至也。而彼且奚適也? 此小大之辯也。

장자는 여기서 또 이 이야기를 중복하고 있습니다. '단부요양각이상자구만리(搏扶搖羊角而上者九萬里)', '부요(扶搖)'는 바람의 이름이라고 우리는 앞서 이미 얘기했습니다. '양각(羊角)'도 바람인데 무엇을 양각풍(羊角風)이라고 할까요? 어떤 사람들이 기절해서 땅에 넘어져 입이 삐뚤어지고 덜덜 떨며 입에서 흰 거품을 내는, 그런 양각풍을 가리키는 것이 아닙니다. 이 양각풍은 토네이도 종류의 바람으로서, 지면으로부터 위로 솟아올라 마치 양의 뿔처럼 빙빙 돌면서 부는 것입니다.

부요풍은 저 바다 밑에서 오는 것으로 바다 위로 불기 시작합니다. 오늘날 태풍이라고 부르는 그런 종류의 바람입니다. 그러므로 이 두 가지 바람은 다릅니다. 상고 시대의 바람은 마치 오늘날 태풍이 이름이 있듯이 다 이름이 있었습니다. 이 '단(搏)'자는 묘합니다. 박투(搏鬪: 때리며 싸우다. 격투하다/역주)한다는 그런 박(搏)의 뜻이 아닙니다. 그렇지만 박투한다는 의미도 있습니다. 바람과 서로 싸우면서 바람을 한곳으로 말아 모읍니다. 대붕새의 날개는 그 큰 바람을 모두 포위합니다. 그래서 9만 리 고공으로 날아올라갔습니다.

'구름을 벗어나 대기층을 아래에 두고[絶雲氣]', 가장 높은 곳에 도달하면 대기층은 대붕새의 아래에 있습니다. 그러므로 '절운기'라고 합니다. 높은 허공에는 구름이 없어서 높은 하늘의 가장 자리에 도달합니다. '푸른 하늘을 등에 업고[負靑天]', 가장 높은 허공에는 구름이 없을 뿐만 아니라 공기조차도 없습니다. 그러나 그 높은 허공 위에 여전히 있는 것, 그것을 중국 문학에서는 '청천(靑天)'이라고 합니다. 때로는 '청명(靑冥)'이라고도 합니다.

여기서 우리 중국 문학과 상고 문화를 얘기해 보겠습니다. 그것은 묘합니다. 어떻게 묘할까요? 이른바 '명(冥)'이란, 높은 허공의 청명(靑冥)한 하늘은 그 위에 아무 것도 없고 보이지 않습니다. 오늘날 우리들의 과학은 달에 도달했습니다. 지구 밖으로 벗어나면 한 구간의 암흑이 있는데, 사실은 중국 상고에 이해했던 청명입니다. 그것은 깜깜한 것으로 아무것도 없습니다. 텅 빈 이 한 구간은 우리의 지구와 다른 별들 사이에 있습니다. 그래서 청천(靑天)이라고도 하고 청명(靑冥)이라고도 합니다. 장자의 이 단락은 '연후도남(然後圖南)', 남쪽으로 향하여 날아가기를 기도하고 남극으로 가서 '차적남명야(且適南冥也)', 남극에 도달했다고 설명했습니다.

'척안소지왈(斥鴳笑之曰), 피차해적야(彼且奚適也)?', '척안(斥鴳)'은 작은 새입니다. '해적(奚適)', 구태여 그곳에 갈 필요가 있을까라는 겁니다. 작은 새가 대붕새를 비웃습니다. 구태여 남극으로 도달하려고 갈 필요가 있을까? '아등약이상(我騰躍而上), 불과수인이하(不過數仞而下), 고상봉호지간(翶翔蓬蒿之間), 차역비지지야(此亦飛之至也)', 작은 새는 말합니다. 그렇게 힘들게 날아갈 필요가 어디 있을까? 나처럼 파닥파닥 몇 자[尺] 높이로 뛰어서 한번 날면 몇 길[丈] 높이를 나는 것도 좋고, 어지러운 쑥대들 사이에 날아 내려서 좀 서 있는 것도 날아다니는 것 아니야? 이것도 통쾌하게 나는 것이야! '이피차해적야(而彼且奚適也)', 구태여 꼭 그렇게 높이 멀리 날 필요가 있을까? 대붕새는 그렇게 멀리 그곳까지 날아갈 필요가 어디에 있을까! 장자는 이 단락의 마지막 부분에서는 말합니다. '이것이 작은 것과 큰 것의 차이이다[此小大之辯也]', 이것이 결론입니다.

우리가 만약 논리로써 이 편의 문장을 본다면, 장자는 첫 구절인 '북극해에 물고기가 한 마리 있다[北冥有魚]'로부터 시작하여 여기에 이르러서 하나의 결론을 지었습니다. 그는 말합니다. 일반인들은 물화를 믿지 않는다. 왜 믿지 않을까? '소대지변야(小大之辯也)', 지혜·경계·크기가 다르기 때문에 이 도리를 믿지 않는다.

앞서 우리가 언급했듯이, 사람은 우주 물리세계의 속박으로부터 해탈하여 자기 생명의 진정한 자재와 자유를 찾을 수 있습니다. 아울러 설명하기를, 인간 세상에서 사람됨과 일처리이든 도를 닦든 간에 무엇보다 먼저 견지가 높고, 원대한 식견[遠見]이 있어야 비로소 성취가 있을 수 있다고 설명하고 있습니다. 견지가 높지 않고 지식 범위가 높지 않으면 성취도 한계가 있습니다. 그런 유한한 성취는 아마 이 작은 새처럼 좀 뛰어 몇 길 높이 날았다가 휴식하러 내려와서는, 어지러운 풀무더기 속에 서 있으면서 바람에 따라 좀 흔들흔들하면서도 느긋하다가, 잡으러 오는 사람이 있을 때는 푸드덕 뛰어서 나무 위로 날아 올라갈 것입니다. 이런 인생 경계도 일생을 살고, 사는 것도 쾌활합니다.

이것은 어린애가 물놀이 하는 것과도 같습니다. 찻잔 속에다 조그마한 나뭇잎을 넣거나 대두 콩 껍질을 마련해서 물위에 띄워놓고 두 어린애는 하루 종일 놀 수도 있습니다. 그러면서 자기들끼리 '내 배는 뉴욕에 도착했다! 너 봐라! 기슭에 닿았다.' 그리고 입으로 후~후~ 불면서 '큰 바람이 분다!'고 두 어린애는 몹시 즐겁게 놉니다. 그 어린애들의 경계는 우리들이 지금 장사하여 천만 달러를 번 것과 똑같이 기분이 좋습니다! 경계도 마찬가지입니다. 고추를 먹기 좋아하는 사람이 매워서 온 머리에 땀을 뻘뻘 흘리는 것과, 단맛을 먹기 좋아하는 사람은, 그 기분 좋은 경계가 마찬가지입니다. 다만 매운 맛의 정도가 다르고 단 맛의 정도가 다를 뿐입니다.

붕정만리(鵬程萬里)

장자가 말하는 이 이야기는 생활의 작은 부분에서 중국에 얼마나 오랫동안 얼마나 많은 사람들에게 영향을 끼쳤는지 모릅니다. 이름 짓는 것조차도 그것을 떠나지 않았습니다. 악비(岳飛)는 호가 붕거(鵬擧)였는데, 바로 이 장자 소요유 편에서 온 것입니다. 대붕새의 뜻을 취한 겁니다. 도남(圖南)이라고 이름 지은 사람들도 있습니다. 송 왕조 때 신선인 진단(陳摶)의 대련 한 폭이 저의 집에 걸려있는데 그가 쓴 것입니다.

우람하고 씩씩한 외모는 천마요	開張天岸馬
기이하고 초탈한 품격은 사람들 중 용이로다	奇異人中龍

그의 이름 진단은 바로 '부요와 회오리 태풍을 일으켜 서로 치고 싸우면서 바람을 한곳으로 말아 모아 9만 리 높이까지 날아오른다[搏扶搖羊角而上者九萬里]'에서 따온 것입니다. 진단의 자(字)를 도남(圖南)이라 부르고 자기 호를 부요자(扶搖子)라 한 것도 『장자』이 편 속에서 나온 문자입니다. 고금이래로 이름을 도남이나 붕

(鵬)이라고 한 사람들이 얼마나 되는지 모릅니다. 또 예를 들면 글 공부하러 집을 떠나는 사람에게 붕정만리(鵬程万里) 등의 덕담을 하는데, 장자 영향의 크기는 형용하기 어렵습니다.

또 하나의 예를 들어 말해보겠습니다. 남당(南唐) 시대에 고월(高越)이라는 이름의 문학가가 한분 있었습니다. 이 사람은 아직 자기의 뜻을 이루기 이전에 문학 경지가 이미 높았습니다. 남당은 오대(五代) 시기입니다. 당시에 천하는 어지러웠습니다. 군벌들이 권력을 독점하고 각기 한 지역을 제패하였습니다. 하나의 중국 토지에 8~9개의 국가가 있었고 저마다 왕이라 부르고 황제라고 불렀습니다. 고월은 남당에 귀순한 뒤 최초에 호북성(湖北省)의 장수인 장선(張宣)에게 찾아갔습니다. 그렇지만 오랫동안 인정을 받지 못했습니다. 고월은 한수의 시를 썼는데 장자의 이 전고를 끌어다 사용했습니다.

흰 눈 같은 발톱 별 같은 눈은 세상에서 드문 바요
하늘 높이 날 능력은 털옷을 떨치기만 기다리네
우인(虞人)은 그물 펼쳐 잡을 생각 하지 말라
평원의 낮은 풀 위를 날고 싶지 않다네

雪爪星眸世所稀　摩天專待振毛衣
虞人莫謾張羅網　未肯平原淺草飛

그는 자신을 마치 한 마리의 대붕새처럼 묘사합니다. 대붕새의 발톱은 눈처럼 흰색입니다. '성모(星眸)', 대붕새의 눈은 마치 하늘의 별처럼 몹시 반짝거립니다. 두 날개는 바로 장자가 말한 대로 9만 리 고공까지 날아올라 구름을 벗어나 푸른 하늘을 등에 업습니다. 이러한 비행을 문학 경계 속에서 '마천이비(摩天而飛)'라고 하는데, 하늘과 서로 상호 마찰한다는 겁니다. 그래서 '진모의(振毛衣)', 깃을 펼쳐서 그렇게 높이 납니다. '우인막만장라망(虞人莫謾張羅網)', '우인(虞人)'은 중국 고대의 행정기관 조직으로, 산림속의 동물을 관장하는 원장입니다. 오늘날의 농림부 장관이나 야생동물원 원장과 같은 관직입니다. 당신은 그물을 펼쳐 대붕새인 나를 잡으려고 하지 마라. '미긍평원천초비(未肯平原淺草飛)', 솔직히 당신에게 말해서 당신의 이곳은 너무 작아서 내가 날개 짓 한번 하기에도 부족해! 작은 곳은 날아 올라갈 수 없으니 여기서는 날고 싶지 않아. 좀 재수가 없어도 상관없어. 장래에 어쨌든 구름을 벗어나 푸른 하늘을 등에 업고 날고 싶으니까. 이 한 수의 시는 패기가 비범함을 그렇게 표현하고 있습니다. 만약에 떨어져 내려오면 오늘날은 낙하산이 있어서 당신을 잡아당기고 있을지도 모릅니다. 젊은이들은 그런 패기가 있어야 합니다.

중국문학은 대부분 『장자』 책으로부터 베껴 나온 것입니다. 한 폭의 옛 사람의 그림이 있는데, 오직 한 마리의 새가 나뭇가지에 서 있으면서 입을 꽉 다물고 꼼짝도 않고 있는, 바로 그런 새입니다. 중국화의 경지는 반드시 문학과 결합해야 합니다. 게다가 자신이 시를 지을 줄 알고 글자를 쓸 줄 알아야 좋습니다. 이 사람은 붓을 들어 한번 적어 넣어 이 그림에 화제를 마쳤는데, 역시 새의 이야기를 가지고 다음과 같이 표현했습니다.

| 세상맛을 맛보니 온통 밀랍이구나 | 世味嘗來渾是蠟 |
| 입을 열어 사람들에게 울지 말게 하라 | 莫教開口向人啼 |

세상의 맛은 조금도 재미가 없습니다. 마치 백랍(白蠟)을 먹은

것 같습니다. 그러나 사람이 비록 처지가 곤란하고 생활이 곤궁하더라도 친구한테 하소연하지 말고, 더욱이 남에게 불만을 품지 말기 바랍니다. 입을 마치 이 새처럼 꽉 다물고 있어야 합니다. 이것은 정말입니다! 당신은 배가 고파서 사흘 동안 밥을 먹지 못해서 다른 사람에게 얘기하면 남이 꼭 당신을 동정해주는 것은 아닙니다. 오히려 당신을 비웃을지도 모릅니다. 오직 자기가 방법을 생각해 내어, 가서 빵을 찾으면 됩니다. 빵이 없으면 찌꺼기를 찾아서 먹습니다. 그것도 '평원의 낮은 풀 위를 날고 싶지 않다네'입니다.

이와 같은 종류의 이야기들은 모두 『장자』로부터 나온 것입니다. 제자백가 속에, 특히 불가와 도가 속에 이런 종류의 이야기들이 대단히 많습니다. 만약 당신이 책을 많이 읽었다면, 중국문화는 많은 곳에서 『장자』의 소요유 편과 밀접한 관련이 있으며, 특히 대붕새와 관련이 더욱 밀접하다는 것을 발견할 것입니다.

당신은 무슨 재목입니까

지식능력이 한 벼슬을 하는 데 쓸모가 있는 자나, 행실이 한 고을에서 비교적 출중한 자나, 덕성이 한 임금을 잘 보필할 수 있는 자나, 경험이 한 나라를 다스릴 수 있는 자가, 자기 자신을 몹시 높게 보는 것도 저 작은 새와 마찬가지이다. 그런데 송(宋)나라의 영자(榮子)는 그런 사람들을 비웃는다. 그는 온 세상 사람들이 칭찬한다고 해서 더 고무되지도 않고, 온 세상 사람이 비난한다고 해서 더 기죽지도 않으며, (인생관을 확정하여) 자신의 안팎의 일들의 분량을 분명히 정하고 진정한 영광과 치욕의 한계를 알고 있는데, 이 정도도 이미 대단한 것이다! 이런 사람은 세상에 자주 있는 것이 아니다. 비록 그렇더라도 아직 (도를 얻지 못했기에) 그 어떤 것을 하나 세우지는 못했다.

故夫知效一官, 行比一鄉, 德合一君, 而徵一國者, 其自視也亦若此矣。而宋榮子猶然笑之。且擧世而譽之而不加勸, 擧世而非之而不加沮, 定乎內外之分, 辯乎榮辱之竟, 斯已矣! 彼其於世未數數然也。雖然, 猶有未樹也。

『장자』의 소요유 편은 만물의 변화부터 말하기 시작하여 이제는 두 번째 단락에 이르렀는데, 사람의 변화를 얘기합니다. 즉, 물화(物化)로부터 인화(人化)에 도달했습니다. 바꾸어 말하면, 앞서 말했던 것은 물리세계 만물 자체의 변화였고, 이어서는 정신세계인 마음의 변화를 얘기합니다.

마음의 변화에는 사람의 지식 영역 속에서 경계·지혜·비량의 정도가 다릅니다. 우리 청년 학우 이 한 세대는 전통을 계승하고 미래를 열어 문화를 책임지는 임무를 걸머질 수 있어야 합니다. 그러므로 문자에 대하여 특별히 유의해야합니다. 금년부터 학우들에게 문자 학습에 유의하도록 특별히 요구하는 바입니다. 다들 수준이 너무 부족합니다. 다시 문학혁명(文學革命)을 할 길이 없을 정도로 수준들이 못합니다. 왜냐하면 명(命)이 없어져버려 혁신[革]할 필요가 없게 되어버렸습니다. 그러므로 이제 문화의 생명 뿌리를 새롭게 심어야 합니다.

사실 이 단락은 이해하기 쉽습니다. 한 구절 한 글자마다 유의해야 합니다. 제가 먼저 국어 면에서부터 말하겠습니다. '고부지효일관'에서 '고부(故夫)'란 말은 오늘날 백화문으로는 나마(那麼)에 해당합니다. 이 두 글자는 별 관계가 없는 허자(虛字)입니다. 그러나 왜 꼭 허자를 써야만 할까요? 장자의 문장과 기타 고문은 소리를 내어 읽어야 하는 것입니다. 소리를 내어 읽을 때는 노래를 부르듯이 평측음운(平仄音韻)에 따라 낭랑한 소리로 읽습니다. 소리 내어 읽어 가려면 중간에서 호흡을 바꾸어야 하는데, 호흡을 바꾸는 사이에 약간 '오호(嗚呼)!' 하거나 '고부(故夫)!'를 더하지 않으면 읽어 내려갈 수가 없습니다. 그렇지 않으면 말로 싸우는 것과 같아서 음조가 이상하게 되어버립니다. 문자의 경계가 부드럽고 조화로운 것은 마치 아름다운 음악과 같습니다. 그러므로 그것은 음조를 길게 늘입니다.

'지효일관(知效一官)', 이 '효(效)'자에 유의하기 바랍니다. 어떤 사람들의 지식은 쓸모가 있습니다. 쓸모는 효능·효과입니다. 그의 학문지식 범위, 그 타고난 재능이 만약 벼슬을 하여, 공무원이 될 감이라면, 그에게 벼슬을 하게 하면 효과가 있습니다. 그렇지만 다른 일을 하라 하면 안 됩니다. 예컨대 우리들 문학을 하는, 글 쓰는 많은 사람들더러 문장을 써서 도리를 말하라 하면 모두 다 잘 할 수 있을 겁니다. 그러나 수도관이 망가져서 그 사람에게 수리 좀 하라면 수도관을 끊어놓고 말 것입니다. 바꾸어 말하면 그의 지식의 효과는 문장을 쓰는 것이지 배수관을 수리할 방법은 없습니다. '지효일관'이란 바로 한 벼슬을 하는 지식능력이 있는 것입니다.

'행비일향(行比一鄕)', 당신이 고문을 쓰고자 한다면 백화문을 쓰는 것과 마찬가지로 한 글자마다 논리입니다. 사고를 분명히 하고 내리는 정의(定義)를 확실히 해야 합니다. 뉴스 문장을 쓰는 것이 아닌 한 그렇게 해야 합니다. 왜냐하면 뉴스 문장은 기계가 움직여 일분이면 인쇄되어 나와서 그게 무슨 말이든 간에 보도되어 뚜렷이 볼 수 있기만 하면 되기 때문입니다. 어쨌든 5분 수명으로서 신문을 보고 나면 내던져버립니다. 만약 글이 조금 더 오래가기를 바란다면 문장을 소홀히 해서는 안 됩니다. 이것은 주제 밖의 말이었습니다.

어떤 사람들의 행위는 '행비일향(行比一鄕)', 고을 가운데서 비교적 출중합니다. 이런 상황은 중국이나 외국이나 마찬가지인데, 어느 시골 지방에 가서 어떤 사람이 가장 이름나 있는지를 한번 알아보면, 그가 신사이든 건달이든 그의 행위는 그 고을에서 다른 사람과 비교해 볼 때 아주 좋고, 약간의 지도적인 작용이 있을 수 있습니다. 참의원(參議員)에 당선되지는 못할지라도 한 마을의 주민 대표가 될 수도 있습니다. 그것도 쉽지 않은 일입니다. 왜냐하면 그는 그 고을에서 첫 번째요 최상등급의 인물이기 때문입니다.

하지만 한 고을에서 최상등급 인물이라 할지라도 전국적으로 견주어보면 그게 아닙니다. 왜냐하면 전국에는 인재가 많기 때문입니다. 어떤 사람들은 지식수준의 효능이 벼슬을 할 수 있습니다. 뿐만 아니라 재상벼슬까지도 할 수 있습니다. 그렇지만 황제노릇은 할 수 없습니다. 그래서 그는 꼭 일인지하(一人之下)에 있어야 합니다. 역사상 많은 재상들이 대단했지만, 만약 그에게 황제를 하라고 했더라면 끝장나버렸을 겁니다. 또 일부 사람들은 벼슬을 할 수 있지만 작은 벼슬만 할 수 있을 뿐입니다. 그를 큰 벼슬에 승진시켜 놓으면 그는 끝장납니다. 그를 압사(壓死)해버립니다.

첫째는 '지효(知效)이고, 둘째는 '행비(行比)'이고, 셋째는 '덕합(德合)'입니다. 여기서의 '덕'이란 도덕이 좋다는 것만을 말하는 것은 아닙니다. 덕이란 사상행위나 사람됨 일처리가 다 좋은 것을 가리킵니다. '덕합일군(德合一君)', 황제나 사장님과 협동하면 두 사람이 짝이 딱 맞을 겁니다. 고금동서의 역사상의 인물들을 보면 한(漢)나라 고조(高祖)에게는 소하(蕭何)가 있었습니다. 소하가 만약 한고조를 만나지 못했다면 한나라 왕조가 성공할 수 있었을지 모르겠습니다. 그러나 그 두 사람은 서로 맞지 않았습니다. 비록 서로 맞지 않아 한 쌍의 부부처럼 날마다 말다툼을 했더라도 예술적으로 다투었습니다. 이렇게 이래저래 다투는 일이 없었다면 역시 일생을 아마 못 지냈을 겁니다. 어떤 부부들 사이에는 이래저래 다투면서 살다가 하나가 갑자기 세상을 떠나면 다른 하나도 오래 살지 못합니다. 왜냐하면 다툴 상대가 없어져버렸기 때문입니다. 따로 한 사람을 찾아오더라도 도무지 맛이 없습니다. 싸워도 맛이 없습니다. 이것이 바로 '합(合)'의 도리입니다. 그러므로 말하기를 '덕합일군(德合一君)'이라고 합니다. 어떤 사람의 덕성은 황제나 사장님과 딱 잘 맞습니다. 그 두 사람이 한데 어우러지면 대 사업을 하나 할 수 있습니다. 그 사람을 무대에서 내려오라 하고 다른 사람으로 바꾸면 아무리 해도 잘 쓸 수가 없습니다. 이것이 인생과 역사의 경험입니다. 장사하는 것도 마찬가지입니다. 사장님이 지배인으로 삼을 조수가 하나 있어서, 그 자신은 이사장이 되면 서로 잘 맞지만, 다른 사람으로 바꾸면 잘 할 수 없습니다.

'이징일국자(而徵一國者)', '징(徵)'은 경험입니다. 어떤 사람의 총명·지혜·재능은 국가를 다스릴 수 있거나 지도자가 될 수 있거나 제2인자가 되어 일인지하, 만인지상(一人之下, 萬人之上)이 될 수 있습니다. 그러나 만약 그더러 내려가서 작은 가게를 하나 열어 운영하라고 하면 그는 틀림없이 본전까지 까먹습니다. 조금도 할 줄 모릅니다. 그는 큰 것만 할 줄 알지 작은 것은 할 줄 모릅니다. 이것이 바로 인화(人化)입니다. 사람의 지혜의 비량, 재능은 저마다 다릅니다. 그래서 장자는 이어서 한마디를 더 합니다. '자기 자신을 몹시 높게 보는 것도 저 작은 새와 마찬가지이다[其自視也亦若此矣]', 그것은 작은 새의 경계에 해당합니다.

자기를 높게 보는 사람

사람마다의 경계는, 지식경계와 비량이 다르고 견해가 다릅니다. 하지만 자기가 자신을 보고 오히려 모두, 마치 저 작은 새처럼, 괜찮다고 생각합니다. 푸드덕 소리를 한 번 내면서 저 나무위로 뛰어 올라가는 게 무슨 대단함이 있겠습니까! 사람마다 모두 이렇게 봅니다. 우리들은 늘 말하기를 모씨는 자기를 심히 높이 본다고 합니다. 자기가 자기를 높게 본 것은 당신 자신이 본 것입니다! 자기가 자기를 보면 볼수록 위대합니다. 우리가 거울을 가져다 좀 보면, 사람마다 자기가 보면 볼수록 멋지고, 보면 볼수록 그럴싸합니다. 다른 사람을 보면 모두 나만 못합니다. 자기가 자기를 보면 정말 사랑스럽고, 자기를 싫어하는 사람은 하나도 없습니다. 그러므로 이 점을 통해서 인성을 이해할 수 있는데, 사람은 누구나 자기를 보면 아주 사랑스럽습니다. 뿐만 아니라 생각하면 할수록 위대합니다. 가끔 잘못한 일이 있다면 얼굴이 한번 빨개지지만, 3시간이 지난 뒤에 한번 생각해보면 자기가 역시 옳고 다른 사람이 잘못했습니다. 장자는 생물세계의 도리로부터 사람 방면을 말하여, '기자시야역약차의(其自視也亦若此矣)', 저 작은 새처럼 자기를 심히 높게 본다고 했습니다.

이 몇 마디 말속에서 몇 등급의 사람을 언급했습니다. 지식능력이 한 벼슬을 하는 데 쓸모가 있는 자[知效一官], 행실이 한 고을에서 비교적 출중한 자[行比一鄕], 덕성이 한 임금을 잘 보필할 수 있는 자[德合一君], 경험이 한 나라를 다스릴 수 있는 자[而徵一國者], 모두 4등급의 인재를 얘기 했습니다. 이 네 등급은 인재일 뿐만 아니라 모두 영도(領導; 리더/역주) 인재입니다. 무엇을 영도자라고 할까요? 남보다 뛰어나, 다른 사람보다 좀 고명한 것입니다. 어떤 사람들은 작은 사장이 되어서 식당을 차리면 아주 잘합니다. 몇 명의 제 고향 친구들의 경우 식당을 차려서 큰돈을 벌었습니다. 서서히 큰 회사도 되었습니다. 마지막에는 3년도 못 되어서 와장창 무너졌습니다. 본전을 까먹었고, 뭐든지 다 없어졌습니다. 또 한사람은 애국 복권에서 20만 원(대만화폐단위임/역주)에 당첨되었습니다. 저는 말했습니다. 당신 조심하세요. 그는 20만 원에 당첨된 지 얼마 안 되어 한번 큰 장사를 하더니 여덟 달도 못 되어 20만 원을 모조리 써버렸습니다. 그리고 최후에는 감옥살이도 반년을 했습니다. 그의 목숨은 20만 원짜리일 뿐이라고 말할 수밖에 없습니다. 그러므로 이 네 등급의 사람들의 범위는 바로 그와 같을 뿐입니다. 그렇지만 이 사람들은 도리어 자신을 높게만 봅니다[其自視也亦若此矣].

특출한 고인(高人)

'이송영자유연소지(而宋榮子猶然笑之)', 장자는 그 밖에 뛰어난 사람이 하나 있다는 것을 알았습니다. 그 사람은 송영자(宋榮子)입니다. 이런 종류의 뛰어난 사람을 출격(出格) 고인(高人)이라고 부릅니다. 인격의 범위를 벗어난 사람으로, 사람이라 할 수 없습니다. 왜냐하면 그는 고정된 틀, 즉 그를 범위를 정할 수 있는 범위가 없기 때문입니다. 그는 마땅히 초인(超人), 이른바 세상을 벗어난 사람이라 할 수 있습니다. '유연소지(猶然笑之)', 송영자는 그 네 종류의 사람을 비웃고 깔봅니다. 이 도리는 바로 장자가 다음에서 떠받드는 일종의 특수한 은사(隱士)사상입니다. 즉, 우리 역사에 영향을 끼친 도가사상입니다. 국가와 민족이 가장 어렵고 혼란한 시대에 이런 종류의 사람은 막후에서 모두 거대한 작용을 일으켰는데, 바로 은사 · 고사(高士)라는 사람입니다. 이런 은사들은 공자조차도 두려워했습니다.

공자가 『논어』(제18편 미자微子/역주)에서 언급했는데, 초나라 광접여(狂接輿) 등과 같은 은사들을 만나게 되면 그들은 사람마다를 다 꾸짖었습니다. 공자를 만나자 더더구나 머리가 뱅뱅 돌 정도로 꾸짖었습니다. 마지막에 공자는 한번 찬탄할 수밖에 없었습니다. 공자는 말했습니다. '새와 짐승은 같은 무리로 어울릴 수 없다[鳥獸不可與同群]'. 유가의 관념에 비추어보면 공자가 그런 은사들을 새나 짐승이라고 꾸짖고 그들과 함께 하기를 원하지 않았다고 보았습니다. 이런 관념은 글을 완전히 잘못 읽은 것이나 다름없습니다. 사실 공자도 이런 은사들에 대해 탄복했습니다. '새와 짐승은 같은 무리로 어울릴 수 없다'는 무엇을 말할까요? '새는 날을 줄 아는 것인데 그것이 날아 가버렸다. 짐승은 달릴 줄 아는 것으로 네 다리로 빨리 달리는데, 그것이 산속으로 달려가 버렸다. 우리들은 그들을 따르지 못한다!'는 말이었습니다. 공자는 인도(人道)의 노선을 걸어갔습니다. '저런 고인들은 날아가야 할 사람은 날아갔고 입산(入山)해야 할 사람은 입산했다. 우리들은 어떻게 할까? 역시 착실하게 사람이 되자'는 것이었습니다. 그래서 말하기를 새와 짐승은 같은 무리로 어울릴 수 없다고 했습니다. 이것은 공자가 은사들을 받들어주는 말이었습니다. 그렇지만 역대이래로 모두 그것을 공자가 은사를 꾸짖는 것으로 해석하여, 공자가 은사를 금수(禽獸)로 여겼다고 보았습니다. 공자는 단지 새와 짐승은 같은 무리로 어울릴 수 없다고만 말했지, 그런 사람들이 금수라고는 말하지 않았습니다! 이것은 후세인들이 멋대로 더한 의미입니다! 이런 것을 글공부가 성실하지 않다고 합니다. 학문을 하려면 성실해야 됩니다.

송영자와 같은 종류의 은사사상은 더욱 위대합니다. 이어서 장자는 그들의 인격과 스스로 배운 수양을 거쳐 고인으로 변한 상황을 설명합니다.

다섯 번째 종류의 사람

장자는 또 한 종류의 인격을 제시하는데, 이런 종류의 인격은 어렵습니다. 고금동서의 역사상 찾기 어렵습니다. 이런 사람은 정말 대단합니다, '온 세상 사람들이 칭찬한다고 해서 더 고무되지도 않고[擧世而譽之而不加勸]', 전 세계인이 모두 그를 대단하다고 추켜세워 만세를 외치고, 전 세계인이 꿇어앉아 그를 받들어주고 대단하다고 여겨도 그는 거들떠보기조차도 않습니다. 왜냐하면 그도 자신이 대단하다고 생각하지 않고, 그가 추켜세우는 말을 듣는 것은 에어컨 소리를 듣는 것이나 마찬가지여서 조금도 상관이 없기 때문입니다. '온 세상 사람이 비난한다고 해서 더 기죽지도 않으며[擧世而非之而不加沮]', 전 세계인이 그를 반대하고 욕하더라도 그는 절대 방향을 바꾸지 않습니다. 이것은 너무 어려운 일입니다.

여러분들은 『역경』을 들어본 적이 있습니다. 공자는 '잠룡물용(潛龍勿用)'의 괘효(卦爻)에서 말하기를 '잠룡'은 독립초연(獨立超然)한 인격으로서 어떤 시대의 환경에도 영향을 받지 않는 것이 바로 '잠룡물용'이라 했습니다. 이를 통해 유가와 도가의 사상은 같은 도리요 같은 인격수양의 표준이라는 것을 알 수 있습니다. 특히 장자는 그의 대단히 기묘한 필법으로써 문장을 더욱 아름답게 썼습니다. 노장의 문장은 탈속 산뜻하고[飄逸瀟灑] 가없이 넓고 큽니다[汪洋浩蕩]. 그런데 공자는 단지 '새와 짐승은 같은 무리로 어울릴 수 없다'는 한마디만 말했는데, 이것이 바로 단정하고 소박한 [方正樸實] 제나라 노나라 문장입니다.

'온 세상 사람이 칭찬한다고 해서 더 고무되지도 않고, 온 세상 사람이 비난한다고 해서 더 기죽지도 않는' 이런 종류의 사람은 그의 지혜, 그의 학문이 이미 그의 인생관을 확정하였습니다. '정호내외지분(定乎內外之分)', 여기서의 '분(分)'자는 나눈다는 의미가 아니라 분량의 의미입니다. 무엇이 나이고, 무엇이 그 사람이고, 무엇이 물(物)이고, 무엇이 마음이며, 무엇이 외재(外在) 세계의 일체(一切)이며, 무엇이 나 자신이 해야 할 일인지, 지혜·도리 그리고 사람됨의 도리를 그는 모두 분명히 봅니다.

'변호영욕지경(辯乎榮辱之竟)', 그는 인간세상의 두 가지 현상도 또렷이 보는데 하나는 영광이요 하나는 재수가 없는 것입니다. 재수가 없는 것이 바로 모욕입니다. 그는 무엇을 진정한 영광이라 하고 무엇을 진정한 치욕이라고 하는지를 또렷이 보아 절대로 현실 사회의 영향을 받지 않습니다. 물론 돈이 많으면 영광이지만 재수가 없어 남이 깔보더라도 그는 상관하지 않습니다. 모조리 상관하지 않습니다. 왜냐하면 그것은 현상으로서, 이 현상은 그 자신의 독립된 인격과는 조금도 상관이 없기 때문입니다. 그래서 그는 또 렷이 변별할 수 있고 또렷이 변별합니다. 장자는 여기까지 얘기하고는 '사이의(斯已矣)!', 이런 사람들은 대단하다!고 말했습니다. 사람됨이 그 정도가 된다는 것은 얼마나 대단합니까! 우리 유가가 표방하는 성인·현인·군자에 대해 장자도 대단히 탄복했습니다. 사람이 그 정도가 되었다면 사람됨의 절정에 도달한 셈이라는 겁니다.

'피기어세미삭삭연야(彼其於世未數數然也)', 이 한마디 말은 묘합니다. 장자의 이 한마디 말은 양면으로 해석할 수 있습니다. 첫 번째 해석은 이렇습니다. 이런 종류의 사람은 몇 백 년에 하나 출현하여 보기가 아주 쉽지 않다는 것입니다. '미삭삭연야(未數數然也)', 수시로 볼 수 있는 것이 아닙니다. 역사상의 고인·은사는 수시로 있는 것이 아니기에 아주 보기 드물다, 이렇게 해석할 수 있습니다. 이 한마디 말의 원래 의미는 무엇일까요? 우리는 장자에게 물어볼 수밖에 없습니다. 하지만 두 번째의 해석은 '피기어세미삭삭연야(彼其於世未數數然也)', 비록 그와 같더라도 그들은 이 세상에 대하여 또 어떤 부분들을 동의하지 않는다는 것입니다. '삭삭(數數)'은 항상 그렇게 여기지는 않는다는 것입니다. 바꾸어 말하면, 그는 세상의 일체에 대하여, 현실 세계의 많은 상황에 대하여, 결코 동의하지 않습니다.

그러므로 은사사상은 바로 서양문화 정치사상 속의 보류표(保留票)로서, 동의하지 않을 수 있는 권리입니다. 이것은 결코 반대표가 아닙니다. 그렇지만 동의하지도 않습니다. 이것이 이 한마디 말의 두 번째 해석입니다. 그에게는 현실세계와 다른 부분들이 많다고 말할 수도 있습니다.

진단노조(陳搏老祖)

은사사상에 관하여 여기서 우리는 한 토막의 한담(閑談)을 삽입

하겠습니다. 방금 말하기를 여기 걸려있는 이 대련은 진단이 쓴 것이라고 했는데, 뒷날 도가는 그를 진단노조(陳摶老祖)라고 불렀습니다. 이분 노조는 『역경』의 상수(象數)학문에 너무도 심오하여 그 경지를 헤아릴 수 가 없을 정도로서, 점을 치지 않아도 미리 알았습니다. 그가 화산(華山)에서 수도하면서 오대 말기 시대에 이르렀는데, 몇 명의 황제들이 모두 그를 찾았습니다. 최후에 그를 찾은 자는 후주(後周) 황제였습니다. 역사에서는 그를 주주(周主, 세종世宗)이라고 부릅니다. 왜냐하면 진정한 황제라고 부르기에는 자격이 부족하였기 때문입니다. 그 시기를 돌고나면 바로 송(宋)나라로서 조광윤(趙匡胤)이 나왔습니다.

이 주주는 아주 총명하고 대단했습니다. 당시에 그는 거의 중국을 통일했습니다. 그는 젊은 당태종처럼 거의 적합했다고 말해야 합니다. 안타깝게도 39세에 죽어버렸습니다. 당시 이 주주는 진단을 찾아 그에게 나와서 도와달라고 청한 적이 있었습니다. 그렇지만 그가 무슨 말을 해도 나오려 하지 않았습니다. 서로 만난 뒤 진단은 후주에게 말했습니다. 당신이 잘 했는데, 구태여 저를 필요로 하십니까? 저 같은 사람은 쓸모가 없습니다. 아무래도 당신이 저를 도와주기를 바라오니, 저를 화산에 돌아가 높이 눕도록 해주시지요!

진단은 하루 종일 잠을 잤습니다. 그래서 우리는 어린이들이 이렇게 노래하는 것을 듣습니다. '팽조는 나이가 많아 8백 살이었고, 진단은 한번 잠들자 1천년이었네[彭祖年高八百歲, 陳摶一睡一千年]', 잠이 들자마자 1천년을 잤습니다. 그는 잠에서 깨어난 뒤 물었습니다. 내 오랜 친구인 팽조는 어떻게 되었는가? 다른 사람이 그에게 말하기를 팽조는 이미 죽었다고 했습니다. 진단은 말했습니다. 빨리 뒈질 놈! 겨우 8백 살 살고 죽다니. 이게 바로 진단이었습니다. 우리 여기에 걸려있는 대련은 바로 그가 쓴 것입니다! 그가 쓴 글자는 모두 신선 맛입니다. 뒷날 이 세종은 화산현(華山縣) 현장과 섬서성(陝西省) 주석에게 명령을 내려 진(陳)선생이 산에서 필요로 하는 것은 요구하는 대로 주고 가능한 잘 보살펴주라 했습니다. 이게 바로 은사입니다. 그에게는 뒷날 화산으로 돌아가 지은 유명한 시 한 수가 있습니다.

십년의 발자취 홍진 속에 분주하여서
머리 돌려 청산으로 돌아가는 꿈 자주 꾸었네
경성 길이 영화롭지만 어찌 한가한 낮잠에 미치겠으며
부유한 저택이 귀하지만 가난보다 못하네
칼과 창이 위태로운 군주 보호함을 듣기 근심스럽고
생황에 노래 소리 취객들 떠들썩한 소리 듣기도 울적하여
옛날 서책들 챙겨서 옛 은거지로 돌아오니
들꽃 피고 새 우는 봄은 예나 지금이나 같구나

十年栖跡走紅塵　回首青山入夢頻
紫陌縱榮爭及睡　朱門雖貴不如貧
愁聞劍戟扶危主　悶聽笙歌聒醉人
攜取舊書歸舊隱　野花啼鳥一般春

　그 역시 국가천하가 태평하기를 바랐습니다. 그러나 그는 그 시대가 눈에 거슬렸습니다. 바로 장자가 말하는 그런 모습이었습니다. '경성 길이 영화롭지만 어찌 한가한 낮잠에 미치겠으며[紫陌縱榮爭及睡]', '자백(紫陌)'은 곧 경성(京城)의 길입니다. 그래서 뒷날 송나라 태종은 그에게 재상이 되고 군대 참모[軍師]가 되어달라고

청했지만 그는 모두 하지 않겠다고 했습니다. 고대의 높은 관료는 자주색 두루마기를 입었습니다. 이른바 금포옥대(錦袍玉帶)였습니다. 경극 공연에 나오는 그 가죽 띠인데 물통만큼이나 크고 허리에 두르는 것입니다. 결코 의복을 묶어놓는 것이 아니라 계급 장식일 뿐이었습니다. '부유한 저택이 귀하지만 가난보다 못하네[朱門雖貴不如貧]', '주문(朱門)'은 부자가 되어 돈이 많고, 대문이나 건물에 모두 제일 좋은 붉은 페인트를 칠한 것입니다. 이게 비록 좋더라도 세상에서 복을 가장 누리는 사람은 가난한데 무슨 까닭일까요? 근심걱정이 없기 때문입니다.

'칼과 창이 위태로운 군주 보호함을 듣기 근심스럽고[愁聞劍戟扶危主]', 그는 주 세종이 오래 살지 못할 것을 알았습니다. 비록 무공이 좋아 중국이 거의 그에 의하여 통일되었지만 진단은 그가 오래 살지 못하리라는 것을 이미 알았습니다. 또 거리의 댄스홀이나 나이트클럽을 보고는 몹시 싫었습니다. '생황에 노래 소리 취객들 떠들썩한 소리 듣기도 울적하여[悶聽笙歌聒醉人]', 이런 환경들은 사람이 시끄러워 죽을 지경이며, 재미가 없고 듣고 나면 마음이 울적해졌습니다. 그래서 '옛날 서책들 챙겨서 옛 은거지로 돌아오니, 들꽃 피고 새 우는 봄은 예나 지금이나 같구나'만 못했습니다. 이것은 진단의 유명한 시 한 수요, 은사사상의 대표작입니다. 이런 종류의 사상은 사실 도가와 유가 사이에 끼어있는 것입니다. 뒷날 송나라의 대유(大儒) 소강절(邵康節)은 바로 그의 손자뻘 제자였으며『역경』의 학문도 소강절이 이어받았습니다.

한번은 그가 조광윤을 만났을 때 하하 크게 웃으며 나귀 등으로부터 넘어져 떨어졌습니다. 뒷날 조광윤이 황제의 예복인 곤룡포를 입자, 진단은 크게 웃으며 말하기를, 지금부터 천하가 태평하여 중국은 2~3백 년 동안 안정될 것이며, 그가 기뻐한 것은 바로 그 때문이라고 했습니다. 만사를 모두 점치지 않아도 미리 아는 이런 종류의 사람이 바로 장자가 말하는 '피기어세미삭삭연야(彼其於世未數數然也)'입니다. 이런 역사의 이야기를 알고서 장자의 이 한마디 말을 읽으면 맛이 있습니다.

이 단락에서 장자가 제시한 이른바 인화(人化)는 불학(佛學)으로 비유하면 바로 인간세상 경계의 비량으로서, 인간의 생각 범위, 인간의 일체의 관념 범위입니다. 도가사상과 불가사상은 서로 통하는 점이 있는데, 이것은 속제(俗諦)이지 진제(眞諦)가 아닙니다. 세속의 범위입니다.

'수연, 유유미수야(雖然, 猶有未樹也)', 여기서 장자의 문장은 또 기세가 한번 전환합니다. 이런 종류의 사람은 아직 인생 생명의 진정한 가치를 아직 찾아내지 못했고, 그는 아직 그 어떤 것을 하나 세우지 못했다는 겁니다. 바꾸어 말하면, 아직 도를 얻지 못했다는 것입니다.

여섯 번째 종류의 사람

열자(列子)는 바람을 타고 날아다니는데, 시원하고 좋아서 열흘하고도 닷새를 돌아다니다 돌아왔다. 그의 경지는 복을 빈다고 그렇게 되지는 않는다. 그가 비록 걸어 다니는 것은 면했다고 하지만, 그래도 의지해야 할 바람이 있었다.

夫列子御風而行, 泠然善也, 旬有五日而後反。彼於致福者, 未數數然也。此雖免乎行, 猶有所待者也。

이것은 여섯 번째 종류 사람인데, 이건 대단합니다. 도가는 말하기를 열자(列子)는 장자의 선생님이라고 합니다. 그러나 다른 설도 있습니다. 공자든 노자든 또는 손자(孫子)든, 장자는 그들을 모조리 다 이 여섯 번째의 종류의 사람 범위에 포함시켰습니다. 역사상 말하기를 열자는 바람을 타고 다녔다고 합니다. 자기가 날 수 있었습니다. 신선(神仙)이 되어서 지선(地仙)의 경지에 도달했습니다.

신선은 다섯 등급으로 나눕니다. 대라금선(大羅金仙)·천선(天仙)·지선(地仙)·인선(人仙)·귀선(鬼仙)입니다. 지선은 걸을 필요가 없이 지구에서 날아다닐 수 있습니다. 그러므로 열자는 날을 수 있는 사람이었습니다. 마치 대붕새와도 같았습니다. 하지만 대붕새만큼 그렇게 높이 날지는 못했습니다. 열자는 바람을 타고 다녔는데 '영연선야(泠然善也)', '영(泠)'자는 삼수(氵)변인데 차가울 냉(冷)자로 읽어서는 안 됩니다. '냉(冷)'자는 이수(冫)변인데 여기다 점을 하나 더해서 '영'으로 읽습니다. 이 영(泠)은 무엇일까요? 사람이 저 고공에서 날면 마치 그림 속에서 나는 천녀(天女)처럼 재간이 있기 때문에 차가움을 두려워하지 않아 바람이 불어오면 서늘합니다. 사실은 서늘한 것도 아닙니다. 에어컨을 막 켰을 때의 그런 느낌입니다. 오래 켜고 있으면 춥습니다! 막 켰을 때 시원해서 아주 기분이 좋습니다. 절강성 항주(杭州)에 서령인사(西泠印社)가 하나 있는데 바로 이 영(泠)자입니다. 만약 그런 줄 모르고 '서냉(西冷)'이라고 읽는다면, 노년 세대는 이렇게 수염을 만지작거리면서 당신이라는 젊은이를 보고 말합니다. 이 녀석 뱃속에 먹물이 없구만. 그렇게 꾸짖습니다. 이제는 뭐 상관없습니다. 차가울 냉(冷)자이든 시원할 영(泠)자이든, 어쨌든 이 글자는 형용사입니다.

열자는 공중에서 날고 있습니다. 그 공중의 시원한 바람이 서늘하게 그에게 불어 아주 기분이 좋았습니다. '선야(善也)'는 몹시 기분이 좋았다는 것입니다. 공중에서 얼마동안 날았을까요. 열흘 동안 날았습니다. '순(旬)'은 열흘입니다. 일순(一旬)에다가 닷새를 더하면 반달입니다. 만약 우리가 문장을 쓰면서 반달 동안 날았다고 쓰면 끝납니다! 그러나 그렇게 말하면 조금도 재미가 없습니다. 장자의 문장은 그것을 시(詩)의 경계로 바꿨습니다. 한사코 그렇게 쓰지 않고 '순유오일(旬有五日)', 열흘하고도 닷새라고 썼는데, 이것은 부자연스럽지 않습니까? 열흘에다 닷새를 더하면 분명히 반달입니다. 이것을 문예라고 하는데, 문자에다 작문의 기교를 더한 것입니다. 이해하셨겠지요! 그러므로 여러분들이 이런 점을 이해했다면 틀림없이 문장을 쓸 줄 알게 될 것입니다. 열자는 날고 날았습니다! '순유오일이후반(旬有五日而反)', 그는 반개월 동안 날아다니다 다시 날아 돌아왔습니다. 이 맛이 얼마나 좋습니까! 사람의 수행이 지선의 영역까지만 도달해도 사는 것이 매우 재미가 있습니다.

장자는 또 말합니다. '피어치복자(彼於致福者), 미삭삭연야(未數數然也)', 여러분 일반인들은 날마다 채식해야 한다! 절을 하여 복을 구한다! 하느님 저를 보우해주십시오! 보살님 저를 도와주십시오! 하며 날마다 복보를 구하는데, 당신은 열자의 그런 경계를 구할 수 있을까요? 당신은 아무리 구해도 날을 수 있는 정도까지는 이르지 못하겠지요! 당신 믿지 못하겠으면 일만 년 동안 절을 해보고, 당신이 날을 수 있는지 없는지 한번 살펴보십시오. 그러나 장자는 이어서 결론이 나옵니다. 날을 수 있다는 게 뭐 별거 아니라고 말입니다.

'차수면호행(此雖免乎行), 유유소대자야(猶有所待者也)', 이른바 날을 수 있다는 것은 길을 걸을 필요가 없다는 것에 불과할 뿐입니다! 여전히 다른 것에 의존할 필요가 있습니다. 바람이 없으면 당신은 날지 못합니다. 공기가 없다면 당신은 날지 못합니다. 새나 글라이더처럼 바람이 없으면 문제가 있게 됩니다. 그러므로 그는 말합니다. 열자는 비록 '면호행(免乎行)', 길을 걷는 것은 면했지만 그러나 날려면 여전히 당신을 도와줄 또 어떤 것이 필요했습니다. 와서 도와줄 바람이 필요했습니다. 와서 도와줄 공기가 필요했습니다. 이것이 바로 도가와 불가가 말하는 소승(小乘)경계입니다. 도를 얻은 것처럼 보이고, 신통이 갖추어져 날을 수 있을 정도까지 닦았지만, 여전히 소승경계이지 대승(大乘)경계가 아니며, 뭐 대단한 게 없습니다. 소승경계를 장자가 본다면 곧바로 당신을 끌어 내리면서 말합니다. 당신이 뭐 대단하다고 그래! 이것은 여전히 조건이 있어요.

어떤 사람들은 말하기를 정좌해서 비워버릴 수 있어야 이런 경계가 있다고 하는데, 만약 당신이 비워버리지 못한다면 어떨까요? 앉아있으면서 오심(五心)이 초조할 뿐입니다. 보통 말하기를 가부좌를 틀고 앉을 경우에는 오심이 하늘을 향해있다고 합니다. 두 손바닥 중심, 두 발바닥 중심, 거기다가 마음이 하나, 그래서 모두 하늘을 향해 있는 것입니다. 실제로 당신이 비워버리지 못할 때는 오심이 초조합니다. 그러므로 말합니다. 이것은 별거 아니다. 여섯 번째 종류의 사람도 뭐 대단한 게 없다. 이제 일곱 번째 종류의 사람이 나옵니다.

일곱 번째 종류의 사람

만약 천지(天地)의 정기(正氣)를 타고, 물리세계인 육기(六氣)의 변화를 지배하며, 무궁(無窮)의 경지에 노니는 사람이라면, 또 어디에 의지 하겠는가!

若夫乘天地之正, 而御六氣之辯, 以遊無窮者, 彼且惡乎待哉!

허! 이런 종류의 사람은 본적이 없습니다! 그렇지만 여기저기 그런 사람들입니다. 그는 이런 종류의 사람이 무엇이라고 말할까요? 그가 걸어가는 길은 대승(大乘)인데, 무엇을 탈까요? 천지의 정기(正氣)입니다. 기(氣)자는 우리가 더한 것입니다! 장자는 이 기(氣)자를 말하지 않았습니다.

'약승천지지정(若乘天地之正)', 무엇이 천지의 '정(正)'일까요? 선종의 말대로 한다면 무엇이 '정(正)'인지 참구해보아야 합니다. 우리가 지금 바르게 앉아 있는 것도 정(正)입니다! 기울어지지 않았습니다! 우리도 천지의 '정'을 탄 셈일까요? 이 '정'이란 무엇일까요? 굳이 맹자의 말을 이용해서 말한다면 바로 호연지기(浩然之氣)라고 합니다. 그것이 천지의 정기(正氣)라고 할 수 있습니다. 그는 말합니다. '만약 천지의 정기(正氣)를 타고', 이런 부류의 사람은 날을 필요도 없고 또 이상한 일을 하지도 않는다. 지극히 보통으로 이 천지의 정기를 탄다. '물리세계인 육기(六氣)의 변화를 지배하며 [而御六氣之辯]', '육기(六氣)', 이 여섯 가지 기(氣)에 대해서는 두 가지 설이 있습니다. 그 하나는 중국 의학에서의 설인데, 풍(風: 바람의 기운) · 한(寒: 차가운 기운) · 서(暑: 무더운 기운) · 습(濕: 습기로 인한 기운) · 조(燥: 건조한 기운) · 화(火: 뜨거운 기운/역주)입니다. 우리 대만의 날씨 경우 항상 학우들에게 조심하라고 얘기합니다. 태양을 머리에 이고 돌아올 때 어떤 사람들은 코가 민감해서 쉽게 감기에 걸릴지도 모르니(여름 감기는 열상풍熱傷風입니다) 마스크를 써야합니다. 오토바이를 탄 사람들은 모두 조심해야합니다!

또 하나의 설은 『역경』의 12벽괘(十二辟卦)와 관계가 있습니다. 1년 12개월 중 6개월 음(陰)이고 6개월은 양(陽)으로서 건(乾)곤(坤) 두 괘가 변화한 것입니다. 1년 12개월은, 5일간이 1후(候)이고 3개의 후(候)가 1기(氣)입니다. 6개의 후(候)가 1절(節)입니다. 그러므로 1년에는 24개 절기(節氣)가 있습니다. 절기의 변화는 다 다르며 우리들의 생명에 영향을 미칩니다.

우리는 모두 이 세계에서 생활하면서 공기·대지, 천지의 환경 영향을 받습니다. 하늘에는 음(陰)·양(陽)·풍(風)·우(雨)·회(晦)·명(明)의 육기가 있습니다. 그러므로 사람에게는 생(生)·노(老)·병(病)·사(死)가 있습니다. 만약 수양이 있는 사람으로서 수행을 이해할 수 있다면, 더 이상 물리 세계의 지배를 받지 않는 경계에 도달할 수 있고 반대로 물리 세계를 지배할 수 있습니다. 그러므로 '어육기지변(御六氣之辯)'은 천지 사이의 육기의 변화에 적응할 수 있다는 것을 말합니다. 기후가 언제 변화하는지를 그는 또렷이 보며, 물리세계가 무슨 변화를 일으키는 데 대하여 그의 심신은 모두 준비가 되어 있습니다. 왜냐하면 그에게는 수양 공부가 있어서 그의 심신은 물리세계의 침해를 받지 않기 때문입니다. 하지만 그 자신은 무엇보다도 먼저 정기(正氣)를 양성해야 합니다. 장자는 말합니다. 이런 종류의 사람은 천지의 정기를 타고, 육기의 변화를 부린다. '어(御)'는 물리세계의 영향을 받는 것이 아니라 도리어 물리세계를 틀어쥘 수 있는 것입니다. 그의 생명에는 이처럼 위대함이 있습니다!

'무궁(無窮)의 경지에 노니는 사람이라면[以遊無窮者]', 그는 세상에 사는 게 아주 재미있습니다. 모든 것이 유희삼매(遊戲三昧) 가운데 있습니다. 뭐든지 다 재미있습니다. 뭐든지 다 놀이로서 유유자적하게 노니는 것이야말로 진정으로 노니는 것입니다. 무엇에 노닐까요? 무궁(無窮)에 노니는 겁니다. 왜냐하면 무량무변한 공간과 시간이 그를 통제할 수 없기 때문입니다. 그는 이미 물질세계를 초월했습니다.

'또 어디에 의지하겠는가![彼且惡乎待哉]', 인생이 그런 모습에 도달하여, 이 생명이 이미 그런 경계에까지 승화된 것이야말로 절대적으로 초연히 독립한 것입니다. '오호대재(惡乎待哉)', 상대적인 것이 없습니다! 이는 불가의 교주 석가모니가 태어나서 말했던 다음의 두 마디 말이나 다름없습니다. '천상천하, 유아독존(天上天下, 唯我独尊)'. 이것은 절대적인 것입니다. 석가는 보통의 나[我]를 말한 것이 아닙니다! 그가 말하는 것은 우리 생명 속의 그 초연히 독립한 나[我]입니다. 물질세계를 초월한 나입니다.

장자는 어떨까요? 또 하나의 설입니다. '오호대재(惡乎待哉)', 상대적인 것이 절대로 필요로 하지 않다는 것입니다. 우리는 이 세계에 생활하고 있는데, 이 물질세계 우주사이의 일체가 모두 상대적인 것입니다. 사람은 이 우주를 초월해야 비로소 그 진정한 절대에 도달합니다. 어떻게 해야 그렇게 할 수 있을까요? 다음에서 장자의 문장이 요약해줍니다. 문장이 여기에 이르러서 우리는 먼저 그것에 제목을 하나 붙여 놓을 수 있는데, 바로 장자가 말하는 대승경계입니다.

대승경계란 무슨 도리일까요? '진속불이(真俗不二)'입니다. 불학명사를 가지고 말하면 진(真)은 출세간이고 속(俗)은 세간입니다. '진속'은 바로 이른바 진제(真諦)와 속제(俗諦)입니다. '불이(不二)'는 불이법문(不二法門)입니다. '불이'란 두 가지가 없다는 것이지 하나라는 것은 아닙니다. 왜냐하면 하나가 있음은 둘이 있기 때문입니다. 어떻게 해야 그렇게 할 수 있을까요?

지인(至人) 신인(神人) 성인(聖人)

그래서 '지인(至人)은 자기가 없고, 신인(神人)은 공로가 없으며, 성인(聖人)은 이름이 없다.'고 했다.

故曰 : 至人無己, 神人無功, 聖人無名。

이 세 마디 말이 요약해줍니다! 노자가 말한 진정한 무위(無爲)이기도 합니다. 하지만 노자는 원칙원리를 말했지만 장자는 진속불이((真俗不二)를 세웠습니다. 즉, 보통사람이 승화하여 비범한 사람이 된 것입니다.

장자는 여기에서 몇 개의 명사를 제시합니다. 첫 번째의 명사가 '지인(至人)'입니다. 지(至)란 도달한 것이다[至者到也], 사람이 도달한 것입니다. 바꾸어 말하면 한 사람이라고 일컬을 수 있는 기준에 도달한 것입니다. 만약 우리가 이런 경계에 도달하지 못했다면 사람이 아닌 셈입니다. 적어도 지인이라고 할 수 없습니다. 사람이 자기 생명을 틀어쥘 수 있는 정도가 되어야 지인이라고 부릅니다. 사람됨이 최고 절정에 도달한 것입니다. '지인무기(至人無己)', 지인의 경지에 도달하면 '무아(無我)', 자기 자신이 없습니다. 이것은 어렵습니다. 인생이 무아에 도달한다는 것은 대단히 쉽지 않습니다. 우리가 여기 앉아 있는데, 누가 무아에까지 도달할 수 있을까요? 오직 잠잘 때만이 무아입니다. 그것은 흐리멍덩한 것이지 무아는 아닙니다. 그밖에 민권동로(民權東路; 대북시 거리의 이름/역주)의 관제묘(關帝廟: 관우의 묘/역주)곁에 들어간 친구들이야말로 무아입니다. 그러나 그는 죽었습니다. 살아 있으면서 무아에 도달해야 무아라 할 수 있습니다. 이 무아는 이론이 아니라 공부입니다. 무슨 공부일까요? '천지의 정기(正氣)를 타고, 물리세계인 육기(六氣)의 변화를 지배하며, 무궁(無窮)의 경지에 노니는 사람이라면, 또 어디에 의지하겠는가!', 이래야만이 비로소 '지인은 자기가 없다[至人無己]'에 도달할 수 있습니다.

지인(至人)에는 아직 그 정도의 다름이 있습니다. 이것은 후세의 도가가 신선에는 귀선·인선·지선·천선·대라금선 이 다섯 가지가 있다고 말함과 같은데, 이런 관념도 노장(老莊)에서 발전되어 나온 것입니다. 지인은 최고 경지이고 또 다른 한 종류의 사람이 중간에 있는데, 초인(超人)·신인(神人)이 그것입니다. 묵자도 '신인'이라는 명칭을 언급한 적이 있습니다. 무엇이 '신인무공(神人無功)'일까요? 다행히도 후세에 인도 불학이 들어왔기에 우리는 한 가지 참고해 볼 수 있습니다.

불학에서는 말하기를 어떤 사람이 수행을 하여 제8지 이상의 보살의 자리에 도달하면 무공용지(無功用地)라고 부릅니다. 일체에 있어 애써 노력[用功]할 바가 없습니다. 그것이 바로 노자가 말한 무위(無爲)입니다. 바꾸어 말하면 이런 신인은 하느님이든 보살님이든, 그는 이 세계를 구제하고 세계 인류를 구제했지만 인류는 그의 공로를 보지 못하며, 그 역시 인류로 하여금 무릎 꿇고 기도하면서 절하고 자신에게 감사하기를 바라지 않습니다. 그것은 당신이 자신에게 감사하는 것이지 그와는 조금도 상관이 없습니다. 진정으로 보살의 경계에 이르면 그는 공로가 없습니다. 공로 없는 공로가 크나큰 공로가 됩니다. 그는 천지처럼 태양처럼 영원히 당신에게 광명을 주지만 당신에게 감사하라고 요구하지 않습니다. 그러므로 신인은 공로가 없습니다. 이런 종류의 사람에게 꼭 굳이 하나의 명칭을 주어 성인(聖人)이라고 부를 수도 있습니다. '성인무명

(聖人無名)', 그를 성인이라 부르는 것도 가짜 명호요 부호일 뿐입니다. 이 사람도 성인이라고 부르고 저 사람도 성인이라고 한다면 저 같은 경우도 성인입니다! 무슨 성인일까요? 장부 회계를 했을 때의 그 잉여(剩餘)의 잉으로 잉인(剩人: 잉의 중국어 발음은 聖자와 같아서 sheng임/역주)은 군더더기 사람입니다. 살아 있으면서도 사회에 대하여 무슨 공헌이 없고 죽어서도 손실이 없는 군더더기 인간입니다. 음은 같지만 글자가 다릅니다. 진정한 성인은 이름이 없습니다. 그는 이름이 필요하지 않습니다. 그러므로 세상에는, 성인, 보살, 신인들이 많습니다! 제가 늘 발견하는데, 사회의 많은 사람들이, 아주 보통인 사람들이 좋은 일 했고 대단한 일을 했는데도 아무도 모릅니다. 그러므로 저는 늘 성인을 봅니다. 그런 사람들이야말로 진정한 성인입니다.

장자는 이곳에서 일곱 번째 종류의 사람인 초인의 진정한 본보기를 제시하고 있는데, 그런 신선들보다도 훨씬 높습니다. 그러나 어디에 있을까요? 그는 당신에게 일러주기를, 가장 평범한 가운데 있으며, 그런 사람일수록 가장 평범하다고 합니다. 그러므로 신선이나 신인, 대단한 사람들을 어디 가서 찾을까요? 바로 이 현실세계에서입니다. 가장 평범한 세계 속에 가서 찾는 겁니다. 왜냐하면 성인은 이름이 없기[聖人無名] 때문입니다. 그는 보살이라고 신인이라고 절대 간판을 하나 내걸지 않을 것입니다. 만약 간판을 내걸었다면, 그것은 광고 회사의 일이지 그하고는 아무 관계가 없습니다.

만약 우리가 중국 학술사상을 연구하고자 하면 춘추전국 시대 단계가 있었다는 것을 사람마다 다 알고 모두들 백가쟁명(百家爭鳴)의 시기라고 말합니다. 예를 들면 장자와 선후로 동시대의 맹자에게도 한 단락의 말이 있습니다. 이른바 성인과 신인 사이에 대한 설명으로서 거의 같은 규범입니다. 맹자는 이 문제에 대하여 여섯 단계로 정하여 말합니다. '가욕지위선(可欲之謂善), 유저기지위신(有諸己之謂信), 충실지위미(充實之謂美), 충실이유광휘지위대(充實而有光輝之謂大), 대이화지지위성(大而化之之謂聖), 성이불가지지지위신(聖而不可知之之謂神)'

(역자보충) 맹자의 이 단락은 진심장(盡心章) 하구(下句) 25장에 나오는데 남회근 선생의 풀이를 요약하면 다음과 같습니다.

1. 수도(修道) 공부가 지기 몸에서 즐거움이 일어나, 하고 싶어져 희락(喜樂)의 경지에 도달한 것을 착하다[善]고 말한다

2. 심신과 한 덩이를 이루어 몸의 영향을 받지 않는 경지에 도달한 것을 미덥다[信]고 말한다

3. 천지에 호연지기(浩然之氣)가 충실해진 경지에 도달한 것을 아름답다[美]고 말한다

4. 그렇게 충실해졌을 뿐만 아니라 원만하고 청정한[圓滿淸淨] 광명의 경지에 도달한 것을 크다[大]고 말한다

5. 그렇게 커지고 난 뒤 신통변화 작용을 일으킬 수 있고 성인의 지혜[聖智]의 묘용(妙用)이 있는 경지에 도달한 것을 성인의 경지[聖]라고 말한다

6. 성인의 경지가 알 수 없고 말로 할 수 없는 경지에 도달한 것을 신(神)이라고 말한다.

이런 도리를 이해하고 나면 중국문화가 진한(秦漢) 시대 이전에는 유가와 도가가 본래 분가하지 않았으며 하나의 도(道)의 내함이라고 통틀어 불렀다는 것을 알 수 있습니다.

소요유 편은 앞에서는 물화(物化)·인화(人化)·기화(氣化)를 말했습니다. 이제는 네 번째 중점을 말하고 있는데, 그것은 바로 신

화(神化)입니다. 신화에 관해서 그는 세 가지 원칙을 제시합니다. 그것은 바로 '지인(至人)은 자기가 없고, 신인(神人)은 공로가 없으며, 성인(聖人)은 이름이 없다.'입니다. '성인은 이름이 없다'는 이 관념에서 우리들은 노자와 장자의 학술사상의 합류를 봅니다. 우리는 이를 통해서도 노자가 말한 '성인이 죽지 않으면 큰 도둑이 그치지 않는다[聖人不死, 大盜不止]'는 말의 진정한 함의를 이해하게 됩니다. 일반적으로 세심하지 않은 사람들은 이 말을 멋대로 읽고 지나쳐버리면서 다들 노자가 성인을 꾸짖고 있다고 여깁니다. 맞습니다. 노자는 성인을 꾸짖고 있는 것입니다. 자기를 성인이라고 표방하고 있는 일반적인 가짜 성인들을 꾸짖고 있는 것입니다. 진정한 성인은 대단히 평범합니다. 자기 자신도 자기를 성인이라고 승인하지 않을 겁니다. 만약 자기가 도가 있다고 생각하고 성인이라고 생각한다면 이미 성인이 아닙니다. 그러므로 노자는 그런 가짜 성인들을 꾸짖는 것입니다. 그저 표어·구호만 있는 그런 성인들은 가짜로 세워진 것이며 소용없는 것이다 고 꾸짖는 것입니다.

지금 장자의 '성인은 이름이 없다' 라는 이 한마디는 바로 노자 사상에 대한 설명으로서, 성인은 이름이 없으며, 더욱이 성인이다 아니다 할 것이 없다는 의미입니다. 바꾸어 말하면, 가장 위대한 사람은 가장 평범함 속에서 진정한 평범함을 행할 수 있다는 겁니다. 즉, 자기가 없고, 무아이며, 공로가 없는 것입니다. 이미 공로가 천하를 덮었을지라도 자기 자신이 역시 평범하다고 느끼며, 도덕이 성인의 경계에 도달하였다 할지라도 자기 자신은 여전히 평범하다고 느낍니다. 다음에서 그는 한 가지 사실을 예로 드는데, 중국 상고 역사상 한 가지 전해오는 이야기입니다.

은사(隱士) 이야기

요(堯)가 천하를 허유(許由)에게 물려주고자 말했다. "해와 달이 나와 있는데 횃불을 끄지 않는다면, 그것이 빛나기는 어렵지 않겠습니까! 때맞추어 비가 내렸는데도 여전히 물을 대고 있다면, 그것이 농토 윤택에는 헛수고가 아니겠습니까! 선생이 서 있기만 하면 천하가 다스려집니다. 그런데 나는 허수아비나 마찬가지이며, 내가 자신을 보니 부족합니다. 청컨대 천하를 맡아주십시오." 허유가 대답했다. "당신이 천하를 다스려서, 천하는 이미 다스려졌소. 그런데도 내가 당신을 대신하여서 내가 장차 이름만을 위할까요? 이름이란 사실의 부수물인데, 내가 장차 부수물이 될까요?

堯讓天下於許由, 曰：日月出矣, 而爝火不息, 其於光也, 不亦難乎！時雨降矣, 而猶浸灌, 其於澤也, 不亦勞乎！夫子立而天下治, 而我猶尸之, 吾自視缺然, 請致天下。許由曰：子治天下, 天下旣已治也, 而我猶代子, 吾將爲名乎？名者, 實之賓也。吾將爲賓乎？

우리는 먼저 역사 이야기를 하나 하겠습니다. 이것은 사학가들이 기록한 정사(正史)에는 기록이 없지만, 산견되는 일반 자료 속에서는 전해오는 이 이야기를 대단히 중시합니다. 요(堯)·순(舜)·우(禹) 이 몇 분은 천하를 모두 양보했습니다. 그러므로 그 당시 중화민족은 '공천하(公天下)'였습니다. 천하가 어느 한 일가에 속한 것이 아니었습니다. 하(夏)왕조 이후 삼대이래로 '가천하(家天下)'로 변했습니다. 요(堯)가 나이가 많아져 거의 일백 살 남짓 되었을 때에 마땅히 양위(讓位)해야 되겠다고 생각하여 계승자를 하나 찾고 싶었습니다. 그는 두 사람이 대단하다고 들었습니다. 사실은 대단한 사람이 그때 당시 두 사람에 그친 것은 아니었습니다. 가장 유명한 한 사람이 허유(許由)라고 했습니다. 또 허유의 좋은 친구 한 분이 있었는데 소부(巢父)라고 했습니다. 그 밖에도 몇 사람이 있는데 모두 은사들이었습니다.

요는 허유에 대해서 듣고는 그더러 세상에 나와 황제노릇을 하라고 청하고 싶었습니다. 산속에서 그를 찾아냈습니다. 결과적으로 허유는 다음과 같이 말합니다. 당신은 무엇 하러 나를 찾아왔소? 요가 말합니다. 저는 나이가 많아졌습니다. 당신은 성인(聖人)입니다. 이 천하 국가를 당신이 나와서 자리를 이어 황제가 되기를 청하고 싶습니다. 허유는 듣자마자 물론 사양했습니다. 사양하는 말이 각 책마다 기록이 다른데, 어쨌든 사양했습니다. 허유는 요를 산 아래로 전송한 뒤 마음속에 짜증이 났습니다. 귀가 이 말을 듣고 나니 더럽다고 느꼈습니다. 나를 황제로 청하다니 얼마나 더러운가! 그는 곧 계곡의 물로 달려가서 귀를 씻었습니다. 때마침 그의 친구인 소부가 소를 한 마리 끌고 지나가면서 그를 보았습니다. 노형 정신이 잘못되었구면! 오늘 어째서 여기서 귀를 씻고 있는가? 허유가 말합니다. 에이, 자네는 몰라. 방금 내가 지저분한 말을 하나 들었기에 귀를 깨끗이 씻는다네. 소부가 무슨 말이냐고 물었습니다. 허유가 말합니다. 저 요 말일세! 그가 나이가 많아졌다고 나더러 나서서 자리를 물려받아 황제노릇을 해달라고 청하더라고. 이게 더럽지 않은가? 소부가 말했습니다. 노형, 정말 싫군. 정말 너무 이기적이네, 자네가 물속에다 귀를 씻어서 물이 더러워져버렸으니, 내 저 소는 무얼 마시려 하겠나?. 그만두지. 내 이 소가 여기서 물 안마시겠대. 그렇게 말하면서 소를 끌고 가버렸습니다. 이것은 역사상 유명한 이야기입니다.

그러나 우리는 알아야합니다. 우리 민족국가는 왜 이렇게 고대의 은사를 떠받들까요? 이것은 문화면에서 대단히 중요한 원인이 있습니다. 이런 부류 사람들, 이른바 은사(隱士) · 고사(高士)의 무리들은 청나라에 이르러서는 처사(處士)라고 불리기도 했습니다. 그들은 민족국가의 역사상 대단히 중요한 지위를 차지하고 있습니다. 그들은 포괄하지 않는 것이 없는 도가에 속합니다. 우리의 역사에서 변란을 만났을 때마다 모두 이런 부류의 사람들이 나와서 어지러운 세상을 바로잡아 정상을 회복했습니다. 다시 말해서 역사상 막후로부터 나와서 어지러운 세상을 바로잡아 정상을 회복한 사람들은 모두 이런 부류의 사람들이었습니다. 천하가 안정되어서는 그들을 찾을 수 없었습니다. 모두 빠져나가버렸습니다. 그래서 고사 또는 은사라고 불렀습니다. 이 역시 장자가 말하는 '지인(至人)은 자기가 없고, 신인(神人)은 공로가 없으며, 성인(聖人)은 이름이 없다.'는 것으로, 이런 사람들은 모두 이러한 작풍(作風)이었습니다. 우리는 이 이야기를 알고 난 뒤 지금 보니 장자의 본문 속에서도 이 한 단락을 언급하고 있습니다.

햇빛과 때맞추어 내리는 비

장자는 말하기를, 요가 천하를 허유에게 양보할 때 당시에 구실이 하나 있었다고 합니다. '해와 달이 나와 있는데 횃불을 끄지 않는다면[日月出矣, 而爝火不息]', 이 단락을 만약 우리가 백화로 번역한다면 요가 허유에게 이렇게 말했다는 의미입니다. 선생께서는 알아야하오. 해와 달이 나와 있는데 태양 빛, 달빛 아래에서도 여전히 촛불을 켜고 있다면, '그것이 빛나기는 어렵지 않겠습니까[其於光也, 不亦難乎]!', 이 촛불의 광명은 너무 하찮지 않겠소! 태양이 그렇게 크게 빛을 발하고 있는데 그 햇빛아래에서 촛불을 켠다는 게 무슨 이로운 점이 있겠습니까? 이것은 아주 견디기 어렵고 매우 싫은 일입니다. 요는 자신을 촛불에 비유하고 허유를 태양이나 달처럼 위대하다고 떠받들고 있습니다.

또 하나의 예를 듭니다. '때맞추어 비가 내렸는데도[時雨降矣]', 요 이틀 동안 날씨가 몹시 더웠는데 때 맞춰 큰 비가 내린 경우가 바로 '시우(時雨)'입니다. 이 큰 비가 내리자 거리가 온통 물입니다. '여전히 물을 대고 있다면[而猶浸灌]', 그런데도 다들 아직도 샘에서 물을 퍼서 댄다면 '그것이 농토 윤택에는 헛수고가 아니겠습니까[其於澤也, 不亦勞乎]', 이 작은 우물의 물이 뭐 그리 대단 하겠습니까? 이것은 쓸데없는 수고가 아니겠습니까?

그가 이 두 가지 비유를 한 것에는 매우 일리가 있습니다. 하나는 대단한 사람 한분을 해와 달의 광명과 같다고 비유하고 있습니다. 또 하나의 비유는 말하기를, 이 사회세계에 사람이 공덕이 있는 것은 마치 천상의 큰비가 내리는 것과 같다고 합니다. 우리의 역사에서 (소설에도 있습니다) 늘 이것을 이용하여 많은 황제들에게 아첨했습니다. 여러분 유의하십시오. 이 『수호전』에 나오는 별명마다 모두 철학적인 의미입니다. 양산박(梁山泊)의 우두머리 송강(宋江)은 별명을 급시우(及時雨)라고 합니다. 급시우는 여름에 더워 죽을 지경일 때 내리는 비이니 얼마나 좋습니까! 결국 어떠했을까요? 이 녀석 송강은 강으로 보내져서 이 비가 소용이 없게 되었습니다. 그러므로 『수호전』 속의 별명들은 이름과 서로 결합시켜 보면 모두 다 사람들을 꾸짖고 있습니다. 양산박의 책사[軍師]는 지다성(智多星)인데, 지다성이 얼마나 좋습니까? 지혜가 그렇게 높고 방법도 많은 게 마치 하늘의 별이나 마찬가지입니다. 그러나 그의 이름은 오용(吳用)이라고 하는데, 바로 무용(無用: 吳자와 無자 중국어 발음은 wu임/역주)입니다. 지다성은 쓸모가 없습니다. 저마다의 별명과 그 사람의 본명을 연결시키면 당신은 하하 크게 웃을 수 있습니다. 게다가 역사적 소설적인 묘사를 더하면 저마다의 개성·인품 등이 대단히 의미가 있습니다. 그러므로 이것은 역사 문화적으로 정사든 소설이든 모두 이 급시우(及時雨)를 사람들에게 은혜를 베풀어주는 일로 비유하고 있다는 것을 설명합니다.

요는 이런 두 개의 비유를 한 뒤 그는 스스로 말합니다. '선생이 서 있기만 하면 천하가 다스려집니다[夫子立而天下治]' 고대에 다른 사람을 '부자(夫子)'라고 존칭한 것은 후세에서 일컫는 선생에 해당합니다. 그는 말합니다. 선생께서 이 세상에서 거기에 앉아있거나 서 있기만 하면 말도 할 필요가 없고 무슨 행동이 있을 필요가 없이 천하가 태평해지게 됩니다. 그러나 선생은 세상에 나오려고 하지 않습니다. 그래서 결국 내가 나서서 황제노릇을 하고 있습니다. 우리 중국문화에 자주 쓰는 네 글자인 '시위소찬(尸位素餐)'이 있는데, '시(尸)'는 바로 제사 때에 사용하는 우상(偶像)을 상징합니다. 바꾸어 말하면 이 글자는 허수아비를 말하는 겁니다. 나는 시위소찬입니다! 그는 말합니다. 나는 마치 사람들에게 떠받들어져서 허수아비 노릇을 하고 있는 것이나 마찬가지입니다. 위에서 황제 노릇을 하고 있지만 실제는 인간세상의 밥을 공짜로 먹고 있는 것입니다. 마치 우상처럼 그 위치를 차지하고 있는 것입니다. 내가 나 자신을 반성해보니 '오자시결연(吾自視缺然)', 결점이 너무나 많습니다. '청치천하(請致天下)', 그러므로 천하를 당신에게 양보해 드리고 싶습니다. 당신이 나와서 황제노릇을 하십시오.

이 한바탕의 말을 요는 겸손하게 말했습니다. 허유는 아직 귀를 씻으러 가지 않았을 때 그에게 대답해서 말했습니다.

'당신이 천하를 다스려서, 천하는 이미 다스려졌소[子治天下, 天下旣已治也]', 당신은 천하 국가를 잘 다스리고 있습니다! 이 국가는 다스려져 태평합니다. '그런데도 내가 당신을 대신하여서[而我猶代子]', 당신은 지금 나더러 나와서 이어받아 당신을 대신하라고 하는데, 당신에게 묻겠습니다. '내가 장차 이름만을 위할까요[吾將爲名乎]', 내가 이름나기를 위할까요? '이름이란 사실의 부수물인데[名者, 實之賓也]', 그는 말합니다. 사람의 이름이란 실제 행위성과의 하나의 부속품입니다. 실제 공로야말로 주체입니다. 공로가 있어야 비로소 큰 이름이 있습니다. 어떤 사람을 예로 들면, 그에게 진정으로 도덕이 있기 때문에 유명해져서 칭찬을 받는다면, 그 이름은 사실과 마찬가지여서 서로 같은 것입니다. 만약 그런 사실이 없이 이름만 있다면 그런 이름을 우리는 문학적으로 허명(虛名)이라고 부릅니다. 가짜지 진짜가 아닙니다. 그는 말합니다. 당신이 천하를 잘 다스렸는데 저더러 나와서 다스리라니 내가 그럴 필요가 없습니다! 내가 왜 그래야하죠? 이름을 위해서요? '명자, 실지빈야(名者, 實之賓也)', 진정한 이름은 사실이 있어야 하고 공로가 있어야 합니다. 그렇게 하여 이름이 천하에 가득한 것이야말로 옳은 것입니다. 내가 나선다고 가정합시다. 천하를 당신이 이미 잘 다스렸는데 내가 나서서 황제가 된다면 허명만 하나 짊어질 뿐 입니다. '내가 장차 부수물이 될까요[吾將爲賓乎]', 내가 어찌 하나의 허명만을 위한 것이 아니겠습니까!

이런 이유는 허유의 이론이요 논리의 이치입니다. 즉, 자기가 나서서는 안 된다고 보는 철학적인 도리입니다. 천하를 당신이 잘 다스렸는데 왜 나더러 나오라는 겁니까? 당신이 잘 다스리지 못하면 내가 나서서 당신을 위해 가마를 들어주고. 내가 또 조금의 공로가 있다면 응당 나서야 합니다. 지금 당신이 이미 천하를 잘 다스렸고 가마도 다른 사람이 들어줄 필요가 없는데 내가 나서서 뭘 할까요? 이것은 하나의 이론이며 철학적 원칙입니다. 우리가 주의해야할 것은 '명자, 실지빈야(名者, 實之賓也)'입니다. 사람은 허명을 구하지 말고 실제를 추구해야합니다. 구체적인 사실을 해내어야 됩니다. 진정한 천하의 큰 명성은 도덕적인 사실이 진정으로 있어야 합니다. 그래야 진짜입니다. 이는 우리들에게 원칙을 일러주는 겁니다. 위에서는 이론을 말하고 다음에서는 사실을 하나 얘기하고 있습니다.

큰 경계 작은 경계

"뱁새가 깊은 숲속에 둥지를 틀지만 나무 가지 하나를 차지하는데 지나지 않고, 두더지가 강물을 마시지만 배를 한 번 채우는 데 지나지 않소. 당신은 돌아가 쉬시오, 내게는 천하가 쓸 데가 없소. 요리사인 포인(庖人)이 비록 음식을 만들지 않겠다하더라도 성직자인 시축(尸祝)이 술통과 도마를 넘어 가 그를 대신하지는 않는 법이오."

鷦鷯巢於深林, 不過一枝, 偃鼠飲河, 不過滿腹, 歸休乎君! 予無所用天下爲! 庖人雖不治庖, 尸祝不越樽俎而代之矣。

'뱁새가 깊은 숲속에 둥지를 틀지만 나무 가지 하나를 차지하는데 지나지 않고[鷦鷯巢於深林, 不過一枝]', '초료(鷦鷯)'는 작은 새입니다. 그런데 어떤 종류의 새를 말하는지에 대해서 고증하고자 하면 번거로우니, 지금 우리는 그것을 상관하지 맙시다. 어쨌든 한 마리의 작은 새입니다. 작은 새가 숲 속에 숨는 데는 그 새가 다리를 설수 있게 해주는 나뭇가지 하나만 있다면 기뻐합니다. 그것은 나뭇가지에 서서 바람이 불면 흔들흔들합니다. 그 새는 그곳에서 노래도 하고 떠들썩하기도 합니다. 두 눈동자를 빙글빙글 굴리면서 곳곳마다 이리저리 날아다닙니다. 그런 경계 속에서 작은 새는 온 천지가 자기 것이라고 느끼며 대단히 자유롭습니다. 청년 학우들도 늘 이런 경계가 있을 것이라고 저는 생각합니다. 특히 연합고사가 지나간 뒤 시험장을 나오자마자 숲속으로 가서 바위덩어리를 하나 찾아서 앉거나 누웠을 때, 당신은 천지가 자기 것이라고 느껴지고 위대하게 느껴집니다. 여기서 말한 것은 바로 그런 경계입니다.

'두더지가 강물을 마시지만 배를 한 번 채우는 데 지나지 않소[偃鼠飮河, 不過滿腹]', '언서(偃鼠)'는 농토 속의 쥐입니다. 두더지가 입이 마르면 강으로 달려가서 물을 마십니다. 그것은 물을 조금만 마시면 배가 부르고 배가 불룩 올라옵니다. 이 두 마디 말은 두 개의 생물계의 현상을 가지고 비유를 하고 있습니다. 하나는 날아다니는 것이고 하나는 땅속에서 구멍을 파고 다니는 것입니다. 땅속을 파고 다니는 것이든 공중을 날아다니는 것이든 작은 인물, 작은 경계는 자기가 만족을 느끼기만 하면 그만입니다. 어떤 환경이 아름답고 어떤 상황에 만족하는지를 꼭 말하고자 하면 절대 정의(定義)를 내릴 수 없습니다. 여러분 청년 학우들은 경계를 많이 보지 않았을 거라고 생각하는데, 예전에 우리들이 대륙에서 산수 간에 놀며 즐길 때 어떤 높은 산들에는 걸어갈 수 없었습니다. 아미산(峨嵋山) 오르기를 예로 들어보지요! 양쪽은 만 길이나 되는 절벽

이어서 보기조차도 감히 못합니다. 그때는 혈압이 높은 것은 말할 것도 없고 저혈압도 없어져버립니다. 결국은 이래도저래도 다 안 되어서, 현지의 그 배자(揹子)를 찾을 수밖에 없었습니다. 배자는 한 사람이 광주리를 하나 짊어져 어깨에다 걸치면 우리는 돌아앉아 그 배자를 등지고 그 위에 앉아 뒤를 바라보면, 그가 당신을 짊어지고 올라가는 것입니다.

우리는 그 위에 앉아있는 것을 불학의 한마디로서만 형용할 수 있습니다. 부끄러워라! 몹시 부끄러워라! 이런 여인들의 배자에 의지해서 당신을 짊어지고 올라가야만 하다니. 우리는 배자의 뒤에 앉아 있으면 『봉신방(封神榜)』의 그 신공표(申公豹)가 생각이 납니다. 그의 후뇌는 앞에 있고 얼굴은 뒤에 있습니다. 우리는 그때에 자기가 신공표가 된 것으로 느꼈습니다. 오로지 지나온 길만 볼 뿐, 양쪽은 감히 보지 못합니다. 내려다보면 어지러워지려 합니다. 어떤 사람들은 이거야말로 기분이 좋다고 느낍니다. 이런 경계는 반 공중에서 아래로 보이는 것이 모두 구름인데 까맣습니다. 검은 구름 속에 밝은 빛들이 오락가락하고 아래에서 우르릉 우르릉 하는 그런 소리만 들립니다. 사실은 아래에서 큰 뇌성이 치고 있고 우리는 뇌성의 위에 있는 겁니다. 태양 빛은 비추고 있고 풍경은 좋아서 아주 기분이 좋습니다.

어떤 곳에 이르게 되면 그 배자 부인들도 좀 피곤해서 한번 쉬고 싶어했습니다. 우리도 앉아있는 게 피곤해서 내려와 한번 쉬고 싶었습니다. 물론 우리도 내려와서 돌덩이 곁에 앉거나 나무 곁에 앉아서 풍경을 바라보니 기분이 좋았습니다. 그녀들도 기분 좋아했습니다. 그들은 그리 앉아 있지 않았습니다. 십(十)자 모양의 나무를 내려놓아 기대놓았습니다. 그리고는 시가 같은 잎담배 한 개비에 불을 붙였습니다. 1모전(毛錢)으로 여러 개비를 샀는데, 그 담배를 한번 빨아들였다 한번 내뿜었습니다. 제가 그녀들 얼굴표정을 보니 그때 요임금이 와서 그녀에게 가서 황태후 노릇하자고 청하더라도 그녀는 하지 않겠다고 할 정도였습니다. 아주 기분 좋아했습니다. 비록 지쳐있지만 조금 있다 절에 도착하면 돈을 받아 만두 몇 개 사서 먹으면 배가 부르고, 또 시원한 물 한번 마시는, 그런 경계는 당신이 황제 노릇하고 큰돈을 번 것과 똑같이 기분이 좋습니다. 그러므로 인생 경계는 각자 다릅니다. 다른 사람이 어떻게 해야 대단하다고 느끼든 간에 나는 단지 지금의 이런 기분 좋은 경계가 필요할 뿐입니다.

허유는 마지막에 말합니다. '귀휴호군(歸休乎君)', 당신은 이 몇 자를 읽으면 허유의 그 모습을 생각하게 될 것입니다. 마치 경극을 공연하는 맛이 있어서, 소매를 한번 떨치면서 이렇게 말합니다. 아! 당신은 돌아가십시오! '내게는 천하가 쓸 데가 없소[予無所用天下爲]', 진정으로 도가 있는 선비가 구태여 나서서 무슨 천하사를 할 필요가 있겠습니까! 당신은 돌아가십시오. 바로 그런 한마디 말입니다. 이렇게 말하고 난 뒤 허유는 이어 또 한 마디를 했습니다. '요리사인 포인(庖人)이 비록 음식을 만들지 않겠다하더라도 성직자인 시축(尸祝)이 술통과 도마를 넘어 가 그를 대신하지는 않는 법이오[庖人雖不治庖, 尸祝不越樽俎而代之矣]', 이 한 구절의 문장은 아주 맛이 있습니다. 당신이 자세히 읽어보면 장자가 인용하는 전고마다 우스개 이야기마다 모두 다 일리가 있다는 것을 알게 될 것입니다. 가볍게 읽고 넘어가지 말기 바랍니다. 우리가 다 알듯이 '포인(庖人)'은 요리사입니다. '시축(尸祝)'은 무엇일까요? 고대에는 바로 무사(巫師)였습니다. 오늘날로 말하면 성직자라고 할 수 있습니다. 천주교에서는 신부라고 하고 기독교에서는 목사라고 합니다. 불교에서는 법사라고 하고 이슬람교(회교)에서는 아홍(阿訇)이라고 합니다. 고대에는 이런 사람들을 균등하게 '시축'이라고 했습니다. '축'이란 기도(祈禱)입니다. 그는 말합니다. 주방의 요리사가 비록 요리를 만들지 않겠다며 주방을 상관하지 않더라도, 신부나 법사가 아무래도 주방에 가서 그의 자리를 차지하고 그를 대신해서 요리를 만들 수는 없겠지요! 그래선 안 되는 것입니다.

이 속에는 세 층의 관념이 있습니다. 세 층의 관념에만 그치는 것이 아니라 심지어는 사오층의 관념까지도 있습니다. 첫 번째 층으로, 장자는 왜 요리사를 인용했을까요? 대체로 우리 중국인들은 옛날부터 먹는 것을 중시했습니다. 뿐만 아니라 중국의 역사에는 여러 명의 유명한 요리사들이 있었습니다. 첫 번째 훌륭한 요리사는 이윤(伊尹)이었는데, 바로 상나라 탕왕의 재상이었습니다. 그가 재상이 되기 이전에 황제를 만나기 위하여 그는 일부러 요리사가 되기를 청했습니다. 왜냐하면 요리를 잘 만들었기 때문입니다. 요리를 잘 만드는 데는 몇 가지 조건이 있습니다. 먹으면 입에 맞고, 영양이 좋고, 신체건강에 유익해야 합니다. 물론 당신이 뚱뚱해지고 싶으면 뚱뚱해지고 날씬해지고 싶은 사람이 먹으면 날씬해질 겁니다. 과거에 배 즙 엿을 판 사람이 입으로 높이 이렇게 외친 것과 같습니다. 할머니가 배 즙 엿을 먹으면 장생불로합니다. 젊은이가 먹으면 키가 커집니다. 연합고사를 볼 사람이 배 즙 엿을 먹으면 곧바로 시험에 붙습니다. 시험에 떨어지고 싶은 사람이 배 즙 엿을 먹으면 한 글자도 못씁니다. 저 배 즙 엿이 그렇게 큰 효과가 있습니다. 훌륭한 요리사도 그렇게 큰 효과가 있습니다. 역아(易牙)는 요리사였습니다. 나쁜 요리사였는데 뒷날 재상이 되어서 남으로 하여금 나라를 망하게 했습니다. 그러나 요리사는 확실히 어렵습니다. 다들 먹고서 만족하도록 하게 하려면 주방에서 대단히 힘들어 온몸에서 땀이 흐릅니다. 좋은 요리를 다 만들고 나서는 그 자신은 음식이 넘어가지 않습니다. 그러므로 명 요리사는 된장에 절인 약간의 오이에 밥 먹기를 좋아합니다.

일반인들은 좋은 정치가 필요하다는 것을 다 알지만, 일반인들은 배불리 먹고 나서도 식사는 요리사가 얼마나 수고해서 만들어 낸 것인 줄은 모릅니다. 좋은 정치와 사회 안정은 그 요리사와 같은 영도자가 얼마나 수고를 많이 해서 해 낸 것인 줄 사람들은 모릅니다. 그러므로 옛 사람의 다음 두 구절의 시는 말합니다.

낙양은 삼월에 온갖 꽃들 비단과 같은데   洛陽三月花似錦
얼마나 많은 공을 들여 짜서 이루어졌을까   多少工夫織得成

송나라 왕조 때 수도가 한번은 낙양에 있었습니다. 낙양은 3월 때에 온갖 꽃이 비단 같아 전체가 꽃 도시로 변했습니다. 그러나 얼마나 많은 공을 들여서 짰겠습니까! 우리가 어떤 화원에 가 보거나 어떤 곳을 볼 때 당신은 그 성과가 보기 좋은 것만 감상할 뿐 그것을 창업하고 우리로 하여금 누리게 하는 그 사람은 또 얼마나 힘들었겠습니까! 그래서 장자는 '포인(庖人)'으로써 형용하고 있습니다.

지금 이 요리사는 바로 요(堯)를 가리킵니다. 그는 수십 년 동안 요리를 만들었는데, 좋은 것을 만들어 천하 사람들에게 먹고 배부르도록 했을 뿐 자기는 죽도록 고생하고 피로해 죽을 지경이었습니다. 이제 그는 그만 하고 싶었습니다. 허유가 말합니다. 나요? 미안합니다. 나는 밥할 줄 모릅니다. '시축'은 나무, 나무 염불하거나, 하느님! 성모 마리아님! 하고 기도할 줄만 알지 요리는 내가 만들 줄 모릅니다! 나는 주방을 담당할 방법이 없습니다! 그러므로 '성직자인 시축(尸祝)이 술통과 도마를 넘어 가 그를 대신하지는 않는 법이오[尸祝不越樽俎而代之矣]', 이 일은 내가 오면 잘 관리할 수 없습니다. 각자 한 가지 직업이 있습니다. 바로 이런 몇 가지 도리로서, 매우 깊은 의미를 포함하고 있습니다.

세간의 해탈과 출세간의 해탈

장자는 왜 이 단락을 얘기 할까요? 중간에 허유의 이야기를 인용한 것은 초월하는 사람이 되고 싶다면 반드시 세속의 항쇄와 족쇄[枷鎖]를 벗어나야한다고 말하는 것입니다. 이 항쇄[枷]는 사람에게 고난을 당하게 하는 것으로 목에 씌워진 그 칼입니다. 세속의 항쇄를 벗지 못하면 명예에 속박됩니다. 명예 이외에 이익도 물론 사람을 가두어놓습니다. 또 이 이익이 중요하기 때문에 당연히 벗어나기 어렵습니다. 그것은 하나의 사실입니다. 예컨대 많은 사람들이 얘기하기를, 자신은 뭐든지 다 놓아버릴 수 있는데 생활하기 때문에 무슨 방법이 있겠느냐! 고 합니다. 갓 들었을 때는 진리입니다. 생활을 위해서 무슨 방법이 있겠느냐고요! 진리인 듯 하지만 꼭 진리는 아닙니다. 사실 우리 인생은 이 일생 동안 사람 노릇하면서 한결같이 자신을 위하여 생활하지 않고 내내 요리사 노릇을 하고 있는 중입니다. 모두 다른 사람이 먹도록 요리를 만들어 줍니다. 부모 된 사람은 자녀들에게 먹도록 요리를 만들어 줍니다. 자녀 된 사람들도 다른 사람들에게 먹도록 요리를 만들어 줍니다. 모두 다 요리사입니다. 그러므로 반드시 세속의 항쇄와 족쇄에서 벗어나야 비로소 이름에 속박되지 않을 수 있으며 그런 뒤에 '성인(聖人)은 이름이 없다'를 해낼 수 있습니다.

그는 세속의 해탈을 얘기했습니다. 허유의 이야기는 우리가 보면 이미 아주 높습니다. 황제조차도 하고 싶어 하지 않은 사람이라니 이게 얼마나 높습니까? 그러나 장자의 관념 속에서 당신에게 일러주기를, 이 사람의 초월 승화도 세속적인 해탈일 뿐, 아직 출세간의 해탈에 도달하지 못했다고 합니다. 다음 한 단락이 약간의 출세간 해탈을 끌어냅니다.

견오(肩吾)가 연숙(連叔)에게 물었다. "내가 접여(接輿)에게서 말을 들었는데, 그는 허풍 치는 말이 너무나 커서 그림자조차도 없고 말만 하고 실행하지 않소. 나는 그의 말에 놀랐소. 은하수처럼 끝이 없고, 문밖의 길과 응접실처럼 (우리들의 관념과는) 안과 밖이 크게 달라서 인정에 가깝지가 않았소." 연숙이 물었다. "그의 말이 뭐라고 했소?" 견오가 말했다. " '막고야(藐姑射) 산에 신인(神人)이 사는데 살결은 빙설(氷雪) 같고 몸매가 날씬하고 예쁘기는 처녀와 같다. 곡식을 먹지 않고 바람을 호흡하며 천상의 이슬을 마신다. 구름을 타고 비룡(飛龍)을 몰아 사해(四海) 밖에서 노닌다. 그의 정신은 응결 집중 되어 있어 접촉하는 주위의 사람이나 사물로 하여금 크고 작은 병에 걸리지 않게 하고, 그 해 곡식도 자연히 자라 익게 한다.' 고 했소. 이 때문에 나는 그를 미친 것으로 생각하고 믿지 않소."

肩吾問於連叔曰 : 吾聞言於接輿, 大而無當, 往而不反. 吾驚怖其言, 猶河漢而無極也, 大有徑庭, 不近人情焉. 連叔曰 : 其言謂何哉 ? 曰 : 藐姑射之山, 有神人居焉, 肌膚若冰雪, 淖約若處子. 不食五穀, 吸風飲露. 乘雲氣, 御飛龍, 而遊乎四海之外. 其神凝, 使物不疵癘而年穀熟. 吾以是狂而不信也.

이 단락의 문장은 고문의 구성방법 면에서 아름답습니다. '견오 (肩吾)'는 사람 이름입니다. 『신선전』에 말하기를 그의 성씨는 시 (施)로서 시견오(施肩吾)라고 부릅니다. 상고 시대의 한 신선이라고 말하는 사람도 있습니다. '연숙(連叔)'도 뒷날 신선으로 변한 사람 입니다. 아마 장자가 그를 기록했을 때 그는 아직 수도하고 있는 중으로서 여전히 보통사람이었을 겁니다. 어느 날 견오가 연숙에 게 말했습니다. '내가 어떤 미친 사람이 멋대로 얘기하는 것을 들 었소. 그 사람 이름이 접여(接輿)라고 하오.' 『신선전』에는 그의 성 이 육(陸)씨로서 육접여(陸接輿)라고 합니다. 이 사람은 어디서 본 적이 있을까요? 『논어』에서 공자가 그에게 야단을 맞는데, 그를 초광접여(楚狂接輿)라고 부르고 있습니다. 이 분은 초나라의 한 광 인(狂人)이었습니다. 유명한 반 미치광이였습니다. 제전(濟顚)화상 처럼 광인이었습니다. 도대체 그런지 안 그런지는 우리는 육 씨 집 안 족보에서 찾아보지 않았습니다. 그러니 상관하지 맙시다.

견오가 연숙에게 말합니다. 내가 방금 육접여 그 미치광이가 내 게 일러준 말을 들었는데, 그의 말은 '대이무당(大而無當)', 그 허풍 이 얼마나 큰지 그림자가 없소! '왕이불반(往而不返)', 그는 말만 하 고 실행하지 않소. 말하고 난 다음에는 잊어버려서 그림자조차도 없었습니다. 그래서 우리는 남을 욕하기를 당신이란 사람은 허풍 치는 게 '대이무당'이구만 하는데, 바로 이곳에 근거해서 온 것입 니다.

'나는 그의 말에 놀랐소[吾驚怖其言]', 나는 그의 큰 말을 우습다 고 느꼈고 듣고서 어리둥절해지기까지 했소. '경포(驚怖)'란 두려워 한다는 말이 아니라 놀랍다는 뜻입니다. 우리가 남이 허풍 치는 것 을 듣고서 머리가 어지럽다고 말하는 것과 같습니다. 그는 무엇에 놀랐다고 얘기할까요? '유하한이무극야(猶河漢而無極也)', '하한(河

漢)'은 황하나 한수(漢水)가 아닙니다. 도가 서적에 근거해서 엄격히 해석하면 천상의 은하수를 말합니다. 은하수는 가없고 종점이 없습니다. 중국 고대의 지면에 근거해서 말하면 장강이나 황하처럼 한수처럼 그 근원이 어디로부터 오는지를 알지 못하듯이, 그의 말은 그 자신도 가장자리를 만질 수 없었습니다. 마치 은하수처럼 끝이 없었습니다.

'대유경정(大有逕庭)', '경(逕)'은 문밖의 길이고 '정(庭)'이란 문을 닫고 난 응접실입니다. 응접실과 바깥은 당연히 두 모습입니다. 그러므로 '경정'이란 두 글자는 안팎이 다르다는 의미입니다. 내가 그 사람 얘기를 들었는데, 우리들의 관념과는 안팎이 완전히 달랐소. 요컨대 그 양반은 인정에 가깝지 않소. 미치광이요. 세상일[人事]을 모르오. 견오는 이렇게 접여를 한바탕 욕을 했습니다. 연숙은 그가 꾸짖는 것을 다 듣고 나서 말합니다. '그의 말이 뭐라고 했소[其言謂何哉]?', 그 사람이 당신에게 뭐라고 말했기에 당신은 그렇게 잘못됐다고 생각하게 되었소?

막고야 산의 신선

'왈: 막고야지산, 유신인거언(曰: 藐姑射之山, 有神人居焉)', 접여가 말했소. 막고야라는 산에 신선이 산다오. 이 산에 대해 예로부터의 주해들은 모두 그것이 산서(山西)에 있다고 추측하지만, 도대체 산서의 어느 곳에 있는지도 분명히 말하지는 못합니다. 어쨌든 산서에 산이 하나 있으니 무슨 산인지 다 상관할 필요가 없겠습니다. 하여튼 그런 산이 있습니다. '막(藐)'이란 아주 멀다는 의미입니다.

한 가지 이상한 일이 있습니다. 중국의 신화이든, 인도의 신화이든 간에 신선이 사는 경계는, 모두 당신이 지구상의 어느 구석에 있던지 간에, 모두 서쪽을 향하여 걸어갔습니다. 이것은 하나의 큰 문제이자 대단히 기묘한 일입니다. 우리 중국 고대 도가의 신선들은 모두 서방에서 살고 있습니다. 곤륜산에서 다시 서쪽으로 가면 서왕모(西王母)가 그 곳에 있고, 곤륜산 꼭대기에 이르러서 다시 서쪽으로 가서 어느 곳으로 갔는지 모릅니다.

접여는 이 산에 신선이 하나 있다고 말했습니다. 이 신선도 우리 사람이 변한 것입니다! 이 사람이 수도에 성공하여 신화(神化)한 것을 신인(神人)이라고 부릅니다. 이 사람은 '살결은 빙설 같고[肌膚若冰雪]', 피부는 부드러우면서도 예쁘고, 희면서도 야들야들합니다. 어쨌든 아이스크림이나 아이스케이크보다도 훨씬 예쁩니다. '몸매가 날씬하고 예쁘기는 처녀와 같다[淖約若處子]', 그 몸이 날씬하여 예쁜 것이 마치 열서너 살 먹은 대단히 건강하고 아름다운 계집아이나 또는 처녀 · 총각 · 사내아이와 같습니다.

이것은 이미 대단한 것입니다. 그런데 더욱 묘한 것은 이 신인은 음식을 먹지 않는다는 겁니다. '곡식을 먹지 않고[不食五穀]', 보리야! 쌀이야! 멥쌀이야! 밀이야! 콩이야! 수수야! 아무것도 먹지 않습니다. '흡풍음로(吸風飲露)', 그렇다면 그는 무엇을 먹을까요? 서북풍을 먹습니다. 무엇을 마실까요? 차를 마시는 것이 아니라 천상의 이슬만을 먹습니다. 그는 이런 사람으로서 바로 그 산에서 사는데, 그는 놀러 어떻게 나갈까요? '구름을 타고[乘雲氣]', 즐거울 때 손짓 한번 하면 천상의 흰 구름이 곧 옵니다. 물론 검은 구름도 됩니다. 이것은 자기 마음대로 노는 것입니다. 그런데 좀 더 멀리가려면 어떻게 할까요? 그는 오토바이를 이용하기로 하고 손짓을 한

번 하면 천상의 용(龍)이 옵니다. 용이 바로 그의 오토바이입니다. 그가 용등에 타고서 가고 싶은 곳대로 곧 용이 날아갑니다.

'구름을 타고 비룡(飛龍)을 몰아 사해 밖에서 노닌다[乘雲氣, 御飛龍, 而遊乎四海之外]', 이 지역의 변경(邊境)은 사대해(四大海)라는 것을 옛사람도 알고서 사대해 밖으로 놀러갔습니다. 오늘날의 관념으로 강조해서 말하면, 지구를 벗어나 대기권 밖으로 놀러나간 겁니다. 이는 그의 생활이 아주 편안함을 말합니다. 그럼 이 사람은 어떨까요? '그의 정신은 응결 집중되어 있어[其神凝]', 당신은 그 사람을 보아야합니다! 사람 같지가 않습니다. 그의 정신은 시종일관 응결집중[凝定]되어 있습니다. 흩어지지도 않고 어지럽지도 않습니다. 바라보자마자 보살이요 신선입니다. 어쨌든 우리 같은 사람들과는 다릅니다. 당신이 한번이라도 더 쳐다보면 그는 눈을 깜박깜박하기 시작하거나, 아니면 표정이 나타납니다.

그의 그 응결집중 된 정신은 그가 어느 곳에 서 있기만 하면 그곳이 태평해 집니다. '접촉하는 주위의 사람이나 사물로 하여금 크고 작은 병에 걸리지 않게 하고, 그 해 곡식도 자연히 자라 익게 한다[使物不疵癘而年穀熟]', 모든 사물이 그의 범위 안에 접촉하면 병폐가 있지 않을 것입니다. '자려(疵癘)'는 두 가지 의미입니다. '자(疵)'는 작은 병통이고 '려(癘)'는 큰 병통입니다. 이 사람이 어느 곳에 가서 서있다면, 그곳이 물질이든 논이든 비가 오는 곳이든 햇볕이 너무 뜨거운 곳이든 간에, 모두 다 안정될 것입니다. 사람들만 편안할 뿐 아니라 모든 물질도 그의 신광(神光)을 한번 접촉하기만 하면 큰 병이든 작은 병이든 다 사라져버립니다. 바꾸어 말하면, 누가 가서 그를 보고자 하면 생로병사(生老病死)가 모두 도망가버릴 수 있는, 바로 그런 사람입니다. 그가 거기에 서 있기만 하면 사람들은 노동할 필요가 없으며 곡식들도 자연히 자라나고 벼도 자연히 익습니다. 그의 묘사는, 마치 불경에서 말하는 북구로주(北俱盧州)라는 또 다른 세계에서는 사람이 있는 곳에서 옷을 생각하면 옷을 얻고 음식을 생각하면 음식을 얻는다는 것과 같습니다.

'이 때문에 나는 그를 미친 것으로 생각하고 믿지 않소[吾以是狂而不信也]', 견오가 말합니다. 육접여 이 자식은 이렇게 미친 소리를 나에게 들려줬는데 내가 어떻게 그를 믿겠소? 세상에 이런 사람 있을 리가 없소. 연숙은 듣고 나서 도리어 말하기를 그가 말한 것이 맞소! 했는데 어떻게 맞을까요?

지식 면의 귀머거리와 봉사

연숙이 말했다. "그렇소. 장님은 대자연의 아름다움인 문채(文彩)를 볼 수 없고, 귀머거리는 종이나 북 등의 소리를 들을 수 없소. 어찌 형체에만 장님과 귀머거리가 있겠소. 지식 면서도 그런 자가 있소."

連叔曰：然。瞽者無以與乎文章之觀，聾者無以與乎鐘鼓之聲，豈唯形骸有聾盲哉？夫知亦有之。

이것은 여섯 번째 구절입니다. 연숙은 듣고 나서 말합니다. '연(然)', 맞소. 견오는 연숙도 자기에게 동의하고 접여를 미치광이로 여기는 줄로 생각했습니다. 하지만 그렇지 않습니다. 연숙은 이어서 꾸짖기 시작합니다. 그는 말합니다. 접여가 말한 것은 맞소! 그것은 진짜요. '장님은 대자연의 아름다움인 문채를 볼 수 없고[瞽者無以與乎文章之觀]', 봉사는 세상의 문채·예술을 볼 길이 없소.

당신이 말하기를, 오늘 해가 좋다! 해가 빛난다! 저 나무가 푸르다! 고 해도 봉사는 볼 수 없습니다.

여기서 '문장(文章)'이란 쓰는 문장을 말하는 것이 아니라 문채(文采)입니다. 대자연의 아름다움이 바로 문채입니다. 대자연의 아름다움은 하나의 도안을 구성하는데 그것을 '장(章)'이라고 부릅니다. '문(文)'이란 곧 문채, 채려(采麗: 무늬의 아름다움/역주)입니다. 뒷날 우리는 문자를 조직한 것을 문장이라고 불렀습니다. 이 개념을 분명히 해야 합니다.

'귀머거리는 종이나 북 등의 소리를 들을 수 없소[聾者無以與乎鐘鼓之聲]', 귀머거리는 어떨까요? 종을 치거나 북을 치거나 뇌성이 치더라도 들을 길이 없고, 가장 훌륭한 음악도 들을 수 없습니다. '장님은 대자연의 아름다움인 문채를 볼 수 없고, 귀머거리는 종이나 북 등의 소리를 들을 수 없는 것'은 단지 형체상의 귀머거리요 봉사일 뿐입니다. 그는 말합니다. 내 당신에게 일러주겠소. 세상에서 가장 슬픈 것은 지식상의 귀머거리요 지식 면의 봉사라오..

보세요, 이런 신선들이 사람을 꾸짖는 예술이 얼마나 고명합니까? 사람을 꾸짖는데 세 번이나 돌려 말했습니다. 견오가 얘기를 다 하자 연숙도 말하기를 그렇다고 했습니다. 견오는 자기의 생각과 같다고 생각했습니다. 결과적으로 그는 오히려 말하기를, 세상에는 오관상의 귀머거리와 봉사가 있을 뿐만 아니라 많은 사람들이 지식적인 면에서 귀머거리요 봉사라고 했습니다. 그는 남을 꾸짖으면서 육두문자를 쓰지 않았으며 상대방을 분명하게 꾸짖지도 않았습니다. 하지만 상대방을 다 반박했습니다.

마음이 물질을 전변시킬 수 있음과 선정

견오와 연숙과의 대화는 곧 '신인은 공로가 없다[神人無功]'의 이 '신인'에 관한 것입니다. 이 소요유 편에서는 이런 일, 이런 사람을 강조하는 한 가지 중점이 있습니다. 다시 말해, 범부는 신인이 될 수 있다는 것입니다. 사람마다 모두 성취할 수 있는데, 사람이 그렇게 성취하지 못하는 까닭은 지식학문 면에서 귀머거리요 봉사이기 때문이란 것입니다. 다음은 이어서 한 가지 도리, 한 가지 이론을 말합니다.

"그의 말은 당시 당신을 두고 한 것 같소. 신인(神人)인 이 사람의 성취는 장차 만물을 하나로 융합시켜 온 세상이 혼란에서 안정되는데, 누가 골치 아프게 나서서 천하를 일거리로 삼겠소! 이 사람은 물리세계가 해칠 수 없기에, (온 지구에) 거대한 홍수가 하늘까지 차고 넘치더라도 빠져 죽지 않고, 거대한 가뭄이 쇠와 돌을 녹이고 흙과 산이 타더라도 뜨거워하지 않소."

是其言也, 猶時女也, 之人也, 之德也, 將旁礡萬物以爲一世蘄乎亂, 孰弊弊焉以天下爲事! 之人也, 物莫之傷, 大浸稽天而不溺, 大旱金石流土山焦而不熱。

당시에 육접여가 당신에게 일러주기를 세상에는 그런 사람이 있다고 한 것은, '유시여야(猶時女也)', 솔직히 말해서 당시에 당신에 대해서 말한 것이오. 바꾸어 말하면 당신의 지식 범위는 너무 낮고 그가 말한 것은 너무 좀 겸손한 것이었소. 그의 당시의 말은 결코

다 말하지 않았소. '지인야, 지덕야(之人也, 之德也)', 여기서의 '덕(德)'자는 성취의 뜻입니다. 후세에 말하는 도덕의 덕이 아닙니다. 이 사람의 성취는 어느 정도에 이르렀다고 그는 말할까요? '장차 만물을 하나로 융합시켜 세상이 혼란에서 안정되는데[將旁礴萬物 以爲一世蘄乎亂]', '방박(旁礴)'이란 말은 형용사로서 오늘날 말하는 융화(融化)입니다. 만물을 융화했다는 것입니다. 이 사람은, 당신이 그를 사람이라 그래도 좋고 사물[物]이라 해도 좋고 마음[心] 이라 해도 좋소. 그는 만물과 융합되어 일체(一體)가 되었소. 만물이 그를 융화하여 일체가 된 것이 아닙니다. 바꾸어 말하면 '심능전물(心能轉物)', 마음이 물질을 전변(轉變)시키는 겁니다. '기(蘄)' 란 안정하다는 의미입니다. 그가 어딘가에 서 있으면 이 세상은 안정됩니다. 이게 바로 신(神)입니다. 그러므로 이런 사람이 '누가 골치 아프게 나서서 천하를 일거리로 삼겠소[孰弊弊焉以天下爲事]!', '폐폐(弊弊)'는 몹시 경시하고 깔본다는 의미입니다. 그런데도 누가 골치 아프게 나서서 국가 천하를 다스리기를 원하겠소? 사실 국가를 다스린다는 것은 하나의 작은 일이라고 할 수 있습니다. 그가 온 세계 인류를 안정시킨 것으로도 끝이 아닙니다. 심지어는 만물까지 융화시킬 수 있습니다.

'지인야, 물막지상(之人也, 物莫之傷)', 연숙은 이어서 말합니다. 접여가 당신에게 일러준 이 사람은 물리세계의 어떤 것도 그를 해칠 수가 없소. 무엇을 '대침계천(大浸稽天)'이라 할까요? 지구 북극의 빙산이 녹았다고 합시다. 큰물이 불어났습니다. 온 지구에 홍수가 하늘까지 차고 넘치더라도, '이불닉(而不溺)', 그는 빠져죽지 않습니다. 그는 목욕하기 딱 좋게 수도꼭지가 열린 정도로 느낄 뿐입니다. '큰 가뭄이 쇠와 돌을 녹이고 흙과 산이 타더라도 뜨거워하지 않소[大旱金石流土山焦而不熱]', 만약 이 세계에 아주 거대한 가뭄이 발생하여 지구상의 산들이 다 녹아내리고 광물이 다 액체로 변해버리며, 토산이 모두 타져 재로 변해버리고 석탄으로 변해버리게 된다면, 그 때에 그는 단지 증기 난방장치가 켜져 있다고 느끼고는 불을 쬐면서 아주 따뜻하다며, 여전히 아주 기분 좋은 일로 느낍니다. 이것은 물리세계가 그 사람을 이미 해칠 수 없음을 묘사한 것입니다. 이것이 장자가 말하는 신화(神化)의 극(極)인 신인(神人)의 경지입니다.

또 하나의 신화는 불경에서 말하는 선정(禪定)인데, 무엇을 선정이라고 할까요? 장자의 설법으로 말하면 바로 그의 정신이 응결집중되어 있다는 '기신응(其神凝)' 세 글자입니다. 이 '응(凝)'자는 바로 정(定)입니다. 그러므로 우리 많은 사람들이 요가를 배우고 도를 배우고 선정을 닦고 하는데 '기신응' 경지까지 이르지 못했다면 선정을 말할 수 없습니다. 불경도 당신에게 선정이라는 이 '신응'에는 순서가 있다고 일러주는데, 초선(初禪), 이선(二禪), 삼선(三禪), 사선(四禪)이 그것입니다. 그러므로 우주세계를 말하기로는 불학이 가장 분명하게 얘기하고 있습니다. 이 지구는 파괴 소멸되기 마련이며, 대지 전체가 파괴될 때에는 세 가지 재난[三災]이 있습니다. 대삼재(大三災)는 지구의 거대한 재난입니다.

첫 번째의 겁이 화겁(火劫)입니다. 화겁이 올 때는 태양이 하나뿐만이 아닙니다. 태양의 힘이 열배로 증가하여 열 개의 태양이 한꺼번에 나오는 것이나 다름없습니다. 온 지구에 화산이 폭발하여 지구 스스로가 연소합니다. 이 연소는 초선천(初禪天)과 이선천(二禪天) 사이까지 도달합니다. 이선천의 사람은 화재(火災)가 올 때는 두려워하지 않지만, 수재(水災)가 올 때만은 저항할 길이 없습니다. 우리가 정좌하고 도를 닦는 것도 마찬가지입니다. 신체의 화겁을 통과해야 하는데, 때로는 열이 몹시 나서 사람이 견딜 수 없을 지경입니다. 그야말로 폭발할 지경입니다.

두 번째는 수겁(水劫)입니다. 수겁이 올 때는 북극의 빙산이 녹아서 온 지구가 물에 잠겨버립니다. 그러나 이 물은 어느 곳까지 잠길까요? 이선천과 삼선천(三禪天) 사이의 곳까지 잠기게 합니다. 만약 이선정(二禪定)을 얻은 사람이라면 수재가 올 때는 두려워하며, 역시 빠져 죽기마련입니다. 그가 그곳에 정좌하고 선정에 들었더라도 소용이 없습니다. 그러므로 정좌하고 있을 때 때로는 땀이 흐르고 몸에서 부스럼이 나기도 합니다. 감정이 움직이기도 하고 욕념 충동이 일어나며 호르몬을 분비하는 일도 있는데, 이것은 모두 인체상의 욕계의 수재입니다.

세 번째 겁은 풍겁(風劫)입니다. 풍겁이 올 때는 온 지구가 마치 기류로 변해버린 것 같습니다. 삼선천은 풍겁을 두려워합니다. 삼선천보다 더 높은 곳인 사선(四禪)에 도달하면 삼재팔난(三災八難)을 다 두려워하지 않습니다.

장자 시대에는 불학이 아직 중국에 전해오지 않았습니다. 중국과 인도의 문화는 교류하지 않았습니다. 그런데 장자는 사선(四禪)의 경계를 말했습니다. 이것은 정말 기묘합니다. 그는 말하기를 화재가 그를 해칠 수 없다고 합니다(이선천). 수재가 그를 해를 끼칠 수 없다고 합니다(삼선천). 이 신인이 구름을 타고 비룡을 몬다고 한 것은 풍대도 그에게는 영향을 끼칠 수 없다는 것을 표시합니다(사선천). 우리가 다시 이 도리를 확대하여 연구해 보면, 이 세계에는 몇 개의 오래된 국가가 있는데, 예컨대 이집트의 문화 등에서 상고의 그런 신인들에 대한 설도 차이가 크지 않습니다. 심지어 서양의 신비학에서도 똑같은 설입니다. 이로써 알 수 있듯이 우리들 인류는 비록 인종과 지역이 다르지만 최초의 선조들은 바로 앞전 지구적인 재겁(災劫) 이전에는 문화가 하나였던 같습니다.

생명의 경계는 확실히 이렇게 높을 수 있습니다. 당신 자신이 그렇게 성취할 수 있느냐 없느냐에 달려 있습니다. 그래서 장자는 여기서 다른 사람을 빌려 말하고 있습니다. '지인야, 물막지상(之人也, 物莫之傷)', 물리세계가 그를 해치지 못합니다. 왜냐하면 그는 마음이 물질을 전변시킬 수 있기 때문입니다. 화재나 수재나 지구가 파괴 소멸 되더라도 그에게는 모두 관계가 없습니다. 이런 수양은 사람으로 하여금 생명의 가치를 승화하게 하고 물리세계의 속박에서 해탈하여 초월의 성취에 도달하게 합니다.

성인과 제왕

"(수양이 그 정도에 이르면 신神으로 변해서) 그는 자신의 몸의 땀 찌꺼기를 당신에게 먹게 하여 요순(堯舜) 같은 성인이나 제왕으로 변하도록 빚어낼 수가 있는 사람이오. 그런데 그가 왜 물리세계의 것을 눈에 두려하겠소!"

是其塵垢秕糠, 將猶陶鑄堯舜者也, 孰肯以物爲事!

'진구비강(塵垢秕糠)'은 찌꺼기입니다. 우리가 먹는 곡식은 그 껍질이 쌀겨[米糠]이고 보리의 껍질은 밀기울입니다. 우리 비유를 하나 들어 말해보겠습니다. 여러분들은 다 소설 제공화상(濟公和尙)을 읽어본 적이 있을 겁니다. 제공화상은 하루 종일 목욕을 하지 않습니다. 그리고 남이 병이 나면 자기 몸에서 땀 찌꺼기를 문질러 비벼서 사람에게 주면서 가져가 먹으라고 합니다. 남이 그에게 묻기를 이게 무슨 약이예요? 하면 그는 말합니다. 이것은 신퇴징안환(伸腿瞪眼丸)이요. 먹고 나면 두 다리를 한번 뻗고 눈을 한번 부릅 뜨고는 곧 죽을 겁니다. 당신 감히 먹으려면 먹으시오. 결과적으로 남이 그것을 먹고 병이 다 나았습니다. '시기진구비강(是其塵垢粃穅)', 그는 자신의 몸의 더러운 것을 가지고 '장유도주요순자야(將猶陶鑄堯舜者也)', 세간에 들어가는 성인(聖人)을 양성해낼 수 있습니다. 요(堯)·순(舜)·우(禹)·탕(湯)·문왕(文王)·무왕(武王)·주공(周公)·공자(孔子)는 그런 관념 속에서 모두 입세(入世)의 성인이라고 부릅니다. 그는 말합니다. 수양이 이런 정도에 이르면 신(神)으로 변해서 그 자신이 몸의 땀 찌꺼기를 흘려내어 비벼서 환약을 만들어 당신에게 먹도록 주면, 당신은 하나의 입세의 성인이나 치세의 제왕으로 변할 수 있소. 그러므로 생각해보세요. 생명의 가치를 이런 경계에까지 끌어 올렸는데 '숙긍이물위사(孰肯以物爲事)', 그가 왜 물리세계의 것을 눈에 두겠소?

　견오가 본래 연숙에게 말한 까닭은 그의 동정을 얻고 싶어서였습니다. 그래서 초나라의 광접여는 미치광이로 멋대로 허풍을 떤다고 욕하며 이 세상에 어찌 이런 사람이 있겠냐고 말했습니다. 결국은 그와는 반대로 연숙에게 한바탕 욕을 먹었습니다. 원래 그런 사람이 있는 것인데 당신이 모른 것이오. 당신은 지식의 귀머거리요 지식의 봉사요. 이렇게 꾸짖고 나서는 다시 하나의 도리를 얘기합니다. 그가 말합니다.

"송(宋)나라의 어떤 사람이 예복과 예모를 장사 밑천으로 월(越)나라에 팔러 갔소. 월나라 사람들은 머리를 짧게 깎고 문신을 하였기 때문에 그것이 소용이 없었소. 요(堯)는 천하 백성을 다스려 온 나라의 정치가 안정되자, 막고야(藐姑射)산으로 가서 네 사람의 신인을 만나보

앉소. 그리고는 자신이 몹시 하찮다는 것을 느끼고 돌아와 분수(汾水)의 북쪽에서, 까마득히 천하를 잊어버렸소."

宋人資章甫而適越, 越人斷髮文身, 無所用之。堯治天下之民, 平海內之政, 往見四子, 藐姑射之山。汾水之陽, 窅然喪其天下焉。

　이것은 연숙이 자기의 이론을 보충하는 것입니다. 그는 말하기를 송(宋)나라 사람이 야만 지역에 가서 장사를 했다고 말했습니다. 그런데 왜 송나라를 언급했을까요? 그때는 전국 시대였는데 노나라도 말하지 않고 제나라도 말하지 않고 한사코 송나라를 얘기하고자 한 것은 송나라는 은상(殷商)의 후예로서 봉지(封地)를 송에 받았고 송나라는 은상문화를 대표했기 때문입니다. 공자도 송나라 사람의 후예였으며, 송나라의 문화가 가장 높았습니다. '송인자장보이적월(宋人資章甫而適越)', 송나라 사람이 장사를 하고자 예복(禮服)과 예모(禮帽)를 가지고 월(越)나라에 갔습니다. 월나라는 강소(江蘇)·절강(浙江)·복건(福建) 등의 지역입니다. 대만은 그 당시에 사람이 살았는지 안 살았는지, 또 어떤 사람이 살았는지 아직 모르겠습니다만, 월나라의 바깥 지역 사람에 속했습니다. '월인단발문신(越人斷髮文身)', 우리가 오늘날 바로 월나라 사람들의 본색입니다. 머리는 짧게 하고 빗질하지 않는 것인데, 중국의 옛사람들의 두발은 빗었습니다. 신체와 털과 피부는 부모에게 받았습니다. 이 자리에 있는 몇 분은 머리를 길게 길렀는데 중국문화에 부합합니다. 우리 같은 경우는 서양문화인데, 야만문화로서 단발입니다. '문신(文身)'이란 신체에 무늬를 새긴 겁니다. 결국 송나라 사람은 예복과 예모를 문화가 없는 지역으로 가지고 가서 하나도 팔지 못했습니다. '무소용지(無所用之)', 이게 무슨 소용이 있겠습니까? 높은 수준 문명의 물건을 가장 원시적인 곳에 가지고 가는 것은 소용이 없습니다.

'요치천하지민(堯治天下之民)', 요임금이 천하의 백성을 다스리며 몇 십 년이 지나갔고 천하는 태평해져서 이미 '평해내지정(平海內之政)', 온 나라의 정치가 안정되었습니다. 그것으로 곧 성세의 제왕이요 천고만고의 명망(名望)이며 그 정도로도 대단한 것입니다. 이것이 성인 황제인데, 결국은 어떠했을까? '왕견사자(往見四子)', 요임금은 달려가서 네 사람을 만나 보았습니다. 어떤 네 사람일까요? 모릅니다. 하지만 뒷날 학자마다 『장자』에 대해 주해할 때 장자가 말하는 네 명의 괴상한 사람들을 가져다 숫자를 채웠습니다. 만약 이 네 사람을 되는 대로 모은다면, 요임금이 본 허유가 그 하나이고, 허유의 친구 소부가 그 곁에 서있는 것을 요임금이 아마 보았을 것이니, 두 사람이 됩니다. 또 두 사람을 보기는 쉬웠지만 문자적으로는 누구누구라고 이름을 지적해 보이지는 않았습니다. 다시 막고야 산을 보았고 '분수지양(汾水之陽)', 서쪽으로 걸어가서 서쪽으로 한번 보았고, 취화산(翠華山)에서 다시 한 번 보니 이런 사람이 하나, 둘, 셋, 넷에 그치지 않았습니다. '묘연상기천하언(窅然喪其天下焉)', 그는 느끼기를, 천하의 제왕이 된 것은 본래 천하에서 제일가는 사람이며, 천하의 만민은 모두 그의 자식 같은 백성이며, 만민을 잘 다스리는 것을 아주 위대한 것으로 인정할 수 있다고 느꼈습니다. 그러나 이런 신인들을 보고나서는 오히려 자기 자신이 대단히 하찮다는 것을 발견했습니다. 천하를 잘 다스리는 게 뭐 그리 대단하다는 말인가? 너무나 하찮다!

우리가 이 구절을 읽으면 장자는 여기에서 먼저 생명의 가치를 직접 가리키고 있다는 것을 알 수 있는데, 그것은 바로 신화(神化)

입니다. 자기가 갖추고 있는 정신이, 자아의 수양을 거쳐서 변화하면 바로 신화라고 말할 수 있습니다. 바꾸어 말하면 정(精)·기(氣)·신(神)이라는 이 마음의 작용은, 자기가 자기의 생명의 기능으로 하여금 이 물질세계를 초월하여 정신과 물질이 통일된[超神入化] 경지로 변하게 할 수 있다는 것입니다. 신화하고 난 뒤에 입세(入世)의 성인(聖人)이 되어서 제가(齊家)·치국평천하(治國平天下)할 수 있습니다. 그런 다음에는 어떨까요? 인간세상을 벗어나야[出世] 합니다. 우리가 중국의 역사에 주의를 기울여보면 이것이 신화(神話)가 아니라는 것을 알 수 있습니다.

여러분은 중국문화를 얘기하면서 특별히 유의해야합니다! 우리 중국문화는 처음부터 그렇게 표방했는데 누구일까요? 우리의 선조인 황제(黃帝)입니다. 황제는 치국평천하 하고 만백성을 평안하게 하고 난 뒤 용을 타고 하늘로 올라가 인간세상을 벗어났습니다. 황제가 용을 타고 올라갈 때 그의 간부 대신들을 모두 데리고 갔습니다. 용에 걸려있는 사람들이 너무 많았기 때문에 몇 명의 작은 간부들은 올라갈 길이 없어서 용의 수염을 붙잡고 있을 수밖에 없었습니다. 그래서 허공 중간에서 떨어졌습니다. 떨어진 이 몇 사람들은 줄곧 한(漢)나라 때나 송(宋)나라 때도 아직 세상에 있었습니다. 송나라 이후에는 어떻게 되었는지 모릅니다. 그러므로 반룡부봉(攀龍附鳳: 권력 있는 사람에게 아첨하여 달라붙다/역주)이라는 전고는 이렇게 온 것입니다.

그러나 우리는 유의해야합니다! 중국의 아주 먼 상고 시대의 이런 신화를 통해서 우리들의 문화중심은 시종일관 사람의 생명 가치를 두 개의 단계까지 끌어올린다는 사실을 증명했습니다. 그 하나는 입세의 성인입니다. 또 하나는 세상에 들어가 성공한 다음에 공로가 이루어지고 난 다음에 몸이 물러나 다시 인간세상을 벗어나는 출세의 성인이 되는 것입니다. 이것이 우리 중국문화의 총결론인데, 이 단락에서 장자는 신화(神化)의 요점을 모두 가리켜보였습니다. 생명마다 모두 신화(神化)의 기능이 있지만 안타깝게도 우리들 자신들의 지혜가 부족하여 이 기능을 상실해버렸습니다.

큰 박과 조상이 전해준 비방

혜자(惠子)가 장자(莊子)에게 말했다. "위(魏)나라 왕이 내게 큰 박 씨를 주었네. 내가 그것을 심었더니 자라서 박이 열렸는데 그 크기가 다섯 섬들이나 되었네. 속을 파내고 물을 담자니 그 무게를 혼자 들 수가 없었네. 쪼개서 바가지로 삼자니 납작하고 얕아서 아무것도 담을 수가 없었네. 속이 텅 비어 크지 않는 것은 아니지만 쓸모가 없어서 부숴버렸네." 장자가 말했다. "자네는 큰 것을 사용하는 데 정말 서투르군."

惠子謂莊子曰：魏王貽我大瓠之種，我樹之成而實五石，以盛水漿，其堅不能自擧也。剖之以爲瓢，則瓠落無所容。非不呺然大也，吾爲其無用而掊之。莊子曰：夫子固拙於用大矣。

이제 장자는 한 사람을 예로 드는데 그와 동시대의 혜자(惠子)입니다. 혜자는 당시의 명가(名家)입니다. 고대 문화에서 말하는 '명(名)'이란 논리입니다. 다시 말하면 어떤 하나의 사상은 하나의 명칭을 정하여 한 관념을 이야기하는데, 모두 조리(條理)에 부합해야 합니다. 조리가 있음이 후세에 서양에서 말하는 논리입니다. 혜자는 당시 논변(論辯)을 말하는 논리명가였습니다. 혜자와 장자는 대단히 사이가 좋았습니다. 혜자는 송나라 사람으로 양(梁)나라에서 재상이 되었습니다. 어느 날 장자에게 말했습니다. 위나라 왕이 내게 큰 박씨 하나를 주었네. 황제가 준 것이라서 그것을 심었네. 큰 박이 열렸는데 다섯 섬들이나 되었네.

다섯 섬은 아주 큽니다. 우리의 이 강당보다 3~4배는 더 큽니다. 만약 그것으로 호박전을 만들어 먹으면 우리 이 강당에 있는 사람들 모두 아마 충분히 먹을 겁니다. 예전에 농촌사회에서는 흔히들 박을 썰어서 말려 물바가지로 사용했습니다.

혜자가 말했습니다. 만약 잘라 말려서 물바가지로 쓰면 너무 커서 들 수가 없네. 더군다나 물 항아리도 그렇게 크지 않네. 그래서 그는 말했습니다. 이 물건이 크기는 크네. 정말 위대하고 정말 유감이 없네. 그러나 그게 소용이 없네.

장자가 말했습니다. 자네도 참! '자네는 큰 것을 사용하는 데 정말 서투르군[夫子固拙於用大矣]', 자네란 사람은 논리 전문가로서, 물론 박사보다 더 넓고 교수보다도 더 잘 떠들어댈 줄 아네, 자네는 대단하네. 그렇지만 자네는 말일세, 그저 빈 이론만 말할 줄 알지 실제로는 사용할 줄 모르네. 장자는 그에게 한 이야기를 말해줍니다.

"송나라 사람 중에 손이 트지 않는 약을 잘 만드는 자가 있었는데, 대대로 염색한 천을 흐르는 물에 헹구는 일을 해 온 집안이었네. 어떤 사람이 이를 듣고는 그 비방(秘方)을 큰돈으로 사겠다고 청했네. 그는 가족을 모아놓고 의논하며 말했네. '우리가 대대로 천을 헹구는 일을 해 왔지만 버는 돈은 몇 푼에 지나지 않는다. 그런데 지금 하루아침에 이 비방을 큰돈에 팔라고 하니 승낙하도록 하자.'"

宋人有善爲不龜手之藥者, 世世以洴澼絖爲事。客聞之, 請買其方百金。聚族而謀曰：我世世爲洴澼絖, 不過數金, 今一朝而鬻技百金, 請與之。

송나라의 어떤 사람이 집안에 조상이 전해온 비방이 있었는데, '불균수(不龜手)'라 했습니다. 대만은 겨울이 춥지 않습니다. 대륙에서 날씨가 추울 때는 손이 모두 얼어서 터지곤 합니다. 우리가 어렸을 때는 '불균수'가 무슨 약인지 몰랐습니다. 시골에서는 그저 양 기름이나 돼지기름만 알았습니다. 시골 사람들은 기름을 좀 찾아서 손이 터지는 곳에 발라 문질러 다시 트지 않도록 했습니다. 북방은 특히나 추워서 밖에서 집안으로 들어오면 불을 쬐는데 절대 먼저 코를 만져서는 안 됩니다. 왜냐하면 코도 모두 얼어서 만지자마자 떨어져버리기 때문입니다. 아프지도 않습니다. 좀 지나서 따뜻해지면 피가 흐르면서 비로소 아플 수 있습니다. 그래서 코가 얼어서 떨어지거나 귀가 얼어서 떨어지는 사람이 있는 게 모두 사실입니다.

장자는 말합니다. 송나라의 어떤 사람에게 손이 트지 않게 할 수 있는 조상이 전해준 비방이 있었네. 이 집안은 대대로 무슨 일을 했을까요? 천을 빨았습니다. 오늘날 사람은 표포(漂布)하는 것을 본 적이 없습니다. 우리가 어렸을 때는 다 본적이 있습니다. 자기 집안에서 천을 다 짜면 먼저 염색을 한 다음에 헹구어야 했습니다. 표포란 흐르는 물속에 서서 헹구는 것입니다. 옷을 벗고 흐르는 물속에 서 하루 종일 서있습니다. 겨울이 오면 물속에 서 있는 게 몹시 차갑습니다. 그래서 가장 좋기는 이 약을 몸에 바르는 것입니다. 그러면 두렵지 않습니다. 우리 남방에서는 어땠을까요? 겉에다 바르는 약이 아니라 일종의 먹는 약이었습니다. 이런 약을 먹으면 옷을 벗고 깊은 바다에 뛰어 들어가도 조금도 추위를 느끼지 않았습니다. 만약 이 약을 먹고 겨울에 큰 눈이 내리는 추운 날 깊은 바다에 뛰어 들어가지 않는다면 이 사람은 열이 나서 죽을 수도 있습니다. 깊은 바다에 몇 시간 동안 뛰어 들어도 춥지 않을 수 있었고, 몇 시간 지난 뒤에 올라와 옷을 입으면 딱 좋았습니다.

그는 말했습니다. 이 집안에 이렇게 손이 트지 않는 약 비방이 있다는 것을 다른 사람이 듣고서 값을 쳐줄 테니 그에게 이 조상이 전해준 비방을 사고 싶다고 했네. 이 사람은 집안 큰 회의를 열어 토론한 결과, 비록 조상이 전해준 비방이 있어 대대로 천을 헹구는 힘든 노동을 해서 밥이나 먹었을 뿐 한 달에 몇 천원에 불과 했다며, 이제 다른 사람이 값을 쳐서, 마치 오늘날의 백만 달러나 되는 가격을 주겠다니, 우리 온 가족이 이로부터는 대북시에 가서 관광 호텔을 하나 열수 있거나 공장을 하나 열어서 큰돈을 벌수 있을 것이므로 더 이상 힘든 표포일을 할 필요가 없다고 했네. 그래서 이 비방을 팔았네.

"그 사람은 이 비방을 얻어 오(吳)나라 왕을 찾아가 설득했네. 그때는 오나라가 월나라와 전쟁 중이었는데 오나라 왕은 그를 장수로 임명했네. 그는 겨울철에 월나라 군사와 수전(水戰)을 벌여 그들을 크게 무찔렀고, 그 공로로 땅을 분봉(分封) 받았네. 손을 트지 않게 하는 비방은 한가지였으나 어떤 사람은 봉지(封地)를 얻었고, 어떤 사람은 천을 헹구는 일에서 벗어나지 못했던 것은, 그것을 운용하는 지혜가 달랐기 때문이네."

客得之, 以說吳王。越有難, 吳王使之將, 冬與越人水戰, 大敗越人, 裂地而封之。能不龜手, 一也；或以封, 或不免於洴澼絖, 則所用之異也。

이 사람은 비방을 산 뒤에 남방으로 가서 오(吳)나라 왕을 만났습니다. 그때가 바로 오나라와 월나라가 전쟁하던 때였는데, 겨울에 전쟁을 하고자 했습니다. 그는 오나라 왕에게 해군을 훈련하여 절강(浙江) 호수 수면으로부터 공격해가자고 건의했습니다. 그에게는 수병(水兵)들이 추위를 두려워하지 않게 할 재간이 있어서 모두 다 얼어 죽지 않게 할 방법이 있다고 건의했습니다. 오나라 왕은 이 계획을 받아들여 전쟁에서 크게 승리했습니다. 오나라 왕은 그에 대하여 '열지이봉지(裂地而封之)' 했습니다. 고대에는 공로가 있는 사람에게 토지 일부를 분봉(分封)하여 그가 자기 책임으로 세금을 거둬들일 수 있도록 했는데, 이것이 바로 열지분봉(裂地分封)입니다. 장자는 말합니다. 같은 한 가지 작은 비방이라도 지혜가 있는 사람은 이런 작은 방법을 운용해서 왕이나 황제라고 일컬어질 수 있네. 학문이 대단한 일부 사람들이 오히려 일생동안 가난하고 심지어는 굶어죽기도 하네. 이것은 다시 말해 지식기능에는 크고 작음이 없고 오로지 당신 자신의 지혜 운용에 달려있다는 겁니다. 악비가 용병을 논하기를 '운용의 묘함은 한 마음에 있다[運用之妙, 存乎一心]'함과도 다름없습니다. 장자는 이 이야기를 한 다음 이어서 혜자를 비평합니다.

박 배

"지금 자네는 닷 섬들이 박을 가지고 있으면서, 어찌하여 그 속을 파내서 큰 술통처럼 만들어 강이나 호수에서 타고 둥둥 떠다닐 생각은 하지 않고, 그것이 납작하고 얇아서 아무것도 담을 수 없다고 걱정하는가? 이는 자네에게 아직 옹졸한 마음이 있기 때문이네!"

今子有五石之瓠, 何不慮以爲大樽而浮乎江湖, 而憂其瓠落無所容? 則夫子猶有蓬之心也夫!

　자네는 지금 집에 이렇게 큰 박이 하나 있으니 너무 좋은 일인데. 어째서 쓸모가 없다고 걱정하는가. 당신은 알아야합니다. 고대의 교통은 이처럼 편리하지 않았습니다. 배한 척을 만들려면 어려웠습니다! 자네는 그 박을 말려서 그 속을 파내 비워 자네가 그 속에 앉아서 마치 큰 배를 탄 것처럼 둥둥~ 떠다니면 아주 기분이 좋지 않은가! 마음대로 어디를 가더라도 돈 쓸 필요가 없고 기선표도 살 필요가 없이 어디든지 가서 놀 수 있네. 결과적으로 자네는 이렇게 근심하고 저렇게 근심하고, 이것이 너무 커서 쓸 방법이 없다고 걱정하고 있네. '즉부자유유봉지심야부(則夫子猶有蓬之心也夫)', 장자의 이 말은 혜자를 꾸짖었을 뿐 아니라 고금동서 천하 사람들을 다 꾸짖었습니다. 자네의 그 마음 그 머릿속은 온통 쑥대로 가득 차 있는 큰 머저리요 큰 멍청이네. 그래서 후세에 사람들이 남을 꾸짖을 때 문학적으로 봉심(蓬心)을 짓는다고 얘기 했는데, 이 전고는 여기서 시작된 겁니다.
　이 구절에 대해 우리는 불학의 관점을 빌려서 작은 결론을 지을 수 있는데, 이것은 지혜의 양[智量]과 경계의 응용[境用]이 다르거나 같음을 말하는 것입니다. 세상의 일은 크다 작다 말할 수 없습니다. 같은 한 가지 것도 좋다 나쁘다 말할 수 없습니다. 그 구별은 그것의 작용에 있습니다. 하나의 작은 일 또는 상관없는 한 사람이라도 만약 지혜의 양이 크고, 견지(見地)와 경계의 응용이 높은 사람을 만나면 이것을 집안을 다스리고 나라를 다스리며 천하를 평안하게 하는 데 응용할 수 있습니다. 수도도 같은 이치입니다. 견지와 지혜의 양이 높은 사람은 상관없는 한 가지 방법이라도 그로 하여금 초월적인 경계에 도달하게 할 수 있습니다. 이와 반대로 만약 그의 지혜의 양·경계·응용 견지가 충분하지 못하다면 가장 대단하고 고명한 것이라도 그 사람에게는 쓸모가 없습니다.

장자로 말하면 그 자신은 고명하여 한 부의 책을 썼습니다. 그러나 결과는 어떠할까요? 우리 후인 학자들은 학위를 받기 위하여 논문을 쓸 뿐입니다. 이렇다면 장자를 작게 응용한 것이요, 또 장자를 혜자의 박으로 변하게 해 버린 것이니 아주 개탄스러운 일입니다!

큰 나무와 여우

혜자가 장자에게 말했다. "우리 집에 큰 나무가 한 그루 있는데, 사람들은 이를 가죽나무라 부르네. 그 큰 뿌리는 울퉁불퉁해서 먹줄을 칠 수가 없고, 작은 가지들은 뒤틀리고 굽어서 컴퍼스와 네모 자를 댈 수가 없네. 길가에 서 있지만 목수는 거들떠보지도 않네. 지금 자네의 말은 이 나무처럼 크기만 하지 쓸모가 없으니, 사람들이 외면하고 가버리는 것이네."

惠子謂莊子曰：吾有大樹, 人謂之樗, 其大本擁腫而不中繩墨, 其小枝卷曲而不中規矩, 立之塗, 匠者不顧, 今子之言, 大而無用, 衆所同去也。

혜자가 말합니다. 우리 집에 큰 나무가 한 그루 있다네. 우리도 상상할 수 있습니다만 장자의 이 소요유 편의 문장이 쓰고 있는 것은 그가 대화한 말의 하나의 사실기록 극본입니다. 장자와 혜자는 본래 사이가 좋은 친구이자 언쟁의 좋은 상대였습니다. 서로 얼굴을 마주치면 언쟁을 했습니다. 혜자는 자기 집안의 박이 너무 커서 쓸모가 없다고 말을 하자 장자는 말합니다. 자네는 큰 박이 있어도 쓸 줄 모르다니, 자네는 정말 큰 바보일세. 그래서 자네의 두뇌는 똑똑하지 못한 머저리야.

혜자는 그에게 꾸지람을 당하고도 화를 내지 않고 오히려 다시 장자를 꾸짖어 이렇게 말합니다. 내 자네한테 일러주지! 나는 그런 큰 바보에만 그치지 않네. 우리 집안에 또 큰 나무 한 그루가 있는데 이 나무를 가죽나무라고 한다네. 이런 나무는 잡목으로서 남방에는 어디든지 있습니다. 복건(福建)에 많습니다. 용(榕)나무 보다도 심기가 더 쉽습니다. 복주(福州)에는 용나무가 많은데 용나무는 심기 쉽기 때문입니다. 대충 심어도 다 잘 자랄 수 있기 때문입니다. 혜자가 말합니다. 이 가죽나무는 아주 크다네. '기대본옹종(其大本擁腫)', 그 뿌리는 부풀어 올라 울퉁불퉁하고 부드러워서 '불중승묵(不中繩墨)'이라네.

'승묵(繩墨)'이란 무엇일까요? 수십 년 전에 목공들이 쓰던 고대의 규구(規矩)였습니다. 즉, 기준이었습니다. 오늘날 목공들은 사용하지 않습니다. 과거에 목공들은 한 가닥의 먹줄과 한 개의 먹통[墨斗]을 이용했는데, 그 한 가닥의 먹줄을 먹통으로부터 잡아 당겨서 자로 삼아 측정을 하고 난 다음, 손가락으로 그 선을 이렇게 잡아 튕겨서 곧은 묵선(墨線)을 그었습니다. 그것을 '승묵'이라고 합니다. 규구(規矩)란 컴퍼스[圓規]와 네모 자[方矩]입니다. 혜자는 여기서 말하기를, 자기 집의 한 그루 큰 나무는 뿌리와 가지가 구불구불해서 먹줄로도 잴 수 없다고 합니다. 바꾸어 말하면 어떻게 재더라도 다 컴퍼스와 자에 맞지 않았습니다. 그래서 이 나무가 길가에서 자라고 있지만 '장자불고(匠者不顧)', 목재상의 큰 사장님이든 목공이든 거들떠보기조차도 않았습니다. 뿐만 아니라 이런 잡목은 냄새가 맡기에 좋지 않았습니다. 그래서 남들이 모두 필요 없다고 했습니다. 혜자는 사람을 꾸짖으면서도 육두문자를 쓰지 않았습니다. 왜냐하면 그가 장자에게 꾸지람을 당해서 그도 거꾸로 꾸짖었기 때문입니다. 그는 또 말합니다. 형씨! 자네 말은 '대의무용(大而無用)'일세, 자네도 그저 큰 허풍만 치는데 저 큰 나무처럼 '중소동거야(衆所同去也)'일세. 내가 보니 자네는 저 나무처럼 싫고 냄새가 나는 게 저 가죽나무와 같아서 누가 자네를 보면 고개를 돌려버리고 가버린다네. 두 사람은 이렇게 서로를 꾸짖었습니다.

장자가 말했다. "자네는 설마 너구리와 살쾡이를 보지 못했는가? 몸을 낮추어 엎드린 채, 놀러 나온 작은 동물을 노리다 잡으려고 이리저리 뛰며 높고 낮은 데를 가리지 않다가, 사냥꾼의 덫에 치이거나 그물에 걸려 죽게 되네."

莊子曰：子獨不見狸狌乎？卑身而伏，以候敖者；東西跳梁，不避高下；中於機辟，死於罔罟。

'자네는 설마 너구리와 살쾡이를 보지 못했는가[子獨不見狸狌乎]?', 장자는 말합니다. 이게 뭐 희귀한가! 자네는 작은 여우[狐狸]를 본 적이 있겠지! '성(狌)'은 살쾡이이고 '리(狸)'는 너구리입니다. 이 두 가지 동물은 여우와 거의 같습니다. 우리가 보통 남방에서는 보는 것은 대부분이 살쾡이지 진짜 여우가 아닙니다. 가짜 여우인 셈입니다. 살쾡이[狌]는 또 다른 이름으로는 야간(野干)이라고 합니다. 그래서 『장자』를 연구하는 것은 아주 번거롭습니다. 동물과 식물 표본조차도 보아야 하니까요. 우리는 지금 도리만 얘기하고 그런 문자는 풀이하지 않습니다. 그는 말하기를 이 두 가지 동물이 유명하게 교활하다고 합니다. 왜 살쾡이와 너구리를 얘기하고 셰퍼드 개는 제시하지 않았을까요? 너구리와 살쾡이라는 동물은 의심이 많아서 성미가 이렇게 저렇게 의심을 하면서 결정을 하지 못하기 때문입니다. 어떤 사람이 다심병(多心病)이 있다면 머리에 의심이 많은데, 바로 여우의 개성입니다. 그래서 그것을 문학적으로 호의(狐疑) 또는 호의불정(狐疑不定)이라고 형용합니다. 여우는 교활하면서 의심이 많습니다. '몸을 낮추어 엎드린 채[卑身而伏]', 그는 길을 걸어가면 아주 낮게 몰래 천천히 지나옵니다. 사람조차도 보지 못하고 자기 자신이 총명하다고 생각합니다. 자기가 한 일, 또 한 말을 남이 모른다고 생각합니다. 결국은 어떨까요? '놀러 나온 작은 동물을 노리다 잡으려고[以候敖者]', 저 고명한 사냥꾼은 그의 결함을 모두 알고 있어서 그의 약점을 이용해 그를 붙잡아버립니다. 너구리나 살쾡이 여우 이런 것들은 자신들의 작은 총명을 부리고, 때로는 그 자신들도 대단하다고 느낍니다. '이리저리 뛰며 높고 낮은 데를 가리지 않다가[東西跳梁, 不辟高下]', 나무에서 이리 저리 뛰거나 옥상에서 이리저리 뛰면서 자신도 높게 뛰고 재간도 있다고 느낍니다. 두려워하지도 않으며 보는 사람이 없다고 생각합니다. 결과적으로 사람이 당연히 볼 수 있고 사람은 총명해서 어떤 장치를 그곳에 매복해 놓고는 그가 뛰어서 툭~ 떨어져서 들어가기를 기다립니다. '사냥꾼의 덫에 치이거나 그물에 걸려 죽게 되네[中於機辟, 死於罔罟]', 결국 그것을 붙잡는 장치와 그물을 다 배치해 놓으면 최후에는 사람에게 잡혀버립니다.

장자는 육두문자로 꾸짖지 않았습니다. 그렇지만 그는 바로 면전에서 혜자를 꾸짖었습니다. 자네는 말일세, 마치 여우와 같고 저 작은 원숭이와 같아. 자네는 자네가 뭐 대단하다고 생각하는가? 장자는 이렇게 꾸짖었습니다. 우리들처럼 틀림없이 듣기 어렵고 마지막에는 싸울지도 모를 정도로 그렇게 멍청하게 꾸짖지 않았습니다. 장자와 혜자 두 사람은 술 마시며 얘기하면서 서로를 꾸짖었는데 아주 기분 좋은 모습 같았습니다.

무하유지향(無何有之鄕)

"야크 들소는 그 크기가 하늘에 드리운 구름과 같네. 이 녀석은 덩치는 거대하지만 쥐도 잡지 못하네. 지금 자네는 큰 나무를 가지고 있으면서 그 쓸모없음을 걱정하고 있는데, 어째서 본래 아무것도 없는 곳[無何有之鄕] 가없이 넓은 들판[廣莫之野]에 심어두고, 그 곁에서 하는 일 없이 왔다 갔다 하거나 그 아래에서 자유롭게 거닐다 드러누워 쉬지 않는가? 나무는 도끼에 일찍 찍히지도 않을 것이고 자네는 누가 해를 끼치지도 않을 것인데, 쓸모가 없다고 어째서 괴로워하는가!"

今夫犛牛, 其大若垂天之雲, 此能爲大矣, 而不能執鼠。今子有大樹, 患其無用, 何不樹之於無何有之鄕, 廣莫之野, 彷徨乎無爲其側, 逍遙乎寢臥其下。不夭斤斧, 物無害者, 無所可用, 安所困苦哉！

장자는 말합니다. 자네는 그야말로 하찮은 시골뜨기구먼! 자네는 논리적으로 잘 말하고 지식이 그렇게 높다고 생각하는데, 자네, 저 '리우(犛牛)', 중국의 큰 소를 보게나.

소에는 여러 가지 명칭이 있습니다. '리우(犛牛)'라는 명칭은 중국의 서북·산서(山西)·섬서(陝西) 일대에 나옵니다. 서강(西康)과 청해(靑海)에 가까운 일대의 큰 소를 '리우'라고 부릅니다. 이것은 서쪽 변방 일대에 속하는 것입니다. 저 어느 일부 지역들에서는 리우·리우(氂牛)·모우(旄牛)·모우(髦牛)라고 합니다. 고대의 소에 대한 명칭을 모아보면 모두 십여 개의 다른 명칭이 있습니다. 그는 말합니다. 그 소가 그렇게 커서 '기대약수천지운(其大若垂天之雲)', 소가 대단히 큰 것을 형용한 것입니다. 하늘을 모두 가리고 있다네. 소가 비록 크더라도 무슨 소용이 있겠는가, 쥐도 잡지 못하는데.

장자가 먼저 그를 꾸짖습니다. 여우같이 옹졸하고 교활하군. 그러나 소용이 없네. 자네는 총명하고 유능하다고 생각하지만 결국은 역시 남에게 잡혀버리네. 자네는 자신을 한 마리의 야크 들소만큼 위대하다고 생각하지만 쥐도 잡지 못하네. 자네 집에 한 그루 큰 나무가 있지 않은가? 큰 나무가 뭐가 좋지 않은가? 나무가 있고 큰 박이 있으니 얼마나 좋은가! 자네는 정말 큰 바보일세. 자네는 그 나무를 그곳, '무하유지향(無何有之鄕)', 아무것도 없는 그곳에 심어놓게나.

장자는 더욱 크게 허풍을 쳤습니다. 자네는 그 큰 나무를 저 아무것도 없는 곳, 마침내 아무것도 얻을 수 없는 그곳, 본래 한 물건도 없는[本來無一物] 곳에 심어놓게나. '광막지야(廣莫之野)', 무량무변한 곳, 그곳에 자네는 그 큰 나무를 심어놓게나. 그런 다음 그곳은 무량무변(無量無邊)하여 만물이 모두 보이지 않아 전혀 얻을 수 없다네[了不可得]! 자네는 말일세, 이 큰 나무를 심어놓고 하루 종일 그곳에서 유유자적하게 노닐면서 소요자재하게나. 그곳에서 야말로 정말 소요이네.

자네는 그곳에 한 그루 큰 나무를 심어놓고, 맑은 날에는 그것을 삿갓 삼아 태양을 가리고 비가 오면 우산으로 삼을 수 있으니 아무 것도 자네를 상관할 수 없네. 그런 뒤 자네는 나무 아래에서 잠을 자면 누구도 자네를 보러오지 않으며 만물도 자네를 성가시게 하지 않을 걸세. 개미도 냄새가 두려워 나무에 집을 짓지 않을 것이며, 어떤 사람도 자네를 거들떠보지도 않을 것이네. 그런 다음 자네는 이 '무하유지향(無何有之鄕)'에서 비로소 진정으로 자재(自在)를 얻고 진정으로 소요(逍遙)를 얻는다네.

진정한 소요

그러므로, 대붕새가 한참 날아갔던 그런 소요는 진짜 소요가 아닙니다! 장자가 말하는 소요란 신화(神化)해야 한다는 것입니다. 어디까지 신화해야 할까요? 하나의 극락세계에 도달하는 겁니다. 극락세계는 어디에 있을까요? 당신이 보지 못하고 만지지도 못하는, 아무것도 없는 그곳에 있습니다. 그러나 그곳에는 확실히 어떤 것이 하나 있는데, 당신이 그 전혀 얻을 것이 없는 그 경지에 이르러야 진정으로 소요를 얻습니다. 이것이 장자가 신화를 말하면서 비로소 암시해 준 것입니다. 소요는 바로 그곳에서 소요하는 것이지, 대붕새가 날아올라야 비로소 소요인 그런 소요가 아닙니다. 그렇게 아는 것은 잘못 안 것입니다. 이것이 장자가 소요에 대하여 내린 결론입니다.

우리는 불학의 관점을 가지고 장자의 결론을 해석할 수 있습니다. 세간법이든 출세간법이든 다 마찬가지로 사람이 대기대용(大機大用)을 얻고자 한다면 반드시 진지작견(真知灼見)을 구비해야 합니다. 그러므로 선종(禪宗)은 견을 갖출 것[具見]을 요구합니다. 어떤 것을 볼까요? 지혜를 봅니다[見智]. 불학 명사인 '진지작견'이 보는 그런 지혜의 지(智)입니다. 그러므로 '진지작견'이란 견지의 소견(所見)입니다. 마음으로 생각해서 한 생각이 아닙니다. 이것은 일반적인 마음·일반적인 의식으로 이해할 수 있는 것이 아닙니다. 그가 말한 것은 신화입니다. 정신의 신(神)이 변화하여 무하유지향(無何有之鄉)에 도달해야 비로소 진정으로 소요자재(逍遙自在)를 얻습니다. 불가가 말하는 진정한 해탈입니다. 여기서는 해탈만 얘기하고 해탈이 작용을 일으킴은 말하지 않았습니다. 다음 제물론(齊物論) 편에 가면 비로소 기화(氣化)를 얘기합니다. 즉, 해탈이 작용을 일으키는 것을 말합니다. 실제로 『장자·내편』의 7편은 서로 연관된 것입니다. 이 역시 제가 『논어별재』에서 『논어』 20편은 연관된 것이라고 말했던 것과 같습니다(역자가 번역 출판한 논어강의를 참조하기 바람/역주).

소요유 편에서는, 북극해의 곤어가 대붕새로 변하여 남극으로 향해 날아간다는 이야기로부터 시작하여, 마지막에는 진정한 해탈, 본체를 증득하고 이 도를 증득하여 무하유지향으로 돌아가는 것을 분명히 가리켜주었습니다. 이것은 뒷날 선종에서 말하는, '전혀 얻을 수 없다[了不可得]', '본래에 한 물건도 없는데, 어느 곳에서 티끌이 일어나겠는가[本來無一物, 何處惹塵埃]'와 같은 도리입니다. 진정한 무하유(無何有), 전혀 한 물건도 얻을 수 없음에 도달했을 때에 진정으로 소요를 얻을 수 있습니다. 이것은 진정한 해탈을 말하는 것으로, 본체를 반드시 이해해야 합니다. 불학 명사로는 그것

을 법신(法身)이라고 부릅니다. 진정한 소요는 이 법신의 경계에
도달해야 합니다. 법신이란 하나의 몸이라 할 것도 없습니다. 단지
가정(假定)한 명칭으로 하나의 대명사일 뿐입니다.

제2편 제물론(齊物論)

시비(是非) 그 옳고 그름
태어나자마자 죽어가고, 죽자마자 태어나고
성인은 어떠할까   어떻게 도를 얻을까
천지만물은 한 마리의 말과 같다   최후의 일동(一同)
평범하게 보이는 높은 지혜
모사조삼(暮四朝三)은 습관이 안 되어요
조화를 아는 사람   우주만유의 시작 전후
음악과 도
실제 증득에 온 마음을 기울이다
성인이 추구하는 경지
태극(太極)   무극(無極)   태태극(太太極)
큼과 작음, 장수와 요절이 하나다
셋 이후에는 무엇일까
도를 도라고 할 수 있다면 영원한 도가 아니다
공자의 춘추   인의도덕은 무엇인가
도의 보고   인륜의 도
장자의 논변
지인(至人)의 경계   도를 구함과 도를 성취함
심물일원(心物一元)을 말하다
문자와 언어
어느 곳으로 돌아갈까
꿈과 깨어남
적궤(弔詭)와 기봉(機鋒)
누가 공정한 평론자일까
생명의 주재자   호접몽(蝴蝶夢)
제물론의 작은 결론

　이제 이 편은 제물론(齊物論)입니다. 평소에 장자를 연구하면서
가장 골치 아프고 문제가 가장 복잡한 곳이 바로 이 제물론 편입니
다. 그리고 장자 문장의 사고 맥락이 가장 '기세가 웅장 성대하면
서도, 정신이 멍해지고 흐릿한 것[汪洋博大, 淌恍迷離]'도 바로 이
편입니다. 이 말은 장자에 대한 옛사람의 비평인데, 사실은 조금도
흐릿하지 않고 조리가 매우 분명합니다.

　우리는 무엇보다도 먼저 이 편의 제목인 제물론을 토론해 보겠
습니다. 우주만유는 본래 가지런하지 않은[不齊] 것입니다. 불평등
한 것입니다. 일체의 현상은 천차만별이어서 저마다 같지 않습니
다. 그런데 이제 장자는 제물(齊物)을 제시하고 있습니다. 즉, 만유
는 평등하다는 것입니다. 제물론은 만물은 모두 가지런하고 모두
차별이 없다고 말합니다.

　이 편 제물론에서 말하는 것은, 우리 사람이 어떻게 물리세계의
속박으로부터 해탈하여 진정으로 차별이 없는, 진정으로 평등한
저 도체(道體)에 도달할 것인가 입니다. 시작 부분에서는 어떻게
무차별(無差別)의 도체의 증득을 추구할 것인가 이며, 마지막에는
무차별속의 차별의 도리와 그 차별이 어떻게 오는지를 설명합니다.

남곽(南郭)과 안성(顔成)

남곽자기(南郭子綦)가 몸이 나른해지면서 내려가 찻상 아래 숨은 듯이 머리를 낮추고 앉아 고개를 치켜들어 하늘을 쳐다보고 길게 휘파람을 한번 불더니, 극도로 나른한 모습이 마치 모든 외부의 상대적 경계를 잊어버린 것 같았다. 제자 안성자유(顔成子游)가 그의 앞에서 모시고 서 있다가 물었다. "무엇을 하고 계시는지요? 몸이란 본디 마른 나무 같도록 변하게 할 수 있고, 마음이란 본디 사그라진 재 같도록 변하게 할 수 있는지요? 지금 찻상에 기대고 계시는 모습은 예전에 찻상에 기대고 계시던 모습이 아닙니다."

南郭子綦隱机而坐, 仰天而噓, 荅焉似喪其耦。顔成子游立侍乎前, 曰 : 何居乎？形固可使如槁木, 而心固可使如死灰乎？今之隱机者, 非昔之隱机者也。

'남곽자기(南郭子綦)'는 사람 이름으로 장자가 언급한 것인데, 후세에 이 사람을 도가의 신선전(神仙傳)이나 은사전(隱士傳) 속에도 열거하여 넣었습니다. '남곽'은 두 글자 성씨이고 '자기'는 이름입니다. 우리 이제 가정하기를, 영화를 보거나 텔레비전을 보고 있는데 남곽자기라는 사람이 한 장면 나타났다고 합시다. 그 사람이 영감님이든 중년이든 그가 어떤 사람이든 간에 어쨌든 한 사람입니다.

어떻게 하고 있는 것을 '은궤이좌(隱机而坐)'라 할까요? 우리는 유의해야 합니다! 장자 그 시대에는 걸상이 없었습니다. 우리들의 지금처럼 그렇지 않았습니다. 우리가 본 적이 있듯이, 일본 사람들은 다다미에 앉고, 다다미 위에 키 낮은 찻상을 하나 놓고는 다들 책상다리를 하고 돗자리 같은 것에 앉아 있습니다. 이게 바로 우리 중국 고대의 생활인데, 그 당시에는 바로 그랬습니다. '은궤(隱机)' 란 이렇게 엎드려 있는 것이 아니라, 몸이 나른해져 내려간 것입니다. 사람이 이렇게 아래로 꺼지면서 곧 나른해져 내려가 마치 찻상이 그를 덮어버리고 있는 듯한 모습입니다. 이것을 '은궤'라고 합니다. 학우들이 교실에서 공부하다 피곤하면 책상에 엎드려 잠자는 것은 복궤이좌(伏机而坐)라고 하지 '은궤'가 아닙니다. 남곽자기는 돗자리에 앉아 있으면서 사람이 아래로 꺼져, 앉아 있는 듯 그렇지 않은 듯이 나른해져 내려갔습니다. 마치 표정이 몹시 풀린 모습으로서 머리를 치켜들고는 '앙천이허(仰天而噓)'했습니다.

이 속에는 도리가 있습니다! 입에서 한 번의 숨을 내불어낸 것입니다. 이 '허(噓)'에 주의해야 합니다. 위진(魏晉) 시대에 이르면 '허(噓)'라고 부르지 않기로 하고 모든 신선전이나 은사전에 이 '허(噓)'를 앙천장소(仰天長嘯)라고 했습니다. 위진 시대에 손등(孫登)이라는 은사가 한 분 있었는데 휘파람을 잘 불었습니다. 도대체 어떻게 휘파람을 불었을까요? 호랑이가 울부짖는 것을 '소(嘯)'라고 합니다. 설마 사람이 앉아서 호랑이가 울부짖는 것을 흉내 냈을까요? 아닙니다. 옛사람들이 말하는 '소(嘯)'란 장자의 '앙천이허(仰天而噓)'와 같은 일입니다. 즉, 휘파람을 분 것인데, 긴 휘파람을 한 번 분 것입니다. 많은 학우들이 휘파람을 잘 붑니다. 대북시의 서문정(西門町)이나 중산북로(中山北路)나 영화관 문 앞에서 젊은이들이 휘파람을 잘 붑니다. 이게 바로 장소(長嘯)입니다.

'답언(荅焉)', 여기서의 '답(荅)'자는 대답하다의 답(答)자가 아닙니다. 머리를 낮추고 사람이 찻상 아래로 미끄러져 고개를 쳐들고는 길게 한번 휘파람을 부는 것입니다. 이렇게 기(氣)를 한번 불어

내면 마음속에 있는 모든 게 다 불어져 나옵니다. 머리를 한번 낮추어서 '사상기우(似喪其耦)', 마치 뭔가를 하나 상실해버린 듯 했습니다. 이 '우(耦)'자는 부부 배우자의 우(偶)자가 아닙니다. 이 '우(耦)'자는 모든 외부 경계, 상대적인 것을 가리킵니다. 일체의 외부 경계가 사라져버리자 사람이 곧 그렇게 한번 나른해지고 곧 내려갔습니다. 그가 죽었다고 하자니 죽은 것 같지가 않고 살았다고 하자니 산 것 같지도 않습니다. 어쨌든 나른한 모습인데, 나른해서 뼈가 없는 그런 모습입니다.

장자는 제1편에서 소요유를 얘기했습니다. 한 마리의 곤어가 대붕새로 변하여 9만 리 고공에서 남쪽으로 날아가는 것으로부터 말하기 시작하여, 마지막에는 전혀 얻을 것이 없고 한 물건도 없는 무하유지향(無何有之鄕)에 도달한 것이 바로 소요유였습니다. 제2편 제물론의 시작은 소요유처럼 그렇지 않습니다. 여기서는 시작하자마자 말하기를, 남곽자기라는 사람이 의기소침한 것도 아니고 사망한 것도 아니라, 극도로 나른해져 아무것도 없는 듯하다고 합니다. 그리고 두 번째 장면이 출현하는데, 남곽자기의 학생인 안성자유(顔成子游)가 그의 곁에 서 있는 장면입니다. '안성(顔成)'도 두 글자 성씨입니다. '자유(子游)'는 이름입니다. '안성자유입시호전(顔成子游立侍乎前)', 우리는 유의해야 합니다. 그 시대에는 탁자도 의자도 없었습니다. 찻상만 있었습니다. 찻상과 다다미 돗자리만 있었습니다. 그래서 어른 세대들에 대해서는 서 있는 것이 아니라 일이 있을 때는 꿇어앉아서 했습니다. 고서에 역사적으로 '슬행이전(膝行而前)'이라는 자구가 자주 보이는데, 중요할 때에 어른이 부르면 당신이 곧 무릎을 이용하여 걸어가고 엎드려 물러나오는 것입니다. 이것을 '슬행(膝行)'이라고 합니다. 일본에 가본 적이 있는 사람은 아는데, 일본인들은 평소에 항상 다다미에 두 무릎을 꿇고 앉아있습니다. 가장 공경스러운 게 서서 기다리는 것인데, 어른이 무슨 일을 분부할까봐 그렇습니다.

지금 자유는 '입시호전(立侍乎前)', 앞에 서 있습니다. 그는 선생님의 이런 모습을 보고서 묻습니다. '무엇을 하고 계시는지요? 몸이란 본디 마른 나무 같도록 변하게 할 수 있고, 마음이란 본디 사그라진 재 같도록 변하게 할 수 있는지요[何居乎, 形固可使如槁木, 而心固可使如死灰乎]?', 그의 말을 구어체로 풀이하면 이렇습니다. 선생님, 선생님 뭐 하십니까! 당신의 그 모습이 사람을 몹시 놀라게 합니다! 아주 괴상합니다! 오늘 제가 당신을 보니 외형 전체가 변했습니다. 한 사람이 한 덩이 마른 나무처럼 변해버려 생기가 없어졌고, 내심은 마치 식은 재 같습니다. 석탄을 태우면 찌꺼기가 되는데 그 찌꺼기는 다시 불붙여 태울 수가 있습니다. 태워서 재가 되면 불기가 조금도 없어 차디찹니다. 사람이 어떻게 심신이 이렇게 될 수 있을까요? 선생님, 당신 오늘 뭐 하십니까? 그는 다음에서 또 두 마디를 보충합니다.

교비비고(交臂非故)

'지금 찻상에 기대고 계시는 모습은 예전에 찻상에 기대고 계시던 모습이 아닙니다[今之隱机者, 非昔之隱机者也]', 우리는 특별히 이 두 마디 말에 주의해야 합니다. '금지은궤자(今之隱机者)', 선생님, 당신은 예전에도 이렇게 아주 나른하게 쉬셨는데 오늘은 특별히 다릅니다. 당신이 오늘 찻상에 기대서 쉬는 이런 상황은 '비석지은궤자야(非昔之隱机者也)', 예전에 당신이 찻상에 기대고 쉴 때마다의 상황과는 완전히 다릅니다. 제가 문자 그대로 해석하면 그렇습니다.

만약 이렇게 문자의 해석대로만『장자』를 읽는다면 틀림없이 장자를 억울하게 할 겁니다. 장자는 이 한마디 말속에서 이미 주제를 가리켜보였습니다. 우리가 고문대로 얘기하면 점제(點題)라고 하는데, 그 제목을 가리켜 보인 것으로서 화룡점정(畵龍點睛)입니다. 위진 시기의 명화가인 장승요(張僧繇)는 용(龍) 그림을 그려놓고 보통 눈동자를 찍지 않았습니다. 그가 용의 눈동자 점을 찍기만 하면 그림의 이 한 마리 용이 즉시 진짜 용으로 변해서 날아가 버렸습니다. '용을 그리고 눈동자 점을 찍으니 벽을 부수고 날아갔다[畵龍點睛, 破壁而飛].'는 고사는 바로 이일을 말하는 겁니다.

장자의 문장은 이때에 화룡점정 했습니다. '금지은궤자(今之隐机者), 비석지은궤자야(非昔之隐机者也)', 제물론을 이해하려면 무엇보다 먼저 이 부분을 이해해야합니다. 당신이 제1초에 앉았을 때 제2초에도 여전히 여기에 있지만, 그러나 이미 제1초 때의 그 나가 아닙니다. 그래서 장자가 뒤에서 언급합니다만, 공자(孔子)가 안회(颜回)에게 다음 네 글자를 일러줍니다. '교비비고(交臂非故)', 두 사람이 서로 마주보고 걸어 지나갑니다. 당신은 지나오고 나는 지나가면서 우리 두 사람의 팔이 막 한번 부딪혔습니다. 당신은 이쪽으로 오고 나는 저쪽으로 걸어가면서 팔이 서로 교차하면 이미 원래의 그 당신과 나가 아닙니다. 어느 시간, 어느 지역에서든 모든 일은 한 찰나 사이에 모두 이미 변화했고 영원히 존재하지는 않을 것입니다. 우리가 제1초에 이 의자에 앉았다면 제2초에는 이미 제1초 때의 당신이 아닙니다. 제3초 때는 더더욱 제2초 때의 당신이 아닙니다. 1초마다 1분마다 우주 사이의 만사 만물은 변화하고 있습니다. 두 팔이 한번 부딪치고, 우리가 손을 잡고, 손을 놓고, 다시 또 한 번 잡는다면, 이미 원래의 우리 둘이 아닌 상태가 되어 버렸습니다. 교비비고(交臂非故)라는 말은 바로, '지금 찻상에 기대고 계시는 모습은 예전에 찻상에 기대고 계시던 모습이 아닙니다'라는 말입니다.

우리가 좌석에 기대고 방금 막 앉았을 때 그 즉시 한 찰나가 지나갔는데, 불학에서 한마디 말을 빌려 쓴다면 찰나무상(刹那無常)입니다. 찰나(刹那)는 산스크리트어 명칭인데 중문으로는 이 두 글자로 번역했습니다. 손가락 한번 튕기는 사이는 60찰나를 포함합니다. 찰나는 매우 빨라서 한 찰나 사이에 지나가버림이 바로 무상(無常)인데, 영원히 존재하지는 않는 것입니다.

장자는 안성자유의 입을 빌려, 만물은 구별이 없고 모두 평등하다는 제물론을 얘기합니다. 평등도 하나의 명사(名辭)입니다. 외부 경계를 잊고 안과 밖이, 소요유 편 최후의 무하유지향인 전혀 얻을 것이 없는 경지로 진입한 것입니다. 어떻게 진입하느냐가 바로 이 단락이 묘사하는 상황입니다. 그의 선생님 남곽자기는 다음과 같이 대답합니다.

망아(忘我)와 제물(齊物)

자기가 말했다. "언아, 참 훌륭하구나, 네가 그런 것을 묻다니! 방금 나는 나를 잊어버렸는데, 너는 이를 알겠느냐? 너는 사람의 소리[人籟]는 들었으나 땅의 소리[地籟]는 아직 듣지 못했고, 땅의 소리는 들었더라도 하늘의 소리[天籟]는 아직 듣지 못했을 것이다."

子綦曰 : 偃, 不亦善乎, 而問之也 ! 今者吾喪我, 汝知之乎 ? 女
聞人籟而未聞地籟, 女聞地籟而未聞天籟夫 !

　남곽자기는 말합니다. 그렇다. 너는 잘 물었다! '불역선호(不亦善
乎)', 너는 내가 이렇게 하는 게 좋다고 생각하지 않느냐? 바꾸어
말하면, 내가 이렇게 하는 게 좋다! '이문지야(而問之也)', 뭐 의문
이 있니? '금자오상아(今者吾喪我)', 지금 내 너에게 일러주마. 지
금 이 시각에 나는 이미 나[我]가 사라져 버렸고, 나를 잊어버렸다.
'여지지호(汝知之乎)', 너는 알겠느냐?" 의문에 대답을 했습니다.
　바꾸어 말하면 이곳은 더더욱 주제를 가리켜 보였습니다. 사람
이 정말로 물리세계의 괴롭힘으로부터 벗어나고, 정말로 모든 번
뇌로부터 해탈하여 진정한 소요(逍遙)에 도달하고자 한다면, 오직
상아(喪我)・망아(忘我)가 있을 뿐이라는 겁니다. 상아(喪我)・망아
(忘我)에 도달하지 못했다면 만물이 가지런하지 않는 사이에, 형이
하(形而下)를 초월하여 형이상(形而上)에 도달하는 제물(齊物)의 경
지가 있다는 것을 이해하지 못합니다. 그래서 장자는 제물론 편에
서 시작하자마자 제물을 증득하기를 추구합니다. 만물이 가지런하
지 않은 속에 하나의 경지가 있는데, 그것은 전혀 한 물건도 없는
무하유지향으로서 전혀 얻을 것이 없습니다. 그 경지의 본성[本相]
은 모두 다 똑같이 가지런한[齊一] 것이요, 그것은 절대적인 것입
니다. 그렇지만 만물은 가지런하지 않고 차별이 있어서 도리어 상
대적입니다.
　어떻게 구해 얻어야 할까요? 시작하자마자 가리켜 보이기를, 망
아에 진정으로 도달해야 제물론을 얘기할 수 있다고 합니다. 사실
이 몇 마디 말은 제물론을 이미 다 말했습니다. 그 다음 부분들은
다 빈 말들로서 원래의 의미를 확대하여 충분히 설명한 것입니다.

만약 선종 공안으로 말한다면, 많은 선종 조사들은 이 부분에 이르면 얘기를 하지 않기로 하고, 당신에게 이해하는가 못하는가 하고 물어봅니다. 당신이 그냥 멍한 표정으로 거기 서 있는 것을 본다면 바로 당신에게 한 방망이 먹이면서, 제기랄! 머리가 없구먼 하고 그만 얘기하겠다고 합니다. 남곽자기는 그런 식으로 하지 않았습니다. 안성자유가 묻고 나자 그는 자유에게 얘기 합니다. 나는 이미 무아의 경지에 들어갔다. '여지지호((汝知之乎)', 너는 이해하느냐 못하느냐? 만약 한마디 형용사를 더한다면 바로 안성자유는 그 멍청하게 앞에 서 있으면서 모른다는 것입니다. 당연히 모릅니다.

남곽자기는 다시 말합니다. '너는 사람의 소리[人籟]는 들었으나 땅의 소리[地籟]는 아직 듣지 못했고, 땅의 소리는 들었더라도 하늘의 소리[天籟]는 아직 듣지 못했을 것이다[女聞人籟而未聞地籟, 女聞地籟而未聞天籟夫]', 장자는 특별히 세 가지 경계를 제시합니다. 뒷날 중국문학에서 특별히 많이 사용했던 것인데, 인뢰(人籟)·지뢰(地籟)·천뢰(天籟)가 그것입니다. 이 '뢰(籟)'자는 뢰(賴)자에다 대죽변(竹)을 더했습니다. 마치 소리가 있는 것 같습니다. 인뢰는 사람 경계로서 인간세계의 소리입니다. 남곽은 말합니다. '너는 사람 경계의 소리는 들었겠지만 땅 경계의 음성은 듣지 못했다.' 지하 땅속은 몹시 시끌벅적한데, 옛사람들은 그것을 들을 방법이 있었습니다. 우리 중국인들이 잠잘 때의 베게는 나무로 만든 것이거나 대나무로 만든 것이었습니다. 그 속은 비어 있습니다. 그러므로 잠자려고 베면 지하의 소리가 또렷이 들립니다. 적어도 지면의 소리가 똑똑히 들립니다. 이 지뢰는 오직 땅바닥에 엎드리고 있을 때 들립니다. 그는 말합니다. 네가 지뢰는 이해한다고 가정하더라도 천뢰는 이해할 길이 없다. 천뢰는 자연의 소리입니다. 그 다음에 나오는 '부(夫)'자는 물음표를 길게 끄는 것인데, 너는 아예

모를 것이라는 것을 표시합니다.

여기서 우리는 유의해야 합니다! 제물론은 두 개의 중점을 포함하고 있습니다. 먼저 우리들에게 일러주기를 만사 만물은 모두 언제나 변화하고 있어서 무상한 것이며 영원히 존재하지는 않는다고 합니다. 즉 '지금 찻상에 기대고 계시는 모습은 예전에 찻상에 기대고 계시던 모습이 아닙니다' 입니다. 바꾸어 말하면 지금 말을 듣고 있는 사람은 1초전에 말을 들었던 사람이 아닙니다. 보면 우리가 마치 여기 앉아 있는 것 같지만 우리는 이미 여기에 앉아있지 않습니다. 그러므로 여러분들이 공부를 하면서 망아(忘我)를 추구하는데, 당신은 자기를 잊어버리지 말기 바랍니다. 그것이 본래 당신을 잊어버립니다. 당신이 망아를 구하고 싶다면 역시 당신은 스스로가 소란을 피우고 있는 것입니다. 당신의 그 '나'는 결코 존재하지 않습니다. 그것은 매초마다 스스로 당신을 잊어버렸고 지나가 버렸습니다. 이 도리를 파악하고 있어야 합니다. 그런 다음에 그는 말하기를 당신이 이 도리를 이해하고자 하면 먼저 망아의 경계에 도달해야 한다고 합니다. 이미 자기를 잊어버릴 수 없는 한 이미 형이하가 되어버렸습니다. 형이하의 만유 현상계는 세 개의 층 차로 나누는데, 천(天)·지(地)·인(人) 삼층이 그것입니다. 하지만 그는 소리를 이용하고 음악의 경계를 이용하여 묘사하고 있습니다.

유의할 필요가 있는 일이 하나 있습니다. 중국이든 외국이든, 철학 면에서, 특히 종교철학 면에서 소리를 인용하여 형이하로부터 형이상까지 표현하기를 가장 좋아하는 경우가 많습니다. 우주간의 소리와 빛은 자연계에서 범위가 가장 넓고 가장 쉽게 사람으로 하여금 또 다른 세계로 들어가도록 이끄는 힘입니다. 그래서 장자는 하늘·땅·사람 이 세 가지 소리를 제시합니다.

지구의 호흡

자유가 말했다. "감히 그 도리의 방향과 실마리를 묻습니다." 자기가 말했다. "지구라는 거대한 덩어리가 에너지인 기(氣)를 내보내고 그 기가 한번 변화하면, 그것을 바람이라고 한다. 바람이 작용을 일으키지 않으면 모를까, 일단 작용을 일으키면 온갖 구멍이 울려 성난 듯 울부짖는다."

子游曰 : 敢問其方。子綦曰 : 夫大塊噫氣, 其名爲風。是唯無作, 作則萬竅怒呺。

'감문기방(敢問其方)', '방(方)'은 방향입니다. '감문(敢問)'이란 아랫사람이 윗사람에게 예의 있게 겸허하게 하는 말입니다. '감문기방'은 천지인 이 세 가지 음성의 관계를 묻고, 아울러 저에게 한 방향을 가리켜주시고, 저에게 한 실마리를 일러주십시오 라고 청하는 것입니다.

여기서는 무엇보다 먼저 기(氣)의 문제를 제시합니다. 형이하에서 제일 첫 번째로 작용을 발생하는 것은 바로 중국 도가사상이 말하는 기화(氣化)입니다. 그 속에는 한 문제가 있으니 철학을 배우는 사람은 특히 유의해야합니다. 우리가 알듯이 인류는 우주만유의 기원에 대하여 동서의 철학에서 몇 가지 설이 있습니다. 희랍철학, 이집트철학, 인도철학은 저마다 각자 설이 있습니다. 종교가들도 저마다 일련의 설이 있습니다. 그 하나는 신이 이 세계를 창조했으며, 또 신은 진흙과 약간의 물을 가지고 빚어서 인류를 창조했다는 등의 설들이 있습니다. 각양각종의 다양한 이런 설들을 만약 파고들어가서 당신에게 그 신은 누가 창조한 것입니까? 하고 물어보면 더 이상 물어볼 수 없게 됩니다. 종교가는 여기에 이르러서는 참관을 사절합니다. 더 이상 질문하지 마세요. 여기서 걸음을 멈추세요. 물어선 안 됩니다. 믿으면 구원을 얻고, 믿지 않으면 당신을 상관하지 않습니다. 이것이 종교입니다.

뒷날 철학자들은 말했습니다. 당신이 나더러 믿으라고 하는 것은 좋습니다. 당신은 내게 왜 믿어야하는지 그 이유를 일러주셔야만 합니다. 다시 말해, 하느님이 창조했든 신이 창조했든 보살이 창조했든 간에 처음에 먼저 어떤 것을 창조했을까요? 그래서 더듬어 찾아보기 시작했습니다. 그렇게 더듬어 찾아보기 시작하여 철학이 발생했습니다. 설에는 몇 가지 종류가 있지만 대부분의 설은 우주가 창조하기 시작한 것은 물이라고 봅니다. 먼저 물이 있었고 물이 있고 나서야 만물이 생장했다고 봅니다. 인도와 이집트의 문화는 지(地) · 수(水) · 화(火) · 풍(風) 네 가지 원소라고 봅니다. 즉, 열에너지 · 물 · 기(氣) · 흙이 한데 화합했다는 것입니다. 이것은 철학인데, 이런 철학은 유물론에 속합니다. 최초 우주 창시설에 대하여 종교 방면의 추구로부터 점점 철학적인 우주인생 근본에 대한 연구가 되었습니다. 그리하여 철학이 종교에서 벗어났습니다.

중국에서는 어떨까요? 우리 중국 도가의 사상은 제일 첫 번째 형성한 것이 기(氣)이며 만물은 모두 기화(氣化)라고 봅니다. 기화에서의 기는 바람이 아니며 장자가 제시하여 기라고 부릅니다. 지금 우리는 책에서 이 '기(氣)'를 보고 있는데, 옛날 판본의 『장자』에는 기 글자가 이렇게 쓰여 있지 않고, 이른바 불이 없음을 기(炁)라고 말했습니다. 그 기(炁)자를 쓰면 이해하기 그리 쉽지 않고 이해하기 어렵기 때문입니다. 우리들의 오늘날 개념으로 해석하면 바로 에너지[能]입니다. 즉, 우주의 에너지입니다. 중국은 과거에 그것을 이름붙일 길이 없었기 때문에 그것을 기(炁)라고 불렀습니다. '대괴(大塊)'는 무엇일까요? 이것은 양주(楊州) 말이나 남경(南京) 말로 할 때 이해하기 쉽습니다. '대괴'란 바로 이 큰 덩어리입니다. 이 '대괴'는 꼭 지구만을 가리키는 것은 아닙니다. 하지만 왕희지(王羲之)의 『난정집서(蘭亭集序)』에서는 '대괴'를 가지고 지구를 나타내고 있습니다. 장자가 말하는 '대괴'는 『난정집서』에서 말하는 '대괴'가 아닙니다. 여기서의 '대괴'는 가정(假定)한 명사입니다. 이 우주, 이 거대한 하나의 덩어리가 '애기(噫氣)'하는데, 어떻게 하는 것을 '애기'라 할까요? 탄식하는 것이 아니요 트림하며 기를 내보내는 것이 아닙니다. 트림하는 기는 위장이 깨끗하지 않기 때문입니다. 적어도 식도관이 깨끗하지 않기에 어~ 하고 한 번 숨을 내보내는 것입니다.

'애기(噫氣)', 이 한숨의 기(氣)가 나온 뒤에, 내쉬어 바람으로 변합니다. 유의하기 바랍니다! 이는 두 층입니다. 그 대괴에서 기가 나온 것이 바람이라고 보지 말기 바랍니다. 이 속에는 층차의 차이가 있습니다. '대괴애기(大塊噫氣), 기명위풍(其名爲風)'은 중국 후대 도가의 지구물리 사상을 낳았습니다.

중국 원시물리사상은 오늘날 과학 노선과는 달랐습니다. 그러나 그것이 고대 과학이라고 인정하지 않을 수도 없습니다. 중국의 과거 지구물리 과학에 대한 견해는 물론 장자로부터 온 것은 아닙니다. 그러나 장자와 같은 시대에 중국 도가의 과학사상은 이미 대단히 발달해 있었습니다. 그 당시에 북방의 연(燕)나라 제(齊)나라 산동(山東) 일부분은 일반 방사(方士)들로 가득 찼었습니다. 후세에 그들을 도가라고 불렀습니다. 오늘날로 말하면 과학자인데 방술[方技]을 말하는 과학자들입니다. 이 일반인들은 연단(煉丹)하고 수도하면서 생명물리 속박을 초월하는 기술을 실천했습니다. 그래서 장자도 그들의 영향을 받았습니다. 중국 전통문화의 입장에서 보면 맹자조차도 방사 과학자들의 영향을 받았습니다. 그래서 맹자가 양기의 학(養氣之學)을 말하는 것도 그 당시의 일입니다.

일반적인 중국 도가 방사들의 견해로는 기의 배양과 기의 단련은 매우 높은 가치가 있는 것입니다. 우리들의 문화는 지구를 하나의 살아있는 존재요 하나의 전체적인 생명으로 봅니다. 그리고 이 지구위에서 살고 있는 우리 인류는 지구상의 세균에 지나지 않을 뿐이라고 봅니다. 이는 우리가 피부병이 나면 어떤 세균들이 우리들의 표피에 살고 있는 것이나 다름없습니다. 왜냐하면 도가는 지구를 하나의 온전한 생명으로서 그것이 활력이 있기에 기를 내보낸다[噫氣]고 보기 때문입니다. 지구도 호흡이 있기 때문입니다.

예컨대 강과 바다는 지구의 혈관과 장(腸)에 해당합니다. 도가 사상에 의하면 지구 중심은 마치 인체의 혈맥이 모두 서로 통해있듯이 온통 통해 있다고 봅니다. 사람이 만약 지구 속으로 도달할 기회가 있다면 죽지 않을 수 있답니다. 몇 만 년 동안 죽지 않는지는 모르겠는데, 그 안에서 유유자적하게 느긋하게 지내면서 먹을 것도 있고 가지고 놀 것도 있습니다. 오늘날 서양 과학신화소설은 바로 이 방면으로 걸어가고 있으며 지구는 기가 통하고 있는 것으로 봅니다. 이런 것들은 모두 증명할 책이 있습니다. 하지만 이런 책들의 이름은 듣기 어렵습니다. 이미 지구가 기를 내보내고 그 기가 변화하는 바에야, 지구 호흡은 물론 가장 중요한 것이 서북지역에 있습니다.

기효람의 경험

청나라 왕조에 기효람(紀曉嵐)이라는 대문호가 한 분 있었는데, 그는 그리 미신(迷信)하지 않았을 뿐만 아니라 실증주의(實證主義)를 중시했습니다. 기효람은 바로 『사고전서』를 편집한 사람입니다. 하지만 그도 그런 기이한 일들을 기록하기 좋아했습니다. 그러나 그는 회의주의자이기도 해서 실제 경험을 주장했습니다. 그는 『열미초당필기(閱微草堂筆記)』에 기록하기를, 한번은 그가 벼슬이 강등되어 신강(新疆) 투루판으로 가게 됐습니다. 그는 운 좋게도 그곳에 한 풍혈(風穴)이 있음을 발견했습니다. 현지인들은 이것을 바로 '대괴애기(大塊噫氣)'로 여기고는, 지구의 입이 탄식을 하려 하면 매년 일정한 시간에 사람과 짐승들이 이곳을 다 피하고 멀리 도망가기까지 했습니다.

지구가 탄식하려고 할 때에 지구 속의 후후 하하……하는 소리가 들리면서 그 한 가닥의 기가 나왔습니다. 마치 장자가 말하는 '대기애기(大塊噫氣), 기명위풍(其名爲風)'과 같은 그런 것이었습니다. 그 기가 나오면 대단했습니다. 사람이든 소이든 말이든 낙타이든 이 기를 만나면 날려서 그림자도 형태도 없었습니다. 이 기는 곧장 나와서 시베리아 쪽으로 가는데, 어느 곳으로 가는지는 모른다고 했습니다. 며칠 지난 뒤에 이 기는 갔던 그 길로 다시 되돌아오는데, 그 돌아오는 길을 다들 피하고자 했습니다. 돌아온 뒤에 이 구멍에 이르러서는 마치 사람이 들이쉬는 숨처럼 삼켜져 들어갔고 다시 평정을 회복했습니다. 기효람은 직접 이런 모습을 기록했습니다.

기효람의 이 기록은 지구는 하나의 살아있는 생명이라고 보는 중국전통 도가학설을 증명했습니다. 그러므로 지구물리는 파괴를 허락하지 않습니다. 심히 파괴한다면 지구는 병통이 발생하기 마련이며 괴멸할 것입니다. 이것이 중국 고대의 설입니다. 여기 장자가 말하는 '대괴희기, 기명위풍'은 방금 우리가 인용했던 기효람이 친히 보았던 그런 상황은 아닙니다. 장자가 말한 것은, 지구 자체에 그 생명이 있고 지구는 기를 내보내고, 이 기가 나온 뒤에 변화하자마자 바람을 형성한다는 것입니다.

장자의 이 말을 우리 오늘날 청년들은 상상해보세요, 맞습니까 안 맞습니까? 지구상의 기는 유한한 것으로 일정한 고공 밖에는 공기가 완전히 희박해집니다. 그것은 지구 기가 아닙니다. 지구의 기는 어느 정도의 고도까지만 도달할 수 있고, 우주 허공 속에 이르면 지구 기가 아닙니다. 우주 허공은 공한[空] 것입니다.

지수화풍(地水火風)의 변화로서, 예컨대 비가 오는 것은 지기(地氣)가 고공까지 상승하여 냉기를 만나면 차가움과 뜨거움이 접촉하면 비가 내립니다. 비가 내리면 이 한 가닥 열기는 또 위로 올라가는데, 이것이 지구의 기, 기를 내보내는 것[噫氣]입니다. 고공 상층의 그 냉기는 지구 기의 표층에 속하며, 그 기를 뛰어넘어 다시 그 위로 올라가면 공기가 없습니다. 그것은 더더욱 지구의 기에 속하지 않습니다. 그러므로 장자가 말한 것은 과학적인 도리가 있으며 연구할 가치가 있습니다. '대기애기(大塊噫氣), 기명위풍(其名爲風)', 이것은 지구의 기(氣)에 속합니다.

우리 사람들이 호흡하는 기(氣)도 일정한 범위가 있습니다. 일반적으로 우리가 호흡할 때에 기가 도달할 수 있는 범위는 바로 신체 밖의 광도(光度)도 도달할 수 있는 곳입니다. 오늘날 과학은 사진기를 이용하여 그 빛을 촬영할 수 있습니다. 일반적으로 말해서 인체의 빛은 양팔을 벌려 그린 동그라미 하나만큼 크기이고 양도 그 정도입니다. 다시 말해서 호흡이 방사(放射)하는 범위도 그 정도 크기입니다. 오직 당신이 수행을 거치거나 정좌하여 도를 얻어서 남곽자기처럼 망아의 경계에 도달해야 빛의 비춤과 기의 방사는 달라질 수 있습니다.

다른 것에 의지하여 일어나는 바람

인체가 방사하는 기(氣)가 외부에 도달하는 작용을 바람이라고 합니다. 이 단락은 비교적 번거롭고 힘이 좀 드는데, 먼저 그것을 분명히 해야 합니다. 그 속에는 세 개의 계층이 있었는데 남곽자기가 정좌해 앉아서 자기를 망아하는 그런 경계하고는 상관이 없습니다. 먼저 남곽자기로 하여금 '은궤이좌(隱机而坐)'한 채 망아의 경계에 들어가라 합시다. 이제 우리는 먼저 기의 문제를 얘기하겠습니다. 망아의 경계에 이르렀을 때는 기(氣)이니 아니니 그런 문제를 말하지 않습니다. 그것은 해탈의 경계로서, 소요유 편의 마지막에 나오는 무하유지향(無何有之鄕)과 하나로 연결되어 있습니다.

이제 제2편 제물론 시작에서, 남곽자기가 '나'를 잊어버리고[忘我] 난 뒤에 형이상이라는 본래 해탈에 접근한다는 단락을 먼저 벌려놓았습니다. 지금은 방향을 바꿔서 '나'가 있는[有我] 경계로부터 시작하고 있습니다. 나가 있는 경계는 첫 번째가, 의식이 움직이면 곧 기가 있고, 기가 움직이면 바람이 형성되는 것입니다.

'시유무작(是唯無作), 작즉만규노호(作則萬竅怒呺)', 장자가 묘사하기 시작했습니다. 그는 말하기를, 이 기가 바람으로 변한 뒤에는 작용을 일으키지 않으면 모를까 그것이 만약 움직여 작용을 일으컸다면 그것은 대단해진다고 합니다. 어느 정도나 대단할까요? '만 규노호(萬竅怒呺)', '규(竅)'는 구멍인데, 구멍이 있는 곳은 울려서 소리를 냅니다. 빈곳이 없다면 바람의 소리를 나타내지 못합니다.

청년 학우들은 유의하기 바랍니다! 바람은 형체가 있을까요? 바람은 형체가 없습니다. 우리는 바람이 얼굴에 불고 있는 것을 느끼지만 그것은 우리들의 반응입니다. 바람은 소리가 없습니다. 우리가 듣는 바람 소리는 바람이 사물에 부딪쳐서 마찰하여 나는 소리이지, 바람 자체의 소리가 아닙니다. 바람은 형태가 없습니다. 큰바람이나 작은 바람은 우리들이 느끼는 형태입니다. 그래서 말하기를 『장자』를 읽을 때도 유의해야한다고 합니다. '시유무작(是唯無作)', 작용을 일으키지 않으면 모를까 '작즉만규노호(作則萬竅怒呺)', 작용을 일으킬 때는 물질에 부딪쳐 갖가지 소리를 냅니다.

불학을 여러 해 동안 연구한 많은 사람들은 이 두 마디 말에 특별히 유의하기 바랍니다. 보세요, 장자는 말하기를, 형이상의 본체인 무하유지향은 전혀 있는 것이 없고[了無所有], 전혀 얻을 수가 없다[了不可得]고 합니다. 그러나 형이하에서 작용을 일으킴을 말하면서는 단지 여기까지만 말했는데, 이것은 무슨 의미일까요? '의타기(依他起)'입니다. 바로 불학에서 말하는 '의타기'입니다. 만약 외물(外物: 마음에 접촉되는 모든 객관적 대상/역주)에 의지하지 않는다면, 타자에 의지하지 않는다면[不依他], 본체의 기능[功能]은 드러날 수 없습니다. 일체는 모두 외물에 의지하고, 작용에 의지하며, 현상(現象)에 의지해야 비로소 본체의 기능이 드러날 수 있습니다. 만유의 작용은 모두 본체의 작용입니다. 만유의 현상은 모두 본체의 현상이며, 모두 타자에 의지하여 일어납니다. '바람이 작용을 일으키지 않으면 모를까, 일단 작용을 일으키면 온갖 구멍이 울려 성난 듯 울부짖는다[是唯無作, 作則萬竅怒呺]'는 바로 이 두 마디로서, 형이상으로부터 형이하에 이르는 것을 설명합니다.

사람을 놀라게 하는 소리

"너는 설마 멀리서 불어오는 긴 바람소리를 듣지 못했느냐? 산림 높은 곳 오목한 골짜기에 있는 둘레가 백 뼘이나 되는 큰 나무의 구멍들이 어떤 것은 콧구멍 같고, 어떤 것은 벌린 입 같고, 어떤 것은 귓구멍 같고, 어떤 것은 서까래를 받치는 도리 같고, 어떤 것은 동그라미 같고, 어떤 것은 절구통 같고, 어떤 것은 깊은 웅덩이 같고, 어떤 것은 얕은 웅덩이와 같다."

而獨不聞之蓼蓼乎 ? 山林之畏佳, 大木百圍之竅穴, 似鼻、似口、似耳、似枅、似圈、似臼、似洼者、污者。

　이런 것들은 모두 장자의 문학경계이자 진짜로 그러한데, 마치 한 폭의 그림 같습니다. 지금 그는 말합니다. 바람이라는 존재는 고요히 머물러 있는 상태[靜態]일 때는 아무것도 식별할 수 없다. 그것이 움직이는 상태[動態]가 되어서는 무슨 현상이든지 다 나타난다. 이것은 바람을 말하며 이 기(氣)를 말한 것입니다. 동시에 사람들의 경계도 묘사합니다. 우리들의 심리가 평정(平靜)할 때는 어떤 현상도 없습니다. 그러다가 의념(意念)이 움직이자마자 무슨 괴이한 현상도 다 나타납니다. 희노애락도 장자가 바람을 형용하듯이 처음에는 '너는 설마 멀리서 불어오는 긴 바람소리를 듣지 못했느냐[而獨不聞之蓼蓼乎]?'입니다 우리가 아리산(阿里山) 꼭대기에 서 있을 때 높은 산에서 바람이 귓가에 불면 온통 소리가 있어서 료료연(蓼蓼然)하는데 매우 기분이 좋습니다! 이때에 사람은 차분합니다[平靜]. 두 번째로 형용합니다. '산림지외최(山林之畏隹)', '외최(畏隹)'는 산 위입니다. 산의 굽이진 곳의 오목한 골짜기나 불쑥 나온 곳이기도 합니다. 우리가 산 숲에 이르면, 저 높은 산의 암석이 있는 곳은 장자가 말해가지 않았습니다, 높은 산 산 숲의 굽이져 우묵한 곳이야말로 바람이 세게 붑니다! 각종 각양의 괴상하게 부르짖는 소리가 다 있어서 들으면 사람이 몹시 놀랄 것입니다. 불쑥 나온 곳의 바람 소리도 사람을 몹시 두렵게 할 것입니다. 특히 밤이 된 데다 비까지 좀 내리는데 손전등도 없이 그곳에 앉아있다면 정말 사람이 놀라 죽을 지경입니다. 산 위의 바람이 센, 산림 높은 곳 오목한 골짜기에서는[山林之畏隹] 정말 듣기 좋은 소리가 아니며 결코 하늘에 부는 바람이 료료연하는 것은 결코 아닙니다. 유의하기 바랍니다! '너는 설마 멀리서 불어오는 긴 바람소리를 듣지 못했느냐[而獨不聞之蓼蓼乎]!'는 몹시 듣기 좋으면서도 매우 청아한 소리입니다.

'대목백위지규혈(大木百圍之竅穴)', 원시 삼림 속에 가서 그 소리를 들어보면, 그 원시 삼림속의 큰 나무들 중 둘레가 백 뼘[圍] 정도의 큰 나무에 구멍들이 있는데 모두 '규혈(竅穴)'로서, 바람이 불기 시작하여 쉬이이…… 하면 귀신이 부르짖는 것 같습니다. 장자는 형용하기를 그런 구멍들이 마치 사람의 콧구멍 같기도 하고, 입처럼 벌어져 있기도 하고, 귀 같기도 하고, 도리[枅: 목조 건물의 골격이 되는 부재部材의 한 가지. 들보와 직각으로 기둥과 기둥을 건너서 위에 얹는 나무. 서까래를 받치는 구실을 함/역주] 같기도 하고, 동그라미 같기도 하고, 절구통 같기도 하고, 어떤 것들은 깊이 움푹 들어가 있다고 합니다. 이것은 그림으로 묘사하고 그 모형을 만들어야 이해하기 쉽습니다. 이런 많은 구멍들을 장자는 다 아직 형용하지 않았습니다. 장자는 아주 예술적이지요!

우리가 만약 산속에서 큰 나무의 뿌리를 찾았다면, 그 나무뿌리에는 여기저기 구멍들이 있습니다. 그 작은 구멍마다는 장자가 묘사했듯이, 어떤 것은 입 같고 어떤 것은 귀 같고 어떤 것은 도리 같고 어떤 것은 깊은 웅덩이 같고 어떤 것은 구멍 같기도 합니다. 그런 것들이 불어오는 바람을 만나면 온갖 소리가 함께 일어나 백가가 쟁명합니다[百家爭鳴]. 만약 구멍들이 그렇게 많은 큰 나무 뿌리를 깜깜한 방안에 놓고는 큰 바람을 불게하고 전등도 꺼버리고 밖에는 비조차 오고 있다면, 당신은 그 안에서 놀라 죽을 지경이 될지도 모릅니다. 왜냐하면 갖가지 괴이하게 부르짖는 소리들이 동시에 울려나기 때문입니다.

이것은 장자가 부리는 문학적인 기교인데, 물리세계가 바람에 불리는 현상을 형용하고 있습니다. 하지만 그 가운데는 중점이 있습니다. 우리는 먼저 그 문자를 살펴보겠습니다.

영풍(泠風) 표풍(飄風) 여풍(厲風)

"저 구멍들이 바람을 만나면 소리를 내는데, 물이 세차게 부딪치는 소리, 화살이 나는 소리, 꾸짖는 소리, 숨을 들이키는 소리, 크게 외치는 소리, 울부짖는 소리, 굴속에서 울려나오는 소리, 가냘픈 소리가 있어, 앞의 것이 위~위~하고 외치면, 뒤의 것이 오~오~하고 뒤따라 외친다. 높은 허공 바람에는 갖가지 소리가 뒤섞여 합쳐진 소리인 화음(和音)이 작고, 큰 바람에는 화음이 크며, 태풍 같은 강력한 바람이 불면 오히려 작은 구멍들은 바람에 틈 없이 꼭 막혀서 소리가 나지 않는다. 그런 다음에 부드러운 바람이 불어 나뭇가지가 하늘거리는 것을 너는 설마 보지 못했느냐?"

激者、謞者、叱者、吸者、叫者、譹者、宎者、咬者, 前者唱于而隨者唱喁。泠風則小和, 飄風則大和, 厲風濟則衆竅爲虛。而獨不見之調調, 之刁刁乎?

　'격자(激者)', 물이 세차게 부딪치는 소리, '효(謞者)', 화살이 날아가는 소리, '질자(叱者)', 꾸짖는 소리, '흡자(吸者)', 숨을 들이키는 소리, '규자(叫者)', 크게 외치는 소리, '호자(譹者)', 울부짖는 소리, '요자(宎者)', 굴속에서 울려나오는 소리, '교자(咬者)', 가냘픈 소리, 이런 것들은 모두 바람이 온갖 구멍에 불어 내는 소리입니다. '전자창우이수자창우(前者唱于而隨者唱喁)', '우(于)'는 입을 뾰족하게 하여 위~하는 소리입니다. 전자가 위~하면 '수자창우(隨者唱喁)', 후자가 오~합니다. 목구멍이 내는 소리입니다.

　'영풍즉소화(泠風則小和), 표풍즉대화(飄風則大和)', 여기서 '화(和)'자는 평화라는 뜻이 아니라. 갖가지 소리가 뒤섞여 합쳐진 소리입니다. '영풍(泠風)'이란 날씨가 차갑다는 의미의 냉(冷)이 아니라 높은 허공속의 바람으로 삼수변(氵)의 영(泠)자입니다. 자질구레하다는 뜻의 영쇄(零碎)에서의 영(零)자와 같은 발음입니다. 고공에서 나는 소리를 영풍(泠風)이라 하는데 영풍은 '즉소화(則小和)', 소리의 화음이 비교적 가볍고 고아합니다. '표풍(飄風)'은 큰 바람인데 크게 화음이 납니다. 화음은 아주 복잡한 것으로, 크고 작은 두 가지 바람에 평소에 다 있습니다. 때로는 큰바람이 불고 때로는 작은 바람이 불어 우리들은 하루 종일 그런 경계가 있습니다. 게다가 큰 태풍이 불어오는 게 바로 괴풍(怪風)입니다. '려풍제(厲風濟)', 정말 큰 바람이 올 때를 만나 이런 '려풍(厲風)' 괴풍이 한번 불어와 모든 구멍들에 다 불어지면 '중규위허(衆竅爲虛)', 바람이 너무 커서 구멍들을 밀폐하고 있는 것 같아 오히려 조금도 소리가 없습니다.

그러므로 이 도리를 얘기하면 또 하나의 물리 현상입니다. 우리는 늘 옛사람의 다음 두 구절의 시를 듣습니다.

산에 비 오려하니 바람이 누각에 가득하고   山雨欲來風滿樓
모든 나무들 소리 없으니 비오는 줄 아네   萬木無聲知雨來

이것은 여름에 쉽게 볼 수 있는 현상입니다. 여름에 아주 더워 날씨가 몹시 답답하면 우리 사람들은 숨조차도 쉬기 어렵습니다. 보면 나뭇잎은 꼼짝도 하지 않고 풀 한포기도 흔들리지 않습니다. '만목무성(萬木無聲)', 모든 나무는 소리가 조금도 없습니다. '지우래(知雨來)', 한바탕 답답하다가 큰비가 내리려고 합니다. 열기가 끓어서 극점에 이르고 저 고공에 도달하여 찬 공기를 만나면 큰 비가 오게 됩니다. 그래서 '산에 비 오려하니 바람이 누각에 가득하고, 모든 나무들 소리 없으니 비오는 줄 아네'는 문학적 경계가 상쾌하고 좋습니다. 하지만 그 과학적 경계는 찜통 같아서 사람이 답답해 죽을 지경입니다. 그러므로 문학적 경계와 과학적 경계는 저마다 다릅니다.

이제 여기까지 말한 것은 바로 '려풍제즉중규위허(厲風濟則衆竅爲虛)'를 설명하는 것입니다. 힘이 너무 큰 바람이 불어오면 그 작은 구멍들을 막아버리고 있어서 '중규위허(衆竅爲虛)', 도리어 바람이 없어져 버립니다. 소동파 같은 사람들이 장자 문장을 배운 게 당연합니다. 이런 곳이야말로 좋은 비결이었으니까요. 보세요, 그가 어떤 것을 형용하면서, 그런 바람을 형용하면서, 첫마디가 '일단 작용을 일으키면 온갖 구멍이 울려 성난 듯 울부짖는다[作則萬竅怒呺], 너는 설마 멀리서 불어오는 긴 바람소리를 듣지 못했느냐[而獨不聞之翏翏乎]?'로서 바람이 료료연히 불어오는 것을 형용하고 있습니다. 특히 높은 허공에서, 우리들 이 고층 빌딩의 옥상에서 여름 저녁이 되어 해가 서산에 지고 하늘에 불어오는 바람이 료료연 하면 기분이 좋습니다.

마지막으로 그는 형용하기를, 갖가지 구멍에는 갖가지 바람 소리가 있어서 납작한 구멍·긴 구멍·깊은 구멍·얕은 구멍 등 구멍마다 내는 소리가 다 다르며, 한바탕 불어서 그 소리들을 조화시킨다고 합니다. '앞의 것이 위~위~하고 외치면, 뒤에 것이 오~오~하고 뒤따라 외친다. 높은 허공 바람에는 갖가지 소리가 뒤섞여 합쳐진 소리인 화음(和音)이 작고, 큰 바람에는 화음이 크며[前者唱于而隨者唱喁, 泠風則小和, 飄風則大和]'는 바람의 그런 경계들을 철저하게 묘사했습니다. '태풍 같은 강력한 바람이 불면 오히려 작은 구멍들은 바람에 틈 없이 꼭 막혀서 소리가 나지 않는다[厲風濟則衆竅爲虛]', 한바탕 가장 힘 있는 태풍이 불어오면 온갖 구멍속의 소리가 사라져버리고 당신을 한바탕 답답하게 만듭니다. 답답함이 지나고 나면 음악인양 바람소리가 또 옵니다. '그런 다음에 부드러운 바람이 불어 나뭇가지가 하늘거리는 것을 너는 설마 보지 못했느냐[而獨不見之調調, 之刁刁乎]?'

여러분 유의하기 바랍니다! 앞서 말한 한 마디인 '너는 설마 멀리서 불어오는 긴 바람소리를 듣지 못했느냐[而獨不聞之翏翏乎]?'는 귀가 듣는 것입니다. '그런 다음에 부드러운 바람이 불어 나뭇가지가 하늘거리는 것을 너는 설마 보지 못했느냐?'는 눈이 본 것입니다. 큰 바람이나 작은 바람이 지나간 뒤 한바탕 부드러운 바람이 부는데 물의 파도가 일어나지 않습니다. 그렇지만 약간의 작은 바람이 불어 풀이나 나뭇잎들이 서서히 나부끼면서 한들한들하는데 모두 눈에 보이는 것입니다. 장자는 여기까지 말하고는 말을 마쳤습니다.

그러므로 장자는 온통 선종입니다. 후세의 선종 설법은 바로 그를 배운 것이었습니다. 그런 다음 당신에게 크게 한바탕 허풍을 쳤는데, 그건 정말 허풍이었습니다. 이야기꾼은 입을 빨리하여 형! 하! 하면서 줄곧 여기까지 허풍을 치고 난 다음에는 가볍게 나부끼고 한들한들거림으로써 '자, 다 말했습니다.'였습니다. 그 다음 글은 어땠을까요? 없었습니다.

인뢰 지뢰 천뢰

자유가 말했다. "땅의 소리는 바람이 온갖 구멍들에 불어서 나는 것이요, 사람의 소리는 대나무 등으로 만든 악기를 연주하여 나는 것입니다. 그런데 하늘의 소리는 무엇인지요?"

子游曰 : 地籟則衆竅是己, 人籟則比竹是己。敢問天籟。

다음에서 주제를 가리켜보였습니다. 그의 제자 안성자유는 남곽자기가 누운 채 반은 잠든 듯 반은 깨었는 듯한 입으로 허풍을 치는 것을 들었습니다. 여기까지 허풍을 치고 나자 자유가 말했습니다. '땅의 소리는 바람이 온갖 구멍들에 불어서 나는 것이요, 사람의 소리는 대나무 등으로 만든 악기를 연주하여 나는 것입니다[地籟則衆竅是已, 人籟則比竹是已]', 그는 말합니다. 선생님! 당신이 한참동안 얘기하셔서 저는 이해했습니다. 방금 말씀하신 바람이 부는 소리는 지뢰(地籟)로서 지구 표면의 현상입니다. 천·지·인 삼재(三才)에서 바람은 지(地)의 작용입니다. 사람은 어떨까요? 그도 선생님이 말해주기를 바라지 않습니다. 인뢰(人籟)는 무엇일까요? 자유 자신이 말합니다. '대나무 등으로 만든 악기를 연주하여 나는 것입니다[比竹是已].'

인뢰는 사람의 감정입니다! 희노애락(喜怒哀樂)은 어떻게 알아낼 수 있을까요? 퉁소를 불거나 가야금을 탐으로서 표현할 수 있습니다. 고대의 많은 악기들은 대나무로 만들었습니다. 대나무를 통해서 사람의 감정을 표현할 수 있는데 그것을 '비죽(比竹)'이라 합니다. 이 '비(比)'자는 대단히 절묘하게 쓰였습니다. 바꾸어 말하면 인뢰의 경계인 사람의 심리 정서의 갖가지 변화가 인간세상의 시비선악(是非善惡)을 일으키는 것도 마치 바람처럼 뱃속에서 함부로 불어대는 겁니다.

우리가 불학 유식학의 명칭을 빌려서 말하면, 그것들은 모두 절대적인 것이 아니라 비량(比量)의 경계에 속하는 것으로, 비교해서 나온 것입니다. 그 소리가 듣기 좋은가 좋지 않는가는 모두 비교적인 것입니다. 바꾸어 말하면 모두 다른 것에 의지하여 일어나는[依他起] 비량의 경계입니다. 그러므로 인뢰는 말할 필요가 없다고 합니다. 이렇게 한번 얘기하자 안성자유는 또 이해했습니다.

그는 말합니다. 사부님! 지뢰는 제가 알았습니다. 방금 당신이 한참 묘사했던 것은 바로 지구의 현상입니다. 인뢰는 당신도 말할 필요 없습니다. 비죽이 그것입니다. 사람의 감정이 변화해서 만약 화를 내고 북을 치면 그 소리가 아주 듣기 싫습니다. 사람이 화를 냈을 때 남을 욕하는 소리는 마치 이리소리처럼 듣기 싫습니다. 이런 것들은 모두 인뢰라는 것을 저도 이해합니다. 제가 모르는 유일한 것은 천뢰입니다.

지금 우리는 잠시 천뢰를 얘기하지 말고, 먼저 왜 『장자』라는 책을 도가와 수도자들이 그렇게 중요하게 보았는지를 한번 연구해 봅시다. 도가에 삼경(三經)이 있습니다. 『노자』는 『도덕경』이요, 『장자』는 『남화경』이며, 『열자』는 『충허경(沖虛經)』입니다. 『도덕경』은 대경(大經)이요, 『남화경』과 『충허경』은 소경(小經)입니다. 뒷날 도가의 수행자들도 『노자』와 『장자』를 필독 전적(典籍)으로 여겼습니다. 그렇지만 우리가 한참 보니 『장자』 책속에서는 당신에게 공부를 전해주지 않습니다. 그러나 한 가지 점이 있습니다. 만약 여러분이 제물론 편을 읽는다면 장자가 말한 '지구라는 거대한 덩어리가 에너지인 기(氣)를 내보내고 그 기가 한번 변화하면, 그것을 바람이라고 한다[大塊噫氣, 其名爲風]' 이 단락에 유의해야 합니다.

우리 이 자리에 있는 많은 사람들 중에는 정좌하고 부처님을 배우고 요가를 배우고 밀교를 배우고 도를 배우는 사람들이 많습니다. 여러분은 유의해야합니다. 우리들의 이 신체가 바로 지구입니다. 정좌하면 이른바 위에서는 트림을 하고 아래에서는 방귀를 뀌는데 모두 '지구라는 거대한 덩어리가 에너지인 기(氣)를 내보내고 그 기가 한번 변화하면, 그것을 바람이라고 한다'입니다. 심지어 몸 안에서 꾸르륵 꾸르륵 하고 움직이네! 무슨 임맥(任脈)과 독맥(督脈)이 통했네! 이런 것들은 모두 이 단락의 범위에 속합니다.

그러나 당신도 분명히 알아야합니다. 그것은 모두 현상입니다. 모두 기(氣)가 조화를 이루지 못해서 빚어진 것입니다. 기가 정말로 조화 경계에 도달하면 '높은 허공 바람에는 갖가지 소리가 뒤섞여 합쳐진 소리인 화음(和音)이 작고, 큰 바람에는 화음이 크며[泠風則小和, 飄風則大和]', 그때에는 기가 충만하여 '태풍 같은 강력한 바람이 불면 오히려 작은 구멍들은 바람에 틈 없이 꼭 막혀서 소리가 나지 않는다[厲風濟則衆竅爲虛]'에 도달하여 신체상의 기가 움직이지 않게 됩니다. 그래서 불가에서는 말하기를, 정좌하고 선정 공부를 닦을 때 선정의 최고 경계에 도달한 것이 바로 기주맥정(氣住脈停)이라는 네 글자입니다. 즉, '작은 구멍들은 바람에 틈 없이 꼭 막혀서 소리가 나지 않는다[衆竅爲虛]'입니다. 그때는 신체감각이 가볍고 재빠릅니다. 아무리 하려해도 다시는 방귀를 뀌거나 트림을 하지 않을 것입니다. 창자 속에서도 꾸르륵꾸르륵 하는 움직임도 없습니다. 귓속에서도 소리가 부르짖는 것을 듣지 않을 것입니다.

여기서 말하겠는데, 많은 사람들이 정좌하여 모두 정신병을 이룹니다. 귀는 지....하는 소리가 외치는 것을 듣습니다. 마치 만화(萬華) 일대에서 밤에 국수와 차를 파는 소리가 쉬....하는 것을 듣는 것처럼 정좌할 때 늘 이런 상황이 발생할 수 있습니다. 그것은 모두 신체 내부의 기의 움직임[氣動]입니다. 그것을 상대할 필요가 없습니다. 그것은 단지 현상일 뿐입니다. '태풍 같은 강력한 바람이 불면 오히려 작은 구멍들은 바람에 틈 없이 꼭 막혀서 소리가 나지 않게' 되면, 충만하게 되어 당신 스스로가 '부드러운 바람이 불어 나뭇가지가 하늘거리는 것[見之調調, 之刁刁乎]'을 봅니다. 몸에서 그 기기(氣機)가 가볍고 순조롭게 흘러가고 자연스럽습니다. 그때에 이르면 당신은 사람 본위의 인뢰에서 지뢰의 경계에 도달했다고 말할 수 있습니다. 당신의 이런 기(氣)들이 통하고 난 뒤에는 서서히 정서가 변화하고 생각의 본위(本位)도 서서히 승화합니다. 그러나 아직은 도(道)라고 말할 수는 없습니다. 다시 한걸음 더 나아가 세 번째 걸음에서 인뢰·지뢰로부터 비로소 천뢰에 도달합니다.

취만부동(吹萬不同)

자기가 말했다. "일기(一氣)가 우주만유 생명들의 천차만별 현상을 불어내어, 저마다 개별적 자아를 이루게 하며, 모두 자기가 자아를 취하여 붙들어 쥐고 있다. 그런데 그렇게 일기(一氣)를 불어내는 자는 누구이겠느냐?"

子綦曰 : 夫吹萬不同, 而使其自已也, 咸其自取, 怒者其誰邪!

유의하기 바랍니다! 제물론 편의 이 요점은 몹시 고명한데, 장자가 다 가리켜보였습니다. 무엇을 '천뢰(天籟)'라 할까요? '천뢰'란 장자가 제시한 명사입니다. 우리들의 이 생명 우주만유 생명의 본래(本來: 근본내원/역주)에 대하여 장자는 하나의 명사를 지어서 '취만(吹萬)'이라고 부릅니다. 우리 오늘날 사람들이 '허풍 치다'는 뜻으로 '취우(吹牛)'라고 하는데, 바로 이 '취(吹)'자는 『장자』로부터 온 것입니다.

여기서 저는 젊었을 때 사천(四川)의 청성산(靑城山)에서 있었던 일이 생각납니다. 산에는 온통 도가의 절들이 있었는데, 상청궁(上淸宮)이라는 절이 하나 있었습니다. 그 도관(道觀)은 컸습니다. 담장이 높고 그 위에 큰 한 폭의 그림이 있었습니다. 우리는 거기 서서 한참동안이나 바라보고는 저마다 몹시 웃었습니다. 그 그림에는 한 마리의 소가 그려져 있고 많은 사람들도 그려져 있습니다. 그 많은 사람들이 소 꼬리를 붙잡고 불고 있고, 소 귀를 붙잡고 불고 있고.... 소 얼굴을 붙잡고 불고 있습니다. 즉 '취우'라는 이 두 글자를 한 폭의 그림으로 그려놓은 것입니다. 어떤 사람들은 소 다리를 붙들고 불고 있는데 그 소는 한번 다리를 뻗더니 밟고 지나가 버립니다. 그 그림은 정말 잘 그려졌습니다.

　장자는 소를 부는 것을 말하지 않고 '취만(吹萬)'을 얘기하고 있습니다. 소를 부는 것은 '취만'과 마찬가지입니다. 무엇을 '취만부동(吹萬不同)'이라 할까요? 우주만유라는 생명은 바로 이 한 가닥의 기(氣)가 불어낸 것입니다. 예전에 우리가 어렸을 때 물엿 과자를 부는 사람을 보았습니다. 한 사람이 한 덩이 사탕을 입으로 한번 불면서 어떤 모양을 만들고자하면 곧 그대로 빚어냈는데, 한숨에 불어냈습니다.

　우주만유의 생명도 바로 하느님이 그렇게 한번 불어내어 우리들을 불어낸 것입니다. 장자는 그것을 '취만'이라고 부르고 있습니다. 형이하의 이 한 가닥 생명은 어떻게 온 것일까요? 지기(地氣)가 낳은 것으로서 한 가닥의 기(氣)에서 온 것입니다. 당신은 그 기를 바람으로 여기지 말기 바랍니다! 공기(空氣)의 기(氣)로도 여기지 말기 바랍니다. 이 기는 하나의 대명사일 뿐입니다. 한 가닥의 기가 불어나와 만유현상이 다른 것이 바로 '취만부동(吹萬不同)'입니다. 그러므로 우리 이 자리에 이렇게 많은 사람들이 있는데, 저마다 건강이 다르고, 남자, 여자, 늙은이, 젊은이이거나 뚱뚱하거나 빼빼마르거나 키가 크거나 작거나 하는, 이런 갖가지 모습들이 다른 것이 바로 '취만부동(吹萬不同)', 일기(一氣)가 우주만유 생명들의 천차만별 현상을 불어낸 것입니다.

　그러나 천뢰는 우주만유의 시작이요, 우주간의 형이하(形而下)의 첫 번째 작용입니다. 형이상(形而上)의 것이 아닙니다. 형이상은 무아(無我)로서 '무하유지향'이요, '본래 한 물건도 없는데 어느 곳에 먼지가 일어나겠는가'의 경지입니다. 형이하는 바로 이 한 가닥의 힘이 불어낸 것입니다. '취만부동', 만유의 차별현상을 불어낸 것입니다. '저마다 개별적 자아를 이루게 하며[而使其自己也]', 그 차별현상을 불어내자마자 만물은 가지런하지 않게 되었습니다[不齊].

사람마다 한 생명을 얻었지만 사람마다의 변화는 저마다 같지 않습니다. 그런데 원시의 서로 같은 부분은 바로 이 한숨의 기[一口氣]에서 불어져 나온 것입니다. 불어져 나온 뒤 그 한숨의 기는 또 흩어져 온갖 기[萬氣]를 이룹니다. 온갖 기로 변한 뒤에 당신은 당신의 개 같은 성질이 있고, 나는 나의 황소고집이 있으며, 그 사람은 호랑이나 사자 같은 성질이 있어서, 저마다 다릅니다. 왜냐하면 '취만부동'이기 때문입니다.

장자는 '모두 자기가 자아를 취하여 붙들어 쥐고 있다[咸其自取]'라고 말하는데, 어디에 주재자가 있겠습니까! 주재자가 될 수 있는 사람은 아무도 없습니다. 하느님도 주재자가 될 수 없고, 신도 주재자가 될 수 없으며, 보살도 주재자가 될 수 없습니다. 왜냐하면 '모두 자기가 자아를 취하여 붙들어 쥐고 있기' 때문입니다. 모두 당신 자신이지 다른 사람은 없습니다. 천당과 지옥, 희노애락, 선악시비가 다 없고, 모두 당신이 지은 것이요, 모두 당신 자신이 불어낸 것입니다. '일기(一氣)가 우주만유 생명들의 천차만별 현상을 불어내어, 저마다 개별적 자아를 이루게 하며, 모두 자기가 자아를 취하여 붙들어 쥐고 있습니다[吹滿不同, 咸其自取].

'그런데 그렇게 일기(一氣)를 불어내는 자는 누구이겠느냐[怒者其誰邪]?', 이 '노(怒)'는 성내다의 의미가 아닙니다. 이 '노'는 형용사로서, 즉 불어낼 때에 뺨이 부풀어 오르는 모습입니다. 그래서 우리는 '고취(鼓吹)라고 부릅니다. 보세요. 풍선껌을 다 씹어서 공기를 불면, 그 둥근 모습이 크게 불수록 당신의 뺨은 빨갛게 더 부풀어 오릅니다. 양쪽이 모두 부풀어 오른 게 마치 화를 낸 것 같습니다. '노자기수야(怒者其誰邪)', 이렇게 기를 부는 사람은 누구일까요? 하느님일까요? 하느님의 외할머니일까요? 모두 아닙니다. 역시 당신 자신입니다. 이것이 제물론의 요점인데 모두 가리켜보였습니다.

요 몇 마디에서, '일기(一氣)가 우주만유 생명들의 천차만별 현상을 불어내어, 저마다 개별적 자아를 이루게 하며, 모두 자기가 자아를 취하여 붙들어 쥐고 있다'는 개인적인 자아를 이룬다는 것입니다. 사실은 나가 없습니다. 한 가닥의 기가 불어내어 이 생명으로 변한 뒤, 당신은 당신 스스로가 이것을 붙들어 쥐고 있기에 만기(萬氣)의 부동(不同)으로 변하여 만 사람이 각자 서로 같지 않은 것입니다. '저마다 개별적 자아를 이루어', 모두 자기의 일입니다.

이 기(氣)는 큰 바다의 물이나 다름없습니다. 당신의 양이 좀 크다면 물을 조금 더 많이 퍼 올리고 양이 적으면 좀 적게 퍼 올립니다. 그래서 어떤 사람은 좀 많이 붙들어 쥐면 기가 좀 많습니다. 어떤 사람은 기백(氣魄)이 좀 적습니다. 어떤 사람은 옹졸하고[小氣], 어떤 사람은 기운이 사악하고[邪氣], 어떤 사람은 기운이 바릅니다[正氣]. 어떤 사람은 음양(陰陽)이 바르지 못한 기입니다. 어떤 사람은 반음반양(半陰半陽)의 기입니다. 각종각양이 바로 이른바 '만기부동'입니다.

그런데 누가 주재자일까요? 주재자가 없습니다! 그럼 자연(自然)에서 온 것일까요? 자연도 아닙니다! '모두 자기가 자아를 취하여 붙들어 쥔 것'입니다. 그러므로 장자의 이 도리는 부처님이 설한 『

능엄경』과 같습니다.

주재자도 없고 자연도 아니다

『능엄경』에 다음과 같은 말이 있습니다. '원래부터[本然] 청정하고 우주 사이에 충만하여 두루 있으면서, 온갖 중생의 마음의 힘[心力]의 작용에 따르고 지식학문의 아는 양(量)에 따르고 중생의 심신의 개성적인 업력에 따라 작용을 발생한다[淸淨本然, 周偏法界, 隨衆生心, 應所知量, 循業發現]', 주재자가 없습니다. 자연도 아닙니다. 여기서 '응소지량'에서 '응(應)'은 감응입니다. 당신이 아는 범위가 양이 얼마나 크느냐에 따라서 그가 불어내는 기(氣)가 그만큼 큽니다. 당신 자신의 업력(業力)에 따라 나타나며, 주재자도 없고 자연도 아닙니다.

부처님이 『능엄경』을 설할 때는 인도에서 도대체 장자 이전이었는지 혹은 이후였는지 고증할 길이 없습니다. 비록 양쪽에서의 설법이지만 원리는 하나이며 표현이 다를 뿐입니다. 그래서 선종에서는 뒷날 화두참구 방법을 하나 제시하여 '염불한 자가 누구인가[念佛是誰]?' '나는 누구인가[我是誰]?'를 참구하였는데 사실 장자는 일찍이 여러분에게 말해주었습니다.

이 생명은 먼저 기(氣)—취만(吹萬)이 있습니다. 만약 한숨의 기가 오지 않고 불지 않으면 이 형체는 우리들에게 속하지 않게 됩니다. 이 형체는 우리들의 것이 아니라, 타자에 의지해 일어난[依他起] 것입니다. 물론 의지할 수 있는 타자가 없을 때는 당신의 그 물건은 어디로 사라져버렸을까요? 그 물건은 기에 속하지 않습니다.

한숨의 기가 이 형체에 의지하여야 우리는 이 생명이 있습니다. 장자 제물론 편의 이 단락은 가장 요점적인 곳을 말했고, 다음에서는 우리들이 지견 면에서 알아야 한다고 일러줍니다.

신(神) 기(氣) 지혜

큰 지혜가 있는 사람은 생각의 조리가 분명하지만, 작은 지혜가 있는 사람은 총명을 피운다. 큰 도리의 말은 불꽃처럼 빛나지만 작은 도리의 말은 궁극적이 아니다. 잠잘 때는 혼(魂)과 기(氣)가 교합하고 잠에서 깨어나면 신(神)과 기(氣)가 충만하여 피어난다.

大知閑閑, 小知間間 ; 大言炎炎, 小言詹詹。 其寐也魂交, 其覺也形開。

　이것이 바로 장자의 문장인데 어찌 빈말을 하겠습니까? '대지한한(大知閑閑), 소지한한(小知閒閒)', 이 '한(閑)'자는 마치 대남(臺南: 대만의 지명/역주)의 염전의 염(鹽)과 같고 그 뒤에 나오는 '한(閒)'자는 마치 화학의 염(鹽)과 같습니다(청중이 웃었다). 앞의 '한(閑)'자는 문(門) 속에 난간이 하나 있고 가로 막는다는 뜻입니다. 그 다음의 한(閒)자는 문(門) 속에 달[月]이 하나 있고 한가하다는 뜻입니다. 이 두 글자는 엄밀히 얘기하면 차이가 있습니다. 뒷날 통용했지만 원시 중국 문자에서는 두 글자를 통용하지 않았습니다.
　옛사람들이 집을 지을 때는 문이 없었습니다. 이는 원시적인 집은 지어놓은 게 마치 토치카 같아 문이 없는 것이나 다름없습니다.

아래층에는 소나 돼지를 기르고 위층에서는 사람이 거주합니다. 이런 모습은 서남이나 서북 변방지역에 가면 볼 수 있습니다. 서남 변방에는 아직도 이런 형태를 좀 많이 보존하고 있습니다. 낙후한 지역으로서 문화가 개발되지 않는 지방에서는 저녁에 소와 양을 들여 놓은 뒤에 나무 걸개로써 대문을 막아놓습니다. 그러므로 문(門)자 속에 나무 걸개가 하나 들어있습니다. 고대에는 녹각(鹿角)이라고 불렀는데, 마치 사슴머리에 있는 그 뿔과 같았습니다. 오늘날은 목마(木馬)라고 부릅니다. 목마로 막아놓으면 곧 막아져있습니다. 그래서 '한(閑)'자에는 방지(防止)하다는 의미가 있습니다.

그 다음에 나오는 '한(閒)'자는 어떨까요? 저녁밥 먹고 나서 할 일이 없어 문안에 앉아서 달을 좀 바라봅니다. 문틈으로 달빛이 비쳐 들어오고 유유자적 한가하니, 이것은 당연히 한가하다[淸閒]는 의미입니다. 그러므로 이 두 글자가 나타내는 의미는 다릅니다. 앞의 '한(閑)'자는 방비하고 제한한다는[防閑]는 의미입니다. 그 다음의 '한(閒)'자는 한가하다는 의미입니다. 장자가 당시에 이 두 글자를 사용한 게 일리가 있었습니다. 멋대로 쓴 게 아니었습니다.

'대지한한(大知閑閑)', 진정으로 큰 지혜가 있는 사람은 범위가 있고 도덕적인 기준이 있습니다. 바꾸어 말하면 '한한(閑閑)'이란 생각이 조리가 분명한 것을 형용합니다. 진정한 지혜는 무엇이든지 다 분명하게 합니다. 경계선을 나누고 그 근원까지 거슬러 올라갑니다. 그래서 어떤 것이든 모두 또렷이 압니다. '소지한한(小知閒閒)', 작게 총명한 사람은 '한한(閒閒)', 작은 총명을 피웁니다. 조금 알면 자기가 대단하다고 생각합니다. 그것은 결국 유한(有限)회사입니다. 그래서는 안 됩니다. 그것은 작은 지혜입니다.

'대언염염(大言炎炎)', 큰 말을 하는 사람이 발언하면 '염염(炎炎)', 이 '염염'은 염증을 일으킨다는 의미로 여겨서는 안 됩니다.

'염(炎)'이란 불빛입니다. 불이 크게 타면 빛이 큽니다. 그러므로 염광(炎光)이기도 합니다. 말한 큰 말 큰 도리는 광명을 내쏘고 대지를 진동시킴[放光動地]이나 다름없습니다. '소언첨첨(小言詹詹)', 작은 도리는 '첨첨(詹詹)'. 세우는 바가 있는 것처럼 보이지만 궁극적[究竟]이 아닙니다.

'기매야혼교(其寐也魂交), 기각야형개(其覺也形開)', '매(寐)'자는 잠잔다는 뜻입니다. 많은 노인들이 잠을 이루지 못합니다. 중국의학의 양생 도리에서 노인이 잠을 이루지 못하는 것은 물 기운과 불 기운이 서로 조화를 이루지 못하기[水火不相濟] 때문입니다. 물과 불이 왜 서로 조화를 이루지 못할까요? 심장과 신장이 서로 교합하지 못하기 때문입니다. 심화(心火)인 생각정서의 불이 가라앉지 못하고, 신수(腎水)가 상승하지 못하기 때문입니다. 신수는 바로 바로 호르몬과 비타민 등인데, 이런 것들이 부족하다면 신수가 상승하지 못합니다. 신수가 상승하지 못하면 심장과 신장의 부조화를 가져와 잠을 이루지 못하게 됩니다.

양생의 도리에서는 먼저 췌장과 위장을 배양하여 심신(心神)을 안정시켜야 자연히 잠이 듭니다. 그래서 노인이 잠자기 좋아한다면 그는 장수할 상입니다. 불과 물이 서로 조화를 이루지 못함은 곧 심장과 신장이 서로 조화를 이루지 못하는 것인데, 이론적으로 말하면 혼(魂)과 백(魄)이 나누어진 겁니다. '혼'이란 영혼입니다, 즉, 생각 의지입니다. '백'은 생리적인 것으로, 기(氣)나 혈(血), 근육, 호르몬, 영양, 비타민, 단백질 등이 그 범위에 포함되는데, 이것을 '백'이라고 부릅니다.

어떤 사람들은 신체가 쇠로해져서 해골 모습으로 변한 사람들이 있습니다. 그는 사람을 보면 형형 아아 하는데 그것은 혼과 백이 나뉘었기 때문입니다. 젊을 때는 혼과 백 이 두 개는 한데 있습니다. 그래서 중국인이 말하는 생명의 도리는 잠잘 때에는 혼이 신체를 떠나지 않고 여전히 몸에서 어느 부분으로 돌아간다고 봅니다. 혼이 후뇌로 돌아가면 꿈을 꾸고, 혼이 전뇌에 도달하면 깨어납니다. 만약 심근(心筋) 사이에 숨어있다면 잠을 편안히 자게 됩니다. 혼이 일단 신체를 떠났다면 큰 꿈을 꾸게 됩니다. 중국 고대의 설은 사람이 꿈을 꿀 때는 자신의 머리 꼭대기로부터 떠나간다고 보았습니다.

그러므로 '혼교(魂交)'란 혼과 기(氣)가 교구(交媾)하는 것입니다. 기는 곧 백(魄)입니다. 그래서 우리는 기백(氣魄)이라고 부릅니다. 정말로 잠이 들면 신(神)과 기(氣)가 서로 교구합니다, 그래서 그 다음날 정신이 넘쳐흐릅니다. 잠을 잘 못 잤을 때는 신과 기가 서로 교구하지 못한 것인데, 그러면 안 됩니다. '기각야형개(其覺也形開)', 잠에서 깨어나면 마치 꽃처럼 신(神)과 기(氣)가 다 가득 차 넘칩니다. 왜냐하면 그 둘이 하루 밤을 교합했기 때문입니다. 잠을 충분히 자고나면 벌떡 일어나서 기와 신이 충만하여 마치 꽃처럼 피어납니다.

맨 앞의 두 마디 '큰 지혜가 있는 사람은 생각의 조리가 분명하지만, 작은 지혜가 있는 사람은 총명을 피운다[大知閑閑, 小知間間]'는 말은 지혜의 경계, 지식의 경계를 말합니다. 중간의 두 마디인 '큰 도리의 말은 불꽃처럼 빛나지만 작은 도리의 말은 궁극적이 아니다[大言炎炎, 小言詹詹]'는 말하는 경계를 얘기합니다. 마지막 두 마디인 '잠잘 때는 혼(魂)과 기(氣)가 교합하고 잠에서 깨어나면 신(神)과 기(氣)가 충만하여 피어난다[其寐也魂交, 其覺也形開]'는 잠에 듦과 잠에서 깨어남의 경계를 말합니다. 이 여섯 마디는 서로 상관이 없는 것 같지만 이제 설명했으니 당신은 이해했습니다. 이 여섯 마디 말은 사실 서로 상관이 있습니다. 신과 기가 충분한 사람은 지혜가 높습니다. 정신이 넘쳐흐르는 사람은 지혜가 있지만, 넘치지 않는 사람은 작은 지혜만 있습니다. 신과 기가 충분한 사람은 바로 큰 도리를 말하지만 충분하지 못한 사람은 작은 도리를 말합니다. 이 모든 것들은 신(神)과 기(氣) 두 가지 것에서 온 것입니다. 그러므로 생각을 너무 과도하게 쓰고 글을 많이 쓰게 되면 혼과 백이 서로 교구하지 못하여 잠들 수 없습니다. 만약 기를 많이 수련하고 기를 길러서 기가 충분하면 틀림없이 잠을 자게 됩니다. 기가 그 혼을 흡수해오면 사람은 잠이 들게 됩니다. 다음에서는 어떤 사람이 생각을 너무 많이 쓰고 과도하게 마음을 쓰면 혼과 백이 나누어진다는 것을 형용하고 있습니다.

외부 환경과 접촉하여 얽혀서, 날마다 마음속에서 투쟁하는데, 자기 자신을 속이기도 하고 끊임없이 이런저런 궁리를 하기도 하며 감추어 비밀로 하기도 한다.

與接爲構, 日以心鬪。縵者, 窖者, 密者。

이것은 심리상황을 묘사하는데, 말하기를 보통사람은 신(神)과 기(氣)가 상호 교구(交媾)하는 도리를 모르기 때문에 잠이 깬 뒤 외부환경을 접촉하여 '위구(爲構)', 얽히자마자 곧 하루 종일 생각을 써서 서로 아웅다웅한다고 합니다. '일이심투(日以心鬪)', 하루 종일 내내 자기의 심리가 투쟁을 하고 있으면서 자기가 자기를 못살게 굽니다. 어느 정도까지 투쟁을 할까요? 장자의 형용은 아주 묘한데, 사람은 모두들 자기를 속이고 있다고 형용합니다. '만자(縵者)'는 마치 어떤 물건을 밀봉하고는 그 겉에다 페인트칠을 해 놓았듯이 자기가 자기를 속이는 것입니다. 자기가 앉아있으면서 생각하면 생각할수록 득의합니다. '내 오늘 주식시장에 가서 1천원어치 사야지. 삼일 후에는 아마 3만원으로 불어날 거야.' 하며 혼자 앉아서 허튼 생각들을 합니다. '교자(狡者)', '돈을 벌면 어떻게 하지? 에이! 은행에다가 맡겨놓으면 믿을 수 없어. 역시 어떤 회사에다 맡겨야지. 4% 이자로 돈을 놓아야지. 허! 믿을 수 없어. 역시 대형 금고에다 넣어놓아야지.' 이렇게 마음속에서 끊임없이 방법을 생각합니다. '밀자(密者)', 때로는 자기가 생각하고는 좀 웃기도 합니다. 당신이 그 사람한테 '왜 웃어요?'하고 물으면 '아이....별거 아닙니다' 라고 합니다. 이렇게 그 사람은 비밀로 합니다. '자기 자신을 속이기도 하고[縵], 끊임없이 이런저런 궁리를 하기도 하며[窖], 감추어 비밀로 하기도 한다[密]' 이 세 가지 심리활동을 장자는 한마디로 '날마다 마음속에서 투쟁한다[日以心鬥]' 라고 하고 있습니다. 자기가 나쁜 일들을 계획하고 있으면서 마음속에서 투쟁을 벌이고 있습니다.

두려움 속에 살아가는 가련한 사람

작은 두려움에는 조마조마 걱정하고, 큰 두려움에는 혼백(魂魄)이 달아난다. 밖으로의 심리 발동이 기계장치의 시동과 같다함은 번뇌를 일으키고 마침내 한 무더기의 시비이해(是非利害)를 불러오는 것을 말하고, 심리 발동이 내면에 머물고 있음이 나쁜 일들을 계획하고 욕하며 다툼과 같다함은 인생에서 나쁜 면을 없애고 진정한 승리와 성공을 얻기를 하루 종일 생각하는 것을 말한다. 자신을 죽임이 가을 겨울과 같다함은 그런 심리들로 시들어 가는 것을 말한다. 소모하고 잃어버린 혼백과 정신은 다시 회복시킬 수 없다. 이 세상만사를 싫어함이 입을 밀봉해버림과 같다함은 늙어서 허약해져버린 것을 말한다. 죽음에 가까워져 가고 있다는 그 마음은 양기(陽氣)가 조금도 없어 양기를 회복시킬 수 없다.

小恐惴惴, 大恐縵縵。其發若機栝, 其司是非之謂也; 其留如詛盟, 其守勝之謂也; 其殺若秋冬, 以言其日消也; 其溺之所爲之, 不可使復之也; 其厭也如緘, 以言其都溷也; 近死之心, 莫使復陽也。

'작은 두려움에는 조마조마 걱정하고, 큰 두려움에는 혼백이 달아난다[小恐惴惴, 大恐縵縵]', 인생에는 하루 종일 겁나거나 두려운 경계가 하나 있습니다. 불학에서도 공포(恐怖)라는 명사를 썼는데, 『반야심경(般若心經)』에서 언급한 것이 바로 이것입니다. 사람은 살아가면서 날마다 공포 속에 있습니다. 자기가 돈을 잃어버릴까 두려워하고, 자기가 병이 날까 두려워하고, 자기가 할 일이 없을까 두려워하고, 먹을 밥이 없을까 두려워합니다. 하루 종일 골머리를 썩입니다. 장자가 이렇게 한번 묘사하니, 살아가면서 통쾌한 날이 하루도 없습니다.

'밖으로의 심리 발동이 기계장치의 시동과 같다함은 번뇌를 일으키고 마침내 한 무더기의 시비이해(是非利害)를 불러오는 것을 말하고[其發若機栝, 其司是非之謂也]', 처음에 한 생각 사이에 한번 움직일 때는 마치 손가락으로 기계장치의 스위치를 누른 것과 같습니다. 이 기계장치가 어떤 작은 문제에서 조금만 움직이면 곧 큰 번뇌를 일으키고, 이어서 한 무더기의 시비이해(是非利害)로 변하게 됩니다. 만약 스위치를 밖으로 향하지 않으면 어떨까요? '심리 발동이 내면에 머물고 있음이 나쁜 일들을 계획하고 욕하며 다툼과 같다함은 인생에서 나쁜 면을 없애고 진정한 승리와 성공을 얻기를 하루 종일 생각하는 것을 말한다[其留如詛盟, 其守勝之謂也]', 안에 머무르고 있음이 '여조맹(如詛盟)', 자기가 그 속에서 나쁜 일들을 계획하고 있고, 마음속에서 스스로 욕을 하며 다투고 싸우고 소송을 하고 있습니다.

'수승지위야(守勝之謂也)', '수승(守勝)'이란 무엇일까요? 도가에서는 염승(厭勝: 주술로 사람을 복종시키다/역주)이라고 해석합니다. 예컨대 오늘 운이 좋지 않다면 민권동로(民權東路) 은주공(恩主公) 관제묘(關帝廟)로 갑니다. 바나나 두 개, 향 몇 개, 만두 몇 개 사 가지고 가서 절하는 것도 염승에 속합니다. 혹은 남에게 부적을 하나 그려 달라 해서 집에다 놓아두거나 혹은 어떤 곳에 가서 등을 켜는 일이 시골 절에는 아주 많습니다. 시골 사람들은 성도로(成都路)에 있는 성황당에 가서 늘 이런 일들을 하고는 향 재를 한 봉지 안고 돌아갑니다. 그런 것을 모두 염승이라고 합니다. 염승의 도리란 나쁜 일면을 없애버리고 인생이 진정한 승리를 얻기를 하루 종일 생각하고 또 성공의 목적에 도달하기를 생각하는 것입니다.

'자신을 죽임이 가을 겨울과 같다함은 그런 심리들로 시들어 가는 것을 말한다[其殺若秋冬, 以言其日消也]', 사람의 일생이란 바로 이런 심리상황 속에서 세월을 보내니, 아주 가련합니다! 이런 상황이 모두 자살하는 장난이며, 이런 장난으로 자기가 일찍 죽도록 재촉하고 있다는 것을 모릅니다. 마치 가을이나 겨울에 만물이 빨리 시드는 것처럼 말입니다. 우리들의 생명은 본래 긴 것입니다. 그런데 왜 가을날의 낙엽처럼 그렇게 빨리 시들어버릴까요? 마치 겨울처럼 '산이란 산에는 새 한 마리 날지 않고, 길이란 길에는 사람의 자취 사라진 것[千山鳥飛節, 萬徑人蹤滅]'은 바로 자기의 내면적인 투쟁이 빚어낸 생명의 소모 때문입니다. 생명의 소모가 거의 다 되었을 때는 사람도 늙어버립니다.

'소모하고 잃어버린 혼백과 정신은 다시 회복시킬 수 없다[其溺之所爲之, 不可使復之也]', 소모해버린 것과 잃어버린 것은 다시 회복이 불가능합니다. '이 세상만사를 싫어함이 입을 밀봉해버림과 같다함은 늙어서 허약해져버린 것을 말한다[其厭也如緘, 以言其都洫也]', 혼백과 정신이 다 없어져버렸습니다. 그래서 이 세상만사에 대해서 모두 싫어하여 실망낙담이 극도에 이르고, 입도 꼭 다물어버려서 그에게 무엇을 물어도 답하기를 귀찮아해 고개를 절래절래 흔들고 흥미가 사라져버렸습니다.

'죽음에 가까워져 가고 있다는 그 마음은 양기(陽氣)가 조금도 없어 양기를 회복시킬 수 없다[近死之心, 莫使復陽也]', 곧 죽는다는 그 마음은 양기(陽氣)가 조금도 없습니다. 이 단락에서 장자는 사람이 어떻게 자기의 신(神)과 기(氣)를 소모하여 그 가련한 경계에 도달하는지를 형용하고 있습니다.

심리상태   정서상태

기뻐하기도 하고 성내기도 하며 슬퍼하기도 하며 즐거워하기도 한다. 사려(思慮)하기도 하며 탄식하기도 해서 집착으로 변한다. 그리하여 방종하고 나태함이 갖가지 생활 형태로 전개된다. 즐거움은 생각을 비움에서 나오고 습한 증기는 버섯을 이룬다.

喜怒哀樂, 慮歎變慹, 姚佚啓態;樂出虛, 蒸成菌。

이 몇 개의 명사들로 구성된 사자일구(四字一句) 형식은 이른바 춘추전국 시대의 남방 문장의 작법(作法)이며, 도가 문장의 작법이라고도 할 수 있습니다. 『노자』·『장자』 그리고 뒤에 나온 『초사』·『이소』는 모두 이런 작법입니다. 재삼 여러분에게 유의하라고 일깨워드리는데, 이것은 제로문학(齊魯文學)인 공맹의 문장과는 크게 다릅니다. 이 한마디 말은 네 가지 요점을 언급하고 있습니다. 바로 첫머리의 '희노애락(喜怒哀樂)'이 그것인데 우리가 연구할 필요가 있습니다. 중국의 유가의 한 권의 책인 『중용』에도 이 네 글자를 언급하고 있습니다. 후세에 모두 이 네 글자 면에서 학문을 하고, 철학적인 도리를 말하고 심리상태를 말했습니다. '희노애락지미발위지중, 발이개중절위지화(喜怒哀樂之未發謂之中, 發而皆中節謂之和: 희노애락의 정서가 아직 일어나지 않은 것을 중中이라고 하며, 이미 일어나서는 모두 중中으로 돌아가도록 조절하는 것을 화和라고 한다/역주)', 제가 『중용』을 강의할 때 여러분들도 들었듯이 『중용』에서의 이 '중(中)'자는 중앙(中央)의 중(中: 중국어 성조는 제1성임/역주)자가 아닙니다. 북방말로 버금 중(仲: 중국어 성조는 제4성임/역주)자 발음으로 읽어야 옳습니다. 그러니까 복권에 당첨되었다든지 과녁에 딱 적중(的中)했다고 할 때 읽는 발음법입니다. 만약 『중용』을 꼭 중앙의 중이라고 해석하더라도 가능합니다. 실제로는 '희노애락지미발위지중(喜怒哀樂之未發謂之中)'의 '중'자 발음은 제4성으로 읽어야 맞다고 할 수 있습니다.

자사(子思)가 『중용』을 쓸 때도 장자 전후(前後) 시기로서 서로 차이가 그리 멀지 않았을 것입니다. 춘추 시대에서 전국 시대에 이르는 그 몇 십 년 가운데서 철학사상이 과학 범위로 걸어 들어갔습니다. 즉, 실증(實證)을 추구한 것입니다. 실제를 추구하기 위하여 일종의 수양 방법이 생겨났고, 결과적으로는 후세의 도가도 나오게 되었습니다.

그렇지만 『중용』이 말하는 '희노애락'을 후세에는 심리상태로 해석했습니다. 오늘날의 새로운 명사로 말하면 바로 심리적인 생각형태, 의식형태입니다. 이러한 천고 이래의 해석은 문제들이 있습니다. 왜냐하면 희노애락은 심리상태가 아니라, 정서(情緒)상태로서 사람의 정서로부터 일어난 것이기 때문입니다. 심리상태는 희노애락에 속하지 않습니다.

『예기』에서 언급하고 있는 것은 칠정육욕(七情六欲)입니다. 칠정은   희(喜)·노(怒)·애(哀)·락(樂)·애(愛)·오(惡)·욕(慾)입니다. 육욕은 후세에 더한 것입니다. 그러나 『중용』과 『장자』에는 앞 네 글자뿐입니다. 그다음에 나오는 세 개는 없습니다. 왜냐하면 '애·오·욕' 이 세 가지가 포괄하는 것은 순수하게 심리상태에 속하기 때문입니다. 이것도 '희노애락'이 정서상태의 범위에 속하며 정서작용이라는 것을 설명합니다.

무엇을 또 정서(情緒)라고 할까요? 정서란 대부분 생리가 영향을 미친것입니다. 바꾸어 말하면 기(氣)의 작용입니다. 예컨대 '희'는 기쁜 것입니다. '노'는 성내는 것입니다. '애'는 마음속이 괴로울 때 뭘 보던지 눈물을 흘리고 싶고 슬프고 마음이 쓰린 것입니다. '락'은 기쁠 때 몹시 즐거운 것입니다. 이 네 가지 상황은 이성[理智]이 제압할 수 있는 것이 아닙니다. 비록 우리가 가볍게 화를 내지 말고 또 멍청하게 웃지도 말자고 생각하지만, 자신의 정서변화와 잇따라 함께 일어나는 관계와 기의 작용을 이성은 금지하지 못합니다. 왜냐하면 그것은 자연적으로 일어난 것이기 때문입니다.

그러므로 『중용』에서의 '희노애락'을 만약 완전히 심리상태로 풀이한다면 우리들은 『중용』에 대한 이해에 있어서 잘못이 있게 됩니다. 사실 이 점은 『장자』의 이 부분과 꼭 서로 부합니다. 『장자』의 이 부분의 '희노애락'은 정서상태를 말하고 있습니다. 이 네 가지 전형을 우리는 날마다 늘 표현할 것입니다.

(역자보충) '희노애락지미발위지중(喜怒哀樂之未發謂之中), 발이개중절위지화(發而皆中節謂之和)'에 대한 남회근 선생의 풀이는 다음과 같습니다. 보다 자세한 풀이는 역자가 번역한 선생의 저작 『중용강의』를 참조하기 바랍니다.

　'희노애락지미발위지중(喜怒哀樂之未發謂之中), 발이개중절위지화(發而皆中節謂之和)', 당신이 영명(靈明)하고 홀로 빛나며 천연적이며 본래에 있는 자성의 청명한 심경 속에서 생리 정서와 서로 관련된 모든 희노애락 등의 생각이 아직 발동하지 않는 것이 바로 자성의 본래 청정한 경계에 정확히 맞아 들어간 것이다. 만약 우연히 외부에서 온 경계가 희노애락 등의 정서 망념을 일으켜 움직였다면 그 즉시 자동적으로 자발적으로 다시 안화평정(安和平靜)한 본래의 청정한 경계 속으로 돌아가는 것이 바로 중화(中和)의 묘용(妙用)이다.

　'려탄변집(慮歎變慹)', '려(慮)'는 사려요 생각입니다. '탄(歎)'은 생각으로 인해서 일어나는 감개입니다. 감탄으로 말미암아 나는 소리입니다. 그러므로 사려에서 탄식에 이릅니다. 더 나아가 심리적인 변화로부터 '집(慹)'에 이르는데, 바로 불학에서 말하는 집착입니다. 단단히 붙들어 쥔 겁니다. 내면에서의 집착으로 말미암아 밖의 형태로 표현된 것이 바로 '요일계태(姚佚啓態)'입니다. '요(姚)'는 방임(放任)입니다. 즉, 오늘날 우리가 말하는 낭만, 개방, 멋대로의 의미입니다. '일(佚)'은 나태(懶怠)입니다. '계태(啓態)'는 바로 생활의 갖가지 형태로 변한 것입니다.

　'기뻐하기도 하고 성내기도 하며 슬퍼하기도 하며 즐거워하기도 한다. 사려하기도 하며 탄식하기도 해서 집착으로 변한다. 그리하여 방종하고 나태함이 갖가지 생활 형태로 전개된다[喜怒哀樂, 慮嘆變慹, 姚佚啓態]', 이것은 사람의 자태를 묘사합니다. 어떤 훌륭한 예술가라면 십여 폭의 그림을 그려, 심리상태와 정서의 변화로부터 겉으로 표현되는 각양각식의 형태를 그릴 수 있습니다. 얼굴 표정 상의 희노애락, 신체 팔다리의 동작은 저마다 다릅니다. 이러한 심리 변화로부터 생리 신체적인 활동상황으로 형성되는 과정에는 한 가지 것이 있는데, 책에서는 말하고 있지 않으니 여러분들은 그것에 속아 지나가버리지 말기 바랍니다. 그것은 단지 여섯 글자인 '락출허(樂出虛), 증성균(蒸成菌)'입니다.

어떤 때 장자의 문장을 읽어보면 비록 웅장해서 망연자실할 정도이며 그 기세가 은병에서 물이 쏟아나오 듯해서 그 중심을 파악하기가 아주 어렵지만, 실제로는 그 논리가 대단히 빈틈없습니다. '죽음에 가까워져 가고 있다는 그 마음은 양기(陽氣)가 조금도 없어 양기를 회복시킬 수 없다[近死之心, 莫使復陽也]'에 이어 또 하나의 클라이맥스[高潮]가 일어나면서 심리상태와 생활상태를 묘사합니다. 장자는 하나의 원리인 '락출허(樂出虛), 증성균(蒸成菌)'의 두 가지 상반되는 작용을 말합니다. '樂出虛'에서의 '樂'자에 대해서 후세에 읽는 법이 두 가지가 있습니다. 음악의 '악'자로 읽을 수 있고 쾌락의 '락'자로도 읽을 수 있습니다. '악출허(樂出虛)'는 물리적인 상태로서 앞서의 '취만(吹萬)'에 이어서 나온 것입니다.

앞서 묘사했듯이 큰 바람이 일어나 물리적인 현상에 부딪치면 여기 한 구멍 저기 오목한 곳이 곧 우… 쉬… 하며 갖가지 소리가 납니다. 음악 소리도 악기가 있어야 소리가 나올 수 있습니다. 악기는 빈[空] 것입니다. 즉, 허(虛)한 것입니다. 특히 우리가 퉁소나 피리를 불거나 가야금을 타고 음악을 연주할 때는 심령(心靈)도 청허(淸虛)하고 공령(空靈)하여 잡념이 없어야 합니다. 그런 뒤라야 우아한 음악 소리가 나올 수 있습니다. 이게 바로 '악출허'의 도리라는 한 가지 관념입니다. 역대의 장자 해석은 대부분 이 방면으로부터 해석해 왔습니다.

도가의 해석은 다릅니다. '락출허', 사람의 심리가 너무 기쁠 때는 기(氣)가 흩어져 비어버립니다. 기쁨이 극도에 이르거나 슬픔이 극도에 이를 경우 어느 경우나 죽음을 불러올 수 있습니다. 이 두 가지 설은 모두 성립합니다. 중점은 '악출허'든 '낙출허'든 사람의 심리와 생리의 작용이 밖으로 심하게 발전하면 할수록 공허하게 된다는 것입니다. 특히 즐거울 경우, 즐거워하면 할수록 기(氣)가 공허하게 되고 심경(心境)도 공허하게 됩니다. 만약 안으로 수축하여 안에 밀폐하여 둔다면, '증성균(蒸成菌)'입니다. 한바탕의 큰 비가 지나간 뒤 어둡고 습한 곳이 표고버섯 세균이 생장하기가 가장 쉽습니다. 예컨대 우리는 다들 흰 참나무버섯 먹기를 좋아하는데, 흰 참나무버섯을 배양하는 곳은 반드시 따듯하면서 습해서 답답해야 하고 하루 종일 습하면서 통풍이 안 되어야 배양이 성공합니다. 이게 바로 '증성균(蒸成菌)'의 도리입니다.

이 두 마디를 왜 정서상태와 심리상태의 변화 중간에 끼어 넣었을까요? 왜냐하면 심리작용이 생리작용에 변화가 일어나게 하기 때문입니다. 우리가 마음이 답답하고 괴로운 심경이 오래된 뒤에는 생리적으로 많은 병이 발생하기 쉽습니다. 이 두 마디 말을 도가에서는 몹시 중시하면서 수도의 요점으로 봅니다. 그러므로 수도하는 사람은 생각이 청정해야하고 생각을 비워야[空] 합니다. '락출허', 즐거움은 허(虛)에서 나오기 때문입니다. 이러한 공(空)의 상황은 사람으로 하여금 쉽게 그 청허(淸虛)의 상황으로 진입하게 하고 형이상의 도에 접근하기 쉽게 해 줍니다. 만약 하루 종일 내내 하는 바가 있어 그 어떤 것이 마음속에서 오락가락 맴돌고 있다면

서서히 정말로 그 어떤 것으로 변해버립니다. '즐거움은 생각을 비움에서 나온다[樂出虛]'는 말은 유(有)로부터 공(空)으로 변하는 것을 말합니다. 즉, 마음이 물질을 전변시킴[心能轉物]에 대한 설명입니다. 습한 증기는 버섯을 이룬다[蒸成菌]는 말은 공(空)이 유(有)를 낳을 수 있음을 물리상황으로써 설명하고 있습니다.

생명존재와 의식의 흐름

이렇게 우리들의 심리현상과 생리현상은 밤낮으로 서로 교대하면서 나타나지만 그 현상들을 일어나게 하는 근원을 알지 못한다. 그만 두자, 그만 두어! 아침저녁으로 그런 현상들이 일어나고 그에 따라 살아가는 것이겠지! 이 신체가 아니면 나라는 영혼의 작용이 드러날 수 없고, 나라는 영혼이 없다면 어떤 것을 취할 수도 없다. 이렇게 이해하는 것도 이해에 거의 가까워 진 것이지만 그렇게 시키는 것이 무엇인지는 아직 알지 못한다.

日夜相代乎前, 而莫知其所萌。已乎, 已乎!旦暮得此, 其所由以生乎!非彼無我, 非我無所取。是亦近矣, 而不知其所爲使。

장자는 말하기를 우리들의 이 생명은 공(空)에서 유(有)로 변했다고 말합니다. 예컨대 우리가 몹시 기쁠 때 기쁨이 절정에 이르면, 즐거움이 극에 달하면 슬픔이 반드시 일어나기 마련입니다. 기뻐서 웃는 게 너무 지나치면 배가 아플 정도로 웃거나 아니면 눈물을 흘리며 웃습니다. 그냥 자지러지게 웃어서 넘어질지도 모릅니다. 그래서 넘어져 다쳐서 두 바늘 꿰매야할지도 모릅니다. 심리상태도 그렇습니다. 그러므로 어떤 정서상태나 심리가 극단에 이르면 또 다른 현상을 낳을 수 있습니다. '일야상대호전(日夜相代乎前)', 우리들의 심리와 생리는 서로 변화하면서 밤낮으로 서로 교대합니다. 한차례 큰 운동을 한 뒤에 피로가 지나치면 휴식이 필요합니다. 휴식이 운동에너지를 대체합니다. 그러나 오래 휴식하다보면 또 견디지 못하고 일어나서 활동을 해야만 합니다. 일체의 심리와 생리 상황은 바로 이렇게 밤낮으로 '상대(相代)', 서로 교대합니다. 여기서의 대(代)자는 피차 서로 교류한다는 것과 같습니다.

  '그 현상들을 일어나게 하는 근원을 알지 못한다[而莫知其所萌]', 그렇지만 우리 사람들은 가련하게도 자신이 그 심리변화의 주체가 누구인지를 찾아내지 못합니다. 무엇이 나로 하여금 생각을 일어나게 할까요? 무엇이 나의 몸으로 하여금 노쇠하게 할까요? 무엇이 나로 하여금 생명이 있게 할까요? 이 모든 것이 어떻게 시작이 되었을까요? 자신이 영원히 그 근원[來源]을 찾아내지 못합니다. '이호, 이호(已乎 , 已乎)', 그는 말합니다. 그만두자 그만둬! 찾을 수 없으니까! 정말 가련하게도 그만둬 버립니다. '아침저녁으로 그런 현상들이 일어나고 그에 따라 살아가는 것이겠지[旦暮得此, 其所由以生乎]!', 생명의 근원을 찾을 수 없는 바에야, 아침에 잠에서 깨었을 때 맨 첫 번째 생각이 어떻게 온 줄도 모르고, 아침부터 저녁까지 활동해도 생각·운동·작용을 주재하는 것이 무엇인지를 더더욱 찾아내지 못하고, 밤낮으로 살아가는 기존의 현상을 인생이란 바로 그런 모습이라고 여길 수밖에 없습니다. 이게 장자가 말한 것입니다.

  '비피무아(非彼無我)', '피(彼)'는 그 사람입니다. 그 사람이 아니면 내가 없다는 겁니다. '비아무소취(非我無所取)', 내가 아니면 어떤 것을 잡을 수가 없습니다. '시역근의(是亦近矣)', 이러면 큰 차이가 없습니다! 이는 무슨 말을 하는 것일까요? 만약 백화로 바꾼다면 이렇게만 바꿀 수 있습니다. 이 세 마디 말은 남녀가 연애하면서 연애편지 쓰기 용도인 것 같습니다. 장자는 도대체 무엇들을 얘기 하고 있을까요?

장자는 우리들에게 마음과 물질[心物] 두 가지는 하나의 작용이라고 말합니다. '이 신체가 아니면 나라는 영혼의 작용이 드러날 수 없고[非彼無我]', 여기서의 '피(彼)'는 바로 물질입니다. 우리들의 현재의 생명존재는 바로 생리적인 신체입니다. '비피(非彼)', 그 사람(신체)이 없다면 '무아(無我)', 즉 나의 작용을 드러낼 수가 없습니다. 그런데 그 '나'라는 것은 또 무엇일까요? '나라는 영혼이 없다면 어떤 것을 취할 수도 없다[非我無所取]', 사람은 비록 형체가 살아 있지만 '나'라는 이 영혼이 신체에 없다면 이 신체는 고기를 매달아 놓은 걸대에 지나지 않아 조금도 소용이 없습니다. 당신이 이렇게 이해할 수 있다면 '시역근의(是亦近矣)', 큰 차이가 없습니다.

만약 종교철학 입장에서 비교 설명한다면 '이렇게 우리들의 심리현상과 생리현상은 밤낮으로 서로 교대하면서 나타나지만 그 현상들을 일어나게 하는 근원을 알지 못한다. 그만 두자, 그만 두어! 아침저녁으로 그런 현상들이 일어나고 그에 따라 살아가는 것이겠지[日夜相代乎前, 而莫知其所萌. 已乎, 已乎! 旦暮得此, 其所由以生乎]!', 이 몇 마디 말은 불학에서 말하는, 생명존재란 바로 의식(意識)의 흐름[流注]이라는 것입니다. 의식류주(意識流注)는 바로 우리들의 의식·생각이 마치 강물의 흐름처럼 끊임없이 흘러가는 것입니다. 아침에 잠에서 깨어났을 때의 맨 첫 번째 생각으로부터 마치 강물속의 그 물보라들처럼 이리 뛰고 저리 뛰면서 어디로 뛰어갔는지를 모릅니다. 겉으로 보면 영원히 '나'가 하나 여기에 존재한 것 같습니다. 그렇지만 실제로는 이 '나'는 가짜입니다. 우리들의 생각 정서는 의식의 흐름일 뿐입니다. 그 진짜 '나'는 도리어 찾을 수 없습니다.

그러나 이 의식의 흐름도 반드시 물리를 빌려야만 가능합니다. 생리와 물리가 없다면 표현될 수 없습니다. 사람의 생명이 끊임없이 흐른 것 이외에도 우주의 생명 역시 의식의 흐름으로서, 만상(萬象)을 형성하였습니다. 이 점에 관하여는 장자가 뒤에서 많이 얘기하므로 우리는 여기서 간략히 이해할 뿐입니다. 그리고 그가 말한 '이 신체가 아니면 나라는 영혼의 작용이 드러날 수 없고, 나라는 영혼이 없다면 어떤 것을 취할 수도 없다. 이렇게 이해하는 것도 이해에 거의 가까워 진 것이지만[非彼無我, 非我無所取, 是亦近矣]'은 바로 후세 선종 문파인 임제종(臨濟宗)의 빈주(賓主)의 설입니다. 서양철학 관점에서 보면 빈주란 주관과 객관입니다. 주관과 객관은 상대적이어서, 나라는 주관이 없으면 객관 환경이라 할 것이 없습니다. 장자는 말하기를 당신이 이렇게 이해한다면 '거의' 이해한 것이라고 합니다. 여전히 완전히 옳지는 않고 거의 옳다는 겁니다.

'그렇게 시키는 것이 무엇인지는 아직 알지 못한다[而不知其所爲使]', 그는 왜 '거의'라고만 말했을까요? 도대체 어느 부분에서 좀 모자랄까요? 왜냐하면 당신이 생명의 주재자를 찾아내지 못했기 때문입니다. 당신이 '기소위사(其所爲使)', 우리들로 하여금 생각하게 하고, 우리들의 몸으로 하여금 감각이 있게 하고, 기관을 발동시켜 당신이 움직이도록 지휘할 수 있는 그것이 무엇인지를 모르기 때문입니다. 그래서 단지 '거의'라고 말할 수 있을 뿐입니다.

주재자는 누구일까

진정한 주재자가 있는 것 같은데 오히려 그 그림자도 찾을 수 없다. 그것이 작용할 수 있음은 내가 확신하지만 그 형상은 찾아낼 수 없고, 정(情)은 있지만 그 형체가 없다. 신체는 많은 뼈마디들과 아홉 구멍과 오장육부가 갖추어져 있지만, 내가 그 어느 것과 가장 친하여 사랑할까? 혹시 당신은 그 모두를 좋아해서 기쁘게 해줄 수 있을까? 아니면 그 어느 것을 특별히 사랑할까? 혹시 이와 같은 것들 저마다 신하나 첩(妾)으로서 나의 소유가 될 수 있을까? 그 신하나 첩들은 서로 다스리고 잘 어울리기에 부족하지 않을까? 혹시 그것들이 서로 번갈아 군주와 신하가 될 수 있을까? 진정한 주재자가 있을까? 진정한 주재자를 찾아내든 찾아내지 못하든, 그 진정한 주재자에게는 늘어나는 것도 줄어드는 것도 없다. 그러나 그를 찾아내지 못한 사람은 일단 이루어진 형체를 받았기에 죽지 못해 이 생명이 다하기를 기다리며 살아가고 있다.

若有眞宰, 而特不得其眹。可行己信, 而不見其形, 有情而無形。百骸、九竅、六藏, 賅而存焉, 吾誰與爲親? 汝皆說之乎? 其有私焉? 如是皆有爲臣妾乎? 其臣妾不足以相治乎? 其遞相爲君臣乎? 其有眞君存焉? 如求得其情與不得, 無益損乎其眞。一受其成形, 不亡以待盡。

'진정한 주재자가 있는 것 같은데 오히려 그 그림자도 찾을 수 없다[若有眞宰, 而特不得其眹]', 어떤 사람이 말하기를 이 생명 속에는 주재자가 하나 있는데, 종교가들이 말하는 하느님·신·보살이라고 한다고 가정합시다. 이러한 설에 대해서 우리는 감히 멋대로 분별없이 믿지 못합니다. 우리가 만약 하느님이나 보살들에게 빌기를, 우리들의 감정을 한 시간 동안 정지시켜서 우리들을 좀 가뿐하게 해달라고 빈다면, 그는 틀림없이 대답하지 않을 것이고, 여전히 예전대로 이런 신체 기관들은 움직여서 우리들로 하여금 정지하지 못하게 할 것입니다. 그러므로 하느님이나 신이나 보살은 이 주재자가 아닙니다.

하느님이 아닌 바에야 이 주인노릇 하는 것은 도대체 누구일까요? 나 자신일까요? 나는 또 어떤 것일까요? 그러므로 말하기를 '그렇게 시키는 것이 무엇인지는 아직 알지 못한다[而不知其所爲使]'라고 합니다. 맨 처음 나더러 오라고 지시한 것은 무엇일까요? 즉, 생명은 어떻게 시작한 것일까요? 나로 하여금 투태(投胎)하게 한 그것은 무엇일까요? 만약 하나의 주재자 노릇하는 것이 있다고 한다면 우리가 한번 찾아보지만 '이특부득기진(而特不得其眹)', '진(眹)'은 조짐인데 그 그림자를 조금도 찾아낼 수 없습니다. 하나의 진정한 나를 찾아낼 수 없습니다. '진(眹)'은 나[我]를 나타내기도 합니다. 진정한 나가 어느 곳에 있는지 찾아낼 수가 없습니다.

'그것이 작용할 수 있음은 내가 확신하지만[可行己信]', 생명의 진정한 주재자를 찾을 수 없다고 하는데 그 주재자는 또 어떤 것일까요? 오직 우리들의 매일 생활 속에서 어떤 생각이나 행동이 하나 움직이고 있는 것 같습니다. '기신(己信)', 마치 나가 움직이고 있는 것 같다고 생각합니다! 이 물건이 마치 나인 것 같습니다. '이불견기형(而不見其形)', 그러나 또 그 사람의 형상을 찾아낼 수가 없습니다. 진정한 주재자를 찾아낼 수 없는데다가 영혼은 또 어떤 모습일까요? 마음은 어떤 모습일까요? 마음은 심장이 아닙니다! 심장은 이식 수술로 바꿔도 살아갈 수 있습니다. 뇌라고 한다면 오늘날의 과학은 진보하여 뇌(腦) 부분에 수술을 한번 하더라도 생각할 수 있습니다. 이를 통해서 뇌도 나가 아님을 알 수 있습니다. 이 주재자는 그 형상이 보이지 않습니다.

'정(情)은 있지만 그 형체가 없다[有情而無形]', 사람의 생명은 정말 이상합니다. 우리들은 자신의 이 몸을 몹시 사랑합니다. 우리들이 가장 감정이 있는 것은 바로 이 몸에 대해서입니다. 예를 들면 우리가 부모에 대한 사랑이든 남녀 간의 사랑이든 입으로는 '나는 당신을 사랑합니다.'라고 하지만 모두 믿을 수 없습니다. 내가 역시 나 자신을 사랑하는 게 가장 중요합니다. 하지만 진정으로 자기 자신을 사랑할까요? 꼭 그렇지도 않습니다! 의사 선생이 당신에게 말하기를 '이 부분은 떼어 내어야 당신이 살아갈 수 있습니다'고 한다면 '그럼 그거 없어도 됩니다. 그 부분은 떼어내 버리지요.'라고 하여 자기도 사랑하지 않기로 합니다. 도대체 사랑하는 것은 무엇일까요? 아직 찾아내지 못했습니다. 그래서 말하기를 비록 정(情)은 있지만 형체가 없다고 말하는 겁니다.

'백해(百骸)', 그는 말하기를 이 신체의 뼈는 많은 뼈들이 한데 모아진 것이라고 합니다. '구규(九竅)', 사람 몸에는 아홉 개의 구멍이 있습니다. 콧구멍 두 개, 눈 두 개, 귀 두 개, 입 하나로서 일곱 개가 머리 부위에 있고 신체 아래 부분에 두 개가 있어서, 모두 합하여 아홉 구멍입니다. 신체 안에는 오장이 있는데, 심장·간장·비장·폐장·신장입니다. 육부는 대장·소장·위·담·방광·삼초(三焦)입니다. '해이존언(骸而存焉)', 이런 것들을 합하여 놓으면 사람이라는 하나의 기기(機器)로 변합니다. 장자의 이런 설법은 그 뒤에 전해온 불학(佛學)의 설법과 같습니다. 불경에서는 말하기를 인체는 서른여섯 가지 것이 한데 모여 이루어진 것이라고 말합니다. 세 가지 부류로 나누는데, 겉모습으로는 열두 가지입니다. 머

리털[髮]·털[毛]·손톱[爪]·치아[齒]·눈꼽[眵]·눈물[淚]·점액
[唾]·침[涎]·똥[屎]·오줌[溺]·때[垢]·땀[汗]이 그것입니다. 신체
기관에는 열두 가지인데, 가죽[皮]·살갗[膚]·피[血]·살[肉]·힘줄
[筋]·핏줄[脈]·뼈[骨]·골수[髓]·비계살[肪]·기름[膏]·머릿골
[腦]·막(膜)이 그것입니다. 안에 포함되어있는 것 열두 가지는 간
(肝)·담(膽)·장(腸)·위(胃)·비(脾)·신(腎)·심(心)·폐(肺)·생장
(生臟: 대장大腸)·소장(小腸: 숙장熟臟)·적담(赤痰)·백담(白痰)이
그것입니다.

'내가 그 어느 것과 가장 친하여 사랑할까[吾誰與爲親]?', 방금
말했듯이 어느 것이 자기가 가장 사랑하는 것일까요? 만약 눈이라
고 말한다면, 그렇다면 좋습니다. 당신의 귀를 떼어내버립시다 라
고 한다면 당신은 절대 그렇게 하지 않을 것입니다. 지금 여러분은
모두 의자에 앉아 수업을 들으면서 이런저런 생각들을 하고 있습
니다. 두 다리는 자리에 앉아있으니 소용없기 때문에 당신더러 떼
어내 버리라고 한다면 여러분도 그렇게 하지 않습니다. 지금 저는
강의하고 있으니 제일 중요한 게 입입니다. 입이 없으면 말을 할
수 없게 됩니다. 그러나 여러분들이 저더러 귀를 떼어 내버리라고
한다면 저도 그렇게 하지 않습니다. 도대체 어느 것이 나가 가장
사랑하는 것일까요?

'혹시 당신은 그 모두를 좋아해서 기쁘게 해줄 수 있을까? 아니
면 그 어느 것을 특별히 사랑할까[汝皆說之乎, 其有私焉]?', 혹시 당
신은 이 생명존재의 머리털 하나 손톱 하나까지 전체를 자신이 다
좋아해서 '개열지호(皆說之乎)', 여기의 '열(說)'자는 '열(悅)'자와
같습니다. 그 모두를 기쁘게 해줄 수 있겠는가? 라는 겁니다. '기유
사언(其有私焉)', 혹시 특별히 눈을 사랑합니까? 특별히 입을 사랑
합니까? 라는 겁니다. 우리가 한번 생각해봅시다. '혹시 이와 같은

것들 저마다 신하나 첩으로서 나의 소유가 될 수 있을까[如是皆有爲臣妾乎]', '여시(如是)', 이렇게 자세히 연구해보면 좋아하는 것이 한 가지도 없고, 또 가지가지를 좋아합니다. 왜냐하면 그것들은 모두 나에게 소속된 것이고 나의 생명이기 때문입니다. 이는 한 사람의 황제에게는 많은 신하와 자식 같은 백성들이 모두 그에게 소속되며, 모두 그의 자식이나 가족과 다름없기 때문입니다.

바꾸어 말하면 이 신체는 생명존재로서 잠시 소속된 것입니다. 이는 집과 재산에 대한 재산권이 나에게 소속하는 것이지만 그것은 결국 나의 소유가 아니며, 생명이 끝나면 그것도 나에게 소속되지 않는 것과 다름없습니다. 그러므로 말하기를 이 몸인 생명존재는 '혹시 이와 같은 것들 저마다 신하나 첩으로서 나의 소유가 될 수 있을까[如是皆有爲臣妾乎]?' 혹시 '그 신하나 첩들은 서로 다스리고 잘 어울리기에 부족하지 않을까[其臣妾不足以相治乎]?'라고 합니다. 이 형용은 묘하며, 이 한 마디는 정치 원리입니다. 만민을 영도하는 한 사람은 아래 모두가 그의 신하·신첩(臣妾)·자식 같은 백성[子民]입니다. 이론적으로 말하면 이러한 자식 같은 백성들은 하나하나 모두 사랑스럽습니다. 그러나 그들 피차 서로 간에는 '부족이상치호(不足以相治乎)', 서로가 서로를 진심으로 믿고 복종하지 않고 서로가 우애하지 않습니다. 우리가 손으로써 어떤 물건을 가지고 발은 걸어 움직일 수 없을 때 그 발은 손을 싫어합니다. 우리가 죄를 범해 끌려가 엉덩이를 맞을 때 엉덩이는 두뇌를 몹시 싫어하게 됩니다. 죄를 범한 것은 너야! 왜 내가 맞게 하는 거야! 그러므로 이 신첩들 사이에는 '부족이상치야(不足以相治乎)', 그들은 서로들 모두 화목하지 못하고 사랑하지 못합니다. 이것은 바로 생명의 불평형(不平衡)을 설명했습니다. 오늘은 머리가 아프고 내일은 또 치아가 아픕니다. 막 두통을 치료하고 나니 또 설사를 합니다. 설사를 치료하고 나니 또 변비가 옵니다. 피차가 서로 통치하지 못하고 서로 잘 어울리지 않습니다.

'혹시 그것들이 서로 번갈아 군주와 신하가 될 수 있을까[其遞相爲君臣乎]?', 이것은 신체의 내부가 서로 주인이 되어 민주적인 것을 말합니다. 오늘은 당신이 주석 노릇하세요. 나는 당신 말을 따를 게요. 내일은 내가 주석하고 당신은 내말대로 하세요. 책을 볼 때에 눈이 주석 노릇 하고 나머지 부분은 다 상관하지 말게 합니다. 거문고를 탈 때 손가락이 주석 노릇 하고 다른 것들은 상관할 수 없습니다. 그래서 '체상위군신(遞相爲君臣)', 빈주(賓主)가 되는 겁니다.

한참 얘기했는데, 우리가 『장자』의 이 단락을 보면 마치 『능엄경』의 상반부를 보는 것 같아, 줄곧 마음이 어디에 있는지 영혼이 어디에 있는지를 찾고 있는 것 같습니다. 한참 찾았지만 신체상으로 모두 아닙니다. '진정한 주재자가 있을까[其有眞君存焉]?', 몸에서 찾고 찾아보면서 그 안에 하나의 진정한 주인 노릇하는 것이 존재하는지 않은지를 살펴봅니다. '진정한 주재자를 찾아내든 찾아내지 못하든, 그 진정한 주재자에게는 늘어나는 것도 줄어드는 것도 없다[如求得其情與不得, 無益損乎其眞]', 장자는 선종처럼 곳곳마다 화두입니다. 그는 어떤 부분을 얘기하여 당신에게 한 문제를 던져주지만 답을 주지는 않습니다. 그에게는 답이 있을까요 없을까요? 답이 있는 것도 같습니다.

미혹과 깨달음이 둘이 아니다

그는 또 이어서 말합니다. 당신은 찾아보세요, 우리들의 이 생명 존재 속에 하나의 진정한 주재자가 있을까요 없을까요? 당신은 찾아보세요. '진정한 주재자를 찾아내든 찾아내지 못하든[如求得其情與不得]', 당신이 찾아냈다고, 또 찾아낸 것 같아 그림자가 좀 있다고, 혹은 생명의 주재자를 찾아내지 못했다고 가정합시다. '그 진정한 주재자에게는 늘어나는 것도 줄어드는 것도 없다[無益損乎其眞]', 그는 말합니다. 모두 상관이 없다. 찾았다고 해서 현유생명(現有生命)에 대해서 무엇이 더 많아지지도 않을 것이며, 찾지 못했다고 해서 현유생명에 대해서 무엇이 부족할 것도 없다. 역시 예전 그대로 살아간다. 그 진정한 생명 주재자의 입장에 대하여 말하면 당신이 그것을 찾아내든 찾아내지 못하든 그것에 대해서는 더하고 덜함이 없습니다.

이 몇 마디 말은 후세 선종이 말하는, 미혹과 깨달음이 둘이 아니다는 것에 해당합니다. 깨달았음이 깨닫지 못함과 같아서 겉으로 보면 미혹과 깨달음이 한 가지입니다. '미오불이(迷悟不二)', '불이(不二)'란 두 가지 모습이 없다는 겁니다. 바꾸어 말하면 이 생명의 진정한 주재자는, 더럽지도 않고 깨끗하지도 않으며[不垢不淨], 생겨나지도 않고 소멸하지도 않으며[不生不滅], 미혹하지도 않고 깨닫지도 않으며[不迷不悟], 많아지지도 않고 적어지지도 않으며[不多不少], 죽지도 않고 태어나지도 않아서, 영원히 그와 같습니다. 당신이 그것을 이해하든 이해하지 못하든 그것은 여전히 마찬가지입니다. 우리는 장자의 이 말을 들으면 몹시 위안이 됩니다. 그러나 속았습니다. 미혹과 깨달음이 둘이 아닌 바에야 내가 도를 깨달을 필요가 어디 있을까요! 미혹해도 마찬가지이니까요! 이 진정한 주재자를 찾아서 뭘 할까요? 왜 또 그것을 알고 싶어 할 까요? 이러한 이유들은 어디에 있을까요?

다음에서 당신에게 일러 줍니다. 만약 찾아내지 못한다면 '일단 이루어진 형체를 받았기에 죽지 못해 이 생명이 다하기를 기다리며 살아가고 있다[一受其成形, 不亡以待盡]', 일단 부모가 우리들에게 이 몸을 주어서 이 생명이 있게 되면 당신은 자신이 살아있다고 생각합니다. 하지만 실제는 살아있으면서 죽음을 기다리고 있는 것입니다. 당신이 일백 세에 죽으면 일백 년을 기다린데 불과하고, 팔십 세에 죽는다면 팔십 년을 기다린 것입니다. 당신은 죽지 않고서 살아 있으면서 뭘 할까요? 살아있으면서 죽음을 기다리고 있습니다[不亡以待盡]. 이것은 장자의 말입니다. 맞고 안 맞고는 저는 모릅니다. 어쩌면 당신이 알지도 모릅니다.

방금 우리가 얘기 했듯이 장자는 생명존재의 심리와 생리관계를 설명하고 있습니다. 그는 다음과 같은 한마디 중요한 말을 합니다. '일단 이루어진 형체를 받았기에 죽지 못해 이 생명이 다하기를 기다리며 살아가고 있다' 이어서 그는 말합니다.

그리하여 외부의 만물과 서로가 칼이 되어 투쟁하면서도 서로 잘 지내는 것 같지만, 실제는 그 생명이 날마다 종점을 향하여 걸어가고 있는 것이 마치 말이 달리듯이 빠른데도 이를 멈추게 할 수 없으니 또한 슬프지 아니한가!

與物相刃相靡, 其行盡如馳, 而莫之能止, 不亦悲乎！

이 단락에서 그는 말하기를 우리 지금의 이 생명은 존재하는 것으로 보이지만 실제로는 짐작하여 말하건대 살아있으면서 죽음을 기다리는 것이다고 합니다. 만약 이렇게 말하지 않으면 불학에서 말하는 '유주생, 유주주(流注生, 流注住)'입니다. '유주(流注)', 생명은 마치 물이 흐르듯이 끊임없이 이어지고 있습니다. 불학의 이 용어를 유식학(唯識學)에서는 듣기 좋게 말하고 있습니다. 장자가 '죽지 못해 이 생명이 다하기를 기다리며 살아가고 있다'라고 말하듯이 그렇게 노골적이지 않습니다. 만약 우리가 이 한마디 말을 꿰뚫어보면 사는 게 좀 슬퍼질 것입니다. 그러나 다음에서 그는 또 하나의 현상을 말하는데, 우리들의 이 생명은 살아가면서 '그리하여 외부의 만물과 서로가 칼이 되어 투쟁하면서도 서로 잘 지내는 것 같지만[與物相刃相靡]'이라고 합니다. 외부의 만유, 물질세계의 일체와 피차 서로가 한 자루의 칼처럼 서로가 투쟁하고 있고, 서로가 지배하고 있고, 서로가 속이고도 있고, 서로가 침해하고도 있습니다. 그렇게 침해하는 가운데도 피차 서로가 혜택을 입고 누리고 있다[享受]고 생각합니다. 그러므로 '서로가 칼이 되어 투쟁하면서도 서로 잘 지내는 것 같습니다.'

이런 도리를 중국문화 음양가(陰陽家)는 생극(生剋) 변화라고 보는데, 상생상극(相生相剋)은 후세 도가에서 말하는 '천지는 만물의 도둑이요, 사람은 천지의 도둑이다[天地是萬物之盜, 人是天地之盜]'이기도 합니다. 도(道)란 도둑질입니다. 다시 말해서 수도하는 사람은 바로 도둑입니다. 즉, 좀도둑이나 토비(土匪)입니다. 정좌하고 쿵후를 수련하든, 기공을 수련하든, 태극권을 수련하든, 연단(煉丹)을 하든, 이 모두는 천지의 정화(精華)를 훔치는 것입니다. 부모가 도와주고 거기다 나[我]가 하나 더해져, 세 가지가 연합되어 천지의 정화를 훔쳤기에 비로소 우리들의 현재의 생명이 있게 된 것입니다. 우리가 느끼기에 현재는 존재합니까? 그는 말하기를 '여만물상인(與物相刃)', 한 자루의 칼처럼 피차 서로가 겨누고 죽이려고 투쟁한다고 합니다. 겉으로는 보기에는 '상미(相靡)', 서로 사이좋은 것 같지만, 사실 우리들의 이 생명은 '실제는 날마다 종점을 향하여 걸어가고 있는 것이 마치 말이 달리듯이 빠른데도[其行盡如馳]', '행진(行盡)', 날마다 앞으로 걸어 나아가면서 그 종점[盡頭]을 향하여 걸어가고 있는데 '여치(如馳)', 마치 말이 달리듯이 빠릅니다. 당신은 생명을 청춘 단계에 머무르게 하여 앞으로 달려가지 못하도록 하고 싶지만 그렇게 할 수 없습니다. 생명은 영원히 말처럼 뛰어가고 있습니다. '이를 멈추게 할 수 없으니[而莫之能止]', 정지시킬 수 없습니다. 이 생명을 영원히 이 현실의 세계에 머무르게 할 방법이 없습니다. '또한 슬프지 아니한가[不亦悲乎]!', 얼마나 슬픕니까! 이상은 소극적인 방면에서 바라본 것입니다. 하지만 당신은 그의 속임수에 넘어가지 말기 바랍니다. 그는 결코 인생을 그렇게 비참하게 보지 않았습니다.

평생을 노예처럼 고생만 하고 그 성공을 보지 못하며, 이렇게 지치고 시달리면서도 진정으로 돌아갈 곳을 모르고 있으니 애처로운 일이 아닌가! 사람들이 죽지 않고 장수하고 있다고 말해 준들 무엇이 유익하리요! 그 형체가 변화하면 그 심리도 함께 그러하니 큰 비애라 하지 않을 수 있겠는가?

終身役役而不見其成功, 苶然疲役而不知其所歸, 可不哀邪! 人謂之不死, 奚益! 其形化, 其心與之然, 可不謂大哀乎?

이 단락은 인생을 다 묘사했습니다. 일생동안 바쁘고 바쁘면서 뭘 할까요? '역역(役役)', 다른 사람의 노예가 되고 물질의 노예가 되고 자기 신체의 노예가 됩니다. 우리가 하루에 세 끼를 위해서 주방에 가서 소고기 요리·빵·밥을 만드느라 몹시 고생합니다. 배가 불렀는가하면 또 배가 고픕니다. 그런 다음에도 남을 위해서 노예가 됩니다. 자녀를 위하여 손자를 위하여 종신토록 복역(服役)하고 있습니다. 그 성과가 어디에 있을까요? '그 성공을 보지 못하며[而不見其成功]', 최후에는 성취한 것이 아무것도 없이 달려 가버렸습니다. 그러므로 『역경』의 곤괘(坤卦)에는 '무성유종(無成有終)'이라는 한 마디가 있습니다. 성공하지 못했습니다. 일생동안 성공을 보지 못했습니다. 그러나 결과가 있을까요 없을까요? 결과가 있습니다. 전체적으로 보아 자녀들은 말하기를, 예전에 우리 아빠 우리 엄마는 어떠어떠했다고 합니다. 전체적으로 보면 조금의 결과가 있는 셈입니다. 그렇다면 『역경』은 그래도 좋은 일면을 말한 셈입니다. 비록 성공하지는 못했지만 결과가 있다고 말했으니까요. 그런데 장자는 여기서 아예 인생의 내막을 다 열어젖혀 보여주고 있습니다. '평생을 노예처럼 고생만 하고 그 성공을 보지 못하며[終身役役而不見其成功]'

'이렇게 지치고 시달리면서도 진정으로 돌아갈 곳을 모르고 있으니 애처로운 일이 아닌가[薾然疲役而不知其所歸, 可不哀邪]!', '이연(薾然)'에서의 '이(薾)'자는 형용하는 것입니다. '이연'이란 바로 '이렇게'의 뜻입니다. '피역(疲役)', 생명을 위하여 피로가 극도에 이르렀다는 겁니다. 이 일생동안 노예가 되어서 내내 피로상태에 있는 것입니다. '이부지기소귀(而不知其所歸)', 결과적으로 우리들의 진정한 귀착점[歸宿: 몸을 안주할 곳/역주]은 어디 있을까요? 찾아내지 못합니다. '가불애야(可不哀邪)!', 슬프지 아니합니까? 위에서 말한 한마디는 '불역비호(不亦悲乎)'였고 여기서 또 한 마디가 있는데 '가불애야(可不哀邪)'입니다. 이것은 사람으로 하여금 듣고 나면 두 줄기 눈물이 줄줄 흐르게 합니다. 생명의 가치가 그의 이 한 단락에 의해 비판되어 엉망진창이 되어버렸습니다. 이것으로 아직 끝난 것이 아닙니다.

'사람들이 죽지 않고 장수하고 있다고 말해 준들 무엇이 유익하리요[人謂之不死, 奚益]', 사람이 도를 닦아 장생불사(長生不死)에 이르러도 무슨 소용이 있겠습니까? 일만 년을 더 살더라도 일만 년을 더 기다리며 죽지 못해서 죽기를 기다리며 살아가는 것에 불과할 뿐입니다. 일천만 년을 더 살아도 일천만 년을 더 기다린데 불과합니다. 이 형체의 생명은 마침내 궁극적인 것이 아니요 진정한 도가 아닙니다. 그러므로 '인위지불사(人謂之不死), 해익(奚益)', 사람이 목숨 길게 백세 만세를 산다한들 살아 있다는 게 무슨 소용이 있겠습니까!

'그 형체가 변화하면 그 심리도 함께 그러하니 큰 비애라 하지 않을 수 있겠는가[其形化, 其心與之然, 可不謂大哀乎]', 그는 말합니다. 당신이 일백 살을 살았을 때 당신의 심정은 어린애의 심정과는 완전히 다르다. 우리들의 내일의 심정은 오늘의 심정과도 다르다. 그래서 오늘저녁에 식사를 할 때 우리들의 오랜 친구들 몇 명이 한데 앉아 있었는데 저는 말하기를, '늙어서는 되지 않습니다. 어떤 일을 하는데 있어 생각은 굴뚝같으나 힘이 모자라 번거로움을 견디지 못합니다.'고 했습니다. 이 번거로움을 견뎌내지 못하는 것은 바로 체능(體能)이 부족하기 때문입니다. 젊었을 때는 번거로운 일일수록 흥미가 있었습니다. 내가 누군데, 한번 부딪혀보지 않으면 안 되지. 늙어버리니 부딪힐 수 없게 돼버려서 되지를 않습니다. 이게 바로 장자가 말한 '기형화(其形化)'입니다. 형체가 변화한 겁니다. '기심여지연(其心與之然)', 당신의 심리도 체능의 영향에 따라서 변화해버립니다. 우리가 오늘날 꽃을 보고 술을 마시고 춤을 추고 노래를 부르는 것은 당신이 열아홉 살 때 노래 듣고 춤췄던 그런 상태가 절대 아닙니다. 열아홉 살 때 노래 듣고 춤추는 것은 그 사람이 노래를 잘하던 못하던 간에 어쨌든 그렇게 부르고 뛰면 되었습니다. 늙으면 다릅니다. 중년에도 다릅니다. 오늘은 내일하고 또 다릅니다. 그러므로 '그 형체가 변화하면 그 심리도 함께 그러하니 큰 비애라 하지 않을 수 있겠습니까?' 그러므로 당신이 오래 산다고 무슨 소용이 있을까요? 장생불로 하러 신선도를 닦는 게 몇 푼어치나 가치가 있을까요? 이것은 진정한 큰 비애입니다. 이어서 말합니다.

그런데 인생이란 원래 이렇게 영문을 모르게 망망한 것일까? 아니면 나 홀로 망망하고 사람들 중에는 생명의 근원을 찾아내어 망망하지 않은 자도 있는 것일까?

人之生也, 固若是芒乎? 其我獨芒, 而人亦有不芒者乎?

그렇게 얘기하면 사람이 너무 서글퍼집니다. 이어지는 지금 이 단락은 바로 선종에서 말하는 전어(轉語)에 해당합니다. 장자는 여기서 말하기를 자기는 전환했다고 얘기합니다. 그는 말합니다. '인지생야(人之生也), 고약시망호(固若是芒乎)', 인생은 이렇게 영문을 모르게 망망한 것일까? '기아독망(其我獨芒)', 혹시 오직 나 혼자만이 알지 못하고 도를 깨닫지 못하고 깜깜하여 영문을 모르는 것일까? '이인역유불망자호(而人亦有不芒者乎)', 사람들 중에는 생명의 본래를 찾아내어 망망하지 않는 사람도 있을까? 이런 사람이야말로 사는 게 의미가 있습니다! 왜냐하면 그는 생명의 진리[眞諦]를 찾아냈기 때문입니다.

누가 생명의 진제(眞諦)를 찾아냈을까요? 이것은 선종의 한 화두나 다름없습니다. 여러분이 참구해보기 바랍니다! 다음에서 그는 말머리를 또 바꾸어 말합니다. 어떤 사람들은 자신이 깨달았으며 찾아냈다고 생각합니다. 어떤 사람들은 진리를 이해했다고 생각합니다. 이 세상에서 말하는 종교와 철학에는 각자 차이가 있습니다. 다음은 장자의 비평입니다.

누가 옳고 누가 그를까

사람이 자기의 심리상태가 형성한 주관적인 의식생각의 형태를 옳고 고명(高明)한 것으로 여기고 그에 따라 모든 것을 보고 느끼고 해석 판단하는 이론이나 진리로 삼는다면, 어느 누가 설마 그런 나름의 이론이나 진리가 없겠는가?

夫隨其成心而師之, 誰獨且無師乎?

사람이 만약 자기의 심리상태에 따라서 하나의 관념을 성립시키면, 각자의 입장이 있고 각자의 주관을 가지고 '이사지(而師之)', 자기의 이것이 옳은 것이며 가장 고명한 것으로 여깁니다. 그런 다음 자기의 이 고명하다는 관념으로써 모든 것을 해석합니다. 예컨대 어떤 종교마다 어떤 철학자마다 생명의 근본을 해석하는 데 있어서 저마다 각자의 이론이 있습니다. 나아가 불법의 소승ㆍ대승 각 종파마다 모두 각자의 해석 방법이 있습니다. 이런 이론들은 모두 '수기성심이사지(隨其成心而師之)', 자기의 심리로써 하나의 심리정서 상태를 구성한 것입니다. 오늘날의 새로운 철학 개념으로 말하면, 바로 자기의 의식생각의 형태를 구성하고, 다시 자기의 이런 의식형태로써 모든 것을 판단하고 모든 것을 보고 느끼는 것입니다. 만약 이런 것이 훌륭한 진리라고 여기고 자기 자신을 권위자[大師]라고 여긴다면 '수독차무사호(誰獨且無師乎)?', 어느 누가 마음속에 선생님이 하나 없겠습니까? 그러기에 다들 남을 깔봅니다. 왜냐하면 저마다 자신에게 고명한 곳이 있다고 스스로 생각하기 때문입니다! 뿐만 아니라 나의 고명함을 당신에게 전해주지 않습니다.

그런 심리상황에서는, 달리 하나의 논리나 사변(思辯) 방법으로써 연구 대체할 줄 알아서 마음으로 자기가 관점을 취하여 이론을 구성하는 일이 있을 필요가 어찌 있겠는가? 어리석은 사람일수록 자기의 이론이나 진리가 옳고 고명하다는 심리를 가지고 있다!

奚必知代而心自取者有之？愚者與有焉！

사람마다 자기에게 나름대로 한 체계의 진리가 있고 한 체계의 이론이 있다고 여기며, 자기가 아주 고명하고 도를 깨달았다고 생각합니다. 이런 심리상황에서는 '해필지대이심자취자유지(奚必知代而心自取者有之)', 그의 그런 도리는 달리 하나의 논리나 사변 방법으로써 연구하여 대체(代替)할 필요가 없습니다. 요컨대 통틀어 말하면, 모두 당신 자신의 심리작용인데 '이심자취자(而心自取者)'. 이것은 관점 상에서 자기가 취함이 한 체계의 이론과 한 체계의 철학을 구성한 것입니다. 그 다음에 나오는 한 마디 말은 전체 점수를 당신에게 영점을 준 것입니다. '우자여유언(愚者與有焉)', 바보일수록 자신의 이론이 고명하다고 여기고 자기가 옳다고 여깁니다.

마음속에 주관적인 관념이 아직 형성되지 않은 상태 하에서 있는 옳다 그르다는 시비의 존재는, 오늘 월나라로 떠났는데 어제 도착하였다는 말과 같이 시간과 공간 그리고 사람의 감정과 생각을 초월하여 있다. 그러므로 형이상(形而上)인 없음[無有]이 형이하(形而下)의 있음[有]으로 변하는데, 이 없음이 있음으로 변하는 도리를 비록 지혜롭고 신통이 있었던 우(禹)임금이라도 이해할 수 없겠거늘 우리 일반인들이 설마 어떻게 이해하겠는가!

未成乎心而有是非, 是今日適越而昔至也。是以無有爲有, 無有爲有, 雖有神禹, 且不能知, 吾獨且奈何哉！

'미성호심(未成乎心)', 어떤 사람이 마음속에 하나의 주관적인 관념[成心]이 없으면서 '이유시비(而有是非)', 서양철학 관념을 빌리면 모든 사물을 절대 객관적으로 바라보고 모든 현상을 객관적으로 바라본다는 것은, 장자는 명언을 한마디 하기를 '오늘 월나라로 떠났는데 어제 도착하였다는 것이다[今日適越而昔至也]'라고 했습니다. 당시에 장자가 이 편의 문장을 초(楚)나라에서 썼다고 가정합시다. 호북(湖北)과 하남(河南) 사이에서 남방 월(越)나라인 절강(浙江)에 가고자 한다면, 다시 말해서 오늘 출발하여 월나라에 도착한다면 오늘 도착했다고 말할 수 없고 예전에 이미 도착했다고 말하는 것이라는 겁니다. 이 얘기는 무슨 말일까요? 바꾸어 말하면, 당신이 오늘 미국으로 가서 막 미국에 도착하여 비행기에서 내리자 남이 당신더러 몇 시에 왔느냐고 물었을 때, 당신은 말하기를 '나는 움직인 적이 없습니다. 나는 예전에 이곳에 도착했었습니다.'라는 말입니다. 장자의 이런 논조가 통할까요 통하지 않을까요? '시금일적월이석지야(是今日適越而昔至也)', 나는 일만 년 전에 바로 여기에 있었으며 움직인 적이 없다는 겁니다.

뒷날 불가에는 훌륭한 인물이 한분 계셨습니다. 승조(僧肇) 법사가 그분인데, 구마라집 법사의 제자였습니다. 그의 명저인『조론(肇論)』은 중국철학사에서 무게가 대단히 중요합니다. 그 가운데 한 편의 권위적인 논저가 있는데 물불천론(物不遷論)이라고 하며, 우주만유는 옮겨간 적이 없다고 설명합니다. 그 속에 다음과 같은 명구가 있습니다. '선풍언악이상정(旋嵐偃嶽而常靜), 강하경주이불류(江河競注而不流)', '선풍(旋嵐)'은 큰 태풍의 이름입니다. 그 바람이 회오리를 일으켜 불어서 산조차도 무너뜨려버립니다. 그래서 선람풍(旋嵐風)이라 부릅니다. '언악(偃嶽)', 거대한 바람이 와서 아리산(阿里山: 대만의 고산/역주)이나 오악(五嶽: 중국 대륙의 다섯 영산靈山/역주)도 불어 쓰러뜨려버립니다. 마치 대지진이 났을 때 지구를 다 진동시켜 무너뜨린 것과 같습니다. 승조법사는 말하기를 이때에도 항상 고요하여 움직인 적이 없다고 합니다. '강하경주이불류(江河競注而不流)', 그는 말하기를 저 흐르는 물인 장강이나 황하의 물이 밤낮으로 영원히 흘러가는데, 만약 당신이 물리가 만변해도 그 근본을 떠나지 않는 도리를 이해하고 깨닫게 되면 이 물은 유동(流動)이 없다고 합니다. 이 물불천론의 문장은 만물은 옮겨가지 않는다[物不遷]라고 말하는데, 중간의 중점에서도 '오늘 월나라로 떠났는데 어제 도착하였다[今日適越而昔至也]'의 이유와 발휘를 언급했습니다.

뒷날 명나라 때 이르러서 선종의 감산(憨山) 대사는 산에서 토굴에서 여러 해 동안 지냈습니다. 그는 도를 깨달았는데, 어느 때 깨달았을까요? 어느 날 정좌에서 일어나 소변을 보는데, 자기의 소변을 한번 내려다보고는 '강물은 앞 다투어 쏟아져도 흐르지 않는다[江河競注而不流]'를 깨달았습니다! 선종의 깨달음은 이해하기 어렵지요? 옛사람들은 책을 읽되 모두 암기했습니다. 감산 대사는 승조 법사의 이런 명문들을 줄줄 외웠습니다. 그래서 그때 한번 깨우쳐져 깨달았습니다.

'오늘 월나라로 떠났는데 어제 도착하였다'를 오늘날 철학적 관념으로 해석 하지 않고 새로운 물리 관념으로 해석해 보겠습니다. 예컨대 오늘 저녁 10시 1분에 대북(臺北) 기차역에서 고웅(高雄)에 가는 기차표를 사면 급행은 다섯 시간 완행은 일곱 시간 걸려서 내일 고웅에 도착할 겁니다. 우리는 이렇게 말할 수 있습니다. 어제 밤 10시에 차를 타 오늘 새벽에 고웅에 도착했습니다. 그렇지만 우리는 움직인 적이 없고 아직 대북에 있습니다. 왜냐하면 우리가 대북에서 차에 올라 기차는 달려가고 있지만 이 지구는 돌고 있기 때문에 한참 돌고나면 역시 원래의 곳으로 돌아오기 때문입니다. 그러므로 움직인 적이 없습니다. 일체는 움직이지 않았습니다. 우리가 지평면에서 기차가 움직여 고웅에 도착한 것을 보지만 실제로는 지구가 아주 빨리 자전하기 때문에 여전히 그대로 대북의 그 지점에 있고, 당신은 영원히 움직인 적이 없습니다. 과학적인 도리로 우리는 대략 이해할 수 있습니다만 그는 지금 제시하기를, '마음속에 주관적인 관념이 아직 형성되지 않은 상태 하에서 있는 옳다 그르다는 시비의 존재는, 오늘 월나라로 떠났는데 어제 도착하였다는 말고 같다[未成乎心而有是非, 是今日適越而昔至也]'라고 하여 오히려 하나의 문제를 낳고 있습니다. 인간 세상에서 어떤 것이 진리일까요? 어떤 것이 옳을까요[是]? 어떤 것이 그를까요[非]? 어떤 것이 맞을 까요? 어떤 것이 맞지 않을까요? 맞고 맞지 않음은 모두 사람들의 '사심자용(師心自用)'입니다. 다시 말해 사람이 선입견을 가지고 주관적인 관념을 가지고 자신이 이런 것이 옳다고 생각하면 곧 옳은 것으로 여기는 것을 '사심자용(師心自用)'이라 합니다. 많은 학우들이 보고서를 쓰고 일기를 써서 제게 주었는데 사심자용(私心自用)으로 썼습니다. 잘못 쓴 겁니다. 스승 사(師) 자여야 합니다.

그렇지만 천지간에 시비(是非)라는 존재가 있을까요 없을까요? 이것도 하나의 논리적 관념입니다. 시비가 하나 있다고도 할 수 있습니다. 이 시비는 무엇 같을까요? 당신이 오늘 움직이기 시작하여 미국에 도착했을 때 실제는 오늘 움직인 것이 아니라 과거에 이미 도착했다는 것과 같습니다. 이것은 다시 말해 모든 시비가 공간과 시간의 관념에서 발생한다는 것입니다. 이것은 형이하의 시비인데, 공간과 시간에다가 사람들의 정감과 생각이 더해져서 일어난 시비 관념입니다. 그런데 형이상의 진정한 진리, 그 시비는 설사 만상(萬象)이 모두 움직이고 있어도 시종일관 움직인 적이 없습니다. 시비라는 존재가 있을까요 없을까요? 시비가 있습니다. 그 시비는, 시비를 없애버리고서 부르는 시비입니다. 보기에 시비가 없는 시비입니다. 이것은 철학의 최고의 관점입니다. 그러므로 그 다음에 말합니다.

진정한 시비

'그러므로 형이상인 없음[無有]이 형이하의 있음[有]으로 변하는데, 이 없음이 있음으로 변하는 도리를 비록 지혜롭고 신통이 있었던 우임금이라도 이해할 수 없겠거늘 우리 일반인들이 설마 어떻게 이해하겠는가[是以無有爲有, 無有爲有, 雖有神禹, 且不能知, 吾獨且奈何哉]', 당신이 이 도리, 즉 최고의 그 시비는 자기의 심리상태가 형성한 주관적인 관념의식에 따라서 판단해 나온 것[師心自用] 아니라, 그것은 형이하의 일체의 시비를 없애버리고 난 뒤에 세워진 진리라는 것을 이해한다면, 그 진리의 중간에는 자연히 시비가 있습니다. 이것이 바로 주요한 인과불멸론(因果不滅論)입니다. 일반적인 그 시비 존재는 형이하의 시비이지 진정한 시비가 아닙니다. 형이하의 시비는 믿을 수 없습니다. 그것은 사심자용(師心自用)한 것입니다. 형이상의 절대적인 진리는 형이하의 시비를 없앤 밖에 따로 시비가 있습니다. 그것을 시비선악이라고 불러도 좋고 시비선악이라고 부르지 않아도 좋습니다. 그래서 그는 다음과 말합니다. '시이(是以)'는 그러므로 뜻입니다. '무유위유(無有爲有)', 그 형이상의 본체 입장에서는 진리 면에 그 어떤 것도 없어서 전혀 얻을 것이 없음[了不可得]이 바로 소요유 편의 무하유지향(無何有之鄕)이며, 제물론 편의 시작부분에서 남곽자기가 말했던 망아(亡我)이기도 합니다. 이때에 '무유(無有)'는 공(空)한 것인데, 정말로 공할까요? 우주만유는 어떻게 나올까요? 진공(眞空)에서 생겨난 것입니다. 진공 속에서 나온 것입니다. 무유(無有)가 유(有)로 변함은 무(無)속에서 유(有)가 생겨난 것입니다[無中生有]. 이 우주는 이렇게 온 것이요, 생명도 이렇게 온 것입니다. 그러나 이것은 유물론의 사상에서 말하는 무유(無有)가 아닙니다. 유물론에서 말한 무유는 단견(斷見)입니다. '무유위유(無有爲有), 수유신우(雖有神禹), 차불능지(且不能知)', 진공 속에서 어떻게 하나의 묘유(妙有)가 생겨날까? 내가 당신에게 일러드리는데, 지혜가 최고인 대 우왕(禹王) 같은 사람이라도 이해할 수 없다.

왜 여기에 '신통이 있었던 우임금[有神禹]'이 있을까요? 우리 중국의 문화사에서 대 우왕은 대 과학자였습니다. 그의 과학은 신화(神化)로서 신인(神人)의 과학이었습니다. 이에 대해서는 상고 신화사를 연구해야겠습니다. 대 우왕이 홍수를 다스려갔는데, 역사 기록에 의하면 9년 동안에 치수를 마쳤다는 것만 알 수 있을 뿐입니다. 우리가 언급했듯이 도가의 상고 시대 보존 자료에서는 대 우왕에게는 신통이 있었고 각종각양의 법술이 있었다고 여겼습니다. 그래서 중국 상고문화에서는 대 우왕을 '신우(神禹)'라고 불렀습니다. 그는 비할 바 없는 신통을 가지고 있었고 지혜의 높기가 일반인들이 미칠 수 있는 바가 아니었습니다. 그러나 장자는 제시합니다. 비록 대 우왕의 그런 지혜가 있고 그런 신통이 있다할지라도 진공(眞空)이 묘유(妙有)로 변하는 것을 이해할 수 없는데 '오독차내하재(吾獨且奈何哉)!', 우리 일반인들이 무슨 방법으로 이해하라는 것이냐!

이 단락은 무엇을 끌어낼까요? 지금은 여전히 장자 문장의 파도요 과정에 있습니다. 뒤에 하나의 주제가 여전히 거기에 놓여 있고, 그 목표는 여전히 앞에 있습니다. 결코 엉클어지게 하지 않았습니다. 하나의 주제를 중간에서 긴 것에 비유했고 짧은 것에 비유했으며, 천상에서부터 지상까지 비유하면서 빙빙 돌고 있지만 어지럽게 돌지는 않았다는 말과 같습니다. 우리가 오히려 빙빙 돌아 어지러워져서 그의 문장을 보면 논리가 없는 것 같습니다. 그런데 대단히 논리가 있습니다. 그는 지금 말하기를, 인간세상의 지혜는 형이상의 본체의 도를 철저하게 이해하지 못했기 때문에 세상의 각가(各家)의 학설이 나와 그 시비를 변론하고 있다고 합니다. 이제 이어서 형이상의 학술이론이 낳은 각가의 시비를 변론합니다.

언어란 무엇인가

말이란 입으로 숨을 불어서 내는 소리만은 아니다. 말이란 그 속에 의미가 있기 때문이다. 그렇지만 하는 말마다 확정적인 진리는 아니다. 말마다 그 의미의 진실성이 정말로 존재하는 것일까? 아니면 말마다 그 의미의 진실성이 존재하지 않은 것일까? 사람들이 자신의 이론이야말로 절대적 진리라며 하는 말은 새알 속의 새 소리와는 다르다고 생각하지만 소리는 지나가고 나면 존재하지 않는 무상(無常)한 것이므로 서로 다름이 없다. 이러한 언어 의미의 진실성의 존재 논리에 대하여 다시 변론하여 또 하나의 논리를 낳을 수 있을까? 아니면 여기에서 끝나고 더 이상의 논리적 변론이 있을 수 없을까? 도(道)가 어디에 가려져 있기에 그 진짜와 가짜가 존재하겠는가! 말이 어디에 가려져 있기에 그 옳음과 그름의 시비가 존재하겠는가! 도가 어디로 갔기에 존재하지 않겠는가! 말은 어디에 있기에 그래서는 안 된다는 것인가! 큰도는 하찮은 성취 속에 가려지고, 말 속의 진리는 겉의 수사적 화려함 속에 가려진다.

夫言非吹也, 言者有言, 其所言者特未定也。果有言邪？其未嘗有言邪？其以爲異於鷇音, 亦有辯乎, 其無辯乎？道惡乎隱而有眞僞！言惡乎隱而有是非！道惡乎往而不存！言惡乎存而不可！道隱於小成, 言隱於榮華。

'말이란 입으로 숨을 불어서 내는 소리만은 아니다. 말이란 그속에 의미가 있기 때문이다[夫言非吹也, 言者有言]', 주의하기 바랍니다! '언비취(言非吹)'를 어떻게 설명해야 할까요? 만약 그 의미를,

'우리가 말하는 것은 허풍을 떠는 것이 아니다'라고 번역한다면 옳지 않습니다. 장자의 명사(名辭)인 '취만부동(吹萬不同)'은 갖가지 소리가 불어져 나온 것인데 실제로는 장자는 첫머리에서 사람들을 꾸짖고 있습니다. 춘추전국 이래의 각가의 학설들인 백가쟁명(百家爭鳴)은 모두 약간의 도리만 이해했을 뿐이라고 꾸짖고 있습니다. 조금 많이 이해했으면 좀 크게 불어내고 적게 이해했으면 조금 적게 불어내면서 모두들 불어내고 있습니다. 모두가 '취만부동'입니다. 지금 저도 여기에 앉아서 그렇게 불어내고 있고, 여러분들은 듣고 마음속으로 불어내고 있습니다. 하지만 저는 불어내는 것이고, 여러분들은 마음속으로 서서히 불어내는 것인데, 좀 작은 소리로 불어내어 자기가 들을 수 있습니다. 그러나 언어는 불어내는 것이 아닙니다. 큰 바람이 구멍에 불어서 나는 소리 같은 그런 것이 아닙니다. 언어는 소리가 아닙니다. '언자유언(言者有言)'. 이 말을 어떻게 번역할까요? 우리가 이 고서를 백화로 번역하면 그 의미는 바로 여러분에게 일러주기를, '언어 자체는 물리처럼 단지 소리만 내는 것은 아니다. 왜냐하면 언어 속에는 어의(語意)가 있기 때문이다'라고 합니다. 그래서 오늘날 세계는 어의학(語意學: 의미론/역주)이라고 불리는 새로운 학문이 하나 있습니다. 언어 자체는 그 소리마다 그것이 간직하고 있는 내재 의미[內意]가 있습니다. 그래서 '말이란 그 속에 의미가 있기 때문에 불어내는 소리만은 아니다[言者有言, 非吹也]', 그 큰 바람이 소리를 불어내는 것처럼 멋대로 외치는 것이 아니라고 말합니다.

'그렇지만 하는 말마다 확정적인 진리는 아니다[其所言者特未定也]', 사람마다 발성하는 언어는 반드시 하나의 확정성이 있습니다. 그러나 한마디 말마다 하게 되면 정말로 논리적으로 변할 수 없는 진리가 하나 있을까요? 그는 꼭 그런 것은 아니라고 말합니다. 그래서 사람들은 하루 종일 배불리 밥 먹고 할 일 없으면 변론하는 일들이 많아집니다. 보세요, 사람들이 시비를 말할 때 저마다 자기 나름의 이론을 말합니다. 남편 말은 남편대로 일리가 있고 마누라 말은 마누라대로 일리가 있습니다. 그러나 확정적인 도리는 없습니다. 이제 그는 의미론의 철학적 논점을 제시합니다.

'말마다 그 의미의 진실성이 정말로 존재하는 것일까? 아니면 말마다 그 의미의 진실성이 존재하지 않은 것일까[果有言邪, 其未嘗有言邪]?', 그는 또 앞서 말했던 '언어 자체는 입으로 숨을 불어서 내는 소리만은 아니다'라는 견해를 뒤엎고 있습니다! 왜냐하면 한 마디 말마다 하게 되면 그 어의(語意)의 진실성이 존재하기 때문입니다. 이어서 또 말하기를 '과유언야(果有言邪)'라고 하는데 무슨 말일까요? 정말일까요? 하는 말마다 그 어의의 진실성이 존재할까요? 꼭 그런 건 아닙니다! '기미상유언야(其未嘗有言邪)', 왜냐하면 말마다 나타내는 진실성은 말을 했으면 곧 말한 것이어서 신뢰할 수 없기 때문입니다. 왜냐하면 언어 자체는 빈[空洞] 것이어서 말하고 나면 사라져버리기 때문입니다. 이 속에는 도리가 하나 있습니다.

'사람들이 자신의 이론이야말로 절대적 진리라며 하는 말은 새알 속의 새 소리와는 다르다고 생각하지만 소리는 지나가고 나면 존재하지 않는 무상(無常)한 것이므로 서로 다름이 없다[其以爲異於鷇音]', 우리 사람들, 특히 논리를 하는 학자들은 자기가 말한 이론을 진리요 절대적인 진리라고 여깁니다. 장자는 말하기를 그 사람 말은 들어보면 진리 같지만 새알 속의 새가 우는 소리와 같아서 무슨 차이가 없다고 합니다.

'이러한 언어 의미의 진실성의 존재 논리에 대하여 다시 변론하여 또 하나의 논리를 낳을 수 있을까? 아니면 여기에서 끝나고 더 이상의 논리적 변론이 있을 수 없을까[亦有辯乎, 其無辯乎]', 이 도리를, 그는 말합니다, 이해합니까 이해하지 못합니까? 당신은 다시한 번 변론해보세요. 논리로서 한번 추리해 보세요. 그래도 하나의 논리를 다시 낳을 수 있을까요? 혹은 이 언어에 존재하는 진실성은 그 논리가 여기에 이르러 끝날까요? 아니면 최고의 진리일까요? 장자는 이 한 단락을 끼워 넣습니다. 그러므로 『장자』를 연구하면서 각가의 주해를 사용할 방법이 없습니다. 적어도 저의 재간이 부족하고 학문이 부족하기 때문입니다. 저는 오직 후대의 불학으로써 해석하는 것만이 비교적 이해하기에 쉽다고 생각합니다. 그러나 불학에 대하여 진정으로 이해가 있어야 합니다.

'말이란 입으로 숨을 불어서 내는 소리만은 아니다. 말이란 그 속에 의미가 있기 때문이다. 그렇지만 하는 말마다 확정적인 진리는 아니다[夫言非吹也, 言者有言, 其所言者特未定也]', 이것은 불학에서 말하는 선다라니(旋陀羅尼), 즉 총지법문(總持法門)과 같습니다. 언어음성은 총지법문입니다. 불학명사로는 선다라니라고 부릅니다. 모든 진언[咒語]을 선다라니라고 부릅니다. 그러므로 진언은 해석할 수 없습니다. 예컨대 옴아옴아옴아 하고 외워 가면 됩니다. 사바하[娑哈]를 어떻게 하(哈)해도 됩니다. 이 선다라니는 무슨 도리일까요? 우리 중국인들이 남을 보았을 때 '하이[嗨]!' 하면 당신이 웃는 것과 같습니다. 이 '하이!'는 꼭 당신을 부르는 것은 아닙니다! 그러나 하이! 한마디 하면 당신은 알아듣습니다. 이게 바로 선다라니입니다. 이 소리는 발성을 하면 의미가 없지만 다들 이해합니다. 예컨대 우리가 동물에 대해서 한 가지 소리를 가지고 발성하자마자 동물은 알아듣는 것도 다라니입니다. 소리는 그 작용이 있습니다. 그러므로 '말이란 입으로 숨을 불어서 내는 소리만은 아닙니다.' 그러나 이 소리가 궁극적인 것일까요? 일반적으로 밀종을 배우는 사람들이 진언을 하나 외우는 것을 대단하게 보고 이 진언이야말로 바로 불법이며 이 진언을 전해주지 않는 비결로 생각하는 것이나 다름없습니다. 그러나 부처님은 논리[因明]로 당신에게 말해주십니다, '소리는 무상(無常)하다!' 에이! 끝났습니다. 진언을 모조리 뒤엎어버렸습니다. 선다라니를 모조리 돌려버렸습니다. 장자도 소리는 무상하다고 언급했습니다.

'말마다 그 의미의 진실성이 정말로 존재하는 것일까? 아니면 말마다 그 의미의 진실성이 존재하지 않은 것일까? 사람들이 자신의 이론이야말로 절대적 진리라며 하는 말은 새알 속의 새 소리와는 다르다고 생각하지만 소리는 지나가고 나면 존재하지 않는 무상(無常)한 것이므로 서로 다름이 없다. 이러한 언어 의미의 진실성의 존재 논리에 대하여 다시 변론하여 또 하나의 논리를 낳을 수 있을까? 아니면 여기에서 끝나고 더 이상의 논리적 변론이 있을 수 없을까[果有言邪, 其未嘗有言邪, 其以爲異於鷇音, 亦有辯乎, 其無辯乎]?', 『장자』를 이해하고 나면 소리가 무상하다는 것을 이해합니다. 앞에서는 선다라니를 이해했고 마지막에서는 또 부정해버렸습니다. 소리는 무상합니다. 모든 소리는 말하고 나면 지나가버리고 존재하지 않습니다. 그렇다면 그가 이 단락의 말을 한 것은 무슨 뜻일까요? 문자 언어는 단지 당신으로 하여금 형이상의 도를 이해하도록 이끌어 주는 것이므로 당신은 문자 언어에 집착해서는 안 된다고 말하고 있는 겁니다. 만약 문자 언어에 집착하면 당신은 야단납니다. 그래서 그는 다음에서 말합니다.

도(道)와 언어

'도(道)가 어디에 가려져 있기에 그 진짜와 가짜가 존재하겠는가! 말이 어디에 가려져 있기에 그 옳음과 그름의 시비가 존재하겠는가[道惡乎隱而有眞僞, 言惡乎隱而有是非]!', 먼저 이 두 가지 원칙을 제시합니다. 앞의 주제는 도(道)란 있지 않은 곳이 없다는 것입니다. '오호은(惡乎隱)', 가린 곳이 어디도 없습니다. 실제로 도는 보편적으로 존재하는 것입니다. 진리는 영원히 불변하는 것으로, 당신이 가져도 진리고 내가 가져도 진리이다는 것을 마땅히 어떤 사람이든 다 이해합니다. '도가 어디에 가려있는가[道惡乎隱]', 그것은 천하의 공도(公道)로서 비밀이 없기 때문입니다. 왜 세상 사람들은 나의 이 도는 바른 도[正道]요 그의 저 도는 그릇된 도[邪道]라고 얘기할까요? 이것은 진짜 도[眞道]요 그것은 외도(外道)요 비뚤어진 도[歪道]라고 얘기할까요? 왜 이런 시비들이 나올까요? '말이 어디에 가려져 있기에 그 옳음과 그름의 시비가 존재하겠는가[言惡乎隱而有是非]!', 그는 또 말합니다. 언어를 말하는 것은 본래 당신으로 하여금 이해하기를 바란 것이다. 그렇지만 사람들은 가련하게도 중국어든 일본어든 영어든 어떤 문자언어든 간에 사람의 생각을 표현할 길이 없습니다. 그래서 사람과 사람사이에는 영원히 오해가 있습니다. 만약 제가 당신은 참 예쁘다고 말하면 당신은 오해하고 화를 낼지도 모릅니다. 그러면서 마음속으로 이 녀석이 나를 멸시하고 조소하네 할지도 모릅니다. 어떤 때는 아주 친절하게 일부러 한마디 욕하기를, 에이, 이 녀석은 정말 얄미워 한다면 그는 알아듣지 못하고 사람을 죽일 듯이 화를 냅니다. 그러므로 언어는 사람의 생각과 정감을 완전하게 표현할 길이 없습니다. 언어 자체는 본래 남김없이 사람으로 하여금 이해하게 해 주어야 하는 것이지만 사람은 언어를 듣고서 오히려 이해하지 못하고 시비가 있음으로 변합니다.

세상에 어떤 도가 하나 있기에 각가(各家)들은 모두 도를 말합니다. 다음에서 그는 꾸짖습니다. 공자는 공자의 도가 있고, 묵자는 묵자의 도가 있다. 강도 노릇 한 사람도 도가 있다 말한다. 저마다 모두 도가 있다고 말하여 각자에게 각자의 도가 있는데, 어느 것이 진짜 도일까? 장자는 말합니다. '도가 어디로 갔기에 존재하지 않겠는가! 말은 어디에 있기에 그래서는 안 된다는 것인가[道惡乎往而不存, 言惡乎存而不可]!', 이 두 마디 말에 특히 유의하기 바랍니다. '오호(惡乎)'는 어디에 뜻입니다. '오호왕(惡乎往)', 도가 어디에 갔을까요? 어는 곳을 향하여 가서 도를 하나 찾을까요? 도도 다른 곳으로 향하여 간 일이 없습니다! '도가 어디로 갔기에 존재하지 않겠는가[惡乎往而不存]!,' 그것은 본래 여기에 있습니다. 우리가 장자의 문장을 보고 문구가 아름답다고 느끼지만 이해하기 어렵습니다. 왜냐하면 장자의 문장은 장자의 논리가 있고 그의 문자의 미감(美感)이 있기 때문입니다. 그럼 그의 이 한마디 말을 어떻게 이해할까요? 『금강경』에 나오는 '여래란 어디로부터 오는 곳도 없고 가는 곳도 없음을 여래라고 한다[如來者, 無所從來, 亦無所去, 是名如來]'를 당신이 읽으면 알게 됩니다. '도가 어디로 갔기에 존재하지 않겠는가!'의 의미는 '어디로부터 오는 곳도 없고 가는 곳도 없이 영원히 여기에서 있으므로 여래라고 한다'는 것입니다. 만약 우리가 『금강경』이 말하는 이 세 마디 말을 이해하고자 하면 장자의 이 한마디 말을 가져다가 해석해도 이해할 수 있습니다! '도가 어디로 갔기에 존재하지 않겠는가!' 맞지요!

'말은 어디에 있기에 그래서는 안 된다는 것인가[言惡乎存而不

可]!', 언어는 어디에 존재할까요? 조금 전에 말했듯이 부처님이 논리상으로 말씀하시기를 소리는 무상한 것이라고 했습니다. 언어는 말하고 나면 사라져버리고 공(空)해집니다. 그래서 불교에서는 골짜기의 메아리와 같다[如谷響]고 말합니다. '어디에 존재하는가[惡乎存]!', 말이란 하고 나면 지나가버리니까요. 과거의 마음을 얻을 수 없고, 현재의 마음을 얻을 수 없으며, 미래의 마음을 얻을 수 없는데[過去心不可得, 現在心不可得, 未來心不可得], 구태여 당신의 말은 옳지 않고 나의 말이야말로 정말 진리이다!고 꼭 말해야할 필요가 있을까요? 이는 너무 어리석습니다. 그러나 세상의 시비와 진리, 특히 이 도에 대해서 어느 것이 이기기를 좋아하지 않고 진짜와 가짜를 다투지 않습니까! 장자에는 두 마디 말이 있는데 도리를 아주 분명하게 얘기했습니다. '큰 도는 하찮은 성취 속에 가려지고, 말 속의 진리는 겉의 수사적 화려함 속에 가려진다[道隱於小成, 言隱於榮華]'

도(道)가 가려져버렸다

도(道)는 본래 천하의 공도(公道)로서 없는 곳이 없습니다. 어느 곳에나 다 있습니다. 옛날이나 지금이 없고, 중국이나 외국이 없고, 오거나 감이 없고, 생겨나거나 소멸함이 없고, 더럽거나 깨끗함이 없고, 늘어나거나 줄어듦도 없습니다. 그러나 이 도가 존재하는 이상 나는 왜 도를 깨달을 수 없을까요? 왜냐하면 '큰 도는 하찮은 성취 속에 가려지기[道隱於小成]' 때문입니다. 일반 사람들은 지혜가 적은데다 도량도 적어서 마음속으로 생각하기를, 그 도는 반드시 정좌하고 머리꼭대기에서는 전등처럼 방광을 하거나 몸이 흔들거리곤 하거나, 그렇지 않으면 약동하거나, 그렇지 않으면 천안통이 있어야 한다고 생각하는데, 이런 건 모두 작은 성취, 작은 놀이에 불과합니다. 작은 도리가 오게 되면 대도는 오히려 숨어버립니다. 큰 도는 작은 성취에 가려져버리기 때문에 당신은 영원히 대도를 이해할 수 없습니다. '말 속의 진리는 겉의 수사적 화려함 속에 가려진다[言隱於榮華]', 언어문자는 본래 진리를 나타내는데 결과적으로 어떨까요? 다들 언어문자의 아름다움에 가려져버립니다. 언어문자의 배후에 있는 진리를 도리어 찾을 수 없게 되어버립니다. 『금강경』에서 나오는 말인, '일체 유위법은 꿈 같고 허깨비 같고 물거품 같고 그림자 같고, 이슬 같고 또 번개 같다. 마땅히 이와 같이 관하라[一切有爲法, 如夢幻泡影, 如露亦如電, 應作如是觀]'를 여러분들은 외울 줄 아는데, 이해합니까? 이해하지 못합니다. 사구게(四句偈)에 눈이 어두워져버린 겁니다. 우아하고 아름다운 언어 문자에 눈이 어두워져버린 겁니다. 그래서 '말 속의 진리는 겉의 수사적 화려함 속에 가려진다'고 말합니다. 그래서 장자는 사람을 다음과 같이 꾸짖어 말합니다.

그러므로 도(道)에 관하여 유가(儒家)와 묵가(墨家)의 학술적 시비논쟁이 있다. 그들은 서로 자신의 주관적인 입장에 서서, 상대가 그르다고 하는 바를 자신은 옳다고 주장하고, 상대가 옳다고 하는 바를 자신은 그르다고 주장한다. 그들이 그르다고 하는 바를 옳다고 하고 그들이 옳다고 하는 바를 그르다고 하려면, 도(道)를 깨달은 입장에서 판단해야 한다. 만물은 저마다 단독적인 존재 현상으로서의 저것 아님이 없고, 만물은 저마다 사람들 자신의 관념으로서의 이것 아님이 없다. 도의 본체를 만물인 저것에서 찾아보면 보이지 않으나, 자기 내면의 마음(의 지각성)으로부터 찾아보면 그것을 안다. 그러므로 만물도 자신의 관념에서 나오며 자신의 관념도 만물을 조건으로 하여 일어난다. 만물은 주관적인 관념의 산물이라는 것이 방생(方生)의 설이다. 비록 그렇지만 생명 존재는 태어나자마자 동시에 죽어가고, 죽자마자 동시에 태어난다. 관념상 어떤 것을 긍정하자마자 동시에 부정이 이루어지고, 부정하자마자 동시에 긍정이 이루어진다. 천하의 모든 시비논쟁이란, 상대적으로 자신의 주관적인 옳음 때문에 그름을 낳고 자신의 주관적인 그름 때문에 옳음을 낳는 데서 비롯되는 것이다.

故有儒墨之是非，以是其所非而非其所是。欲是其所非而非其所是，則莫若以明。物無非彼，物無非是。自彼則不見，自知則知之。故曰彼出於是，是亦因彼。彼是方生之說也，雖然，方生方死，方死方生；方可方不可，方不可方可；因是因非，因非因是。

'그러므로 도에 관하여 유가와 묵가의 학술적 시비논쟁이 있다 [故有儒墨之是非]', 그래서 뒤죽박죽으로, 세상에는 그렇게 많은 학술들이 도를 말하고 있습니다. 유가에는 공자의 도가 있고 묵가에는 묵자의 도가 있습니다. 제자백가는 저마다 각자의 도가 있어서 서로가 다툽니다. '상대가 그르다고 하는 바를 자신은 옳다고 주장하고[以是其所非]', 나의 주관적인 옳음의 입장에서 보면 당신의 모든 것이 다 틀렸습니다. '상대가 옳다고 하는 바를 자신은 그르다고 주장한다[而非其所是]', 당신의 모든 것을 옳지 않다고 뒤엎어버리고는, 나의 주관적인 것이 옳다는 것을 성립시킵니다. 여러분들의 모든 것을 반박해버리고 오직 나의 것만이 비로소 옳습니다. '그들이 그르다고 하는 바를 옳다고 하고 그들이 옳다고 하는 바를 그르다고 하려면, 도(道)를 깨달은 입장에서 판단해야 한다[欲是其所非而非其所是, 則莫若以明]', 장자는 말합니다. 도대체 어느 것이 옳고, 어느 것이 옳지 않으며, 어느 것이 진정으로 도이고, 어느 것이 도가 아닌지를 정말로 분명히 하고 싶다면 당신이 먼저 도를 분간하여 명심견성(明心見性)하는 것이 제일 좋다. 깨달으면 그때에야 당신은 비로소 무엇이 도인지를 진정으로 알게 될 것이다.

제물론 전편의 체계는 제1편 소요유에 근거해서 온 것입니다. 그런 다음 우주만유 현상은 가지런(평등)하지 않다[不齊]고 말합니다. 그 가지런(평등)하지 않는 가운데 하나의 절대적인, 만물이 하나로 돌아가 평등한 제물(齊物)이 진정으로 있을까요 없을까요? 장자는 먼저 하나의 관념을 제시하는데, 비록 뚜렷하게 말하지는 않았지만 어떤 사람이 증득을 추구하고 싶다면 먼저 망아(忘我)의 경지에 도달해야한다고 말합니다. 그런 다음 제시하여 말하기를 만물이 영원이 가지런하지 않는 까닭은 그것이 도가 드러내는 현상과 작용 때문으로서 형이하에 속하기 때문이라고 합니다. 이 점에 관하여 그는 물리세계의 기(氣)와 바람을 이용하여 설명합니다. 바람은 기의 한 현상입니다. 기가 한번 불면 바로 바람입니다. 그렇지만 접촉하는 갖가지 빈 구멍들이 소리를 내는 그런 현상들이 다릅니다. 그러므로 동일한 바람의 작용 아래서 나는 바람 소리에는 백천만억의 다른 변화들이 있다고 설명합니다. 이것은 우리 사람들의 심리상황이나 생각 관념도 이 도리와 마찬가지라고 설명합니다. 그 가운데 또 도리가 하나 있는데, '그렇게 일기(一氣)를 불어내는 자는 누구이겠느냐[怒者其誰]?' '모두 자기가 자아를 취하여 붙들어 쥐고 있다[咸其自取]', 일체는 모두 사람마다 자기 스스로 못된 짓을 하고 있는 것입니다. 불학인『능엄경』에서 다음과 같이 말한 것과 다름없습니다. '온갖 중생의 마음의 힘[心力]의 작용에 따르고 지식학문의 아는 양(量)에 따르고 중생의 심신의 개성적인 업력에 따라 작용을 발생한다[隨衆生心, 應所知量, 循業發現]' 뒤에 이어서 말하기를 사람은 저마다 자기의 관점이 다르기 때문에 이해가 다르고 언론이 다르다고 말합니다. 그러므로 춘추전국 시대의 제자의 학설은 백가쟁명(百家爭鳴)하여 형이하에서부터 형이상의 도체(道體)까지 토론하면서 갖가지의 시비의 옳고 그름이 있었습니다. 묵가와 유가는 당시 양대 가로서 심하게 다투었습니다. 그래서 그들의 시비가 있었고 저마다 자신의 관점에 서서 남은 다 틀리다고 보았습니다. 그러므로 모든 시비를 없애고자 한다면 오직 한 가지 방법이 있다고 장자는 말하는데, 그것은 바로 진정으로 도를 밝힐 수 있어야 비로소 만유의 불제(不齊)를 없애고 제일(齊一)의 도체로 돌아갈 수 있다고 말합니다.

'물무비피(物無非彼), 물무비시(物無非是)', 첫 마디인 '물무비피(物無非彼)'를 만약 문자대로 풀이한다면, '물(物)'은 바로 이것이란 뜻인데. 이것은 저것 아닌 것이 어느 하나도 없다는 뜻입니다. 이 말은 무엇을 말하는 걸까요? 둘째 마디인 '물무비시(物無非是)', 이것은 옳지 않은 것이 어느 하나도 없다는 뜻입니다. 만약 이 두 마디를 이렇게 번역한다면 우리는 고문의 네 글자로서 비판할 수 있습니다. '부지소운(不知所云)', 당신이 뭔 얘기들을 하는지 모릅니다. 사실 장자는 남방 초나라의 문학입니다. 그는 고문의 작문 기교면에서 문예조예가 상당히 높은 사람이었습니다. 젊은 학우들은 유의해야합니다! 그 높음이 어디에 있을까요? 자연과학적인 것이나 일종의 순수한 이론 또는 순수한 논리적인 것을 문학화로 변모시키려고 하는 일은 대단히 어려운 것입니다. 우리가 오늘날 학교에서 공부하는 교과서를 예로 들어보겠습니다. 물리학이나 화학 또는 전기기계학 같은 경우 그것을 문학화하고자 한다면 어떻게 변할까요? 그 사람의 두뇌가 비교적 과학적이고 비교적 기계적이라야 만이 그 방면에 접근하기가 쉽습니다. 만약 어느 아이의 개성이 문학을 좋아한다면 수학 같은 것들에 대해서는 접근할 길이 없습니다. 이게 바로 우리들의 오늘날 학문에서의 새로운 명사인데, 아동의 성향(性向)을 연구해야합니다. 개성적인 경향입니다. 사실 이러한 현대의 과학이나 기술적인 것들을 문학화로 변모시키는 것이 결코 어려운 일이 아닙니다. 과거에 우리도 시험해 본 적이 있습니다만, 몇몇 학우들이 대학을 졸업하고 중학교에 교사가 되어 갔습니다. 저도 그들에게 그렇게 해 보라고 요구했습니다. 결과적으로 그는 성공적으로 했습니다. 문학적인 경계를 이용하여 한 수의 시(詩)를 얘기하거나 한 수의 사(詞)를 얘기한 다음에 어떤 화학 공식 속으로 들어갔습니다. 하지만 그 교사도 고통스러웠습니다. 그는 이 일이 어렵다고 말했습니다. 그렇지만 교육적인 면에서 그는 정말 성공했습니다. 거의 90%의 학생들에게 높은 흥미가 있게 만들었고 과학에 대한 이해가 더욱더 깊어지게 됐습니다. 그러므로 이것은 해낼 수 없는 것이 아닙니다.

시비(是非) 그 옳고 그름

지금 장자의 문장은 순수한 논리적인 문제를 말하고 있습니다. '물무비피(物無非彼)', 다시 말해 어떤 물질마다 어떤 사물마다 그 단독적인 존재의 특성이 있다고 합니다. 물은 어디까지나 물이지 물은 불이 아닙니다. 불은 어디까지나 불이지 불은 바람이 아닙니다. 바꾸어 말하면 우리가 만물을 보고는, 이것은 등불 빛이라고 부르고 이것은 칠판이라고 부른다고 인정한다는 겁니다. 그것도 불학의 유식법상학(唯識法相學)에서 말하는 것으로, 우리들 마음속의 관념은 모두가 타자에 의지하여 일어나는 것[依他起]입니다. 외부 경계인 하나의 현상이 있기 때문에 우리의 마음속에서 그 어떤 것이 생겨나고 하나의 관념이 있게 됩니다. 그러므로 둘째 구절은 말합니다. '물무비시(物無非是)', 나에게 속하지 않은 것은 한 가지도 없다는 것입니다. 나의 무엇에 속할까요? 마음에 속합니다. 일체는 모두 유심(唯心)입니다. 이것이 최고 높은 곳인 형이상의 심물일원(心物一元)의 도리입니다. 그러나 형이하는 어떨까요? 물질은 어디까지나 물질입니다. 마음은 어디까지나 마음입니다. 두 가지는 나누어집니다. 그렇지만 궁극에는 하나입니다. 그러므로 말하기를 '물무비피(物無非彼)'라고 합니다. 사물마다 그 단독적으로 각자 존재하는 하나의 현상이 있습니다. 그 스스로의 자성(自性)이 아닙니다. 어떤 사물마다 자성이 없고 모아서 이루어진 것입니다. 둘째 구절인 '물무비시(物無非是)'는 무엇일까요? 일체는 우리 자신들의 관념으로서 유심(唯心)에서 생겨난 것이지 유물(唯物)이 아닙니다.

'자피즉불견(自彼則不見), 자지즉지지(自知則知之)', 사람은 외물의 영향을 받아 외물의 환경에 따라 굴러서 물리 면에서만이 형이상이라는 도체(道體)를 추구하는데, 그러면 영원히 찾을 수 없습니다. 형이상이라는 도체에 대한 연구인 이른바 수도나 증득 추구는, 자연과학이 외물에서 그 증명을 추구하듯이 그런 것이 아니라 반드시 방향을 바꾸어 자기 내면을 향하여 자기에게서 추구해야 합니다. 우리가 이 도체가 무엇인지를 알고 싶다면 반드시 자기의 지(知)[自知]로 되돌아와야 그것을 찾을 수 있습니다. '자피즉불견(自彼則不見), 자지즉지지(自知則知之)', 밖으로부터는 찾을 수 없고 자기의 내심으로부터 찾아야 알 수 있습니다.

'고왈피출어시(故曰彼出於是), 시역인피(是亦因彼)', 그것은 나 자신의 주관적 관념이 인정했기 때문에 어떤 일이 정해져 나온 겁니다. 예컨대 손목시계는 인류의 발명이기 때문에 외국어를 중국어로 번역하여 수표(手錶)라고 부릅니다. 만약 처음에 이 물건을 수통(水桶)이라고 불렀다면 우리 지금의 손목시계는 수통이라고 불렀을 것입니다. '피줄어시(彼出於是)', 하지만 우리들의 주관적인 인정은 어디서 오는 것일까요? '시역인피(是亦因彼)', 타자에 의지하여 일어난 것입니다. 그러므로 우리들의 주관이 '이것은 바로 이렇다'라고 인정하면 그것은 곧 이렇습니다. 이게 바로 타자에 의지하여 일어나는 것입니다. 밖에 있는 물질 환경에 의지하여 일어나는 것입니다.

이러한 도리들은 우리가 들어보면 아주 간단합니다. 그러나 오늘날 세계에 전쟁이 있는 까닭은 바로 유물(唯物)사상과 유심(唯心)사상이 전쟁을 하고 있기 때문입니다. 유물사상 결과로서 생겨난 정치사상이 공산주의입니다. 유심사상은 유물사상에 의하여 무너져버리고 새로운 유심철학 방면에서는 이 시대는 백지 답안을 제출하고 거의 존립할 수 없는 것 같습니다. 그러나 우리 되돌아가서 우리 자신의 문화를 찾아보면, 『장자』 속에서 심물일원(心物一元)이라고 분명하게 말하고 있습니다. 그가 논변하는 도리는, 모든 것이 개인의 주관과 의식형태가 형성한 것이라고 봅니다. 그러므로 유물사상적인 사람은 '의식형태'라는 하나의 명칭을 써서 다른 사람을 반박하기를 좋아합니다. 그러나 당신의 생각, 당신의 관념, 당신의 시비는 모두 당신의 의식형태가 형성한 것이라고 장자는 말합니다. 다른 사람은 흔히들 그에게 가려져버립니다. 실제로는 그는 다른 사람의 그것이 의식형태라고 말하지만 그 사람 자신도 하나의 의식형태인 것입니다. 즉, '만물도 자신의 관념에서 나오며 자신의 관념도 만물을 조건으로 하여 일어난다[彼出於是, 是亦因彼]'에서 온 것입니다. 이제 장자는 또 비평해 갑니다.

태어나자마자 죽어가고, 죽자마자 태어나고

'만물은 주관적인 관념의 산물이라는 것이 방생(方生)의 설이다. 비록 그렇지만 생명 존재는 태어나자마자 동시에 죽어가고, 죽자마자 동시에 태어난다. 관념상 어떤 것을 긍정하자마자 동시에 부정이 이루어지고, 부정하자마자 동시에 긍정이 이루어진다. 천하의 모든 시비논쟁이란, 상대적으로 자신의 주관적인 옳음 때문에 그름을 낳고 자신의 주관적인 그름 때문에 옳음을 낳는 데서 비롯되는 것이다[彼是方生之說也. 雖然, 方生方死, 方死方生 ; 方可方不可, 方不可方可 ; 因是因非, 因非因是]', 이 단락은 완전히 논리적인 논변입니다. 장자는 왜 이 단락의 글을 썼을까요? 전국 시대에 우리들의 문화에는 명리학(名理學)이 있었습니다. 우리가 오늘날 서양으로부터 번역해온 논리·논변에 해당합니다. 논리적인 것은 어떻게 발생할까요? 우리는 반드시 간단한 이해가 하나 있어야겠습니다. 인류세계의 최초 문화는 모두 종교로부터 온 것입니다. 예술이든 기타 방면이든 다 그렇습니다. 왜냐하면 사람은 태어나면 모두들 철학자이기 때문에 사람은 저마다, 나 자신이 어떻게 태어났을까? 천지사이에 첫 번째 사람은 어떻게 왔을까? 나의 생명은 아직 태어나기 이전에 어떠했을까? 나는 죽은 뒤에 어디로 갈까? 하고 의심해본 적이 있습니다. 이러한 문제들은 누구든 생각해 본 적이 있습니다. 우리들만 그럴 뿐만 아니라 일체 중생이 제 생각에 의하면 같은 관념으로서 동물들도 아마 흐리멍덩한 적이 있을 것이며 생각도 해보았을 것입니다. 이 점에 대해서 우리는 감히 단정적인 말을 하지 못합니다. 왜냐하면 우리가 동물이 아닌데 동물이 생각이 있는지 없는지를 또 어떻게 알겠습니까? 이게 바로 논변의 문제입니다.

그러므로 세상의 모든 학문은 종교로부터 왔고, 뒷날 철학으로 발전했습니다. 왜냐하면 종교의 일부 문제들은 직접적인 권위성이기에 믿기만 하면 되기 때문입니다. 그렇지만 인류의 지혜는 만족하려 하지 않습니다. 당신이 나더러 믿으라고 하는 것은 좋습니다. 당신은 그 이유를 나에게 말해주어야 합니다. 적어도 문을 열어서 내게 보여주어야 합니다. 그러나 인류의 종교는 본래부터 대문을 닫아놓고서 여기서 걸음을 멈추고 많이 묻지 말라고 합니다. 철학자는 그렇게 하지 않습니다. 문 밖에서 똑똑 두드리고 한 구멍으로 도대체 이면의 생명의 내원(來源)이 어떠한지를 살펴보려 합니다. 그래서 뒷날 철학자들은 본체론을 낳았습니다. 바로 우주생명의 내원에 관한 이론입니다. 이 학설은 수천 년 전에 희랍·이집트·인도에서 동시에 존재했는데, 대체적으로 두 파로 나뉩니다. 그 일파는 유물설(唯物說)인데 또 다른 일파인 유심설(唯心說)과 논쟁해 왔습니다. 유물 이론은 우주 최초가 오직 하나의 원소로서 물이라고 봅니다. 어떤 이론들은 우주의 시작이 바람이라고 보고, 어떤 이론들은 지(地)·수(水)·화(火)·풍(風)이라고 봅니다. 우리의 상고 시대에도 견해가 있었는데, 금(金)·목(木)·수(水)·화(火)·토(土) 오행(五行)이라고 보았습니다. 한참 하고 나서 이런 종류의 철학은 형이상의 도에 대하여 유물이라는 논의 결정을 낳았습니다. 뒷날 인간의 지식이 갈수록 개방되자 철학자들은 부족하다고 생각했습니다. 당신은 어떻게 인정할 수 있습니까? 우주는 도대체 무엇으로 만들어졌습니까? 우주는 하느님이 만든 것인지 아니면 하느님이 만든 것이 아닌지를 당신은 어떻게 압니까? 당신은 지혜가 있기 때문입니다. 이것은 당신의 생각으로부터 온 것입니다. 그러나 먼저 한번 물어봅시다. 우리들의 생각은 신뢰할 수 있을까요 없을까요? 생각 자체는 또 어떤 것일까요? 우리는 먼저 변론을 해 봅시다. 그래서 논리학이 발생했습니다. 이 지혜 자체에 관한 것이 이른바 지식론을 낳았습니다. 그러나 지식 자체는 믿을 수 있을까요 없을까요? 만약 신뢰할 수 없는 것이라면 당신이 지식으로써 인정한 일은 틀린 것일 가능성이 있습니다. 만약 당신의 그 공구(工具)가 생각에서 온 것이라면 당신은 이 생각을 연구하고 연구해보아야 하며 분명하게 논변해야 합니다. 그래서 지식론으로부터 서서히 논리적인 방법으로 변천하였습니다.

인도에서는 고대의 논리를 인명(因明)이라고 불렀고 불학 속에 있습니다. 그러므로 불법을 배움은 첫째로 인명(因明)을 배워서 알아야 합니다. 대승보살도에서는 인명을 이해하지 못하면 보살도를 배울 수 없습니다. 그래서 세상의 학문은 또 두 파가 있게 되었습니다. 그 일파는, 인도불학의 인명은 희랍의 논리 영향을 받아서 발생한 것이라고 봅니다. 다른 일파의 주장은, 그와 반대로, 희랍의 논리 철학자들은 인도의 인명의 영향을 받아서 발생한 것이라고 봅니다. 이 속에는 또 논리가 있는데, 영원히 논변하고 고증하면서 지금에 이르러서도 분명하게 경계선을 그을 길이 없습니다.

전국 시대에 서양철학은 발전하여 두 파가 나오게 됐습니다. 그 일파는 지식론인데, 학문이 도달하면 된다는 겁니다. 다른 일파는 단지 지식적인 이상(理想)에만 의지하고 실증이 없다면, 실증적으로 증명을 추구하지 않는다면, 믿을 수 없고 실증하지 않으면 안 된다고 보았습니다. 이 실증의 일파를 경험론이라고 합니다. 우리가 서양을 이해했으니 다시 우리들 자신의 문화인『장자』의 이 단락을 보면 서양의 논변과 마찬가지입니다. 다만 우리들의 문화는 간소화·간단함을 좋아한 것에 지나지 않을 뿐입니다.

『장자』는 여기에서 다음 한마디를 제시합니다. '피시방생지설야 (彼是方生之說也)', '피(彼)'는 위에서 우리가 말했던 일체의 외부경계를 대표하는 만물입니다. '시(是)'는 나가 인정한 것으로 주관적인 것입니다. 우리들의 주관적인 인정이든 혹은 외물로 인하여 타자에 의지하여 일어난 우리들의 생각이든 모두 방생지설(方生之說)에 속합니다. 이것은 장자가 제시한 하나의 명사인데, 문자로 말하면 막 생기(生起)했다는 것입니다. 이른바 시비(是非)·심물(心物)은 모두 외물의 관계가 아닙니다. 선종의 관념으로 말하면 한 생각의 생겨남[一念之所生]입니다. 관념의 산생이 바로 '방생지설'입니다. 그러나 그는 이어서 곧바로 자기를 부정합니다. '수연(雖然)', 비록 그러하지만 '방생방사(方生方死), 방사방생(方死方生)', 어떤 것이 막 생겨나서는 곧 사라져버립니다. 죽어버립니다.

그러므로 일반인들이 수도를 얘기할 때, 특히 선종을 얘기하면서 생사를 마치고 해탈함을 말하는데, 지금 장자의 말을 보면 아주 분명합니다. 장자는 우리가 막 태어난 그 첫날을 존재라고 부르지 않는다고 봅니다. 왜냐하면 첫날이 지나가면 그 첫날의 생명은 끝나버렸고 둘째 날은 둘째의 생명이기 때문입니다. 그러므로 막 태어남[方生]이 바로 막 죽어감[方死]이라고 봅니다. 이 생사는 양쪽의 현상입니다. 태어나게 할 수 있고 죽게 할 수 있는 그 어떤 것은 생사 면에 있지 않습니다. 이 두 쪽은 모두 현상일 뿐 상관이 없습니다. 저녁에 막 깜깜해짐은 내일의 시작이요, 막 날이 샌 것은 밤의 시작이란 말과 다름없습니다. 이것은 논리적 사고의 문제입니다. 그래서 우리 자신들은 현상에 속아 넘어가 날이 새면 낮이라 부르고 밤에 잠이 들면 밤이라 부른다고 생각합니다. 생명존재도 마찬가지로 방생방사 합니다. 어떤 것이 막 생겨났을 때가 바로 사망의 시작이요, 우리가 그것이 사망했다고 여길 때가 오히려 또 하나 생명의 시작입니다. 장자의 문장은 어느 한 쪽으로 떨어지지 않았습니다. 방금 '방생방사'를 얘기해놓고 이어서 '방사방생'을 말하여, 양쪽을 다 말했습니다. 이는 마치 구슬이 쟁반 위를 구르면서 가장자리에 붙지 않음과 같습니다.

이어서 사람의 관념문제도 얘기합니다. '방가방불가(方可方不可)', 우리가 어떤 일을 그래도 된다[可]고 여길 때 그래도 된다[可]고 말했다면, 이 한마디 말은 이미 사라져버렸습니다. 지나가 버렸습니다. 당신의 주관이 긍정할 때, 그 자체인 이 한 생각은 이미 부정하였습니다. 그래서 '방가방불가(方可方不可)', 당신이 부정했다고 생각하면 당신에게는 단지 또 하나의 새로운 관념이 생겨나서 또 하나의 긍정일 뿐입니다. 그러므로 진정한 주관·객관이란 없습니다. 천하의 모든 시비는, 나의 주관이 옳다[是]고 인정하기 때문에 나의 견해와는 다른 것이 발생하는데 그것을 그르다[非]고 부릅니다. '인시인비(因是因非)', 그렇다면 우리들의 옳음[是]은 어디서 오는 것일까요? 상대적인 것입니다. 다른 사람이 옳지 않다고 생각하기 때문에 나가 옳다고 여기는데, 이것 역시 자기의 한 생각 주관으로부터 온 것입니다. 그러므로 시비(是非)·선악(善惡)·인연(因緣)은 서로 원인이 되고 결과가 되며 모두 믿을 수 없습니다.

우리가 이 단락을 보면 하나의 문제가 남습니다. 장자 시대에는 인도의 불학이 전혀 건너오지 않았습니다. 수백 년 후에 인도 불학이 전해오고서야 '연생(緣生)'의 설이 있게 되었습니다. 인도의 불학도 같은 노선을 걸어갔습니다. 만물은 불자생(不自生)입니다. 만물은 자기로부터 나오는 것이 아닙니다. 생명은 스스로 생겨나는 것이 아닙니다. 오이를 심으면 오이를 얻고, 콩을 심으면 콩을 얻습니다. 만물은 불타생(不他生)입니다. 만물은 주재자가 창조해 낼 수 있는 것이 아닙니다. 또한 만물은 불공생(不共生)입니다. 자기와 타자가 공동으로 해서 생겨난 것도 아닙니다. 그러므로 불자생(不自生)이요, 불타생(不他生)이요, 불공생(不共生)이며, 불무인생(不無因生), 원인 없이 온 것도 아닙니다. 이것을 '연생(緣生)'이라고 합니다. 모든 것은 인연으로 생겨납니다[因緣所生]. 이러한 관념이 바로 불학의 중관(中觀)인데, 당시의 장자와 서로 통하는 점이 있으며, 방생의 설은 연생성공(緣生性空)의 도리이기도 합니다.

성인은 어떠할까   어떻게 도를 얻을까

그러므로 성인(聖人)은 저절로 후천적인 주장을 하지 않고 (형이상의 도인) 천도(天道)에 자연스럽게 비추어 본다. 그러나 이것이 도라고 여긴다면 이 역시 나 자신이 인정한 하나의 주관에 의지하는 것이다. 나 자신의 주관적인 인정도 저 상대방에 의지하여 일어나며, 저 상대방도 나 자신의 주관적인 인정에 의지한다. 따라서 저런 학술사상이나 관념도 하나의 시비(是非)요, 이런 학술사상이나 관념도 하나의 시비이다. 그렇다면 도대체 그런 학술사상이나 관념이 진정으로 옳은 것이 있을까? 도대체 그런 학술사상이나 관념이 진정으로 옳은 것이 없을까? 저쪽과 이쪽이라는 상대(相對)가 없는 절대(絶對)를 도추(道樞)라 부르는데, 그 중심점인 추(樞)가 둥근 고리의 중심을 얻는다면 시작도 끝도 없는 무궁(無窮)에 응할 수 있다. 어떤 관념이나 이론이 옳음도 하나의 무궁이요, 어떤 관념이나 이론이 그름도 하나의 무궁이다. 그러므로 도를 깨달아 판단하는 것 보다 나은 것이 없다고 말한다.

是以聖人不由, 而照之於天, 亦因是也。是亦彼也, 彼亦是也。
彼亦一是非, 此亦一是非, 果且有彼是乎哉? 果且無彼是乎哉?
彼是莫得其偶, 謂之道樞。樞始得其環中, 以應無窮。是亦一無
窮, 非亦一無窮也。故曰:莫若以明。

　'시이성인불유(是以聖人不由), 이조지어천(而照之於天), 역인시야
(亦因是也)', 한걸음 더 나아가 그는 또 일체를 부정했는데, 이게
바로 장자의 논리입니다. 그래서 말하기를, 성인(聖人)인 도를 얻은
사람은 저절로 후천적인 주장을 하지 않고, 자연스럽게 그것을 천
(天)에 비추어본다고 합니다. 여기서의 '천'자는 형이상의 도를 나
타냅니다. 천체(天體) 천도(天道)로써 자연스럽게 한번 비추어봅니
다. 그러나 비록 자기가 지금 시비에 모두 움직이지 않아서, 맞더
라도 상관하지 않고 맞지 않더라도 상관하지 않으며, 공(空)에도
떨어지지 않고 유(有)에도 떨어지지 않으며, 도를 얻었다고 하더라
도, 당신은 유의하기 바랍니다, 장자는 말하기를 '역인시야(亦因是
也)', 만약 이것이 곧 도라고 여긴다면 여전히 하나의 주관이요, 여
전히 당신 자신이 인정한 것이라고 합니다. '시역피야(是亦彼也)',
당신의 이 주관적인 인정도 여전이 타자에 의지하여 일어나는 것
[依他起]에 속합니다. 여기서의 '피(彼)'자는 외부[外界: 상대방으로
이해하면 될 것임/역주]입니다. 외부가 당신이 옳지 않다고 여기니까
내가 비로소 옳은 것입니다. '피역시야(彼亦是也)', 그(상대)가 옳은
것도 당신이 옳지 않기 때문에 그가 비로소 옳은 것입니다. 그러므
로 객관과 주관은 상대적인 것입니다.

우리는 늘 다른 사람이 이렇게 말하는 것을 듣습니다. '나는 당신에게 아주 객관적으로 말씀드립니다' 당신이 이 말을 하는 것이 이미 주관적입니다. 자기가 객관적이라고 생각하는 것이 바로 주관적입니다. '나 자신의 주관적인 인정도 저 상대방에 의지하여 일어나며, 저 상대방도 나 자신의 주관적인 인정에 의지한다[是亦彼也, 彼亦是也]', 그래서 장자는 말합니다. '따라서 저런 학술사상이나 관념도 하나의 시비요, 이런 학술사상이나 관념도 하나의 시비이다[彼亦一是非, 此亦一是非]', 그러므로 세상의 사상이나 관념은 사람마다 저마다 자기식의 옳고 그름이 있습니다. '그렇다면 도대체 그런 학술사상이나 관념이 진정으로 옳은 것이 있을까? 도대체 그런 학술사상이나 관념이 진정으로 옳은 것이 없을까[果且有彼是乎哉, 果且無彼是乎哉]?', 도대체 어느 것이 진정으로 옳은 것일까요? 어느 것이 또 진정으로 옳지 않은 것일까요? 다음 한 단락은 그가 당시의 학술 사상을 비평하는 것입니다.

'저쪽과 이쪽이라는 상대(相對)가 없는 절대(絶對)를 도추(道樞)라 부르는데, 그 중심점인 추(樞)가 둥근 고리의 중심을 얻는다면 시작도 끝도 없는 무궁에 응할 수 있다[彼是莫得其偶, 謂之道樞, 樞始得其環中, 以應無窮]', '우(偶)' 자는 상대라는 뜻입니다. 그는 말하기를 진정한 도는 상대적이 아니라 절대적이라고 합니다. 공(空)도 아니고 유(有)도 아니며, 시(是)도 아니고 비(非)도 아니며. 악(惡)도 아니고 선(善)도 아니라고 합니다. 일체의 상대를 떠난 뒤에 '도추(道樞)'를 얻었다고 말할 수 있습니다. 즉, 도의 중추를 붙들어 쥔 것입니다. 만약 이게 바로 중관(中觀)을 얻은 것이라고 생각한다면, 그것은 치우침에 떨어진 것입니다. 바꾸어 말해, 장자의 도리로써 말한다면 이것은 도추, 한 기기(機器)의 중심점에 불과할 뿐입니다. 하지만 이 도추를 얻으면 좋은 점이 있습니다. '추시득

기환중(樞始得其環中)', '환(環)'은 하나의 동그라미인데, 그 동그라미의 중심점인 '환중(環中)'이 바로 추(樞)입니다.

여러 해 전에 여러분들이 가지고 놀았던 그 훌라후프와 다름없습니다. 사람이 한 중간에 서서 하나의 추점(樞點)을 만들고 그 동그라미를 흔들어 움직이는 겁니다. 이 우주도 바로 이와 같습니다. 생명이나 만물은 모두 하나의 동그라미처럼 시작도 없고 끝도 없습니다. 그러나 동그라미 속에는 중심점이 하나 있습니다. 그 중심점을 당신은 잡아 줘야 합니다. 이 중심점을 잡아 줘었을 때 세간을 벗어나든 세간에 들어가든 '이응무궁(以應無窮)', 무궁에 응할 수 있습니다. 왜냐하면 무시무종(無始無終)이기 때문입니다. 무궁(無窮)에 대한 관념을 잘못 알지 말기 바랍니다. 우리는 무궁이라는 글자만 보면 무량무변(無量無邊)이라고 생각하고 관념상으로 틀림없이 가능한 확대하고는 그 가장자리가 바로 여기에 있음을 잊어버립니다! 그러므로 무궁도 시작이 없습니다. 이 기점이 바로 시작도 없고 끝도 없다는 것을 잊지 말기 바랍니다. 그러므로 장자의 문장은 참 묘하게 말합니다. '그 중심점인 추(樞)가 둥근 고리의 중심을 얻는다면 시작도 끝도 없는 무궁에 응할 수 있다[樞始得其環中, 以應無窮]', 우리가 알듯이 불교를 배우는 사람은 염주를 가지는데, 그 알이 108개입니다. 그런데 도가는 한 개의 연환권(連環圈)입니다. 나무로 만들어진 것인데, 두 개의 동그라미가 서로 함께 연결되어 있습니다. 손에 가지고서 이리저리 가지고 노는 것인데, 이 물건이 바로 환중(環中)입니다. 과거에 대륙에서 보면 많은 도사들이 손에 풍등(風藤)을 하나 지니고 있기를 좋아했습니다. 천연식물로서 두 개의 동그라미가 한데 자란 것인데 조각을 한 것인지는 잘 모르겠습니다. 『봉신방(封神榜)』 소설 속에서는 건곤권(乾坤圈)이라고 하는데, 이 물건이 바로 환중 작용입니다. 사실 인체도 이렇게 두 개의 환중입니다. 위에 상반권(胸部)이 한 동그라미이고 하반권(腹部)이 한 동그라미입니다.

그래서 어떤 사람들은 도를 전할 때 사람들에게 그렇게 조금 주고는 '응! 도가 저기에 있어'하면서 그 중궁(中宮)을 대하고 그 환중을 지키는 것이 바로 도라고 합니다. 일리가 있을까요 없을까요? 그 나름대로 일리가 있습니다. 밀교에서도 그곳을 씁니다. 제가 지금 이렇게 말해버리는 것은 저는 그게 상관없다고 생각하기 때문입니다. 무슨 비밀이 아닙니다. 이것은 어린애 장난일 뿐, 대단한 것이 없습니다. 하지만 도가와 밀교에서는 대단한 것으로 생각합니다. 저는 본디 공개적으로 언급하기를 좋아합니다. 왜냐하면 이것은 도가 아니기 때문입니다. 기껏해야 이런 방법을 써서 당신으로 하여금 이 방향으로 뚫고 들어가게 할 뿐입니다. 중궁이란 어떤 것일까요? 이 속이 위(胃)인데, 두 가닥의 신경이 있는 것이 바로 그것입니다. 여기에 무슨 도리가 있을까요? 장자는 우리에게 마음[心]과 물질[物]을 서로 잊으라고 하는 겁니다. 사람의 수양이 진정으로 심물상망(心物相忘)의 경지에 도달할 수 있으려면, 외부 경계와 자아를 모두 서로 잊어버려야 비로소 그 환중의 경계로 돌아갈 수 있습니다.

'어떤 관념이나 이론이 옳음도 하나의 무궁이요, 어떤 관념이나 이론이 그름도 하나의 무궁이다. 그러므로 도를 깨달아 판단하는 것 보다 나은 것이 없다고 말한다[是亦一無窮, 非亦一無窮也. 故曰 莫若以明]', 이것은 학술관념을 얘기 한 것인데, 인생의 관념을 얘기한 것이나 다름없으며, 그 안에는 정치철학 사회철학 경제철학 등 일체가 그 안에 포함되어 있습니다. 모든 관념이론은 바로 우리 중국의 최고 철학인 다음과 같은 두 마디의 옛 말입니다. '남편 말은 남편 말대로 일리가 있고, 마누라 말은 마누라 말대로 일리가 있으니, 일리 있는 말하기 끝이 없네[公說公有理, 婆說婆有理, 有理說不到底].' 장자의 문자는 바로 '시역일무궁(是亦一無窮), 비역일무궁(非亦一無窮也)'인데, 모두 다 무궁무진하다는 겁니다.

'고왈막약이명(故曰莫若以明)', 그러므로 도를 밝히는 것[明道]이 제일 좋다고 합니다. 도를 밝히고 나면 시비가 다 분명해집니다. 그래서 옛 사람에게는 다음 두 구절의 시가 있습니다. '자종삼숙공상후(自從三宿空桑後), 불견인간유시비(不見人間有是非)', 빈 뽕나무 밑에서는 삼일 저녁을 자지 않는다는 것이 불교의 계율입니다. 출가자가 두타행(頭陀行: 고행/역주)을 닦을 때는 절에도 살지 않고 하루 종일 밖에서 돌아다닙니다. 집 안에서조차도 살지 않고 밤에도 정좌하는데, 바로 뽕나무 아래에 앉습니다. 같은 뽕나무 아래에서 삼일 저녁을 앉아서는 안 됩니다. 왜냐하면 더 이상 앉아 지내면 그 나무에게 감정이 있고 정이 들 수 있기 때문입니다. 수행자는 모든 정(情)을 떠나고 모든 욕망을 내던져버림으로써 자기 생명에 대해서 큰 짐이 없게 해야 합니다. 이른바 다음과 같은 말입니다. '정을 떠나고 욕망을 버림은 부담을 끊어버리기 위해서다[離情棄欲, 所以絶累也]' 그러므로 이 두 마디 말은 장자의 관념과 같은 점이 있습니다. 감정을 떠나고 욕망을 버리고 시비나 공(空)과 유(有) 등등의 관념을 내던져버려야 비로소 이 도를 밝힐 수 있습니다.

천지만물은 한 마리의 말과 같다

손가락[指]을 가지고 비유하여 손가락은 손가락이 아니라고 설명하는 것은, 손가락이 아닌 것을 가지고 비유하여 손가락은 손가락이 아니라고 설명하는 것만 못하다. 말[馬]을 가지고 비유하여 말은 말이 아니라고 설명하는 것은, 말이 아닌 것을 가지고 비유하여 말은 말이 아니라고 설명하는 것만 못하다. 천지란 하나를 가리키는 것이요, 만물이란 한 마리의 말과 같은 것이다.

以指喻指之非指，不若以非指喻指之非指也；以馬喻馬之非馬，不若以非馬喻馬之非馬也。天地一指也，萬物一馬也.

　　이것은 장자의 두 마디 명언입니다. 후세 사람들은 이 두 마디 말 때문에 도를 깨달은 사람도 많았습니다. '천지일지야(天地一指也), 만물일마야(萬物一馬也)', 이 단락의 문장은 중국 문화사상과 문화철학 면에서 수천 년 동안 그 비중이 무거웠습니다. 실제로는 장자 문장의 작문법이 문자적으로 보면 수다스럽고 이리 엎었다 저리 뒤집었다 하는 것 같습니다. 문학을 배우는 학우들은 간략화할 수 있을까요 없을까요? 물론 그럴 수 있습니다.

　　간략화 얘기가 나왔으니 송나라 시대에 당나라 역사 편찬을 주관했던 구양수(歐陽脩)를 얘기해보겠습니다. 당시에 그의 곁에서 도와준 사람들은 한림대학사(翰林大學士들)로서 학문이 매우 좋았습니다. 내일부터 역사편찬 작업을 시작할 테니 오늘 다들 쉬면서 저 교외로 소풍이나 가기로 했습니다. 소풍 갔을 때 마침 말 한 마리가 미쳐서 멋대로 마구 날뛰었습니다. 그리고 고삐를 물어뜯고는 달려왔습니다. 길에 때마침 개 한 마리가 있었는데 미친 말이 한발에 개를 밟아 죽여버렸습니다. 구양수는 그들에게 이 한 장면을 기록해 보라 했습니다. 사실은 편찬 주관자인 그가 이 몇 사람의 편집자를 시험하고 있는 것이었습니다. 마침내 어떤 사람이 이십 여자를 써서 이렇게 말했습니다. '말이 미쳐서 고삐를 물어뜯고 달려와서 개 한 마리를 밟아 죽였다.' 어떤 사람은 줄여서 십 여자로 썼는데, 역사에 다 기록이 있습니다. 구양수는 탄식하며 말했습니다. 여러분들처럼 이렇게 문장을 썼다가는 한 부의 당나라 역사책을 얼마나 큰 집에다가 쌓아 둬야할 지 모르겠소! 다들 구양수에게 어떻게 써야 하느냐고 물었습니다. 그는 말했습니다. '마일폐견어도(馬逸斃犬於途)' 이 여섯 글자로 끝났습니다. 구양수의 이 여섯 글자를 지금 젊은이들은 틀림없이 불만스러워 할 겁니다. 하지만 고문을 조금 알면 그 의미를 곧 알게 됩니다. '마일(馬逸)'이란 말이 마구 날뛴 겁니다. 말이 날뛰어서 개를 길에서 넘어뜨려 죽인 겁니다. 분명하게 얘기해 버렸습니다. 그래서 한 부의 수백 년의 역사책이 책상머리에 쌓아놓아도 아주 작은 책자입니다. 옛사람이 역사를 쓰는 일은 어려웠습니다. 우리의 수천 년 역사를 만약 지금의 백화문으로 쓴다면, 그건 정말 야단 날 일입니다. 그러나 장자의 문장처럼 쓰더라도 야단납니다. 손가락에 비유하면서 또 손가락이 아니라하고, 손가락이 아니라면서 또 손가락에 비유합니다. 말에 비유하면서 또 말이 아니라하고, 말이 아니라면서 또 말에 비유합니다. 이런 식으로 한참 했는데 도대체 당신은 말을 가리키는 겁니까? 아니면 말이 당신을 가리키는 겁니까? 뭐가 뭔지 혼란스럽습니다. 전문적으로 토론한 사람도 있는데, '손가락이 손가락이 아님을 비유함[喩指非指]'에 대해서 저는 많은 글들을 읽어보았습니다. 뿐만 아니라 오늘날 학자들도 토론하면서 여기서의 '지(指)'자는 손가락 의미의 지(指)가 아니라 종지(宗旨)의 지(旨)라고 봅니다. 그래서 지(指)로써 지(旨)를 비유하면서 그 근거로 전고(典故)를 인용하고 있습니다. 왜냐하면 오늘날 논문 쓰기는 이런 식이기 때문입니다. 소크라테스가 어떻게 말했고, 공자가 어떻게 말했고, 어떤 책에는 뭐라고 어떻게 말했고 해서 어쨌든 손가락과 관련 있는 것으로서 책에서 반 토막이든 온 토막이든 손가락만 보면 모조리 베껴서 넣습니다. 그런 다음 자기가 어떤 책들을 보았다고 인용 증명합니다. 마치 학문이 해박한 것처럼 그렇게 합니다. 실제로 당신 자신의 뜻은 무엇일까요? 자기는 뜻이 없습니다. 결론은 어떨까요? 결론은 다른 사람이 내리도록 남겨둡니다! 오늘날 많은 글들은 다들 흉내 내어 이런 모습이 되었습니다.

장자의 이 '지(指)'자는 아주 간단합니다. 바로 손가락입니다. 이 단락은 무엇을 얘기할까요? 논리를 말하고 논변을 얘기합니다. 논변에 관하여는 우리가 알듯이 반드시 다섯 가지 것이 있습니다. 인명(因明)으로 말하면, 종(宗)·인(因)·유(喩宗), 여기에다 정합(正合)과 반합(反合)이 더해집니다. '이지유지(以指喩指)'에서의 '유(喩)'는 비유의 의미입니다. 인도의 인명(因明)은 비유를 대단히 중시합니다. 서양 논리에서는 비유를 말하지 않습니다. 인류의 언어 문자는 사람의 생각이나 의식형태를 진정으로 표현할 길이 없기 때문에 비유를 사용합니다. 비유하여 말하면, 당신이 그림을 그릴 줄 알아서 당신의 의식을 그려내고자 해서 그려낸 그 그림은 이미 당신의 의식이 아니라 3~4층 이후의 의식입니다. 인간의 의식을 표현하기 위하여 불학의 인명 논리는 비유를 대단히 중시합니다. 그럼 세상에서 비유 사용을 잘하는 사람은 어떤 사람일까요? 모든 종교의 교주가 비유를 잘 사용할 줄 압니다. 비유를 가장 잘 쓰는 사람은 석가모니불입니다. 그 다음이 기독교 성경에서인데, 많은 경우가 비유를 사용하고 있습니다. 왜 종교 교주는 비유를 사용하기 좋아할까요? 왜냐하면 최고의 형이상의 도리는 말로써 표현하기 어려워 하나의 비유로써 말할 수밖에 없기 때문입니다. 그래서 우리가 어떤 사람의 얼굴 모습이 어떠냐고 물을 경우 그 녀석 얼굴은 말처럼 생겼다는 대답을 들으면 우리는 웃는데, 어쨌든 얼굴이

긴 것입니다. 이게 바로 비유입니다. 사람들은 늘 비유를 사용하기 좋아하기 때문에 비유는 논변에서 감각과 지식[情識]을 표현하는 가장 좋은 방법입니다. 장자 당시의 일반 명리학자였던 혜자(惠子)나 공손룡(公孫龍)같은 논변을 좋아한 사람들은 모두 제시하여 말하기를, 장자의 이 비유는 좋지 않다며 장자가 비유를 쓰고 난 뒤에 도리어 사람들로 하여금 진정한 의미를 잃어버리게 했다고 했습니다. 이것을 인유실의(引喩失義)라고 합니다.

제가 늘 제갈량의 출사표(出師表)를 얘기하는데 젊은 학우들은 아마 읽어보았을 것입니다. 그 속에 한마디가 자신의 황제인 아두(阿斗)에게 인유실의(引喩失義)해서는 안 된다고 충고하는 말입니다. 우리가 제갈량의 이 한편의 문장을 보면, 유비의 아들인 아두는 대단히 총명했으며 논변을 잘했다는 것을 알게 됩니다. 일을 잘 못해놓고는 아두는 아주 잘 감출 줄 알았습니다. 바꾸어 말하면 멋대로 감추기를 잘했습니다. 왜냐하면 아두 부친인 유비(劉備)가 당시에 아두에게 당부하기를 제갈량을 의붓아버지로 보라고 했기 때문에 출사표에서 제갈량은 아두를 훈계하여 말하기를, 아두가 자주 '인유실의'하여서 사용한 비유가 진정한 의미를 잃었다고 했습니다.

이제 장자의 '이지유지지비지(以指喩指之非指)'라는 이 한마디 말은 조금은 사용한 비유가 진정한 의미를 잃었습니다. 그러나 그는 결코 손가락을 가지고 비유를 한 것이 아닙니다. 이것은 손가락의 도리가 아닙니다. 그래서 뒷날 선종 대사들과 『능엄경』에서의 번역에서도 지(指)자를 사용하여 '이지지월(以指指月: 손가락으로써 달을 가리키다/역주)'이라고 함으로써, 장자보다 고명하게 사용하였습니다. 선종에는 뒷날 『지월록(指月錄)』이란 책이 한 부 있는데, 손가락으로써 달을 가리키는 것은 당신더러 달을 보라는 것이지 손가락을 보라는 것이 아닙니다. 손가락을 달로 여겨서는 안 됩니다. 오늘날 선학(禪學)을 연구하는 사람들이 대단히 많은데, 모두들 손가락을 붙들고 달로 보고 있습니다. 장자의 말을 가져다 비평한다면, '이지유지지비지(以指喩指之非指), 불약이비지유지비지야(不若以非指喩指之非指也)'입니다. 만약 당신이 선종 공안을 연구하면서 선(禪)을 얘기 한다면 당신은 입을 다물고 선을 얘기하지 않는 것이 낫습니다. 어쩌면 선으로 들어갈 수 있습니다.

'천지일지야(天地一指也), 만물일마야(萬物一馬也)', 이것은 장자의 명언인데 많은 사람들이 이로 인해서 도를 깨달았습니다. 장자의 이 말은 '심물일원(心物一元)'의 도리를 표현한 것입니다. 이 '심물일원'은 유물(唯物)도 아니고 유심(唯心)도 아닙니다. 그러나 순수(純粹) 유심이라고 말할 수도 있습니다. 하지만 이 순수 유심은 서양 유심론의 유심이 아닙니다.

장자는 왜 그렇게 비유를 사용하였을까요? 당시 일반적으로 논리 논변학을 얘기하던 사람들이 습관적으로 비유들을 썼기 때문에 그는 가져다가 한바탕 비판했고 후세에 큰 영향을 미쳤습니다. 불법이 중국에 들어온 뒤에 대승불학이 발생했는데, 당나라 시대 때에 모두 십종(十宗: 10개 종파/역주)이 있었습니다. 당나라 무측천(武則天) 시대에 화엄종이 전성기였으며 제3대 조사를 현수대사(賢首大師)라 하고 법명은 법장(法藏)이었습니다. 법장에게는 중국 철학 사상에 영향을 끼친 한편의 저명한 글이 있는데, 금사자장(金師子章)이 그것입니다. 현수대사는 당시 궁정에서 수업을 하면서 궁정 앞에 금사자를 하나 놓고 이 사자를 비유에 사용했습니다. 현수 대사는 금사자를 이용하여 말하기를, '천지일지(天地一指), 만물일사자(萬物一獅子)'라고 했습니다. 이 우주만물은 한 마리의 사자와 같습니다. 사자의 전신(全身)은, 머리 꼬리 다리가 있으며 무수한 털이 있습니다. 그 털 하나하나마다 사자를 대표합니다. 그러나 한 털마다 이 사자인 것은 아닙니다. 치아도 마찬가지입니다. 이는 『화엄경』 십현문(十玄門)인 이른바 제석천 궁전 위에 쳐진 그물의 보석들이 끝없이 서로 겹쳐지는[帝網重重無盡] 도리를 설명합니다. 이것은 장자가 말[馬]을 가지고 비유로 삼은 관념과 마찬가지입니다.

그러므로 장자의 귀납인 '천지일지야(天地一指也)'는, 이 천지는 하나를 가리키는 것이다는 뜻입니다. 이 손가락이 아니라 이 손가락이 가리키는 것입니다. '만물일마야(萬物一馬也)', 우주 만물은 한필의 말과 같은 것에 불과 할 뿐입니다. 말 한 필이 아닙니다. 말의 작용과 같다는 것입니다. 이것은 비유입니다. 명나라 감산대사가 쓴 두 마디의 유명한 시가 있습니다.

몸과 세상은 매미의 두 날개요   身世蜩雙翼
하늘과 땅은 말의 터럭 하나이다   乾坤馬一毛

이 관념도 장자의 '천지는 하나를 가리키는 것이요, 만물은 한 마리의 말과 같은 것이다[天地一指也, 萬物一馬也]'에서 온 것입니다. 이어서 장자는 논리의 도리로부터 시비 관념을 계속 비판합니다.

최후의 일동(一同)

주관적인 시비(是非)관념이 그래야 한다고 인정하니까 그래야 한다고 하고, 그래서는 안 된다고 인정하니까 그래서는 안 된다고 하는 것이다. 도는 그런 사상변론이 아니라 실제로 수행해야만 성취되고, 만물은 인위적으로 그렇게 불러서 그렇다고 하는 것이다. 어째서 그렇다고 하는가? 자신의 관념이 그렇다고 인정하니까 그렇다고 하는 것이다. 어째서 그렇지 않다고 하는가? 자신의 관념이 그렇지 않다고 인정하니까 그렇지 않다고 하는 것이다. 형이하의 입장에서 보면 만물은 저마다 본디 그렇다고 할 개별적인 성질이 있고, 만물은 저마다 본디 그래야만 할 마땅한 본위(本位)와 입장이 있다. 하지만 형이상의 도의 입장에서 보면 만물은 그렇지 않다함이 없고, 만물은 그래서는 안 된다함이 없다. 그러므로 이를 설명하기 위하여 형이하의 입장에서는 띠풀 줄기와 기둥, 못생긴 사람과 서시(西施), 그리고 관대함과 옹졸함, 간교함과 괴이함을 예로 들어 보이지만, 형이상의 도의 입장에서는 모두 통해서 하나가 된다.

可乎可, 不可乎不可。道行之而成, 物謂之而然。惡乎然？然於然。惡乎不然？不然於不然。物固有所然, 物固有所可。無物不然, 無物不可。故爲是擧莛與楹, 厲與西施, 恢恑憰怪, 道通爲一。

　그는 말하기를 시비 관념이 우리들로 하여금 인정(認定)을 낳게 하여, 마땅히 그래야 한다거나 혹은 마땅히 그래서는 안 된다[可乎可, 不可乎不可]고 인정하게 한다고 합니다. 그래야 된다 그래서는 안 된다는 모두 우리들의 주관에서 온 것입니다. 우리들의 생각이 그래야 한다고 생각하면 그래야 한다고 하고, 그래서는 안 된다고 생각하면 그래서는 안 된다고 합니다. 우주 사이에는 마음 밖으로 떠난 시비 관념이 없습니다. 그는 결론적으로 다음과 같이 우리들에게 말해줍니다. '도는 그런 사상변론이 아니라 실제로 수행해야만 성취되고, 만물은 인위적으로 그렇게 불러서 그렇다고 하는 것이다[道行之而成, 物謂之而然]', 우리가 도를 이루고 싶고 형이상의 도 안으로 되돌아가고 싶다면 실제로 행하는 것밖에 없다고 말합니다. 여기에서 우리가 보듯이 장자는 실험을 얘기하여 경험론에 편중되어 있습니다. 오직 진정으로 도를 행해야 비로소 도를 이룰 수 있습니다. 형이상의 도에 도달하고자 하면 알맹이 없는 빈 이론에 의지하는 것이 아닙니다. 만약 사상변론을 도로 삼는다고 하면, 그것은 완전히 틀린 겁니다. 이는 마치 오늘날 도를 얘기하고 불학을 얘기하지만 모두 일종의 사상적인 학문으로 변해버린 것이나 다름없습니다. 그러면 옳지 않습니다. '물위지이연(物謂之而然)', 우주 만물은 우리가 맞다고 인정하면 맞게 되고, 맞지 않다고 하면 곧 맞지 않게 됩니다. 어떤 사물을 무엇이라 부르기로 인정하면 곧 그렇게 부릅니다. 일체가 모두 유심(唯心) 작용입니다. 그러므로 형이상의 도는 '행지이성(行之而成)', 수행을 해야 성취할 수 있습니다. 형이하의 만물은 인위적으로서 어떻다고 생각하면 곧 그러한 것이 바로 '물위지이연(物謂之而然)'입니다. 다음 장자의 문장은 파도가 세차게 치솟는 기세입니다.

'어째서 그렇다고 하는가? 자신의 관념이 그렇다고 인정하니까 그렇다고 하는 것이다. 어째서 그렇지 않다고 하는가? 자신의 관념이 그렇지 않다고 인정하니까 그렇지 않다고 하는 것이다[惡乎然, 然於然, 惡乎不然, 不然於不然]', 그는 '오호연(惡乎然)'이라고 합니다. 어찌해야 옳다고 하는 것일까요? '연어연(然於然)', 당신의 관념이 옳다고 여기면 그것은 옳게 됩니다. 역시 유심 작용입니다. 백화로 바꾸면 간단하지만 장자에 의해 써지면 우리들은 눈이 어지럽습니다. '오호불연(惡乎不然)', 어째서 옳지 않다고 여길까요? '불연어불연(不然於不然)', 이 그렇지 않다는 당신의 관념이 옳지 않다고 여겨서 옳지 않다고 한 것입니다. 비록 그렇게 말하지만 장자의 문자에 속아서는 안 됩니다. 그는 위에서 술수를 하나 부렸습니다. 이는 마치 우리가 태극권을 하듯이 꼭 자세는 보기 좋으나 정작 싸움에는 별 볼일 없이 이리 저리 주먹을 뻗는 것과 다름없었습니다. 그렇지만 실제로 장자는 중심에 이르자마자 곧 돌격해 나왔습니다. 문장을 짓는다는 것은 바로 이런 겁니다. '어째서 그렇다고 하는가? 자신의 관념이 그렇다고 인정하니까 그렇다고 하는 것이다. 어째서 그렇지 않다고 하는가? 자신의 관념이 그렇지 않다고 인정하니까 그렇지 않다고 하는 것이다', 모두 상관이 없습니다.

'형이하의 입장에서 보면 만물은 저마다 본디 그렇다고 할 개별적인 성질이 있고, 만물은 저마다 본디 그래야만 할 마땅한 본위와 입장이 있다[物固有所然, 物固有所可]', 천지만물은 저마다의 그러한 까닭이 있습니다. 우주만물이 형성된 이상 전기는 어디까지나 전기로서, 전등을 이루면 빛을 발합니다. 그것이 발성하는 곳을 지나면 녹음기가 되고 라디오가 됩니다. '물고유소연(物固有所然)', 물체는 모두 그 자체의 그러한 까닭의 특별한 성능이 있습니다. '물고유소가(物固有所可)', 그러므로 만물은 모두 저마다 마땅히 그래야할 본위(本位)와 입장(立場)이 있습니다.

현상계 입장에서 보면 형이상의 도가 만물을 형성한 뒤에는 그 만물은 각자 저마다의 성질이 있습니다. 물과 불은 두 가지가 다릅니다. 두 가지 다 물질이지만 물과 불은 서로 용납될 수 없습니다. '물고유소가(物固有所可)', 물은 물의 쓸모가 있고 불은 불의 쓸모가 있습니다. 형이하는 그렇습니다. 그러나 형이상의 입장에서 보면 '만물은 그렇지 않다함이 없고, 만물은 그래서는 안 된다함이 없다[無物不然, 無物不可]', 도체에 돌아가면 물과 불은 모두 원래의 그 에너지로 변하여 하나의 에너지일 뿐입니다. 그래서 그는 하나의 도리를 설명합니다.

'그러므로 이를 설명하기 위하여 형이하의 입장에서는 띠 풀 줄기와 기둥, 못생긴 사람과 서시, 그리고 관대함과 옹졸함, 간교함과 괴이함을 예로 들어 보이지만, 형이상의 도의 입장에서는 모두 통해서 하나가 된다[故爲是擧莛與楹, 厲與西施, 恢恑憰怪, 道通爲一]' 그러므로 형이하와 형이상의 도리가 다르기 때문에 여기서 하나의 현상이 발생합니다. 현상 입장에서 보면 '정(莛)'은 띠 풀의 한 줄기인데, 빗자루 꼭대기의 한 띠 풀과 같습니다. '정'이라는 띠 풀은 가늘고 취약하며 가볍습니다. '영(楹)'은 하나의 큰 기둥입니다. 대웅전 속의 그 큰 기둥입니다. 큰 나무로서 굵고 크며 귀중합니다. 이것은 두 가지 상반된 것입니다. '려여서시(厲與西施)', '려(厲)'는 대단히 못생긴 사람입니다. '서시(西施)'는 고대의 첫째가는 미인으로서 아주 예뻤습니다. 역시 이 둘은 서로 상반됩니다. 사람의 현상(現狀)·개성·심리 등은 모두 같지 않는데, 그는 네 가지 부류만 얘기하고 있습니다. '회(恢)'란 흉금이 활달하고 관대하여 무슨 일이든 개의하지 않는 것입니다. '궤(恑)'란 도량이 좁은 것입니다. '휼(憰)'이란 간사 교활한 것입니다. '괴(怪)'란 괴이한 것입니다. 이 네 가지는 외재의 현상으로서 저마다 다름이 있습니다. 이 도리는 무엇일까요? 바로 '만물은 저마다 본디 그렇다고 할 개별적인 성질이 있다[物固有所然]'를 말한 것입니다. 추한 사람은 추한 것이고 예쁜 것은 예쁜 것입니다. 가는 것은 가는 것이고 굵은 것은 굵은 것입니다. 도량이 큰 것은 큰 것이고, 좁은 것은 좁은 것입니다. 간사 교활한 것은 어디까지나 간사 교활한 것이고 기기괴괴한 것은 어디까지나 기기괴괴한 것입니다. 각자 달라서 현상이 다르고 작용도 다른 것이 바로 '만물은 저마다 본디 그렇다고 할 개별적인 성질이 있고, 만물은 저마다 본디 그래야만 할 마땅한 본위와 입장이 있다[物固有所然, 物固有所可]'입니다.

그러나 '도통위일(道通爲一)', 형이상의 입장에서 말하면 한 가지 것입니다. 사람을 예를 들면 예쁜 사람이나 예쁘지 않는 사람이나 죽은 뒤에는 모두 백골로 변하고 백골은 재로 변합니다. 예쁜 사람이나 안 예쁜 사람이나 모두 마찬가지여서 모두 공(空)합니다. 그것이 바로 '일(一)'입니다. 띠 풀 줄기나 기둥이나 재로 변해버리면 역시 마찬가지가 됩니다. 이것도 '일(一)'입니다. 이른바 회(恢)·궤(恑)·휼(憰)·괴(怪)는 최후에 이르면 역시 '모두 통해서 하나가 됩니다[道通爲一]'. 여기에서 또 형이상과 형이하의 도리가 발생합니다.

어떤 것이 나누어짐은 곧 또 다른 것이 이루어짐의 시작이요, 그 이루어짐은 곧 허물어짐의 시작이다. 만물은 영원히 이루어진 것도 영원히 허물어진 것도 없어서 최후에는 다시 형이상으로 통하여 하나가 된다. 오직 도를 통달한 사람만이 만물은 형이상으로 통하여 일체(一體)임을 안다. 이 때문에 처세함에 있어 현실도피적인 방법을 쓰지 않고, 평범하게 보이지만 최고의 지혜인 용(庸)에 맡기는 것이다. 용(庸)이란 작용함이요, 작용함은 통함이요, 통함은 얻음인데 둥근 고리 중심의 무궁한 응용을 얻었다면 거의 된 것이다. 용(庸)의 작용에 따라 쓸 뿐, 이미 그렇게 쓰고 나서도 그런 줄 알지 못하는 경지를 도(道)라 이른다.

其分也, 成也; 其成也, 毁也。凡物無成與毁, 復通爲一。唯達者知通爲一, 爲是不用而寓諸庸。庸也者, 用也; 用也者, 通也; 通也者, 得也。; 適得而幾矣。因是已, 已而不知其然, 謂之道。

　'어떤 것이 나누어짐은 곧 또 다른 것이 이루어짐의 시작이요, 그 이루어짐은 곧 허물어짐의 시작이다[其分也, 成也 ; 其成也, 毁也]', 이것도 물리의 이치입니다. 어떤 것이 분화(分化)될 때가 바로 무엇인가가 이루어지는 시기이기도 합니다. 예를 들어 벼를 베어와서 가공하여 가루로 만들면 분화되고, 나누어서 많은 맛있는 것으로 만들 수 있습니다. '어떤 것이 나누어짐은 곧 다른 것이 이루어짐의 시작이요[其分也成也]', 분산이 바로 또 다른 생명의 시작입니다. 마치 부부가 결혼해서 열 몇 명의 아이를 낳으면, 이 두 사람이 분화되어 하나의 큰 가정을 이룬 것이나 다름없습니다. 그러나 '그 이루어짐은 곧 허물어짐의 시작이다[其成也毁也]', 막 태어나자마자 동시에 죽어가는 것[方生方死]에서의 죽음입니다. 이루어졌을 때가 바로 허물어지기 시작할 때입니다. 예컨대 이 집을 우리가 다 지어 이루어 사용하기 시작한 그 날부터 이미 허물어지기 시작하여 서서히 파괴되어가서 집은 결국은 무너지기 마련입니다. 그러므로 결론은 '만물은 영원히 이루어진 것도 영원히 허물어진 것도 없어서 최후에는 다시 형이상으로 통하여 하나가 된다[凡物無成與毁, 復通爲一]'입니다. 천지만물은 어느 것도 이루어졌다고 부를 것이 없으며, 어느 것도 영원히 존재하는 것도 없으며, 영원히 허물어지는 것도 없습니다. 공(空)의 상태로 오래 지난 뒤에는 자연히 유(有)를 형성할 것입니다. 이렇게 형성된 유(有)에 많은 인연이 더해져서 얽히고 화합하여 자연히 있게 되며, 이 자연적인 유(有)는 최후에 하나로 돌아갑니다. 다음에는 이어서 중국문화의 중요한 문제가 하나 나옵니다.

평범하게 보이는 높은 지혜

'유달자지통위일(唯達者知通爲一), 위시불용이우제용(爲是不用而寓諸庸). 용야자(庸也者), 용야(用也) ; 용야자(用也者), 통야(通也) ; 통야자(通也者), 득야(得也) ; 적득이기의(適得而幾矣)', 우리가 알듯이 수천 년 동안 중국 유가의 문화사상은 가장 중요한 한 고리를 차지했습니다. 그런데 유가문화는 송나라 왕조 이후 이른바『사서』속의『대학』과『중용』을, 여러분이 알듯이, 저마다 외울 줄 알았습니다. 예전에 우리가 글공부할 때는 어린이는 외우지 않으면 안 되었습니다. 외우지 못하면 손바닥을 맞아야 했습니다. 손바닥은 맞으면 부었습니다. 마치 익은 게딱지처럼 그렇게 빨갛게 부어서 가련했습니다.『중용』에 관하여 어떤 대학자가 고증학적 의견을 제시하기를 자사(子思) 시대는 장자보다 좀 뒤라고 보았습니다. 자사의 사상은 장자의 사상에 근거해서 온 것이기 때문에 그래서『중용』을 썼다고 봅니다. 왜냐하면『중용』의 용(庸)자는 장자 이 부분에서 먼저 제시되기 때문입니다. 말한 바에 의하면 그렇습니다. 이 고증 학문은 어렵습니다. 수천 년 뒷사람이 수천 년 전의 일을 고증하면서 이 자료가 절대로 정확하다고 말할 경우 저는 그리 믿지 않습니다. 오늘날 한 점의 골동에 근거하거나 죽은 사람의 뼈 한 점에 근거해서 수천 년 이전 사람이 이랬다느니 저랬다느니 단정하는데, 저는 다음과 같이 말할 수 있을 뿐입니다. '주관적인 시비관념이 그래야 한다고 인정하니까 그래야 한다고 하고, 그래서는 안 된다고 인정하니까 그래서는 안 된다고 하는 것이다. 옳다고 인정하니까 그것을 옳은 것으로 여기고 그르다고 인정하니까 그것를 그르다고 여긴다[可乎可, 不可乎不可, 是者爲之是也, 非者爲之非

也)' 바로 장자의 말을 인용한 것인데 뭐라고 딱 잘라 말하기 어렵습니다.

하지만 장자는 여기서 '용(庸)'의 작용을 언급하고 있습니다. 천지사이의 일은 형이상의 도체(道體)의 입장에서 보면 성패(成敗) 시비(是非) 선악(善惡)이 없다고 말합니다. 그런데 형이하의 만유의 현상은 가지런하지 않는 것이고 형이상은 가지런한 것이어서 '최후에는 다시 형이상으로 통하여 하나가 됩니다[復通爲一]'. '유달자(唯達者)', 오직 진정으로 도를 얻고 도를 통한 사람이라야 '지통위일(知通爲一)', 형이상으로 돌아가면 일체(一體)라는 것을 알게 됩니다. 이 '일(一)'도 하나가 아니라 절대적인 것입니다. '위시불용이우제용(爲是不用而寓諸庸)', 그러므로 도를 얻은 사람은 처음부터 한결같이 '불용(不用)'입니다. 그러므로 많은 사람들이 장자를 배웠는데, 다들 나쁘게 배웠습니다. 과거 수십 년 전에 제가 구세대 친구를 보았는데, 나이가 저보다 몇 십 살이나 많았고 학문도 훌륭했지만 그는 일생동안 술이나 좀 마시고 유유자적하며 한가하게 지냈습니다. 그는 위로는 천문에 통하고 아래로는 지리에 통했습니다. 그에게 묻기를 세상이 이렇게 어지러운데 당신은 왜 나서서 한바탕 사업을 하지 않습니까? 하니 그는 말했습니다. 자네는 모르네. 나는 장자를 배운 사람이야. 쓸모없는 쓸모가 큰 쓸모라네[無用之用是大用]. 제가 젊었을 때 자주 이런 노년 친구들과 농담을 했는데 저는 그분들의 별명을 『수호전』에 나오는 지다성(智多星) 오용(誤用)이라고 불렀습니다.

이른바 '위시불용이우제용(爲是不用而寓諸庸)', 이것은 『사서』의 하나인 『중용』의 '용(庸)'입니다. 이 '용(庸)'도 쓸 용(用)자의 의미입니다. 장자의 '용야자, 용야(庸也者, 用也)'에서 또 용(用)인데 이를 어떻게 해석할까요? 이것은 고문인데, 해석하기 어렵습니다. 우리가 『장자』 내7편 모두를 이해하고 나면, 사실 그는 결코 완전히 세상을 위해 쓰이지[用世] 않기를 주장하지는 않았습니다. 비록 여전히 세상을 위해 쓰이고 있더라도, 쓰이되 알맞고 쓰이되 적당한 정도 이르는 것이었습니다. 그는 그다음에 '용(庸)'자에 대한 해석이 있습니다. 『대학』이든 『중용』이든 사실 용(庸)자는 모두 『장자』에서 유래하였습니다. 그 시대는 변란이 극도에 이르렀으며 그 시대의 사상은 모두 서로 통하는 점이 있었다고 말할 수 있을 뿐입니다. 난세에 처한 사람은 향원(鄕愿)으로 변하여 현실을 도피하기 쉽습니다. 사람이 비록 현실에서 도피하지 못하더라도 현실을 두려워하니 방법을 생각해서 현실을 잘 쓸 뿐입니다. 현실을 잘 쓰는 것이 장자가 여기서 말하는 용(用)입니다. 잘못 쓰면 향원으로 변하게 됩니다.

향원(鄕愿)은 공자가 말한 것입니다. 공자는 향원의 처세방식을 몹시 깔보았습니다. 향원, 이런 사람들은 겉으로 보면 사람됨이 어디서나 다 옳습니다. 도덕도 있고 남의 미움도 사지 않습니다. 어디서나 다 좋습니다. 그에게 동의하는지 않는지 물어보면 반대하지 않는다고 합니다. 그에게 반대하는지 않는지 물어보면 나도…이렇군! 이렇지요? 거기서 거기니 대충하지요! 합니다. 도대체 어떠냐고 물어보면, 좋아 좋아요! 합니다. 이게 바로 향원의 태도입니다. 그래서 공자는 말하기를 '시비선악을 분명히 가리지 않고 두루뭉술한 태도로 한 고을에서 만사 호인으로 칭송받는 자인 향원은 덕을 해치는 자이다[鄕愿者, 德之賊也]'라고 했습니다(논어 제17편 양화 참조/역주). 그러나 장자가 얘기한 것은 그런 의미가 아닙니다. 그는 말합니다. '용(庸)이란 작용함이요, 작용함은 통함이요, 통함은 얻음인데[庸也者, 用也, 用也者, 通也, 通也者, 得也]', 오직 도를 통한 사람이어야 이 용(庸)을, 『중용』의 용(庸)의 작용을 얻는다고 합니다. 왜 그럴까요? 그 자신이 여기에 해석하는 말을 두었습니다. '둥근 고리 중심의 무궁한 응용을 얻었다면 거의 된 것이다[適得而幾矣]', 이것을 얻으면, 즉 위에서 말했던 '둥근 고리의 중심을 얻는다면 시작도 끝도 없는 무궁에 응할 수 있다[得其環中, 以應無窮]'에서의 둥근 원(圓)의 중심은 곧은 것인데 곧은길로 걸어갑니다. 구불구불한 길로 걸어가는 것이 아닙니다. '적득(適得)', 이 도리를 얻으면 '이기의(而幾矣)', 여기서 '기(幾)'자는 거의 되었다는 뜻입니다. 이 단락은 논리에 관한 논변으로서 시비성패(是非成敗)를 얘기했습니다.

'용(庸)의 작용에 따라 쓸 뿐, 이미 그렇게 쓰고 나서도 그런 줄 알지 못하는 경지를 도라 이른다[因是已, 已而不知其然, 謂之道]', 어떻게 하는 것을 '불용이우제용(不用而寓諸庸)'이라 할까요? '용(庸)'이란 대충이나 대략이 아니라 그 고리의 중심[環中]을 딱 알맞게 얻은 것입니다. 바꾸어 말하면 여기서의 '용(庸)'은 후세에 말하는 '평범하고 포부가 없다[庸庸碌碌]'는 뜻의 '용'이 아니며, 어리석은 사람[傭人]이라는 뜻의 '용'이 아닙니다. 고도의 지혜가 최고처에 이르렀지만 평범하게 보이는 것이야말로 '용'의 도리로서 그 고리 중심의 응용을 얻은 것입니다. 한 나라의 최고 영도자가 손가락으로 한번 버튼을 누르기만하면 원자탄이 발사되어 지구의 얼마간이 파괴될 수 있는데, 그렇게 한번 건드리기만 하지만 가장 어려운 한 번의 건드림입니다. 당신이 이를 이해하고 나면, '용(庸)의 작용에 따라 쓸 뿐, 이미 그렇게 쓰고 나서도 그런 줄 알지 못하는 경지를 도라 이른다[因是已, 已而不知其然, 謂之道]', 이 기관(機關)은 여기에 있으니, 고도의 지혜를 쓰면 지극히 간단하고 지극히 쉽습니다. 하지만 그 과정에 포함된 것은 지혜인데, 모든 지혜, 최고의 지혜입니다. 그렇다면 우리가 이 도(道)가 있고나서 마지막에 사용할 때에는 도라고 생각하지 않고, 자기가 지혜롭다고도 생각하지 않고 아주 평범한 씀[用]이라고 생각합니다. 다음에서 그는 도의 용(用)을 가지고 일반인들의 용(用)을 설명합니다.

모사조삼(暮四朝三)은 습관이 안 되어요

세상 사람들은 정신과 총명을 수고롭게 하여 그 어느 한 점으로 향하여 외곬으로 나아갈 뿐 그 전체적인 대동(大同)으로 향하여 나아갈 줄 모른다. 이런 사람을 조삼모사(朝三暮四)라고 부른다. 무엇을 조삼모사라 하는 것일까? 원숭이를 기르던 노인이 어느 날 원숭이들에게 왕밤을 먹이로 주면서 말했다. 내일부터는 아침에 세 개를 주고 저녁에 네 개를 주겠다. 그러자 원숭이들이 모두 성을 냈다. 노인이 말했다. 그러면 예전대로 아침에 네 개를 주고 저녁에 세 개를 주겠다. 그러자 원숭이들이 모두 기뻐했다. 왕밤은 일곱 개로서 그 명칭과 실질은 변함이 없었음에도 기뻐함과 노여움을 일으켰는데, 이 역시 주관적인 시비관념에서 비롯된 것이다. 그러므로 성인은 형이하의 시비(是非)를 조화시켜 형이상의 도의 평형 상태인 천균(天鈞)에서 쉬어버린다. 이것을 양행(兩行)이라 하는데, 도가 병행하면서 서로 위배되지 않는 것이다.

勞神明爲一而不知其同也，謂之朝三。何謂朝三？曰：狙公賦芋，曰：朝三而暮四。衆狙皆怒。曰：然則朝四而暮三。衆狙皆悅。名實未虧而喜怒爲用，亦因是也。是以聖人和之以是非而休乎天鈞，是之謂兩行。

이 단락은 세상 사람들을 꾸짖는 것이자 고명하게 세상 사람들에게 경고하는 것이기도 합니다. 조금 전에 용(庸)을 얘기했는데 우리들은 이 용(庸)을 어떻게 쓸 줄 모르고 자기가 총명하다고 생각하는 사람들은 모두들 자신의 총명을 함부로 부리기를 좋아합니다. 그래서 총명이 도리어 그 총명 때문에 잘못됩니다. 어리석은 사람이 손해 보는 것은 어디에 있을까요? 자기의 어리석음을 부리고 있다는 것을 모르는 데 있습니다. 그래서 더욱 어리석습니다. 총명한 사람은 자기의 총명을 부리므로 역시 어리석습니다. 그렇다면 이런 사람들은 왜 어리석을까요? '세상 사람들은 정신과 총명을 수고롭게 하여 그 어느 한 점으로 향하여 외곬으로 나아갈 뿐 그 전체적인 대동(大同)으로 향하여 나아갈 줄 모른다[勞神明爲一而不知其同也]', 모두 자기의 정신과 총명을 가지고 한 점으로 파고 들어간 것입니다. 여기서의 '일(一)'은 '도는 다시 형이상으로 통하여 하나가 된다[復通爲一]'는 그 하나가 아닙니다! 잘못 알지말기 바랍니다. 그것은 소뿔 속의 뾰족한 그 한 점으로 향하여 뚫고 들어간 것입니다. 외곬으로만 나아가고 '이부지기동야[而不知其同也]', 대동(大同) 방면으로 향하여 뚫고 들어갈 줄을 모릅니다. 이런 사람들을 뭐라고 그럴까요? '조삼모사(朝三暮四)'라고 부릅니다. 중국문화에서는 늘 남을 '조삼모사'라고 욕을 하는데『장자』책에서 유래되었습니다. 무엇을 '조삼모사'라고 부를까요?

옛날 어떤 저공(狙公)이 원숭이들을 사육하는 노인으로 동물원의 원장이었습니다. 그는 여러 마리의 원숭이들을 길렀습니다. 그 원숭이들은 왕밤을 먹기를 좋아했습니다. 원숭이를 기르는 노인은 원래 아침에는 네 개를 먹이로 주고 저녁에는 그들에게 세 개만 먹이로 주었습니다. 어느 날 이 노인은 갑자기 재미로 그 원숭이들에게 말했습니다. 내일부터는 너희들한테 아침에는 세 개를 주고 저녁에는 네 개를 주겠다. 와! 전체 원숭이들이 떠들어대기 시작했습니다. 이건 안 됩니다. 못 견뎌요. 배가 고플 겁니다. 그러자 노인이 말했습니다. 떠들어대지 마라, 떠들어대지 마. 여전히 예전대로 아침에 네 개를 저녁에 세 개를 주겠다. 그러자 원숭이들이 이에 고분고분해지면서 말했습니다. 좋아요, 그렇게 하면 됩니다.

여기서 장자는 꾸짖기를 세상 사람들은 고명한 사람들에게 우롱당하는 이 한 무리의 원숭이들 같다고 합니다. 어쨌든 일곱 개의 왕밤을 당신에게 먹으라고 주면 되고 시간의 안배가 다르고 자리의 안배가 다를 뿐인데 당신은 얼마나 기뻐한지 모릅니다! 당신에게 멍청한 놈이라고 한 소리 욕을 하면 당신은 곧 몹시 화를 냅니다. 당신에게 큰 소리로 외치기를, 나리님 당신 안녕하십니까? 당신 안녕하십니까. 미안합니다. 당신이 천하제일입니다. 만세! 그렇게 한 소리 하면 당신은 기뻐합니다. 실제로는 모두 남에게 우롱당하는 것입니다. 이게 바로 조삼모사(朝三暮四), 모사조삼(暮四朝三)의 도리입니다. 그래서 그의 마지막 한마디 결론은 '왕밤은 일곱 개로서 그 명칭과 실질은 변함이 없었다[名實未虧]'입니다. 원숭이를 기르는 이 노인처럼 왕밤을 하루에 여전히 일곱 개 주는 것은 변함이 없고 관념만 좀 바꾸었을 뿐인데도 다들 견디지 못하게 된 것이나 다름없습니다. 당신은 이것을 한 이야기로 보지 말기 바랍니다! 이것은 바로 사회학·경제학·정치학이며 무슨 철학이든 모두 그 안에 있습니다. 그러므로 정치상의 도리도 마찬가지여서, 한 시대가 바뀌어 정책 담당자들이 정책을 바꾸려고 할 때 정치 영도자는 곤란합니다. 새로운 방법이 인민사회에 유리하다는 것을 뻔히 알면서도 처음에는 백성들이 절대 반대합니다. 왜냐하면 습관이 안 되기 때문입니다. 남에게 나쁜 습관을 고치라고 하면 그 사람도 습관이 안 된다고 생각할 겁니다. 그러므로 우리가 역사를 읽어보면 몹시 탄식합니다!

역사상 몇 가지 일이 있는데 모두 '민왈불편(民曰不便)'이었습니다. 백성들이 불편하게 여겨 반란을 일으켰습니다. 실제로는 한참 떠들어대다가 원래대로 고쳤는데, '저공이 왕밤을 주는[狙公賦芧]' 격입니다. 제가 예전에 사천(四川)에 있을 때에 중경(重慶)에서 큰 길을 닦고자 한다는 이야기를 알았습니다. 고대에는 모두 돌길이었습니다. 비가 오면 길 양쪽은 온통 진흙이었고 집 처마가 낮았습니다. 하지만 중경에도 당시 성도(成都)처럼 지방 세력이 있었는데, 이른바 오로칠현(五老七賢)이 있었습니다. 만주 청나라 때부터 중화민국에 이를 때까지, 지위가 높고 명성이 크며 학문이 훌륭하고 사회적인 힘이 아주 컸으며 재산이 많았던 사람들입니다. 무슨 큰 길을 닦았을까요? 그들이 길을 다니는 것은 기분이 좋았습니다. 가마를 좀 타고 인력거도 있는데 왜 집을 철거해서 그렇게 넓은 길을 닦는다는 거야? 큰길[馬路]이란 건 말에게 걸어가라고 주는 것인데 나와 무슨 상관이 있어? 결국 한 선생인 이 분은 뒷날 대만(臺灣) 여기서 세상을 떠났는데, 뒷날 후인들은 그를 군벌(軍閥)이라고 불렀습니다. 그에게는 정말 방법이 있었습니다. 어느 날 그는 오로칠현에게 성대한 잔치 모임에 오라고 청했습니다. 아편도 있었고 즐기고 놀 도박도 있었습니다. 요리도 좋은데다 그들을 공경히 대했습니다. 식사를 대접하면서 한편으로는 그의 부대를 파견하여 그 사람들 집을 철거해버렸습니다. 그들이 식사를 다하고 돌아가서 보니 집도 철거되었고 큰길도 닦아져 있었습니다. 뒷날 사천 친구가 저에게 말해주었는데 봉사가 이렇게 말했답니다. 아아! 참 좋다. 모 아저씨가 이렇게 넓은 길을 닦았구나! 이제는 길 걷는데 지팡이도 필요 없게 됐네. 그러므로 이 이야기를 통해서 보듯이 천하의 일은 고치고자 하면 어려울 때가 있습니다. 대중들의 뜻을 어기지 않으면 안 될 때가 있습니다. 정확한 정책을 고수하려면 이러한 담당자가 있어야합니다. 대중들로 하여금 그렇게 하는 것은 긴 앞날의 공적인 이익을 위한 것임을 체험하게 해야 합니다. 법 집행면에서 자기의 사적인 욕망과 충돌하는 경우도 있는데 아픔을 참고 희생할 수밖에 없습니다. 이것도 매우 갸륵한 일입니다.

어느 시대 어느 환경, 예컨대 지금 이 환경은 우리가 앉아 있는 위치가 이렇게 배치되어 있는데, 다음에 왔을 때 위치가 바뀌었다면 많은 사람들이 '백성들이 불편하다 말했다'를 틀림없이 느낍니다. 내가 예전에 앉았던 그 자리가 아주 좋았는데 왜 이쪽으로 했지? 라고 생각합니다. 그래서 움직여서는 안 됩니다. 사실은 모두 심리작용입니다. 그래서 사회에서의 많은 일들이 정치사회만 이럴 뿐만 아니라 가정도 이렇습니다. 당신의 아이가 열심히 공부하지 않는 습관이 되어 있는데, 앞으로 당신이 그 아이더러 공부를 좀 열심히 하도록 고치게 하고 싶어 하면 백성들이 불편하다고 말하듯이 그 아이도 당신을 위해서 열심히 공부를 하지 않는 것은 모두 같은 이치입니다. 그러므로 이 이야기가 포함하고 있는 철학적 의의(意義)에는 인생의 실용에 대하여 너무나 많은 도리가 있습니다. 당신은 우스운 이야기로 여겨 듣고 지나가버리지 말기 바랍니다. 그러면 장자를 저버리는 것으로 안타까운 일입니다.

조화를 아는 사람

'그러므로 성인은 형이하의 시비를 조화시켜 형이상의 도의 평형 상태인 천균(天鈞)에서 쉬어버린다. 이것을 양행(兩行)이라 한다

[是以聖人和之以是非而休乎天鈞, 是之謂兩行]', 형이상의 도에는 옳음도 없고 그름도 없습니다. 선도 없고 악도 없습니다. 형이하에는 시비가 있고 선악이 있습니다. 그렇다면 도를 얻은 성인은 형이하의 도에 처(處)하여 사람과 사람사이에 어떻게 처할까요? '화지이시비(和之以是非)', 시비선악을 조화시키고자 합니다. 이 '화(和)'는 바로 『중용』의 용(庸)입니다. 그래서 어떤 사람은 『중용』이 『장자』에 근거해서 나온 것이라고 제시합니다. 『중용』에서는 또 중화(中和)의 화(和)를 제시하여 '중화의 경지에 이르면 천지와 자리를 같이하고 생명의 근원이 되어 만물을 길러준다[致中和, 天地位焉, 萬物育焉]'고 합니다. 그러므로 도를 얻은 성인은 형이하에는 시비가 있을 뿐만 아니라 갈수록 첨예하다는 것을 알기 때문에 그것을 조화시킬 수밖에 없습니다. 시비를 중화시킬 수밖에 없습니다. 중화할 수 있다면 형이하에 있는 인도(人道)는 많이 좋아집니다.

그러나 한걸음 더 나아가 '이휴호천균(而休乎天鈞)', '천균(天鈞)'은 장자의 명사입니다. 여기서 '천(天)'은 형이상의 도를 나타내며, '균(鈞)'은 평형입니다. 천지처럼 공평한 것입니다. 이러한 공평은 어떻게 조화를 이루어야할까요? 이게 바로 지혜의 학[智慧之學]입니다. 우리들이 보기에는 천지는 결코 공평하지 않습니다. 천지는 왜 우리가 따뜻하기를 바랄 때 한사코 추워질까요? 우리가 추워지길 바랄 때 한사코 더워질까요? 아주 불공평합니다! 어떻게 하는 것을 천지처럼 공평한 것이라고 할까요? 낮을 두어 당신이 떠들썩하게 하고 또 밤을 두어 당신이 쉬게 합니다! 이것은 또 공평합니다! 그 과정에서의 조화는 천지사이의 조화를 깊이 깨달아 '천균'에서 쉬어야 합니다. 장자는 이것을 '양행(兩行)'이라 부른다고 말합니다.

이 '양행'의 도리는 우리들의 오늘날 개념으로 보면 장자는 복선궤도[雙軌]를 주장한 겁니다. 많은 것들이 복선궤도 노선을 걸어갑니다. 하지만 복선궤도 노선은 흔히 모순(矛盾)이 발생하며 투쟁이 발생합니다. 실제로는 '양행'의 도리는 복선궤도가 아닙니다. 역시 『중용』에서 말하는 다음의 한마디입니다. '도병행이불패(道並行而不悖)', 도가 병행하면서 서로 위배되지 않는다는 뜻입니다.

여기서 우리는 장자의 문장에 미혹되어서는 안 됩니다. 한참 얘기하고 나서 지금 여전히 논리로부터 이해하기 시작합니다. 옛사람들은 서마다 한바탕 자기의 도리를 말했습니다. 남편 말은 남편대로 일리가 있고 마누라 말은 마누라대로 일리가 있듯이 그랬습니다. 그런 뒤에 사람마다 사용하는 논리방법이 모두 주관으로부터 형성된 것으로, 천지사이에는 진정한 시비가 없다고 비평하면서, 형이상이니 형이하니 하면서 두루 말했습니다. 장자의 문장은, 우리가 분수지(噴水池)로 가서 만화경[萬花筒]에서 뿜어져 나오는 물을 보는 것과 같습니다. 전등 조명이 화려하고 아름다운 색채를 한번 비추면 못의 물이 파도가 치는 바로 그런 화면입니다. 당신은 그에게 속고 있지 말고 우리는 여전히 물을 보아야 합니다. 그 현상을 보아서는 안 됩니다. 현상을 본다면 이미 장자한테 속았습니다. 그는 지금 한결같이 한 가지 것인 형이상의 도를 얘기하고 있지만 아직 중심을 얘기하지 않았고 여전히 돌고 있습니다. 다음에서 그는 그는 또 도의 그림자를 언급합니다.

우주만유의 시작 전후

상고 시대의 사람 중에 지혜가 최고의 경지에 이른 사람이 있었다. 어

느 경지까지 이르렀을까? 만물이 존재하기 이전에 형이상의 도(道)가
있음을 아는 사람이 있었는데, 그 경지는 지극하고 완전하여 그 이상
더할 수 없다. 그 다음 경지에 이른 사람은 만물이 존재하기는 하지만
만물에는 아무런 한계범위가 없음을 알았다. 또 그 다음 경지에 이른
사람은 만물에는 한계범위는 있지만 옳고 그름의 시비가 없음을 알았
다. 옳고 그름의 시비가 나타나자 도가 허물어졌다. 도가 허물어지자
편애심(偏愛心)이 이루어졌다. 그런데 이루어짐과 허물어짐이 정말 있
을까? 아니면 이루어짐과 허물어짐이 정말 없을까? 이루어짐과 허물
어짐이 있는 예는 소문(昭文)이 거문고를 탔던 경우(인데, 소리로써
인생과 우주만유의 성쇠성패盛衰成敗에 대하여 일어나는 감정을 표현
한 것)이다. 또한 이루어짐과 허물어짐이 없는 예는 소문이 거문고를
타지 않았던 경우(인데, 소리도 사라지고 우주만유도 사라지고 사람도
망아忘我의 경지에 들어 형이상의 도의 체體와 하나가 된 것)이다.

古之人, 其知有所至矣, 惡乎至? 有以爲未始有物者, 至矣, 盡
矣, 不可以加矣。其次以爲有物矣, 而未始有封也。其次以爲有
封焉, 而未始有是非也。是非之彰也, 道之所以虧也。道之所以
虧, 愛之所以成。果且有成與虧乎哉? 果且無成與虧乎哉? 有成
與虧, 故昭氏之鼓琴也；無成與虧, 故昭氏之不鼓琴也。

　당시의 그런 학자들이 도에 관하여 한 연구, 형이상과 형이하의
변론에 대하여 장자는 다음과 같이 제시합니다. '고지인(古之人)',
중국의 상고문화에 형이상의 도를 아는 사람이 이미 있었습니다.
'기지(其知)', 그의 지혜가 '유소지의(有所至矣)', 최고처에 도달했
습니다. '오호지(惡乎至)', 그는 어느 정도로 높았을까요? '만물이
존재하기 이전에 형이상의 도(道)가 있음을 아는 사람이 있었는데,

그 경지는 지극하고 완전하여 그 이상 더할 수 없다[有以爲未始有物者, 至矣]', 어떤 사람은 우주만유가 '진의, 불가이가의(盡矣, 不可以加矣)', 만물이 시작되기 이전에 세계가 없었고 천지가 없었고 달도 없었고 지구도 없었습니다. 일체가 없었던 그 때가 형이상의 도체로서 이것이 최고의 경지에 이르렀다고 여겼습니다. 중국문화에서는 뒷날 무극(無極)이라고 불렀는데 불가에서는 바로 공(空)입니다. 옛사람들은 형이상의 도체는 공하며 무극이라고 벌써 알았습니다. 장자는 또 말하기를, 중국의 상고 시대 조상들은 형이상의 도는 공한 것이며 우리들의 우주만유 생명은 진공(眞空)이 변한 묘유(妙有)에서 온 것임을 알 수 있었다고 합니다. 어떻게 변했을까요? 이것은 큰 문제입니다. 장자는 다음과 같이 얘기합니다.

'그 다음 경지에 이른 사람은 만물이 존재하기는 하지만[其次以爲有物矣]', 그 다음에는 만물이 있었는데, 우리의 조상들은 우주만물이 어떤 것에서 시작되는지를 알았습니다. 지금 우리는 장자 입장에서 서서 장자의 이 단락의 관념을 세상의 철학에 대한 평론으로 삼을 수 있습니다. 다시 말해서 상고 사람들은 만물이 시작되기 이전에는 공(空)한 것이었다는 것을 이미 알았습니다. 그 공한 것은 그것을 유심(唯心)이나 혹은 심물일원(心物一元)이라고 불러도 좋습니다. 또 그 다음에는 어땠을까요? 어떤 사람들은 만물이 시작된 이후에 물질의 힘이 크고 물리의 작용이 크다는 것을 알았습니다. 먼저 물이 있었고 그 액체가 열에너지로 변했다고 하거나, 기체가 바람으로 변했다고 하거나, 지수화풍(地水火風), 금목수화토(金木水火土)가 함께 운동을 시작하고 물질이 변화하고 있다고 알았습니다. 그러나 이 물질이 한번 변하여 이 세계를 형성한 이후에 '만물에는 아무런 한계범위가 없음을 알았다[未始有封也]', 결코 한계가 없었습니다. 중국 정치철학 사상이나 사회학 사상, 경제학 사상은 모두 이것을 언급하고 이 뿌리를 언급하고 있습니다. 장자가 여기서 언급했고, 공자도 언급했듯이, 예컨대 이 지구가 형성되기 이전에는, 사회개념으로 얘기하면 무슨 재산제도라고 부르는 관념이 없었습니다. 이 재산제도는 이것이 사유고 저것은 공유다고도 말할 수 없습니다. 이런 관념조차도 없었습니다. 어떤 사람이 무인도에 가서 황무지를 개간하면 '미시유봉야(未始有封也)', 이 한계는 당신 것이나 내 것에 속한다 말할 것이 없음이나 다름없었습니다. 인류의 인구가 서서히 많아지자 생활에서의 수요가 사람들의 사심(私心)을 일으켰기에, 나는 나의 범위가 있고 당신은 당신의 범위가 있어서 한계가 있게 되고 경계가 있게 됐습니다. 가장 이른 시기에 인류사회의 인구는 아직 그리 많지 않았고 사심도 그리 크지 않았습니다. 그래서 아직은 투쟁이 없었습니다.

'또 그 다음 경지에 이른 사람은 만물에는 한계범위는 있지만 옳고 그름의 시비가 없음을 알았다[其次以爲有封焉, 而未始有是非也]', 그 당시는 아직 인구가 적어서, 비록 당신은 당신의 한계가 있고 나는 나의 한계범위가 있더라도 아직은 좀 더 많이 다투려고 시비투쟁을 벌이지 않았습니다. 인류는 아직 서로 사양할 줄 알고 아주 예의가 있었습니다. 제가 자주 학우들에게 말씀드리는데, 사람들은 항상 시대는 진보하고 있다고 늘 말합니다. 하지만 철학논리관점에서 보면 시대가 도대체 진보하고 있는지 퇴보하고 있는지는 뭐라고 꼭 꼬집어 얘기하기 어렵습니다. 동방의 우리 고유문화에서는 본디 인류의 문명은 쇠락하는 것으로 보았습니다. 후세로 올수록 어지러워지고 타락하고 퇴보한다고 보았습니다. 불가의 문화도 그렇게 봅니다. 그러므로 엄격하게 철학을 얘기하면 이 논리상으로는 차이가 있습니다. 우리들은 지금 인류의 물질문명 발전은 진보한 셈이라고 말할 수 있을 뿐입니다. 그런데 인류의 도덕 정신문명은 꼭 진보하는 것이 아니라 타락 퇴화하고 있습니다. 지금 장자도 그런 관념입니다.

'옳고 그름의 시비가 나타나자 도가 허물어졌다. 도가 허물어지자 편애심이 이루어졌다[是非之彰也, 道之所以虧也. 道之所以虧, 愛之所以成]', 시비가 있자 투쟁이 있게 됐습니다. 이 일이 변천하여 발전해 가자 사람과 도는 갈수록 멀어졌습니다. 왜 고서에 보면 옛사람들이 도를 얻거나 혹은 학문에 성공한 사람들이 많고 많았으며 빠르고도 좋았을까요? 왜 후대로 내려올수록 그보다 못해졌을까요? 제가 어제 외국의 한 학생이 보내온 편지를 받았는데, 바로 이 문제를 물었습니다. 그 자신도 열심히 공부하고 노력하고 그렇게 오랫동안 도를 닦았는데도 그림자조차도 없다고 느껴진답니다. 왜 옛사람들은 닦자마자 할 줄 알게 됐을까요? 선생님, 저는 좀 못 믿겠습니다. 고서에서 우리를 속인 것이 아닐까요? 이 편지는 지금 책상머리에다 놓아두었습니다. 아직 회신을 하지 않았습니다. 왜냐하면 회신하려면 긴 문장을 써야하기 때문입니다. 저는 정말 시간이 없습니다. 그런데 옛사람들은 우리를 속이지 않았습니다. 물질문명이 발달할수록, 사회가 복잡할수록, 사상이 문란할수록, 시비 선악 관념이 더더욱 복잡해지는데, 이런 것들은 모두 도를 장애하는 인연이 됩니다. 뿐만 아니라 사람들에 대한 교육이 보급되었고 지식이 개발되었습니다. 학문은 갈수록 기초가 없게 되었습니다. 지식이 꼭 학문인 것은 아닙니다. 저는 장자의 입장에 서서 이 도리를 설명한 것입니다. 그래서 장자는 말합니다. '옳고 그름의 시비가 나타나자 도가 허물어졌다. 도가 허물어지자 편애심이 이루어졌다', 여기서 '애(愛)'는 사심(私心)의 편애(偏愛)를 나타냅니다. 사심의 애호가 갈수록 엄중해지면 사람의 이기심도 갈수록 엄중해집니다.

지금 여전히 제물론 편에 있습니다. 우리 전편(全篇)의 종지(宗旨)를 다시 한 번 말하겠습니다. 실제로『장자』내7편은 하나로 연관된 것입니다. 특히 제물론 편은 도체(道體)인 우주만유 본체는 본래 절대(絶對)요 동일한 것이요 일체(一體)라고 가리킵니다. 이 체(體)가 작용을 일으킬 때에 일체 만유의 현상이 달라집니다. 다르다는 것은 현상과 작용이 다르다는 것일 뿐 도체는 한 가지입니다. 물을 예로 들겠습니다. 그 성능(性能)은 적시는 것입니다. 그런데 물에는 맑은 물이 있고 혼탁한 물이 있으며 혹은 갖가지 짜거나 싱겁거나 등등의 맛으로 변하여 다릅니다. 그러나 물의 성능은 불변입니다. 단지 작용과 현상이 변했을 뿐입니다. 이 원칙을 우리는 반드시 잡아 쥐고서 제물론 편을 읽으면 내용이 일관된다는 것을 알게 됩니다. 왜냐하면 제물론 편의 내용이 인용하는 것이 너무 많고 너무 떠들썩하기 때문에 우리는 그 비유에 속아 넘어가기 쉽거나 혹은 설명에 속임을 당합니다. 그래서 몹시 두서가 없는 것으로 느껴지지만 실제는 연관되어 있습니다.

　　예컨대 앞서서 우리는 중국문화 속에서 습관적으로 사용하는 한 가지 전고를 이야기했는데, 바로 저공부서(狙公賦芧)로서 조삼모사(朝三暮四) 모사조삼(暮四朝三)이었습니다. 관념과 현상 면에서 한 번 변하자 다들 그런 현상들과 관념들에 의해 흐리멍덩하게 되어버려, 사람이 정서면에서 좋아하거나 싫어하거나 옳다거나 그르다는 다름을 일으킨다는 것이었습니다. 이 이야기는 비유를 너무나 잘했기 때문에 오히려 사람들로 하여금 도체는 하나라는 도리를 소홀히 하게 했습니다. 다들 관념이 다르기 때문에 유가 묵가 도가 각 가의 설들이 다 다르고 응용방법도 달랐습니다. 이 때문에 현상이 사람들을 미혹시켜 본래를 잃어버리게 만들었습니다. 장자의 중점은 바로 여기에 있습니다.

이 중점을 파악하고 있으면 그것은 불경에서 인용하는, '중맹모상, 각집일단(衆盲摸象, 各執一端)'의 도리와 같습니다. 큰 코끼리가 한 마리 서 있는데, 한 무리의 맹인들이 와서 이 코끼리를 만졌습니다. 코끼리의 코, 귀, 입, 다리, 꼬리를 만졌는데 저마다 달랐습니다. 그러나 자기가 만진 그 일부분이 곧 코끼리라고 생각했습니다. 그러므로 맹인들이 코끼리를 만진 것은 코끼리의 일부분으로서 코끼리가 아니라고 말할 수는 없지만 결국은 코끼리 전체는 아닙니다. 불교에는 또 하나의 비유가 있습니다. 선종에서 자주 쓰는 것인데 '분하음수, 각립문정(分河飮水, 各立門庭)'입니다. 세상의 물은 다 마찬가지이지만 해양(海洋)과 강하(江河)가 성질이 다르기 때문에 물맛이 달라 짜고 · 싱겁고 · 흐리고 · 맑고 · 세고 · 부드러운 등등의 맛이 있습니다. 일반인들은 자기 집 부근에 있는 강물을 마시고는 '이편개전(以片槪全)', 천하의 물은 다 그렇다고 개괄(槪括)합니다. 불학에서 인용한 이 두 가지 예는 장자가 말하는 것과 같은 도리입니다. 단지 장자가 표현하는 방법이 아름다울 뿐입니다.

우리는 앞에서부터 여기까지 얘기 했는데, 장자는 말하기를 양쪽을 다 놓아버리고 그 중도(中道)를 취하여 행하는 것이 제일 좋다고 합니다. 하지만 장자는 중도의 이 '중(中)'자를 세우지 않았습니다. 장자는 '용(庸)'이라는 글자를 말했습니다. 『중용』의 그 용(庸)자입니다. 앞의 결론에서 '양행(兩行)', 병존을 말할 때 우리는 『중용』에서 말하는 '도가 병행하면서 서로 위배되지 않는다[道並行而不悖]'도 인용했습니다. 그는 이 이유를 끓어다가 말하기를 도체인 형이상에 대한 사람의 지견이 처음에는 원시 생명의 근원을 추구하고자 했다고 했습니다. 도체의 최초의 근원을 추구했기 때문에 이론지식이 갈수록 진보하고 시비논변도 갈수록 많아졌으며 사심과 편견도 갈수록 그만큼 많아졌다고 했습니다. 결론은, '옳고 그름의 시비가 나타나자 도가 허물어졌다. 도가 허물어지자 편애심이 이루어졌다'입니다. 이어서 그는 또 한 이야기를 인용하여서 한 가지 도리를 설명합니다.

'그런데 이루어짐과 허물어짐이 정말 있을까? 아니면 이루어짐과 허물어짐이 정말 없을까[果且有成與虧乎哉, 果且無成與虧乎哉]?', 이게 바로 장자의 문장입니다. 송나라 시대의 유명한 소동파 같은 이도 장자의 필법을 채용했습니다. 이어서 명나라의 일반 문학가들, 특히 선(禪)과 관계가 있었던 사람으로 원중랑(袁中郞)·이탁오(李卓吾)·풍몽룡(馮夢龍) 등등 그리고 청나라 때의 김성탄(金聖嘆)·이립옹(李笠翁)을 포함한 이런 부류의 사람들은 모두 장자의 문학 노선을 걸어갔으며, 거기에다 불학(佛學) 선학(禪學) 노선을 더해서 모두 종합적인 문장 격식이었습니다. 보세요. 장자의 문장은 고정적인 것을 말하는 구절이 하나도 없습니다. 그는 말을 단정적으로 하지 않고 융통성 있게 말을 합니다. 그래서 후세에 어떤 사람은 장자는 선종의 한 개산(開山) 조사라고 말했습니다. 선종 선사의 문학이나 선종 대사들이 하는 말은 대부분 다들 이런 식이었습니다.

'과차유성여휴호재(果且有成與虧乎哉)', 정말로 세상에는 이른바 성공과 실패란 것이 있을까요? '과차무성여휴호재(果且無成與虧乎哉)', 정말로 성공과 실패가 없는 것일까? 사실은 하나의 관념입니다. 그러나 논리적으로 말하면 사면(四面)입니다. 그러므로 장자는 문학이 아름다울 뿐만 아니라 논리도 분명합니다. 다음에서는 한 사실을 이야기합니다.

음악과 도

'이루어짐과 허물어짐이 있는 예는 소문이 거문고를 탔던 경우이고, 또한 이루어짐과 허물어짐이 없는 예는 소문이 거문고를 타지 않았던 경우이다[有成與虧, 故昭氏之鼓琴也, 無成與虧, 故昭氏之不鼓琴也]', 먼저 이 한 개인의 일을 제시하고 있습니다. '소씨(昭氏)'는 고대의 성씨며 이름은 문(文)이었습니다. 전한 바에 의하면 노(魯)나라 소문(昭文)라고 합니다. 노나라의 음악가였습니다. 그의 거문고 재주는 이미 입신(入神)의 경지에 들어서 이른바 도의 경지에 가까웠습니다. 그가 거문고를 타면 듣는 사람으로 하여금 망아의 경지에 들어가 일체만물을 잊어버릴 수 있게 했습니다. 사람들이 그의 거문고 타는 소리를 듣기만 하면 도의 경지로 들어갔으며 승화(昇華)하여 신(神)으로 변했습니다. '유성여휴(有成與虧), 고소씨지고금야(故昭氏之鼓琴也)', 이것은 소문이 거문고를 탈 때 그의 거문고 소리는 세상에는 흥성과 쇠락 성공과 실패[盛衰成敗]가 있음을 표현하고 있었다는 겁니다. 이 세상은 꽃이 피고 꽃이 지며 봄이 왔다가 또 갑니다. 사람은 태어나서는 쇠락하고 또 사망합니다. 이렇게 이루어지고 허물어지는 과정, 생멸변화의 과정은 사람으로 하여금 많은 감개(感慨)를 불러일으키게 합니다. 이 감개의 정감을 표현했기 때문에 그래서 '소문이 거문고를 탔던 경우입니다[昭氏之鼓琴也]' 그가 거문고를 타가다 최후의 한 소리에 이르면 이 손을 한번 멈추자 소리도 고요해져 사라졌습니다. 사람도 망아에 들었습니다. 무엇이나 다 사라졌습니다. 천지가 다 공(空)하여 거문고를 탈 필요가 없어졌습니다. 그래서 '소문이 거문고를 타지 않았던 경우입니다[故昭氏之不鼓琴也]' 이는 바로 소문의 거문고

타기를 묘사한 것인데 그의 거문고 재주는 도의 경지에 가깝다고 합니다. 인생과 우주만유의 이루어짐과 허물어짐, 성패 성쇠의 많은 감정이 느껴질 때가 있을 때라야 비로소 그는 거문고를 탔습니다. 거문고를 다 타고났을 때는 아무 소리도 나지 않았습니다. 이른바 천지와 사람과 사물이 모두 공해졌습니다. 이때에 도(道)의 체(體)에 합일하였습니다. 그럼 이때에는 세상에 이른바 흥성과 쇠락 성공과 실패도 없어 일체가 다 공(空)했습니다. 장자는 먼저 이것을 제시하고 아울러 또 두 음악가를 말합니다.

소문은 거문고를 타고, 사광(師曠)은 지책(枝策)이라는 악기를 두드리고, 혜자는 오금(梧琴)이라는 악기를 탔다. 이 세 사람이 도달한 음악적인 경지는 천지변화를 아는 영감적인 수준으로서 도의 경지에 들어갔다. 그런데 그들은 모두 자신들의 정신과 기술의 조예(造詣)가 최고의 경지에 이른 전성기 때 연주하였기 때문에 그 이름들이 후세에까지 기록되어 있는 것이다. 어떻게 그런 경지에 도달할 수 있었을까? 그들은 저마다 애호(愛好)가 서로 간에 달랐으며, 자신이 특히 좋아하는 것을 외곬으로 파고들어가 투철히 밝히려 하였기 때문이다. 그런데 저 혜자는 자기의 논리에 빠져 밝힐 수 없는 것을 밝히려 하였다. 그래서 한 개의 단단하면서 흰 돌은, 촉각으로는 단단함만을 알고 시각으로는 흰 것만 알기 때문에 한 개가 아니라 두 개가 된다는 따위의 궤변(詭辯)이론을 주장하는 어리석음으로 끝났다. 그리고 그런 사람들은 도에 관하여 실증적인 추구가 아니라 논리적인 생각이나 방법만으로 추리함으로써 끝나버리고 일생토록 성취가 없었다. 그런데 이와 같다면 성취라고 말할 수 있는 것일까? 그렇다면 비록 나라도 이미 성취했다. 이와 같다면 성취라고 말할 수 없는 것일까? 천지만물과 나는 본래 하나의 결론이 없는 것으로 성취라 할 것이 없다. 그러므로 있는 것 같기

도 하고 없는 것 같기도 하며 참도 아니고 거짓도 아닌 내심의 스스로
그러한 광명 경지가 바로 성인이 추구하고 걸어가는 길이다. 이 경지
에 도달하면 일반적 세속적 응용을 떠나, 쓰면서도 쓰지 않고 일체를
함이 없으면서도 하는 도의 경계인 용(庸)에 맡긴다. 이런 것을 도를
깨달음이라 한다.

昭文之鼓琴也, 師曠之枝策也, 惠子之據梧也, 三子之知幾乎！
皆其盛者也, 故載之末年。唯其好之也, 以異於彼, 其好之也,
欲以明之。彼非所明而明之, 故以堅白之昧終。而其子又以文之
綸終, 終身無成。若是而可謂成乎？雖我亦成也。若是而不可謂
成乎？物與我無成也。是故滑疑之耀, 聖人之所圖也。爲是不用
而寓諸庸, 此之謂以明。

'소문은 거문고를 타고, 사광은 지책(枝策)이라는 악기를 두드리
고[昭文之鼓琴也, 師曠之枝策也]', '지책(枝策)'은 일종의 악기입니
다. 팔선(八仙: 종리권, 장과로, 한상자, 이철괴, 조국구, 여동빈, 남채화, 하
선고 여덟 명의 신선/역주) 중에 조국구(曹國舅)의 경우는 두 개의 대
조각을 들고 있는데 손안에서 쥐면 쥐자마자 소리가 납니다. '지
책'이란 바로 그것입니다. 박자판이라고도 할 수 있습니다. '사광
(師曠)'은 진(晉)나라의 명 음악가였습니다. 그의 악기는 판(板)이었
는데, 음악적인 조예도 최고봉에 도달해서 소문의 거문고 타기 경
지와 같았습니다. '혜자는 오금(梧琴)이라는 악기를 탔다[惠子之據
梧也]', '혜자(惠子)'는 유명한 논변학자였습니다. 논리를 말했는데,
장자와는 동시대이고 맹자도 자주 그를 언급했습니다. '거오(據梧)'
는 고금(古琴)을 탄 것입니다. 오늘날 우리들의 고금 대가인 손육
근(孫毓芹) 교수처럼 칠현고금에 유일무이한 전문가나 다름없었습

니다. 우리는 혜자 대신에 '손자지거오(孫子之據梧)'라고 바꾸어도 마찬가지입니다. 그가 거문고를 탈 때에는 장포(長袍)를 입고 거문고 줄을 이렇게 만지면 그 자신은 수염이 어디에 자라나 있는지조차도 잊어버립니다. 다시 말해 그의 경지는 대단히 초월적이었습니다. 장자는 그 세 사람을 언급하기를 음악적인 조예가 모두 그런 높은 경지에 도달했다고 합니다. 그렇지만 우리는 특별히 유의해야합니다. 장자는 왜 음악 경지를 제시하고자 했을까요? 왜냐하면 음악이나 회화나 시가(詩歌) 등 일체의 예술은 모두 다 사람들의 감정 발휘이기 때문입니다. 마음속에 느낌이 깊이 사무치거나[感慨] 기쁘거나 분노가 일어나거나 슬프거나 즐겁거나[喜怒悲歡] 하는 사이에 이러한 예술 내지는 가무로써 표현해 내는 것은 모두 같은 도리이기 때문입니다. 정서의 변화를 고대에는 귀납하여 희노애락(喜怒哀樂)이라고 불렀는데, 오늘날에 비추어 분석한다면 더욱더 많아집니다. 사람의 희노애락 전체는 바로 성패성쇠(成敗盛衰)이 네 글자입니다. 성패성쇠하는 과정은 사람의 희노애락를 불러 일으킵니다.

이 세 사람 음악 대가들의 음악 경지는 지극히 높았습니다. 그들의 음악은 희노애락의 정감의 변화에 따라 소리의 억양돈좌(抑揚頓挫: 고저高低 기복起伏 휴지休止 곡절曲折/역주)와 경중완급(輕重緩急: 가벼움과 무거움 느림과 급함/역주)의 다름을 표현해 냈는데, 만물 작용의 차별입니다. 곡이 끝나고 사람도 흩어지고, 강위에 여러 산봉우리들이 푸르고 천지만물이 고요할 때, 그리고 아직 거문고를 타기 전에는 그렇게 고아(高雅)하고 그렇게 광활[空曠]하고 그렇게 심원(深遠)하면서 성쇠성패도 없고 희노애락도 없어서, 이 마음이 평정(平靜)하기가 도체(道體)의 평등제동[平齊]과 같습니다. 그들은 음악 경지로써 이 모든 것을 표현해 보였습니다. 이 단락은 음악과 관계가 있기 때문에 처음 시작부분에서 먼저 대풍이 불면 온갖 구멍들이 성난 듯 외치는 것[萬竅怒號]을 말했습니다. 다음에서 그는 결론을 짓습니다.

'이 세 사람이 도달한 음악적인 경지는 천지변화를 아는 영감적인 수준으로서 도의 경지에 들어갔다. 그런데 그들은 모두 자신들의 정신과 기술의 조예가 최고의 경지에 이른 전성기 때 연주하였기 때문에 그 이름들이 후세에까지 기록되어 있는 것이다[三子之知幾乎, 皆其盛者也, 故載之末年]', 장자는 말합니다. 이 세 사람은 역사상의 명 음악가이지 보통 말하는 음악가가 아니다. 그들은 이미 음악의 경지를 통해 도의 경지에 들었다. 이런 곡은 응당 천상에만 남아 있을 뿐일 것이지 인간 세상에서 어떻게 몇 번이나 들을 수 있겠는가. 그 경지에 도달하여 신선이 되었다. 장자는 말하기를 이세 사람의 음악이 도달한 경지는 '지기호(知幾乎)'라고 했습니다. 여기서의 '기(幾)'는 기관(機關)의 기(機)입니다. 이 세 사람은 '지기(知幾)'의 경지였는데, 이 기(幾)는 어디에 있을까요? 정감(情感)이 올 때 그 정감을 붙들어 쥐고 그의 고명한 기술로 표현해 내는데, 그야말로 천지 변화와 같습니다. 그는 이 기(機)를 붙들어 쥘 수 있었습니다. 바람과 구름 천둥과 비[風雲雷雨]가 한번 지나가고 우주만상이 청명(清明)할 때 그는 한 소리도 울리지 않아서 마치 천지가 공령(空靈)한 것 같았습니다. 그러므로 이 '지기(知幾)'는 음악예술경지로 말하면 오늘날 사람들은 그것을 영감(靈感)이라고 부르는데, 이 영감을 붙들어 쥐어야합니다. 이것은 작은 방면에서 얘기한 것입니다.

큰 방면에서 얘기하면 어떨까요? 그는 그 다음에 한마디 결론이 있습니다. '개기성자야(皆其盛者也), 고재지말년(故載之末年)', 모두 그가 그의 정신과 기술 조예가 최고의 경지에 도달했을 때 붙들어

쥐고 성공적으로 연주하였다는 것입니다. 그래서 그 당시 성공할 수 있었으며 역사상으로도 천고에 이름을 남겼다고 합니다. 만약 정신이 노화하고 사람이 쇠패(衰敗)하려 할 때라면 비록 높은 이상 (理想)이 있더라도 일을 해 낼 수 없고 표현해낼 수 없습니다. 거문고 연주를 예를 들어봅시다. 머릿속으로는 어떤 수법으로 어떻게 타야 어떤 소리가 틀림없이 좋겠다고 하지만 풍습병(風濕病)에 걸려있습니다! 두 손의 신경이 정상이 아니어서 덜덜 떨어 거문고를 타더라도 되지를 않습니다. 그래서 그는 한마디로 결론을 짓고 있는데, 세간법이나 출세간법도 마찬가지입니다. 수도하는 것이나 사람 노릇하는 것이나 다 마찬가지입니다. 사람은 '지기(知幾)'를 알고 자기 생명의 중점을 붙들어 쥘 줄 알아야 합니다. '지기'를 모른다면 바로 자기에게 농담을 하는 것으로 소용이 없습니다.

'지기'의 도리는 어떨까요? 장자는 주제를 이미 가리켜보였습니다. '개기성자야(皆其盛者也), 고재지말년(故載之末年)', 그의 전성기 때 최고봉에 이르렀을 때가 바로 그가 성공하는 그 찰나입니다. 두 번 다시 두 번째가 있을 수 없습니다. 왜냐하면 그런 정신이 사라져버렸기 때문입니다. 이 '기(機)'가 한번 지나가고 나면 모든 것이 지나가 버립니다. 세속에서의 성공과 수도에서의 성공도 마찬가지입니다. 그가 이 단락을 이끌어낸 것은 그 자신이 인용한 이유입니다. 이어서 또 한걸음 더 나아가 얘기합니다.

'그들은 저마다 애호가 서로 간에 달랐으며[唯其好之也, 以異於彼]', 그는 이 세 사람을 가지고 말합니다. 소문 사광 혜자는 왜 음악적인 조예가 신선의 경지에 도달 했을까? 왜냐하면 사람마다 애호가 다르고 편애가 다르기 때문이다. 사람마다 좋아하는 것이 있는 데 이것 역시 기(機)입니다! 자신의 이 장점을 붙들어 쥐고 한 우물만 파들어 간다면 성공하지 못할 자가 없습니다. 그러므로 어떤 학문 어떠한 일도 그것을 사랑하는 사람은 그것을 좋아하는 것만 같지 못합니다. 어느 정도로 좋아해야 할까요? 거기에 빠져버려서 미친 듯이 좋아하면 틀림없이 성공합니다. 왜냐하면 세상의 바깥 모든 것들은 문제가 되지 않아 모두 마음속에 없습니다. 이게 바로 사람이 성공하는 길입니다.

실제 증득에 온 마음을 기울이다

'자신이 특히 좋아하는 것을 외곬으로 파고들어가 투철히 밝히려 하였기 때문이다[其好之也, 欲以明之]', 만세에 이름을 남기는 전문가인 대단한 인물은 어떤 일에 대하여 특히 좋아하기 때문에 외골수로 파고 들어가 한사코 그 문제를 투철하게 이해하고자 합니다. 이게 바로 성취할 수 있는 원인입니다. 다음에서 그는 또 비평합니다. '그런데 저 혜자는 자기의 논리에 빠져 밝힐 수 없는 것을 밝히려 하였다. 그래서 한 개의 단단하면서 흰 돌은, 촉각으로는 단단함만을 알고 시각으로는 흰 것만 알기 때문에 한 개가 아니라 두 개가 된다는 따위의 궤변이론을 주장하는 어리석음으로 끝났다[彼非所明而明之, 故以堅白之昧終]', 그는 말합니다. 그렇지만 어떤 사람들, 특히 그의 친구인 혜자에 대해서 얘기하는데 혜자는 변론하기를 몹시 좋아했기 때문입니다. 변론하기를 좋아함이란 논리와 생각 방법 문제를 연구하기 좋아하는 것입니다. 즉, 방법으로써 생각하는 것입니다. 장자는 이런 것들이 모두 시간낭비라고 여겼습니다. 천지 사이에서 생각이란 이 물건은 아주 묘합니다. 생각 자체는 연구하지 않고 생각하는 방법만 연구하는 것은 밝힐 수 없는 것을 밝히려고 한 것이다. '피비소명이명지(彼非所明而明之), 고 이견백지매종(故以堅白之昧終)', '견백(堅白)'은 혜자 그 사람들이 변론한 것인데, 바로 '견석비석(堅石非石), 백마비마(白馬非馬)'란 것입니다. 이런 문제들은 앞으로 장자가 얘기 할 것입니다. 그들은 처음부터 한결같이 자기의 이 논리 속에 있으면서 자신에게 올가미를 씌웠습니다. 논리를 한참 얘기하다보면 그 사람 자신이 가장 비 논리적이 됩니다. 세상에는 많은 일이 이론적으로는 절대 말이 통하지만 사실적으로는 실행할 수 없는 것도 바로 이 도리입니다. 그래서 '이견백지매종(以堅白之昧終)'이라고 말했습니다.

'그리고 그런 사람들은 도에 관하여 실증적인 추구가 아니라 논리적인 생각이나 방법만으로 추리함으로써 끝나버리고 일생토록 성취가 없었다[而其子又以文之綸終, 終身無成]', 안타깝게도. 그런 사람들은 자신의 학문이 좋다고 생각합니다. 논리를 얘기하는 사람들은 장차 '이문지륜종(以文之綸終)', 논리적 이론상으로 책을 쓰고 문장을 발표하고 논리의 논리를 발표하여, 그럴수록 논리가 어디로 가버렸는지 모르게 됩니다. 결론은 '종신무성(終身無成)'입니다. 한참 했지만 자신이 도를 닦든 인간세상에서 일을 하든 성공한 것이 없습니다.

'그런데 이와 같다면 성취라고 말할 수 있는 것일까? 그렇다면 비록 나라도 이미 성취했다. 이와 같다면 성취라고 말할 수 없는 것일까? 천지만물과 나는 본래 하나의 결론이 없는 것으로 성취라 할 것이 없다[若是而可謂成乎, 雖我亦成也. 若是而不可謂成乎, 物與我無成也]', 장자는 양쪽을 다 얘기했습니다! 꼬리 하나를 여러분이 갖도록 절대 남겨놓지 않습니다. 이 단락에서 그는 논리 생각으로 도가 무엇이라고 추측하거나, 도가 마침내 어떤 것이라고 추측한다면 영원히 알 수 없는 것이라고 비판하고 있습니다. 그는 논리적인 방법이나 추리로써 도를 추구하여 생각 자체가 도라고 여기는 것은 아예 틀렸다고 꾸짖었습니다. 그는 또 말합니다. '약시이가위성호(若是而可謂成乎), 수아역성아(雖我亦成也)', 하루 종일 앉아서 빈말만 하여 성공할 수 있다면 나는 이미 성공했다고 합니다.

장자의 이 말은 마치『삼국연의』속의 제갈량이 동오(東吳)에서 일반 선비들을 이렇게 꾸짖는 것과 같습니다. '앉아서 논의하고 서서 담론하면서 말들이야 도도하게 끊어지지 않게 하지만 임기응변에서는 한 가지도 할 수 있는 게 없다[坐議立談, 滔滔不絶, 臨機應變, 百無一能]' 당신들은 대단합니다! 학술적 이론 얘기는 다들 나름의 한 체계가 있지만 임기응변에서는 한 가지도 언급한 게 없는데, 그게 무슨 소용이 있느냐는 겁니다. 제갈량의 이 구변도 장자로부터 온 것 같습니다. 장자도 말합니다. '약시이가위성호(若是而可謂成乎)', 만약 앉아서 논의하고 서서 담론하는 데 있어서는 남이 따라 할 수 없는 정도를 학문이라고 부르고 그것도 성공이라고 한다면, 장자도 유머가 있으면서도 오만하게 또 겸손하게 말하기를, '수아역성아(雖我亦成也)', 그렇다면 나도 벌써 성취했다고 합니다. '약시이불가위성호(若是而不可謂成乎)', 그렇다면 세상에서는 무엇을 유용한 것이라고 할까요? '물여아무성아(物與我無成也)', 천지만물과 나는 본래 한 결론이 없는 것으로서 성공이랄 것이 모두 없습니다. 하느님이 우주를 창조했고 창조한지 한 나절 지나고 또 몇 년 지난 뒤에는 또 한바탕 엉망진창으로 변해 파괴 소멸되어버리는데, 이것은 쓸데없는 일 아닙니까? 이것을 종신토록 성취함이 없다고 하는 것입니다.

사람이 집을 지었지만 그것 역시 천백 년 후에는 먼지로 변해버릴 것입니다. 천지 만물도 우리들과 마찬가지로서 모두 결론이 없습니다. 그렇지만 학문 논변에 결론이 없어서 성공이랄 것이 없다고도 생각해서는 안 됩니다. 장자는 도대체 어느 쪽에 서서 말하는 것일까요? 그를 한번 보세요. 양쪽을 다 말했습니다. 당신이 이렇게 하는 것이 옳다고 여긴다면, 부분으로써 전체를 삼는 것으로 틀린 것입니다. 당신이 저렇게 하는 것이 옳다고 여긴다면 그것도 역시 부분으로써 전체를 삼는 것으로 다 틀린 것입니다. 당신이 말하기를 나는 일부분에 치우치지도 않고 개괄하지도 않으며 전체로도 삼지도 않는다면 옳을까요 옳지 않을까요? 당신은 또 틀렸습니다. 이게 바로 장자의 도(道)입니다. 그렇다면 어떻게 해야 틀리지 않을까요? 장자는 마지못해 우리들에게 한 가닥의 길을 일러줍니다.

성인이 추구하는 경지

'그러므로 있는 것 같기도 하고 없는 것 같기도 하며 참도 아니고 거짓도 아닌 내심의 스스로 그러한 광명 경지가 바로 성인이 추구하고 걸어가는 길이다[是故滑疑之耀, 聖人之所圖也]', 장자가 이 명사를 제시했는데 골치 아픕니다. '활의지요(滑疑之耀)'라고 하는데 '활의(滑疑)'는 어떤 것일까요? 교활[滑頭]하다고 할 때의 활(滑)자이고 또 회의(懷疑)한다 할 때의 의(疑)자를 하나 얘기 하고 있습니다. 그럼 우리 후인들이 보기에는 하나의 교활과 하나의 회의 이 두 개가 한데 짝이 된 것으로, 쓸모없는 물건이며 얄미운 것 같습니다. 그 아래는 또 '지요(之耀)'가 나오고 있습니다. 빛을 내었다인데 이게 무슨 물건일까요? 그는 말하기를 '성인지소도(聖人之所圖也)', 성인이 걸어가고자 하는 것은 바로 이 경지, 실제 증득[實證]의 노선을 걸어간다고 합니다. 어디로 걸어갈까요? '활의지요

(滑疑之耀)'라는 경지로 걸어가면 맞습니다. 그는 말하기를 이 경지에 도달하면 '위시불용이우제용(爲是不用而寓諸庸)', 일반 세속적인 응용을 떠나서, 쓰면서도 쓰지 않고[用而不用] 일체를 함이 없으면서도 하는[無爲而爲], 바로 도의 경지에 도달한다고 합니다. '차지위이명(此之謂以明)', 이런 것을 명도(明道)라고 부릅니다. 도를 깨달은 것입니다. 이론으로써 추리하여 도를 추구하는 사람들은 영원히 아닙니다. 생각 망념이 끊어지지 않는 것은 다 아닙니다. 반드시 증득을 추구해야합니다.

무엇이 '활의지요(滑疑之耀)'일까요? 우리 이제 다른 것을 차용하여서 설명해 보겠습니다. '활의(滑疑)'라는 어떤 것은, 있는 것 같기도 하고 없는 것 같기도 하고, 참 같기도 하고 거짓 같기도 하면서, 내심에서 자연히 빛나는 그런 한 경지입니다. 다른 가(家)의 해석을 빌리지 않고 장자는 이런 것을 하나 얘기 했습니다. 장자 그 자신도 이 경지가 무엇인지 말할 길이 없었습니다. 그래서 그는 이 '활의(滑疑)'라는 명사를 만들어 냈습니다. 이 '활(滑)'자는 엄격하게 말하면 전국 시대의 초나라의 남방 방언음을 연구해야 합니다. 그래서 저는 줄곧 호북 사람과 하남 경계지역 일대의 말에 유의를 하고 있는데, 이 발음과 같은 대단히 토속적인 말 한마디가 있을 것입니다.

만약 다른 가의 해석을 차용한다면 이해하기 쉽습니다. 불가의 『능엄경』에서 다음과 같이 말한 것입니다. '탈점내복(脫黏內伏), 요발명성(耀發明性)', 이때에 모든 6근6진을 벗어납니다. '내복(內伏)'은 신체 안이 아닙니다. 이 '내'자는 가정적인 것입니다. 그 도체의 안에 이르면 자성광명(自性光明)이 나옵니다. 장자가 발휘한 이 단락은 도의 경지를 설명합니다. 도의 경지는 추리하는 것이 아니라 실제로 증득해야하는 것이라고 말하고 있습니다. 즉, 『능엄경

』에서의 이 두 마디 말에 해당합니다.

　여기서 또 나오는데, 장자와 혜자 두 사람은 사이좋은 친구이지만 혜자가 추리로써 도를 배우기를 좋아하고 논리적인 사고로써 도를 말하는 것에 대하여 장자는 몹시 싫어했습니다. 우리가 알아차릴 수 있는 또 하나의 점은, 전국 시대에 각 가의 학술이 서로 쟁명(爭鳴)했고 사상이 발달했다는 것입니다. 하지만 사상이 발달하고 논변이 너무 많아지면 다들 오히려 망망해서 근본으로 삼을 것이 없습니다. 우리 역사상으로 세 단계가 있었는데, 학술사상이 대단히 발달했었습니다. 그렇지만 철학이 높게 발전했을 때가 바로 천하가 크게 혼란한 때였습니다. 그 하나는 전국 시대였습니다. 즉, 장자 시대였습니다. 또 하나는 위진남북조 시대로서 이른바 청담(淸談) 삼현지학(三玄之學: 삼현은 주역, 노자, 장자임/역주)의 시대였습니다. 사실은 삼현(三玄)에만 그친 것이 아니었습니다. 나머지 하나는 남북송 시대였습니다. 저는 송나라 왕조[宋朝]에 대하여 송나라 왕조라고 부르지 않습니다. 그것은 두 번째의 남북조 시대였습

니다. 왜냐하면 실제로 송나라 왕조는 반쪽의 중국이었을 뿐이기 때문입니다. 다른 반쪽의 중국은 요(遼)·금(金)·원(元)나라였는데 그들도 고도의 문화가 있었습니다. 그렇지만 우리는 역사를 연구하면서 한인(漢人) 위주로 하고 흔히들 요·금·원나라를 잊어버리는데, 이는 옳지 않습니다. 남북조 시대에도 이학(理學)이 가장 발달한 시대였습니다. 학술이 발달하자 역사상 관계되었던 흔적들도 모두 비애적이었으며, 천하가 온통 혼란했을 때였습니다. 사회가 사상에 의하여 어지러워졌다고 말할 수 있습니다. 그래서 장자는 이때에 논변을 하고 철학사상을 연구하는 일반 사람들을 몹시 미워했습니다.

이제 내가 여기서 말을 하고자 하는데, 내 말이 여러분이 말하는 논리와 부합할지, 아니면 내 말이 여러분이 말하는 논리와 부합하지 않을지 모르겠다. 부합하든 부합하지 않든 서로는 저마다 하나의 논리체계가 되므로, 여러분이나 다를 것이 없다. 비록 그렇더라도 말을 해보려 한다.

今且有言於此, 不知其與是類乎？其與是不類乎？類與不類, 相與爲類, 則與彼無以異矣。雖然, 請嘗言之。

장자는 앞에서 하나의 실증 경지를 말했습니다. 그는 '활의지요(滑疑之耀)'라는 명사 하나를 제시하여 먼저 여기에 배치해 놓았습니다. 이게 바로 장자의 선(禪)입니다. 뒷날 선종의 많은 대사들도 그랬습니다. 가장 중요한 것을 얘기 할 때 주제를 한번 가리켜서 딱 한 구절만 가리켰습니다. 이는 우리가 오늘날 사진을 찍는 것과 같습니다. 당신 주의하세요. 한번 웃어요. 웃어요 웃어, 셔터를 찰

카닥 한번 누르면 당신은 이미 사진이 찍혀져버린 것과 같습니다. 장자의 교육수법이 바로 그렇습니다. 플래시가 한번 번쩍였을 때 당신이 좀 이해했다면 됐고 이해하지 못해도 그렇습니다. 다음에서는 밀어제쳐버렸는데 상관없는 것 같아 보이지만 여전히 이어져 있는 것입니다.

'이제 내가 여기서 말을 하고자 하는데[今且有言於此]', 장자는 말합니다. 나는 먼저 나 자신의 태도를 공개적으로 표시한다. '내 말이 여러분이 말하는 논리와 부합할지[不知其與是類乎]', 내가 말하는 것이 여러분들이 말하는 논리와 서로 같은지 안 같은지는 모르겠다. 이것은 하나의 이의(異議)입니다. 장자의 문장은 융통성이 있어서 다음과 같이 해석할 수도 있습니다. 내가 말한 것이 맞는지 안 맞는지 모르겠다. '아니면 내 말이 여러분이 말하는 논리와 부합하지 않을지 모르겠다[其與是不類乎]', 혹시 내가 하는 말이 당신의 논리와 부합할지 부합하지 않을지 모르겠다. 이것은 또 하나의 해석인데, 혹시 내가 말한 것이 당신이 말한 것과 맞지 않을 수도 있다. 그 다음에 그의 결론이 옵니다. '부합하든 부합하지 않든 서로는 저마다 하나의 논리체계가 되므로[類與不類, 相與爲類]', 그 사람이 당신 것과 같든지, 그 사람 것과 같든지, 혹은 이 양가(兩家)와 모두 다르든 간에, 그것은 바로 나의 것이며 나도 한 가(家)이다. 이것은 논변상 바로 정반합(正反合)의 논변 방법입니다. '여러분이나 다를 것이 없다[則與彼無以異矣]', 이 말은 자기의 논리관념이 세운 문자를 또 부정해버렸습니다. 요컨대 내가 이제 한 마디 하려고 하는데 맞는지 안 맞는지는 모르겠다. 여러분들의 관념이 논리에 부합한다고 판단할지 부합하지 않는다고 판단할지는 모두 상관하지 않겠다. 만약 여러분들이 모두 나를 부정한다면 나 자신도 한 체계를 세운 것이다. 비록 그렇더라도 여러분들과 마찬가지로 뒤죽박죽인 것이다. '여러분이나 다를 것이 없다[則與彼無以異矣]', 내가 또 필요 이상의 짓을 한 것이다.

　이 몇 마디 문자는 대단히 간단합니다. 우리가 장자의 문장을 보고, 우리가 국어선생님이라면 이 몇 마디 말은 마치 군더더기인 것처럼 빨간 펜으로 선을 그어도 좋습니다. 그렇지만 진정으로 논리를 이해하는 사람이나 논리적인 문장을 쓸 줄 안다면 한 글자도 움직일 수 없으며 장자는 대단히 분명하게 얘기하고 있습니다. 바꾸어 말하면 사람이 이런 하나의 논변술을 배워서 할 줄 안다면 고명합니다. 제가 이제 먼저 여러분들에게 한마디 말을 하겠는데 듣기 좋을지 듣기 좋지 않을지 모르겠습니다. 듣기 좋든 듣기 좋지 않든 어쨌든 제가 얘기를 하겠습니다. 여러분은 반드시 들어야 합니다. 듣고 나면 맞든지 안 맞든지 하니까요. 어쨌든 방귀 뀌는 소리라면 듣고 지나가버리면 그만입니다. 바로 그런 말입니다. 그에게는 도리가 있습니까? 도리가 없습니까? 그에게는 대단히 도리가 있습니다. 도리가 다 맞습니다.

　'비록 그렇더라도 말을 해보려 한다[雖然, 請嘗言之]', '수연(雖然)'이란 두 글자는 바로 '그러나'입니다. 위의 문장인 '여러분이나 다를 것이 없다[則與彼無以異矣]' 한 마디 결론이 모든 것을 부정해버렸습니다. 비록 말하지 말라고 하더라도 그러나 '청상언지(請嘗言之)', 나는 그래도 좀 수다를 떨겠다. 마침내 그는 여전히 말하고자 합니다.

태극(太極)　무극(無極)　태태극(太太極)

어떤 것의 시작이 있으면 그 시작 이전이 있고, 또한 그 시작 이전의 이전이 있게 된다.

有始也者, 有未始有始也者, 有未始有夫未始有始也者。

　지금 바로 수다를 떱니다. 장자는 말합니다. 당신이 도를 묻고자 하는 것은 바로 철학자가 희랍철학에서 연구하고자 하는 것인데, 닭이 먼저 있을까요, 알이 먼저 있을까요? 남자가 먼저 있을까요, 여자가 먼저 있을까요? 도대체 우주는 어느 날 시작하였을까요? 즉, 종교철학에서 연구하고자 하는 것으로, 하느님은 어디로부터 왔을까요? 하느님의 외할머니는 누가 낳았을까요? 바로 이런 문제들입니다. 그래서 저는 이것이 서양철학이라고 말합니다. 중국철학을 얘기하자면 단독으로 성립된 하나의 계통이 없습니다. 그러므로 여러분들이 중국철학사를 배우는 것은 우스운 이야기입니다. 왜냐하면 중국철학과 문학·역사·정치 이 네 가지는 하나로 이어져 있기 때문입니다. 첫째 문학과 철학이 분리되지 않습니다. 문학가는 다들 철학자들입니다. 어떤 중국 철학자가 철학을 이해하고 싶다면 먼저 『시경(詩經)』과 『역경』을 알아야 합니다. 『시경』 속은 온통 철학입니다. 문학과 철학이 원래 나누어지지 않았습니다. 서양에서처럼 철학자·과학자·시인이 저마다 독립적인 것이 아닙니다. 그 다음으로 문학과 역사가 분리되지 않습니다. 문학가와 역사가가 나누어지지 않습니다. 또 그 다음으로는 문학과 정치가 분리되지 않습니다. 대 문호는 흔히 대 정치가이자 사학가입니다. 여기서의 정치는 일반적으로 주관적인 정치를 말하는 것이 아니라 인생에서의 실제 사람됨과 일처리와 나누어지지 않는 것을 말합니다. 그러므로 문학과 철학·문학과 정치·문학과 역사는 모두 분리되지 않고 모조리 연관되어 있습니다.

사실 중국의 철학은 벌써 있었습니다. 예를 들어 우리 문학에서 유명한 한 구절을 좋을 대로 들어보겠는데, 수나라 당나라사이의 한 수의 시인 춘강화월야(春江花月夜)입니다. 이 한 편의 긴 노래 긴 시는 철학 문제로 가득 차 있습니다. 가장 유명한 두 구절인,

강가에서 누가 맨 처음 달을 보았을까	江上何人初見月
강과 달은 언제 맨 처음 사람을 비추었을까	江月何年初照人

는 당신의, 닭이 먼저 있느냐 달걀이 먼저 있느냐 보다 훨씬 더 좋습니다. 닭이든 달걀이든 우리 중국인들은 닭을 푹 삶고 거기다 표고버섯을 좀 더하면 아주 맛있습니다. 당신들의 그 닭이 먼저 있느냐 달걀이 먼저 있느냐를 물을 시간이 어디 있겠습니까! 그렇지만 이런 문학 경계인 '강가에서 누가 맨 처음 달을 보았을까, 강과 달은 언제 맨 처음 사람을 비추었을까' 라는 이 맛이, 닭이 먼저 있느냐 달걀이 먼저 있느냐에 비하면 재미가 많습니다. 우리가 늘 얘기하는 소동파는, 이제 그 우스개 얘기를 해 보겠는데, 소동파는 벌써 우주 본국[總署]의 국장 노릇을 하고 싶어 했습니다. 왜 이렇게 말할까요? 그 때는 아직 송나라 왕조 때인데 그가 지은 사(詞)를 봅시다. '천상의 궁궐은 오늘 저녁 무슨 해일까[不知天上宮闕, 今夕是何年]?' 그는 몹시 로케트를 타고 올라가보고 싶었습니다. 이런 것들은 중국의 철학사상이 문학 저작 속에 충만하여 있음을 설명합니다. 만약 중국인의 문학 저작인 문장·시사(詩詞)·가부(歌賦)

· 대련(對聯) 속에서 철학적인 것을 찾아내보면 대단합니다. 아주 많습니다.

장자는 여기서 이 문제를 제기합니다. 즉, 이 천지 사이가 아직 시작하기 이전, 남자도 여자도 아직 없고 달걀 하나조차도 아직 없었을 때, '유시야자(有始也者)', 마땅히 어떤 것이 하나 시작해야 했다고 합니다. 그것을 공(空)이라고 말할 경우, 불가의 입장에서 말하면 맞습니다! 이것은 더 얘기 할 필요가 없습니다. 그러나 논리 철학을 말하는 사람이라면 이 공(空)은 누가 그것을 공하게 한 것이냐고 질문할 것입니다. 이 공은 자연(自然)에서 공이 나왔을까요? 아니면 어떤 사람이 만들어낸 것일까요? 이 문제는 중요합니다. 만약 자연에서 공이 일어났다면 최후에도 공으로 돌아가기 마련입니다. 이 공이 본래 자연이라면 우리는 구태여 수도를 할 필요가 있을까요? 우리들은 자연이 어느 날에 이르기를 기다리면 자연히 공해질 것이니, 구태여 수고롭게 한바탕 헛 닦을 필요가 있겠습니까? 자연이 아니라고 한다면 이 공은 누가 만든 것일까요? 만든 사람이 없다고 한다면 이 공은 또 어느 곳으로부터 온 것일까요? 이 문제는 더 이상 물을 수가 없습니다. 계속 더 물어간다면 사람을 질문으로 미치게 만들 것입니다. 그래서 철학을 배우는 사람은 그 궁극을 질문해낼 수 없기 때문에 결과적으로 강으로 뛰어들어 자살한 자들이 많습니다. '미시(未始)', 시작하기 이전을 말합니다. '어떤 것의 시작이 있다[有始也者]', 최초에 시작한 그것은 어떤 것일까요? 누구일까요?

여기에는 사단(四段)으로 가정한 문제가 있습니다. 한 단 한 단씩 앞으로 향하여 파고들어갑니다. '어떤 것의 시작이 있으면[有始也者], 그 시작 이전이 있다[有未始有始也者]', 우리 중국 문화를 가지고 주해한다면 그런대로 처리하기가 쉽습니다. 명칭이 많기 때문입니다. '어떤 것의 시작이 있다[有始也者]', 시작한 것인데 그런 것을 태극(太極)이라 부릅니다. 태극 이전은 뒷날 사람들이 또 하나의 명칭을 덧붙였는데 '그 시작 이전이 있다[有未始有始也者]'는 무극(無極)이라고 합니다. '또한 그 시작 이전의 이전이 있다[有未始有夫未始有始也者]', 무극 이전으로 한걸음 더 나아갔는데, 제가 보기에는 그것에 대해 다시 한 명칭을 지어 태태극(太太極)이라 할 수밖에 없습니다. 또 다음과 같이 주해하는 사람도 있습니다. '어떤 것의 시작이 있다'는 만물의 시작이다. '그 시작 이전이 있다'는 태극이라고 부른다. '또한 그 시작 이전의 이전이 있다'는 무극이라고 부른다. 중국문화로써 주해한다면 이것은 삼단(三段)입니다. 장자의 문장을 보세요. 청년 학우들이 그의 문자적인 기교를 연구해 보면 아주 재미있지요! 보세요, 그는 몹시 수다스럽습니다. 우리는 수다를 떨어낼 수가 없습니다.

'어떤 것의 시작이 있으면[有始也者]', 어떤 하나가 시작하였습니다. '그 시작 이전이 있고[有未始有始也者]', 어떤 하나가 시작하지 않은 이전의 그것이 시작하였습니다. '또한 그 시작 이전의 이전이 있게 된다[有未始有夫未始有始也者]', 어떤 하나가 시작하지 않았습니다. 비록 시작하지 않았지만 약간 시작한 어떤 것이 있는 것 같기도 합니다. 장자는 그렇게 말하는데 이렇게 말하는 것은 절반은 정신적인 것을 띠고 있어 신경질적으로 말하는 것 같습니다. 불가로서 귀납하면, 석가모니불 이전의 인도 불학의 일부 학파들의 논변도 그랬습니다. 그래서 석가모니불은 중국의 공자가 시서(詩書)를 간추리고 예악(禮樂)을 확정했듯이 그런 학술이론들을 재정(裁定: 옳고 그름을 따져 결정함/역주)했습니다. 그 가운데에 능(能)과 소(所)의 문제가 있습니다. 불학에서 말하는 8식(八識)을 예로 들면, 석가모니불 이전에는 10식(十識)·11식(十一識)·12식(十二識)이라 말하는 사람들이 있었고, 그 이면에는 다시 파생된 것이 많았습니다. 석가모니불은 귀납적으로 8식으로 재정했습니다. 이런 것들은 모두 학술적인 건립(建立)입니다. 장자의 이런 식도 마찬가지로서 중국 상고의 한 사상을 대표했습니다.

유(有)가 있고 무(無)가 있으면, 유와 무가 시작되기 이전이 있고, 또한 유와 무가 시작되기 이전의 이전이 있게 된다.

有有也者, 有無也者, 有未始有無也者, 有未始有夫未始有無也者。

'유유야자(有有也者)', 있음인 유(有)가 하나 있습니다. '유무야자(有無也者)', 없음인 무(無)가 하나 있습니다. 그렇다면 유와 무 두 가지는 서로 대립적인 것입니다. '유미시유무야자(有未始有無也者)', 유와 무가 모두 시작되지 않은 것이 하나 있습니다. '유미시유부미시유무야자(有未始有夫未始有無也者)', 유와 무가 시작하기 이전이 바로 방금 말했던 능소(能所)라는 두 글자입니다. 이 단락은 우리가 간단하게 얘기하고 지나갑니다. 상세하게 말하고자하면 또 한 무더기의 견해들이 있어서 시간을 낭비하게 됩니다. 우리는 모두 중국의 두뇌이고 중국의 개성인데, 조상의 전통이 너무 수다스러운 것을 좋아하지 않고. 대체로 이해했으면 됐습니다.

홀연히 유(有)와 무(無)가 나타났지만, 이 유와 무 가운데 정말 어느 것이 있는 것이고 어느 것이 없는 것인지 알 수 없다.

俄而有無矣, 而未知有無之果孰有孰無也。

'홀연히 유(有)와 무(無)가 나타났지만[俄而有無矣]', 그는 말하기를 천지사이에 만물이 아직 발생하기 전에는 텅텅 비어있었는데 홀연히 하나의 유(有)와 하나의 무(無)가 생겨났다고 합니다. 일면은 유(有)이고 일면은 공(空)입니다. '이 유와 무 가운데 정말 어느 것이 있는 것이고 어느 것이 없는 것인지 알 수 없다[而未知有無之果孰有孰無也]', 그러나 우리는 아직 모르는데, 이 유와 공이 도대체 진짜로 있을까요? 아니면 진짜로 공한 것일까요? 이 문제가 나왔는데 과학과 비교하면 실제적입니다. 우리가 공(空)을 말하는데, 이 공은 공간의 공(空)처럼 텅텅 비어있을까요? 아니면 이 공은 절대 없다는 것을 나타낼까요. 아무것도 없다는 공일까요? 이것은 두 가지 관념입니다! 우리가 빈 방에 들어가면 그 공은 공간의 공입니다. 높은 산꼭대기에서 서 있으면 이 천지 우주허공[太空]이 그렇게 비었다는 것을 느끼는데, 그것은 대 공간의 공입니다. 이 모두는 공간의 공입니다. 그렇다면 또 하나의 공은 어떨까요? 이론관념 상의 공입니다. 사라져버린 것을 공이라고 부릅니다. 그래서 공간의 공과는 다른 것입니다. 그러므로 이른바 유(有)와 공(空)은 '숙유숙무(孰有孰無)', 어느 것이 있고 어느 것이 없을까요? 어떤 것을 유(有)라 하고 어떤 것을 공(空)이라고 부를까요? 공은 어느 공일까요?

지금 내가 이미 우주의 시작에서 유(有)가 하나 있고 무(無)가 하나 있었다고 말한 바가 있지만, 내가 말한 그 유나 무가 정말 있는 것인지 정말 없는 것인지 아직 모르겠다.

今我則已有謂矣, 而未知吾所謂之其果有謂乎? 其果無謂乎?

장자는 말합니다. 그러므로 내가 이제 하나의 이론을 제시한다. 이른바 우주의 시작에서 유(有)가 하나 있었고 공(空)이 하나 있었다. 내가 여러분들에게 말하겠는데 솔직히 말해서 나도 모른다. 내가 말하는 공이나 유가 '과유(果有)' 혹은 '과무(果無)', 도대체 있는 것일까? 아니면 없는 것일까? 나는 잘 모르겠다.

그는 왜 이 단락을 얘기 할까요? 위에서 말했던 '논리에 부합한지 부합하지 않은지[類與不類]'들을 토론합니다. 우주만유에는 시작이 하나 있고, 시작하지 않음이 있다. 시작이 있든 없든 간에 이두 가지 관념을 귀납하면 바로 하나의 공(空)과 하나의 유(有)이다. 공이든 유든 우리가 공과 유를 추구하여 증득하기 전에는 당신의 생각 속의 가설 주제다고 말할 수 있을 뿐이다. 왜냐하면 당신은 이 도를 실제 증득하지 못했기 때문이다. 가설한 주제는 유심소조(唯心所造)로서 당신의 생각이 만들어낸 것이다. 그러나 생각 그 자체는 허현(虛玄: 허환현묘虛幻玄妙/역주)한 것으로 신뢰할 수 없다. 당신이 『장자』 책을 여기까지 연구하고 전편을 앞뒤로 합쳐보면 분명히 알게 되는데, 그가 원래 말한 것은 이것이었습니다! 그의 문장은 놀랄 정도로 그 수법이 고명합니다. 무대에 막 올라왔을 때는 손발 동작이나 자세가 폼만 멋졌지만 이어서는 진짜 쿵후가 나오고 진짜 칼 진짜 창이 올라와서 사람들로 하여금 똑똑히 보지 못하게 했습니다. 실제로는 그가 당신에게 일러준 것은 아주 분명합니다.

다음에서는 그는 하나의 중점을 제시합니다. 이러한 이론 사상은 수도에 다 소용이 없다는 것입니다. 바꾸어 말하면 우리는 한 마디로 귀납할 수 있습니다. 천지간의 일체의 학문은 그것이 종교이든 철학이든 과학의 제자백가이든 간에 하나의 대 원칙이 있는데, 다시 말하면 이 일체의 학문은 우리들의 이 심신 생명과 관계가 없다면 존재하지 않을 것이라는 겁니다. 당신은 예언이나 점쳐 보기나 운명감정 이런 것들은 우리와 큰 관계가 없겠지요? 라고 하겠지만 관계가 있습니다! 왜냐하면 우리는 자기 생명이 도대체 어떤 것인지를 알고 싶어 하기 때문입니다. 바로 이렇게 좀 관계가 있기 때문에 수천 년 동안 그것들이 여전히 존재해 온 것입니다. 어떤 사람들은 말하기를 7월 보름에는 귀신이 있다고 합니다. 그대로 장자의 말에 적용해서 말하면 이렇습니다. 과연 정말 그 귀신이 있다면 어떠할까? 과연 그 귀신이 없다면 어떠할까? 과연 그 귀신이 있음은 귀신이 없음과는 또 어떠할까? 당신은 귀신이 있는지 없는지를 아는가? 누가 알아요! 그렇지만 그것은 사람의 심신 생명과 관계가 있습니다! 해석할 방법이 없을 때는 귀신 만났다고 말할 것입니다. 그러므로 그것은 관계가 있습니다. 그러므로 귀신설도 존재합니다. 반대로 말하면 심신생명과 무관한 학문은 존재하지 않아서 자연히 도태될 것입니다. 무엇이 이 심신생명과 관계가 있을까요? 장자는 이제 제시합니다.

큼과 작음, 장수와 요절이 하나다

(도에 비추어 보면) 천하에는 가을철의 솜털의 끝보다 큰 것이 없으며, 태산(泰山)도 오히려 작은 것이다. 태어나자마자 곧 죽은 어린 아이보다 장수한 것은 없으며, 8백 년을 살았던 팽조도 오히려 요절한 것이다 (이와 같은 수명의 길이나 공간의 크기는 모두 인위적인 관념으로서 절대적인 기준이 없다). 천지는 나와 공존하고, 만물은 나와 동일한 원체(元體)에서 나온 것으로 한 분자이다.

天下莫大於秋豪(毫)之末, 而大(泰)山爲小 ; 莫壽於殤子, 而彭
祖爲夭。 天地與我並生, 而萬物與我爲一。

　　장자의 제물론은 또 주제를 가리켰습니다. 앞서의 몇 개의 클라
이맥스처럼 주제를 가리켜 보임으로써 우리들에게 일러주고 있습
니다. '천지는 하나를 가리키는 것이오, 만물은 한 마리의 말과 같
은 것이다[天地一指也, 萬物一馬也]'라는 하나의 대 결론으로부터
여기에 이르러서 클라이맥스와 결론이 함께 옵니다. 마치 태풍처
럼 또 마치 바닷물이 이곳까지 역류하여 물이 평지까지 흘러와서
물도 다 사라져버린 것 같습니다. 이어서 클라이맥스가 또 하나 오
는데, 마지막에는 어떨까요? '천지여아병존(天地與我並存), 만물여
아위일(萬物與我爲一)'이라 말합니다., 이것은 중국문화인 도(道)를
나타내며 또 하나의 클라이맥스가 일어나 최고봉에 도달하였습니
다. 이게 바로 장자입니다.
　　그렇다면 원문은 어떤 뜻일까요? 그 가운데서 여전히 논리를 얘
기했습니다. 장자는 혜자 이런 일반인들이 논리를 말하는 것은 모
두 뒤죽박죽이라고 반박하고 모두 쓸모가 없다고 한참동안 논박했
습니다. 실제로는 장자 자체가 바로 큰 논리입니다. 그는　말하기
를 '도에 비추어 보면 천하에는 가을철의 솜털의 끝보다 큰 것이
없으며[天下莫大於秋豪之末]', 천하에서 가장 큰 것은 가을철의 솜
털이라고 합니다. 우리들의 머리털은 '호모(毫毛)'라고 부르지 않습
니다. 우리들의 몸에 있는 털을 '호모'라고 부릅니다. 어린아이가
태어났을 때 가는 털[細毛]이 있는데 그런 가는 털을 호(毫: 솜털)
라고 부릅니다. 가을철의 솜털은 더욱 가늡니다. 왜냐하면 사람이
가을 겨울에 이르면 어떤 사람은 무좀이 너덜너덜해지거나 손톱이
껍질이 벗겨지거나 하는데, 사람은 동물과 마찬가지로 봄가을 두

계절에는 피부가 한층 바뀌기 마련입니다. 그래서 봄가을 두 계절에 목욕하고 나온 물은 특별히 더럽습니다. 가을철에는 겉 피부 털도 빠져서 떨어져 나가고 막 자라난 새로운 털이 추호(秋毫)인데, 아주 가늘어서 보이기조차도 않고 몹시 작습니다. 하지만 장자는 도리어 말하기를, 천하에 가장 큰 것은 가을 솜털이라며, 태산도 크다고 할 수 없고 작은 셈이다[而大(泰)山爲小]라고 합니다. 그가 말한 것은 무슨 말일까요?

크고 작음은 절대적인 기준이 없습니다. 어떤 것을 크다고 당신은 말합니까? 이렇게 크다, 저렇게 크다, 말할 수 없을 정도로 가장 크고 이해할 수 없을 정도로 큰 것이라야 크다고 할 수 있습니다. 그런데 그것도 가장 적은 것으로서 눈앞에 있습니다. 더 이상 작아질 수 없을 정도로까지 작은 것이어서 보이지 않으면 그것이 바로 가장 큰 것이요 허공만큼이나 큰 것입니다. 만약 논리로써 얘기하면 말할 길이 없기 때문에 그는 실제를 얘기하고 있습니다. 진짜 사실이기도 합니다. 그러므로 대소(大小)·시비(是非)·선악(善惡)은 모두 마음에서 생겨난 것[唯心所生]으로서 궁극적인 것이 없다는 것은, '천하에는 가을철의 솜털의 끝보다 큰 것이 없으며, 태산도 오히려 작은 것이다'는 도리에 지나지 않습니다.

'태어나자마자 곧 죽은 어린 아이보다 장수한 것은 없으며[莫壽於殤子]', 옛사람들은 태어나자마자 곧 죽어버린 아이를 '상자(殤子)'라고 불렀습니다. 여기에도 몇 가지 설이 있는데, 어쨌든 아직 미성년인 어린 아이가 죽었다면 '상자'라고 불렀습니다. 어린 아이가 태어난 지 얼마 안 되어 죽어버려도 장자는 오히려 그의 수명이 가장 길다고 말합니다. '8백 년을 살았던 팽조도 오히려 요절한 것이다[而彭祖爲夭]', 팽조는 우리들의 옛 조상으로 8백년을 살았지만 단명인 셈입니다. 수명의 장단(長短)이나 공간의 대소, 이런 것들은 모두 인위적인 관념으로서 유심소조(唯心所造)의 범위에 속하며 절대적인 기준이 없습니다. 절대적인 기준은 어디에 있을까요? 우리로 하여금 증득을 추구하기를 바랍니다.

장자는 또 말합니다. '천지는 나와 공존하고, 만물은 나와 동일한 원체에서 나온 것으로 한 분자이다[天地與我並生, 而萬物與我爲一]', 이것은 도(道)입니다. 이 두 마디 말도 해석할 길이 없습니다. 여러분들은 읽었으니 이해도하고 다들 도를 얻었습니다. 왜냐하면 모두 이해했으니까요!

'천지여아병생(天地與我並生)', 천지가 곧 나라는 말이 결코 아닙니다. 나가 곧 천지라는 말도 아닙니다. 천지는 여전히 천지입니다. 천(天)·지(地)·아(我)는 바로 천지인(天地人)이 함께 온 것입니다. 만물은 나와 본래 두 개입니다. 한 개가 아닙니다. 하지만 모두 그 어떤 것의 일분자입니다. 그래서 '위일(爲一)'라고 말하고 있습니다.

저는 많은 사람들의 주해와 인용을 보았는데, 모두 '천지여아병생(天地與我並生)'라는 구절을, 천지가 곧 나라고 말하고 있습니다. '만물여아위일(萬物與我爲一)'이란 마치 만두를 만들 때 소금도 넣고 설탕도 좀 넣고 한데 버무려서 짜고 단 만두라고 부르는 것처럼 말하고 있는데, 완전히 틀린 겁니다. 주의하기 바랍니다! '천지여아병생(天地與我並生)'이란 공존한다는 의미입니다. 만물과 나는 동일한 것이라고 말할 수 있지만 마침내는 하나가 아닙니다. 만물은 만물이고 나는 나입니다. 하늘은 역시 하늘이고 땅은 땅입니다. 이 중점을 잘못 알아버리면, 그 한 번의 잘못이 커서 털끝만큼만 차이가 나도 천리만큼이나 멀어집니다. 그래서 오늘 제가 특별히 제시하여 여러분들에게 말하니 이 두 구절의 문장을 꼭 기억하고 있기 바랍니다. 천지와 나는 함께 존재하는 것입니다. 만물과 나는 동일한 원체(原體)에서 온 것입니다. 그러므로 우리는 만물처럼 모두 한 분자인 셈입니다. 이것이 문장의 클라이맥스입니다.

이미 일체(一體)인 바에야 그래도 말할 것이 있겠는가? 이미 일체라고 말한 바에야 또 왜 말할 수 없겠는가? 그러므로 말을 해 보겠다.

既已爲一矣, 且得有言乎? 既已謂之一矣, 且得無言乎?

'기이위일의(既已爲一矣)', 일체(一體)인 바에야 '그래도 말할 것이 있겠는가[且得有言乎]?', 할 말이 없습니다. 이것은 바로 논리의 이치입니다. 우리 중국인은 선종을 배우고 선종이 현묘(玄妙)하다고 생각합니다. 선종의 대사는 곧 고명한 논리의 대사로서 한마디의 말, 하나의 동작이 논리에 부합되지 않은 것은 하나도 없습니다. 모두 다 대단히 이치에 부합합니다[合理]. 당신이 『장자』를 보고 다 이해했다면 당신은 선(禪)을 이해했습니다. 일체인 바에야 무슨 할 말이 또 있겠습니까? 일체인 바에야 왜 할 말이 없겠습니까[既已謂之一矣, 且得無言乎]? 맞지요! 내가 옳지 않은 바에야 구태여 당신이 나를 꾸짖을 필요가 어디 있겠습니까? 이미 옳지 않은 바에야 당신을 좀 꾸짖는 것이 무슨 관계가 있겠습니까? 그렇다면 내가 이미 옳지 않은 바에야 꾸짖으나 꾸짖지 않으나 다 상관없습니다. 이런 까닭에 당신을 꾸짖어도 좋고 꾸짖지 않아도 좋다는 그런 도리입니다.

중국의 철학은 오늘날 서양철학 문화의 인증(引證)을 이용하기 좋아해서 요 일백여 년 동안에 도(道)라는 명칭에 관하여 서양철학 사상의 번역을 습관적으로 써서 본체(本體)라고 부릅니다. 본체론(本體論)이나 지식론(知識論) 이런 번역 명칭들은 서양문화에서 들어온 것인데, 사실 어떤 것들은 그리 적당하지 않습니다. 그러나 오늘날은 경제학이라는 명사도 일백여 년을 사용해 왔는데, 사실 우리 중국인이 과거에 말했던 경제학의 관념은 정말 컸습니다. 고대 문학에 다음과 같은 한 폭의 대련이 있습니다. '문장은 서한의 두 사마 씨요, 경제는 남양의 와룡선생 한분이다[文章西漢雙司馬, 經濟南陽一臥龍]', 제갈량이야말로 경제 대가였습니다. 무엇을 경제라고 할까요? 천하를 경륜하고 세상을 구제하는 재능으로써 사람들을 구제하고 세상을 구제하는, 이런 학문을 고대에 경제의 학[經濟之學]이라고 불렀습니다. 뒷날 서양 문화가 들어오자 호주머니가 텅텅 빈 사람이 물건을 마련해서 팔아 돈으로 바꾼 것을 경제라고 불렀습니다. 이렇게 되자 중국의 이 '경제' 관념은 끝나버렸습니다.

민남어(閩南語) 발음은 철학(哲學)을 철합(鐵盒)처럼 부르는데 저는 또 동합(銅盒)도 있다고 말합니다! 당신은 알아야 합니다. 철학·경제·본체론·지식론 이런 것들은 모두 일본인들이 번역한 것입니다. 일본인은 원래 중국인이었고 중국 문자를 사용합니다. 그래서 중국어로 번역했고 우리가 보니 일본인이 이미 번역을 잘해 놓았기에 그 중고품들을 가져왔습니다! 철학이나 경제 명사는 이렇게 온 것입니다. 우리도 지금은 일백 년이나 사용해왔기 때문에 습관이 되어버렸습니다. 이 도(道)자에 관해서도 서양 번역에서 온 본체(本體)라는 명칭을 쓰고 있습니다. 그러나 지금 우리가 이 명칭을 갖고 나서는 철학 연구에 있어서 본체를 얘기하면 이미 도(道)의 그 경계가 아니게 돼버립니다. 생각관념 속에 어떤 것이 하나 있게 되고 유물사상 쪽으로 편향되어 가버립니다. 본체란 유심적인 것이고 추상적인 것으로서 다루기 어렵습니다. 제가 왜 이런 말을 했을까요? 장자의 이 절과 관계가 있기 때문입니다. 장자는

'천지는 나와 공존하고, 만물은 나와 동일한 원체에서 나온 것으로 한 분자이다' 라고 말하고 있지 않습니까? '기이위일야(旣已爲一矣)', 공동의 존재요 하나 것인 바에야 '차득유언호(且得有言乎)?', 구태여 말할 필요가 있을까요? '기이위지일의(旣已謂之一矣), 차득무언호(且得無言乎)?', 한 분자인 바에야 왜 말하지 못하겠습니까? 그럼 얘기 하겠습니다! 장자가 얘기 합니다.

셋 이후에는 무엇일까

하나가 하나라는 말과 합하여 둘이 되고, 둘이 처음의 하나와 합하여 셋이 된다. 이렇게 수가 늘어 가면 최고의 수학자라도 하나의 결론을 내릴 수 없는데, 하물며 일반 범부야 더 말할 것이 있겠는가!

一與言爲二, 二與一爲三。自此以往, 巧歷不能得, 而況其凡乎！

'일여언위이(一與言爲二)' 하나를 말하면 이미 두 개가 되어버립니다. 맞지요? 이것은 논리의 도리입니다. 다음과 같은 말이 됩니다. 저기에 몇 개 있습니까? 하나가 있습니다. 그러나 이 관념 속에는 두 개인데, 관건이 무엇일까요? 주관 객관의 문제입니다. 당신에게 하나 뿐 이라고 말해주면서 당신의 그 두 개를 반박하기를, 당신은 두 개라고 생각하지 마세요. 이것 하나 뿐입니다 라고 한 것입니다. 그래서 이 한마디 말을 하면 곧 세 개가 됩니다. 맞습니까 맞지 않습니까? 하나를 말하는 것은 그 두 개에 대해서 말한 것입니다. 하나가 두 개에 대해서 말한 것인 이상 내가 또 이 한마디 말을 하면 세 개 아닙니까? 그러므로 동일한 한마디 말에 세 개가 존재합니다. 그래서 태극은 세 가지를 포함하고 있다고 말합니다. 선문(禪門)의 임제(臨濟)선사는 말했습니다. '일어중수구삼현문(一語中須具三玄門), 일현문수구삼요의(一玄門須具三要義)', 한마디 말 속에 세 개의 현문(玄門)을 갖추고, 한 현문 속에 세 가지 요의(要義)를 갖추어야 합니다. 그 이유나 도리는 모두 논리입니다. 그래서 장자도 제시하기를 '하나가 하나라는 말과 합하여 둘이 된다'고 합니다. 이것은, 내가 지금 객관적으로 당신에게 말해주겠다고 할 때 이 객관은 바로 그 사람의 주관이라는 말과 같습니다. 그러므로 '하나가 하나라는 말과 합하여 둘이 되고, 둘이 처음의 하나와 합하여 셋이 됩니다[一與言爲二, 二與一爲三].' 이것은 노자(老子)의 도가사상입니다.

노자『도덕경』은 말합니다. '도(道)가 하나를 낳고, 하나는 둘을 낳고, 둘은 셋을 낳고, 셋은 만물을 낳았다[道生一, 一生二, 二生三, 三生萬物]', 이것은 우주의 세 개 층차[宇宙三層次]입니다. 우주가 발생한 이 세 개 층차의 도리를 연구하려고 하면 한 편의 박사 논문을 쓸 수 있습니다. 작은 주제를 크게 부풀리든 큰 주제를 작게 쓰든 모두 틀림없이 성공합니다. 그럼 이 하나에는 곧 세 개가 있게 됩니다. 기독교 속에서는 하느님[上帝]·성부(聖父)·성모(聖母)가 삼위일체(三位一體)이고, 불가에서는 법신(法身)·보신(報身)·화신(化身)이 삼위일체입니다. 도가에서는 옥청(玉淸)·태청(太淸)·상청(上淸)으로서 일기(一氣)가 삼청으로 변하는 것인데 역시 모두 삼위일체입니다. 어쨌든 천지 사이의 만사는 삼(三)에 불과합니다. 중국문화는 천(天)·지(地)·인(人)이라는 세 개의 부호입니다. 장자는 셋[三] 이후로는 더 이상 말하지 않습니다. 노자는 말했습니다. '도생일(道生一), 일생이(一生二), 이생삼(二生三), 삼생만물(三生萬物)'이라고 말했습니다(우주의 근원인 도道에서 일원一元의 기氣가 생기고, 일원의 기에서 음기陰氣와 양기陽氣가 생기고, 음기와 양기에서 화기和氣가 생기어, 이 삼기가 화합 운동으로 말미암아 만물을 생성한다/역주). 장자가 말한 것도 노자의 관념인데, 셋 이후로는 얼마나 변할까요? 그 숫자는 컴퓨터조차도 계산하지 못합니다.

 '이렇게 수가 늘어 가면 최고의 수학자라도 하나의 결론을 내릴 수 없는데[自此以往, 巧歷不能得]', 무엇을 '교력(巧歷)'이라할까요? 수학자를 말합니다. 유의하십시오! 중국문화가 과학을 얘기하는 게 가장 빨랐습니다. 수천 년 전에 이미 있었습니다. 서양이 아직 발전하기 이전이었습니다. 중국의 과학에서 제일 첫 번째로 발전한 것이 천문(天文)이었습니다. 천문을 발전시키기 위해서는 반드시 수학을 발전시켜야 했습니다. 수학도 중국이 제일 빨랐습니다. 중국 상고문화에서는 수학이라고 하지 않고 '역산(曆算)'이라고 했습니다. 역산이란 뭘 하는 걸까요? 천문을 계산하는 것입니다. 그래서 황제인 요임금 순임금은 28수(宿)를 계산해서 태양과 달 그리고 오성(五星: 금성·목성·수성·화성·토성/역주)의 운행 도수[行度]와 우리 지구와의 관계를 계산하여 1년은 12개월, 한 달은 30일, 1년은 72후이며 24개 기절(氣節)인 역법 체계를 세웠는데, 이것은 수천 년 전에 세웠던 것입니다. 이 천문 역산(曆算)을 역수(曆數)라고도 부릅니다. 장래에 서양과학이 발전한다면, 제가 대담하게 예언할 수 있는데, 장래에 수학이 최고 정점까지 발전하면 숫자를 사용하지 않게 되거나 새로운 팔괘(八卦)가 나타나거나 새로운 무슨 부호 종류 같은 것이 나타나게 될 겁니다. 중국 상고의 역산은 숫자가 없고 오직 한 글자가 부호를 대표했습니다. 숫자는 너무 많고 분석해서 귀납하면 오직 하나만 있을 뿐입니다. 그래서 역수(曆數)

라고 불렀습니다. 장자는 여기서 '교력(巧歷)'이라고 말하고 있는데, 가장 교묘한 최고의 수학자라도 영원히 헤아리지 못한다고 합니다. 천지간에는 하나가 둘을 낳고, 둘이 셋을 낳으며, 셋이라는 숫자를 지난 뒤에는 무궁무진하게 발전해 가서 '교력불능득(巧歷不能得)', 모두 하나의 결론을 얻을 수 없다고 말합니다. '이황기범호(而況其凡乎)', 가장 훌륭한 제1류의 두뇌인 천문 숫자를 아는 사람도 모두 이해할 수 없는데 하물며 일반의 범부야 말할 나위가 있겠습니까!

그러므로 무(無)로부터 만유인 유(有)로 변하기까지는 삼 단계에 이르는데, 하물며 유로부터 유로 변화 발전해감이야 더 말할 나위가 있겠는가! 그 끝에 도달할 수 없는 바에야 여기서 그칠 뿐이다.

故自無適有以至於三, 而況自有適有乎 ! 無適焉, 因是已 !

이 우주 근원에 주의하기 바랍니다. 만물이 시작하기 이전이 있는지 없는지는 상관하지 맙시다. 그것은 하나의 문제입니다. 만약 여러분이 이 말을 듣고 정말로 만물이 시작하기 이전이 하나의 없음이라고 생각한다면 이미 틀렸습니다. 하지만 지금은 이 도체인, 우주 근원을 이해하기 위하여 불학이든 과학이든 철학이든 종교든 간에 우선 그것을 자를 수밖에 없습니다. 무(無) 이전은 있음인 유(有)일까요, 없음인 무(無)일까요? 우리는 우선 결론을 내리지 말고 여기에서 잠시 보류해 둡시다. '그러므로 무(無)로부터 만유인 유(有)로 변하기까지는[故自無適有]', 만유가 변하여 나옴으로부터 '삼 단계에 이른다[以至於三]', 그 층차의 변화는 삼(三)을 가장 유력한 기초로 삼습니다.

무(無)로부터 유(有)로 변하기까지가 삼 단계입니다. 그래서 중국의 『역경』은 효(爻)를 그리고 괘(卦)를 그릴 때 처음에 삼효(三爻)를 괘로 하였다가 뒤에 육효(六爻)로 그렸는데, 이것은 후인들이 더한 것입니다. 장자는 말합니다. 무(無)로부터 유(有)까지는 찾아낼 수 있기 쉬워서 세 개 층차이다. 그러나 유(有)로부터 무(無)로 전환하는 것은 정말 어렵다. '하물며 유로부터 유로 변화 발전해감이야 더 말할 나위가 있겠는가[而況自有適有乎]!', 더욱 어렵습니다. 유로부터 유에 이르면 영원히 앞으로 발전해 나가서 그 바닥이 없고 말할 수 있는 결론이 없습니다. 그렇다면 결론을 삼을 두 개의 명사가 불가에 있는데, 무량무변(無量無邊)과 무궁무진(無窮無盡)이라고 부릅니다. 불학을 연구한 사람들은 주의하기 바랍니다! 무량무변(無量無邊)과 무궁무진(無窮無盡)은 유(有)의 발전입니다. 공(空)을 말하는 것이 아닙니다. 그러나 일반적으로 불법을 배우면서 이 명사를 공(空)의 관념으로 삼고 있습니다. 그래서 또 틀렸습니다. 선종에서 말하는 방망이를 또 먹어야 한다고 합니다. 해석이 틀렸기 때문입니다. 그러므로 『역경』은 천지 시작으로부터 마지막 한 괘가 미제(未濟)로서, 결론을 내릴 수 없습니다. 그러므로 영원히 결론도 내릴 필요도 없습니다. 그러면 당신은 말할 겁니다. 결론이 없는 것을 어떻게 할까요? 그것이 바로 결론입니다. 이것이 바로 장자의 말입니다.

'그 끝에 도달할 수 없는 바에야 여기서 그칠 뿐이다[無適焉, 因是已]', '적(適)'이란 도달한다는 의미입니다. 어딘가 그곳에 도달하였다는 것입니다. '무적언(無適焉)', 바닥에 도달할 수 없는 바에야 '인시이(因是已)', 현재까지로 잘라서 그치는 것입니다. 이어서 그는 자신의 논리를 얘기하는 것이 아니요 공허하게 토론하는 것이 아니라, 도는 하나요 절대적인 것이라는 데 근거하고 있습니다. 그렇지만 우리가 생각으로 추측하기를 좋아하기 때문에 그는 논리로써 표현하고 있습니다.

도를 도라고 할 수 있다면 영원한 도가 아니다

도는 본래 경계선이 없고, 언어나 문자는 원래 영원불변성이 없다. 이때문에 부득이 구역경계를 두게 되는데, 그 구역경계를 말해보겠다. 물리세계의 순서로는 왼쪽이 있고 오른쪽이 있다. 인문세계의 순서로는 윤리가 있고 의(義)가 있으며, 이론관념 세계의 순서로는 분별이 있고 논변이 있다. 인류사회의 현실로는 앞다툼이 있고 맞다툼이 있다. 이것을 구역경계의 여덟 가지 순서라고 한다.

夫道未始有封, 言未始有常, 爲是而有畛也。請言其畛 : 有左, 有右, 有倫, 有義, 有分, 有辯, 有競, 有爭, 此之謂八德。

'부도미시유봉(夫道未始有封)', 그는 말합니다. 이 도(道)는, '미시(未始)'는 시작하다는 의미가 아닙니다, 진정으로 무슨 경계선이 없다고 합니다. '봉(封)'은 바로 경계선입니다. '언미시유상(言未始有常)', 사람의 언어는 곧 우리가 말하는 것이며, 모든 이론 문자 생각도 대표합니다. 영원히 존재하는 어떤 문자나 생각은 하나도 없습니다. 영원히 존재하는 일도 하나도 없습니다. '이 때문에 부득이 구역경계를 두게 되는데[爲是而有畛也]', 언어나 문자는 모두 확정적인 것이 아닙니다. 만약 확정할 수 있다면 영원히 불변합니다. 사실은 우리 인류의 언어는 30년에 한번 변하고 다시 60년을 지난다면 우리가 하는 말을 그 뒤 시대 사람들은 알아듣지 못하고 또 고문(古文)으로 변할 지도 모릅니다. 그러므로 '언어문자나 이론 관념은 원래 영원불변성이 없다. 이 때문에 부득이 구역경계를 두게 되는데[言未始有常, 爲是而有畛也]', '진(畛)'은 바로 계(界)로서 경계[畛界]입니다. 그렇다면 부득이 인문(人文)에 대하여 하나의 구역을 설정합니다. 하나의 논밭두렁과 같은 구역경계를 세웁니다.

'청언기진(請言其畛) : 유좌(有左), 유우(有右), 유륜(有倫), 유의(有義), 유분(有分), 유변(有辯), 유경(有競), 유쟁(有爭), 차지위팔덕(此之謂八德)', 이것은 장자가 제시하는 팔덕(八德)인데 우리가 『역경』으로 귀납시키면 '군분류취(群分類聚)'라는 네 글자입니다. 즉, 한 무리 한 부류입니다. 『역경』에서의 공자의 관념은 우리들에게 말해주기를 '지역에 따라 종(種)이 달라지며, 다양한 종들이 각기 다른 사리(事理)를 이룸으로써 길흉(吉凶)이 생겨난다[方以類聚, 物以群分]'고 합니다. 공자는 먼저 이 '방(方)'를 제시하는데, 문자를 해석하는 일부 사람들은 '방'은 바로 원숭이라며 최초의 원숭이라는 뜻이라고 합니다. 이 이유는 성립할 수 없으니 상관하지 않겠습니다! '방'은 바로 방위로서 동서남북 사방 동서남북 반구(半球)는 그 방위마다 다릅니다. 인류든 물류(物類)이든, 식물 한 부류, 광물 한 부류가 모두 다릅니다. '방이류취(方以類聚)', 한 부류 한 부류 나누어집니다. '물이군분(物以群分)', 만물은 한 무리 한 무리씩 나누어집니다. 장자의 이 팔덕은 무엇을 말할까요? 특별히 주의하기 바랍니다! 장자의 논리는 이 여덟 개의 방법, 여덟 개의 순서로써, 혜자(惠子)와 공손룡(公孫龍) 같은 이 일반 전국 시대의 논리 명가(名家)에 대하여 논변한 결과 그들은 엉망이 되어 시종 장자의 앞에 서있을 수 없었습니다. 서양에서 들어온 논리는 삼단 논변법이 있습니다. 인도의 인명에는 오단 논변법이 있습니다. 그러므로 각종각양의 논변법이 있습니다. 하지만 어떤 사람은 중국의 『역경』도 삼단 논변법이라고 하는데 저는 말합니다. 함부로 말하지 마세요. 역경은 십단 논변법이며 그 증거가 있습니다. 지금은 잠시 얘기하지 않겠습니다. 그러나 장자가 말하는 것은 팔단 논변법입니다. 사실은 무슨 팔단 논변법도 아니라 하나의 둥근 원 논변법입니다. 선종이 걸어간 것도 이 노선이어서 마치 구슬이 쟁반 안을 굴러다니는 것 같습니다. 마치 장난감 구슬이 쟁반 안에서 구르듯이 가장자리가 없습니다. 이 논리 논변이 이 정도에 이르면 당신에게 가져질 수 있는 가장자리가 없고 당신에게 붙잡아질 수 있는 꼬리가 없습니다.

그러나 장자는 이런 보통의 논변 면에서 다음과 같이 제시하여 말합니다. '그 구역경계를 말해보겠다. 물리세계의 순서로는 왼쪽이 있고 오른쪽이 있다[請言其畛, 有左, 有右]', '인문세계의 순서로는 윤리가 있고 의(義)가 있으며[有倫有義]', '이론관념세계의 순서로는 분별이 있고 논변이 있다[有分有辯]', '인류사회의 현실로는 앞 다툼이 있고 맞 다툼이 있다[有競有爭]', 이 여덟 개의 논변은 귀납하면 군(群)·분(分)·류(類)·변(辯)이 됩니다. 우리가 알듯이 공자는 남들에게 비꼼을 당해 몹시 가련했습니다. 비꼰 자들은 바로 도가 사람들이었습니다! 이 공성인(孔聖人)은 도가의 인물들을 만나게 되면 저마다 공자에게 몇 마디씩 유머를 던졌습니다. 하지만 천지양심(天地良心)을 걸고 맹세하건대 도가 사람마다 모두 공자를 몹시 떠받들었습니다. 다들 도가의 유머를 모르고 그들의 기봉(機鋒)을 이해하지 못했을 뿐입니다. 그래서 그 사람이 공자를 꾸짖은 것으로 아는데 모두 잘못 안 것입니다. 공자를 꾸짖어도 심하게 꾸짖은 사람이 장자입니다. 그러나 공자를 떠받들어도 대단히 떠받든 사람도 장자입니다. 그러므로 장자는 공자의 지기(知己)

로서 공자를 가장 떠받들어 올린 사람이라고 말할 수 있습니다. 지금 또 조금 떠받들기 시작합니다.

천지 밖의 일에 대하여 성인은 미루어 두고 논하지 않는다. 천지 안의 일에 대하여 논하기는 해도 비판하지는 않는다. 춘추(春秋)는 세상을 다스리는 학문이요 선왕(先王)들의 뜻으로서, 성인은 영도자인 현자들의 책임에 대해 비평했지만 변론하지는 않았다.

六合之外, 聖人存而不論; 六合之內, 聖人論而不議。春秋經世先王之志, 聖人議而不辯。

오늘날 다들 가는 곳마다 중국문화를 외치고 있는데 중국문화는 어떤 것일까요? 지금 정의(定義)를 하나 내릴 수 없습니다. 식당에서의 매운 고추 넣어 볶은 두부일까요? 고궁박물원(故宮博物院)은 얼마나 대단합니까! 우리 중국문화라고 얘기하고 있습니다. 그러나 그것은 선조들이 남겨놓은 것입니다. 제가 늘 학우들에게 말하는데, 대단한 것은 우리 조상들이지 당신들이 그린 것은 아닙니다. 그래요 안 그래요? 그러므로 부끄러워하고 부끄러워해야 합니다! 남이 중국문화를 물어보면 당신은 그 사람을 고궁박물원으로 데리고 가고, 왜 당신의 서재로는 그를 데리고 가지 않습니까! 왜냐하면 당신 서재에는 무엇이 없기에 조상을 찾아서 체면을 유지할 수밖에 없기 때문입니다. 그러므로 중국문화에 대해서는 하나의 정의를 내릴 수 없습니다. 중국문화 철학문제를 얘기하면 우주 생명의 근원으로, 닭이 먼저 있을까요 아니면 달걀이 먼저 있을까요? 강가에서 어떤 사람이 맨 먼저 달을 보았을까요? 하느님은 어떻게 세계를 창조했을까요? 이런 것들이 모두 문화 문제입니다. 장자는 말합니다. '천지 밖의 일에 대하여 성인은 미루어 두고 논하지 않는다[六合之外, 聖人存而不論]', 여러분들은 이것을 연구하지 않습니다. 왜냐하면 이것을 연구하게 되면 논리를 연구해야 되고 논리를 연구하게 되면 미칠 수도 있고, 50년을 연구해도 결론을 내지 못하기 때문입니다. 그것은 미제괘(未濟卦)로서 영원히 결론을 얻을 수 없습니다. 만약 현실로써 논한다면 우리의 조상들은 아주 총명했습니다. '육합지외(六合之外), 성인존이불론(聖人存而不論)', 무엇을 '육합(六合)'이라할까요? 동서남북상하(東南西北上下)를 '육합'이라고 합니다. 일부 문학들에서는 팔방(八方)이라고도 부르는데 동남서북에다가 네 모퉁이를 더하여 팔방이라고 부릅니다. 불교가 중국에 들어오게 되자 십방(十方)이라고 불렀습니다. 팔방에다가 상하를 더한 겁니다. 십방은 불학이 들어온 뒤의 중국문화 속에서의 우주천지에 관한 관념입니다. 팔방은 육합보다도 좀 후기의 관념입니다.

가장 이른 상고문화로서 장자가 제시한 육합은 바로 조상들의 우주 견해에 대한 대명사입니다. '육합지외(六合之外)', 천지밖에 세계가 있을까요 없을까요? 인류는 외계의 별로부터 온 것일까요 아닐까요? 이것은 중국문화와 불경 속에서 대단하게 토론하고 있는 일이며, 근거가 있습니다. 인류는 어느 외계의 별에서 왔는지, 어떻게 왔는지, 뭘 타고 왔는지, 온 뒤에는 어떻게 지구상에 타향살이를 하다가 우리의 조상으로 변하게 되었는지를 불교는 명확히 가리켜보여주고 있습니다. 인류의 조상들은 이 지구에서 아주 가련하게 타향살이를 했습니다. 왜냐하면 소금(불경에서는 지미地昧 지비地肥라고 말하고 있음/역주) 먹기를 탐해서 나쁘게 되어버렸기 때문입니다. 그래서 우리의 이 지구에 타향살이를 하게 되었습니다.

이 육합 밖의 일은, 장자는 말하기를 상고문화에서 '성인존이불론(聖人存而不論)'했다고 합니다, 여러분들 주의하기 바랍니다! 여기서의 '존(存)'자는 이런 문제가 없다고 분별없이 말하는 것이 아닙니다. 이 문제는 영원히 존재하지만 잠시 그것을 캐물어 들어가지 않은데 불과할 뿐이라는 겁니다. 그래서 말하기를 '미루어 두고 논하지 않는다[存而不論]'라고 합니다. 그렇다면 우주 사이의 인사(人事)는 어떨까요? '천지 안의 일에 대하여 논하기는 해도 비판하지는 않는다[六合之內, 聖人論而不議]', 단지 토론 연구하였을 뿐 비판을 하지는 않았으며 엄격한 결론을 하나 내리지는 않았습니다. 이 두 가지 원칙 아래에서 우리의 역사는 다른 어떤 국가민족보다도 이르며 다 갖추어졌다는 것을 보여줍니다. 많은 나라들, 많은 민족들의 경우 역사가 없었고 후세에 서서히 거슬러 올라간 것입니다. 인도가 바로 그렇습니다. 17세기 이후에 이르러서야 영국인들이 인도에서 비로소 옛 자료를 찾아냈습니다. 그래서 영국인과 독일인이 인도역사를 썼습니다.

사실 대부분 중국어로 번역된 불경 속에 인도 역사의 자료가 들어있습니다. 하지만 서양인들은 고의적으로 인정하지 않고 우리들의 대장경(大藏經) 속에 있는 인도 역사를 채용하지 않는데, 안타까운 일입니다. 인도에는 그리 중시하지 않는 몇 가지가 있는데, 역사 관념이 없고, 시간 관념이 없고, 숫자 관념이 없는 것이 그것입니다. 그들의 민족 문화는 바로 그러한데, 도대체 좋을까요 좋지 않을까요? 좋습니다. 아주 해탈적이지 않습니까! 사람이 이런 역사의 보따리, 시간의 보따리, 숫자의 보따리에 묶여버리면 고통스럽습니다! 그러므로 수도하는 게 아주 좋습니다. 유유자적하며 한가하여서 배고프면 바나나 하나 따서 먹고 그런 다음 정좌합니다. 입을 바지나 옷도 없고 나뭇잎으로 만들어 좀 가리면 되니 아주 좋습니다! 하지만 인문 문화를 말하면 정상이 아닙니다.

공자의 춘추

오직 우리 중국 뿐 입니다! 중국만이 먼 옛날부터 역사 관념을 세웠습니다. 이 역사를 춘추(春秋)라고 합니다. 젊은이들은 유의하기 바랍니다! 중국 문화 역사를 춘추라고 합니다. 동하(冬夏)라고 부르지 않습니다. 여기에는 그 나름대로의 까닭이 있습니다. 천지 사이에 하나의 현상이 있는데, 하나는 차가움이고 하나는 뜨거움입니다. 이것은 태양과 지구와 달과의 관계입니다. 차가움이 극점에 도달하는 것이 겨울입니다. 뜨거움이 극점에 도달한 것이 여름입니다. 가을은 여름이 겨울로 진입하는 중간인데, 가장 기분 좋을 때로서 춥지도 덥지도 않습니다. 봄은 어떨까요? 겨울로부터 따뜻한 날씨로 들어가는 중간으로서 춥지도 덥지도 않습니다. 그래서 우리들은 계절상으로 1년에 24기절(氣節)이 있습니다. 춘분(春分), 추분(秋分) 그 두 날은 낮과 밤의 길이가 같아서 차이가 나지 않습니다. 하지(夏至)는 낮 길이가 가장 길고 밤 길이가 가장 짧습니다. 동지(冬至)는 밤이 가장 길고 낮이 가장 짧습니다. 오직 춘분과 추분만이 같은 길이입니다. 태양이 지면 딱 지구면의 절반으로서 밤도 딱 절반입니다. 우리들이 입는 옷도 차갑지도 덥지도 않고 딱 좋습니다. 그러므로 춘추는 세상에서 가장 평화롭고 공평합니다! 그런데 역사는 공정한[持平] 공론(公論)입니다. 그래서 춘추(春秋)라고 부르고 동하(冬夏)라고 하지 않습니다. 춘추의 도리는 이와 같습니다.

중국문화의 첫머리는 역사 관념입니다. 중국은 왜 처음에 그렇게 역사문화를 중요시했을까요? 역사는 인류에게 인생의 경험을 남겨주는데, 이 경험이 경제의 학[經濟之學]입니다. 학교의 경제학과의 경제가 아닙니다. 앞서 제가 말씀드렸던 그 경제로서 경세지도(經世之道)라고 부릅니다. 세상을 구제하고 사람들을 구제하는 학문입니다. 인류의 과거의 성공과 실패, 흥성과 쇠망, 선과 악, 시(是)와 비(非)의 경험을 후인들에게 본보기 삼으라고 남겨줌으로써 후인들로 하여금 우리 조상의 문화가 인류의 평화 안락에 대하여 어떤 것인지를 이해하게 해주는 것입니다. 다만 후세의 자손들이 불초하여서 사회와 천하인류를 이렇게 고통스럽게 만들어버렸습니다. 이것은 결코 선왕(先王)의 뜻[先王之志]이 아닙니다. 그러므로 '춘추'는 '경세지학'이요 '선왕의 뜻'입니다. 그러나 공자가 춘추를 저술하면서 '영도자인 현자들의 책임에 대해 비평했지만 변론하지는 않았다[議而不辯]'라고 했습니다. 그러므로 춘추의 도리는 현자를 꾸짖는 것일 뿐 보통 백성들을 비평하는 것이 아닙니다. 춘추가 비평하려한 것은, 역사상 책임 있는 사람들이 사회를 나쁘게 만들어버린 것은 영도자의 책임이지 백성들하고는 무관하다는 것입니다. 왜냐하면 백성은 피교육자이고 책임자는 백성을 교육시키는 사람이기 때문입니다. 그러므로 춘추는 현자들을 꾸짖지 일반인들을 꾸짖지 않았습니다. 그래서 공자는 '일자포폄(一字褒貶)', 한 글자를 내려서 영도자의 만대의 죄명을 판결했습니다.

장자는 앞에서 중국문화의 인류의 도인, '천지 밖의 일에 대하여 성인은 미루어 두고 논하지 않는다. 천지 안의 일에 대하여 논하기는 해도 비판하지는 않는다. 춘추는 세상을 다스리는 학문이요 선왕들의 뜻으로서, 성인은 영도자인 현자들의 책임에 대해 비평했지만 변론하지는 않았다'라고 말했습니다. 이 몇 마디 말은 거의 중국문화의 유불도(儒彿道) 삼가에서 수천 년 동안 달리 어떻게 바꿀 수 없는 올바른 이론[不易之論]이 되었습니다. 다시 말해, 후대 문화의 일체의 관점, 동양의 역사와 철학에 대한 견해는 모두 이 몇 마디 말을 그 기초로 삼았습니다. 비록 각 방면에서 인용했지만 특히 유가에서는 더더욱 엄중하게 인용했습니다. 그렇지만 다들 이것이 장자의 사상에서 나온 것이며 도가의 사상에 속한다고도 말할 수 있음을 잊어버렸습니다.

한참 얘기했지만 장자의 본 주제는 여전히 논리관념을 얘기 하고 있고 문화사상의 논변 문제에는 각자 저마다 견해가 있다고 말 하고 있습니다. 지금 그는 우리 전통문화와 인륜도덕 윤리에 대한 견해, 그리고 인생철학·일반철학·역사철학에 대한 견해를 제시 하고 있습니다. 다음은 바로 이 절(節)에 대한 결론입니다.

그러므로 각 부분의 견해는 전체적으로 보아야지 나누어 논변해서는 안 되는 것이 있다. 언어와 문자가 끊어진 최후의 진정한 진리에 대한 논변처럼 논변에는 논변할 수 없는 것이 있다.

故分也者, 有不分也 ; 辯也者, 有不辯也。

여기 나오는 두 개의 '분(分)'자에서, 앞에 나오는 글자는 분량 (份量)의 분(份)으로 읽고, 그 다음에 나오는 글자는 분변(分辯)의 분(分)자입니다. 분할(分割)의 의미로 보아서는 안 됩니다. 그러므로 각 부분의 견해는 분할할 수 없는 것들이 있으니 전체적으로 보아야 합니다. 그래서 '그러므로 각 부분의 견해는 전체적으로 보아야지 나누어 논변해서는 안 되는 것이 있다[分也者, 有不分也]'. '언어와 문자가 끊어진 최후의 진정한 진리에 대한 논변처럼 논변에는 논변할 수 없는 것이 있다[辯也者, 有不辯也]', 천지간의 도리는 다 말할 수 없습니다. 만약 논리 관념으로 추리한다면 논변해 가는 게 끝이 없습니다. 논변이 최후에 이르면 어떨까요? 무언지변(無言

之辯)입니다. 할 말이 없습니다. 최후의 진정한 이치[理]는 할 말이 없습니다. 그거야 말로 진리로서 한 글자도 없고 도리가 조금도 없습니다. 바꾸어 말하면 본체·도체는 공(空)한 것으로서 불가에서 말하는 불가사의(不可思議)와 다름없습니다. 더 나아가 『유마힐경』에서 말하는 것은 장자의 이 '불변(不辯)', 말하지 않는 말함, 논하지 않는 논함의 관념과 같은 것으로서 모두 최고처에 도달했습니다. 예컨대 불학에는 다음의 두 마디 명언이 있습니다. '언어의 길이 끊어졌고, 마음이 갈 곳이 사라졌다[言語道斷, 心行處滅]'. 특히 선(禪)을 배우는 사람이 도리가 최고처인 형이상의 이치에 도달하면 문자가 없고 언어가 없습니다. 그 어떤 것도 말할 나위가 못됩니다. 그곳에 도달하면 일체가 돌덩이가 큰 바다에 가라앉음과 같습니다. 그것 자체는 모든 문자 모든 언어 모든 사상도 포함 망라하고 있습니다.

장자가 이 문제를 제기 할 때에 불학은 아직 중국에 들어오지 않았습니다. 이를 통해서 알 수 있듯이 동서양의 고인(高人)·성인(聖人)·도가 있는 선비는 견해가 모두 일관합니다. 그러므로 말하기를 '언어와 문자가 끊어진 최후의 진정한 진리에 대한 논변처럼 논변에는 논변할 수 없는 것이 있다[辯也者, 有不辯也]', 논변할 길이 없다고 합니다. 그래서 불가의 문답의 경우 논변의 최고처는 석가모니불의 방법처럼 치변(置辯)·치답(置答)이었습니다. 무슨 변론할 것도 없고 무슨 답할 것도 없습니다. 그는 말하기를 이 도가 이미 논변할 것이 없고 답할 수 없는 바에야 다음과 같다고 합니다.

왜 그럴까? 성인은 도(道)를 오직 자신의 가슴속에서만 스스로 알지만, 일반인들은 자신의 심신에서 체험하려고 하지 않고 그저 생각에서 입으로만 논변하여 자기 견해의 고명함을 서로 내보이려 하기 때문이다. 그러므로 도에 대하여 추리를 이용하여 윤리 사변적으로 추구할수록 도와는 멀어져 도를 보지 못함이 있다고 말하는 것이다.

曰：何也？聖人懷之，衆人辯之以相示也。故曰辯也者，有不見也。

‘하야(何也)’, 무슨 이유에서일까? ‘성인회지(聖人懷之)’, 여기서의 ‘성인’은 도를 얻은 사람을 대표합니다. 진정으로 학문을 이해하여 가장 심오한 곳에 도달하고, 진정으로 형이상의 도를 증득한 사람은 ‘회지(懷之)’, 오직 자기의 가슴속에서만 자기가 압니다. 불학의 다음 관념과도 같습니다. ‘사람이 물을 마셔보면 차고 따뜻함을 스스로 아는 것과 같다[如人飮水, 冷暖自知].’ 오직 자신만이 그 정도 그 경계에 도달했다는 것을 압니다. ‘중인변지(衆人辯之)’, 일반인들은 자기의 심신 내면에서 체험하지 않고 단지 생각 면에서 입에 의지하여 논변함으로써 ‘이상시야(以相示也)’, 자기 견해의 고명함을 표시합니다. 그러므로 장자의 결론은 다음과 같습니다. ‘변야자(辯也者), 유불견야(有不見也)’, 장자는 말합니다. 이러한 도리들, 이른바 도를 추리를 이용하여 윤리사변(倫理思辯) 면으로부터 추구해간다면, 이 도는 논변할수록 문제가 심각해지고 도로부터 멀어진다고 합니다. ‘고왈변야자(故曰辯也者), 유불견야(有不見也)’, 논변하면 할수록 도를 보지 못하게 되어 거리가 갈수록 멀어지고 심사(心思)는 갈수록 산란(散亂)해진다고 합니다.

그래서 그는 하나로 연결하여 한 단락을 말해서 도(道)로부터 덕(德)까지 말합니다. 춘추전국 시대 때에는 도덕이란 두 글자가 대부분의 책에서는 나란히 쓰지 않았습니다. 예컨대 『노자』의 경우는 상반부는 도(道)를 얘기하고 하반부는 덕(德)을 얘기합니다. 그러므로 덕(德)자와 도(道)자는 저마다 단독적인 하나의 내함을 가지고 있습니다. 이 덕은 용(用)을 말하는데 인생의 행위, 언어, 인륜도덕의 작용이 그것입니다. 이제 그는 도(道)로부터 덕(德)자의 도리까지 말하고 있습니다.

인의도덕은 무엇인가

진정한 큰 도(道)는 부를 명칭이 없다. 진정한 큰 논변은 할 말이 없다. 진정한 큰 인(仁)은 인하다 불인하다의 관념이 없다. 진정한 큰 청렴결백은 청렴결백을 표방하지 않는다. 진정한 큰 용기는 용기를 뽐내지 않는다.

夫大道不稱, 大辯不言, 大仁不仁, 大廉不嗛, 大勇不忮。

이것은 장자가, 그 당시 문화에서 유행하던 구두선(口頭禪)이나 표어(標語)로서 지식인의 호소에 속한 것에 대하여 가한 엄격한 비평이며, 하나의 정확한 노선도 가리켜 보이고 있습니다. 왜냐하면 춘추전국 시대에는, 노자도 비평했듯이, 어디가나 인의와 도덕을 표방하는 것을 보았기 때문입니다. 사실은 어떠했을까요? 그 시대의 국면은 대단히 혼란했습니다. 가장 불인(不仁)하고 가장 불의(不義)한 시대였다고 말할 수 있습니다. 이점을 통해서 우리 자신은 반성해야 합니다. 중화민족의 이 문화는 옛날부터 예의의 나라라고 불렀고 충효인의(忠孝仁義)의 도를 행한다고 했지만 사실은 깊게 이해하고 연구해보고 나면 이 몇 마디 말에 대하여 몹시 괴롭고 가슴 아픕니다.

　알아야 합니다. 공자는 효를 제창했는데, 이점을 통해서 알 수 있듯이 사회에서는 모두 불효했기 때문에 비로소 효를 제창했던 것입니다. 이는 사회에 병태(病態)가 있었기 때문에 그가 병 때문에 약을 주었다는 말과 같습니다. 다들 불인(不仁)하니까 그가 인(仁)을 제시한 것입니다. 우리가 표방하는 충효인애 등등은 실제로는 수천 년의 문화가 한 가지도 실천해내지 못했습니다. 예컨대 방금 장자는 '춘추는 세상을 다스리는 학문이요 선왕들의 뜻이다'고 말했는데, 공자가 저술한『춘추』420여 년 동안의 역사를 보면 자식이 부모를 죽이고 부하가 배신한 것이 얼마나 되는지 모릅니다! 우리들 스스로 예의의 나라라고 일컫는 사람들이 대단히 예의가 없었으니, 사람으로 하여금 몹시 가슴 아프게 합니다. 그렇다면 비로소 다음의 사실을 알게 됩니다. 즉,『노자』『장자』가 이 도리를 제시한 것은 바로 문화학술 면에서나 교육면에서의 그런 목표나 구호를 겨냥하여 비평한 것이며, '그런 표방들이 무슨 소용들이 있는가? 결과적으로 사회의 많은 사람들의 행위는 완전히 상반되었다.'고 보았다는 사실입니다.

　이 때문에 그는 여기서도 말하기를 '부대도불칭(夫大道不稱)', 진정한 도는 이유가 없고 무슨 명칭이 없는 것이다! 라고 합니다. 우리들의 사회가 수천 년 동안 도를 얘기했지만 이 사회에는 협의적인 종교의 도가 충만하여 있는 것 같은 그런 것이 아닙니다. 불교·도교·기독교·천주교·회교 이런 등등 이외에도 오늘날 민간의 무슨 일관(一貫)·이관(二貫)·삼관(三貫)의 압단교(鴨蛋敎)·계단교(鷄蛋敎) 등 각종의 교가 적어도 일 백여 종이 됩니다. 거기다가 갖가지 미신이 있는데, 저마다 모두 도가 있다고 말합니다. 전 세계의 종교는 오륙백 종이 있습니다. 외국을 포함하여 저마다 자기에게 도가 있다고 말합니다. 뿐만 아니라 모두 자기가 도를 증득했다고 말합니다. 만약 장자의 관념에 보면 '대도불칭(大道不稱)', 진정으로 도를 얻은 사람은 자기가 이미 도를 얻었다고 표방하지도 않습니다. 그러므로 대도는 명칭이 없는 것입니다.

'대변불언(大辯不言)', 이것은 당시에 일반적으로 논리를 말하고 사상을 얘기한 혜자 같은 사람들을 겨냥하여 말한 것입니다. 장자는 말하기를 진정한 도리는 최고처에 도달하면 할 말이 없다고 합니다. 예컨대 역사상 송나라 왕조 조광윤(趙匡胤)이 황제 노릇을 시작했을 때 남방은 아직 통일되지 않았습니다. 남당(南唐) 이후주(李後主)는 문학이 훌륭했습니다. '수레들은 흐르는 물인 듯 말들은 헤엄치는 용인 듯 오고 가고, 꽃피고 달은 둥근데 때 마침 봄바람이 불어오누나[車如流水馬如龍, 花月正春風]'는 바로 이후주의 사(詞)입니다. 남당의 인재는 많았습니다. 문학가도 많았습니다. 조광윤은 황제가 된 뒤에 남당에서 서현(徐鉉)이라는 대사(大使)를 한 사람 파견해왔습니다. 조광윤은 서현이 명성이 쟁쟁한 대 문호 문학가요 학문이 훌륭하다는 것을 알고 있었습니다. 송나라 왕조는 어떤 사람이 와서 그를 접대해야할 것인가가 조급하게 되었습니다. 오늘날 세계적으로 유명한 학자가 대사가 되어 오면 학문이 좋은 어떤 사람을 파견하여 그를 접대해야할 지와 다름없었습니다. 조광윤은 말했습니다. 서둘지 마라. 나는 이미 사람을 선정해놓았다. 결과적으로 당당한 외모에 낫 놓고 기역자도 모르는 호위병을 하나 찾아내어 이 서현이라는 대사를 접대하게 했습니다. 이 호위병은 명령을 받고는 분장을 하고 그냥 위에 앉아 있을 수밖에 없었습니다. 대사는 그와 함께 철학이야 경제학이야 과학이야 담론을 했습니다. 한참 동안 얘기 했는데도 그는 단지 응응응! 그렇습니다! 그렇습니다! 술 좀 드시죠! 좋습니다 좋습니다! 일리 있습니다. 이런 말만 했습니다. 여러 날 응수를 했는데 이 서현은 한 마디도 얻지 못했습니다. 서현은 생각했습니다. 송나라 왕조 조광윤은 일가견을 가지고 있다. 나를 접대할 사람을 하나 파견했는데 내가 여러 날 동안 얘기 했음에도 그는 한마디도 나를 비평하지도 않았고 나를 찬성하지도 않았다. 도대체 그 사람의 내막을 잘 알 수가 없다. 학문이 도대체 얼마나 좋은지 모르겠다. 그래서 심리적으로 무너졌습니다.

이 이야기는 '대변불언(大辯不言)'을 설명합니다. 조광윤의 이 수법은 대단했습니다. 한 번에 다른 사람을 무너뜨렸습니다. 당신의 학문이 아무리 좋아도 학문이 없는 사람을 하나 파견해서 당신과 이야기를 나누라 했습니다. 물론 이 사람은 믿음직했습니다. 만약 학문도 없으면서 말하기 좋아하는 사람이었다면 큰일 났을 겁니다. 그러므로 '대변불언'은 그런 도리입니다. 불가에도 다음과 같은 한 마디 말이 있습니다. '시비는 변론하지 않음으로써 해탈을 삼아라[是非以不辯爲解脫]'. 이것은 몹시 일리가 있습니다. 여러분 청년들은 선종 얘기하기를 좋아하는데 선종은 행위를 중시하지 온통 정좌만 중시하는 것은 아닙니다. 그러므로 백장(百丈)선사의 총림요칙(叢林要則)에 '질병은 음식을 줄임으로써 탕약을 삼는다[疾病以減食爲湯藥]'라고 했습니다. 사람이 병이 났다면 음식을 적게 먹고 장이나 위를 먼저 깨끗이 청소하는 게 제일 좋습니다. '시비는 변론하지 않음으로서 해탈을 삼아라', 시비는 변론하면 할수록 골치 아파집니다. 그래서 '진정한 큰 논변은 할 말이 없습니다.'

'대인불인(大仁不仁)'의 도리는 어떨까요? 이 말은 도가의 사상과 관련됩니다. 노자에 이런 말이 있습니다. '천지불인(天地不仁), 이만물위추구(以萬物爲芻狗)', 노자의 이 말을 일반적으로 해석하기를, 우주가 잔인하여 하늘은 무슨 인자함이 없어서 만물을 모두 추구(芻狗)와 마찬가지로 본다고 합니다. 추구란 풀로 만든 개인데, 사용하고 난 다음에는 태워버렸습니다. 우리의 옛 조상들은 개고기를 먹었습니다. 그래서 광동(廣東) 사람들은 개고기를 먹고 우리의 전통문화를 보존하고 있습니다. 상고 시대에는 조상의 제사에도 개를 써서 제사를 지냈는데 뒷날 개고기 먹는 것을 폐지했습니다. 하지만 천지조상에게 제사 지낼 때는 풀을 가지고 가짜 개를 한 마리 만들었습니다. 이는 오늘날 배배(拜拜; 대만이나 민남 지역에서 명절날 행해지는 제례 의식/역주)할 때 쌀을 가지고 돼지 머리를 하나 만들어 돼지 한 마리를 대신하는 것과 다름없습니다. 노자의 이 말은 겉으로 보면, 천지는 인자하지 않아서 만물을 추구나 마찬가지로 보고 가지고 논다고 말하는 것으로 보입니다. 그렇지만 노자는 그런 도리가 아니라 장자의 '대인불인(大仁不仁)'이란 말과 마찬가지입니다. 천지는 인(仁)하다 인(仁)하지 않다는 관념이 없다는 것이 바로, '진정한 큰 논변은 할 말이 없다[大辯不言]', '진정한 큰 도는 부를 명칭이 없다[大道不稱]'의 도리입니다.

천지가 만물을 낳는다는 것에 대해 인자하다고 말한다면 대단히 인자합니다. 좋은 것도 낳고 나쁜 것도 낳습니다. 벼도 낳고 독약도 낳아, 만상일체를 포용하는 것은 그것이 자애로운 탓입니다. 그러므로 천지는, 사람들처럼 특별한 관념을 가지고 내가 좋은 일을 하겠으니 좋은 것만 낳는 그런 일이 없습니다. 비가 내리는 것도 마찬가지여서 좋은 곳에도 내리고 나쁜 곳에도 내립니다. 햇빛과 마찬가지입니다. 천지는 만물이 모두 평등하다고 봅니다. 만약 사람을 추구로 본다면 만물도 추구입니다. 만약 추구를 사람으로 본다면 사람도 바로 추구입니다. 어쨌든 천지는 무심하며 자연(自然)에서 나온 것입니다. 그러므로 장자의 '대인불인(大仁不仁)'이란 말은, 일부러 착한 일을 하는 마음이 있고 하나의 인(仁)을 추구하는 마음이 있다면, 이 사람은 큰 인[大仁]이 아니라는 겁니다. 왜냐하면 그것은 의도적으로 하는 것이기 때문입니다. 진정한 큰 인[大仁]은 보편적이고 자연스러운 것으로서 결코 어떤 점에 대하여 특별한 인(仁)은 없습니다.

'대렴불겸(大廉不嗛)', 이 '염(廉)'자는 바로 청렴결백[廉潔]입니다. 우리들 이 문화 속에서는 인륜도덕을 표방하면서 대단히 청렴결백하라고 요구합니다. 공무원이나 관료가 된 사람에게 반드시 청렴한 관리일 것을 요구합니다. 청렴한 관리는 청렴결백한데 어느 정도까지 청렴결백해야 할까요? 철저하게 맑아서 죽조차도 먹지 못할 정도까지라면 옳지 않습니다. 진정한 청렴결백은 표면적인 것이 아니라 마음씨의 순결입니다.

한번은 텔레비전 방송국에서 한참 포청천(包靑天)이라는 프로그램을 방송해가고 있었는데, 어떤 직장에서 저를 끌고 가서는 전문 주제로 강연을 하게 했습니다. 이것을 어떻게 얘기할까요? 『포공안(包公案)』은 다들 본 적이 있으니 그러면 포공(包公)의 역사에 대해서 얘기하지요. 송나라 역사상의 포공은 다들 알듯이 '철면무사(鐵面無私)', 공평하고 사심이 없었습니다. 중국문화의 소설이든 역사이든 청렴한 관리는 모두 철면무사였습니다. 무엇이 철면일까요? 포공의 역사 전기를 읽어보면 아는데, 포공은 하루 종일 웃은 적이 없었습니다. 친척이나 친구들이 왕래하지 않았습니다. 엄숙한 표정이 철판이나 마찬가지였습니다. 이러한 철면은 솔직히 말해서 포공은 학문이 좋고 인품도 훌륭하지만 만약 그가 살아있다면 저는 그와 친구하지 않을 것입니다. 왜냐하면 맛이 없기 때문입니다. 어떤 사람 얼굴이 무뚝뚝하기가 마치 한 덩이의 쇳덩이 같아 하루 종일 푸른 색깔을 띠고 있으면서 불그스레한 색이 없는 것은 말할 것도 없고 노란 색깔이 조금도 없다면 아마 간병이 있을 겁니다!

무슨 병이 있는지는 모르겠습니다만 그는 물론 사사로움이 없었으니 친척 친구들하고는 모조리 왕래하지 않고, 집은 가난해서 이 정도로 가난했으니 청렴결백한 것이 당연합니다. 사실『포공안』이라는 소설은 역사상의 많은 청렴한 관리들의 이야기를 모조리 포공의 몸에다가 집중한 것입니다.

포청천은 물론 대단합니다만 더욱 대단한 사람은 포공의 사장인 송나라 인종(仁宗) 황제였습니다. 그는 조광윤 형제의 후대 자손이었습니다. 송나라 인종의 지원이 있었기 때문에 그는 당연히 철면일 수 있었습니다! 이런 사장이 없었다면 고기 국수도 못 먹고 냉면도 못 먹었을 겁니다. 당신 가서 하시오. 당신이 어떻게 하더라도 내가 책임지겠소. 내가 당신을 지원하오. 이런 사장이 있다면 우리도 당연히 철면이 될 수 있습니다! 그렇지 않다면 동면(銅面)도 한번 되지요! 맞지요? 뒤에 지지해주는 좋은 사장이 하나 있다면 공무원은 저마다 철면무사할 수 있을 겁니다. 할 수 없는 것이 아니라 시대 환경이 허락하느냐 허락하지 않느냐 입니다.

'대렴(大廉)'을 다시 얘기하겠습니다. 진정으로 크게 청렴한 사람은 '불겸(不嗛)', 겸양이 없습니다. 이 '겸(嗛)'자는 겸허하다의 경(謙)자와 서로 통합니다. '대렴불겸(大廉不嗛)', 무엇을 '불겸(不嗛)'이라고 할까요? 예컨대 청렴결백한 사람은 돈을 탐내기 좋아하지 않는데, 돈을 탐내면 좋지 않습니다. 이 문제에 관하여 그는 말하기를 일반 지식인들은 청렴한 관료가 될 것을 표방하면서 이 돈[錢]자도 감히 꺼내지 못한다고 합니다. 그래서 중국의 이 돈 '전'자는 따로 다른 별명이 하나 있는데 '아도(阿堵)'라고 합니다. 남북조 시대 때의 일입니다. 당시에 어떤 사람이 청고(淸高)하였는데 큰 관료가 된 뒤 남이 그에게 돈을 보내주거나 뇌물을 보내면 일체 받지 않았습니다. 부인이나 집안사람들은 생활이 중요하니까 돈을 좀 마련하고 싶었습니다. 뒷날 집안사람들이 어쩔 방법이 없어서 그가 잠들기를 기다렸다가 잠들고 나자 돈을 좀 그의 침상 앞에다가 늘어놓았습니다. 다음날 아침 침상에서 내려올 때 아무래도 돈을 치우라고 말하겠지! 마침내 그는 잠에서 깨자 한번 보고는 말하기를 아이구! 이 아도를 치워라고 했습니다. 아도란 것이 막고 있다며 역시 돈을 말하지 않았습니다. 그래서 돈을 '아도'라고 불렀습니다.

그러나 청나라 원재자(袁子才)에 이르러서는 천고의 이 '대렴불겸(大廉不嗛)'의 도리를 시 한 구절로써 다 말해버렸습니다. '불담미필시청고(不談未必是清高)', 이 돈 전(錢)자를 얘기조차 하지 않으려한다고 해서 꼭 진정한 청고함은 아닙니다. 왜냐하면 당신의 마음속에 그래도 아직 돈 전자의 관념이 있어서 아직도 두려움과 두렵지 않음이 있기 때문입니다. 정말 최고처에 도달하면 상관이 없습니다. 돈 얘기를 하면 더러울까요? 돈을 사랑하네 사랑하지 않네가 이곳에는 없습니다. 청렴결백[廉潔]에서의 '염(廉)'자는 물론 돈을 좋아하지 않는 것입니다. 어찌 돈을 좋아하지 않는 것에만 그치겠습니까! 진정한 청렴결백은 바로 인생이 빙청옥결(冰清玉潔), 얼음처럼 맑고 옥처럼 깨끗한 것입니다. 어떤 행위든지 아주 분명하게 하는 것이 꼭 돈을 바라지 않는 것을 가리키는 것은 아닙니다. 사람이 진정으로 빙청옥결에 도달하였을 때는 그에게는 오히려 무슨 겸손함이 없습니다. 이 '겸'은 그가 겸허하지 않음을 말하는 것이 아니라 자기를 표방하여 이것을 청렴결백이라고 부를 필요가 없다는 겁니다. 그러므로 '진정한 큰 청렴결백은 청렴결백을 표방하지 않습니다.'

제가 늘 우스개 얘기를 하나 하면서 이 도리를 돼지로써 비유합니다. 사실 세상에서 깨끗한 것을 제일 좋아하는 동물은 돼지입니다. 생물학을 연구한 사람은 다 압니다. 보세요, 돼지는 하루 종일 주둥이로 대변을 떠밀어내거나 진흙을 떠밀어내거나 합니다. 왜냐하면 돼지는 더러운 것을 싫어하기 때문에 더러운 것을 보면 떠밀어냅니다. 사람들마다 돼지가 더러운 것으로 생각하지만 사실은 청결한 것을 가장 좋아해서 조금이라도 더러운 것은 보아내지 못합니다. 결과적으로 돼지가 떠밀어내면 낼수록 더럽습니다. 이 생물의 성격이 깨끗한 것을 좋아하는 점으로부터 우리들이 이해할 수 있듯이, 인생이 정말로 빙청옥결의 정도에 도달하여 한 티끌만큼도 오염되지 않았다는 것이 꼭 진정한 청렴은 아니라는 것입니다. 오히려 그 혼탁한 세계에서 구르면서도 마음속은 외부 형상에 대해서 조금도 집착하지 않는 사람이 도리어 큰 청렴에 도달할 수 있습니다. 이것이 장자가 말하는 '진정한 큰 청렴은 청렴결백을 표방하지 않는다'는 도리입니다.

'대용불기(大勇不忮)', 진정으로 용기가 있을 때에 '불기(不忮)'합니다. 어떻게 하는 것을 '기(忮)'라고 할까요? 유난히 괴이한 것입니다. 예컨대 힘 있는 사람은 가는 곳마다 싸우곤 합니다. 몸이 좋고 힘이 세니 어느 곳에 서 있던지 그러한 자세를 뽐내야 비로소 만족할 수 있습니다. 우리가 젊었을 때 다 이런 일을 해본 적이 있는데, 손에 평 송곳을 하나 들고서 한번 쳐보려 하면서 '너에게 말해주는데 나는 몸에 평 송곳이 있어' 하는 것은 이미 큰 용기[大勇]가 아닙니다. 큰 용기가 있는 사람은 온화하고 유약하게 보입니다. 그는 특별한 기괴한 표시가 없습니다. 이것이 그가 위에서 말한 원칙이자 인륜의 도입니다.

우리는 잊지 말아야 합니다! 장자가 한참 얘기 했지만 역시 '취만부동(吹萬不同)'입니다! 제물론은 어떻게 이 일면까지 불어왔을까요? 주의하십시오. 장자는 천뢰(天籟)·지뢰(地籟)·인뢰(人籟)를 제시했는데, 이 단락은 모두 인뢰를 말하고 있습니다. 인뢰는 바로 인도(人道)입니다. 그의 본편의 문장이 길고 인용이 다양하고 기세가 웅장하고 넓고 크기 때문에, 만약 그의 문장에 미혹되어버리면 그가 말하는 것이 제물론과 상관없다고 생각할지도 모릅니다!

진정한 도는 명백하면서 있지 않는 곳이 없으며 도라고 부르지 않는다. 진정한 최고의 이론은 논변으로써 미칠 수 없다. 진정한 인(仁)은 평상적인 것으로 정해진 방식이 없다, 진정한 청렴결백은 청고(淸高)하면서도 겉으로 표방하지 않는다. 진정한 용기는 용기를 뽐내면 이루어지지 않는다. 이 다섯 가지가 다 갖추어진 사람은 도로 나아가는 방향을 거의 잡은 것이다! 그러므로 지혜가 최고의 경지에 도달하였으면서도 그런 줄 알지 못함은 지극한 것이다.

道昭而不道, 言辯而不及, 仁常而不成, 廉淸而不信, 勇忮而不成。五者圓而幾向方矣, 故知止其所不知, 至矣。

'진정한 도는 명백하면서 있지 않는 곳이 없으며 도라고 부르지 않는다[道昭而不道]', '소(昭)'는 있지 않는 곳이 없음[無所不在]입니다. 장자는 말합니다. 이 도는 명백하다. 당신은 찾지 말라. 이 도는 소소령령(昭昭靈靈)하면서 있지 않는 곳이 없고 고정된 방법이 없다. 그러므로 '명백하면서 있지 않는 곳이 없으며 도라고 부르지 않는다[昭而不道]'. 부처님이 말한 것, 노자가 말한 것, 장자가 말한 것, 공자가 말한 것, 맹자가 말한 것, 예수가 말한 것, 마호메트가 말한 것은 모두 맞습니다. 모두 그 도리이며, 전체적인 도의 어느 한 점의 개체입니다. 그 다음을 주의하기 바랍니다! 도가 있지 않는 곳이 없는 이상 언제 어디서나 거기에 있으며, 또 사람 사람마다 심령(心靈)속에 있으면서. 명명백백한데도 '이불도(而不道)', 그런데도 당신이 말하기를 당신의 그것이야말로 도라고 부른다면 맞지 않습니다. 종교마다 수도하는 사람마다 모두들 오직 자기의 그것이야말로 도이고 다른 사람의 그것은 도가 아니라고 여깁니다. 실제로는 '도소이불도(道昭而不道)', 도는 명명백백한 것이며 사사로움이 없는 것입니다. 그래서 절대 '도라고 부르지 않습니다[不道].'

'진정한 최고의 이론은 논변으로써 미칠 수 없다[言辯而不及]', 천지 사이의 최고의 이론은 최고처에 도달하면 할 말이 없습니다. 말하면 모두 아닙니다. 예를 들어 우리 사람들은 신체상으로 고통이 있거나 기쁨이 있을 때 우리들은 이렇게 표현합니다. 아이고, 몹시 아파요! 그건 아픔이라 할 수 없습니다. 고통이 극점에 이르게 되면 할 말이 없습니다. 고통스러워 죽을 지경입니다. 그거야말로 진짜 고통입니다. 당신 기뻐요 안 기뻐요? 나는 대단히 기뻐요 한다면, 그것은 유한한 것입니다. 진정으로 기쁨이 극점에 도달했다면 당신은 기뻐 죽을 수도 우스워 죽을 수도 있습니다. 세상 사람들이 정서가 최고처에 도달했을 때는 할 말이 없습니다. 그것이 '진정한 최고의 이론은 논변으로써 미칠 수 없다'입니다.

'진정한 인은 평상적인 것으로 정해진 기존의 규칙이 없다[仁常而不成]', 무엇을 진정한 인(仁)이라고 할까요? 인자(仁慈)와 자비(慈悲)는 평상(平常)적인 것입니다. 당신이 추우니 내게 또 옷이 하나 있어서 당신에게 덮어줄 수 있습니다. 평상적입니다. 당신이 배가 고프니 내게 때마침 빵이 하나 있어서 당신 좀 드십시오! 평상적입니다. 만약 당신이 배가 고픈데 내가 빵을 하나 당신에게 먹으라고 주면서 여보시오, 당신 내 빵 먹어요. 당신 알아야 합니다. 나는 불법을 배운 사람이기 때문에 이것은 내가 당신에게 자비로운 것입니다! 이러면 끝장납니다. 그러므로 '인상이불성(仁常而不成)' 천지 사이에 어느 사람이 인심(仁心)이 없겠습니까! 사람마다 사람을 사랑하는 마음이 있습니다. 즉, 어떤 종류의 생물 마다 비록 다른 생물에 대해서 저항하고 잔인하게 살해함이 있더라도, 잔인하게 살해하는 심리는 곧 방어이지만, 그러나 자기와 같은 무리에 대해서는 때로는 일종의 인애(仁愛)의 마음이 있습니다. 그러므로 인도(仁道)란 상도(常道)입니다. 평상적이지 않는 것이 아닙니다. '인상이불성(仁常而不成)'이란 거기에는 하나의 기존의 규칙이 없다는 것을 말합니다.

'진정한 청렴결백은 청고하면서도 겉으로 표방하지 않는다[廉清而不信]', 진정으로 청렴결백한 사람은 그 자신이 청고(清高)합니다. 그러나 이 '신(信)'이란 글자는 어떨까요? 신용이 없다는 말이 아닙니다. 진정한 청렴결백, 진정한 청고함은 겉으로 신호가 없고 표방함이 없습니다. 당신에게 보라고 펼쳐 보이지 않습니다. 청고함은 어디까지나 청고함입니다.

'진정한 용기는 용기를 뽐내면 이루어지지 않는다[勇忮而不成]', 큰 용기가 있는 사람이 가는 곳마다 자기가 힘이 있다고 표방하거나 혹은 사람을 때리거나 또 사람을 구하기도 한다면, 이것은 이미 진정한 용기가 아닙니다. 진정으로 용기가 있는 사람은 무슨 용기가 없는 모습으로 보입니다. 그러므로 장자는 반복해서 이 두 가지 일을 말하고 있습니다.

'이 다섯 가지가 다 갖추어진 사람은 도로 나아가는 방향을 거의 잡은 것이다[五者圓而幾向方矣]!', '오자(五者)'는 곧 대도·대변·대인·대렴·대용입니다. 이 다섯 가지 조건이 다 갖추어진 사람은 '기향방의(幾向方矣)', 도로 향하는 방향을 거의 더듬어냈습니다. 그러므로 우리는 주의해야합니다! 장자는 취만부동(吹萬不同) 얘기부터 시작하여 천뢰 지뢰를 거쳐 이 단락에서는 인뢰를 얘기하면서 마지막에는 다시 엄중한 결론을 하나 더하고 있습니다.

'그러므로 지혜가 최고의 경지에 도달하였으면서도 그런 줄 알지 못함은 지극한 것이다[故知止其所不知, 至矣]', 이것이 이 절(節)의 총 결론입니다. 그러므로 진정으로 도를 이해한 사람은 모든 지혜·지식·사상이 모두 쓸모가 없습니다. 지식을 이용해서 생각을 이용해서 도리를 추측한 것은 도가 아닙니다. 도에 접근하지 못합니다. 도는 최후에 무념(無念)의 경지에 도달하여, 도라고 할 도가 없습니다. 진정한 지혜가 최고처에 도달하면 무지(無知)입니다. 불가에도 이런 설법이 있는데, 남북조 시대의 고승인 승조(僧肇)법사는 그의 『조론』 중에서 가장 중요한 한편을 반야무지론(般若無知論)이라고 부릅니다. 승조법사는 말하기를 지혜가 최고처에 도달했다면 지혜라고 말할 것이 없는데, 그거야말로 진정한 지혜요 도의 지혜라고 합니다. 승조의 이 관념도 장자가 말하는 도리와 마찬가지입니다. '고지지기소부지(故知止其所不知)', 최고처에 도달했으면서도 알지 못합니다.

그러므로 『논어』에서도 보면 공자의 학생이 그에게 묻자 공자는 말하기를, 나는 아는 것이 하나도 없다. 아무것도 할 줄 모른다. 그러기 때문에 나는 무엇이든지 할 줄 안다고 했습니다. 만약 어떤 사람이 어떤 한 가지 면에서 특기가 하나 있고 최고의 경계가 하나 있다면 그것은 모든 것을 막아버릴 것입니다. 그러므로 도가 최고처에 도달했다면 선종에서 늘 표방하듯이 진정한 지혜는 구슬이 쟁반위에 구르는 것과 같아서, 방향 처소가 없고 고정된 것이 없으며, 하나도 아는 게 없습니다. 그러기 때문에 알지 못하는 것이 없습니다. 바로 그런 도리입니다. 그래서 장자는 말합니다. '그러므로 지혜가 최고의 경지에 도달하였으면서도 그런 줄 알지 못함은

지극한 것이다.'

다음의 이 단락은 여전히 인뢰, 인륜의 도를 얘기합니다. 인륜의
도를 다 말하고 나서야 비로소 지뢰로부터 인뢰에까지 말하며, 더
나아가 인간세상을 초월하는 도를 말하고 있습니다. 그러므로 그
는 인륜의 도에서 한 보통사람이 어떻게 수도할지를 말하는데, 장
자는 하나의 관념이 있습니다.

도의 보고(寶庫)

누가 말이 미치지 못하는 논변과 고정된 법칙이 없는 형이상의 도를
알까? 도는 현실 그대로의 평범함 속에 있다. 만약 누가 이를 알 수
있다면 도를 닦을 방향을 아는 것으로, 이런 경지를 도의 보고인 천부
(天府)라고 부른다. 아무리 부어 넣어도 넘치지 않고, 아무리 퍼내어도
마르지 않아 늘어나지도 줄어들지도 않는다. 그러나 그 유래를 알지
못한다. 이런 경지를 보광(葆光)이라 하는데, 영원히 빛나고 존재하는
생명의 빛이다.

孰知不言之辯, 不道之道? 若有能知, 此之謂天府。注焉而不
滿, 酌焉而不竭, 而不知其所由來, 此之謂葆光。

장자는 말합니다. 만약 당신의 생각 이해 면에서 이 도리를 알면
모든 언어 생각은 최고처에 이르러 도달할 수 없는 것이 '불언지변
(不言之辯)'으로서, 이론이 없고 말할 문자가 없다고 합니다. '불도
지도(不道之道)', 형이상의 도는 법칙이 없고, 말할 도리도 없습니
다. 도는 어디 있을까요? 평범 속에 있습니다. 대단히 평범하고 대

단히 현실 그대로의 속에 있습니다. '약유능지(若有能知)', 만약 어떤 사람이 이것을 알 수 있다면 수도의 방향을 분명하게 한 것입니다. '차지위천부(此之謂天府)', '천부(天府)'는 장자가 정한 명칭입니다. 여기서의 '천'자는 천문 현상의 '천'이 아니라 이론 관념세계의 '천'입니다. 이 '천부'는 바로 궁전입니다. 도의 그 보물 창고, 도의 그 연원(淵源)을 대표합니다.

'아무리 부어 넣어도 넘치지 않고, 아무리 퍼내어도 마르지 않아 늘어나지도 줄어들지도 않는다. 그러나 그 유래를 알지 못한다. 이런 경지를 보광(葆光)이라 한다[注焉而不滿, 酌焉而不竭, 而不知其所由來, 此之謂葆光]', 당신이 도를 이해하고 수양이 '말과 이론이 미치지 못하는 논변[不言之辯]'의 경계에 도달했다면 할 말이 없습니다. 공부하는 것을 정말로 말한다면, 도를 닦는 것이나 선(禪)을 닦는 것이나 불법을 닦는 것이나 모두 마찬가지입니다. 예컨대 젊은이들에게 지금 가장 유행하고 있는 요가의 정좌나, 수도하는 사람들의 정좌나, 불법을 닦는 사람들의 정좌나 다들 앉아서 무엇을 하는 것일까요? 다들 거기 앉아서 변론을 하고 있습니다. 자기가 자기와 변론을 하고 있습니다. 아이고! 이것은 맞지 않겠지? 이것은 아마 도가 아니겠지? 이것은 그리 바르지 않겠지? 이것은 공부가 아니겠지? 이런 기맥들이 안 통했겠지? 모두들 눈 감고 앉아서 사변(思辯)하고 있습니다. '불언지변(不言之辯)', 내심에 논쟁이 없는 경계, 이른바 무쟁(無諍)의 경계에 도달하면 머릿속에는 사변이 없고 마음속이 절대적으로 청정합니다. 또 어떤 방법이든지 다 상관하지 않습니다[不道之道]. 그렇다면 당신은 도의 초보에 도달한 겁니다. 바로 장자가 말하는 '이런 경지를 도의 보고인 천부라 한다[此之謂天府]'로서, 이미 도의 보장(寶藏)에 접근했고 상천(上天)에 접근했습니다. 수양이 이 경계에 도달했다면 '아무리 부어 넣어도 넘치지 않고[注焉而不滿]', 흐르는 물처럼 영원히 물을 대어도 가득 채우지 못합니다. 그래서 노자도 말하기를 이때야 비로소 '허회약곡(虛懷若谷)'이라 했습니다. 마음속이 텅텅 비어있음이 산골짜기와 같아서, 흐르는 물로 대기를 일만 년, 일억 년 동안 물을 대어 들어간다 할지라도 가득 차지 않습니다. 왜냐하면 바닥이 없기 때문입니다. '아무리 퍼내어도 마르지 않는다[酌焉而不竭]', 흐르는 물처럼 날마다 물을 한 지게씩 짊어지고 퍼내거나 한 차씩 짊어져 퍼내더라도 영원히 다 퍼내지 못합니다. 그것은 바로 부증불감(不增不減), 늘어나지도 않고 줄어들지도 않습니다.

그렇다면 이 마음속의 에너지, 도의 에너지, 심신의 에너지는 어디로부터 오는 것일까요? 어디로부터 오는 곳이 없고, 또 가는 곳이 없습니다. 오는 근원을 모르고 가는 곳을 모릅니다. '그러나 그 유래를 알지 못한다[而不知其所由來]'. '차지위보광(此之謂葆光)', 이런 모습을 '보광(葆光)'이라고 부릅니다. 여러분들이 도를 닦으면서, 당신이 도가나 밀종이나 선(禪)이나 요가나 어느 것을 닦든 간에 수양을 말하거나 정좌를 말하는 여러분들이 그렇게 해낼 수 있다면 옳은 것입니다! '차지위보광(此之謂葆光)', 생명의 빛은 영원히 빛나며 영원히 존재합니다. 장자가 지금 우리들에게 이 도를 전해주고 있는데 좋습니다. 정좌하지 마십시오. 진언을 외우지 마십시오. 진언을 하나 배우려면 오천 원의 돈이 필요한데 그럴 필요가 없습니다. 수지가 맞지 않습니다. 이 속에는 진언이 없습니다. 만약 당신이 진언을 바란다면 그의 다음 몇 마디 말을 외우면 됩니다. '아무리 부어 넣어도 넘치지 않고, 아무리 퍼내어도 마르지 않아 늘어나지도 줄어들지도 않는다. 그러나 그 유래를 알지 못한다. 이런 경지를 보광(葆光)이라 하는데, 영원히 빛나고 존재하는 생명의 빛이다', 이것이 장자의 진언입니다. 장자의 '천부(天府)' '보광'

(葆光)' 이런 명사들은 뒷날 도가에서 늘 인용했습니다. 이것은 내양의 학[內養之學]을 말하는 것입니다. 사람마다의 내재적인 수양, 즉 도를 닦는 것입니다. 다음에는 외용의 학[外用之學]을 말하는데 바로 인도(仁道)입니다.

인륜의 도

그러므로 옛적에 요(堯)가 순(舜)에게 물었다. "내가 종회(宗膾) · 서(胥) · 오(敖), 이 작은 세 나라를 치고자 한다. (그들이 나의 문文적인 교화를 따르지 않아) 천자의 자리에서 부득이 그러고자 하니 마음이 아무래도 괴로운데 그 까닭이 무엇일까?" 순이 대답했다. "저들 세 나라는 문화가 낙후된 변경지역에서 아직도 쑥대 사이에서 원시적인 야만(野蠻) 생활을 하고 있습니다. 당신의 마음이 괴로우신 것은 무엇 때문이겠습니까? 옛날에 열 개의 태양이 함께 떠서 만물을 비추었다 합니다. 하물며 당신은 천하 만민을 사랑하는 도덕심이 태양보다도 빛나는데 마음속이 괴롭지 않으시겠습니까! (그러하심은 바로 인자함 때문입니다)"

故昔者堯問於舜曰：我欲伐宗膾、胥、敖, 南面而不釋然。其故何也？舜曰：夫三子者, 猶存乎蓬艾之間。若不釋然, 何哉？昔者十日並出, 萬物皆照, 而況德之進乎日者乎！

　중국 삼대(三代) 이상의 상고 역사를 연구하고자 하면 장자의 여기의 자료는 공자한테 근거해서 온 것이 아니라, 장자 자신이 찾아낸 자료입니다. 장자는 말하기를 우리들의 상고 역사에서 요(堯)가 황제였을 때는 이른바 공천하(公天下)였으며, 요가 한 계승자를 배양을 했는데, 그게 바로 순이었다고 합니다. 순은 요를 따라서 정치에 종사하면서 곁에서 일을 했는데, 작은 직원에서부터 부(副)황제 노릇을 하여 거의 오십 년 동안을 했습니다. 요는 일백여 세가 되어서 순에게 제위를 넘겨주었습니다. 어느 날 요가 순에게 물었습니다. '내가 종회(宗膾)·서(胥)·오(敖), 이 작은 세 나라를 치고자 한다[我欲伐宗膾、胥、敖]', 서남방 변경 낙후된 지구에 아직도 세 개의 작은 나라인 종회(宗膾)·서(胥)·오(敖)가 있다. 그들이 나의 교화를 따르지 않으므로 내가 군대를 동원해서 토벌하러 가고 싶다. 문(文)적인 교화가 안 되므로 무(武)적인 교화, 강한 교화가 필요하다. 요는 성인이고 요는 도덕으로써 정치에 종사한 사람이었지만 마음속에는 군대를 동원한다는 관념이 아직 있었습니다. 정말 방법이 없기도 했습니다. 도덕으로 교화할 수 없었기 때문에 군대를 동원하여 가르칠 수밖에 없었습니다. 그래서 '천자의 자리에서 부득이 그러고자 하니 마음이 아무래도 괴로웠습니다[南面而不釋然]', 중국고대의 제왕은 본래부터 북쪽을 등지고 남쪽으로 향하여 앉았습니다. '남면(南面)'은 제왕의 경계를 형용합니다. 고서를 읽다가 남면칭왕(南面稱王)에 이르면 바로 왕자(王者: 제왕인 사람, 임금/역주)라는 형용사입니다.

중국 고대에는 방향이 일정함이 있었습니다. 수천 년 동안의 제왕전제(帝王專制) 시대에 백성의 집은 정남향이 허락되지 않았습니다. 아무래도 조금 치우쳐야 했습니다. 만약 정남향이었다가는 당신 황제 되고 싶어? 라고 하여 큰일 났습니다. 그러므로 오직 정부기관이나 그리고 사원만이 북을 등지고 정남향으로 향할 수 있었을 뿐입니다. 백성의 집이 정남향일 경우는 '남면칭왕'의 혐의가 있는 것이어서 어떤 사람이 상부에 보고하면 당신은 견딜 수 없었습니다.

요는 순에게 말했습니다. 내가 군대를 동원하여 종회·서·오세 나라를 치고 싶다. 내가 남쪽으로 향하여 앉아서 결정할 때 마음속이 아무래도 괴롭다. '기고하야(其故何也)', 이게 무슨 이유일까? 만약 이 단락의 역사가 진짜라면 우리는 요순이 제위를 전해주었던 과정의 상황도 알 수 있습니다. 요가 이 말을 한 것은 두 가지 의미가 있습니다. 그 당시에 실권을 모두 이미 순에게 넘겨주었지만 주요한 일은 모두 여전히 요에게 한번 말씀드려야 했다는 것입니다. 한편으로는 순이 제위를 물려받은 뒤에 인자한 마음이 있는지 없는지를 시험해 보고, 또 한편으로는 요의 마음도 나타내서, 비록 성인의 경계에 도달했지만 만족스럽지 못한 일에 대해서는 마음이 편안하기가 어려웠습니다. 그러므로 '남면이불석연(南面而不釋然), 기고하야(其故何也)', 그대가 보기에는 이것이 무슨 까닭이겠는가?

'순이 대답했다. '저들 세 나라는[舜曰：夫三子者]', 종회·서·오에 관하여 고서에서는 작은 세 나라라고 말했는데, 그들은 우리들의 상고 시대 조상들에 의하여 가문에서 쫓겨난 종족들이자 우리들의 동포이기도 했습니다. 말을 듣지 않기 때문에 쫓겨나서 변경지역에서 떠돌았습니다. 오늘날의 또 다른 설은 티베트·운남(雲南) 변경·이족(彝族)지역 이 일대가 그 세 나라라고 하는데, 그런지 안 그런지는 모르겠습니다.

순이 이렇게 대답했습니다. '저들 세 나라는 문화가 낙후된 변경지역에서 아직도 쑥대 사이에서 원시적인 야만 생활을 하고 있습니다[夫三子者, 猶存乎蓬艾之間]', 이 세 개의 작은 나라 동포들은 변경지역에서 떠돌고 있는데 가련한 일입니다. 사람이라면 모두 우리들의 동포인데 그들은 변경지역에 있으면서 문화가 낙후되었고 원시 야만의 생활을 하고 있으니 금수나 다름없습니다. '당신의 마음이 괴로우신 것은 무엇 때문이겠습니까[若不釋然, 何哉]?', 순은 말합니다. 당신의 마음속도 괴롭고 제 마음속도 괴롭습니다! '옛날에 열 개의 태양이 함께 떠서 만물을 비추었다 합니다[昔者十日並出, 萬物皆照]', 순은 말합니다. 상고 시대에 하늘에 열 개의 태양이 있어서 그 빛이 만물을 두루 비췄습니다. 당신의 마음도 이 태양처럼 그렇습니다. 사람이라면 당신은 다 아끼고 보호해야합니다. 지금 그들이 이렇게 가련하니 당신의 마음속이 괴로운 게 당연합니다. 그러나 그들이 또 교화도 안 듣기 때문에 그래서 당신은 군대를 동원하여 공격하고자 합니다. 그러면서도 살인하기를 원하지 않는데, 이는 당연한 것입니다. 이것이 바로 인자함입니다. '이황덕지진호일자호(而況德之進乎日者乎)', 하물며 당신이 천하 만민을 사랑하는 도덕 심리는 태양보다도 훨씬 빛납니다. 그러므로 이 일이 당신으로 하여금 마음속에서 놓아버리지 못하게 하는 것은 당연합니다! 이 단락에서는 인륜의 도를 말했습니다.

장자의 논변

지금 우리는 제물론 이 단락의 이른바 인뢰(人籟)를 연구 했습니다. 이것은 장자 자신의 명사를 빌린 것인데 장자는 이 편에서 인륜의 도를 얘기하며 거의 한 단락을 짓고, 이어서 사람이 평범하고 일반적인[平常] 생명을 초월하여 자기의 진정한 생명을 찾는 도리를 제시하고 있습니다.

설결(齧缺)이 왕예(王倪)에게 물었다. "선생님은 천지만물이 그 최고처에 이르렀을 때 절대적이며 동일한 것임을 아십니까?" "내가 어찌 그것을 알겠느냐!" "선생님은 자신이 그 때에 알지 못한다는 것을 알고 계십니까?" "내가 어찌 그것을 알겠느냐!" "그러면 우주만물의 최후 최고처는 앎이 없는 것입니까?" 왕예가 대답했다. "내가 어찌 그것을 알겠느냐! 그러나 네가 이렇게 물은 바에야 말해보마. 내가 그런 것을 안다고 말하면 모르는 것은 아니지만, 그렇게 아는 것이야말로 '진정으로 모르는 것임'을 네가 어찌 알겠느냐? 내가 그런 것을 알지 못한다고 말하면 아는 것은 아니지만, 그렇게 알지 못하는 것이야말로 '진정으로 아는 것임'을 네가 어찌 알겠느냐?"

齧缺問乎王倪曰：子知物之所同是乎？曰：吾惡乎知之！子知子之所不知邪？曰：吾惡乎知之！然則物無知邪？曰：吾惡乎知之！雖然，嘗試言之。庸詎知吾所謂知之非不知邪？庸詎知吾所謂不知之非知邪？

이 단락은 아주 재미있습니다. 설결(齧缺)과 왕예(王倪) 이 두 사람은 상고 시대에 모두 『고사전(高士傳)』에 들어가 있습니다. 이른바 은사(隱士)로서 도가에서 다들 신선이라 할 수 있습니다. 고대의 신선인 『고사전』 속의 인물들은 모두 상고 시대에 도를 닦은 사람들이었습니다.

설결이 왕예에게 물었습니다. '선생님은 천지만물이 그 최고처에 이르렀을 때 절대적이며 동일한 것임을 아십니까[子知物之所同是乎]?', 당신은, 천지 만물은 최고처 도달하면 기본적으로 모두 같은 것이며 절대적인 것이며 동일한 그 어떤 것임을 아십니까 모르십니까? 왕예의 답은 이렇습니다. '내가 어찌 그것을 알겠느냐[吾

惡乎知之]!', 그는 말합니다. 내가 어떻게 알겠느냐! 바꾸어 말하면 나는 모른다는 말입니다. 그러자 설결이 또 그에게 물었습니다. '선생님은 자신이 그 때에 알지 못한다는 것을 알고 계십니까[子知子之所不知邪]', 당신은, 당신이 그때에 모른다는 것을 아십니까 모르십니까? 왕예가 말합니다. '내가 어찌 그것을 알겠느냐[吾惡乎知之]!', 나도 모른다. 설결이 또 묻습니다. '연즉물무지야(然則物無知邪)', 우주 최후 최고처는 앎이 없는 것입니까? 왕예가 말합니다. '오오호지지(吾惡乎知之)', 그것도 나는 모른다. 세 가지를 다 모른다고 했는데, 이게 바로 우리 중국문화에서 훗날 '일문삼부지(一問三不知)'라는 하나의 성어(成語)입니다. 바꾸어 말하면 당신은 도를 이해합니까 못합니까? 그는 말하기를 나는 모른다!고 합니다. 당신은 당신이 왜 도를 이해하지 못하는지 아십니까 모르십니까? 그는 나도 모른다고 말합니다. 그럼 세상에는 도가 없겠네요? 지혜도 없겠네요? 나도 모른다. 바로 일문삼부지(一問三不知)입니다.

여기까지 얘기하고는 왕예는 대답하여 말했습니다. 그는 말합니다. 네가 이렇게 물은 바에야 나는 사실 모르지만 '상시언지(嘗試言之)', 내 너에게 말해보마. '내가 그런 것을 안다고 말하면 모르는 것은 아니지만, 그렇게 아는 것이야말로 '진정으로 모르는 것임'을 네가 어찌 알겠느냐[庸詎知吾所謂知之非不知邪]?', '용거지(庸詎知)'란 이 세 글자는 장자의 문법입니다. 백화로 말하면 '네가 어찌 알겠느냐?'입니다. 역대의 많은 대 문호들이 장자의 이 문법을 인용했습니다. 특히 소동파의 문장은 늘 '용거지'란 말이 나옵니다. 사실 이 세 글자도 희귀한 게 없습니다. 네가 어떻게 알겠느냐는 말입니다.

왕예가 말합니다. '오소위지지(吾所謂知之)', 내가 만약 너에게 말하기를, '이런 것들을 모두 안다. 도(道)도 내가 안다.'고 말한다면, 이 '안다'는 이 '앎'은 '비부지야(非不知邪)', 알지 못하는 것이 결코 아니다. 그러나 아는 것이 많으면 많을수록 지혜가 없는 것이고 어리석은 것이다. 아는 것이 많으면 많을수록 그의 어리석음은 갈수록 심해지는 것이다. 바로 내가 말하는 '안다면 모르는 것이 아니다[知之非不知]'는 말인데, 그게 진정한 무지(無知)이다.

'내가 그런 것을 알지 못한다고 말하면 아는 것은 아니지만, 그렇게 알지 못하는 것이야말로 '진정으로 아는 것임'을 네가 어찌 알겠느냐[庸詎知吾所謂不知之非知邪]', 왕예는 말합니다. 내가 일체를 다 모른다고 하는 것이야말로 진정으로 아는 것임을 네가 어찌 알겠느냐. 이게 바로 장자인데, 한참 얘기 했습니다만 이게 바로 선(禪)이기도 합니다. 모르는 것이야말로 진정으로 아는 것이며, 안다는 것이 꼭 진정으로 아는 것은 아니라는 것입니다. 이에 대해서 우리는 장자에게 지변(智辯)이라는 하나의 결론을 줄 수 있습니다. 사람의 지혜의 논변, 시비를 변별하는 논변은 '진어지지(盡於知止)', 이 지변, 최고의 지혜, 최고의 학문은 앎이 그치는 데서 다 끝납니다. 일체가 그곳에 이르면 앎이 없어지고 지변은 앎이 그치는 데서 다합니다. 이것은 제가 그에게 주는 한 결론입니다. 바꾸어 말하면 우리 이 자리에 계신 불법을 배우고 도를 배우는 사람들은 주의하기 바랍니다! 자신이 불법을 알고 도를 알고 수도를 알고 무슨 중국철학 등등을 안다고 당신이 생각한다면 그게 바로 당신이 제일 어리석은 겁니다. 그러므로 당신의 도가 성공하지 못하는 것은 머리가 아는 게 너무 많아서 그렇습니다. 너무 총명한 것은 가장 어리석은 일입니다. 사람의 본능인 그 자연적인 영감인 그 진정한 지혜는 학문, 생각, 총명으로부터 오는 것이 아닙니다. 그러므로 지혜의 변론은 앎이 그치는 데서 멈춘다는 것, 이것이 제가 그에게 주는 결론입니다. 이 말도 고문의 장법(章法)을 채용한 것입니다.

이제 다시 한 걸음 더 나아가 우리가 알듯이 『장자』를 읽고 난 뒤에 사람은 두 가지 것에서 벗어나지 않습니다. 하나는 지각(知覺)이고 하나는 감각(感覺)입니다. 우리들의 지각 생각이 최고처에 이르고 완전히 고요해지면 모르는 게 없는 속에서 실제로는 무지인 것 같습니다. 그게 최고의 경계입니다. 이제 그는 지각과 감각을 또 연결시켜서 얘기하면서, 장자는 재미있는 비유를 하나 말하고 있는데 그가 교활하게 변론하고 있는 것으로 보입니다.

"또 내가 어디 너에게 물어보마. 사람은 습기가 있는 곳에서 자면 허리가 병들어 반신불수가 되어 죽을 수도 있는데, 미꾸라지도 그러느냐? 사람은 높은 나무 위에 있으면 무서워서 벌벌 떨며 두려워하는데, 원숭이도 그러느냐? 이 셋 중에서 어느 것이 진정한 감각인지 알겠느냐? 사람은 채소나 가축고기를 먹고, 고라니나 사슴은 풀을 먹는다. 지네는 뱀을 맛있어 하고, 올빼미나 까마귀는 쥐를 즐겨 먹는다. 이 넷 중에서 어느 것이 진정한 맛인지 알겠느냐?"

且吾嘗試問乎女：民濕寢則腰疾偏死，鰌然乎哉？木處則惴慄恂懼，猿猴然乎哉？三者孰知正處？民食芻豢，麋鹿食薦，蝍且甘帶，鴟鴉耆鼠，四者孰知正味？

'또 내가 어디 너에게 물어보마[且吾嘗試問乎汝]', 장자는 위의 한 단락을 답변하고 나서는 이어서 왕예의 입을 빌려 설결에게 다음과 같이 말하고 있습니다. 네가 여기까지 물은 바에야 내 다시 너에게 얘기하마. '사람은 습기가 있는 곳에서 자면 허리가 병들어 반신불수가 되어 죽을 수도 있는데, 미꾸라지도 그러느냐[民濕寢則

腰疾偏死, 鰍然乎哉]?', '민(民)'은 바로 우리들 사람들을 대표합니다. '습침(濕寢)', 물속에서나 또는 잠자는 곳이 너무 습기가 있거나 에어콘이 있는 곳에서 너무 오랫동안 지내면 '즉요질편사(則腰疾偏死)', 허리도 아프고 어깨도 아프면서 풍습병이 찾아옵니다. 마침내 풍습병이 당신에게 해를 끼쳐 죽게 할 수도 있습니다. '추연호재(鰍然乎哉)', 그러나 그 미꾸라지나 물속의 뱀은 어떨까요? 하루 종일 물속에서 잠을 자는데도 요통도 없고 풍습통도 없습니다. 이를 통해서 감수(感受)가 다르다는 것을 알 수 있다고 장자는 말합니다.

'사람은 높은 나무위에 있으면 무서워서 벌벌 떨며 두려워하는데, 원숭이도 그러느냐[木處則惴慄恂懼, 猿猴然乎哉]?', 그는 말합니다. 만약 어떤 사람이 너를 높디높은 큰 나무에 묶어 놓는다면 아이고! 하며 너는 놀라 죽을 지경이 되고 심장병까지 일어나서 떨어져 깨져죽을까 두려워할 것이다. 그렇지만 원숭이는 어떠하냐? 높이 올라갈수록 좋다. 보세요, 장자의 이 논변은 아주 교묘합니다. 사람이 진흙바닥에서 오래 자면 풍습병에 걸릴 수도 있는데 저 미꾸라지는 어떨까요? 두렁허리[黃鱔]는 어떨까요? 모두 진흙 속에서 자라고 풍습병도 없습니다! 사람이 높은 곳에 올라가면 미끄러져 떨어질까 두려워하는데 원숭이는 어떨까요? 높이 뛰면 뛸수록 좋습니다. '이 셋 중에서[三者]', 사람 미꾸라지 원숭이 이 세 가지입니다. '어느 것이 진정한 감각인지 알겠느냐[孰知正處]?', 너 말해보아라, 도대체 어느 감각이 맞는 것이냐? 어느 것이 바른 도[正道]이겠느냐? 지각과 감각이 모두 다르다. 바꾸어 말하면 사람이 선천적으로 타고난 생명은 기능이 다르고 습관이 다르고 일체의 감수 생각이 다르다는 것입니다.

'사람은 채소나 가축고기를 먹고, 고라나 사슴은 풀을 먹는다.

지네는 뱀을 맛있어 하고, 올빼미나 까마귀는 쥐를 즐겨 먹는다. 이 넷 중에서 어느 것이 진정한 맛인지 알겠느냐[民食芻豢, 麋鹿食薦, 蝍且甘帶, 鴟鴉耆鼠, 四者孰知正味]?', '민식추환(民食芻豢)', 그는 말합니다. 우리 사람들은 채소야, 나팔꽃나물이야, 산동 배추야, 밥이야, 이런 것을 먹고, 또 고기도 좀 넣어서 채소나 마늘 파 같은 매운 것도 한데 합해서 먹어야 한다고 합니다. '미록식천(麋鹿食薦)', '미(麋)'는 '녹(鹿)'과 비슷하지만 체구가 사슴보다 큽니다. '천(薦)'은 풀입니다. 산속에 사는 그런 미록들은 풀을 먹습니다. '즉저감대(蝍且甘帶)', '즉저(蝍且)'는 일종의 벌레인데 큰 지네와 같습니다. 그것은 뱀 먹기를 즐깁니다. '감(甘)', 먹으면 맛이 좋다는 말입니다. '대(帶)'는 뱀입니다. '치아기서(鴟鴉耆鼠)', 공중에 날아다니는 새 종류가 하나 있는데 사납고 '치(鴟)'라고 불립니다. 올빼미와 까마귀는 쥐 먹기를 좋아합니다. 특히 죽은 쥐를 좋아하는데, 죽어서 썩은 쥐일수록 맛이 있습니다. 마치 우리가 썩은 두부를 먹기 좋아하는 것과 같습니다. 그는 말합니다. 사람들은 채소 먹기 밥 먹기를 좋아하고, 소나 사슴은 풀을 먹기를 좋아하고, 어떤 것들은 뱀 먹기를 좋아하고 독 있는 것을 먹기 좋아하고, 어떤 것들은 썩고 물크러진 동물을 먹기 좋아한다. 우리들은 세균이 있어 큰일이라고 생각하지만 그것들이 먹으면 영양식품입니다. 이 네 가지 부류는 비교하면 '숙지정미(孰知正味)', 어느 맛이야말로 진정으로 옳은 것일까? 그는 첫째 감수가 다르다는 것을 얘기했고 두 번째는 음식이 다르다는 것을 얘기했습니다. 세 번째는 다음과 같습니다.

"암컷원숭이는 편저(猵狙) 원숭이와 교배하기를 좋아하고, 고라니는 사슴과 교배하기를 좋아하며, 미꾸라지는 물고기와 놀기를 좋아한다.

모장(毛嬙)과 여희(麗姬)는 유명한 미인으로 사람들이 아름답다고 한다. 그러나 그녀들을 물고기가 보면 깊이 숨고, 새가 보면 높이 날아가며, 고라니나 사슴이 보면 급히 달아난다. 이 넷 중에서 어느 것이 세상에서 진정한 아름다움인지 알겠느냐?"

猨猵狙以爲雌, 麋與鹿交, 鰌與魚游. 毛嬙麗姬, 人之所美也; 魚見之深入, 鳥見之高飛, 麋鹿見之決驟. 四者孰知天下之正色哉?

원숭이는 여러 가지 종류가 있습니다. '원(猨)'과 '편저(猵狙)'가 있습니다. 소에는 부리는 소가 있고 황소가 있으며 물소가 있음과 같습니다. 각 부류의 구별이 있습니다. 원숭이 중에는 일종의 동성연애 하는 것이 있습니다. 편저는 원숭이 같지만 개 대가리 모양인데 암컷원숭이와 교배하기를 좋아합니다. 그는 말하기를 고라니[麋]와 사슴[鹿] 둘이 연애하고 서로 교배하며 부모나 형제자매의 구별도 없다고 합니다. 물고기는 어떨까요? 물속에서 미꾸라지와 물고기는 둘이 좋은 친구가 된다고 합니다. 심지어는 그들은 서로 교배한다고 합니다. 이것은 생물 현상입니다. 장자는 생물에 대해서 잘 이해하고 있어서 늘 이런 것들을 인용합니다. '모장(毛嬙)'과 '여희(麗姬)'는 고대의 대단한 두 미인이었습니다. 역사상 유명한 여인이며 유명한 미인이었습니다. '사람들이 아름답다고 한다[人之所美也]', 다들 이 두 사람의 유명한 미인들이 예쁘다는 것을 알았습니다. 오늘날 미국에서 미인 선발대회에서 뽑힌 미인이 가슴 허리 엉덩이 둘레가 표준이고 외모도 예쁘고 루즈도 유난히 빨갛게 발랐고 눈썹도 유난히 길게 그린 것과 같았습니다. 그는 말합니다. 그렇게 아름다운 미인들을 당신이 물속의 물고기더러 좀 보라하면 물고기는 재빨리 도망가 버리고 감히 보려고도 하지 않을 것이다! 당신이 그녀더러 고개를 들어 새를 보라고 하면 새가 얼른 날아가 버릴 것이다. 당신이 그녀더러 산 속에 가서 야생 동물이나 동물원에 가서 고라니나 사슴에게 보여주라고 하면 그 고라니나 사슴은 후다닥 도망갈 것이다. 그는 말합니다. '이 넷 중에서 어느 것이 세상에서 진정한 아름다움인지 알겠느냐[四者孰知天下之正色哉]?', 당신은 말해보세요, 어떤 것을 예쁘다고 하겠는가? 어떤 것을 예쁘지 않다고 하겠는가? 당신이 예쁘다고 여기는 것을 다른 것들은 오히려 예쁘지 않다고 여기고 몹시 두려워할 것입니다.

장자의 궤변, 그가 남을 꾸짖는 논리 궤변을 보면, 그의 궤변은 남보다도 훨씬 심합니다. 이런 것들을 이것도 저것도 아닌 비유라고 부릅니다. 그렇지만 어떨까요? 우리들의 오늘날의 관점에서 보면 모두 깊은 과학적인 도리가 있으며 결코 간단하지 않습니다. 우리는 이제 간단하게 얘기하며 지나가는데, 그 한 가지 것마다 전문적인 자료를 가지고 분석하여 생물학자나 물리학자로 하여금 연구하게 한다면 장자가 말한 것이 대단히 옳다는 것을 발견할 것입니다. 요컨대 통틀어 말하면 그는 이 세 단락에서 첫째로 감수가 다르다는 것을 제시했고, 둘째로 음식이 다르다는 것을 제시했고, 셋째는 좋아하고 싫어함이 다르다는 것을 제시했습니다.

사실 불경에도 이런 비유가 있습니다만 비유가 장자가 말한 것과는 다릅니다. 장자가 말한 것보다도 훨씬 심오합니다. 예컨대 물을 예로 들어보겠습니다. 우리가 보면 물이지만 불경에서 말하기를 아귀가 보면 물이 아니라 불로 보입니다. 그러므로 아귀는 목이 말라도 감히 물을 마시지 못합니다. 설사 물을 마셔서 입안으로 들어가더라도 물이 불로 변하여 불탑니다. 술을 마실 줄 모르는 사람들의 경우 고량주를 한 모금하면 입안이 타서 죽을 지경이 듯이 그렇습니다. 고량주도 물입니다! 물 아니라고 말할 수 없습니다! 어떻게 열이 날까요? 또 부처님이 말씀하신 것인데, 우리 인간세상에서 먹는 음식 같은 것들은 자신들이야 제일 좋은 미식이라고 여기지만 욕계천(欲界天) 이상의 천인들은 대단히 꾸린 냄새가 난다고 느낍니다. 우리가 제일 좋은 음식을 먹었을 때 천인들이 우리 앞에 이르면 코를 막고 눈을 감고 지나가며, 보기조차도 감히 안할 것이라고 말합니다. 사람이라는 동물은 왜 이렇게 더러운 것을 먹는 거야라고 느낀다고 말합니다. 이런 비유가 장자의 비유와 무엇이 다릅니까? 불경에서 말하는 비유는 '사출유인(事出有因), 사무실거(查無實據)', 어떤 구체적인 일이 있을 때는 원인이 있는 것인데 조사해 보면 실제 근거가 없는 것입니다. 우리는 천인들을 찾아다가 서로 마주보고 증명시킬 방법도 없습니다. 아귀도 일어서서 증명할 길이 없습니다. 그러나 장자의 이런 인용들에 대해서 생물을 연구해본다면 오히려 도리들이 있습니다.

장자의 이 세 단락 세 번째 절(節)은 바로 인성·사람들 사이에 좋아하고 싫어함[好惡]이 다르다는 것을 얘기했습니다. 그래서 그의 변론 결과는 춘추전국 시대의 일반 제자백가들의 학설을 뒤엎어버리고 있습니다. 그는 말합니다. 유가나 묵가나 당신들은 모두 어떻게 해야 나라를 구할 수 있고, 어떻게 해야 세상을 구제할 수 있고, 어떻게 해야 사람들을 구제할 수 있다고 얘기하는데, 이는 마치 미국인들이 날마다 인권을 얘기하지만 결국은 하는 짓이 세계에서 가장 비인도적이며 비인권적인 것이나 다름없다고 합니다.

"그러므로 내가 보기에, 사람들이 날마다 논변하고 있는 그런 인의(仁義)의 단서나 시비(是非)의 길은 복잡하게 얽혀 있고 어지러운데, 진리가 도대체 어디에 있는지 내가 어떻게 논변할 줄 알겠느냐!"

自我觀之, 仁義之端, 是非之塗, 樊然殽亂, 吾惡能知其辯！

    그러므로 환경이 다르면 감수(感受)가 다릅니다. 교육 환경이 다르고 자신이 생리적으로 타고난 것이 다르면 생각관념이 다릅니다. 색맹(色盲)이 있는 사람은 정상적인 눈을 가진 사람과 비교하면 그 사람이 정상인지 아니면 우리가 정상인지 모릅니다. 이것은 마치 우리가 정신병원에 가서 한번 보는 것과 같습니다. 저는 늘 그곳에 가 서면 멍해집니다. 도대체 내가 정신병인가 아니면 그 사람이 정신병인가? 정신병자들이 사면팔방으로 당신을 에워싸고 있을 때 우리가 정신병자이고 그들이야말로 정상인 것 같아 분별할 수 없습니다.

    장자는 말합니다. 내 입장에서 보면, '당신들이 날마다 논변하고 있는 그런 인의의 단서나 시비의 길은[仁義之端, 是非之塗(途)]', 인의(仁義)의 단서와 시비(是非)의 길을 말하며 논변하여 '복잡하게 얽혀 있고 어지러운데[樊然殽亂]', 물질문명이 발달할수록 지식이 보급될수록 인류의 지혜는 떨어지며 문화는 갈수록 쇠퇴해진다. 그러므로 내가 '진리가 도대체 어디에 있는지 내가 어떻게 논변할 줄 알겠느냐[惡能知其辯]!', 네가 나더러 논변하라고 하는데 어디가 진리인지 말하지 못하겠으며 진리가 도대체 어디 있는지 나는 모르겠으며 논변하기도 귀찮다. 여러분 주의하기 바랍니다! 이 단락의 말은 장자가 말한 것입니다. 하지만 장자 자신이 말을 하지 않고, 설결이 왕예에게 묻고 왕예가 답한 말을 빌려서 그들 두 사람이 서로 마주보고 하는 논변을 통해서 결론을 짓고 있습니다.

지인(至人)의 경계

설결이 물었다. "선생님이 인간세상에서 무엇을 이롭다하고 무엇을 이롭지 않다고 하는지 이해(利害)를 모르는 바에야, 지인(至人)도 원래 이해를 모르는 것 입니까?" 왕예가 대답했다. "지인은 그의 수양이 물질세계를 초월하여 정신과 물질이 통일된 신비스러운 경지이다. 거대한 계곡이 불타더라도 그를 뜨겁게 할 수 없고, 황하와 한수의 물이 얼더라도 그를 차갑게 할 수 없다. 사나운 천둥이 산을 무너뜨리고 바람이 바다를 뒤흔들어도 그를 놀라게 할 수 없다. 그런 사람은 때로는 구름을 타고, 때로는 해와 달을 타고서 천지 밖에서 노닌다. 태어나거나 죽더라도 그에게는 아무런 변화가 없는데, 하물며 이해시비(利害是非) 따위에는 더 말할 나위가 있겠느냐!"

齧缺曰 : 子不知利害, 則至人固不知利害乎？王倪曰 : 至人神矣！大澤焚而不能熱, 河漢沍而不能寒, 疾雷破山風振海而不能驚。若然者, 乘雲氣, 騎日月, 而游乎四海之外。死生無變於己, 而況利害之端乎！

설결이 말합니다. '선생님이 인간세상에서 무엇을 이롭다하고 무엇을 이롭지 않다고 하는지 이해(利害)를 모르는 바에야, 지인도 원래 이해를 모르는 것 입니까[子不知利害, 則至人固不知利害乎]?', 당신은 인간세상에서 무엇을 옳다고 하고 무엇을 옳지 않다고 하는지 모릅니다. 당신이 이해를 모르는 바에야 지인(至人)도 이해를 모르는 것입니까? '지인(至人)'은 도를 얻은 사람입니다.

우리가 알듯이 장자는 세 개의 명사를 제시했는데, 뒷날 중국문화·도가·도교에서 늘 인용한 것입니다. 첫째, 소요유 편에서 신인(神人)을 제시했습니다. 둘째, 이 절에서 지인(至人)을 제시합니다. 뒤에 가면 또 진인(眞人)을 제시합니다. 사람의 가치에 관하여 그는 이 세 개의 명사들을 제시했습니다. 장자의 관념에서는 우리 이런 사람들은 지금 사람이 아닙니다. 비록 살고 있지만 사람의 본전을 다 가지고 놀아버렸습니다. 사람에게는 정말 신인(神人)으로 변할 수 있는 본전이 있습니다. 초신입화(超神入化), 이 물질세계를 초월하여 정신과 물질이 통일된 경지까지 승화할 수 있습니다. 사람이 그 정도까지 성취한 것이 지인(至人)입니다. 지인의 경계에서 한걸음 더 나아간 것이 바로 진인입니다. 우리 사람들이 세상에 살고 있으면서 사람의 진정한 가치에까지 성취하지 못했고, 이런 사람의 기준에까지 도달하지 못했다면, 도가에서는 이런 자신을 행시주육(行屍走肉)이라고 부릅니다. 우리는 시체가 걸어 다니고 있는 것으로, 그 안에는 텅 비어서 아무것도 없고 단지 몇 십 근 고기가 거리에서 뛰어다닐 뿐이란 겁니다. 그래서 때로는 학우들이 와서 말하면서 웃기를, 선생님, 선생님은 갈수록 빼빼 해지시네요 하는데 제가 말합니다. 이게 이른바 표준적인 행시(行屍)이고 조금 더 뚱뚱한 표준은 주육(走肉)이라고 합니다. 그러나 사람이 행시, 걸어 다니는 시체, 걸어 다니는 고기 덩어리가 아닌 정도에 도달한다면 그거야말로 사람이라고 불립니다. 자! 이제 인뢰를 다 말했습니다. 다음은 인뢰로부터 천뢰에 도달합니다.

'왕예가 대답했다. 지인은 그의 수양이 물질세계를 초월하여 정신과 물질이 통일된 신비스러운 경계이다[王倪曰 : 至人神矣]', 중국 문화 속에서의 생명의 가치를 장자는 여기서 다 말했습니다. 사람이 그렇게 해낼 수 있다면 인도 불교에서는 바로 성불한 것이요 중국에서는 신인을 성취한 것입니다. 왕예는 말합니다. 아이! 노형이 문제를 묻지 말라. 물론 우리는 보통사람으로서 걸어 다니는 시체요 뛰어다니는 고깃덩이다. 지인은 진정으로 도의 경계에 도달하면 신화(神化)할 수 있다. '대택이불능열(大澤焚而不能熱)', 네 개의 대양[四大洋] 전체의 화산이 다 폭발해서 불타더라도 그는 조금도 뜨겁지 않다. 상편 소요유에서 말했듯이 지인은 사우나에 가서 목욕하는 정도로 느낄 뿐입니다. '하한호이불능한(河漢沍而不能寒)', 북극 전체의 빙산이 녹아버려도 그는 마치 아이스케이크를 먹은 것이나 에어콘 밑에서 앉아 있어서 서늘한 것으로 느낄 뿐이다. '질뢰파산풍진해이불능경(疾雷破山風振海而不能驚)', 온 지구가 진동하여 쪼개지고 산과 강이 흔들리고 바닷물이 마르더라도 그에게는 조금도 감각이 없으며 두려워하지도 않는다. 어린아이가 진흙을 가지고 놀다 망가뜨렸을 뿐이라고 느낀다.

그러므로 지인의 수양은 그 초신입화(超神入化)의 경지가 이 정도에 이르렀습니다. 장자가 그렇게 한번 글을 쓰자, 중국의 훗날 도가의 신선사상이나 『봉신방(封神榜)』 등등은 모두 여기로부터 나왔습니다. '그런 사람은 [若然者]', 사람이 이 경계에 도달하면 '때로는 구름을 타고[乘雲氣]', 항공회사의 비행기를 탈 필요도 없이 한번 손짓하면 하늘위의 구름 한 덩이가 바로 와서, 자신이 마치 대만의 돗자리 위에서 잠자는 것처럼 그렇게 가서, 가고 싶은 곳은 어디든지 갑니다. '때로는 해와 달을 타고서[騎日月]', 어떤 때는 오토바이를 사고 싶어도 살 필요가 없습니다. 해와 달을 가져다가 오토바이를 삼으면 됩니다. '천지 밖에서 노닌다[而游乎四海之外]', 이 우주의 밖으로 놀러나갑니다. 사람이 도를 닦아 여기에 도달하면 '태어나거나 죽더라도 그에게는 아무런 변화가 없는데[死生無變於己]', 생사가 그에게 조금도 상관이 없습니다. 그는 이미 태어나지도 않고 죽지도 않아서[不生不死] 물질세계의 변화와는 조금도 상관이 없습니다. '하물며 이해시비(利害是非) 따위에는 더 말할 나위가 있겠느냐[而況利害之端乎]!', 더더구나 세간의 이해시비는 그가 보기에 어린애들이 말다툼하는 것 같으면서 조금도 상관이 없습니다. 마치 우리가 개미가 싸우고 있는 것을 보거나 한 무리의 동물들이 우리 안에서 자기들끼리 법석을 떨고 있는 것을 보는 것이나 다름없습니다. 이 단락은 사람의 가치가 인뢰로부터 천뢰에 도달하는 것을 말했습니다.

제물론 편은 가장 길면서, 한참동안 얘기 했지만 깔끔하지 못하게도 여전히 최고의 도를 언급했습니다. 도가 어디 있을까요? 누구에게나 도가 있습니다. 하지만 저마다 스스로 상실해버렸습니다. 다음에서 또 한 단락의 일을 말하는데, 모두들 가장 쉽게 범하는 병폐를 말하고 있습니다. 당신은 『장자』를 읽을 때 유의해야합니다. 진정으로 수도에 성공하여 도를 얻은 사람은 '때로는 구름을 타고, 때로는 해와 달을 타고서 천지 밖에서 노닙니다'. 위에서는 '구름을 타고 비룡(飛龍)을 몰아 사해 밖에서 노닌다', 용의 등에 걸터앉아 타고 놀았습니다. 이제 한 사람이 있는데 역시 고대 도가로서 수행에 성공한 사람입니다.

구작자(瞿鵲子)가 장오자(長梧子)에게 물었다. "나는 공자에게서 듣기를, '성인은 세속의 일을 애써 하지 않는다. 이익이 있는 일을 가까이 하지 않고, 손해 보는 일을 피하려 하지 않는다. 무엇을 요구하기를 좋아하지 않으며, 도를 지녔다고 표방하지 않는다. 세상을 살면서 무슨 목적이 있다고 말할 만한 것이 없으면서도 그렇다고 말할 만한 것이 있고, 그렇다고 말할 만한 것이 있으면서도 그렇다고 말할 만한 것이 없다. 성인은 이렇게 속세의 먼지 밖에서 노닌다.' 고 했습니다. 그런데 공자는 내가 너무 맹랑한 말을 한다고 여기면서 나를 한바탕 꾸짖었습니다만, 나는 그것이 성인의 영묘(靈妙)한 도의 모습이라고 생각합니다. 당신은 이를 어떻게 생각하십니까."

瞿鵲子問乎長梧子曰：吾聞諸夫子, 聖人不從事於務, 不就利, 不違害, 不喜求, 不緣道；無謂有謂, 有謂無謂, 而遊乎塵垢之外。夫子以爲孟浪之言, 而我以爲妙道之行也。吾子以爲奚若？

'구작자가 장오자에게 물었다[瞿鵲子問乎長梧子]', 이 두 사람은 모두 수도자로서 『고사전』에 나오는 사람들입니다. 구작자(瞿鵲子)가 질문을 하나 했습니다. '나는 공자에게서 듣기를, '성인은 세속의 일을 애써 하지 않는다[吾聞諸夫子, 聖人不從事於務]', 구작자는 공자의 학생이라고 전해오며, 여기서 '부자(夫子)'는 공자를 가리킨다고 합니다. 그가 장오자(長梧子)에게 물었습니다. 내가 들었는데 내 선생님이 말씀하시기를 '성인(聖人)', 진정으로 도를 얻은 사람은 '불종사어무(不從事於務)', 이 세상에서 마치 세속적인 사무를 상관할 필요가 없는 듯이 한다고 했습니다. 이것도 우리 일반적으로 수도하는 사람들의 생각입니다. 일반인들은 불법을 배우면서 수도할 경우 밀종을 배우고 요가술을 배우면서 별의별 괴상한 것들을 배우는 것을 수도한다고 부릅니다. 제가 수십 년 동안 쌓은 경험에 근거해 보면 일반적으로 수도한다는 관념이 조금이라도 젖은 사람이라면 한 가지 병폐가 있는데, 그 사람이 폐인이 되어 끝장나버린다는 것입니다. 첫째로, 먼저 게으름을 배워서 어떤 일도 상관하지 않는 것이 바로 도라고 생각합니다. 아이구! 이것은 내 도행(道行)을 방해할 것입니다. 그저 도만 닦고 그 외에는 뭐든지 상관 않는 게 제일 좋다는 겁니다. 둘째로, 아주 자기중심적이고 이기적입니다. 왜냐하면 수도한다는 게 본래 자기 이익만을 생각하는 일이니까요! 내가 도를 이루고 싶어 하기 때문입니다! 또 태양을 자전거 삼아 타고 싶기 때문입니다! 맞는지 안 맞는지는 여러분들이 연구해 보세요! 그러나 이 모든 것들은 진정한 도가 아닙니다. 그래서 장자가 지금 인용하는, 구작자가 장오자에게 묻는 말도 이러한 도리입니다. 그는 말합니다. 나는 선생님에게서 들었는데 도를 배운 사람은 세간의 일에 종사하지 않는다고 합니다.

 '이익이 있는 일을 가까이 하지 않고, 손해 보는 일을 피하려 하지 않는다[不就利, 不違害]', 겉으로 듣기 좋고 이익 있는 좋은 일에 가까이 하여 덕을 보지 않고, 나쁜 일도 상관하지 않습니다. 이 수양은 진정으로 높습니다! 절대적인 자기주의[自我主義]는 서양문화에서 진정한 자유로서 개인의 자유주의가 극도로 발휘된 것입니다. 안타깝게도 우리 일반사람들은 '손해 보는 일을 피하려 하지 않는다[不違害]'를 실천해내지 못합니다. 해로움이 있는 곳에 내가 가려고 하는 것, 이것이 바로 중국문화입니다. 『예기』에서는 말하기를 사대부인 지식인들은 위험한 일에 닥쳐서는 자기 목숨을 주어야한다[臨危授命]고 합니다. 예컨대 눈앞에 닥친 국난(國難)에 필부도 책임이 있다고 합니다. 이때에 재난[禍害]을 두려워하지 않는 것, 이점을 우리는 해내지 못합니다. '이익이 있는 일을 가까이 하지 않는다[不就利]', 우리 도를 닦는 사람들은 겉으로 만사 상관하지 않고 내가 도를 닦는 데 유리하기만 하다면, 당신이 내게 도를 하나 전해주기만 한다면, 당신이 내게 머리를 조아리게 하고 나를 거북이 손자라고 부르더라도 나는 하겠다는 것, 이게 바로 '이익이 있는 일을 가까이 하는 것[就利]'입니다! 비록 보기에는 아주 정성스러운 마음으로 도를 배우는 것 같지만 사실 이런 마음가짐은 '이익이 있는 일을 가까이 하는 것'입니다. 그렇지요? 그 사람에게 정신이나 생명을 좀 희생하라고 하면, 불가에서 말하는 남을 위해서 보시를 좀 하라고 하면, 또 종교가나 기독교에서처럼 남에게 좀 봉사하라고 하면, 헤! 헤! 이런 것은 나 안 합니다. 이것은 저에게 해로움이 있습니다, 그런 식입니다. 그렇지요?

'불희구(不喜求)', 무엇을 요구하기를 좋아하지 않습니다. 여러분 주의하십시오. 우리 일반적으로 도를 배우는 사람들은 요구하는 게 아주 많습니다! 건강도 바라고 오래살기도 바랍니다. 거기다가 돈 벌기도 바라고 사람들이 자기를 존경해주기도 바랍니다. 그러고도 또 뭘 바라고 뭘 바라고 … 아주 많습니다! 요컨대 바나나 세 개 가지고 절에 가서 절합니다. 절 다하고 요구 다하고 나서는, 또 그 바나나 달라고 하여 자기가 집에 가지고 가 먹습니다. 온통 요구하기를 좋아합니다. '불연도(不緣道)', 자기 자신이 수도하고 있다고도 표방하지 않습니다. 그렇게 수도하는 티를 내지 않습니다.

'세상을 살면서 무슨 목적이 있다고 말할 만한 것이 없으면서도 그렇다고 말할 만한 것이 있고, 그렇다고 말할 만한 것이 있으면서도 그렇다고 말할 만한 것이 없다. 성인은 이렇게 속세의 먼지 밖에서 노닌다[無謂有謂, 有謂無謂, 而遊乎塵垢之外]', 그는 '무위유위(無謂有謂)'라고 말합니다. 그에게 말할 바가 있을까요? 이 세상에 살면서 무슨 목적이 있을까요? 말할 것도 없습니다. 그가 그렇다고 할 만한 것이 없다고 합시다! 그는 세상에서 열심입니다. 그러나 여러분이 자세히 연구해보면 그는 비록 몸이 세상에 있어서 평소대로 장사를 하고, 평소대로 오토바이를 타고, 평소대로 6시에 일어나서 아주 서둘러서 바쁘게 달려갑니다. 그리고 12시에야 잠이 듭니다. 대단히 바쁩니다. '이유호진구지외(而遊乎塵垢之外)', 그렇지만 그의 마음은 뛰어넘어버려서 마음은 세속의 먼지 밖에 있습니다. '그런데 공자는 내가 너무 맹랑한 말을 한다고 여기면서 나를 한바탕 꾸짖었습니다[夫子以爲孟浪之言]', 구작자는 말합니다.

나는 선생님이 그렇게 말하는 것을 들었지만 내 선생님은 내가 너무 맹랑하다며, 주제넘게 높은 데만 바라보면서 어찌 이 말을 물을 자격이 있겠느냐고 말했습니다. 저는 선생님에게 꾸지람을 한바탕 듣고는 마음속으로 인정하지 않습니다!

'나는 그것이 성인의 영묘한 도의 모습이라고 생각합니다[而我以爲妙道之行也]', 저는 이것이 옳다! 고 봅니다. 진정으로 도를 얻은 사람은 특정한 모습이 없다고 봅니다. '당신은 이를 어떻게 생각하십니까[吾子以爲奚若]?', 구작자가 말합니다. 노형은 어떻게 생각합니까? 구작자는 선생님에게 도를 얻은 사람은 그러한지 안 그러한지를 물었는데, 선생님은 구작자에게 대답을 하지 않고 오히려 선생님한테 꾸지람을 들은 말이 '맹랑지언(孟浪之言)'이었습니다, 너는 너무 크게 허풍을 떤다. 너는 이 문제를 물을 자격이 없어. 구작자는 말합니다. 나는 내 질문이 옳았다고 봅니다. 노형, 당신은 어떤지 말 좀 해보세요?

도를 구함과 도를 성취함

장오자가 대답했다. "(당신이 질문한 문제는 너무나 커서) 그 말은 황제(黃帝)가 들어도 알지 못한 척 할 것인데, 하물며 공자가 어찌 이것을 알 리가 있겠는가! 또 당신은 너무 성급하게 생각하오. 달걀을 보고 새벽을 알리기를 요구하며, 사냥용 탄알을 보고 올빼미 구이를 찾는 격이오. (그러니 당신 선생님이 맹랑한 말을 한다고 당신을 꾸짖은 게 설마 틀렸겠는가!) 당신이 지금 대중없이 물은 바에야 나도 당신에게 우선 적당히 말해보겠으니 당신도 적당히 그렇게 들어보는 게 어떻겠소?"

長梧子曰 : 是黃帝之所聽熒也, 而丘也何足以知之！且汝亦大早
計, 見卵而求時夜, 見彈而求鴞炙。予嘗爲汝妄言之, 汝以妄聽
之。奚?

　장오자가 말합니다. 아우! 당신이 물은 이 질문은 문제는 너무
크오. 당신은 너무 크게 뻥치고 있소. 당신은 말할 것도 없고 설사
우리의 저 조상인 황제는 도를 얻은 사람이지만 '지소청형야(之所
聽熒也)', 당신이 그에게 물어보면 알아듣지 못한 척 할 것이오. 모
르는 것이 아니라 알아듣지 못한 척 하여서 당신에게 대답하지 않
을지 모르오. '이구야하족이지지(而丘也何足以知之)', 그는 말합니
다. 당신의 선생인 공자도 어찌 알 수 있겠는가! 보기에는 장자가
공자가 모른다고 꾸짖고 있지만 실제는 공자가 모른다고 함으로써
이해하지 못한다고 표시한 것인데, 그게 정말로 이해한다는 말입
니다. 장오자는 말합니다. 당신 선생님이 당신을 맹랑하다고 꾸짖
었는데 공자가 옳게 말한 거요. 왜 옳을까요? 그는 말합니다. '차여
역대조계(且汝亦大早計)', 아우! 당신은 너무 성미가 급하오. 너무
일러요. 허풍을 너무 일찍 떨었소!
　주의하십시오. 우리 일반적으로 도를 배우는 사람들은 이런 식
으로 불법을 배웁니다! '달걀을 보고 새벽을 알리기를 요구하며[見
卵而求時夜]', 달걀을 보면 곧 생각합니다. 야아! 달걀을 옆에 놓아
두었다! 내일 아침에는 자명종 시계 켜 놓을 필요 없겠다. 수탉이
울면 내가 일어날 것이다. 당신은 달걀을 보자마자 수탉을 생각한
것이오. 그렇게 쉽겠습니까! '사냥용 탄알을 보고 올빼미 구이를
찾는 격이오[見彈而求鴞炙]', 당신은 사냥용 탄알을 보고서 생각하

기를, 내가 꿩 한 마리 잡았으니 내일 점심은 사냥한 짐승을 구워서 당신에게 와서 드시라고 청하겠다고 생각한 것이오. 사실 당신에게는 탄알이 손안에 있는 것에 불과하며 당신은 아직 산에 가지도 않았소. 또 사냥을 할 수 있을지 없을지는 아직 문제이오. 장오자는 말합니다. 당신 선생님이 당신을 맹랑하다고 꾸짖은 게 설마 틀렸겠소?

이 단락은 천고이래의 사람들을 묘사하고 있습니다. 하지만 우리들 오늘날 수도하고 있는 사람들도 거의 다들 이렇습니다. 3일 동안 정좌하여 신통이 오기를 바랍니다. 그렇지 않으면 기맥이 통하기를 바라고 그렇지 않으면 명심견성(明心見性)하여 도를 깨닫기를 바랍니다! 4주 동안 정좌했는데도 도를 깨닫지 못하면 저에게 와서 말합니다. 선생님 제가 여기서 4주 동안 정좌했는데 뭐가 조금도 없습니다! 제가 말합니다. 이 건물 층에는 원래 뭐가 없었어요! 누가 당신더러 와서 앉아있으라고 했어요? 사람마다 달걀을 보자마자 수탉을 생각합니다. 사냥 탄알을 보지마자 사냥한 짐승 고기가 식탁 위에 올라와 있는 것을 생각합니다. 장오자는 구작자에게 말합니다. 아우가 선생님한테 꾸지람을 당한 게 당연한 일이오.

'당신이 지금 대중없이 물은 바에야 나도 당신에게 우선 적당히 말해보겠으니 당신도 적당히 그렇게 들어보는 게 어떻겠소[予嘗爲汝妄言之, 汝以妄聽之, 奚]?', 장오자는 한편으론 꾸짖으면서 또 말합니다. 그렇지만! 당신이 지금 이미 엉망으로 내게 물은 바에야 미안하지만 나도 엉망으로 당신에게 대답하겠소. 어떻소? 그래서 우리 중국문화에 훗날 다음과 같은 성어가 한마디 있게 되었습니다. '고망언지고청지(姑妄言之姑聽之)', 우선 말하는 대로 적당히 들어두라는 이 전고는 장자의 바로 이 편에서 나온 것입니다. 여러분 청년들은 알아야합니다. 우리가 예전에 글공부 할 때는 근거를 아주 중시했습니다. 선생님이 전고(典故)가 어디에 나오는 지를 물었는데 대답을 못할 경우 손바닥이 부르터야했습니다. 『요재지이(聊齋志異)』 서두에 다음과 같은 명시가 한 수 있지 않던가요? 청나라 때에 왕어양(王漁洋)이 『요재지이』 작자인 포송령(蒲松齡)에게 써준 것입니다.

작자가 적당히 말하는 대로 독자들은 적당히 들어두오
가랑비 내릴 때 다들 모여 쉬는 정자에서
아마 작자는 인간세상 시비 이야기 짓기 싫어서
가을날 무덤 속 귀신이 읊는 시를 듣기 좋아했으리라

姑妄言之姑聽之　豆棚瓜架雨如絲
料應厭作人間語　愛聽秋墳鬼唱時

　첫 구절인 '고망언지고청지(姑妄言之姑聽之)'인데 다들 '고청지(姑聽之)'란 말을 쓸 줄 압니다. 넷째 구절인 '가을날 무덤 속 귀신이 읊는 시를 듣기 좋아했으리라'는 바로 사람들을 꾸짖는 말입니다. 그 의미는 세상에는 사람이 없고 모두 귀신이라는 말입니다. 그는 말하기를, 생각해 보니 그대는 인간 세상을 싫어하고 사회의 말들을 그대는 다 듣기 귀찮기 때문에 『요재지이』를 썼으되 모두 귀신이야기만 썼다고 했습니다. 포송령은 『요재지이』를 써서 왕어양에게 가지고 가 보여줬습니다. 왕어양은 십만 냥의 대가(代價)를 내놓고 그의 원고를 사겠다고 했습니다. 그러면서 그의 이름으로 내지 말고 나 왕어양이 지었다고 쓰라 요구했습니다. 포송령은 그렇게 하지 않았습니다. 왕어양은 이 책이 틀림없이 세상에 널리 전해질 거작(巨作)이라는 것을 알았습니다. 그래서 이 서문을 썼습니다. 왕어양도 뒷날 포송령을 모방하여 한 부를 썼지만 처음부터 한 결같이 『요재지이』에 미치지 못했습니다. 그런데 그의 명시는 오히려 전해져 왔습니다.

"성인(聖人)은 해와 달을 이웃으로 하고 우주를 옆에 끼고서 노닌다오. 또한 정신과 물질이 하나로 융합되어, 그 적멸의 경지인 활혼(滑湣) 속에 놓아두고, 만유가 평등하고 본체와 현상이 서로 완전히 평등하오. 일반 사람들은 일생동안 노역(勞役)하며 힘들게 살아가지만, 성인은 최고의 지혜 속에 있으면서도 오히려 우둔하게 보이며, 시간과 공간 관념을 초월하였기에 만세를 살더라도 한 찰나에 불과하며 정신과 물질이 하나로 융합된 순수함을 이루었소. 만물도 다 그러해서 마음과 물질이 하나로 융합되었을 때에는 서로를 머금어 간직하고 있으면서 분별이 없는 상온(相蘊)의 경지라오."

旁日月, 挾宇宙, 爲其脗合, 置其滑湣, 以隷相尊。衆人役役, 聖人愚芚, 參萬歲而一成純。萬物盡然, 而以是相蘊。

이 단락은 대단히 번거로운데, 바로 도를 성취한 경계, 도를 얻은 경계를 말하고 있습니다. 그는 말합니다. 진정으로 도를 얻은 사람, 이른바 초인(超人)의 경계는 '방일월(旁日月)', '방(旁)'은 바로 해와 달에 이웃으로 가까이 있는 것입니다. 그는 해와 달, 두 개를 구슬 삼아서 가지고 노는 그런 경지에 도달할 수 있다고 합니다. '협우주(挾宇宙)', 그는 때로는 온 우주를 마치 여름날 수건으로 땀을 닦는 것처럼 몸 곁에 낀다고 합니다. 그 다음은 번거롭습니다. '위기문합(爲其脗合), 치기활혼(置其滑湣), 이례상존(以隷相尊)', 문자적으로 말하면 성가신 문제입니다. 우리가 알듯이 장자는 위에서 '활의(滑疑)'라는 명칭을 하나 제시했습니다. 지난번에 '활의지요(滑疑之耀: 있는 것 같기도 하고 없는 것 같기도 하며 참도 아니고 거짓도 아닌 내심의 스스로 그러한 광명 경지/역주)'를 한번 언급했습니다. 그랬지요? 그렇다면 마찬가지로 '활의'란 말을 사용했다면 얼마나 좋겠습니까? 그렇지만 여기에서는 '활의'를 쓰지 않았습니다. 앞 글자는 같은데 뒤 글자만 한번 바꿨습니다. 지난번에 활의(滑疑)에 대해서 우리는 주해하기를 공(空)도 아니요 유(有)도 아니다[非空非有]라 했습니다. 이른바『능엄경』에 나오는 '탈점내복, 요발명성(脫黏內伏, 耀發明性)'을 인용하여 설명으로 삼았습니다. 그럼 그는 이번에는 어떨까요? 그가 제시한 '활혼(滑溷)'은 '활의(滑疑)'와 같은 것인데 그 정도가 한층 더 깊을 뿐입니다. 이 '혼(溷)' 자는 혼합한다는 '혼(混)' 자로서 혼혼연(混混然)하다는 것입니다. 그 우주가 혼혼(溷溷)하여, 심원하고 어둡고[幽昏之昏] 텅텅 비어 있음[空空洞洞]이 '활의'보다 한층 더 깊습니다. 우리가 불가의 것을 차용하여 굳이 비유한다면 불학의 적멸(寂滅)이라는 경지와 같습니다. '위기문합(爲其脗合)', 도를 닦아 그 경지에 도달하면 심물일원(心物一元), 마음과 물질 그 두 가지가 서로 뒤섞여 합해져[參合], 문합(脗合), 융합하여 하나가 됩니다. '치기활혼(置其滑溷)', 이미 적멸의 경지에 도달했습니다. '이례상존(以隸相尊)', 우리가 간단하게 해석하면 바로 완전한 평등입니다. 즉,『금강경』에서 제시하는 성상평등(性相平等: 본체와 현상이 평등하다/역주)이라는 관념으로서 그 경지에 도달한 것입니다.

만약 중국문화 자신의 문자만 가지고 이 세 마디 말을 해석한다면 적어도 수천 자 혹은 만 자 정도를 써야하는데, 분명하게 해석할 수 있을지 없을지에 달려있습니다. 불학을 차용하여 해석하면 어떨까요? 아주 간단명료합니다. '위기문합(爲其脗合)'이란 심물일원(心物一元)에 도달한 것이요, '치기활혼(置其滑涽)'이란 이미 적멸의 경계를 증득한 것입니다. '이례상존(以隸相尊)'이란 만법(萬法)이 평등하고 본체와 현상이 평등한 것입니다. 이 득도(得道)의 경계는 인간세상을 떠나서 따로 도가 있다는 것이 아니라, 인간세상 속에 들어가는 것이 바로 득도의 경계라는 것입니다. '중인역역(衆人役役)', 사회 일반인들이 일생동안 살면서 날마다 수고롭게 바쁜 것을 형용합니다. 무슨 일을 하든 간에 모두 자기의 욕망과 신체를 위하여 노예가 되어 노역을 하는 것, 이게 바로 일반사람들인데 불가에서는 범부라고 부릅니다. '성인우둔(聖人愚芚)', 득도한 사람은 어리석고 아무것도 하지 않은 것으로 보입니다. 그는 최고의 지혜로서 보광(葆光)의 경지입니다. 즉, 장자가 앞서 말했던 천부(天府) 속에 있는 것이며 자기가 보광(葆光) 속에 있습니다. 그러므로 겉으로 우둔하게 보입니다.

이때에 이르면 '참만세이일성순(參萬歲而一成純)', 그는 시간관념을 초월했습니다. 장수(長壽)니 장수 아니니 할 것이 없습니다. 일만 년도 바로 한 찰나사이입니다. 그가 일만 년을 살더라도 한 찰나에 불과합니다. 수명의 길이가 만(萬)과 일(一)에 이르렀습니다. 공간의 크고 작음과 시간의 길고 짧음이 모두 합일(合一)했습니다. '합일'은 둘이 아니며 차이가 없는 것입니다. '성순(成純)', 완전히 하나의 순수하게 맑아서 점 같은 티끌 하나도 끊어진 상태[純淸絶點]입니다. 바로 위에서 말한 '문합(脗合)'에 해당합니다. '만물진연(萬物盡然), 이이시상온(而以是相蘊)', 심물일원이 되어버렸습니다. 심신이 일체로서 마음과 물질이 하나로 합일하였습니다. '온(蘊)'이란 함장(含藏), 함축(含蓄)의 의미입니다. 도는 어디 있을까요? 마음과 물질 속에 있습니다. 심신에 있습니다. 바꾸어 말하면 '이이시상온(而以是相蘊)', '상온(相蘊)' 이 두 글자를 해석하는데 또 불학을 차용할 수밖에 없습니다. 가장 간단명료한 것은 무분별(無分別)입니다. '상온'이란 조금도 분별이 없는 것입니다.

심물일원(心物一元)을 말하다

위에서는 구작자가 장오자에게 묻는 말을 얘기했고, 지금 우리는 장오자가 대답한 말을 얘기해가고 있습니다. '고망언지고청지(姑妄言之姑聽之)'의 도리는 다시 말하면, 감히 너무 긍정적인 말을 하지 않고 우선 그렇게 한 번 말해 본다는 것입니다. 그는 말하기를 사람은 자기가 수양하여 초인까지 될 수 있다고 하는데, 이것은 소요유편에서 이미 말했던 것입니다. '성인은 해와 달을 이웃으로 하고 우주를 옆에 끼고서 노닌다. 또한 정신과 물질이 하나로 융합되어, 그 적멸의 경지인 활혼 속에 놓아두고, 천한 것이나 귀한 것이나 서로 완전히 평등하다[旁日月, 挾宇宙, 爲其脗合, 置其滑涽, 以隷相尊]'란 바로 사람의 생명은 자기가 최고의 가치까지 끌어올릴 수 있다는 것입니다. 그게 바로 이른바 지인(至人)이요 진인(眞人)이며 제일 좋은 이름은 신인(神人)입니다. 그는 말하기를 우리들의 이 육체 생명이 수양을 거쳐 도달한 경계는 해와 달과 이웃이 될 수 있으며, 이 우주를 잡아쥐고 천지의 정신과 합일 되고 우주와 합일 될 수 있다고 말합니다. 다음에 나오는 두 구절인 '그 적멸의 경지인 활혼 속에 놓아두고, 만유가 평등하고 본체와 현상이 서로 완전히 평등하다[置其滑涽, 以隷相尊]'는 그런 경계를 형용하는 것입니다. 여기에서 장자의 문사학술사상(文辭學術思想)의 한 문제가 발생하는데, 위에서 나온 '활의(滑疑)'라는 한 명사에서 '활(滑)'

자를 지금은 다들 대충 발음하지만 엄격히 말하면 이 글자는 '고
(古)' 발음으로 읽어야 합니다.

'활혼(滑湣)'은 우리가 『능엄경』의 '요발명성(耀發明性: 본성의 영
명하게 밝게 빛남을 발명할 수 있다/역주)'이라는 한 마디로 비유할 수
있습니다. '활(滑)'이란 오늘날의 관념으로는 부정(不定)입니다. 고
정적인 형태가 없다는 것입니다. 즉, 선종에서 늘 사용하는 한 마
디 말인 '구슬이 쟁반 위를 구르는 것과 같다'입니다. '혼(湣)'은 명
상(冥想)입니다. 그러므로 '활혼'은 바로 텅텅 비어 아무것도 없으
며 대단히 공령(空靈)하여 틀에 박힘이 없는 것입니다. '이례상존
(以隸相尊)', 이 경계에 도달하면 불경에서 나오는 두 마디 말인
'천상천하, 유아독존(天上天下, 唯我獨尊)'입니다. 불경의 말에 근거
하면 석가모니불은 출생했을 때 막 태어나자마자 일어서서 일곱
걸음을 걷고는 한 손으로 하늘을 가리키고 한손으로는 땅을 가리
키며 다음 두 마디 말을 했습니다. '천상천하, 유아독존', 우리가
이 두 마디 말을 들으면 일반 종교적 통치적인 영웅의 기개가 매우
있어서, 마치 한 종교 교주가 자기 스스로 숭고하다는 말과 같습니
다. 적어도 겉으로 보면 이 문자는 그렇습니다. 만약 정말로 내재
적인 의미를 꿰뚫어보면, 이른바 불학의 의미로써 말하면 그런 의
미가 아닙니다. 이 '아(我)'자에 관하여, 불학은 본래 표방하기를
사람[人]은 무아(無我)라고 합니다. 우리들의 이 신체는 빌려 쓰는
한 집이지 우리들의 진아(眞我)의 생명이 아닙니다. 그 진아의 생
명이 지금 잠시 동안 우리들의 이 육체에 있을 뿐입니다.

우리 비유를 하나 해 보겠습니다. 예컨대 전력회사에서 보내는
전기 에너지는 전구(電球)의 등관(燈管)을 통과했기 때문에 빛이 납
니다. 만약 녹음기를 통과하면 어떨까요? 그것은 소리를 일으킵니
다. 소리와 빛은 전기 에너지가 일으켜낸 것으로 작용의 현상입니

다. 그 작용의 현상 자체는 전기가 아니라고 말할 수 있으며, 그것이 곧 전기라고도 말할 수 있습니다. 왜냐하면 전기가 일으켜낸 작용의 현상이기 때문입니다. 전기의 에너지는 이 빛과 열과 힘을 통과하여 사용되고 나면 곧 흩어져 본래의 위치로 되돌아갑니다. 이른바 사람도 무아(無我)입니다. 즉, 우리들은 이 신체상으로는 전구의 전등관과 다름없어서 좋을 때는 그것이 아직 빛을 발합니다. 만약 이 관이 다 써서 나빠지게 되면 어떨까요? 이 전기 에너지는 결코 생겨나거나 소멸하지 않습니다. 결코 사망이 없고 생명 본래의 그 곳으로 되돌아갑니다. 그곳을 당신이 주재자라고 불러도 좋고 신(神)이라고 불러도 좋습니다. 우주만물은 그것이 변화한 것입니다. 즉, 서양철학에서 말하는 본체(本體)입니다.

이 본체가 '천상천하, 유아독존'이며 모든 사람들이 공유하고 있는 체(體)이며 대공(大公)의 진아(眞我)입니다. 사적인 마음이 점유하고 있는 소아(小我)가 아닙니다. 그러므로 석가모니불이 말씀하신 이 두 마디 말인 '천상천하, 유아독존'은 바로 우리 모두들 자기의 나[我]입니다. 나란 무엇일까요? 나는 이 마음입니다. 마음이 곧 부처입니다. 부처란 종교적인 것이 아닙니다. 미신적인 것도 아니요 통치적인 것은 더더욱 아닙니다. 장자의 '그 적멸의 경지인 활혼 속에 놓아두고, 만유가 평등하고 본체와 현상이 서로 완전히 평등하다[置其滑涽, 以隷相尊]'는 이 말은 '천상천하, 유아독존'이라는 말과 같은 의미가 있습니다. 장오자가 구작자에게 대답하여 말합니다. 중국문화는 예로부터 전해오기를 사람의 수양은 도를 얻은 성인의 경지까지 도달할 수 있다고 했소. 그러나 당신에게 얘기를 해도 당신이 믿지 않을 것이오. 그래서 우선 적당히 얘기해 보겠으니[姑妄言之] 당신도 적당히 그렇게 들어보시오[姑聽之].

그는 사람의 수양이 그 경계에 도달할 수 있다고 말합니다. 자기가 생명의 진제(眞諦)를 손에 쥐게 되면 '해와 달을 이웃으로 하고 우주를 옆에 끼고서 노닐고, 정신과 물질이 하나로 융합된다[旁日月, 挾宇宙, 爲其脗合]', 그럼 '그 적멸의 경지인 활혼 속에 놓아두고, 만유가 평등하고 본체와 현상이 서로 완전히 평등하다[置其滑涽, 以隷相尊]'고 했습니다. 장오자가 구작자가 믿지 못할까 걱정되어 한 단락의 이유를 인용합니다. '일반 사람들은 일생동안 노역하며 힘들게 살아가지만, 성인은 최고의 지혜 속에 있으면서도 오히려 우둔하게 보인다[眾人役役, 聖人愚芚]', '중인(眾人)'은 바로 우리 일반인들입니다. 우리가 알듯이 중국 문자는, 특히 장자의 문장은 '역역(役役)'이라는 두 글자를 대단히 잘 썼습니다. '역역(役役)'에서 앞의 '역'자는 동사이고 다음의 '역'자는 명사입니다. 즉, 노역(奴役)이라는 '역'입니다. 왜 '중인역역'이라 부를까요? 우리 일반인들은 이 세상에 살면서 이 생명이 스스로 물질에 노예가 되어버려, 하루 종일 내내 노역의 생활 속에 있으며 일생동안 악착같이 일합니다. 예컨대 우리는 지금 요 이틀 사이에 날씨가 추워지면 얼른 옷을 입었다가 더워지면 얼른 벗었습니다. 배고프면 먹어야하고 배부르면 대변봐야합니다. 바쁘기 이를 데 없습니다. 대부분의 정신과 생명은 이 신체를 위하여 노예가 되어버렸고 외부의 물질 환경을 위하여 노예가 되어버렸습니다.

성인의 경계는 다릅니다. 겉으로는 어리석게 보입니다. '우이둔(愚而芚)', 여기서의 '둔(芚)'자는 무딜 둔(鈍)의 의미가 아닙니다. 장자에서의 이 '둔(芚)'자는 생기가 있는 것으로, 겉으로는 어리석어보이지만 자신의 내재적인 생명은 생기가 충만한 것으로, 도를 얻은 사람입니다. '만세를 살더라도 한 찰나에 불과하며[參萬歲而一成純]', 이 성인의 경계에 도달하면, 이른바 도를 얻으면 시간관념이 깨져서 없어집니다. 얼마나 오래 살아야할까? 하는 수명의 관념도 없습니다. 일만 년이 한 찰나 사이에 불과합니다. '참만세이일성순(參萬歲而一成純)', 여기서의 '參'자는 삼(三)으로 읽지 않습니다. 참합(參合)하다는 '참'입니다. 일만 년 동안 사는 것이 그에게는 잠 한번 자는 것에 불과하며 한 찰나 사이에 불과합니다. 이렇게 시간관념을 깨뜨려 없애버렸습니다. 겉으로 보면 이 문자는 그렇습니다! 만약 우리가 글자 몇 개를 떼어내 버리면, 특히 청년 학우들은 주의하기 바랍니다! 이게 바로 중국 문자의 작문방법인데, '만세이일성순(萬歲而一成純)'입니다. 바로 시간관념의 통일인데, 오래 살아서 일만 년을 산 것입니다. 그러나 그 앞에 '참(參)'자라는 한 글자가 있어서 '참만세이일성순(參萬歲而一成純)'입니다. 참(參)이란 참통(參通)하다 · 관통(貫通)하다 · 종합하다 · 융회(融會)한다 등 그렇게 많은 의미가 있습니다. 이 글자를 하나 더하면 '참만세이일성순(參萬歲而一成純)'인데 수명의 장단은 문제가 되지도 않게 되어 모두 더 이상 고려하지 않게 되어버립니다. 혹시 일초를 살더라도 이 생명은 일만 년을 사는 것과도 같으며 일만 년을 살아도 일초에 불과합니다. 시간관념은 인위적인 것이기 때문입니다.

예컨대 우리 사람들은 즐거운 경계 속에서는 하루가 아주 짧게 지나가버린 것처럼 느낍니다. 만약 고통스러운 환경을 만났을 때는 30분이 일 년을 지낸 것 같습니다. 그러므로 이 시간관념은 완전히 사람의 심리가 스스로 만든 것입니다. 이 도리를 꿰뚫으면 시간 공간의 관념은 바로 '참만세이일성순'입니다. 우리는 선종에서 늘 말하는 '일념만년(一念萬年), 만년일념(萬年一念)'을 인용할 수밖에 없는데, '염(念)'은 바로 이 생각관념입니다. 우리들의 한 생각한 관념이 옛사람으로부터 지금까지의 일만 년을 생각하기도 하고 혹은 오천년의 역사를 생각하기도 하여 곧 우리들의 한 생각사이에 있습니다. 이 한 생각은 상하고금(上下古今) 억년을 관통할 수 있는데 모두 사람의 마음이 지은 것[唯心所造]입니다.

이 경계에 도달하면 시간 공간 관념이 사라져 버립니다. '만물진연(萬物盡然), 이이시상온(而以是相蘊)', 이 아홉 글자의 의미는 어떻게 말할까요? 바로 심물일원(心物一元)의 경지입니다. '만물진연(萬物盡然)', 사람과 만물은 동일한 본체가 되어서 저것과 이것으로 나누어지지 않습니다. 그러나 '이이시상온(而以是相蘊)', 수도하여 성공하게 되면 이 심물일원의 경계에서는 사람은 더 이상 물질의 노예가 되지 않을 수 있습니다. 물질세계의 일체 만유가 모두 이 범위 안에 포함되고 이 범위 속에 간직됩니다. 그러므로 그는 물질을 위하여 노역을 하는 것이 아니라 만물은 더 나아가서 그의 지휘에 따릅니다. 그래서 '해와 달을 이웃으로 하고 우주를 옆에 끼고서 노니는[旁日月, 挾宇宙]' 경지에 도달합니다.

이 단락은 장오자가 구작자에게 대답한 말인데 사람의 생명은 이 경계에 도달할 수 있다는 것입니다. 이게 바로 중국문화입니다. 그래서 후세의 도가에 장생불로 수련방법이 있었는데 역시 이 사상으로부터 일관된 계통에서 온 것입니다. 다음에서 그는 이유를 하나 보충합니다.

문자와 언어

"삶을 기뻐하고 집착 연연함이 혹시 미혹된 것이 아닌 줄 내가 어떻게 알겠는가! 죽음을 싫어하고 두려워함이 혹시 용기 없는 것이며 고향집으로 돌아가는 것임을 모르는 것이 아닌 줄 내가 어떻게 알겠는가!"

予惡乎知說生之非惑邪！予惡乎知惡死之非弱喪而不知歸者邪！

　여기서의 '說'자는 '열(悅)로 읽습니다. 고문에서는 이 두 글자를 통용했습니다. 이게 장자의 문장입니다. 그래서 후세에 많은 사람들이 다들 이 방법을 흉내 냈습니다. 그런데 볼 것 같으면 쓸데없는 말이 많고 투덜대는 글자들이 매우 많은 것 같습니다. 그것들을 떼어내버리면 좀 간략하게 할 수 있을 것으로 보입니다. 그러나 당신은 알아야 합니다. 오늘날 백화문(白話文)은 간략하게 할 수 있습니다. 결과적으로 백화문으로써 간략하게 하자 더더욱 번거로워져 고문보다도 훨씬 더 많아집니다. 고문은 소리 내어 읽는 것이 아니라 노래로 부르는 것입니다. 우리가 백화문을 쓰는 것은 입으로 말하는 것으로서, 그렇게 말한 게 바로 문자입니다. 언어는 시대를 따라서 30년에 한번 변합니다. 언어를 백화로 기록한다면 몇 천 년 뒤에는 통하지 않게 됩니다. 우리 중국인은 저마다 한자를 2천 5백자에서 3천자까지 알기만 하면 대단해집니다! 무슨 문장을 쓰든 쓰기에 충분합니다. 중국 글자는 『강희자전(康熙字典)』부터 지금에 이르기까지 증가했어도 4~5만자에 불과합니다. 그러나 우리가 평소에 보통 쓰는 것은 1~2천자일 뿐입니다. 문자와 언어의 관계를 분리한 뒤에는 시간적인 거리가 없게 되어 수천 년 뒤의 사람이 수천 년 이전의 책을 보아도 마찬가지입니다. 반년이나 일 년의 시간을 들여서 이 문자의 훈련을 받기만하면 할 줄 알게 됩니다.

　언어문자의 통일 문제를 얘기하면 저는 중국문화를 배우러 온 외국학생들에게 늘 말하기를 길을 에돌아가지 말라고 합니다. 가장 간편한 방법이 『삼자경(三字經)』『백가성(百家姓)』『천가시(千家詩)』『천자문(千字文)』이 네 권의 책을 먼저 공부하는 것이라고 일러줍니다. 3개월의 시간을 들일 수 있다면 중국문화에 대해서 기본적인 이해가 있게 될 것입니다. 『삼자경』은 중국문화를 간단히 요약하여 소개하고 있습니다. 역사·정치·문학 심지어는 올바른 사람됨과 일처리까지도 그 안에 들어 있습니다. 특히 『천자문』을 알고 나면 중국문화 개념에 대해서 기본이 있게 됩니다. 비록 1천 자 뿐이지만 철학·정치·경제 등등을 다 말해 놓았습니다. 뿐만 아니라 한 글자도 중복되지 않습니다. 이 책의 저자는 양(梁) 무제(武帝) 시대의 대신(大臣)으로 이름을 주흥사(周興嗣)라고 했는데, 잘못을 범했기 때문에 무제가 그에게 벌을 내리기를 하루 낮 하루 밤 사이에 일천 개의 다른 글자를 써서 한편의 문장을 엮으라고 했습니다. 마침내 그는 『천자문』을 써냈습니다. 그 첫머리는 '천지현황(天地玄黃), 우주홍황(宇宙洪荒), 일월영측(日月盈昃), 진숙열장(辰宿列張)……'인데 4자1구(四字一句)의 운문입니다. 『천자문』을 간단하게 생각하지 말기 바랍니다. 『천자문』은 우주 천문으로부터 올바른 사람됨과 일처리의 도리까지 말하고 있습니다. '한래서왕(寒來暑往), 추수동장(秋收冬藏)……' 등은 모두 생활입니다. 현대인으로서 이 책을 잘 풀이할 수 있는 사람은 아마 많지 않을 것입니다. 지금 만약 저더러 몇 천 자 외어서 써보라면 저는 천천히 생각해보아야 합니다. 아마 여러 날 걸려야할 것입니다!

또 한권의 책이 『증광석시현문(增廣昔時賢文)』인데 일종의 민간격언입니다. 예전에 과외독본(課外讀本)인 셈인데 다들 저마다 외울 줄 알았습니다. 그 내용도 올바른 사람됨과 일처리의 도리입니다. 또 쓸모없는 말들도 있습니다. 예컨대 '창밖의 달빛 문 닫아 밀어내고, 매화더러 스스로 주장하라 분부하네[閉門推出窗前月, 吩咐梅花自主張]' 등등입니다. 하지만 다수의 좋은 말들을 거두어 넣었습니다. 중국은 남북조 시대부터 청나라 시대에 이르기까지 역사적으로 여러 차례의 외족(外族)의 침입을 거쳤습니다. 그런데 왜 중국 민족은 한결같이 일어설 수 있었을까요? 바로 문화의 힘 때문이었습니다. 외침한 민족이 도리어 우리들의 문화에 동화되어버렸기 때문입니다. 어떤 하버드 대학 교수가 저에게 와서 물었습니다. 세계의 많은 국가들이 망하면 망해버려서 영원히 일어서지 못했습니다. 오직 중국만이 여러 차례의 큰 망국(亡國)을 거쳤으면서도 무너지지 않고 영원히 일어설 수 있었습니다. 무슨 까닭이었을까요? 제가 대답하여 말했습니다. 그 관건은 '통일(統一)'이라는 두 글자에 있습니다. 바로 사상·문화·문자의 통일입니다. 오늘날의 유럽은 우리들의 춘추전국 시대처럼 교통이 통일되지 않았고 경제가 통일되지 않았으며 언어도 통일되지 않았습니다. 사실 중국도 현재 언어가 완전히 통일되지는 않았습니다. 복건(福建)·광동(廣東) 각 성(省)은 모두 방언이 있습니다. 하지만 중국은 진한(秦漢) 통일 이후 온 나라의 문자는 이미 통일되었습니다. 심지어 아시아 각국, 예컨대 일본 등과 같은 아시아 각국들은 모두 중국 문자를 사용했습니다.

게다가 우리는 다들 백화문을 얘기하는데, 과거에 『수호전』이나 『홍루몽』 이런 백화문들을 여러분 청년들이 지금 볼 것 같으면 모두 고문(古文)으로 변해 있어서 보고 이해 못합니다. 『홍루몽』조차도 이해하는 사람이 아주 적습니다. 우리는 과거에 『홍루몽』 백화문에 대해 우리 세대 같은 사람은 외울 수 있는 사람들이 많았습니다. 지금 여러분들은 이것을 외운다는 것을 무료하게 느끼고 그 안에 있는 말들을 얘기하면 통하지 않고 보아도 모릅니다. 백화로써 글을 쓰면 이런 병폐가 있습니다. 그러므로 우리는 지금 문자 작문 방면에 관하여 많은 연구 토론을 하지 않겠습니다. 본문으로 돌아가겠습니다.

어느 곳으로 돌아갈까

그는 말합니다. '여오호지(予惡乎知)', 내가 어떻게 알겠는가! '삶을 기뻐하고 집착 연연함이 혹시 미혹된 것이 아닌 줄[說生之非惑邪]', 일반사람들이 이 세상에 사는 것에 연연해하는데 이것은 꼭 총명한 일은 아닙니다. 이게 무슨 뜻일까요? 중국의 속담에 한 마디가 있습니다. '훌륭하게 죽는 것보다는 비참하게라도 살아가는 것이 낫다[好死不如惡生]', 사람이 아무리 좋은 죽음이라도 다들 원하지 않고, 차라리 가장 나쁘게라도 살기를 원합니다. 사람은 이 세상에 연연해합니다. 그래서 우리 인생에서 가장 큰 문제는 생사 문제입니다. 저마다 자신을 연구하여 정말 최후에 이르면 많은 두려움이 있게 됩니다. 돈이 없어도 두렵고 먹을 밥이 없어도 두렵고 병이 나도 두렵고 늙어도 두렵습니다. 많고 많은 두려움이 있습니다. 하나의 총결적인 문제는 바로 죽음을 두려워하는 것입니다. 이게 바로 불학에서 제시하는 생사의 문제입니다. 선종이 표방하는 첫 번째 문제는 먼저 생사를 마치는 것입니다. 부모가 나를 낳기 이전에 이 생명은 도대체 어디에 있었을까요? 우리는 도대체 있는 것일까요 없는 것일까요? 정말로 유물적인 것일까요? 가령 지금 우리가 죽는다면 죽어서 또 어디로 갈까요? 천당이 있을까요 없을까요? 지옥이 있을까요 없을까요? 극락세계가 있을까요 없을까요? 뿐만 아니라 내가 입국비자 수속을 밟지 않았는데 갈수 있을까요 없을까요? 이 모두가 큰 문제로서 바로 생사의 문제입니다.

지금 장자는 생사문제를 제시합니다! 그는 말합니다. 내가 어찌 알겠는가? '삶을 기뻐하고 집착 연연함이 혹시 미혹된 것이 아닌 줄[說生之非惑邪]!', 기쁘게 즐겁게 사는 것은 틀림없이 총명한 것이다! 생명이 살아있는 것은 설마 틀림없이 옳은 것일까? 보기에 장자가 우리더러 죽으라고 격려하는 것 같습니다! 그는 말합니다. '죽음을 싫어하고 두려워함이 혹시 용기 없는 것이며 고향집으로 돌아가는 것임을 모르는 것이 아닌 줄 내가 어떻게 알겠는가[予惡乎知惡死之非弱喪而不知歸者邪]!', 내가 어찌 알겠느냐! 일반인들은 죽음을 두려워하는데 '약상(弱喪)', 담력이 없고 용기가 없는 것입니다. 용기가 없는 것이며 '이부지귀자야(而不知歸者邪)', 살아있는 것은 여관에 머무는 것이요 죽는 것은 집으로 돌아간다는 도리도 모른다고 합니다. 이것이 중국문화의 견해입니다. 우리 상고의 조상으로서 치수(治水)를 한 대우(大禹)는 삼대(三代)의 성왕(聖王)의 한분인데 그 분이 두 마디의 명언을 말했습니다. '생자기야(生者寄也), 사자귀야(死者歸也)', 그는 말하기를 살아있는 것은 여관에 머무는 것이요 죽을 때는 집에 돌아가 휴식하는 것이라고 했습니다. 우리가 낮에 깨어 있는 상태에서 아직 여기에 앉아서 『장자』를 연구하고 있는 것은 여관에 머무는 것이요, 저녁에 침대로 돌아가 잠자는 것은 돌아가 휴식한다는 말과 다름없습니다. 생사는 낮과 밤과 같습니다. 청년 학우들은 아마 유명한 고문을 한편 읽은 적이 있을 겁니다. 춘야도리원서(春夜桃李園序)라고 하는데 그 속에 '천지란 만물이 머무는 여관이요, 시간은 영원히 지나가는 나그네다[天地者萬物之逆旅, 光陰者百代之過客]'라는 한마디가 있습니다. 이 역시 『장자』의 이 부분에서 온 것입니다. 도가가 말한 것으로 우주 전체는 만물의 여관입니다. 우리들의 거대한 여관이기도 합니다. 수천 년의 세월, 작년·금년·내년은 백대(百代)의 과객입니다. 지나가버리면 끝입니다. 작년이 지나가버렸으면 금년은 이미 작년이 아니요, 작년은 지나가서 영원히 돌아오지 않습니다. 내년은 금년이 아니요 더더욱 작년은 아닙니다. 흐르는 물처럼 앞 물결이 하나

지나가버리면 영원히 돌아오지 않습니다. 그러므로 강물은 동쪽으로 흘러 한번 가면 돌아오지 않습니다. 영원히 돌아오지 않습니다. '광음자백대지과객(光陰者百代之過客)', 여관에서 한번 지나갈 뿐입니다.

이 한 편의 문장은 대단히 유명합니다. 이백(李白)이 지은 것인데 역시 도가사상입니다. 도가와 불가는 바로 이 도리입니다. 그래서 장자는 말합니다. '여오호지오사지비약상(予惡乎知惡死之非弱喪)', 일반인들은 자기 생명에 대하여 대단히 중요하게 보고 죽음을 두려워합니다! '이부지귀자야(而不知歸者邪)', 그리고 죽음은 돌아가는 것일 뿐임을 모릅니다. 그러나 이렇게 보니 장자는 우리더러 좀 일찍 죽으라고 권하는 것일까요? 그렇지 않습니다! 우리가 알듯이 중국 역사상 많은 충신들, 예컨대 유명한 문천상(文天祥)은 '시사여귀(視死如歸)', 죽음을 마치 돌아가는 것처럼 보았습니다. 이것은 우리 문화에서 아주 유명한 네 글자인데 모두 도가 영향을 받은 것입니다. 그러므로 충신이 될 수 있고 효자가 될 수 있었습니다. 역사상 몇 명의 충신을 더 살펴보면 심지어 전쟁에서 패하여 죽을 때 몸에는 온통 칼 상처임에도 서서 쓰러지지 않았습니다. 만주족 청나라가 산해관(山海關)을 들어올 때 우리 중국의 몇 분의 고급 장교들은 전쟁에서 패한 뒤 시체가 꼿꼿이 서서 넘어지지 않았습니다. 적군의 장교가 발견하고 즉시 사람더러 향을 피우고 촛불을 켜라고 한 다음 그가 전 왕조의 충신이라고 공경했습니다. 적군 장교도 중국문화의 영향을 받았기 때문에 무릎 꿇고 절을 했습니다. 그러자 시체가 넘어졌습니다. 이런 역사상 기록들은 많습니다. 원나라 때도 역사상 영웅 장수가 있었는데 동단소(董搏霄)라고 불렀습니다. 싸움에서 패한 뒤 온 몸이 상처투성이였는데 적병이 칼로 찔렀지만 피를 흘리지 않았고 흰김[白氣]이 하늘로 치솟았으며 몸도 쓰러지지 않았습니다. 그래서 적군 장교가 얼른 자신의 계급을 떼어버리고 무릎을 꿇고 머리를 조아려 그가 충신임을 공경했습니다. 이것도 참 이상한 일입니다! 그들의 이런 수양과 장자도가 사상과 모두 관계가 있습니다. 불교가 전해 들어왔기 때문에 비로소 생사문제를 다른 면으로 볼 수 있었던 게 아닙니다. 다음에서 장자는 대단히 익살스러운 우스개 이야기를 하나 합니다. 하지만 진리이기도 합니다. 그는 말합니다.

"여희(麗姬)는 애(艾)라는 작은 나라의 국경지기의 딸이었소. 진(晉)나라 왕이 처음에 그녀를 선택하여 가게 되자 너무나 울고불고해서 옷깃을 흠뻑 적셨소. 그러나 왕의 처소에 이르러 왕비가 되어 왕과 잠자리를 같이하고 소고기나 돼지고기를 먹게 되자 앞서 울고불고했던 일을 후회했소. 이와 마찬가지로 죽은 사람이 자신이 죽기 전에 살기를 바랐던 일에 대해서 후회하지 않는지 내가 어떻게 알겠는가?

麗之姬, 艾封人之子也。晉國之始得之也, 涕泣沾襟; 及其至於王所, 與王同筐床, 食芻豢, 而後悔其泣也。予惡乎知夫死者不悔其始之蘄生乎?

'여희는 애(艾)라는 작은 나라의 국경지기의 딸이었소[麗之姬, 艾封人之子也]', '여지희(麗之姬)'는 바로 여희(麗姬)입니다. 한 유명한 여인의 이름입니다. '여(麗)'도 한 작은 지역의 이름인데, 그녀가 아주 예뻤기 때문에 뒷날 그녀의 이름으로 바꿨습니다. 춘추 때의 서시(西施)나 마찬가지였습니다. 여희는 어느 곳 사람일까요? '애봉인지자(艾封人之子也)', 무엇을 '봉인(封人)'이라고 할까요? 봉강(封疆)으로서 토지 행정을 관리하는, 토지행정을 관리하는 사무소 사람이 봉인이었습니다. 여희는 봉인의 딸이었습니다. 중국 고대에는 남성을 남자라고 하고 여성을 여자라고 불렀습니다. 그러므로 남녀형제 자매사이에는 누이동생에 대해서는 여제(女弟)라 불러도 되었고 언니에 대해서는 여형(女兄)이라 불러도 되었습니다. 중국 고대 문화에서는 오히려 남녀가 대단히 평등했습니다. 남녀가 불평등하게 된 것은 당나라 송나라 이후의 일입니다.

'진(晉)나라 왕이 처음에 그녀를 선택하여 가게 되자 너무나 울고불고해서 옷깃을 흠뻑 적셨소[晉國之始得之也, 涕泣沾襟]', 진나라 황제가 왕비를 뽑을 때 여희를 뽑았습니다. 고대에는 어떤 집에 딸이 있어서 황제나 태자가 비(妃)로 선택하고자 한다고 들으면 집집마다 당황해하며 나이가 만 16세 이상인 계집애들은 얼른 시집을 갔습니다. 그렇지 않으면 황제에게 뽑혀 궁전에 들어가고 난 뒤에는 큰일 났습니다. 일생동안 부모의 얼굴도 보지 못했습니다. 그러므로 '떠나온 고국은 삼천리 밖에 있고, 깊은 궁전에 지낸지 이십 년이 지났네[故國三千里, 深宮二十年]'였습니다. 궁전에서 깊숙이 이십년 동안 지낸 것은 그래도 적습니다. 어떤 경우에는 16살 때 궁전에 들어가서 백발이 되도록 일생 동안 밖으로 나와 보지도 못하고 끝났습니다. 그래서 황제가 비(妃)를 선택할 때 그녀를 선택하면 집을 떠날 때 엉엉 울었습니다. 눈물 콧물이 옷깃을 적셨습니다. '금(襟)'이란 의복의 전면인데 울어서 엉망진창이 되었습니다.

'그러나 왕의 처소에 이르러 왕비가 되어 왕과 잠자리를 같이하고 소고기나 돼지고기를 먹게 되자 앞서 울고불고했던 일을 후회했소[及其至於王所, 與王同筐床, 食芻豢, 而後悔其泣也]', 그녀가 황제 앞에 이르렀을 때 황제가 보고 마음에 들어 황후로 변했고 자기 집하고도 왕래할 수 있게 되었습니다. 보세요. 얼마나 부귀합니까!

얼마나 기분 좋습니까! 그런 다음, 예전에 집을 떠나올 때에 황제한테 시집가기 두렵다면서 집에서 엉엉 울었던 일을 좀 생각해보았습니다. 뒷날 생각해보니 그 당시가 얼마나 억울하고 얼마나 미련했으며 얼마나 무지(無知)했는지 후회스러웠습니다.

'이와 마찬가지로 죽은 사람이 자신이 죽기 전에 살기를 바랐던 일에 대해서 후회하지 않는지 내가 어떻게 알겠는가[予惡乎知夫死者不悔其始之蘄生乎]?', 장자는 말합니다. 누가 알겠는가, 죽을 때에 그렇게 울었는데 만약 죽은 다음 그쪽에 가니 아주 좋아서 죽어갈 때 고통스럽게 엉엉 울었던 게 얼마나 쓸데없는 일이었던가! 하고 느낄지를. 이것은 우리가 경험이 없습니다. 여러분들이 경험이 있게 될 때에도 통신하거나 전화 통화를 할 길이 없습니다. 어쨌든 장자는 그렇게 말했습니다.

저에게 한 친구가 있는데 70세가 되어갑니다. 과거에 군대를 이끌고 작전도 했던 사람인데, 몇 개월 전에 저를 보러 왔습니다. 그는 한 도리를 새로 발명했다고 말했습니다. 오랫동안 당신을 보지 못했으니 아무래도 약간의 성적을 당신에게 얘기 좀 해야 되겠습니다. 우리들의 이 연령에 이르면 영민의원(榮民醫院)에 갈까 두려워하고 암을 두려워하는데, 이것은 뭘 두려워할까요? 알아야합니다. 하느님이 우리들에게 한 생명을 이미 준 것은 이미 대단한 것입니다. 만약 우리들에게 이 생명을 주지 않았다면 죽을 수 있는 기회조차도 없을 것입니다. 지금 마침내 우리들에게 죽을 기회를 하나 주었으니 이것은 얼마나 귀한 일입니까? 나는 아직 죽을 기회가 있고 암 병을 얻을 기회가 있으니 이 기회를 어디 가서 얻겠어요? 그래서 제가 이 도리를 발명하고 당신에게 말씀드리는 겁니다! 제가 말했습니다. 일리가 있어요. 이것은 바로 용기가 매우 있는 겁니다.

장자는 이 단락 말에서 제물론 편은 결론에 가까워지고 있습니다. 우리가 모두 알듯이 만물은 가지런하지 않습니다. 삶과 죽음이 두 가지 현상은 가지런히 하기 가장 어려운 것으로. 삶과 죽음은 가장 다르며, 이것은 인생 생명에서의 하나의 대전변(大轉變)입니다. 장자는 이 단락에서 얘기하기를 삶과 죽음이 마찬가지라고 합니다. 그러므로 생사를 꿰뚫어봅니다. 특히 그가 시집가는 아가씨 이야기를 인용하였는데, 시집가기 이전에는 비(妃)가 되는 게 두려워서 몹시 울었습니다. 뒷날 첫째 부인이 되고서야 비로소 생각하기를 자기가 집을 나설 때 한바탕 크게 울었던 것이 창피했습니다. 너무 억울했습니다. 울 필요가 어디 있었어! 이럴 줄 일찍이 알았다면 마땅히 하하 하고 크게 웃고 수레를 타고 갔어야지. 장자는 말하기를, 우리가 죽은 뒤에 저승이 이승보다 더 편안하다는 것을 발견할 것이라고 가정한다면, 우리는 틀림없이 후회할 것이라고 합니다. 그는 말하기를 바로 '생사는 다르기를 바라고 다르기를 바람은 생사이다[生死蘄異, 蘄異生死]'라고 합니다.

꿈과 깨어남

"꿈에 즐겁게 술을 마셨던 사람이 아침에 깨어난 뒤 불행한 일로 크게 울기도 하고, 꿈에 불행한 일로 크게 울었던 사람이 아침에 깨어난 뒤 즐겁게 사냥을 나가기도 하오. 꿈을 꾸고 있는 동안에는 꿈을 꾸고 있다는 것을 모르오. 꿈속에서 또 꿈을 꾸지만 깨어난 뒤에야 그것이 꿈이었음을 아오. (오직 도를 얻어) 크게 깨어난 뒤에야 인생이 큰 꿈이라는 사실을 아오. 어리석은 사람은 자신이 깨어 있다고 생각하고,

속으로 몰래 즐거워하면서 그렇게 알고 있소. 그런데 그렇게 알고 있는 주재자가 누구일까? 살아있는 생명은 코가 남에게 끌려가고 있는 격인데 누구에게 끌려가고 있는 것일까? 당신은 자신의 인생을 모르니 완고하오! 공자와 당신은 다 꿈을 꾸고 있소. 내가 당신에게 꿈이라고 말하는 것도 역시 꿈이오. 이런 도리의 말을 적궤(吊詭)라고 하오. (두 사람이 서로 대할 때 지혜의 칼날이 대단히 예리하고 빨라서 생각을 쓰지도 않고 쓸 겨를도 없이 기봉적인 말이 나오는 것인데) 지금 당신은 들어도 이해하지 못하오. 만세 뒤에나 이런 도리의 말을 아는 대성인을 한번 만날 수 있을 것인데, 그는 대지혜인이요 대성인이면서도 우리가 아침저녁으로 만나는 그런 평범한 사람이오."

夢飮酒者, 旦而哭泣 ; 夢哭泣者, 旦而田獵。 方其夢也, 不知其夢也。 夢之中又占其夢焉, 覺而後知其夢也。 且有大覺而後知此其大夢也, 而愚者自以爲覺, 竊竊然知之。 君乎?牧乎?固哉! 丘也與汝, 皆夢也 ; 予謂汝夢, 亦夢也。 是其言也, 其名爲吊詭。 萬世之後而一遇大聖, 知其解者, 是旦暮遇之也。

이 단락의 문장은 아름답습니다! 바로 꿈 '몽(夢)'과 깨어날 '각(覺)'이라는 두 글자입니다. 몽(夢)자 하나로 이리저리 꿈 이야기를 하는데 문학이 정말 아름답습니다. 중국문화 속에서의 꿈에 대한 연구는 많은 자료가 있습니다. 중국 원래의 의학에서의 꿈에 대한 연구는 심리학과 큰 관계가 있다고 보았습니다. 장자의 이 단락도 꿈에 대한 연구입니다. 그는 말합니다. '꿈에 즐겁게 술을 마셨던 사람이 아침에 깨어난 뒤 불행한 일로 크게 울기도 하고[夢飮酒者, 旦而哭泣]', 어떤 사람이 밤에 꿈꾸기를 누군가가 자기에게 술을 사겠다고 하니 기분이 좋았습니다. 그렇지만 꼭 좋은 일만은 아닙니다. 낮에 재수 없는 일을 만나면 한바탕 크게 울지도 모릅니다. 중국인에게는 옛말 한마디가 있습니다. '몽사득생(夢死得生)', 밤에 자기가 죽어서 관 속에 들어간 꿈을 꾸거나 나쁜 것을 꿈꾸면 흔히 낮에 좋은 일을 만난다는 겁니다. 그렇지만 꼭 그런 것만은 아닙니다. 어떤 경우에는 밤에 아주 고통스런 꿈을 꾸어서 '꿈에 불행한 일로 크게 울었던 사람이 아침에 깨어난 뒤 즐겁게 사냥을 나가기도 하오[夢哭泣者, 旦而田獵]', 낮에 깨어나니 어떤 사람이 당신에게 사냥가자고 청할지도 모릅니다. 이는 어떤 사람이 당신더러 춤추러 가자고 하거나 교외에 소풍가자고 약속한다는 말이나 다름없습니다. 그는 말하기를 이런 꿈은 우리들의 낮 생활과는 뚜렷이 다르다고 합니다. 그렇지요?

그러나 그는 우리더러 주의하라고 합니다! '방기몽야(方其夢也), 부지기몽야(不知其夢也)', 우리가 꿈을 꾸고 있을 동안에는 자기가 꿈을 꾸고 있다는 것을 절대 모릅니다. 그렇지요? 어떤 사람 말하기를 저는 알아요 하는데 당신이 아는 것은 꿈꾸고 나서 깨어났기 때문입니다. 그러므로 당신이 꿈을 꾸고 있는 동안에는 꿈꾸고 있다는 것을 모릅니다. '몽지중우점기몽언(夢之中又占其夢焉)', 이것은 다들 경험이 있는데, 젊었을 때 경험이 더 많고 나이가 많아지면 이런 일이 아주 적습니다. 젊었을 때 늘 꿈속에서 꿈을 꾸는데, 꿈속에서 자기가 꿈을 꾸고 있다고 느끼며, 꿈속의 꿈속에서 자기가 또 꿈을 꾸고 있습니다. 깨어나면 세 겹의 꿈이 다 사라져버립니다. 이것을 삼중몽(三重夢)이라고 부르기도 합니다. '꿈속에서 또 꿈을 꾸지만 깨어난 뒤에야 그것이 꿈이었음을 아오[夢之中又占其夢焉, 覺而後知其夢也]', 우리가 꿈을 어떻게 알까요? 깨어나서 말하기를, 아이구! 나 엊저녁에 꿈을 하나 꿨다고 합니다. 깨어나서야 자기가 꿈꾸고 있다는 것을 압니다! 이 단락에서 장자는 분명히 설명합니다.

'오직 도를 얻어 크게 깨어난 뒤에야 인생이 큰 꿈이라는 사실을 아오[且有大覺而後知此其大夢也]', 두 번째 구절 말은 하지 않았습니다. 문장이 한 수를 보류해 놓았습니다. 바꾸어 말하면, '각이후지차기대몽야(覺而後知此其大夢也)', 당신이 깨어난 뒤에야 자기가 꿈꾸고 있다는 것을 안다는 겁니다. 다시 바꾸어 말하면, 우리는 지금 대낮에도 꿈을 꾸고 있다는 겁니다. 밤에 꾸는 꿈은 신경이 아직 완전히 휴식하지 못하고 생각이 여전히 활동하고 있는 것입니다. 우리가 눈을 뜨게 되거든 말하기를 아이구! 내가 꿈을 하나 꾸었다고 합니다. 우리들 지금의 꿈은 눈을 뜬 채 꾸는 것입니다. 그는 말합니다. 인생은 바로 하나의 큰 꿈이다. 깨어있을 동안에는 백일몽(白日夢)을 꾸는 것이요, 잠자는 동안에는 흑야몽(黑夜夢)을 꾸는 것이다. 두 개의 꿈의 현상은 다르지만 꿈을 꾸고 있다는 것은 마찬가지이다. 그러므로 밤에 꾸는 꿈은 낮에 꾸는 꿈속의 꿈이다. 이와 같을 뿐이다[夢之中又占其夢焉]!'. 그렇다면 어느 때라야 우리는 비로소 진정으로 꿈을 꾸지 않을까요? 오직 도를 얻어야만 합니다. 이것을 대각(大覺)이라고 합니다. '차유대각이후지차기대몽야(且有大覺而後知此其大夢也)', 대철대오(大徹大悟)에 도달하여 크게 깨어난 뒤에야 비로소 인생이 하나의 큰 꿈이라는 것을 알게 됩니다.

대각(大覺)이란 두 글자는 장자가 제시한 것입니다. 뒷날 당나라 왕조 때 『화엄경』을 번역하면서 석가모니불을 대각금선(大覺金仙)이라고 불렀습니다. 많은 불경이 명사(名辭)를 번역할 때도 장자의 것을 썼습니다. 그밖에 『삼국연의』에서 유비(劉備)가 제갈량(諸葛亮)을 만나러 갔을 때 제갈량은 잠자는 척하면서 입으로 다음 시를 한 수 외웠습니다.

큰 꿈을 누가 먼저 깰까	大夢誰先覺
평생을 내 스스로 안다네	平生我自知
초당에서 봄잠을 늘어지게 자고나니	草堂春睡足
창밖의 해가 느릿느릿 하네	窓外日遲遲

이 시는 청년 학우들이 외워도 좋습니다. 단잠을 잘 때에 아빠 엄마가 당신을 간섭하면 당신은 말합니다. 나는 제갈량이 되고 있어요! 초당에서 봄잠을 늘어지게 자고 있어요! 이런 것들은 모두 도가사상 경계의 문학입니다.

　'오직 도를 얻어 크게 깨어난 뒤에야 인생이 큰 꿈이라는 사실을 아오', 사람이 정말로 도를 깨닫게 되어 대철대오한 뒤에야 비로소 우리가 일생 동안 살았던 게 한바탕 큰 꿈을 꾸었던 것임을 알게 됩니다. 그는 말합니다. 당신이 도를 깨닫기 이전에는 알지 못할 것이다. 왜냐하면 자기가 꿈을 꾸고 있는 줄 모르기 때문이다.

　'어리석은 사람은 자신이 깨어 있다고 생각하고, 속으로 몰래 즐거워하면서 그렇게 알고 있소. 그런데 그렇게 알고 있는 주재자가 누구일까? 살아있는 생명은 코가 남에게 끌려가고 있는 격인데 누구에게 끌려가고 있는 것일까? 그대는 자신의 인생을 모르니 완고하오[而愚者自以爲覺, 竊竊然知之. 君乎? 牧乎? 固哉]!', 그는 말합니다. 우리는 도를 깨닫지 못했기 때문에 자기가 지금 바로 백일몽을 꾸고 있다는 것을 모른다. '이우자자이위각(而愚者自以爲覺)', 어리석은 사람이 자기를 총명하게 생각하고 자기가 깨어 있다고 여긴다. '절절연(竊竊然)', '절(竊)'은 바로 좀도둑처럼 마음속으로 몰래 혼자서 즐거워하는 것입니다. 그는 말합니다. 내가 그대에게 묻겠다. 그대가 자기 스스로를 총명하다고 생각하고 스스로 기뻐하는데 그대는 그 마음속으로 '절절연지지(竊竊然知之)', '군호(君乎)?'

누가 아는 것일까? 주인 노릇하는 게 누구일까? '군(君)'은 이 주재자입니다. '목호(牧乎)?', '목(牧)'이란 남에게 방목된 소처럼 코가 남에게 끌려가는 것입니다. 선종에서는 늘 남을 꾸짖기를 아이구! 당신은 잘못하지 말라. 당신의 코는 남에게 끌려갔다! 선종의 조사는 사람을 잘 꾸짖을 줄 알았습니다. 에둘러 꾸짖은 게 얼마나 아름답습니까! 코가 남에게 끌려간다고 말했는데 그것은 소입니다! 소를 치는 어린이를 목동이라고 부르는데 그대의 코가 남의 손안에 끌려가는 겁니다. 선종에서 이렇게 사람을 꾸짖는 것이 얼마나 예술적입니까? 그러나 우리가 도를 깨닫기 전에는 살아있는 생명이 코가 남에게 꿰어서 끌려가는 것입니다. 누구에게 끌려갈까요? 주재자가 없습니다. 당신을 끌어가는 사람이 없습니다. 당신 자신이 그것에 끌려가고 있는 것입니다. 그러므로 우리는 자기가 생명 주재자가 될 수 있다는 것을 모릅니다. '군호(君乎)? 이것은 의문부호입니다. '목호(牧乎)?', 당신은 남에게 끌려가고 있어도 모르고 있다. '고재(固哉)!', 그는 말합니다. 당신은 아주 완고하다! 자기의 인생을 모른다. 장자는 이 단락에서 구작자와 장오자 사이의 대화를 빌렸습니다. 다음에서는 공자를 끌어냅니다.

 '공자와 당신은 다 꿈을 꾸고 있소[丘也與汝, 皆夢也]', 그는 공자가 다음과 같이 말했다고 합니다. 내가 지금 내 학생들과 여러분들과 함께 있는데 그대는 내가 도를 전하고 학문을 강의하고 있는 것으로 생각하지만, 하하! 모두 꿈을 꾸고 있는 것이다! 나와 여러분들은 모두 꿈을 꾸고 있는 것이다. '내가 당신에게 꿈이라고 말하는 것도 역시 꿈이오[予謂汝夢, 亦夢也]', 내가 지금 말하기를 당신이 꿈꾸고 있다고 한 이 말도, 내가 꿈 얘기를 하고 있는 것이며 나도 꿈을 꾸고 있는 것이다.

적궤(吊詭)와 기봉(機鋒)

'이런 도리의 말을 적궤(吊詭)라고 하오[是其言也, 其名爲吊詭]', 그는 말합니다. 내가 이렇게 말하는 도리, 이런 논리는 정반합(正反合)의 논리가 아니다. 이게 바로 선종 조사들이 하는 말인데, 선도(禪道)의 논리입니다. 보통의 논리가 아닙니다. 변증법도 아니고 인도의 인명(因明)도 아닙니다. 도가에서는 '적궤(吊詭)'라고 부릅니다. '적궤' 두 글자는 장자가 만든 명칭인데, 선종의 명사를 빌려서 말해보면 바로 '기봉(機鋒)'입니다. 무엇을 '기봉'이라고 할까요? 중국인이 무예를 배울 때 다음의 한 마디가 있습니다. '전재현상(箭在弦上), 부득불발(不得不發)', 활을 최대한 잡아당기면 화살이 그 시위에서 자연히 발사되는데, 이게 바로 '기(機)'입니다. 기가 이르렀을 때 두 사람이 서로 마주 대하면 대단히 칼날이 날카롭고 빨라서 생각을 써서는 안 되며 생각을 쓸 겨를도 없이 기봉화(機鋒話)를 씁니다. 두 사람이 서로 싸울 때 모두 권총을 들고 두 사람이 동시에 총알을 발사할 경우, 이때도 화살이 활시위에 있어서 부득불 쏘지 않으면 안 되는 것입니다. 당신이 아무리 그 탄알을 피하려고 해도 미쳐 생각이 되지 않으며, 날카롭기가 비할 바 없고 빠르기가 비할 바가 없습니다. 그게 바로 기봉입니다.

장자가 말하는 '적궤'의 의미는 바로 이것입니다. 만약 선종 불학을 빌려서 '적궤'를 해석하지 않는다면 아무리 해석을 하려해도 흐릿하여 할수록 이해하지 못합니다. 그는 말합니다. 내가 지금 여러분들에게 하는 말은 다들 꿈을 꾸고 있는 것이다. 공자가 한 말에 비추어보면 지금 여러분들에게 도를 전하고 학문을 강의하는 것도, 도를 전하고 학문을 강의하고 있는 것이 아니라 꿈 이야기를 하고 있는 것이다. 다들 지금 들었는데, 대충 말하는 대로 대충 들어서, 당신도 꿈속에서 어지럽게 듣고 있는 것이지, 실제로는 진실한 일이 하나도 없다. 그는 말합니다. 이런 말과 도리는 보통의 교육이 아니라 기봉적인 교육이다. '적궤'를 누가 이해할까? 보통사람들은 모두 이해하지 못한다.

'만세 뒤에나 이런 도리의 말을 아는 대성인을 한번 만날 수 있을 것인데[萬世之後而一遇大聖, 知其解者]', 장자는 말합니다. 지금 여러분들에게 얘기해 주지만 여러분들은 알아듣지 못한다. 오직 장래에 천 년, 만 년 이후에 마침내 알아듣는 사람이 있어서 한 분의 대지혜(大智慧), 대성인(大聖人)을 만나게 되거든 이 도리를 이해할 것이다. '그는 우리가 아침저녁으로 만나는 그런 평범한 사람이오[是旦暮遇之也]', 이 사람은 아침저녁에 얼굴을 마주치는 사람 같아서 희귀한 것이 아니다. 보세요, 장자는 얼마나 문장을 잘 씁니까! 장자는 사람들을 꾸짖지 않았습니다! 바꾸어 말하면 천하 사람들을 다 꾸짖어버렸습니다. 여러분들은 온통 이해하지 못한다. 천백 년, 만 년 이후에야 고명한 사람이 나의 말을 이해할 것이다. 이것은 한(漢)나라 왕조의 사마천이 『사기』를 쓴 뒤에 자서(自序) 속에서 다음과 같이 한 말과 다름없습니다. '장지명산(藏之名山), 전지기인(傳之其人)', 이것도 남을 꾸짖는 말입니다. 사마천은 말합니다. 내가 쓴 『사기』는 여러분들이 영원히 이해하지 못할 것이다. 그래서 나는 그것을 산 동굴 속에다 간직해 놓을 수밖에 없다. '전지기인(傳之其人)', 장래에 역시 장자가 말한 것처럼 천추만대 이후에 어떤 총명한 사람이 나의 말을 이해할 것이다.

그래서 저는 늘 일부 친구들에게 말합니다. 책 좀 많이 사세요! 남기세요! 무슨 재산이 아닙니다. 저는 책을 좋아하기 때문에 일생 동안 곳곳에서 책을 샀습니다. 여러 친구들이 저에게 말합니다. 내 자신도 책이 좋다는 것을 알지만 보아도 이해하지 못합니다. 오늘날 건축한 집들이 작아서 사가지고 들어가면 놓을 곳이 없습니다. 그러면 저는 말합니다. 당신이 말한 두 번째 이유는 대충대충 그래도 이유가 됩니다. 첫 번째 이유는 이유가 안 됩니다. 당신이 책을 남겨 놓으면 당신이 못 알아봐도 당신의 손자도 못 읽을까요? 당신은 손자조차도 어리석게 간주한 것입니다. 당신의 아들이 당신보다 총명하여 보고 이해할지도 모릅니다. 보아도 이해하지 못하니 책을 사지 않는다고 말하는 것은 어리석은 일입니다.

장자가 '적궤(弔詭)'를 제시한 이 단락의 말에 관하여는 그리 논리에 부합하지 않습니다! 이 말 한 마디, 저 말 한 마디, 낮도 꿈이요, 밤도 꿈이요, 지금도 꿈이요, 내가 지금 이 말하는 것도 꿈이요, 이 꿈도 꿈이요, 다들 모두 꿈이라고 합니다. 마지막에는 말합니다. 이런 말들을 당신은 듣지 말라. '적궤(弔詭)', 듣고서도 당신은 이해하지 못한다! 이게 무슨 논리일까요? 그러나 그는 논리에 안 맞을까요? 절대 일리가 있습니다. 그래서 그는 방향을 바꿔 '적궤'라는 말을 제시하기 위하여, 변증논리를 말하는 혜자 같은 사람들을 또 비평합니다.

"이미 나는 당신과 도에 대한 논변을 벌이게 되었소. 당신이 나를 이기고 내가 당신을 이기지 못한다면, 정말로 당신이 옳고 내가 그른 것일까?"

旣使我與若辯矣, 若勝我, 我不若勝, 若果是也? 我果非也邪?

나의 지금 이 도리는 다음과 같은 말이다. 도란 오로지 깨달을 수 있을 뿐이다. 도는 생각으로써 사고할 길이 없고, 논리로써 추리할 길은 더더욱 없으며, 문자로써 추구하여 찾을 길도 없다. 그래서 오로지 깨달을 수 있을 뿐이다. 만약 문자나 생각으로써 추리하고 사고한다면 도와는 거리가 갈수록 멀어진다. 설사 내가 지금 당신과 도를 변증하여 '당신이 나를 이기고 내가 당신을 이기지 못한다면, 정말로 당신이 옳고 내가 그른 것일까[若勝我, 我不若勝, 若果是也? 我果非也邪?]', 당신이 만약 나를 이긴다면, 당신은 정말로 옳고 승리했으며, 내가 정말로 틀렸는지를 증명할 수 있겠는가?

"내가 당신을 이기고 당신이 나를 이기지 못한다면, 정말로 내가 옳고 당신이 그른 것일까? 혹은 한 쪽은 옳고, 다른 한 쪽은 그른 것일까? 또는 양 쪽 다 옳거나 다 그른 것일까? (생각으로써 하나의 진정한 시비를 판단하려고 하면 단정을 내릴 수 없으므로) 나와 당신은 온통 알 수 없어 무지(無知)하오. 이렇게 보면 사람들은 본디 자신의 무지인 탐암(黮闇)에 덮여있는데 내가 누구로 하여금 시비를 판정하게 하겠는가?"

我勝若, 若不吾勝, 我果是也? 而果非也邪? 其或是也? 其或非也邪? 其俱是也? 其俱非也邪? 我與若不能相知也, 則人固受其黮闇。吾誰使正之?

'내가 당신을 이기고 당신이 나를 이기지 못한다면[我勝若, 若不吾勝]', 내가 만약 이겼고 당신이 패배하여 나를 이길 수 없다면, '정말로 내가 옳고 당신이 그른 것일까[我果是也? 而果非也邪]?', 설마 내가 정말로 옳을까? 아니면 옳지 않을까? '혹은 한 쪽은 옳고, 다른 한 쪽은 그른 것일까[其或是也? 其或非也邪]?', 실제는 옳다고 가정할 수도 있고 옳지 않을 수도 있다. '또는 양 쪽 다 옳거

나 다 그른 것일까[其俱是也? 其俱非也邪]?', 혹은 그대와 나·주관
과 객관 쌍방이 다 틀린 것일지도 모른다. 요컨대 천지사이에 도대
체 어느 것이 옳은 것인가? 어느 것이 틀린 것인가? 천지사이에 진
정한 시비(是非)는 하나의 확정된 결론[定論]을 내릴 길이 없다. '나
와 당신은 온통 알 수 없어 무지(無知)하오[我與若不能相知也]', 만
약 우리들 사람의 생각으로써 하나의 진정한 시비를 판단한다면
단정적인 말을 내릴 수 없다. 이 때문에 하나의 결론을 내릴 수도
있는데, 나와 당신은 온통 무지하다는 것이다. '이렇게 보면 사람
들은 본디 자신의 무지인 탐암(黯闇)에 덮여있는데 내가 누구로 하
여금 시비를 판정하게 하겠는가[則人固受其黯闇, 吾誰使正之]?', 그
러므로 이렇게 말하고 보면 일반인들이 진정으로 학문이 있고 총
명하다고 생각하는 것은 모두 '탐암(黯闇)'한 것이다. 장자는 탐암
(黯闇)이라고 부르는 명사를 하나 제시합니다. '암(闇)'은 바로 암
담(暗淡)입니다. '탐(黯)'은 무엇일까요? 흰 것 속에 검은 반점 얼룩
이 있어 오점(汚點)이 있는 것입니다. '탐암'이란 어떤 것일까요?
불학의 한 명사를 인용하여 이해할 수밖에 없습니다. 바로 무명(無
明)입니다. 무명이기 때문에 자신이 온통 칠흑입니다. 온통 깜깜한
검은 구름에 덮여있기 때문에 지금의 지혜가 도를 깨달을 수 없는
것입니다. 우리 사람들 스스로가 무명 속에 있으면서도 오히려 지
혜가 있다고 자인(自認)하고 있는데 '오수사정지(吾誰使正之)?', 어
디 가서 대지혜인(大智慧人)을 하나 찾아 우리들의 생각상의 착오
를 바로잡겠습니까?

누가 공정한 평론자일까

"당신과 생각이 같은 사람에게 시비를 판정하게 할까? 이미 당신과 같아서 치우침이 있으니 어떻게 정확히 판정할 수 있겠는가! 나와 생각이 같은 사람에게 시비를 판정하게 할까? 이미 나와 같아서 치우침이 있으니 어떻게 정확히 판정할 수 있겠는가! 우리와 생각이 다른 사람에게 판정하게 할까? 이미 우리와 다르니 어떻게 정확히 판정할 수 있겠는가! 우리와 생각이 같은 사람에게 판정하게 할까? 이미 우리와 같으니 어떻게 정확히 판정할 수 있겠는가! 그렇다면 나와 당신과 일반인들은 모두 진정으로 도를 얻은 지혜가 없어서 서로 알 수 없으니 저 다른 것에 의지해야하지 않을까? 저 다른 것은 무엇일까?"

使同乎若者正之？旣與若同矣，惡能正之！使同乎我者正之？旣同乎我矣，惡能正之！使異乎我與若者正之？旣異乎我與若矣，惡能正之！使同乎我與若者正之？旣同乎我與若矣，惡能正之！然則我與若與人俱不能相知也，而待彼也邪？

이 단락은 모두 장자가 논리 문제를 말한 것입니다. 그는 말합니다. 누가 천지사이의 시비를 확정할 수 있을까? '사동호약자정지(使同乎若者正之), 기여약동의(旣與若同矣), 오능정지(惡能正之)!', 만약 생각이 당신과 같은 사람으로 하여금 평론자가 되어 시비문제를 바로 잡아 평정하라 한다면, 이미 당신들 두 사람이 같은 바에야 이미 치우침이 있으니 어떻게 정확히 평정(評定)할 수 있겠는가? '사동호아자정지(使同乎我者正之), 기동호아의(旣同乎我矣), 오능정지(惡能正之)!', 만약 나와 생각이 같은 사람으로 하여금 평판자가 되게 한다면, 나와 같아서 치우침이 있게 된다! 어떻게 공정할 수 있겠는가? 다음의 문자는 비유인데, 모두 상반된 의견입니다.

'사이호아여약자정지(使異乎我與若者正之)', 만약 어떤 한 사람을 찾았는데 그의 생각은 당신과 나 두 사람과는 근본적으로 상관이 없는 완전히 다른 사람이 공정한 사람[公正人]이 된다면 '기이호아여약의(旣異乎我與若矣), 오능정지(惡能正之)!', 본래 그 사람은 당신과 나 두 사람과는 다른 길을 걸어가는데 그가 어떻게 확정할 수 있겠는가! '사동호아여약자정지(使同乎我與若者正之), 기동호아여약의(旣同乎我與若矣), 오능정지(惡能正之)!', 만약 나와 당신과 생각이 같은 사람을 하나 찾아서 공정한 사람이 되라고 한다면, 우리 두 사람과 같은 바에야 역시 공정한 사람이 될 수 없다. 장자는 논리적으로 사면팔방으로 당신을 싸매는데, 세상에는 진정으로 공정한 판단을 하나 찾을 길이 없다는 것입니다. '연즉아여약여인(然則我與若與人)', 그렇다면 나와 당신과 그리고 일반인들·인류는 '구불능상지야(俱不能相知也)', 아무도 진정으로 도를 얻은 지혜가 없기 때문에 보통의 상식은 다들 마찬가지이다. 그러므로 우리가 진리를 구하고자 한다면 어디 가서 찾아야할까? '이대피야야(而待彼也邪)?', 우리 자신들은 찾지 못하니 오직 또 다른 한 사람인 그에게만 의지하여야 할 뿐이다. 허! 그런데 모른다. 설사 따로 그가 있다고 가정한다면, 그는 무엇일까?

"(그것은 바로 천예인데) 천예(天倪)로써 시비를 조화시킨다함은 무엇을 말할까? 옳다거나 옳지 않다거나, 그렇다거나 그렇지 않다거나 말하는 것은 모두 주관의 형성이오. 주관적으로 옳다고 여기는 것이 만약 확정적으로 옳은 것이라면, 그 주관은 상대적이므로 옳다는 것이 옳지 않다는 것과 서로 다름을 변별하여 확정할 수 없소. 주관적으로 그렇다고 여기는 것이 만약 확정적으로 그런 것이라면, 그 주관은 상대적이므로 그렇다는 것이 그렇지 않다는 것과 서로 다름을 변별하여 확정할 수 없소. (주관적인 생각에서 나온 논변의 표현으로서의) 언어나 문자 같은 소리는 상대적이오. 만약 상대적이 아닌 진정한 절대를 구하고자 한다면 (도의 경지인) 천예로써 조화시켜야 하오. 상대적인 생각들은 갈수록 복잡하게 뻗어나가기 때문에 영원히 끝이 없소. (어떻게 해야 천예의 경지에 도달할 수 있을까?) 시간을 잊어버리고 일체의 이론이나 도리를 잊어버리고 우주만물이 무량무변 무궁무진한 경지인 무경(無竟)에 서는 것이오. 그러므로 모든 것을 그 무경에 맡겨두는 것이오."

何謂和之以天倪? 曰 : 是不是, 然不然. 是若果是也, 則是之異乎不是也亦無辯 ; 然若果然也, 則然之異乎不然也亦無辯. 化聲之相待, 若其不相待. 和之以天倪, 因之以曼衍, 所以窮年也. 忘年忘義, 振於無竟, 故寓諸無竟.

'하위화지이천예(何謂和之以天倪)?', 장자는 명사를 하나 제시하는데, 그 사람은 누구일까? 오직 '천(天)'이다. 여기서의 '천(天)'자는 종교의 '천'이 아닙니다. 천주(天主)가 아닙니다! 천신(天神)이 아닙니다! 과학에서의 천체의 '천'도 아닙니다. 이것은 중국문화에서 말하는 본체(本體)인 도(道)라는 '천(天)'입니다. 그러므로 우리 중국인들 자신이 상고문화를 연구할 때 몇 가지 큰 문제에 부딪히게 되는데, 하나가 '도(道)'자이고 하나가 '천(天)'자입니다. 매 글자마다 4~5 가지의 해석이 있습니다. 예컨대 노자가 말한 '도가도(道可道), 비상도(非常道)'에서의 이 '도(道)'자나 유가서(儒家書)에 나오는 천(天)자는, 어떤 경우에는 이 '천'자가 천체를 대표합니다. 과학에서 말하는 별 달 이런 자연계의 하늘입니다. 어떤 경우에는 이 '천'자가 종교적인 것이나 신화적인 것으로서, 하느님이나 신(神)과 같은 개념입니다. 어떤 경우에는 아무것도 대표하지 않고 그저 하나의 대명사일 뿐입니다. 도는 추상적인 것인데 장자가 여기에서 말하는 것은 추상적인 것입니다. '그것은 바로 천예(天倪)인데, 천예로써 시비를 조화를 시킨다함은 무엇을 말할까[何謂和之以天倪]?', 진정한 시비(是非)는 도의 경계에 도달했을 때만이 자연이 공령(空靈)해집니다. 이른바 시(是)와 비(非)가 균형을 이룹니다. 시와 비 양쪽이 없어져서, 옳음도 없고 그름도 없으며, 옳지도 않고 그르지도 않은 것이라고 말할 수 있습니다. 이른바 시비가 적연(寂然)한 것입니다. 이게 바로 장자가 제시한 '천예(天倪)'입니다.

'옳다거나 옳지 않다거나, 그렇다거나 그렇지 않다거나 말하는 것은 모두 주관의 형성이오[曰 : 是不是 , 然不然]', 그는 말합니다. '옳다'고 말하거나 '그렇다'고 말하거나 또는 '옳지 않다'고 말하거나 '그렇지 않다'고 말한다면, 모두가 주관의 형성이다. '주관적으로 옳다고 여기는 것이 만약 확정적으로 옳은 것이라면[是若果是也]', 만약 당신의 주관이 '이것은 옳은 것이며 확정적으로 옳다'고 여긴다면, 당신의 객관도 바로 주관이다. 어떤 사람이든 자기가 한 말이 아주 객관적이라고 하지만, 한번 말을 하기만 하면 그 한마디는 이미 주관이 되어버렸습니다. '그 주관은 상대적이므로 옳다는 것이 옳지 않다는 것과 서로 다름을 변별하여 확정할 수 없소[則是之異乎不是也亦無辯]', 그러므로 그 중간의 시비선악의 변별은 또렷이 변별할 방법이 없다. 왜냐하면 모두 상대적이기 때문이다. '주관적으로 그렇다고 여기는 것이 만약 확정적으로 그런 것이라면, 그 주관은 상대적이므로 그렇다는 것이 그렇지 않다는 것과 서로 다름을 변별하여 확정할 수 없소[然若果然也, 則然之異乎不然也亦無辯]', 맞고 안 맞고의 사이에도 확정할 방법이 없다.

한참 얘기 했는데 장자의 문장은 바로 뒷날 불학이 중국에 들어 왔던 '불가사의(不可思議)'라는 네 글자입니다. 최고의 진리는 인간의 생각 지식으로써 추측해서는 안 됩니다. 논리적인 생각으로써 변론하여 판정해서는 안 됩니다. 그래서 '불가사의'라고 부릅니다. 그러나 제가 불학을 얘기할 때 늘 젊은 학우들에게 주의하라고 일 러줍니다! '불가사의'란 한 방법상의 설법입니다. 그러나 이 말을 보면 우리는 곧 주관 상에 하나의 잘못된 관념이 있게 되어 무의식적으로 '불가사의'를 '불능사의(不能思議)'라고 여겨버립니다. 이것은 완전히 틀린 겁니다. '불가사의'란 하나의 방법입니다. 불학으로 얘기하면 차법(遮法)입니다. 방법을 잘못 썼기 때문에 이 문(門)이 길이 틀려버린 겁니다. 그래서 당신을 가로막아서[遮] 그 방법을 멈추게 하는 겁니다. 그렇지만 결코 확정적인 관념이 아닙니다. '불능사의'라고 말하는 것이 아닙니다.

장자가 지금 얘기하고 있는 이 부분은 불학의 이 이론과 완전히 같습니다. 그러므로 '역무변(亦無辯)', 사변으로써 형이상의 도를 추측해서는 안 됩니다. 여러분들은 다들 정좌를 배웁니다. 수도하는 사람도 주의하기 바랍니다. 여러분들은 자기가 혼자 정좌할 때 아무것도 생각하지 않는다고 느끼고는 그게 바로 도라고 여깁니다. 알아야합니다. 이것은 이미 잘못을 하나 범했다는 것을 알아야합니다. 그 아무것도 생각하지 않고 아무것도 모르는데 당신은 어떻게 그것이 바로 도라는 것을 압니까? 당신이 도라고 여기는 것은 당신이 그렇게 여기는 것입니다. 그러므로 중관(中觀), 불학 속에서 중관정론(中觀正論)의 입장에서 보면, 당신의 그것은 이미 정견(正見)이 아닙니다. 당신은 자신이 지금 앉아 있으니 공(空)하다고 여기는데, 그것은 당신 스스로 그렇게 여기는 것입니다! 중관정견을 위반했습니다. 그러므로 불법을 배우는 것과 도학(道學)을 연구하는 것은 마찬가지입니다. 그는 논리를 요구하지 말라고 합니다. 그러나 논리는 대단히 중요합니다. 논리를 이용하고, 그는 이용하고서는 곧바로 뒤엎어버립니다. 고명함도 바로 이 부분에 있습니다. 이 때문에 그는 말합니다.

'주관적인 생각에서 나온 논변의 표현으로서의 언어나 문자 같은 소리는 상대적이오[化聲之相待]', 그는 말하기를 인류의 모든 문화사상은 모두 사람의 생각으로부터 온 것이라고 합니다. 논변은 인간이 말을 하고 문자를 사용하는 것에 의지하여 표현해 낸 것인데, 이것을 '화성(化聲)'이라고 부릅니다. 소리로 변화시켜 낸 것입니다. 무릇 '화성'은 언어와 문자에 나타나는데 모두 상대적입니다. '만약 상대적이 아닌 진정한 절대를 구하고자 한다면[若其不相待]', 세상의 일체는 모두 상대적이고 절대가 없습니다. 당신이 하나의 상대적이 아닌 것, 즉 진정한 절대를 하나 구하고자 한다면, '도의 경지인 천예로써 조화시켜야 하오[和之以天倪]', 오직 도를 얻어야만합니다. 장자가 말하는 '천예(天倪)'는 도의 경계입니다. 사람이 도의 경계에 도달하지 못했기 때문에 천예를 얻을 수 없습니다.

'상대적인 생각들은 갈수록 복잡하게 뻗어나가기 때문에 영원히 끝이 없소[因之以曼衍, 所以窮年也]', '만연(曼衍)'이나 '궁년(窮年)'은 장자만의 고유명사입니다. 사람이 이런 도리·학문·사상을 이해하지 못하기 때문에 수천 년 동안 동양과 서양의 문화는 갈수록 복잡해지고 사상은 갈수록 혼란스러워집니다. 예컨대 우리들의 이 시대에 이르러 인류의 진정한 전쟁은 무엇일까요? 사상의 전쟁입니다. 엄밀히 말해서 20세기의 사상전쟁은 유물사상과 유심사상의 전쟁입니다. 인류문명이 왜 이렇게 되었을까요? '만연(曼衍)'때문입니다. 한 가지 한 가지 널리 퍼져 나오고 변천될수록 많아졌기 때문입니다. '만(曼)'은 바로 만(漫)입니다. 충만해진 것입니다. '연(衍)'은 바로 부연(敷衍)입니다. 변화 발전될수록 커집니다. 그래서 도를 얻을 수 없습니다. 천 년, 만 년, 일생 동안에도 진리가 어디 있는지를 알지 못합니다. '궁년(窮年)'은 영원입니다. 무궁무진한 세월 속에서 학문을 한번 해 보세요! 학문은 하면 할수록 소 뿔 속으로 파고 들어가게 되고 진리는 갈수록 찾아내지 못합니다. 그렇다면 어떻게 해야 비로소 '천예'인 도를 얻은 경계에 도달할 수 있을까요?

생명의 주재자

'시간을 잊어버리고 일체의 이론·도리를 잊어버리고 우주만물이 무량무변 무궁무진한 경계인 무경(無竟)에 서는 것이오. 그러므로 모든 것을 그 무경에 맡겨두는 것이오[忘年忘義, 振於無竟, 故寓諸無竟]', 중화민국 초년 한 분의 불학 대사였던 무양경무(歐陽竟無) 선생 이름은 바로 이 '무경(無竟)'이란 개념에서 온 것입니다. 진정으로 도를 얻고자 하면 '망년(忘年)', 시간을 잊어버려야 하고, '망의(忘義)', 일체의 이론이나 도리를 잊어버려야 합니다. 더 나아가 도가의 장자나 노자도 불학도 모두 버려야 합니다. 일체를 버려야합니다. 이 게으름뱅이 철학은 좋습니다. 특히 청년 학우들이 책 읽기 싫거나 글쓰기 싫거나 앉아서 생각하기도 귀찮을 때 네 글자를 집어 듭니다. 나는 『장자』 책에 나오는 망년망의(忘年忘義)를 배우며 도를 배우고 있으니. 나는 일체를 버려야합니다. 그래서 아무 시험도 치를 수 없어요. '진어무경(振於無竟)', 이 '진(振)'자는 바로 자신이 일어서서, 무량무변하고 무궁무진한 경계 속에 서 있는 것입니다. 그러므로 마지막에 오직 한 마디, 당신에게 '무경(無竟)'을 일러주고 있을 뿐인데, 우주만물은 무궁무진하다는 것입니다.

그 당시에는 불학이 들어오지 않았는데, 장자가 제시한 '무경'은 뒷날 불학의 무량무변(無量無邊)이라는 관념에 해당합니다. 이 '무경'의 도리는 『역경』의 도리이기도 합니다. 예를 들어 『역경』은 건괘(乾卦) 곤괘(坤卦) 두 괘를 사용하고 마지막에는 화수미제괘(火水未濟卦)인데 영원히 '무경'으로서 다함이 없습니다[無窮盡]. 장자는 우리들에게 천지 사이의 도리는 영원히 다함이 없다고 말해줍니다. 이 도리는 무엇일까요? 바로 불학의 유식학(唯識學)에서 말하는 '류주생, 류주주, 류주멸(流注生, 流注住, 流注滅)'입니다. 유식의 도리를 연구해보면 우주간의 생명, 일체 등등, 우리들의 생각 문화조차도 한 줄기 흐르는 물처럼 영원히 흐르고 있습니다. 우리가 이 흐르는 물이 흐르고 있음을 보면, 그것은 영원히 다함이 없는 것 같습니다. 황하의 물은 하늘로부터 내려와 영원히 무궁무진합니다. 대양의 바닷물은 영원히 무궁무진합니다.

사실은 그렇지 않습니다! 우리가 제일 첫 눈에 그 흐르는 물의 물결을 보았을 때 그 물 분자는 이미 지나가 버렸습니다. 그것은 영원히 다시 되돌아오지 않습니다. 영원히 그렇게 지나가고 영원히 지나갑니다. 그러므로 『논어』에서 공자도 이 도리를 가리켜보였습니다. 공자가 시냇가에서 흐르는 물을 보고 학생들에게 다음과 같이 말했습니다. '가는 것이 이와 같구나, 밤낮으로 쉬지 않으니[逝者如斯夫, 不舍晝夜]', 공자는 말합니다. 여러분은 보아라, 이 흘러가는 물은 부단히 끊임없이 지나가고 있다. 흐르는 물처럼 영원히 지나가고 있으니 지나간 것은 되돌아볼 필요가 없다. 청년들은 듣고 나서 그렇게 하는 것은 소극적이라고 말하지 말기 바랍니다. 그렇지 않습니다. 소극적이지 않습니다. 여러분에게 오늘에 머물러 연연하지 말고 부단히 전진하라고 하는 것입니다. 오늘에 머물러 연연해하는데, 오늘은 이미 지나갔습니다. 그 다음 구절은 '불사주야(不舍晝夜)', 자, 보아라. 흐르는 물처럼 낮이나 밤이나 그것은 영원히 쉬지 않고 앞으로 흘러가고 있다. 즉, '날마다 새로워지면 나날이 새로워진다는 것[苟日新, 日日新]'으로. 부단히 전진하라는 것입니다. 역시 이 '무경'의 도리로서 무궁무진한 것입니다. 그렇지만 절망은 아닙니다. 무궁무진하고 무량무변하기 때문에, 도를 닦고 부처님을 배우는 경계가 끊임없이 전진하고, 끊임없이 확장하며, 끊임없이 위대해지고, 끊임없이 성취되는 것입니다. 이것이 바로 유식학에서 말하는 '류주생, 류주주, 류주멸(流注生, 流注住, 流注滅)'입니다. 어떤 과정이든 모두 생(生)·주(住)·이(異)·멸(滅)이라는 네 단계가 있습니다. '이(異)'는 변이(變異)라는 의미입니다.

불학은 우리들에게 말해주기를 우리들은 우연한 존재라고 합니다. 예컨대 우리들 생명존재는 낮에 꿈을 꾸는 것 같은데, 바로 흘러가면서 생겨나고 머물고 변하고 소멸하는 것[流注生·住·異·滅]입니다. 보기에는 생명이 여기에 머무르고 있지만 그러나 우리들이 제1초에서부터 여기에 앉아 지금까지 모조리 이미 지나갔습니다. 그는 이 도리를 말해서 생명의 하나의 진리, 하나의 결론을 가리키고 있습니다. 제물론 편은 곧 결론을 지으려합니다. 주의를 기우려 제물론 편의 첫머리인 '남곽자기(南郭子綦)가 몸이 나른해지면서 내려가 찻상 아래 숨은 듯이 머리를 낮추고 앉았다[南郭子

綦隱机而坐]'를 잡아 쥐기 바랍니다. 그렇게 한번 앉아 있다 이렇게 기대었고, 학생인 안성자유가 그에게 물었습니다. 선생님! 당신은 오늘 이상합니다! 당신은 이전과는 다른 것 같습니다! 그때에 그는 입정에 들어갔습니다. 그렇게 학생이 한번 그에게 묻자 그는 말했습니다. 너는 이해하지 못한다. 이때에 무아(無我)였다. 제물론 편은 이런 이야기로부터 시작하였지요? 그런 다음 그에게 일러주기를 무유(無有) 경계 속에서 우주만유가 발생하는 것이 취만부동(吹萬不同)이라고 했습니다. 진정으로 무아의 경계에 도달하면 만물은 모두 가지런하며, 가지런하지 않는 것이 없는 것이 도에 들어간 경계라고 했습니다. 중간에 취만부동을 얘기하고 우주만물의 현상을 얘기했습니다. 이 한 편은 가장 길어서 우리들은 몇 주를 끌었습니다. 장자의 무늬는 정말 많아서 갖가지를 다 말하고는 이제 결론을 지으려고 합니다. 만약 당신이 첫머리를 잊어버렸다면 이 결론은 맺을 수 없습니다! 그러나 그는 결론도 구체적으로 당신에게 일러주지 않았습니다. 지금 한 가지 것을 제시합니다.

"그림자의 그림자인 망량(罔兩)이 그림자인 경(景)에게 물었다. "방금 전에 당신은 걸어가더니 지금은 또 멈춰서고, 방금 전에 앉더니 지금은 또 일어서는 등 이랬다 저랬다 하는데, 어째서 그렇게 일정한 지조(志操)가 없는가? 경이 대답했다 "내가 의지하고 있는 상대가 있기 때문에 어쩔 수 없이 따라서 그런 것인가? 내가 의지하고 있는 그 상대도 의지하고 있는 상대가 있기 때문에 어쩔 수 없이 따라서 그러는 것인가? 내가 의지하고 있음은 뱀의 배 비늘이나 매미의 날개처럼 부속품인가? 왜 그런지 까닭을 어떻게 알겠는가! 왜 그렇지 않은지 까닭을 어떻게 알겠는가! (생명의 주재자는 어디에 있을까? 그 누가 알겠는가! 그것이 무엇인지 정말로 모를까? 꼭 모르는 것은 아니다. 세상에는 아는 사람이 있을 것이다. 어느 날엔가 대철대오(大徹大悟) 하면 알게 될 것이다)"

罔兩問景曰：曩子行，今子止；曩子坐，今子起。何其無特操與？景曰：吾有待而然者邪？吾所待又有待而然者邪？吾待蛇蚹蜩翼邪？惡識所以然！惡識所以不然！

'망량(罔兩)'은 무엇일까요? 그림자의 그림자입니다. 우리가 햇볕 아래 서 있으면 그림자가 있을 수 있고, 달빛 아래에서 가장 쉽게 볼 수 있습니다. 이제 추석이 다가오고 있는데 달빛 아래서 자신의 그림자를 보면, 특히 논에서나 야외에서 물이 있는 곳에서 자기의 그림자를 보면, 그림자 밖에 또 하나의 동그라미가 있는데 여러분들은 본적이 있습니까? 자기 그림자도 본적이 없어요? 정말 가련하군요! 여러분 청년 학우들은 모두 도시에서 성장하였기에 정말 가련하게도 자기 그림자조차도 본 적이 없습니다. 우리는 시골에서 나고 자란 사람이라! 밤에 길을 가는데 양쪽이 논이어서 자기 자신의 그림자를 보면 따로 아주 다른 기분이 있었습니다. 그림자 밖에 또 하나의 광환(光環, 光圈)이 있는데, 그것을 '망량(罔兩)'이라고 합니다. 그래서 우리들의 그림자 밖에 또 동그라미가 하나 있습니다. 그림자의 그림자가 또 있습니다.

'망량문경왈(罔兩問景曰)', 그 그림자의 그림자가 그 그림자에게 물었습니다. 여보시오! '낭자행(曩子行)', '낭(曩)'이란 바로 과거 방금이란 뜻입니다. 방금 전에 당신은 걷고 있었습니다. '금자지(今子止)', 지금 당신은 또 멈추어서 당신은 또 서 있습니다. '낭자좌(曩子坐)', 방금 전에 당신은 또 앉아있었습니다. 정좌하고 있었습니다. '금자기(今子起)', 지금 당신은 또 일어납니다. '어째서 그렇

게 일정한 지조가 없는가[何其無特操與]?', 당신이란 사람은 왜 그
렇게 인격이 없고 인품이 없이 왜 어린애 같습니까! 생각이 안정되
어 있지 않고 마음 가운데 자기의 주장이 없어서, 한 번은 이랬다
한 번은 저랬다 마치 원숭이 같아요.

'경이 대답했다. 내가 의지하고 있는 상대가 있기 때문에 어쩔
수 없이 따라서 그런 것인가[景曰 : 吾有待而然者邪]?', 그림자가 말
합니다. 당신이 나의 고통을 어떻게 알겠어요! 내가 앉고 싶지 않
고 걷고 싶지 않지만 내 뒤에는 한 사장님이 계셔요. '유대(有待)',
상대적이라는 겁니다. 그가 가고자 하면 나는 따라야 합니다! 그가
앉고자 하면 나는 앉아야만 합니다. 그가 눕고자 하면 나는 눕습니
다.

'내가 의지하고 있는 그 상대도 의지하고 있는 상대가 있기 때문
에 어쩔 수 없이 따라서 그러는 것인가[吾所待又有待而然者邪]?',
그림자는 말합니다. 내 다시 당신에게 말해주리다. 우리 그 사장님
도 가련한 사람입니다. 그도 자기 뜻대로 할 수 없습니다. 그의 뒤
에는 또 총보험공사(總保險公司)가 있어서 그에게는 또 사장님이
하나 있습니다. 그 사장님이란 바로 자기의 생각입니다. 그림자의
그림자가 그림자에게 말합니다. 당신은 아주 가련하군요. 우리의
저 그림자는 말합니다. 당신은 내가 가련하다고 욕하지 마세요. 내
게는 사장님이 하나 있어요. 사장님은 바로 이 육체입니다. 당신은
우리 그 사장님을 대단하게 보지 말아요! 우리 그 사장님도 다른
사람의 명령에 따라야 합니다. 그의 뒤에는 또 사장님이 한 분 있
는데, 바로 우리 내면에 있는 생각입니다. 보세요. 사장이 세 명입
니다! 우리는 일생동안 바로 그렇게 시달리고 있습니다. 돈을 벌든
장사를 하든 벼슬을 하든 학자가 되던 교사가 되던 그림을 그리든
춤을 추든, 어쨌든 모두 당신이 하는 것이 아닙니다. 모두 또 하나

의 사장이 가지고 놀고 있는 것입니다. 이 그림자는 망량에게 말합니다. 당신이 보기에 나는 정말로 가련하지요! 내 뜻대로 할 수 없으니까.

'내가 의지하고 있음은 뱀의 배 비늘이나 매미의 날개처럼 부속품인가[吾待蛇蚹蜩翼邪]?', 그림자가 망량에게 말합니다. 당신은 뭐 대단하다고 생각합니까! 저는 뱀의 배 아래 그 가죽과 같습니다. 뱀은 길을 걸어가는 다리가 없다고 합니다. 그렇지요? 그렇지만 뱀은 빨리 갑니다. 바로 그 배 아래의 가죽 때문입니다! 거친 그것은 탄력성이 있습니다. 그래서 빨리 갑니다. 그것을 '사부(蛇蚹)'라고 합니다. '조익(蜩翼)'은 여름에 맴맴 우는 매미입니다. 매미의 날개는 얇디얇고 가볍습니다. 그림자가 말합니다. 당신은 내가 대단하다고 생각하는데 나는 여전히 사람을 돕는 것입니다. 뱀 비늘이나 매미의 날개처럼 남의 부속품으로서 몸에 붙어 있는 것입니다. 그러므로 '조익'이나 '사부'는 모두 장자가 제시한 명사들로서, 중국문학에서는 수천 년 동안 많은 시사(詩詞)에서 사용했습니다. 앞으로 여러분들이 좋은 시사에서 '조익' 등을 보면 장자에서 나온 것임을 알게 될 것입니다.

제가 명나라의 감산(憨山)대사의 다음 시를 인용한 적이 있습니다.

몸과 세상은 매미의 두 날개요   身世蜩雙翼
하늘과 땅은 말의 터럭 하나이다   乾坤馬一毛

이른바 '천지일지야(天地一指也), 만물일마야(萬物一馬也)' 등의 전고(典故)는 모조리 제물론 편에서 나왔습니다. 그러므로 불법을 배우는 학우들은 주의하기 바랍니다! 고대의 불교의 고승 대사들은 유불도 삼가의 학문에 통달하지 않은 사람이 없었습니다. 뿐만 아니라 철저하여 거침이 없었습니다. 그래서 붓을 내려 글을 짓거나 한 말은 모두 대단히 귀중합니다. 청년 학우들에 대해서 제가 늘 걱정하기를 여러분들은 본전이 부족하다고 합니다. 당신은 장자의 이 제물론 편을 읽고 나서 당신의 그 생각은 믿을 수 없다는 것을 알아야합니다! 모두 얘기하지 마십시오. 그러나 당신이 만약 불학을 이해하고 진정한 학문을 이해하고자 하면 중국문화의 제자백가와 유불도 삼가의 기본에 대해서 통하지 못한다면 들어갈 길이 없습니다. 지금 이 그림자의 말은 아직 다 끝나지 않았습니다.

'왜 그런지 까닭을 어떻게 알겠는가! 왜 그렇지 않은지 까닭을 어떻게 알겠는가[惡識所以然! 惡識所以不然]!', 그림자의 이 말로부터 보면, 천지의 진정한 주재자는 어디에 있을까요? 생명의 주재자는 어디에 있을까? 장자는 말합니다. 나도 모른다. '오식소이연(惡識所以然)!, 누가 알까요! 그 어떤 것은 무엇인지 당신은 정말로 모를까요? '오식소이불연(惡識所以不然)!', 꼭 모르는 것은 아닙니다. 세상에는 아는 사람이 있을 것입니다. 당신이 만약 어느 날엔가 대철대오 한다면 알게 될 것입니다. 일체가 그러한 까닭을 모르는데, 그러한 까닭의 배후가 무엇인지를 알았다면 당신은 도를 깨달은 것입니다. 다음은 제물론 편속에서의 유명한 호접몽(蝴蝶夢)인데, 장자는 자기 자신을 가지고 결론을 짓습니다.

호접몽(蝴蝶夢)

예전에 장주(莊周)가 꿈에 나비가 되었다. 훨훨 날아다는 나비로서 유쾌하면서 마음에 맞아 자기가 장주임을 알지 못했다. 갑자기 잠에서 깨어보니 자기는 놀랍게도 장주였다. 장주가 꿈에 나비로 된 것인지, 나비가 꿈에 장주로 된 것인지를 알 수가 없었다. 이와 같은 장주와 나비 사이에는 틀림없이 하나의 구분이 있으며 주재자가 있고 이치가 있는 것이다. 이것을 만물의 변화인 물화(物化)라고 한다.

昔者莊周夢爲胡蝶, 栩栩然胡蝶也。 自喻適志與！不知周也。 俄然覺, 則蘧蘧然周也。 不知周之夢爲胡蝶與, 胡蝶之夢爲周與？ 周與胡蝶, 則必有分矣。 此之謂物化。

　그는 말합니다. 내가 과거에 꿈을 하나 꾸었는데, 꿈에 내 자신이 나를 모르고 자기가 한 마리의 나비로 느꼈다. 양산박(梁山伯)이나 축영대(祝英台)처럼 나비로 변해서. 아! 나비는 그렇게 날고 날았습니다! 바로 우리 젊은이들이 오늘날 지은 백화시(白話詩)인, 날고! 날아라! 날아다니니 정말 즐거워라. 저 산에서 이 나무로 날아왔네! 의 모습으로서 기분이 좋기 이를 데 없었습니다. '허허연(栩栩然)'이란 훨훨 득의양양하게 나르는 모습을 형용합니다. '자유적지여(自喻適志與)!', 그때에 자신이 나비가 된 꿈을 꾸었는데 정말로 기분이 좋았다! '부지주야(不知周也)', 장자의 이름은 장주(莊周)라고 하는데, 그때 나 자신이 장주인지를 몰랐다. '아연각(俄然覺), 즉거거연주야(則蘧蘧然周也)', '거거연(蘧蘧然)'이란 깜짝 놀란 모습을 형용합니다. 장자는 말합니다. 갑자기 꿈에서 깨어났는데, 아이구! 나는 여전히 장주였다. '부지주지몽위호접여(不知周之夢爲胡蝶與), 호접지몽위주여(胡蝶之夢爲周與)?', 이러자 나는 야단났다. 나는 혼란스러웠는데, 도대체 나비가 꿈속에서 장주로 변한 것일까? 아니면 나 장주가 꿈을 꿨는데 꿈에 나비로 변한 것일까?

당신은 얘기 좀 해보세요. 지금 우리는 장자 문제는 상관하지 않기로 하고 우리 자신을 생각 좀 해 봅시다. 인생은 살아가는 게 하나의 꿈입니다. 이 수십 근의 고기가 지금 꿈을 꾸고 있는 것인데, 나로 변한 꿈을 꾸는 것일까요? 아니면 어느 날 내가 크게 깨어나거나 혹은 저 민권동로(民權東路)에 있는 장의사에 가게 됐을 때야 비로소 내가 고기 덩어리로 변한 것일까요? 이것을 모르겠습니다. 장자는 결론을 내리지 않았습니다. 장자는 말합니다. 내가 꿈에 장주였을 때, 나비가 장주의 꿈을 꾸었을까? 장주가 나비의 꿈을 꾸었을까? 이것은 아직 얘기하지 않기로 하겠습니다. 예컨대 청년 학우들은 대부분 결혼해서 아이를 낳으면 엄마로 변하는데, 당신은 도대체 아들딸로부터 아빠 엄마로 변한 것입니까 아니면 아빠 엄마가 아들딸로 변한 것입니까? 생각 좀 해 보세요. 아직도 정말 하나의 문제입니다.

그렇습니다. 인생은 꿈같습니다. 장자는 앞에서 말했습니다. 밤에 꿈에는 술을 마셨으나 낮에는 눈물을 흘릴 수 있다. 밤에 죽은 꿈을 꾸었지만 낮에 애국복권에 당첨되어 큰 돈을 벌지도 모른다. 꿈의 경계는 파악하기 어렵다. 지금 우리가 살고 있는 이 생명의 역정에서 앞날이 좋을지 나쁠지 여러분들은 자신이 있습니까 없습니까? 꿈속이나 마찬가지로 자신이 없습니다. 이 큰 꿈속에서 도대체 어느 것이 옳을까요? 그는 이어서 문제를 하나 제기합니다.

'주여호접(周與胡蝶), 즉필유분의(則必有分矣), 차지위물화(此之謂物化)', 도대체 장자가 나비로 변한 것일까? 아니면 나비가 장자를 꿈꾼 것일까? 이 사이에는 틀림없이 구별이 있다. 틀림없이 주재하는 것이 하나 있고 도리가 하나 있다! 예컨대 우리가 엊저녁에 꿈을 꾸었다고 합시다. 아이고! 엊저녁에 내가 꿈을 꾸었는데 놀라 죽을 지경이었어요! 정말 우습습니다! 그렇지요? 다들 경험해보았듯이 특히 배불리 먹고 소화불량일 경우 귀신한테 쫓기는 꿈을 꾸거나 남에게 쫓겨서 아무리 숨으려고 해도 숨지 못하는 꿈을 꾸곤합니다. 혹은 어떤 것이 소화가 안 되서 몸에 풍습이 있기 때문인 것으로, 아예 두려워할 필요가 없습니다. 이런 것들을 병몽(病夢)이라고 하는데, 역시 생리상의 문제입니다. 염증이 일어날 때 불타는 꿈을 꿉니다. 몸에 수분이 너무 많으면 습기가 있어서 큰 물 꿈을 꿉니다. 이런 부류는 『황제내경(黃帝內經)』에서는 병몽에 속하는 것으로 생리와 모두 관계가 있습니다.

당신이 말하기를, 어제 밤에 꿈을 하나 꾸었는데 내가 놀라 죽을 지경이었다고 합니다. 정말 재미있습니다. 도대체 지금 꿈 얘기를 하고 있는 것일까요? 아니면 어제 밤에 꿈을 꾸고 있었을까요? 우리가 스스로 좀 생각해 보면 이것은 하나의 큰 문제입니다. 어제 밤에 꿈을 꾸고 있는 것이었든, 아니면 지금 꿈 얘기를 하고 있는 것이든 간에, 어제 밤에 꿈을 꾸고 있을 때 꿈을 꾸고 있다는 사실을 당신 자신은 알았을까 몰랐을까요? 모른다고 대답하는 청년 학우가 있는데 그러나 당신은 틀렸습니다. 우리가 꿈을 꾸고 있는 동안 우리는 또렷이 알고 있습니다! 그렇지요? 생각 좀 해보세요. 저 것이 홍소육(紅燒肉: 돼지고기 요리 일종임/역주)인 줄 알고서 가서 그 것을 집을 줄도 압니다. 뿐만 아니라 비계를 좋아하는 사람은 틀림없이 비계 부분을 고르는데 당신이 꿈을 꾸고 있는 동안에 어떻게 모를 수 있겠습니까? 꿈속에서 당신이 좋아하는 사람을 보게 되면 몹시 기쁩니다. 꿈속에서 결코 흐리멍덩하지 않습니다. 그렇지요? 우리는 지금 깨어있는 상태가 정말 흐리멍덩합니다. 여러분은 지금은 꿈속에 있는 것과 같지 않다고 생각하지 말기 바랍니다. 믿지 못하겠다면, 어제 밤에 한 잠 자고 오늘 일어났는데 어제 밤에 했던 일을 생각 해 낼 수 있습니까? 모두 흐리멍덩해졌습니다! 그러므로 당신이 낮에 깨어있다고 생각하는 이 주재자는 하나의 큰 흐리멍덩입니다! 꿈속에서 흐리멍덩하다고 생각하는 그것은 흐리멍덩하지 않습니다. 또렷합니다! 생사(生死)의 도리, 생명의 도리는 바로 이 부분에서 참구해야 합니다. 장자는 요점을 가리켜보였는데 아주 분명하게 가리켜보였습니다. 망아(忘我)로부터 최후 결론까지 얘기했는데, 마지막 한 마디가 '이것을 만물의 변화인 물화라고 한다[此之謂物化]'입니다. 이것은 중국문화 도가사상입니다.

도가는 우주만물이 모두 서로 변화하고 있다고 봅니다. 도가의 관념에서 보면 이 우주는 하나의 거대한 화학 용광로이며, 우리도 이 용광로 속의 화학품에 지나지 않을 뿐입니다! 이제 우리들의 화학약은 어떤 것일까요? 채소, 무말랭이, 소고기, 토마토, 달걀볶음을 집어넣고, 그 밖에도 미나리야 배추야 이런 것을 집어넣어, 또 몸의 세포로 변화되고 머리는 또 생각할 수 있습니다. 우리가 죽은 뒤에 우리들의 이 육신은 썩어 문드러져서 비료로 변하고 또 채소나 무로 변합니다! 또 이런 것들로 변하여 서로 간에 변화하고 있습니다. 이리저리 변화합니다. '물화(物化)'입니다. 그러므로 생과 사는 도가에서는 죽음이라고 부르지 않습니다. 도가에서는 사람의 죽음을 '물화'라고 부릅니다. 또 하나의 생명 변화의 시작입니다. 죽음은 슬퍼할 것이 없고, 살아있음도 기뻐할 것이 없습니다. 그러므로 산부인과 문 앞에 축하장[喜幛]을 보낼 필요가 없으며, 장의사집 앞에도 만련(輓聯)을 보낼 필요가 없습니다! 그는 말합니다. 모두 거의 차이가 없다. 하나는 잠자러 가는 것이고, 하나는 꿈을 꾸러오는 것에 불과할 뿐이다.

제물론의 작은 결론

우리는 유의합시다. 제1편 소요유는 어떻게 소요를 얻을 수 있는지를 얘기했고 이 제물론은 물화를 얘기했습니다. 보통사람들은 몹시 가련합니다. 일생동안 노역하며 힘들게 살아가며[衆人役役], 물질에 의하여 변화되어, 우리들은 물질이 우리들에게 미치는 변화를 받아들여야만 할 뿐, 우리가 뜻대로 하지 못합니다. 바다 밑에 깊이깊이 잠복해 있는 곤어(鯤魚)가 한번 뛰어서 솟구치면 대붕새로 변할 가능성이 있습니다. 하늘 높이 나르는 대붕새도 한 번 넘어져서 다시 일어나지 못하면 무슨 미세한 단백질 유전자로 변할지도 모릅니다. 도를 얻은 사람은 자유로울 수 있습니다. 변화의 주인이 되어야 소요할 수 있습니다. 소요유는 바로 불학에서 말하는 해탈입니다. 그러므로 유의하기 바랍니다! 제가 늘 친구들에게 우스갯소리를 하나 합니다. 불법을 배우는 것은 해탈을 배우는 것이요, 도를 배우는 것은 소요를 배우는 것입니다. 제가 늘 이런 불법을 배우고 도를 배우는 사람들을 만나면 아이구! 몹시 두렵습니다. 오자마자 머리 숙여 절하며 선생님! 하고 부릅니다. 저는 머리 숙여 절하는 것이 제일 두렵습니다. 머리를 숙여 절하면 저도 함께 머리를 숙여 절해야 합니다. 저는 말하기를 소요도 못하고 해탈도 못했는데 일부러 올 필요가 있느냐고 합니다. 도를 안배우면 그런대로 좋은데 불법을 배운 뒤로는 구속적입니다. 조금도 해탈하지 못합니다. 도를 배우는 사람들은 늘 이렇게 하면 도에 안 맞고 저렇게 하면 도에 안 맞다고 하는 일이 있습니다. 당신은 무엇을 도라고 하는지 아십니까? 당신은 도도 얻지 못했는데 무엇이 도에 맞는지 안 맞는지를 당신은 어떻게 압니까? 당신은 다른 사람이 그렇게 말하더라고 하는데 그 다른 사람도 얻지 못했습니다! 보세요? 모두 속임을 당한 것입니다! 불법을 배우거나 도를 배우는 사람은 해탈도 못하고 소요 하지도 못하니 정말 가련합니다. 배우지 않으면 그런대로 좋고 배우지 않으면 아주 홀가분합니다. 그래서 장자는 어떻게 해야 소요할 수 있다고 말할까요? 진정으로 물화(物化)의 주인을 잡아 쥐어야만 소요할 수 있다고 합니다. 물화의 주인을 정말로 잡아 쥐면 이어서 비로소 제물(齊物)할 수 있습니다. 우주 만물이 가지런하지 않고 불평등한 사이에서 평등하게 통일됩니다. 이 평등하게 통일된 것은 무엇일까요? 도(道)입니다! 형이상의 도입니다. 자! 이 두 편은 연결되어 있어서 나눌 수 없습니다. 더 나아가 장자 내7편이 모두 연결되어 있습니다.

소요유 편을 이해했기 때문에 당신은 도를 깨닫는 것[悟道]을 알았습니다. 소요유 편은 당신에게 도를 깨닫는 원칙을 일러줍니다. 제물론 편을 이해하고서 당신이 도를 깨달았다고 말한다면 도를 깨달은 뒤 왜 꿈을 얘기할까요? 진정으로 도를 깨달은 사람은, 불학의 선종도 마찬가지 도리인데, 깨어있음과 꿈이 하나 같습니다[醒夢一如]. 낮과 꿈이 마찬가지입니다. 그러므로 선종을 연구하는 여러분들은 많은 사람들이 선을 배우거나 염불하거나 정좌하거나 공부를 하는데, 제가 두 가지 질문만 하면 다들 무너져 버립니다. 당신이 염불하고 정좌할 때는 정신집중[定]이 됩니다. 낮에 어떤 사람이 당신을 욕해도 화를 내지 않습니다. 꿈을 꿀 때는 어떨까요? 아직 안 됩니다. 아이고! 꿈속에서 뜻대로 되지 않으면 당신 공부는 소용이 없습니다! 도를 닦아 낮에는 그처럼 뜻대로 되고, 꿈속에서도 정좌를 하는데 만약 우연히 한번 눈먼 고양이가 죽은 쥐를 만난 듯이 그렇다면, 아직은 인정할 수 없습니다! 설사 꿈속에서 자기 뜻대로 할 수 있다 할지라도 아직은 인정할 수 없습니다. 당신은 깨어 있거나 꿈 꾸거나 한결같을 수 있습니까? 낮은 꿈의 경계와 마찬가지입니다. 꿈의 경계가 낮과 마찬가지인, 이런 경계에 만약 도달하지 못했다면 선종을 얘기하지 마십시오! 이론만 얘기해서는 안 됩니다. 이것은 진정한 실제 공부입니다. 만약 꿈과 깨어있을 때가 한결같을 수 있는 정도에 이르렀고 아직 생사를 마치지 못했다면, 진정으로 물화의 주인을 잡아 쥐어야 비로소 생사를 마칠 수 있습니다.

그러므로 깨어 있음과 꿈이 한결같은 경계도 초보적인 경계입니다. 진정으로 생사를 마친 경계는 무엇일까요? '각몽쌍청(覺夢雙淸)'입니다. 대철대오하여 도를 깨달은 뒤에 와서 범부가 됩니다. 범부같은 모습이 됩니다. '각몽쌍청'의 경계는 거의 도의 경계에 도달한 겁니다. 그러므로 공부는 먼저, 깨어있음과 꿈이 하나같은 경지에 도달해야 합니다. 우연히 가끔 공부 좀 해서 몹시 도를 닦는 모습 같으면서도 꿈속에서는 완전히 범부의 모습이라면, 그것은 바로 별개의 일입니다. 장자는 그래도 나비로 변한 꿈을 꾸었습니다! 우리가 꿈꾸는 것은 나비[蝴蝶]의 동생인 호도(胡塗: 흐리멍덩/역주)로 변한 것인데, 그러면 옳지 않습니다. (질문 : 각몽쌍청覺夢雙淸은 생사를 마친 것입니까? 남선생님 대답 : 거의 그렇지만 완전히 생사를 마침에는 도달하지 않았습니다. 각몽쌍청은 거의 도의 경계에 도달했습니다. 여러분 청년들은 함부로 선禪을 말하지 마시기 바랍니다. 무슨 청개구리가 풍덩하고 한번 물에 뛰어든 것도 선이라고 하는데 그게 무슨 선입니까? 개구리 한 마리가 물속에 뛰어든 것은 통通하지 않은 것입니다!)

제3편 양생주(養生主)

아는 것이 적으면 번뇌가 적다

　이어서는 바로 양생주(養生主) 편입니다. 유의하기 바랍니다! 공자가 말한 『논어』 20편은 연관되어있는 체계라고 저는 말했습니다. 『장자』 내7편도 연관되어 있습니다. 소요유에서 해탈을 말하고 난 뒤에야 제물(齊物)을 얘기할 수 있고, 제물 이후에야 양생할 수 있습니다. 이 제목의 순서를 우리는 먼저 이해해야 합니다. 제가 외국 학우와 토론할 때 늘 우리 자신의 문화를 좀 높이 추켜세웁니다. 여러분들의 서양 문화에서 위생(衛生)만 말하는 것은 소극적인 것입니다. 위생은 방어적인 것입니다. 중국에서 말하는 양생(養生)은 적극적인 것입니다. 방어를 뛰어넘어 병이 없을 때 먼저 보양(保養)하는 것입니다. 죽지 않고 싶다면 먼저 잘 길러야 죽지 않습니다! 그래서 길러야 합니다! 안타깝게도 우리는 이 명사만 이해할 뿐 생명에 대해서 양생을 이해하지 못하고 여전히 가능한 한 소모하고 있어서 사망의 길로 걸어가고 있습니다. 이게 바로 장자가 제물론 편에서 말했던 한마디의 말인 '불망이대진(不亡以待盡)' 입니다. 비록 살아있지만 죽음을 기다리고 있을 뿐입니다. 왜냐하면 자신이 양생할 줄 모르기 때문입니다. 정말로 살아있으면서 죽음을 기다리지 않고 싶다면 양생을 이해해야 합니다. 장자의 관념

입장에서 보면 다들 정좌하며 부처님을 배우고 도를 닦는 것은, 당신이 대승불법을 닦든 소승불법을 닦든, 역시 양생에 불과할 뿐입니다. 입장이 다르면 해석이 다릅니다.

우리들의 생명은 끝이 있으나, 학문지식은 끝이 없다. 유한한 생명으로써 무한한 학문지식을 추구하는 것은 위험하다. 그럼에도 약간의 지식을 가지고 대단한 학문지식으로 여긴다면 위험할 뿐이다.

吾生也有涯, 而知也無涯。以有涯隨無涯, 殆已。已而爲知者, 殆而已矣。

'우리들의 생명은 끝이 있으나, 학문지식은 끝이 없다. 유한한 생명으로써 무한한 학문지식을 추구하는 것은 위험하다[吾生也有涯, 而知也無涯, 以有涯隨無涯, 殆已]', 이 두 마디 말을 청년 학우들이 베껴 쓴다면 공부하지 않아도 될 근거가 되고 연합고시에 응시하지 않아도 될 근거가 됩니다! 그는 말합니다. 우리들의 생명은 유한한 것이다! 학문지식은 다함이 없는 것이다. 유한한 생명을 가지고 저 다함이 없는 지식을 연구한다는 것은 얼마나 위험한가! 당신이 이것을 보면 정말 좋아할 것입니다! 연합고사를 볼 필요도 없고, 공부할 필요도 없으니까요. 어떤 학우가 일기에도 쓰고 편지에도 얘기 한 적이 있는데 이렇게 말했습니다. 장자는 생명이란 끝이 있다고 말했습니다. 그런데 당신은 한사코 우리더러 학문을 연구하라고 요구합니다. 그런데 지식도 끝이 없습니다. 그 뒤의 두 마디를 선생님께서는 잊어버리셨습니다. 저는 조금도 잊지 않았습니다(청중이 웃었다.) '이유애수무애(以有涯隨無涯)', 유한한 생명으로써 무궁한 학문지식을 따라 추구하면 '태이(殆已)', 너무나 위험합니다.

이 말은 양생의 이치입니다. 예컨대 우리가 항일전쟁을 할 때 대후방(大後方: 중일전쟁 시기에 국민당 통치하에 있던 서남과 서북 지역/역주)에서 노년 친구들을 만나게 되면 이렇게 물었습니다. 당신 몸 좋으세요? 좋네! 나는 위생에 아주 신경 쓴다네. 첫 번째 위생 방법으로는 신문을 보지 않지. 신문을 보면 화도 나고 상심하고 번뇌하게 되니까. 이것도 장자가 말한 양생의 도리입니다. 그러므로 지식이 없는 게 행복입니다. 그렇지만 장자에게 속지 마십시오. 장자 당신이 이렇게 말한 바에야 당신은 또 그렇게 많이 쓸 필요가 어디 있습니까! 그렇지요? 이점을 통해서 알 수 있듯이 그의 말은 당신을 속이고 있습니다! 이는 마치 백거이(白居易)가 다음과 같은 시 한 수를 써서 노자를 얘기 한 것과 다름없습니다.

말하는 자는 지혜로운 자 침묵만 못하다는	言者不如智者默
이 말을 내가 노자에게 들었었는데	此語吾聞於老君
만약 노자를 지혜로운 자라고 말한다면	若說老君是智者
왜 그 자신이 오천 자 글을 저술하였을까	如何自著五千言

'말하는 자는 지혜로운 자의 침묵만 못하다는, 이 말을 내가 노자에게 들었었는데[言者不如智者默, 此語我聞於老君]', 우리들처럼 날마다 수다 떨고 수업하면서 자기를 허풍떱니다. 다들 글을 쓰는 것도 역시 그렇습니다. '말하는 자는 지혜로운 자의 침묵만 못하다', 지혜가 없기에 말을 합니다. 정말 지혜가 있다면 말하지 않습니다. 백거이가 말한 이 한마디 말은 노자가 말한 것입니다. '약설 노군시지자(若說老君是智者)', 그럼 노자가 이 말을 했는데 그는 틀림없이 대 지혜인인데 '여하자저오천언(如何自著五千言)?', 그는 왜

또 오천자의 도덕경(道德經)을 저술하였을까? 그러므로 제가 보기에 노자가 백거이를 만나서 그가 이렇게 한 마디 물었다면 대답을 못했을 것입니다. 당신이 말하지 않는 게 큰 지혜라고 말한 바에야 당신은 왜 한부의 『도덕경』을 써서 오천 자를 썼습니까? 지금 우리가 양생주 편을 보고 있는데, 장자는 우리에게 지식은 무궁하니 추구하지 말라고 일러주고 있습니다. 그럼 그는 왜 『장자』를 썼을까요? 그러므로 그에게 속임을 당하지 마십시오!

'그럼에도 약간의 지식을 가지고 대단한 학문지식으로 여긴다면 위험할 뿐이다[已而爲知者, 殆而已矣]', 다함이 있는 생명으로써 다함이 없는 지식의 뒤를 따라서 쫓아가면 위험한 일입니다. 지식은 무한한 것입니다! 우리는 조금의 지식을 가지고 학문이 대단한 것으로 여깁니다. '이이위지자(已而爲知者)', 자기가 자기를 지혜가 높고 대단한 학문이 있다고 보는데, '태이이의(殆而已矣)', 이것은 스스로 골칫거리를 만드는 위험한 분자입니다. 이 말은 정말 도리가 있습니다. 도리는 무엇일까요? 학문이 절정에 도달하면 도리를 다 이해합니다. '입호기내(入乎其內), 출호기외(出乎其外)', 들어갈 수 있고 뛰어넘어 나올 수 있고, 그런 다음 자기의 머릿속의 모든 책을 던져버리고서 한 장의 백지가 됩니다. 이 경계에 도달했을 때 양생할 수 있습니다. 도를 담론할 수 있고 선(禪)을 배울 수 있습니다. 그래서 많은 사람들이 늘 선을 얘기하면서 일어서서 저에게 말합니다. 선생님! 당신은 우리더러 책 보지 말라고 하시잖아요! 저는 말합니다. 그래서는 안 됩니다. 당신은 학식이 충분하지 않습니다. 그는 말합니다. 저 육조(六祖) 대사는 낫 놓고 기역자도 몰랐는데요! 제가 말합니다. 당신은 칠조(七祖)가 아닌 게 틀림없지요? 육조 이전에 육조 없었고 육조 이후에도 칠조를 찾지 못했습니다! 육조는 육조고 당신은 당신이예요! 그렇다면 육조는 아무래도 석가모니불을 뛰어넘지 못하겠지요! 석가모니불은 어려서부터 성장할 때까지 세간 학문은 두루 다 배웠습니다! 그대는 왜 석가모니를 배우지 않고 꼭 육조를 배우려고 합니까! 그러므로 장자가 이것을 말한 것은 맞습니다. 학문이 최고처에 도달하고 난 다음에 모든 학문을 내던져버립니다. 그거야말로 고명한 사람입니다. 자기가 학문이 없어서 원래 한 장의 까만 종이였는데 한 장의 흰 종이인 척 하는 것은 옳지 않습니다.

양생에 대해 말해보면 민간에는 두 마디 말이 있습니다. 하지만 그리 좋지 않고 좀 소극적입니다. 그렇지만 역시 여러분들에게 말하겠습니다. 우리가 어렸을 때 5,6세에 글공부를 시작하면 이런 것들을 외웠고 외운지 수십 년이 되었습니다. 머리를 흔들흔들하면서 외워 넣었습니다. 그런 것들은 어린이 공부였는데 이제 흔들어서 외워 꺼내겠습니다! '지사소시번뇌소(知事少時煩惱少)', 아는 일이 적으면 번뇌가 적습니다. '식인다처시비다(識人多處是非多)', 아는 사람이 너무 많은 곳에서는 만났다하면 곧 시비를 얘기 합니다! 하지만 이런 말들은 우리는 수십 년 동안 뱃속에서는 알지만 입으로는 감히 말하지 못했습니다. 왜냐하면 너무 소극적이기 때문입니다. 그러나 본론으로 돌아가서, 양생을 위해서는 이 두 마디 말이 정말 명언이며, 『장자』에서 나오는 도리이기도 합니다. 그러므로 지식이 높으면 높을수록 고통도 깊습니다. 학문이 깊을수록 번뇌는 커집니다. 이것도 깊이 체험한 것인데, 때로는 자기가 책을 보고는, 그것을 태워버리지 못하는 게 한스럽습니다. 바로 당신에 의해서 해를 입는 것입니다. 그러나 책이 사람에게 해를 끼치는 일은 없습니다! 역사상 남북조 시대의 양(梁)나라 원제(元帝)는 책읽기를 가장 좋아하고 책 말하기를 가장 좋아했는데도 최후에는 나라가 망했고, 14만권의 도서를 한 번에 불 질러 다 태워버렸습니다. 그는 말하기를, 내가 수십 년 책을 읽었는데 결과적으로 나라를 망하게 했다. 모두 책에 해를 입어서 그렇다고 했습니다. 그는 바보 아닙니까! 그러므로 학문이 사람에게 해를 끼치는 게 아닙니다. 이 도리를 알아야합니다.

'우리들의 생명은 끝이 있으나, 학문지식은 끝이 없다. 유한한 생명으로써 무한한 학문지식을 추구하는 것은 위험하다!', 이 도리는 사람이 어떻게 번뇌가 적을 수 있는가 라는 겁니다. 아는 것이 많을수록 번뇌가 그만큼 깊어지기 때문입니다. 지금 아주 유행하는 고서가 하나 있는데 『채근담(菜根譚)』입니다. 이 책은 명나라 때에 유학자인 홍자성(洪自誠) 선생이 지은 것입니다. 그러나 뒷날 국내에서는 없어졌고 오히려 일본 사람이 보존해 왔습니다. 중화민국 초년에 어떤 사람이 일본에 유학 가서 발견했습니다. 또한 많은 중국의 실전된 고서를 사서 돌아왔습니다. 그래서 『채근담』이 유행하기 시작했습니다. 『채근담』의 원문에 다음과 같은 몇 마디의 말이 있습니다. '세상물결에 부대낌이 얕으면 그 더러움에 물든 것도 얕고, 세상을 겪음이 깊으면 그 속임수의 재주도 깊다. 그러므로 군자는 능란하기 보다는 차라리 질박한 편이 나으며, 곡진하기 보다는 차라리 소탈한 편이 낫다[涉世淺, 點染亦淺, 歷事深, 機械亦深, 故君子與其練達, 不若樸魯, 與其曲謹, 不若疎狂]', '섭세천(涉世淺)', 젊은이들이 이제 막 사회에 나와 세상에 깊이 들어가 보지 못했으면 오염도 깊지 않습니다. '역사심(歷事深)', 인생에서의 경험한 일이 너무 많으면 '기계역심(機械亦深)', 여기서의 '기계'란 이렇게 저렇게 따지는 마음이 있는 망상을 대표합니다. 이른바 온갖 계략을 다 쓰면[機關用盡] 그런 번뇌들도 갈수록 많아집니다. 그래서 홍자성은 그 다음에서 이렇게 말합니다. '그러므로 군자는 능란하기 보다는 차라리 질박한 편이 나으며, 곡진하기 보다는 차라리 소탈한 편이 낫다.' 즉, 우리가 보통 말하기 좋아하기를 사람됨은 인생경험에 다 통달해야 한다고 하지만 도리어 어느 부분들은 조금 대충 아는 것이 좋다고 합니다.

'연달(練達)'이란 이 말은 『홍루몽』에 있습니다. 우리는 소학교 때에 몰래 『홍루몽』을 읽었고, 책에 나오는 좋은 구절들을 다 외울 줄 알았습니다. 그 당시에는 『홍루몽』이 대단히 색정적이라고 생각했습니다. 그런데 오늘날 보니 아주 순결하다고 느껴지고 오늘날의 책이 더더욱 색정적입니다. 『홍루몽』의 주연인 가보옥(賈寶玉)이라는 이 가소로운 인물은 그리 공부를 하려고 하지 않습니다. 그의 부친이 그의 서재에 다음의 대련을 한 폭 걸어두었습니다. '세상일에 훤하다면 모두 학문이요, 인정세태에 단련되어 통달했다면 바로 문장이다[世事洞明皆學問, 人情練達卽文章]', 사실 이 두 마디 말의 정도에 어떤 사람이 일생동안 수양해서 만약 도달할 수 있다면 대단히 성공한 것입니다. 세상사에 대해 다 훤하고 투철하게 꿰뚫어보는 것, 이것이 바로 진정한 학문입니다. '연달'이란 단련하였고 경험이 많은 것입니다. 그래서 인정세태에 대해서 통달한 것이 대문장입니다. 원래 이 한 폭의 대련은 인생철학의 최고 명언입니다. 하지만 우리들의 이 도련님 가보옥은 이 대련을 제일 싫어했는데, 도가 장자의 사상이기도 합니다. 정말로 훤하고 정말로 단련 통달하면 지극히 고명함으로부터 평범함에 도달할 것입니다. 이런 부류의 사상은 중국철학에서 대단히 특수한 것입니다. 서양문화에도 이런 사상행위가 있습니다만 문자체계로 구성된 것은 드물었습니다. 그리고 이런 부류의 문자계통은 사람 저마다에게 그 영향이 큽니다. 예컨대 청나라 왕조 이후에 이르러 유명한 몇 분의 명사(名士), 예컨대 원자재(袁子才)나 정판교(鄭板橋) 같은 사람들은 모두 이런 사상의 영향을 받았습니다.

원자재(袁子才)와 정판교(鄭板橋)

원자재[袁枚]의 경우 젊었을 때 과거 시험에 합격하여 공명을 얻었습니다. 강희(康熙)・건륭(乾隆)의 성세(盛世)로서 천하가 아주 태평했던 그 시기에 진사(進士)시험에 합격하여 지방관에 임명되어 현장(縣長)이 되었습니다. 그의 선생님은 시험 주관자였던 건륭 시대의 명신(名臣)인 윤문단(尹文端)이었습니다. 그가 이제 부임여행을 떠난다고 인사하러 왔을 때 선생님이 그에게 물었습니다. 그대는 아직 젊은 나이에 지방관으로 벼슬을 하러 나가는데 그대는 무슨 방법이 있는가? 오늘날 이렇게 묻는 것이나 다름없습니다. 그대의 정책은 무엇인가? 원자재는 말했습니다. 선생님! 우선 거기에 가보고 나서 말하겠습니다. 무슨 정책도 없습니다. 하지만 제 주머니 속에 일백 개의 높은 모자를 준비했습니다. 그의 선생님이 듣고서는 몹시 언짢았습니다. 선생님은 이학(理學)을 강의하는 사람으로서 그에게 훈계를 했습니다. 나이가 젊은 사람이 어찌 이런 일을 말하는가! 원매가 말했습니다. 선생님! 사회 사람들이 만약 선생님 같다면야 이런 것들을 준비할 필요가 없습니다. 윤문단은 듣고서는 수염을 한번 쓰다듬더니 응! 하면서 그는 말했습니다. 역시 일리들이 있어. 하지만 그렇게 해서 안 돼! 원매는 나온 뒤에 학우들이 그에게 어땠냐고 묻자 말했습니다. 높은 모자를 이미 하나 보내드렸네. 이것은 원자재의 유명한 이야기입니다.

태평성세에 벼슬아치가 되는 것은 기분이 좋습니다. '청렴한 지부 직을 한번 맡으니 십만 개의 마제은이 생기네[一任淸知府, 十萬馬蹄銀]', 탐오할 필요가 없어 절대 한 푼도 탐하지 않는데도 수입이 그렇게나 많았습니다. 오늘날 우리들이 대우가 형편없는 것처럼 그러지 않았습니다. 그러므로 원자재는 현장을 두 번 해먹고 그 만두고 돌아가 명사가 되었습니다. 『홍루몽』의 그 대관원(大觀園) 을 사서 그 이름을 '소창산방(小倉山房)'으로 바꿨습니다. 2,3백 년 전 그 때에 그의 집은 이미 투명한 홍색 유리를 썼습니다. 수입품 이 아주 귀했습니다! 소창산방은 산속에 있는데 수목과 정원이 아 주 아름다웠습니다. 그들의 이런 인생철학은 바로 이런 노선을 걸 어갔습니다.

또 다른 분은 아주 청빈했는데, 원자재와는 상반된 분으로 유명 한 정판교(鄭板橋)였습니다. 과거에 합격하기 전에는 몹시 가련하 게도 글 가르치는 선생이었습니다. 글 가르치는 선생 얘기를 해보 겠습니다! 우리들처럼 고금동서를 막론하고 모두 가련했습니다. 외 국의 교수도 마찬가지로 가련합니다. 정판교가 글을 가르칠 때 밥 조차 못 먹을 지경이었습니다. 특히 고대에 글 가르치는 선생은 집 으로 청해서 가르치게 했습니다. 일부 아주 각박한 주인들은 아침 에는 죽을 먹게 내왔는데 이렇게 형용한 사람이 있었습니다. '비풍 취동랑유유(鼻風吹動浪悠悠)', 코가 호흡을 하면 죽에 파도가 일었 습니다. 그러므로 어떤 사람이 말했습니다. '명이 박하면 일찍 죽 는 것만 못하건만, 집이 가난하니 어쩔 수 없이 선생 노릇하네[命 薄不如趁早死, 家貧無奈做先生]' 정판교는 강소(江蘇)사람이었는데, 설을 지낼 때나 또는 명절을 지낼 때는 남이 돈을 받으러 오면 갚 을 수 없었기 때문에 다른 성[外省]으로 도망가 항주(杭州)에서 글 을 가르칠 수밖에 없었습니다. 물론 뒷날 과거에 합격하여 관료가 되었습니다. 이 사람은 대단히 재미있고, 또한 대단히 고상하고 우 아했습니다. 원자재와 마찬가지로 현장을 한 번 하고는 그만두고 집에 돌아와 글을 읽었습니다. 그가 말한 몇 마디인 명언이 있는데 청년 학우들은 배우지 말기 바랍니다. 배우면 좋지 않습니다. 호랑이 그리려다 못 그리면 개 그림으로 바뀝니다. '총명하기도 어렵다, 어리석기도 어렵다, 총명에서 어리석음으로 들어가기는 더 어렵다, 한 수를 놓아버리고, 한 걸음을 물러나면, 즉시 마음이 편안하니, 뒷날 복으로 보답받기 위해서가 아니다[聰明難, 糊塗亦難, 由聰明而轉入糊塗更難, 放一著, 退一步, 當下心安, 非圖後來福報也]' 절대적으로 총명한 사람은 최후에는 통달하고는 다시 절대적인 어리석음을 배우는데, 이것은 정말 어렵습니다. 그는 말하기를, 인생에서 사람됨이 만사에 남에게 한 걸음 양보하고 뒤로 물러나면 그 즉시 마음속이 아주 편안해지는데, 종교가들처럼 그렇게 내생에 좋은 복보를 구하고 싶어서 그런 것이 아니라고 합니다. 그러면 옳지 않습니다. 이런 종류의 사상은 문화 속에 충만 되어있습니다. 중국의 문학가는 철학자이기도 하였는데, 역대의 많은 문인들 중에 일생을 이런 노선을 걸어간 사람이 매우 많았습니다. 그러므로 정판교나 원자재 같은 사람들은 집에서 또 먹는 것 입는 것 노는 것을 중시하고 까다로웠습니다. 강희·옹정·건륭 삼대(三代)의 일백 년 사이에 문인 지식인들에게는 이러한 상황이 충만했습니다. 왜냐하면 태평사회에는 너무 안정되어, 사람이 살면서 어떻게 세월을 보내야할지 모를 정도로 안정되어 있었기 때문입니다.

이제 우리가 귀결하면 바로 장자가 말한 것으로, 지식이 적으면 번뇌가 적으며, 지식학문이 높으면 높을수록 고통과 번뇌가 그만큼 큽니다. 특히 난세에 태어났을 때는 지식학문이 높은 사람일수록 마음속은 언제나 우환과 고통 속에 있습니다.

모든 악행을 하지 말고 많은 선행을 하라

선행을 하더라도 명예에 가깝지 않게 하고, 악행을 하더라도 형벌에 가깝지 않게 하라. 척추신경계통인 독맥(督脈)을 따라 양생의 길로 삼으면, 신체건강을 보존하고 삶을 행복하게 살 수 있으며, 부모에게 효양하고 가정을 돌보며 천수(天壽)를 다할 수 있다.

爲善無近名, 爲惡無近刑。緣督以爲經, 可以保身, 可以全生, 可以養親, 可以盡年。

  '선행을 하더라도 명예에 가깝지 않게 하고, 악행을 하더라도 형벌에 가깝지 않게 하라[爲善無近名, 爲惡無近刑]', 장자의 이 두 마디 말을 보고 교육이라고 말한다면, 우리의 역대 교육자들이 채용하지 않은 까닭은 그것이 대단히 소극적이기 때문입니다. 소극적인 정도가 교활할 정도에 가깝기 때문입니다. 인생처세에 있어서 비록 뺀질거리고 도피적이지만 그 나름의 일리가 있습니다. 예컨대 첫마디 말인 '위선무근명(爲善無近名)'이라는 장자의 격언이나 다름없습니다. 다시 말하면 착한 일을 하더라도 명성이 되지 않을 정도로만 해야 한다는 말입니다. 당신이 선한 일을 하고 있는지를 남이 모르는 겁니다. '위악무근형(爲惡無近刑)', 나쁜 일을 하는 것은 때로는 사람이 면하기 어렵습니다. 세상에는 진정으로 착한 사람이 하나도 없습니다. 사람 저마다의 내면의 사심에서나 생활면에서 아무래도 옳지 않은 곳이 있기 마련입니다. 그러나 범법의 언저리까지는 도달하지 않을 것입니다. 타격이나 고통, 그리고 실패의 그 극점인 그 가장자리까지는 도달하지 않을 것입니다. 바꾸어 말하면 선악의 사이에 꼭 들어맞는 것입니다. 그 사람을 좋다고 하자니 좋은 점이 어디에 있는지 모르겠고 나쁘다고 하자니 나쁘지 않습니다. 그리고 크게 좋은 편도 아닙니다. 겉으로 보면 역시 이 두 마디입니다.

그래서 어떤 사람이 『장자』를 연구하고서 도가는 모두 도피적이며 소극적으로 봅니다. 사실은 그렇지 않습니다. '선행을 하더라도 명예에 가깝지 않게 하라', 중국문화에서 장자의 사상만 이럴 뿐만 아니라 제자백가가 다 그렇습니다. 과거에 다들 좋은 일을 하는 것을 얘기하는 것으로 네 글자가 있었는데 음공적덕(陰功積德)이라고 했습니다. 여러분 젊은이들이 들어본 적이 있는지 모르겠습니다. 우리가 어렸을 때 받은 교육은 이 도리를 아주 단단히 주입시켜주었습니다. 사람으로서는 일생동안 '음공적덕'해야 한다고 했습니다. '음(陰)'은 어두운 것입니다. 몰래 좋은 일을 해서 남이 모르는 것, 이것이 바로 음공(陰功)입니다. 왜냐하면 진정한 음공이야말로 진정한 적덕(積德)이기 때문입니다. 좋은 사람이 되고 좋은 일을 함이 남에게 표창 받고 남들로 하여금 내가 좋은 사람이라고 말하게 하기 위함이라면, 이것은 착한 일이라고 할 수 없습니다.

제가 늘 『요재지이』라는 소설을 언급합니다. 최근 이 자리에 있는 새로 온 많은 청년 학우들은 아마 귀신 이야기를 하는 이 소설을 읽어보지 않았을 겁니다. 그러나 많은 학우들이 이 소설에 대해 감상하기도 하는데, 제가 제1편이 무엇이냐고 물어보면 많은 사람이 대답을 하지 못합니다. 『요재지이』는 요괴를 얘기하고 여우 요정을 얘기하는데 그 주요 취지가 어디에 있는지를 당신은 모릅니다! 이제 제가 여러분들에게 답을 하겠습니다. 제1편이 고성황(考城隍)입니다. 우리가 대북시 성도로(成都路)에 가면 성황묘(城隍廟)가 하나 있지 않습니까? 성황은 저승 세계의 지방관이기도 합니다.

이 한 편은 아주 묘합니다. 어떤 독서인이 꿈을 꾸었는데 꿈속에서 그더러 시험에 참가하라는 통지서를 하나 받는 것을 봅니다. 그는 영문을 몰라서 마음속으로 생각했습니다. 연합고시 때가 안됐고 보통 고시도 아니고 왜 바로 고시에 응시하라고 할까? 그곳에 이르러서 보니 윗자리에 앉아있는 고시 주관자가 관우(關羽)였습니다. 이게 얼마나 사람을 놀라게 했던지! 우리 중국인들은 원래 관공(關公)을 대단히 존중합니다. 포청천보다 더 위엄이 있습니다.

　시험 제목이 주어지자 그는 문장을 한 편 지었는데, 그 중간에 요긴한 몇 마디 말이 있었습니다. '유심위선(有心爲善), 수선불상(雖善不賞); 무심위악(無心爲惡), 수악불벌(雖惡不罰)', 사람이 유심(有心)으로 착한 일을 하면, 일부러 마음을 품고 좋은 사람이 되기 위하여 선행을 한다면, 그는 말합니다, 이 사람은 비록 좋은 일을 했더라도 다 그에게 상을 주지 않는다. 왜냐하면 그에게는 명예를 좋아하고 명예를 추구하는 하나의 목적이 있기 때문입니다. '무심위악', 이 사람이 의도 없이 나쁜 일을 했습니다. 예컨대 집에 있는 고물 쇳덩이 하나를 창밖으로 내던졌습니다. 결과적으로 남에게 상처를 입혔는데 그는 그럴 의도가 없이 한 것입니다. 무심히 악을 행했다면, 비록 나쁜 일을 했더라도 벌하지 않는다는 겁니다. 그러므로 관공은 현장에서 답안을 보고 책상을 치면서 좋다고 하고는 그를 뽑았습니다. 그리고 그더러 즉시 가서 성황이 되라고 했습니다. 그는 성황이 되러 가라는 얘기를 듣고서는 난처했습니다. 그것은 죽은 뒤에야 할 수 있는 것이기 때문입니다. 응시 선비는 말했습니다. 저는 지금 죽을 수 없습니다! 최후에 관공에게 이렇게 요구해서 말할 수밖에 없었습니다. 저의 어머니는 연세가 많으신데, 아들은 오직 저 하나 뿐입니다. 당신이 저더러 당장 저승의 관료가 되라고 하는데 제가 죽어버리면 누가 제 어머니에게 공양을 하겠습니까? 관공이 말했습니다. 그대에게 이런 마음이 있다니 정말 좋다. 즉시 다른 사람더러 그의 어머니가 이승의 수명이 아직 얼마 남았는지를 알아보라고 했습니다. 비서인 판관(判官)은 장부를 넘겨 조사해 보더니 9년이 남아 있었습니다. 관공이 말했습니다. 그래도 좋다. 9년 동안 기다려 주지! 그 직위는 우선 판관더러 대리하라고 했습니다.

이 이야기는 곧 '선행을 하더라도 명예에 가깝지 않게 하라'의 도리를 설명합니다. 겉보기에는 도피적이지만 당신더러 선행은 착한 일을 하더라도 진정으로 선을 행해야지, 신이 알기를 바란다던지 명리를 위한다던지 인과응보를 위해서도 하지 말라는 것입니다. 제가 늘 만납니다만 종교를 배운 많은 친구들이 좋은 일들을 많이 하고, 이미 절도 많이 했고 많은 부처님들께 절하고 많은 경전도 읽은 것 같고, 또 그도 날마다 교회당에 가서 예배를 한 것 같은데 왜 그의 아빠 엄마는 죽어버릴까요? 이 문제는 제가 답을 못합니다. 나는 그를 바라보면서 입만 벌리고 답할 길이 없습니다. 그런 심리가 바로 위선(僞善)입니다. 만약 역사를 가지고 증명해 본다면 많은 충신 효자들의 하는 행위가 '선행을 하더라도 명예에 가깝지 않게 한' 사람들이 매우 많았습니다. 그러므로 잠시 여기서 그치고 더 이상 보충 풀이하지 않겠습니다.

'악행을 하더라도 형벌에 가깝지 않게 하라', 이것은 절대 우리더러 나쁜 일을 하라고 격려하는 것이 아닙니다. 우리가 이 문자를 이해하고 나면 이것도 공자의 사상인 『논어』 속에서 자하(子夏)가 이렇게 말한 것과 다름없습니다. '대덕불유한(大德不踰閑), 소덕출입가(小德出入可也)', 사람들은 늘 이 두 구절을 해석하기를, 사람됨의 도덕은 큰 원칙 기준상에서는 절대 범위를 초과해서는 안 되고, 작은 부분은 때로는 좀 소홀히 해도 좋다는 의미로 해석합니다. 제 견해로는 그렇게 해석하는 것도 옳습니다. 이 두 마디는 또 다른 함의가 있습니다. 도덕의 대 원칙은 절대 위반해서는 안 된다. 작은 부분은 어떨까요? 당신더러 위반하라고 하는 것이 아닙니다. '출입가야(出入可也)', 이래도 좋고 저래도 좋을 때에는 신중히 고려하라는 의미입니다. 작은 덕 조차도 위반하지 않는 게 좋습니다. 때로는 옛사람의 비주(批注: 평어와 주해/역주)도 검토해 볼 필요가 있습니다. 옛사람이라고 반드시 고명하다고 보지 마십시오. '선행을 하더라도 명예에 가깝지 않게 하고, 악행을 하더라도 형벌에 가깝지 않게 하라'는 바로 '대덕불유한(大德不踰閑), 소덕출입가(小德出入可也)'입니다.

　귀납하면 장자의 이 두 마디 말은 인생은 지선(至善)에 머물러야 한다는 것[止於至善]을 설명합니다. 기본적인 함의는 두 단락으로 나눠서 모두 세 가지 점입니다. 첫째는 양생입니다. 자기의 심신을 번뇌하지 않고 고통스러워하지 않을 정도로 수양을 해서. 차분하고 평범하며 즐겁게 인생을 보내야한다는 것입니다. 학문이 있고 사상이 있고 지식이 있고 경험이 있더라도, 그것에 사로잡히지 않고 이 모든 것으로부터 해탈할 수 있어야 한다는 겁니다. 바꾸어 말하면, 들어 올릴 수도 있고 내려놓을 수도 있어야 한다는 것입니다. 두 번째는 선악(善惡)의 사이에서 인생의 행위 면에서는 절대적으로 지선(至善)의 길을 걸어가야 한다는 것입니다. 그렇지만 그의 문학적 분위기는 '선행을 하더라도 명예에 가깝지 않게 하고, 악행을 하더라도 형벌에 가깝지 않게 하라' 양면일설(兩面一說)로서 우리들은 왕왕 그의 문장의 기세에 의해 혼미하게 되어 잘못하게 돼버립니다.

독맥(督脈)을 통하게 하다

세 번째 점은 '연독이위경(緣督以爲經)'입니다. 크게 번거로운 일이 나타났는데, 이 한 마디 말은 대단히 엄중합니다. 그러므로 장자가 말하는 양생이나 뒷날 도가의 신선의 학[神仙之學]인 연단(煉丹)이나 장생불로나 병을 없애고 수명을 연장하는, 이런 일련의 방법은 중국 특유의 학문이 되었는데, 통틀어서 양생학이라고 부릅니다. 수도하는 사람들은 다들 양생학의 길을 걸어갑니다. 도가의 이런 양생학 관념은 바로 장자의 이 양생주 편으로부터 취한 것입니다. 이 점을 우리는 먼저 이해해야 합니다. 이 점을 이해했으니 우리가 특별히 제기하고자 하는 것은 중국문화에 특유한 양생학은 서양문화에는 없는 것이라는 점입니다. 서양문화도 사람의 생명은 장생할 수 있다고 말합니다. 예컨대 뒷날 서양 종교로 변천한 이른바 천당에 가면 영원한 생명을 얻는다고 함은 이 육체가 죽은 뒤에 정신 생명이 영생을 얻을 수 있다는 것을 말합니다. 오직 중국문화만이 우리들의 이 육체 생명이 일종의 학문, 일종의 방법을 거쳐서 영원한 존재로까지 수양할 수 있다고 봅니다. 이것이 바로 장생불사의 학[長生不死之學]입니다. 사람은 수양하여 신선이 될 수 있습니다. 즉, 장자가 말하는 진인(眞人)이 될 수 있습니다. 전 세계의 문화를 연구해 보면, 어떤 민족 문화도 생명이 수련을 거쳐서 영원히 살아갈 수 있다고 대담하게 가설(假設)한 민족은 없고, 오직 중국문화에만 있다고 말할 수 있습니다.

그럼 수련방법은 어떨까요? 청년 학우들은 무협소설을 보면 신체에는 기경팔맥(奇經八脈)이 있다는 것을 알게 됩니다. 기경(奇經)에서 '기'는 단수(單數)를 말합니다. 팔맥은 음교맥(陰蹻脈)·양교맥(陽蹻脈) · 음유맥(陰維脈) · 양유맥(陽維脈) · 충맥(沖脈) · 대맥(帶脈) · 임맥(任脈) · 독맥(督脈)입니다. 기경팔맥은 단독적으로 전신 기혈의 운행을 통할[統攝]합니다. 특히 도가와 밀교에서는 기맥 얘기가 유행인데 임맥과 독맥 두 맥의 기를 특별히 중시합니다. 그 밖에 중국의학에서 말하는 것으로 12경맥을 여섯 가닥의 음맥(陰脈)과 여섯 가닥의 양맥(陽脈)으로 처리하는데 상하좌우, 얼굴과 머리, 손과 발이 서로 교차 관통하면서 서양의학에서 말하는 심장 · 간장 · 비장 · 비장 · 폐장 · 신장 · 대소장 · 방광 등 내장과 근육과 신경계통을 통합합니다. 중의학(中醫學)를 배우는 사람은 특별히 주의해야 합니다. 오늘날 서양의학의 설은 열두 쌍의 뇌신경도 좌우가 교차한다고 합니다. 예컨대 우리가 흔히 말하기를 어떤 사람이 왼쪽의 손 팔 어깨가 몹시 아프거나 시큰거리거나 하는 것을 발견했다고 한다면, 그 병의 뿌리는 오른쪽에 있을 가능성이 있습니다. 양명(陽明) 경맥이 통하지 않아서 그럴 수도 있습니다. 위장이 편하지 않은 것은 꼭 위에 암이 있어서 그런 것이 아니라 보통 기(氣)의 운행이 통하지 않기 때문입니다. 예컨대 넓적다리가 편치 않을 경우 길을 가면서 서 있을 수 없고 다리에 맥이 빠지면서 힘이 없다면 위가 좋지 않아서 그럴 수도 있습니다. 하지만 위장이 좋지 않은 상황은 여러 가지 원인이 있습니다.

기경팔맥의 주맥은 바로 독맥입니다. 여기 '연독이위경(緣督以爲經)'에서 이 독맥은 무엇일까요? 바로 우리들 신체에 있어서의 등뼈입니다. 인체는 하나의 등뼈로 중심을 삼습니다. 심장 · 간장 · 비장 · 폐장 · 신장 오장육부는 모두 이 등뼈에 걸려 있습니다. 사람은 서서 하늘을 이고 땅위에 서 있는데, 이게 바로 우리 사람의 우수한 점입니다. 동물은 우리 사람과는 다릅니다. 동물들의 척추는 가로로 놓여있고 오장이 가로로 걸려있습니다. 그러므로 불학에서는 동물들을 방생(傍生)이라고 부릅니다. 횡생(橫生)·축생(畜生)이라고도 부릅니다. 우리 사람은 똑바로 서고 독맥을 위주로 하여 신경계통이 척추를 따라서 머리까지 이르고 있습니다. 이른바 중추신경 계통은 우리 인체가 건강하게 살아가는 데 중요한 의지물이 됩니다.

인체 전면에 이르면 혀 아래로 폐·심장·간·위·횡격막·대장·소장 이렇게 쭉 따라 내려가는 이 계통이 의학에서의 구 번역으로는 자율신경 계통입니다. 그러므로 중풍에 걸려서 입이 비뚤어지고 말을 뜻대로 못하는 사람들은 중추신경이 여전히 좋지만 자율신경에서만 문제가 나타난 것입니다. 이런 것들은 모두 의학에 관계되는데 얘기하자면 번거롭습니다. 그러므로 독맥은 등뼈[背脊] 신경 계통입니다. 우리의 이 신체는 집을 하나 짓는 것처럼 하나의 골간이 있고, 한 골간에서 앞으로 두 개 나와 있는 것이 손이고, 위로 하나 더해진 것이 머리이며, 아래로 두 개가 교차하고 있는 것이 다리입니다. 그러나 주요한 것은 이 독맥입니다. 독맥은 중추(中樞)계통입니다. 그렇다면 독맥은 등뼈의 중심일까요? 이것은 천고이래로 도가와 밀교에서 대단히 심하게 토론해왔던 문제이며, 지금에 이르러서도 토론하고 있습니다. 이런 것이 있다는 것을 서양의학에서는 과거에 그리 인정하지 않았습니다만 이제는 서서히 인정하기 시작했습니다. 그러므로 과학은 여전히 서서히 진보하고 있는 것입니다.

그렇다면 많은 사람들의 토론은 독맥이 무엇이라고 볼까요? 우리들의 등뼈는 이렇게 한 마디 한 마디 꿰어 모아져 있고 그 중간은 비어 있습니다. 우리가 병이 나서 병원에 갈 경우 의사가 척수(脊髓)를 뽑아 화학실험을 합니다. 빈 침관을 하나 등뼈 골절의 틈새에 찔러 넣어 척추골의 골수를 조금 뽑아내 화학실험을 합니다.

돼지 뼈 속에도 한줄기 새하얗고 부드러운 것이 있는데 그것이 척수입니다. 이 한 가닥 한 가닥이 위로 이어져 곧장 우리들의 머리 꼭대기까지 뻗어있으며 그 중간 척수에는 액체가 있습니다. 그 중심에 아주 가느다란 노선(路線)이 후뇌까지 뻗어있는데, 이게 바로 독맥입니다. 이것은 인도 요가와 일부 도가들이 그렇게 인정하는 것입니다.

그밖에 일부 도가나 밀교에서는 이런 설이 아직은 옳지 않다며 너무 초보적이라고 봅니다. 독맥은 매 한마디 척골의 중간의 그 새하얀 척수로서 이 척수 중간의 중심이 우리들 머리카락보다도 더 가느다란데 그렇게 한 가닥의 빈 길이 뇌까지 뻗어 있다고 봅니다. 이것은 '유상(有相)'으로서, 이런 현상이 하나 있습니다. '이무형(而無形)', 척수 중간은 비어 있습니다. 그래서 파초나무나 바나나 나무에도 비교가 되는데, 당신이 보면 한 원통 모양이지만 그 중간에는 속이 없습니다. 그러므로 우리가 나이가 많아지면 척추가 굽은 것은 바로 독맥의 생명의 힘이 부족해졌기 때문입니다. 그래서 머리가 수그러지고 독맥이 막혀서 통하지 않게 되거나 나빠져 버렸기 때문입니다. 그래서 수도하는 사람들이 정좌를 얘기하는데, 제일 중요한 것이 독맥을 통하게 하는 것입니다.

독맥 수련 방법을 얘기하자면 각 가(家)의 명칭이 다르지만 그 도리는 마찬가지입니다. 그렇지만 불법을 배우거나 밀교를 닦거나 도를 배우는 일반 사람들은 아주 가련하게도 학문을 융회관통(融會貫通)하지 못하고 이런 많은 종파의 술어 명사에 곤혹(困惑)되어 시종 술어나 해석하고 명상(名相: 일반적으로 개념을 가리킨다/역주)이나 연구하고 각 종파의 경험에서 발견한 이론들이나 연구합니다. 모두 다 언저리를 더듬고 있으며 한참 더듬고 난 다음에는 더더욱 뭐가 뭔지 모르게 되어버립니다. 사실 옛날이나 지금이나 어느 종 어느 파든 도는 그 도이고 몸도 이런 몸입니다. 도가와 불가의 신체가 다르다고 말하지 않을 것입니다. 현대인의 신체와 고대인의 신체에 큰 변화가 있다고 더더구나 말하지 않을 것입니다. 모두 마찬가지입니다. 우리들에 대해 말하면 어떨까요? 도가에서 쓰는 술어가 얘기하기에 비교적 편리하기 때문입니다. 그러나 이러한 명사 술어들에 사로잡히지 말아야 옳습니다.

독맥의 삼관(三關)

도가는 보통 후삼관(後三關)과 전삼관(前三關)을 말하여, 독맥에서 세 개의 부위가 가장 요긴하다고 합니다. 허리 부위를 미려관(尾閭關)이라고 합니다. 아래로부터 시작되며, 미려(尾閭)는 바로 허리 부위입니다. 예를 들어 어떤 여성들은 늘 허리가 시큰거리고 등이 아픈 사람들이 있는데, 어린애를 낳거나 다른 원인 때문에 기맥이 파손되거나 쇠약해졌거나 심지어는 막혀서 회복되지 않았기 때문입니다. 그래서 허리에 힘이 없습니다. 여성은 본래 허리가 비교적 힘이 없습니다. 제가 늘 여러분에게 말씀드립니다만, 남자가 길을 걷는 것과 여자가 길을 걷는 것은 다릅니다. 남자가 길을 걷는 것은 두 무릎이 굽혀서 그렇게 걸어갑니다. 남자들이 나이가 많아지면 무릎이 굳어서 민활하지 않게 돼버립니다. 그러면 짜증이 납니다. 나이가 젊을수록 무릎이 민활합니다. 여자들이 길을 걸으면 엉덩이가 움직이고 있습니다. 허리가 좌우로 흔들리기 때문입니다. 이것은 생리기맥 관계 때문이지, 뼈의 관계 때문이 아닙니다. 여자의 생명의 중점은 중간의 한 동그라미에 있는데 대맥(帶脈)

이라고 합니다. 대맥의 기가 충분하느냐 하지 않느냐는 대단히 중요합니다. 독맥에서의 이 마디를 통하지 못하면 남녀가 마찬가지로 앉으면 모두 허리와 등이 굽어집니다. 허리 여기를 그 사람더러 좀 펴라고 하면 아이고! 죽겠네 합니다. 여기가 다 허약합니다. 그렇다면 그 양쪽은 어떨까요?

등뼈의 양쪽 허리 부분은 중의(中醫)에서는 명문화(命門火)가 있는 곳으로 생명의 근본이며 침구(針灸)의 중요한 혈도(穴道)이기도 합니다. 그러므로 노인들은 허리가 시큰거리고 등이 아프면 허리를 두드리고 등을 두드리고자 합니다. 만약 정말로 아프면 다른 사람을 찾아 안마하고 추나(推拿)해달라고 할 수 밖에 없습니다. 남더러 두드려달라고 해야 비로소 통쾌합니다. 그러므로 허리가 시큰거린 것은 독맥의 미려관이 통하지 않기 때문입니다. 독맥에서 가장 통하기 어려운 부분이 미려관입니다. 특히 젊은 사람들이 정좌하고 기공을 수련하고, 수양을 말하고 공부할 때에 이 미려관에 이르게 되면 흔히들 백이면 백사람 모두 다 무너져버립니다. 남녀에게 다 똑같이 있는 문제인데, 정좌를 막 할 때는 정신이 좀 있습니다. 이 미려관이 아직 통하지 않았다면 신체에는 문제가 나타납니다. 심지어는 유정(遺精)이 발생합니다! 갖가지 문제가 내가 아는 바로는 대단히 보편적입니다. 안타까운 일입니다! 우리들 이 민족은 전통예교문화 때문에 저마다 이런 병이 있지만 사람마다 감히 얘기를 하지 못하고, 몸을 모두 제대로 조정하지 못합니다. 도를 닦는 사람들이든 공부 수련을 하든 많은 사람들이 제1관 미려가 허리 부위 이상을 포함해서 모조리 통하지 못했습니다. 그래서 장과 위, 내장에 영향을 미치고 신장과 방광 등에 영향을 미쳐서 온갖 병들이 잇달아 일어나고 있습니다. 만약 이 미려관을 통과하면 많이 건강해 집니다. 그렇게 되면 인체 내장은 위 이하 절반 부분이 틀림없이 병이 사라집니다. 뿐만 아니라 남자든 여자든 생리적으로 젊음을 유지하며 마치 어린이의 몸 같습니다.

이 미려관을 통과한 뒤에 위로 올라가면 바로 협척관(夾脊關)입니다. 도가에서는 협척(夾脊)이라고 부릅니다. '협(夾)'이란 견갑골 두 개가 척추로 향하여 끼여 모여 있는 것입니다. 그곳에 한 가닥 움푹 파인 곳이 있는데 심(心)·폐(肺)·호흡기 계통·간담(肝膽)·비위(脾胃)와 하나로 연결되어 있는 관계로 중요합니다. 공부 수양하면서 이 협척관을 통한 사람은 달라집니다. 평소에 앉아 있을 때에 허리를 곧게 펴서 자연히 꼿꼿해질 것입니다. 당신이 그 사람더러 허리를 굽히라고 하면 아주 편하지 않습니다. 다시 우리 나이가 많은 사람들은 봅시다. 아무래도 허리 굽히기를 좋아하고 앉자마자 다리 꼬기를 좋아합니다. 이제 스물 몇 살 된 사람들도 이미 다리를 꼬고 앉습니다. 늙은 사람들이 사무실에 앉아 있을 경우 가장 바라는 게 의자에 기대고 앉아 두 다리를 책상 위에다 올려놓고자 하는 것입니다. 기회만 있다면 두 다리를 높이 올려놓지 않으면 안 됩니다. 중의 입장에서 보면 이것은 하원(下元)이 손상된 것으로 이 협척관을 통과하지 못한 것입니다. 앞의 이른바 중궁(中宮)의 위의 기운이나, 일체가 충족하지 못하고 호흡계통의 병통, 입맛이 안 좋다든지 하는 갖가지 병이 아주 많습니다. 이것이 후삼관의 제2관입니다.

다시 그 위로 가면 더욱 통과하기 어려운 관인데, 옥침관(玉枕關)이라고 합니다. '옥침'은 후뇌입니다. 그래서 많은 사람들이 정좌하고 수도 공부하면서, 정토를 수행하든, 혹은 기독교나 천주교에서 정좌 피정(避靜)을 하든, 도가 수련을 하든, 내 경험에서 보면 이 옥침관에 도달할 수 있는 사람은 아주 드뭅니다. 특히 이 옥침관을 통할 수 있는 사람은 더더욱 대단히 적습니다. 만약 어떤 사람이 정좌 수도하면서 이 뇌 부위에 도달했다면 대단히 고통스러울 것입니다. 동체(童體) 동진(童眞)으로 입도(入道)한 것을 제외하고는 고통스러울 수 있습니다. '동체'란 여성에게는 맨 첫 번째 월경 이전이고, 남성은 성(性) 지식이 완전히 열리지 않은 것입니다. 이런 사람이라야 그런 고통이 없을 수 있습니다. 그렇지만 동체는 이런 지혜가 있을 리 없습니다. 천재중의 천재가 아니고서는 이런 지혜가 있을리 없습니다.

뇌의 이 부분의 기기(氣機)를 통하고자 하면 아주 쉽지 않습니다. 왜냐하면 사람의 뇌는 열 몇 살 넘어서 동체의 나이를 넘어선 뒤에는 뇌신경이 대부분 쇠퇴했기 때문에 기맥이 막혔거나 죽어있습니다. 예컨대 눈이 근시 노화가 될 수 있는데, 바로 쇠로하고 퇴화한 것입니다. 이런 것들은 모두 도가에서 말하는 옥침관 부분의 기맥에 속하는데, 기맥이 이 부분에 이르러 통과하지 못하기 때문에 보통사람이나 수도하는 사람은 기맥이 통하려고 할 때 흔히들 머리가 몹시 아프거나 눈이 아프거나 치아가 아프거나 귀나 코에 문제가 나타나는 등 갖가지 병이 출현합니다. 게다가 신문에 나오는 의학 지식을 보고는, 병이 좀 있기에 이런 것인가 저런 것인가 의심한데다가 자기가 암 병에 걸린 것이 아닌가 하고 두려워합니다. 결과적으로 어떨까요? 의사를 찾아가기도 하고 약을 먹기도 합니다. 자기의 생명을 가지고 한번 시험해 볼 용기가 없습니다. 물론 저도 남에게 이렇게 시험하라고 주장하지 않습니다. 결과적으로 공부가 전체적으로 뒤로 물러나서 쓸모가 없는 것이나 다름없습니다.

혹시 불법을 배우는 어떤 사람들은 여기에 이르러서 안통(眼通)이 있어서 이런 것 저런 것을 볼 수 있는데, 사실은 모두 옥침관이 아직 통하지 않고 그 기가 시각 신경이나 청각 신경을 자극한 것에 불과합니다. 통할 듯 말 듯 할 때 많은 이상한 현상이 나타납니다. 게다가 자기가 신통이 있다고 여기고 심리적으로 견강부회(牽强附會)합니다. 좀 좋으면 대신경(大神經)이 작은 신통으로 변하여 작은 일은 그런대로 보면 꽤 영험이 있습니다. 좀 엄중하면 어떨까요? 대신경과 작은 신통이 모두 사라져버리고 완전히 정신병으로 됩니다. 그러므로 많은 사람들이 정좌수도하고 미쳐버립니다. 무협소설에서는 주화입마(走火入魔)라고 말하는데, 바로 이 원인 때문에 그렇습니다. 사실은 불도 없고 마구니도 없습니다. 바로 '척추신경계통인 독맥을 따라 양생의 길로 삼습니다[緣督以爲經].' 경맥(經脈)의 기가 통하지 않으면 진정한 건강회복은 없습니다. 만약 옥침관이 두뇌의 기맥이 통해지면 당신의 나이가 얼마나 많던 생각에 피로하지 않고 신체적으로 권태하지 않을 것입니다. 기억력이 쇠퇴하지 않을 것이고 귀도 멀지 않고 눈도 근시 노화가 되지 않을 것입니다. 젊은이보다도 더 젊은이답다고 마땅히 말해야 합니다. 이는 바로 독맥 부분을 얘기한 것입니다. 만약 참고하고 싶다면 제가 강의한 정좌수도여장생불로(靜坐修道與長生不老: 한국어판은 정좌수도강의로 출판되어 있음/역주)라는 책을 읽어보아도 좋습니다. 이 책은 이미 8개국 언어로 번역이 되어 세계적으로 유행하고 있습니다.

물론 우리는 오늘 『장자』를 강의하고 있지, 기맥의 학을 얘기하고 있는 게 아닙니다. '연독이위경(緣督以爲經)'을 해석하기 위하여 신체의 독맥 계통을 얘기했습니다. 왜 '연(緣)'이라고 부를까요? 불학에는 '반연(攀緣)'이라는 명칭이 하나 있습니다. 사람이 한 계단 한 계단 올라가듯이 연속적으로 서서히 기어 올라가는 것과 같습니다. 동그라미가 하나하나 잇달아 이어져 서로 물고 있는 모습을 '반(攀)'이라고 합니다. 등산에서처럼 두 손이 한걸음 한걸음마다 등나무를 잡거나 돌덩이를 잡고 서서히 기어 올라가는 것을 '반(攀)'이라고 합니다. '연(緣)'이란 어떤 길을 따라서 한 마디[節] 한 마디씩 서서히 위로 향하는 연쇄적인 관계입니다. 그러므로 '연독(緣督)', 독맥을 위주로 하여 건강을 유지하는 것이 우리들의 양생의 도리입니다. 생명의 기화(氣化)로써 건강으로 하여금 한 마디 한 마디씩 위로 기어 올라가게 하는 것입니다. '이위경(以爲經)', 기경팔맥의 경의 의미가 아니라. '상(常)'자의 의미로 해석해야 합니다. 온 신체 중심의 건강을 정말로 유지하고 싶다면 '척추신경계통인 독맥을 따라 양생의 길로 삼아서', 반드시 독맥이 절대적인 건강을 유지해야 합니다.

명리(名利)도 바라고 신선도 바라고

이어서 기경팔맥 중에서 독맥의 전면인 임맥(任脈)입니다. 방금 전에 우리가 말하기를 자율신경 계통은 모두 임맥이라 한다고 했습니다. 그리고 허리 부위를 도는 한 가닥을 대맥(帶脈)이라 했습니다. 신체 중간에 현상[象]은 있으나 형상이 없는 것이 충맥(沖脈)입니다. 즉, 훗날 밀교나 도가에서 중맥(中脈)으로 여기는 것입니다. 하지만 어떤 사람은 변론하여 말하기를 충맥은 중맥이 아니라고 합니다. 다들 명사와 그 작용을 위해 변론하고 있는데 우리는 잠시 상관하지 말기로 하겠습니다. 어쨌든 인체의 이 네 가닥의 맥과, 또 두 발 두 손에서 두뇌까지 오르고 내리는 이 여덟 개의 맥은 대단히 대단히 중요합니다. 이른바 기맥이 통했다는 것은 결함이 없고 병통이 없고 막힘이 없다는 겁니다. 그러면 절대적으로 건강합니다.

　장자는 여기서 독맥의 중요함만을 언급하고 왜 임맥이나 대맥에 대해서는 얘기해가지 않았을까요? 왜냐하면 그에게는 '척추신경계 통인 독맥을 따라 양생의 길로 삼는 것[緣督以爲經]'이 있기 때문입니다. 기타 임맥이든 대맥이든, 요컨대 등뼈에 있는 뇌 중추신경에 이르는 이 한 가닥의 독맥이 가장 중요하고, 이것이 기본 줄기이기 때문입니다. 수도하거나 밀종 수행에 있어서는 중맥이야말로 가장 중요하다고 보는 설은 뒷날의 일입니다. 왜냐하면 임맥과 독맥이 모두 통하지 않으면 중맥은 통할 방법이 없기 때문입니다. 중맥이 진정으로 통하면 이 기경팔맥은 당연히 통합니다. 그러므로 반드시 먼저 독맥을 위주로 해야 합니다. 이것이 통해야 그 뒤에 쭉 따라서 통하게 됩니다. 만약 독맥을 기초로 하고 기타의 것들은 독맥의 작용을 따라서 통하면 신체는 건강을 회복합니다. 저의 상상(想像)에 근거하면, 나의 경험이라고는 말할 수 없지만, 장생불로는 좀 늦게 노화하는 것이지 완전히 늙지 않는 것은 아닙니다. 절대적으로 그렇게 할 수 있습니다. 하지만 전문으로 수련해야 그렇게 됩니다. 우리 일반인들처럼 해서는 안 됩니다. 즉, 부처님을 배우고 도를 닦으면서 땅값도 튀기고 싶고 부동산도 갖고 싶고, 승용차, 황금, 달러도 얼마간씩 어쨌든 갖고 싶습니다! 명함에는 관직명도 하나 인쇄하고 싶습니다! 이사장 자리도 갖고 싶습니다! 그것은 장(長)자입니다. 그렇지 않으면 무슨 원(員)자입니다. 만약 이런 것들을 다 갖고 싶고 난 뒤에는 또 '척추신경계통인 독맥을 따라 양생의 길로 삼는 것'을 성취하고 장생불로까지 닦고 기경팔맥이 다 통하고 싶어 한다면, 제가 아는 바로는 불가능한 일입니다. 그것은 정말 장자가 앞에서 말했던 인생의 대몽(大夢)에 속한 것입니다. 우리의 역사상 진시황(秦始皇)이나 한무제(漢武帝)처럼 명리(名利)

도 바라고 신선도 되고 싶어 하는 것입니다.

여러 청년 학우들이 주의해야할 점이 하나 있습니다! 사람의 욕망은 나이·지식·경험에 따라서 높아져 가는데 대단히 두려운 일입니다. 사람의 욕망이 이런 것들을 따라서 높아지지 않는다면 거의 도를 닦아도 됩니다. 심지어 줄어든다면 더 좋습니다. 사실 불법을 배우고 수도하는 많은 사람들이 말로는 공(空)하게 본다고 하지만, 제가 보면, 제가 텅 빈 것보다 조금 더 클 뿐입니다. 정말로 공하게 볼 수 있기는 그리 쉽지 않습니다. 우리 모두도 그 속에 포함됩니다. 이렇다 보니 전문적으로 수련하지 못하면서도 '척추신경 계통인 독맥을 따라 양생의 길로 삼고' 싶어 하고 오래 살고 싶다면 절대 불가능합니다. 그러므로 욕망이 높아짐에 따라서 황제가 된 사람인 진시황은 신선이 되려 했고 한무제도 신선이 되려 했습니다. 당나라나 명나라의 여러 명의 황제들도 신선이 되고자 했습니다. 아주 많았습니다. 권력의 자리 최고처에 이르고서도 또 하나의 초월을 바란다면 초월하자마자 그를 죽게 만들어버립니다.

한무제에게는 급암(汲黯)이라는 한 대신과, 또 하나는 도가 신선인 동방삭(東方朔)이 있었습니다. 두 사람의 말은 그에게 영향을 미쳤습니다. 동방삭은 본디 익살스러웠습니다. 그는 늘 한무제가 웃지도 울지도 못하게 만들어서 황제는 어쩔 방법이 조금도 없었습니다. 급암이란 사람은 충신이어서 면전에서 한무제를 비판했습니다. '내다욕(內多欲), 이외시인의(而外示仁義)', 내면의 욕망은 그렇게 크면서 겉으로는 대인(大仁) 대의(大義)를 말하고, 게다가 수도해서 신선이 되어 승천하고 싶어 하는데, 그 천상을 당신이 기어 올라갈 수 있을까요? 역사상 급암은 사람이 어리석었습니다. 멍청했습니다. 그렇지만 충신이었습니다. 그가 면전에서 황제를 비평하면 한무제도 찍 소리도 못했습니다! 왜냐하면 그는 충성심이 굳고

하는 말이 정직하다는 것을 알았기 때문입니다. 사실은 역사상 어찌 한무제에게만 그쳤겠습니까! 대체로 불법을 배우고 도를 닦는 우리들 모두는 한무제의 제자들로서 다들 '안으로는 욕망이 많으면서 겉으로는 인의를 보이는' 이 병폐를 범했습니다. 그러므로 도를 닦아 성공하고 싶어 하는 것을 어떻게 해낼 수 있겠습니까? 그러므로 진정으로 근심이 없고 사려가 없고 추구함이 없는 정도에 이를 수 있어야 '척추신경계통인 독맥을 따라 양생의 길로 삼는다'는 이 한마디 말이 성공합니다.

그러나 장자는 아직 다 말하지 않았습니다. 방금 그는 독맥만 얘기했습니다. 독맥이 통했을 때 여러분이 보면 다음에 몇 마디 말이 나옵니다. '가이보신(可以保身)', 신체의 건강 장수는 틀림없습니다. 병을 없애고 수명을 늘릴 수 있습니다. '가이전생(可以全生)', 무엇을 '전생(全生)'이라고 할까요? 바로 일생동안 행복하고 아주 즐겁게 살면서 시작도 온전하고 끝도 온전한 것입니다. '가이양친(可以養親)', 부모보다 앞서 죽지 않을 수 있으니 당연히 부모에게 효행하고 가정을 돌볼 수 있습니다. '친(親)'은 부모만을 돌보는 것을 말하지 않습니다. 더 나아가서 당신의 가정 자녀들까지 돌보는 것입니다. 그러므로 세 가지 조건은 '척추신경계통인 독맥을 따라 양생의 길로 삼으면, 신체건강을 보존하고 삶을 행복하게 살 수 있으며, 부모에게 효양하고 가정을 돌보며'이었고 네 번째 구절은 '천수를 다할 수 있다[可以盡年]'입니다. 즉, 정말 죽어야할 때까지 살고서 죽는 것입니다. 당신의 천수를 다하는 겁니다. 우리들 중에 많은 사람들이 죽는데 천년(天年)을 다하지 못했습니다. 불학에서는 이것을 모두 횡사(橫死)라고 부릅니다.

중국 도가의 설에 의하면 사람이 일만 년 사는 것은 아주 보통이라고 합니다. 도가에 책이 한 권 있는데 계산을 묘하게 한 것이 있습니다. 가장 단명한 것이 일천 년 사는 겁니다. 우리 보통사람들은 1백세 사는 것을 장수하는 것으로 여기는데 도가에서 보면 보통입니다. 사람은 본래 만년의 수명이 있는데 왜 짧아졌을까요? 도가에는 회계 산법(算法)이 있습니다. 즐거워서 하하 하고 크게 한 번 웃어버리면 반년이 감소합니다. 한바탕 화를 내면 5년에서 10년이 줄어듭니다. 한바탕 울고 나면 또 여러 해가 공제됩니다. 그 한 권의 장부는 아주 재미있습니다. 제가 언젠가 이 도서를 찾아내 회계사한테 넘겨주어 그 통계를 내고 표로 하나 만들게 해서, 공제한 뒤에 얼마가 남는지를 보겠습니다. 오늘날 사람이 칠십 살까지 사는 경우는 옛날부터 드물다고 할 수 있는데, 이것은 천수를 다한 것이 아닌 셈입니다. 그러므로 진정으로 천수를 다하는 것은 착실하게 천 년 만 년까지 사는 것입니다. 그런 다음에도 사망이라고 부르지 않습니다. 도가에는 '등하(登遐)'라는 명칭이 하나 있습니다. '등(登)'은 위로 올라가는 것이고 '하(遐)'는 높고 먼 또 다른 세계로 간 것입니다. 불가에서 다른 불국토로 왕생해 간 것이라고 말함이나 마찬가지입니다.

장자가 다음에서 말하고자하는 이 단락은 세 개의 이야기를 제시하는데, 이 세 개의 이야기를 특별히 유의하기 바랍니다! 이야기의 내용은 간단합니다. 그렇지만 장자의 필법을 거쳐 한번 써지자 아름답습니다. 중국문학과 각 방면은 2천여 년 동안 장자의 이런 이야기들을 인용하여 갖가지 설명을 한 곳이 너무도 많습니다. 만약 오늘날 사람이 백화와 고도의 문학적 수법으로써 다시 이야기마다 묘사해낸다면 틀림없이 더 좋을 것입니다.

소 잡는 솜씨

궁중 요리사인 포정(庖丁)이 양(梁)나라 문혜군(文惠君)을 위해 소를 잡았다. 손으로 고삐를 바짝 잡아 돌려 코를 틀고는 어깨로 기대어 땅바닥에 끓어앉혔다. 그리고는 발로 밟은 다음 무릎을 굽혀 한 혈도를 받치고는 칼을 허리에서 뽑아 목덜미에 대어 가볍게 당기자 소가 쓰러지며 죽었다. 소의 신체구조에 따라 이리저리 가르며 칼질하는 소리가 싹싹 혹은 쓱쓱 울려 퍼져 음악적인 가락에 들어맞지 않음이 없었으며, 그 동작은 상(商)나라 탕왕(湯王) 시대의 유명한 가무예술인 상림(桑林)의 춤과 같았다. 마침내 그의 칼이 소 경락(經絡)들의 머리가 모인 곳에 닿자 소 전체가 자연스레 분해되었다.

庖丁爲文惠君解牛, 手之所觸, 肩之所倚, 足之所履, 膝之所踦, 砉然響然, 奏刀騞然, 莫不中音。合於桑林之舞, 乃中經首之會。

'궁중 요리사인 포정이 양나라 문혜군을 위해 소를 잡았다[庖丁爲文惠君解牛]', 이것은 첫마디이며 제목입니다. '포정(庖丁)'은 황제를 위하여 주방을 관리하는 사람입니다. '포'는 직무이며 '정'은 남자입니다. 그래서 '포정'이라고 부릅니다. 남자는 '정(丁)'이라고 하고 여자는 '구(口)'라고 부릅니다. 이 사람은 어느 황제의 요리사일까요? '문혜군(文惠君)'은 바로 맹자가 양혜왕(梁惠王)을 만났다는 그 왕입니다. 포정이 '위문혜군해우(爲文惠君解牛)', 바로 그를 위해서 소를 잡았습니다. 물론 오늘날은 소를 잡는 더 좋은 기기(機器)가 있습니다. 그렇지만 그 사람은 손으로 하는 예술입니다!

당시의 일종의 기술이었습니다.

'손으로 고삐를 바짝 잡아 돌려 코를 틀고는[手之所觸]', 장자는 소 잡는 것을 배운 적이 있는 사람이거나, 아니면 적어도 소를 잡는 곳에서 관찰을 오래한 사람임에 틀림없습니다. 소를 끌어와서 고삐를 한번 감아 돌립니다. 시골에서 소를 잡는 것을 여러분은 본 적 있습니까? 우리는 돼지를 잡거나 소를 잡는 것을 본 적이 있습니다. 저는 시골에서 자랐기 때문에 돼지를 잡고 소를 잡는다는 소리를 들으면 얼른 달려가서 보았습니다. 떠들썩했고 연극보다 더 멋졌습니다. 소 잡는 사람이 고삐를 코 옆까지 감아 돌리고 손이 소 등을 토닥토닥 두드렸습니다. 보통 소 등을 토닥토닥 두드리는 것은 아끼고 사랑한다는 것을 표시하는데, 소 잡는 사람이 이렇게 토닥토닥 두드리는 경우를 만났다면 소는 이미 아주 재수가 없는 겁니다.

'어깨로 기대어 땅바닥에 꿇어앉혔다[肩之所倚]', 고삐가 소를 끌어당기면 소의 코는 소 잡는 사람에 의해서 옆으로 비틀어졌습니다. 그런 다음 그는 자기의 어깨를 한번 그렇게 기댔습니다. 그는 쿵후[工夫]가 있습니다! 바로 유도나 레슬링입니다. 소는 그에게 기대져 땅바닥으로 주저앉혀져, 소는 무릎을 꿇습니다. '그리고는 발로 밟은 다음[足之所履]', 그런 다음 오른발을 들어서 소의 몸을 누릅니다. '무릎을 굽혀 한 혈도를 받치고는[膝之所踦]', 그리고 무릎이 한 혈도(穴道)를 받칩니다. 뒷날 제가 연구해서 알게 되었는데 소 몸의 그 혈도는 인체와 마찬가지여서 소가 그에 의해서 한 혈도가 받쳐지면 마비되기 마련입니다. '칼을 허리에서 뽑아 목덜미에 대어 가볍게 당기자 소가 쓰러지며 죽었다. 소의 신체구조에 따라 이리저리 가르며 칼질하는 소리가 싹싹 혹은 쓱쓱 울려 퍼져 음악적인 가락에 들어맞지 않음이 없었으며[砉然嚮然, 奏刀騞然, 莫不

中音]', 칼을 소의 목덜미에서 가볍게 당기면 소는 곧바로 넘어집니다. 이 몇 마디 말은 그의 기술을 묘사하고 있는데, 그 기술과 동작의 시원스럽고 재빠름을 묘사하고 있습니다. 가죽 칼집에서 칼을 꺼내 한 칼 내리치면 소는 끙 소리 한 번도 못하고 한 생명이 고향으로 되돌아가버립니다. '그 동작은 상나라 탕왕 시대의 유명한 가무예술인 상림의 춤과 같았다[合於桑林之舞]', 보기에 그는 소를 죽이고 있는 것이 아니라 그야말로 춤을 추고 있는 것 같습니다. 소를 이렇게 한번 잡아당기고, 이렇게 한번 토닥토닥 두드리고, 어깨로 한번 기대고, 무릎으로 한번 받치고 허리에서 칼을 한 자루 뽑아서 이렇게 쓰윽…. 베어 내렸습니다. 의사들이 수술할 때 흰옷도 입어야 하고, 녹색 모자도 쓰고, 여러 사람이 마취약을 먹이고, 몇 시간동안 하듯이 그렇게 하지 않았습니다. 그 포정은 오히려 아주 빨랐습니다. 몇 분 만에 끝났습니다. 뿐만 아니라 그 동작은 '합어상림지무(合於桑林之舞)'였습니다. '상림(桑林)'은 상(商)나라 탕왕(湯王) 때의 유명한 가무예술입니다.

'마침내 그의 칼이 소 경락들의 머리가 모인 곳에 닿자 소 전체가 자연스레 분해되었다[乃中經首之會]', 그의 칼이 한번 내려가면 소 몸의 12경맥이 분리되었고, 소머리를 가볍게 한번 잡아당기면 가죽 전체가 벗겨졌습니다. 그의 소 잡는 기술의 능숙함은 고명하기가 이 정도에 이르렀습니다! 그래서 우리는 무엇이라 말할 길이 없고, 살생의 예술이라고 부를 수밖에 없습니다. 살생이 이미 예술의 경계까지 도달했습니다. 실제로는 죽임을 당하는 소의 고통을 줄여주었습니다. 제 생각에는 그 소의 영혼이 빠져나갈 때 틀림없이 고개를 돌리고 그에게 이렇게 말했을 겁니다. 당신의 기술은 정말로 고명합니다. 나는 그렇게 고통스럽지 않습니다! 왜냐하면 고대에 사람의 목을 베는 것을 보면 정말 두려웠습니다. 범인이 사형

장에 오르면 망나니에게 말했습니다. 제발 내생에 우리는 친구가
됩시다. 저에게 좀 편하게 해 주십시오. 빨리 해 주십시오. 그 망나
니는 사람을 죽일 때 머리를 보고 퉁! 하고 한번 두드립니다. 소를
잡는 것과도 마찬가지입니다. 그림에는 칼을 가지고 오이를 자르
듯이 그렇게 찍어 내리는 것으로 그려져 있는데, 그렇게 하는 것이
아니었습니다. 이점을 통해서, 그 그림을 그린 사람은 사람 죽이는
것을 본적이 없음을 알 수 있습니다. 망나니는 범인의 머리털을 이
렇게 한번 쥐고 이렇게 한번 기대면 곧 끝났습니다. 아주 빨랐습니
다! 우리는 젊었을 때 다 본적이 있습니다.

　장자는 잘 말하여 사람들에게 양생하여 오래 살고 편안히 살도
록 가르치고 있습니다. 그렇지만 왜 소 잡는 이야기를 한 단락을
넣어 말할까요? 이상하지 않습니까! 물론 이 소 잡는 기술을 아름
답게 묘사했습니다. 그렇지만 아무래도 좋지 않습니다! 책을 읽을
때는 이런 부분들에 유의해야합니다.

문혜군이 다 보고 나서 경탄하여 말했다. 오오, 잘도 한다! 재주가 어
떻게 이런 경지까지 이를 수 있단 말인가?

文惠君曰 : 譆, 善哉 ! 技蓋至此乎 ?

　이 단락은 고문입니다. 백화문으로 소설을 쓸 줄 아는 사람에게
극본을 하나 엮으라고 하면 틀림없이 멋질 것입니다. 양혜왕은 그
곳에 서서 그가 소를 죽이는 것을 봤습니다. 다 보고나서는 입으로
경탄했습니다. '오오[譆]', 바로 이렇게 한 소리 하는 겁니다. '잘도
한다[善哉]!', 훌륭하구나! 아마 손벽도 쳤을 겁니다. 그렇지만 장자
는 묘사하지 않았습니다. '재주가 어떻게 이런 경지까지 이를 수

있단 말인가?[技蓋至此乎]?', 그대의 소 잡는 재주가 어쩌면 그렇게 대단한가! 그대가 소를 잡는 건 정말 시원스럽고 잘 잡는구나. 황제는 포정 앞에서 살생을 찬탄했습니다. 맹자가 보았더라면 틀림없이 그를 꾸짖었을 겁니다.

포정(庖丁)이 설법하다

포정이 칼을 놓고 대답했다. "제가 좋아하는 것은 도(道)입니다. 재주보다 우월한 것입니다. 처음 제가 소를 가르는 것을 배울 때 보이는 것은 뭐든지 소의 모습 아닌 게 없었습니다. 3년 뒤에는 소를 보아도 소로 보이지 않게 되었습니다. 그 후부터 지금까지 정신의 경지에 들어 대할 뿐 육안으로 보지 않습니다. 오관의 기능은 정지하고 그 정신의 경지가 자연히 끊임없이 이어집니다. 칼질이 물질의 천연의 결에 따라, 어깨·배·다리 같은 큰 관절을 벌리고 큰 틈새를 따라가며 가르는데, 이 모두 생리상의 본래 그러한 구조를 따르는 것입니다. 칼질 기술이 큰 관절의 중요한 곳인 뼈와 힘줄이 엉켜 있는 곳을 지나가더라도 그에 주의를 기울인 적이 없는데, 하물며 커다란 뼈는 더 말할 나위가 있겠습니까! 솜씨 좋은 백정이 해마다 칼을 바꾸는 것은 소를 가르는 것이 아니라 베기 때문이며, 보통의 백정이 매달 칼을 바꾸는 것은 억지로 찍기 때문입니다. 지금 저의 칼은 바꾸지 않고 사용한지 19년이나 되었습니다. 그 동안 수천 마리의 소를 갈랐지만, 칼날은 방금 숫돌에 간 듯합니다. 소의 관절은 아무리 엄밀한 곳이라도 빈 틈새가 있지만 칼날은 저의 손에 있으면 두께 없는 무형의 칼날이 되어버립니다. 두께 없는 이 무형의 칼날이 빈 틈새로 들어가니, 넉넉하여 칼날을 놀림에 반드시 여유가 있습니다. 그래서 19년이나 사용했지만 칼날은 방금 숫돌에 간 듯합니다.

庖丁釋刀對曰 : 臣之所好者道也, 進乎技矣。始臣之解牛之時, 所見無非全牛者。三年之後, 未嘗見全牛也。方今之時, 臣以神遇而不以目視, 官知止而神欲行。依乎天理, 批大郤, 導大窾, 因其固然。技經肯綮之未嘗, 而況大軱乎！良庖歲更刀, 割也；族庖月更刀, 折也。今臣之刀十九年矣。所解數千牛矣, 而刀刃若新發於硎。彼節者有閒, 而刀刃者無厚；以無厚入有閒, 恢恢乎其於游刃必有餘地矣, 是以十九年而刀刃若新發於硎。

　　문혜군이 그렇게 얘기하는 것을 듣고서 '포정이 칼을 놓고 대답했다. 제가 좋아하는 것은 도입니다. 재주보다 우월한 것입니다[庖丁釋刀對曰 : 臣之所好者, 道也, 進乎技矣]', '석도(釋刀)', 소 잡는 사람은 그 칼을 놓았습니다. 그 자태가 우아하고 아름답습니다! 그는 말합니다. 전하에게 말씀드립니다. 제가 진정 좋아하는 것은 도를 닦는 것입니다. 저는 도를 배우기 때문에 소를 잡을 줄 압니다. 여러분 젊은 학우들은 도를 배우지 말기 바랍니다. 정좌를 하면 앉아 죽을 지경이어서 돼지를 잡거나 소를 잡는 것보다 더 큰일 납니다!(대중이 웃다) 방금은 제가 우스갯소리를 한마디 한 겁니다! 포정은 말합니다. 저는 도 배우기를 좋아하기 때문입니다! 도의 정신으로써 어떤 일을 하든 기교가 모두 고명합니다. 그래서 이미 초월했습니다. 이미 형이하가 아니라 형이상의 경지에 갔습니다. 마치 우리의 대예술가인 진(陳)교수처럼 그렇습니다. 석고 진흙이 그 사람 손에 가서 빚어지면 달라집니다. 우리더러 빚어보라고 하면 진흙은 여전히 진흙입니다. '제가 좋아하는 것은 도입니다. 재주보다 우월한 것입니다[所好者道也, 進乎技矣]', 그는 이게 바로 양생의 도리라고 합니다. 즉, 우리들에게 다음과 같이 일러주는 겁니다. 인생을 살아가면서 장사를 하든, 벼슬을 하든, 공부해서 시험을 보든, 마치 포정이 소를 잡듯이 하면 좋습니다. 시험장에 들어가도 상관없습니다. 시험문제를 받아서 그냥 부담 갖지 않고 한번 그으면 그것으로 좋습니다. 시험을 마치고는 펜을 내던지고 나옵니다. 아주 자신이 있습니다. 아이스크림을 한 컵 더 가져달라고 합니다. 이게 바로 포정이 소를 잡는 것입니다. 이런 수양이 있어야 합니다! 수양이 도의 경계에까지 이르러야 어떤 기술도 입신(入神)의 경지에 도달할 수 있습니다. 바로 다음 네 글자입니다. '진호기의 (進乎技矣)', 재주보다 우월하다는 것입니다. 장사를 이 정도까지 하면 돈 버는 것에 아랑곳하지 않습니다. 벌면 벌고 못 벌면 못 버는 것이지 하는 그런 모습입니다. 이것은 원칙을 말합니다.

보세요. 소 잡는 분이 양혜왕에게 도를 전합니다! 장자는 소 잡는 것으로써 설법을 하고 있습니다. 불가로써 말하면 '마땅히 어떤 몸으로써 제도해야 할 자는, 곧 그런 몸을 나타내어 그를 위하여 설법한다[應以何身得度者, 卽現何身而爲說法]'입니다. 포정은 소를 잡는 신분으로서 설법합니다. 왜냐하면 그는 소를 잡고 양혜왕은 사람을 죽이기 때문입니다. 황제가 된 사람도 살인하기를 좋아하므로, 소를 죽이나 사람을 죽이나 별 차이가 없다고 보았습니다. 그래서 그는 도를 전하고 있습니다. 그는 말합니다. '처음 제가 소를 가르는 것을 배울 때[始臣之解牛之時]', 그는 말합니다. 처음에 제가 소 죽이기를 배울 때는 '보이는 것은 뭐든지 소의 모습 아닌 게 없었습니다[所見無非牛者]', 무엇을 보든 모두 소였고 죽이고 싶었습니다. 마치 소를 죽이듯이 죽이고 싶었습니다.

여기서 먼저 우스개 이야기를 하나 하겠습니다. 젊은이들이 무공을 연마하거나 권법을 배우고, 지금은 무슨 태권도야 유도를 배우는데 2, 3주 배우고 나면 손이 근질근질해서, 가는 곳마다 사람을 보면 한번 움직여보고 싶습니다. 기둥을 보면 한두 번 쳐보고 싶습니다. 이는 마치 어린애나 강아지들이 치아가 자랄 때에 그 꼬린 냄새 나는 신발을 보면 한두 번 물어뜯고 싶어 하는 것과 같습니다. 그렇지 않으면 치아 뿌리가 근질근질합니다. 기술을 배우기 시작할 때도 뭐든지 한번 움직여보고 싶습니다. 마치 포정이 처음에 무엇을 보든 소로 보였던 것처럼 그렇습니다. 우리가 어렸을 때 들었는데, 시골 사람들이 머리 깎는 것을 배울 때는 그 이발소 사장님은 제자에게 어떻게 칼을 들고 어떻게 깎는지를 가르치면서 절대 사람머리를 가지고 그에게 실험해주어서는 안되었습니다. 먼저 오이를 가지고 껍데기를 깎는 것을 배웠습니다. 예전에 배우는 도제들은 가정 일을 해야 했습니다. 이 사장님 부인은 바로 사낭(師娘)입니다! 밥을 지어놓고는 그더러 물 좀 길어오라고 불렀습니다. 머리 깎기를 배우는 이 사람은 칼을 오이에다 한 번 쿡 찔러놓은 채 들어가서 물을 가져다주었습니다. 그리고 나와서는 또 칼을 꺼내 서서히 깎았습니다. 그렇게 깎는 게 습관이 되었습니다. 나중에 사부가 그더러 남의 머리를 깎으라고 했을 때 사낭이 안에서 또 그더러 물을 길러오라고 불렀습니다. 그는 그 칼을 남의 머리에다 쿡 한번 찔렀습니다. 그러자 이 사람은 끝장났습니다. 이것은 큰 우스개 이야기인데, 옛날에 머리 깎는 것을 배운 사람은 습관이 잊어버리는[忘]의 경계에 도달하여서 어느 때든지 이와 같이 할 줄 알았다는 것입니다.

머리 깎는 얘기가 나왔으니 말하는데, 제가 어렸을 때에 어떤 짐꾼에게 머리 깎이기를 좋아했습니다. 등받이가 없는 낮은 의자에 앉아있으면 그 떠돌이 이발사는 시를 지을 줄 알아서, 머리 깎기를 시작하자마자 시를 얘기했습니다. 그래서 저도 그가 와서 머리를 깎아주는 것을 좋아했습니다. 특히 여름에 그더러 머리를 빡빡 밀어 달라하고 따뜻한 물로 씻으면 그 서늘한 느낌이란 에어컨 선풍기 밑에서보다 더 시원했습니다. 제가 그에게 물었습니다. 당신 요 이틀 사이에 무슨 해학시(諧謔詩)를 지었어요? 우리들에게 좀 외워서 들려주세요. 뒷날 많은 이발소의 대련은 그가 우리들에게 외워 들려 줬던 것입니다. 그 중 한 폭이 이렇습니다. '털끝 장사는 정상 공부이다[毫末生意, 頂上工夫].' 저는 아직도 기억하고 있는데, 이 모두 어린 시절 공부입니다. 한편으로는 그에게 머리를 밀면서 재미있는 시는 외웠습니다. 또 한 폭이 있는데 뒷날 좌종당(左宗棠)이 지은 것임을 알게 됐습니다. '묻노라, 천하의 두개골이 얼마나 될까, 이 늙은이 수단이 어떤지를 보아라[問天下頭顱幾許, 看老夫手段如何]' 하나하나 다 당신의 머리를 베어버리겠다는 겁니다. 이것은 좌종당의 소년 시절의 기개였습니다! 뒷날 이발소의 한 폭의 유명한 대련으로 변했습니다.

그 떠돌이 이발사에게 저는 늘 머리를 밀게 하고 그와 함께 시를 담론했습니다. 지나고 난 뒤에 저는 조금 두려웠습니다. 그는 한편으로는 저에게 시를 얘기하면서 한편으로는 제 머리를 마구 한바탕 밀었는데, 만약 그가 얘기하다 잊어버리면 내 머리에도 쿡 하고 한번 칼질을 하였더라면 큰일 났었을 겁니다! 뒷날 제가 커서 집을 나온 뒤 그 버드나무 아래에서 머리를 빡빡 밀고 여름에 한 세숫대야의 따뜻한 물로 씻고 나면 시원시원했던 것을 추억해 보았습니다. 지금 그 경계를 회상해 보니 에어컨 밑에서 커피 한 잔을 마시는 것보다도 더 통쾌합니다. 하지만 기가득호(豈可得乎)? 영원히 그러지 못하게 됐습니다. 그가 머리를 밀어줬을 때를 회상해보니 그는 이미 포정이 소를 가르는 경지에 도달하여서 우리들의 머리를 사람의 머리로 여기지 않고 눈으로 보기조차도 않았습니다. 되는대로 한두 번 밀어버리면 머리가 빤질빤질해졌습니다. 많은 사범대학교 학우들이 곧 졸업을 앞둔 그 해에 교생 실습을 나갑니다. 강단 위에 올라가면 두 다리가 덜덜 떨고 있습니다. 그렇지요? 여러분 사범대 학우들은 다들 경험이 있을 텐데, 서서히 수업을 한지 오래되면 강단에 올라 선 뒤에 아래에 한 사람도 보이지 않습니다. 눈에 학생이 없습니다. 눈에 온전한 소가 없는 것이나 마찬가지입니다.

그러므로 포정이 처음 삼년 동안은 '보이는 것은 뭐든지 소의 모습 아닌 게 없었습니다'라고 말합니다. '3년 뒤에는 소를 보아도 소로 보이지 않게 되었습니다[三年之後, 未嘗見全牛也]', 삼년 뒤에는 소를 보아도 모두 소가 아니었습니다! 눈에 소가 없었습니다. 기술과 경험이 그렇게 높은 경계에 도달했습니다. 마치 우리 정좌를 배우기 시작한 사람들이 오로지 자기 두 다리가 아픈 것과 같았습니다. 그래서 '시신지학타좌야(始臣之學打坐也), 소견무비퇴야(所見無非腿也)!', 처음에 정좌를 배울 때는 보이는 것이 다리 아닌 게 없습니다. 삼년 뒤에는 앉아있는 것을 안 적이 없습니다. 앉아있는데 혼침이나 잠자느라 다리를 잊어버립니다. 다리의 고통 감각이 없습니다. 앉아서 잠을 잡니다. 그러므로 처음부터 한결같이 정좌를 제대로 배우지 못합니다.

'그 후부터 지금까지[方今之時]', 포정은 말합니다. 삼년 이후부터 지금까지를 지금으로 말하면 바로 몇 십 년의 경험입니다. '정신의 경지에 들어 대할 뿐 육안으로 보지 않습니다[臣以神遇而不以目視]', 이것은 바로 제가 여러분에게 말씀드렸던 것인데, 제가 어렸을 때 그 떠돌이 이발사 사부는 한편으로는 저에게 말하면서 눈은 또 책을 보고 있고 면도칼로는 제 머리를 마구 밀었습니다. 밀어놓고 나니 수박 피부보다 더 푸르렀습니다. 그것이 '이신우(以神遇)'입니다. 그의 칼은 그의 의식과 저의 두피와 하나로 합해진 것인데, 이를 삼신합일(三身合一)이라고 합니다. 칼로 그렇게 미는 정도가 정신 경계에 들어가서 '이불이목시(而不以目視)', 눈으로 볼 필요 없이 이 경계에 도달했습니다. 주의하십시오! 어떤 예술가나 문학가가 한 편의 좋은 문장을 쓰거나 좋은 시를 쓰는 것도 그렇습니다. 지난 뒤에 자기가 보고는 이게 내가 쓴 것인가? 합니다. 저도 여러 차례 경험이 있습니다. 이것 참 잘 써졌네! 하며 학우에게 누가 쓴 거냐고 물었습니다. 그는 말했습니다. 선생님! 이것은 선생님이 쓰신 거잖아요! 학생들은 오히려 제가 일부러 체면 차리는 것으로 생각합니다. 사실 저는 일찍이 잊어버렸습니다. 저는 마음속으로 한번 웃고는 제가 그 당시에 어떻게 써 냈는지를 정말 모릅니다. 바로 '정신의 경지에 들어 대할 뿐 육안으로 보지 않는 것입니다'

  '오관의 기능은 정지하고 그 정신의 경지가 자연히 끊임없이 이어집니다[官知止而神欲行]', '관(官)'은 오관(五官)입니다. 눈은 소 몸의 털을 보고는 이미 아주 깨끗하게 밀어버렸습니다. 기술이 아주 숙련됐을 때는 돼지가죽 소가죽을 이미 다시 밀 필요가 없다고 느낍니다. 그렇지만 칼이 손을 따르고 난 뒤에는 또 다시 한 칼이 오는데, 이 한 칼은 '신우(神遇)'의 칼입니다. 이 한 칼을 내리면 철저하게 깨끗합니다. 그러므로 '관지지(官知止)', 오관·생리의 기능이 멈출 뜻이 있지만 멈추지 못합니다. '이신욕행(而神欲行)', 그 정신의 경계가 자연히 또 한 번 와서 우아하고 아름답습니다.

인생의 관건과 지엽

　포정이 소를 잡는 이야기는 다 말했지만 도리는 아직 끝나지 않았습니다. 가장 중요한 점으로, 그는 소를 죽이는 기술이 이미 도의 경지에 도달했다고 말했습니다. 어떤 일종의 전문적인 특수 기술이 신화(神化)적인 경계까지 진화하면 두뇌를 쓸 필요가 없고 육체적인 기관의 기능[官能]을 쓸 필요 없이 완전히 '신행(神行)'의 경계, 즉 정신이 한 곳에 집중하여[精神一致] 자연히 오는 것입니다. 예컨대 대 예술가, 대 문학가들, 더 나아가서는 고명한 외과 의사는 그의 의술의 도[醫道]가 가장 고명한 곳에 도달하였다면 칼 쓰는 것이 꼭 눈으로 응시하면서 보는 게 아닙니다. 어느 깊이 정도에 도달했는지 그의 의식은 이미 느끼고 있습니다. 그는 말하기를 '그 후부터 지금까지 정신의 경지에 들어 대할 뿐 육안으로 보지 않습니다[方今之時, 臣以神遇而不以目視]', 정신만을 사용하였지 눈은 사용하지 않았다고 했습니다. 여기서의 '신(神)'자는 안신(眼神: 눈의 능력. 시력/역주)의 신(神)자가 아닙니다. 정신(精神)의 신(神)으로서, 물질적인 감관기능[官能]을 초월하는 것입니다. 이른바 '관지지이신욕행(官知止而神欲行)'으로서, 그는 말하기를 기술이 가장 도에 가까운 높은 경계에 도달하면 정신의 영역으로 진입하여 팔다리의 감관기능은 멈출 생각을 할 수 있으며 이 정신[神]의 경계가 '욕행(欲行)', 끊임없이 이어진다고 합니다.

　'칼질이 물질의 천연의 결에 따라, 어깨·배·다리 같은 큰 관절을 벌리고 큰 틈새를 따라가며 가르는데, 이 모두 생리상의 본래 그러한 구조를 따르는 것입니다. 칼질 기술이 큰 관절의 중요한 곳인 뼈와 힘줄이 엉켜 있는 곳을 지나가더라도 그에 주의를 기울인

적이 없는데, 하물며 커다란 뼈는 더 말할 나위가 있겠습니까[依乎天理, 批大郤, 導大窾, 因其固然, 技經肯綮之未嘗, 而況大軱乎]!', 이 포정은 소를 잡는 기술로써 한 가지 큰 도리를 설명했습니다. 그는 말합니다. 저의 기술이 '오관의 기능은 정지하고 그 정신의 기능이 자연히 끊임없이 이어지는[官知止而神欲行]' 경지에 이르렀을 때 이 칼을 소의 몸에 내림은 융통성이 없는 것이 아니라 보통의 머리 생각을 쓸 필요가 없이 그 칼이 소의 신체 구조에 따라서 천리(天理)대로 행하고자 하여[欲行] 아주 자연스럽게 미끄러져갑니다. '의호천리(依乎天理)', 여기서의 '천리(天理)'는 바로 '사람에게는 천리양심(天理良心)이 있어야한다'는 속담에서의 '천리'입니다. 사실 천리란 천연(天然)의 도리입니다. 어떤 물질의 천연적인 결[紋理]은 모두 그 자연에 따르며 자연에 의지하는 것[依乎自然]입니다. '비대각(批大郤), 도대관(導大窾)', 바로 소 몸의 큰 관건(關鍵)의 부분입니다. 예컨대 어깨나 배나 다리 등으로서 이러한 큰 관절들의 빈틈에서 경맥의 흐름에 따라서 한칼에 내려 소를 분해해버립니다.

　요컨대 통틀어 말하면 '이 모두 생리상의 본래 그러한 구조를 따르는 것입니다[因其固然]'라는 한 마디입니다. 그런 생리들에는 그 나름의 당연한 관건의 부분이 있어서 자연히 풀어집니다. 큰 중요한 관건이 풀어지면 작은 마디는 자연히 풀립니다. 그래서 그는 한 마디 결론을 말합니다. '칼질 기술이 큰 관절의 중요한 곳인 뼈와 힘줄이 엉켜 있는 곳을 지나가더라도 그에 주의를 기울인 적이 없는데[技經肯綮之未嘗]', 기술이 지나간 곳, 바로 이 칼이 내려가 지나간 지절(枝節)부분들입니다. 여기서의 '기(技)'는 기술을 대표하기도 하고 지절 부분을 대표하기도 합니다. 즉, 오늘날 우리가 말하는 신경총(神經叢)인 하나의 큰 관절 부위입니다. '긍경(肯綮)'은 관건입니다. 포정은 말하기를, 기술이 이미 이런 경계에 도달했을 때 어느 가닥의 신경, 어느 고깃덩이인지 '지미상(之未嘗)', 제 머릿속에서는 모두 주의를 기울이지 않게 되어서 칼의 기세에 따라서 내려간다고 합니다. 마치 어떤 조각가가 그 돌의 결 그 나무의 결에 따라서 자연히 새기는 것이나 다름없습니다. '하물며 커다란 뼈는 더 말할 나위가 있겠습니까[而況大軱乎]!', 그는 말하기를 큰 뼈, 즉 크게 막히는 부분에는 칼이 옆에서 한번 미끄러지면 자연히 돌아지나가서 풀어진다고 합니다. 이제 대체로 이 몇 마디 문자를 해석했는데, 그 중점에 주의하기 바랍니다, 포정이 말하는 소 잡는 도리는 실제로는 올바른 사람됨과 일처리의 도리와 마찬가지입니다.

그러므로 인간세상의 도리가 초월적인 경계에 도달하면 당신이 어떻게 일을 하든, 지도자가 되든 다른 사람에게 이끌어지든 간에 한 가지 문제를 해결하고자 하면 바로 '의호천리', 자연에 따름으로써 세상을 다스려야합니다. '비대각(批大郤), 도대관(導大窾)', 관건의 요점처가 풀리면 일 전체가 처리하기 쉬워집니다. 그러나 억지로 하는 것이 아니라 '생리상의 본래 그러한 구조를 따르는 것[因其固然]'으로 옵니다. 그러므로 이런 지엽적인 곳은 아예 내버려둡니다. 내버려두는 것이 아니라 그 자연스러움에 따르면 지엽적인 곳은 관건적인 곳에 따라서 풀리며 처음부터 막힘이 없습니다. '솜씨 좋은 백정이 해마다 칼을 바꾸는 것은 소를 가르는 것이 아니라 베기 때문이며, 보통의 백정이 매달 칼을 바꾸는 것은 억지로 찍기 때문입니다[良庖歲更刀, 割也 ; 族庖月更刀, 折也]', 그는 비평합니다. 소 잡는 사람인 '양포(良庖)'는 기술이 좋은 사람인데 '세경도(歲更刀)', 그들은 일 년에 칼을 한 자루 바꿔야 한다고 합니다. 칼을 일 년 쓰면 바꾸지 않으면 안 된다고 하는데, 오늘날 병원에서 수술하는 의사가 수술한 뒤에 그 수술 칼을 문제가 있을까봐서 바꾸는 것과 다름없습니다. 그는 말하기를 가장 고명한 포인(庖人: 요리사/역주)은 일 년에 칼을 한 자루 바꿔야 한다고 합니다. 그 다음에 한 마디 주해가 있는데 '할야(割也)'라고 했습니다. 그들은 소를 잡는 것이 아니라 소를 벤다고 합니다. 서서히 천천히 벤다고 합니다. 소도 고통 받으며 살해되고 그 사람 자신도 고통스럽다고 합니다. '족포(族庖)' 지방의 일부 고명한 소잡이들은 '월경도(月更刀)', 한 달에 한 번씩 새 칼로 바꾸는데, 그것은 '절야(折也)', 무리하게 찍기 때문이다! 라고 합니다. 그것은 소를 잡고 있는 것이 아니라 소를 찍어 썰기 때문이라고 합니다.

'지금 저의 칼은 바꾸지 않고 사용한지 19년이나 되었습니다. 그 동안 수천 마리의 소를 갈랐지만, 칼날은 방금 숫돌에 간 듯합니다[今臣之刀十九年矣, 所解數千牛矣, 而刀刃若新發於硎]', 포정은 양혜왕에게 말합니다. 지금 저 이 한 자루의 칼은 19년을 사용했고 바꾼 적이 없습니다. 이 한 자루의 칼이 수천 마리의 소를 죽였습니다. 그는 말합니다. 당신은 이 칼날을 보세요, 칼날이 새것이나 다름없습니다. 깨진 곳이 없고 아주 날카롭습니다. 이 도리는 아주 깊게 설명했습니다. 예컨대 우리가 어렸을 때 붓글씨를 배웠는데 글씨를 잘못 쓰는 사람은 붓이 좋지 않아 말을 듣지 않는다고 제일 좋은 붓으로 한 자루 바꾸었습니다. 수천 원이나 하는 수입품을 사가지고 와서 몇 글자 쓰고는 짜증을 냈습니다. 자기는 이쪽으로 갈려고 하는데 붓은 한사코 저쪽으로 간다고 했습니다. 이와 마찬가지로 이 포정은 소를 잡으면서 칼이 안 든다고 말하지 않을 것입니다. 만약 기술이 최고점에 이르면, 수양이 최고점에 이르면, 가장 나쁜 붓이 가장 좋은 글자를 쓸 수 있습니다. 진짜 서예가는 나쁜 붓으로 쓰기를 좋아합니다. 써 놓으면 그 고상한 운치[神韻]가 새 붓으로 쓴 것보다 뛰어난데, 그것은 이미 글자를 쓴 것이 아닙니다. 바로 장자가 말한 '오관의 기능은 정지하고 그 정신의 경지가 자연히 끊임없이 이어지는 것[官知止而神欲行]'으로서 신화(神化)의 경계에 도달한 겁니다.

그는 지금 소를 잡는 이 한 자루 칼도 마찬가지 도리라고 말합니다. 또한 문장을 잘 쓸 줄 아는 사람은 어떻게 쓰더라도 잘 쓰지만, 잘 못 쓰는 사람은 갖은 애를 써도 잘 써지지 않는다고도 설명했습니다. 재능이 뛰어난 사람은 국가 대사를 처리하든 개인적인 일을 처리하든, 심지어는 요리를 하든 간에 모두 잘 할 줄 압니다. 요리를 만들 줄 아는 사람은 달걀 하나에 기름 좀 넣고 소금 좀 넣고 해서 대충 볶아내도 다 맛있습니다. 우리들처럼 요리할 줄 모르는 사람은 땅콩도 볶아서 태워버립니다. 이 의미는 깊은데, 우리에게 스스로 체험해보라고 요구합니다. 그러므로 말하기를 자기의 경지[意境]의 조예가 높은가 높지 않는가에 있지, 도구의 좋고 나쁨에 의존하지 않는다고 합니다. 사람으로서의 처세는 당신의 지혜가 높은가 높지 않은가, 수양이 높은가 높지 않은가에 달려있지 환경조건의 도움에 의존하지 않는다고 합니다. 다음에서 그는 자세히 설명합니다.

'소의 관절은 아무리 엄밀한 곳이라도 빈 틈새가 있지만 칼날은 저의 손에 있으면 두께 없는 무형의 칼날이 되어버립니다. 두께 없는 이 무형의 칼날이 빈 틈새로 들어가니, 넉넉하여 칼날을 놀림에 반드시 여유가 있습니다[彼節者有間, 而刀刃者無厚 ; 以無厚入有間, 恢恢乎其於游刃必有餘地矣]', 장자의 문장은 우리들의 문화에 아주 깊게 영향을 미쳤습니다. 이른바 문학이나 시사(詩詞) 내지는 대문장 쓰기에서 '칼날은 방금 숫돌에 간 듯하다[刀刃若新發於硎]'라는 한마디 성어나, '칼날을 놀림에 여유가 있다[游刃有餘]'라는 말은 모두 『장자』에 나옵니다. '피절자유간(彼節者有間)', 그는 말하기를 소 몸에 있는 관절은 그것이 얼마나 엄밀하든 간에 빈 틈새가 있다고 합니다. 고서에 이 閒자는 間자와 통용했습니다. '이도인자무후(而刀刃者無厚)', 그렇지만 이 칼의 날은 내 손안에서 이미 두께가 없는 것으로 변해버렸습니다. 예컨대 우리가 두 손가락을 단단히 쥐면 틈새가 없는데, 틈새가 있을까요 없을까요? 역시 있습니다! 두꺼운 것은 이 손가락 틈새를 지나가지 못합니다. 그렇지만 아주아주 얇은 것은 이쪽에서 잡아당기면 지나옵니다. 바로 그런 도리입니다. 그러므로 어떤 엄밀한 일이라도 결점이 있고 틈새가 있는 것은 인체나 생물의 몸의 관절이나 마찬가지입니다. '이도인자무후(而刀刃者無厚)', 그런데 제가 쓰는 이 칼은 어떨까요? 제 손에서는 칼이 없음으로 변해버립니다. 그럼 공령(空靈)해서 빈틈이 없는 곳도 다 들어갈 수 있는데 하물며 들어갈 틈이 조금이라도 있음은 더 말할 나위가 있겠습니까. '이무후입유간(以無厚入有閒)', 저의 이 한 자루 두께 없는 무형의 칼이 그 공간의 곳으로 들어가면 '넉넉하여 칼날을 놀림에 반드시 여유가 있습니다[恢恢乎其於游刃必有餘地矣]'

'회회호(恢恢乎)'는 형용사입니다. 그것은 기분 좋고, 대범하고 자연스러우며, 침착한 것입니다. 그는 말합니다. 저의 이 한 자루 칼은 어느 관절 틈새 없는 곳곳이라도 마음대로 '유인(游刃)', 마치 물체에서 헤엄을 치듯이 가뿐하고 자유롭게 지나갑니다. '그래서 19년이나 사용했지만 칼날은 방금 숫돌에 간 듯합니다[是以十九年而刀刃若新發於硎]', 이 때문에 이 한 자루의 칼을 저는 19년을 썼지만 아직도 이제 막 화로에서 나온 새 칼이나 다름없습니다.

이 한마디 말이 바로 중점인데, 우리가 사람됨이나 처세에 있어서 막 출발한 그 심정을 영원히 유지해야한다는 것입니다. 예컨대 지금 여러분들은 젊은이들인데, 우리 노년 세대들도 모두 젊은 시절을 지나온 사람들입니다. 젊은이들은 졸업하고 학교 문을 나서자마자 가슴 가득 포부가 있고 가슴 가득 희망이 있습니다. 그러나 사회에 들어가 오래되면 좌절을 많이 겪게 되고 몹시 심한 고생을 경험하여서, 혹은 마음이 오염되어 나빠지거나 혹은 원래는 활달한 사람이었는데 감히 말을 하지 않는 사람으로 변해버리거나, 혹은 본래는 솔직한 사람이었는데 구불구불한 심리로 변해버리기도 합니다. 본래는 포부가 있었는데 결국은 맥이 없는 사람으로 변해버립니다. 사회의 환경이 한 인간에게 영향을 미친다고 일반적으로 생각하지만 사실 장자의 이 이야기의 도리를 이해하고 나면, 다시 말해 사회 환경은 우리들에게 영향을 미치기에 부족하며, 만약 자기에게 독립적인 조예(造詣)의 수양이 있어서 정신으로 하여금 지극히 높은 경지에 도달하게 하여 어떠한 복잡한 시대환경에서도 넉넉하여 칼날을 놀림에 반드시 여유가 있으며, 영원히 처음 시작했던 그 심정을 보호 유지하게 한다면 그것이 최고의 수양이라는 겁니다.

중국 유불도 삼가에는 '초심(初心)'이라는 명칭이 있는데 초심을 영원히 유지하라고 합니다. 즉, 맨 처음 시작 때의 그 심리상황인데, 사람이 초심을 영원토록 보호 유지하여 순결하고 외부 환경에 영향을 받아 오염되지 않고, 공명정대하고 솔직 순결하도록 할 수 있는 것입니다. 노자가 말한 '기(氣)를 전일하게 하여 마치 갓난애처럼 할 수 있겠는가[如嬰兒乎]!'인데, 그것은 바로 장자가 말한, 이 한 자루 칼이 영원히 나빠지지 않고 영원히 늘 새롭다는 도리입니다. 그는 이 요점을 설명했습니다. 동시에 우리들은 이 원칙이 우리들 생명의 수양에 대해서도 마찬가지라는 것을 이해해야 합니다.

우리 사람들은 왜 쉽게 나이가 들어 보일까요? 외부의 일체의 영향을 받아 정서적인 변화가 일어나 서서히 청년에서 중년에 이르고 노년에 이르렀기 때문입니다. 그러므로 수도와 처세는 바로 장자의 포정이 소를 잡아 가르는 도리입니다. 비록 복잡한 세상에 처했지만 '비대곡', 큰 관건을 처리함에 있어서는 큰 요점을 보아야 하고, 자신이 시종일관 머리가 깨어있도록 보호 유지해야 합니다. 마치 막 화로에서 나온 칼처럼 무리하게 찍지 말고 무리하게 썰지 말아야합니다. 억지로 해서는 안 됩니다. 영원히 생명의 건강을 유지하고 영원히 자기의 청춘을 보호 유지해야 합니다. 다음으로 이어서 포정의 말을 빌립니다.

근신하는 사람

비록 저의 솜씨가 그렇더라도, 보통의 백정들한테 갈 때 마다 저는 그가 소 잡는 일을 어렵게 여기고 신중한 것을 보고 저는 두려워하며 경각심을 일으켜 근신하는 본보기로 삼습니다. 그는 시선을 소에게 멈춘 채 천천히 소 곁으로 걸어갑니다. 그의 칼질 동작들은 몹시 조심스럽고 자세하며, 마침내 소는 툭 갈라져 마치 흙덩이가 땅에 떨어지는 것 같습니다. 그 자신도 피곤하여 칼을 내버려두고 땅바닥에 앉아 휴식을 취합니다. 그런 다음 다시 칼을 집어 들고 일어서서 주위 사람들을 돌아보며, 머뭇거리다 흐뭇해하며 칼을 잘 닦아 간직합니다."

雖然, 每至於族, 吾見其難爲, 怵然爲戒, 視爲止, 行爲遲。動刀甚微, 謋然已解, 如土委地。提刀而立, 爲之四顧, 爲之躊躇滿志, 善刀而藏之。

앞에서 장자는 소 잡는 포정을 빌려서 수양의 조예, 수양의 경계와 그의 처세의 방법 원칙을 말했습니다. 이 단락은 더욱 중요합니다. 그러나 '매지어족(每至於族)', 제가 일반 소백정한테 가서 '오견기난위(吾見其難爲)', 제가 보면 소를 잡는 사람이 소가 오는 것을 보고서는 그렇게 조심합니다! 칼도 잘 들게 갈고 아주 신중하게 준비합니다. 저는 그런 모습을 보고 '술연위계(怵然爲戒)', 스스로 경각심이 일어나는 것을 면할 수 없습니다. '시위지(視爲止)', 제가 본 것을 자신의 본보기로 삼습니다. 그는 위에서 말하기를 자신의 기술이 그렇게 고명하여 소를 잡는데 눈으로 볼 필요가 없고 그 칼을 들어서 한번 휘둘러 마음대로 한번 하면 해결되는 것이나 다름없다고 말했습니다. 그렇지만 기술이 좀 떨어지는 일반 사람을 보더라도 결코 그를 깔보지 않습니다. 왜냐하면 그 사람이 그렇게 신중한 것을 보고서 자기는 도리어 그를 존경하기 때문입니다. 이 때문에 그는 자신에 대해 더욱 경계심을 가집니다. 그 사람은 바로 그의 한 선생님이 됩니다. 그러므로 자기가 학문이 훌륭하고 재간이 크며 기술이 고명하더라도 인생에서 사람됨이나 처세가 언제 어디서나 그렇게 조심하고 그렇게 근신해야 합니다. '시위지(視爲止)', 그는 그 사람을 자신의 본보기로 삼습니다.

이 몇 마디 말은 한편으로는 또 보통 일반의 소 잡는 사람을 묘사하고 있습니다. 소가 오는 것을 보고서는 '시위지(視爲止)', 그 눈을 응시한 채 그 소를 바라봅니다. '행위지(行爲遲)', 길을 걸어가면서도 내내 천천히 갑니다. 감히 잠깐사이에 소 몸 곁으로 다가가지 않습니다. 그러나 한편으로는 또 이 고명한 포정 자신을 형용하고 있습니다. 그는 말합니다. 제가 보고서는 도리어 그 사람을 본보기로 삼습니다. '행위지(行爲遲)', 그래서 원래는 자신이 가뿐했지만 이 상황을 보고서는, 그는 길 걷는 것조차도 함부로 감히 걷지 않고 서서히 그 앞으로 걸어간다고 말합니다.

'그의 칼질 동작들은 몹시 조심스럽고 자세하며, 마침내 소는 툭 갈라져 마치 흙덩이가 땅에 떨어지는 것 같습니다. 그 자신도 피곤하여 칼을 내버려두고 땅바닥에 앉아 휴식을 취합니다. 그런 다음 다시 칼을 집어 들고 일어서서 주위 사람들을 돌아보며, 머뭇거리다 흐뭇해하며 칼을 잘 닦아 간직합니다[動刀甚微, 謋然已解, 如土委地, 提刀而立, 爲之四顧, 爲之躊躇滿志, 善刀而藏之]', '동도심미(動刀甚微)', 그 자신의 기술이 원래 아주 고명함에도 그는 말합니다. 하지만 저는 지금도 그들을 좀 배우면서 보면 그들은 칼을 서서히 아주 조심스럽게 아주 자세하게 아주 세밀하게 긋습니다. '획연이해(謋然已解)', 툭 소리가 나면서 소의 사지 전체가 분해됩니다. 이때에 그 소 잡는 보통일반 사람들은, '여토위지(如土委地)', 그 소가 온 몸이 흩어져서 마치 흙덩이처럼 땅바닥에 넘어지고 나면, 그 사람 자신은 어떨까요? 역시 피곤해서 칼을 내버려두고 바닥에 앉습니다. 마치 한 덩이 흙덩이처럼 바닥에 앉아서 휴식합니다. 그런 다음 위풍이 다시 나타나, 칼을 집어 들고 서서 '위지사고(爲之四顧)', 마치 대 영웅이 전쟁에서 이기기나 한 듯이 높은 누대에 올라 다른 사람을 둘러보면서 자기가 영웅임을 느낍니다. '위지주저만지(爲之躊躇滿志)', 자신이 천하제일로서 승리한 것으로 느낍니다. '선도이장지(善刀而藏之)', 칼을 깨끗이 닦고 녹슬지 않는 기름을 바르고 천으로 칼을 잘 싸서 잘 간수합니다. 이 단락은 재미있게 묘사하였습니다.

앞서 그는 말하기를 자신의 기술이 고명하여 눈은 소를 보지 않은 채 그 칼을 마음대로 그렇게 한번 휘두르면 한 마리의 소가 단번에 해결된다고 했습니다. 그런 고명함은 이미 기술이 아니라 신화(神化)의 경계에 도달한 것입니다. 보세요, 그의 문장 속에는 좀 이상한 점이 있는데, 그 의미는 학문수양이 최고의 경계에 도달한 사람이 가장 평범하고 가장 낮은 층 가장 천박한 사람을 자기의 스승으로 삼고 자기의 모범으로 삼는다면 당신은 대 성공하게 된다는 것입니다. 만약 당신의 기술이나 학문 모두가 최고처에 도달하였기에 자기가 천하제일이라고 자인한다면 필연적으로 실패합니다. 그러므로 조심하고 더욱 조심해야합니다. 근신(謹愼)하고 또 근신해야합니다. 그래서 그는 말합니다. 비록 이와 같지만 저는 늘 일반 소 잡는 백정 집에 가서 그들이 소를 잡는 어려움을 봅니다. 한편으로는 바로 그들이 소를 잡으면서 어려워하는 태도를 묘사하고 있고 한편으로는 자기 자신을 묘사하고 있는데, 이러한 어려움을 보고 도리어 그들에게 배우며 그 조심함도 배워서, 가장 고명함으로써 가장 평범함으로 회복한다는 것입니다. 문학에서 한 인생을 묘사하는 한마디가 있는데, 한 인생이 가장 현란함[絢爛]으로부터 가장 평담함[平淡]으로 돌아가고, 가장 고명함으로부터 가장 평범함으로 되돌아간 것이야말로 성취라는 것입니다. 이러한 성취가 바로 양생의 주(主)입니다. 우리의 대예술가 진(陳)교수의 조소(彫塑)처럼 그의 기술은 그렇게 고명하지만 그는 몹시 조심합니다! 마치 처음 배우는 도제 같은데, 이게 가장 고명한 것입니다. 그래서 그에게는 성취가 있습니다.

바꾸어 말하면, 이것은 우리들에게 인생의 한 도리를 일러주고 있는데, 유가나 도가나 같은 도리입니다. 자사가 『중용』에서 말한 '지극히 고명한 경지에 도달하였으면서도 중용의 도리에 따르는 것[極高明而道中庸]'입니다. 인생이 현란함으로부터 평담함으로 돌아가고 위대하고 숭고함으로부터 평범함으로 돌아가는 것입니다. 그렇게 하면 옳습니다. 장자는 말하고 난 뒤 몇 마디 꼬리를 매달아서 이 인생을 묘사하였습니다. 그렇게 조심스럽게 소를 다 잡아 그 소가 마치 흙덩이처럼 땅바닥에 벌려 놓였고 자신도 흙덩이처럼 땅바닥에 앉았습니다. 아아! 마침내 일을 다 마쳤다. 그렇게 한바탕 쉰 뒤에는 사람이 또 달라집니다. 우리는 다들 이런 경험이 있습니다. 일을 성공적으로 해냈거나 장사를 해서 돈을 벌었거나 하면, 먼저는 어려움과 두려움을 느꼈지만 한잠 자고 일어나서 칼을 집어 들고 일어서서는, 나는 여전히 영웅입니다. 그 무대에서 서서 '위지사고(爲之四顧), 위지주저만지(爲之躊躇滿志)', 당신은 봐라, 내가 얼마나 영웅인가! 이것은 바로 사람을 묘사하고 있고 인생을 묘사하고 있으면서 유머가 있는데, 사람은 모두 이렇습니다. 지난 뒤에 생각해보면 생각해볼수록 자기가 영웅입니다. 그 당시에는 오히려 몹시 고통스러웠습니다.

그렇지만 장자는 마지막으로 또 한 마디를 더하였습니다. 아주 선종의 말 같은데 문학 밖으로 뚫고 나가 참구해야 합니다. 그는 말합니다. 비록 이와 같지만 '선도이장지(善刀而藏之)', 이게 바로 요점입니다. 칼을 잘 싸서 간직해야합니다. 이는 마치 돈 많은 사람이 달러나 황금을 반드시 잘 싸서 간직하면서도 돈이 없는 척하는 것이나 다름없습니다. 그는 이 한 토막의 이야기를 했지만 그 내용에는 몇 가지 층차를 포함하고 있는데, 이것도 우리 인생의 도리입니다.

문혜군이 듣고 나서 말하였다. "훌륭하도다! 나는 포정의 말을 듣고 양생의 도리를 터득했노라."

文惠君曰 : 善哉 ! 吾聞庖丁之言, 得養生焉。

양혜왕은 포정의 말을 다 듣고 나서 말합니다. 나는 그대의 이 도리를 듣고서 인생을 이해했다. 장자는 도가의 사상과 우아하고 아름다운 문자로써 이런 이야기 하나를 빌려 인생의 도리를 써냈습니다. 만약 유가의 입장에서 말하면, 역시 제가 늘 얘기하는 다음 한 마디입니다. '제갈량의 일생은 오직 근신뿐이었다[諸葛一生 唯謹慎]', 자신의 재능을 자랑하지 않고 사람들을 깔보지 않았습니다. 사람은 학문이나 총명, 재간이 있다고 해서 재능을 뽐내서는 안 됩니다. 장자는 다른 방법으로 이 도리를 설명했습니다. 이러한 근신은 비굴한 것도 아니요 겁이 많은 것도 아니요, 자기가 의기소침하고 퇴폐적인 것도 아닙니다. 단지 조심하고 근신하는 것일 뿐입니다. 이게 바로 양생의 도리입니다. 이어서 두 번째 이야기입니다.

독립자주적인 생명

공문헌(公文軒)이 우사(右師)를 보자 놀라며 물었다. "어찌된 사람입니까? 어째서 한 쪽 발만 있습니까? 천명(天命)입니까 아니면 인위(人爲)입니까?" 우사가 대답했다. "천명이지 인위가 아닙니다. 천명이 나를 한쪽 발만 가지고 태어나게 한 것이며, 사람의 외모는 태어나면서 부여받은 것입니다. 이런 까닭에 내가 한 쪽 발만 있는 것은 천명이지 인위가 아님을 압니다."

公文軒見右師而驚曰 : 是何人也 ? 惡乎介也 ? 天與 ? 其人與 ? 曰 : 天也, 非人也。天之生是使獨也, 人之貌有與也。以是知其天也, 非人也。

'공문헌견우사이경왈(公文軒見右師而驚曰)', '공문헌(公文軒)'은 사람 이름입니다. 장자가 인용하는 이런 이름들은 후인의 고증에 의하면 모두 전국 시대 때 송나라의 이야기에 나온다고 합니다. '우사(右師)'도 어떤 사람입니다. 하지만 이것은 그의 직무 이름일 뿐입니다. 이것도 하나의 설입니다. 공문헌은 우사를 보고서 놀라며 말했습니다. '시하인야(是何人也)?', 이 어떤 사람입니까? '오호개야(惡乎介也)?', 왜 다리가 하나 뿐입니까? '천명입니까[天與]?', 이 사람은 태어날 때부터 다리가 하나입니까? '아니면 인위입니까[其人與]?', 아니면 병이 나서 다리가 하나인 불구자로 변한 것입니까? 사람이 마치 한 그루 나무 같다니, 이상합니다! 어찌된 것입니까! 한 다리로 서 있으니 말입니다. 이것은 마치 연극에서 한 막의 대본 같습니다. 공문헌이란 사람이 걸어와서 우사라는 기형적인 사람이 서 있는 것을 봅니다. 이 사람의 형체상의 결함 때문에 공문헌은 보자마자 놀라서 소리쳤습니다.

'우사가 대답했다. 천명이지 인위가 아닙니다. 천명이 나를 한쪽 발만 가지고 태어나게 한 것이며[曰 : 天也, 非人也. 天之生是使獨也]', 우사는 듣고서 그에게 대답하여 말합니다. 이것은 천연적입니다. 바꾸어 말하면 인위적으로 이렇게 변하였든 차에 부딪혀서 이렇게 되었든 열이 나서 마비되었든 병든 다리를 잘라 내버렸든지 간에 모두 천명(天命)이며 이것은 자연적인 것이라는 겁니다. '비인야(非人也)', 모두 인위의 탓으로 돌릴 수 없습니다. 천명이 나로 하여금 한 다리로 살아가게 했기 때문에 나는 한 다리로 살아갑니다. 그는 말합니다. 이것은 하늘이 나더러 이런 모습이 되라했기 때문에 내가 이런 모습입니다. 여기서의 하늘[天]이란 종교적인 것이 아니라 자연적인 것입니다.

'사람의 외모는 태어나면서 부여받은 것입니다[人之貌有與也]',

그는 말합니다. 당신은 내가 이렇게 한 다리로 여기 서 있는 것을 보고 이상하다고 느끼지 마십시오. 사람마다 신체의 형태와 외모는 비록 다르더라도 사람은 각자 독립적인 정신이 있습니다. 이 한 마디 말은 심각합니다. 모든 것은 상대적입니다. 당신은 내가 다리가 하나라서 보기 싫다고 생각하지만 오히려 내가 보기에는 당신의 두 다리가 이상합니다! 저마다 각자의 타고난 생명이 있습니다. 당신은 나의 이 코가 삐뚤어 진 모습이라고 생각하지만 나는 오히려 당신의 코가 너무 곧아서 예쁘다하기에는 부족합니다. 저마다 견해가 다릅니다. 그렇지만 우리들에게 한 가지 원칙을 말해줍니다. 사람의 생명이 살아가며 그 자연에 따르되 생명의 형태와 가치가 있으니 어떠한 외부의 영향을 받지 말아야 한다는 것입니다. 나는 어디까지나 나입니다. 나를 곱사등이라고 말하지만 곱사등이가 뭐 꼴 보기 싫은 게 있습니까? 당신은 내가 곱사등이라고 비웃습니다. 미안하지만 당신은 아직 그렇지 않습니다! 믿지 못하겠으면 당신이 곱사등이가 되어보세요. 당신은 내 입이 비뚤어졌다고 비웃습니다. 미안합니다, 당신은 아직 비뚤어질 수 없습니다! 당신은 수술해야 비뚤어질 수 있는데 비뚤어지면 또 어떨까요? 이 타고난 것은 절대 아무런 관계가 없습니다. 이것은 외형으로서 우리들의 정신 생명의 독립적인 인격을 방해하지 못합니다. 그러므로 '사람의 외모는 태어나면서 부여받은 것입니다', 상대적인 것입니다. 정신의 독립적인 인격과 생명의 가치는 외형에 있지 않습니다. 그러므로 내가 당신에게 말씀드립니다. 나는 이 원칙을 알기 때문에 당신에게 대답합니다. '이런 까닭에 내가 한 쪽 발만 있는 것은 천명이지 인위가 아님을 압니다[以是知其天也, 非人也]', 천명이지 인위가 아닙니다. 아주 자연스러운데 이게 또 무슨 대단한 게 있겠습니까!

들꿩은 열 걸음에 한 번 쪼아 먹고, 백 걸음에 한 번 물을 마시지만 새장 속에 갇혀서 길러지기를 바라지 않는다. 그럴 경우 정신은 비록 왕성하더라도 (생명의 도리 상으로) 좋지 않기 때문이다.

澤雉十步一啄, 百步一飮, 不蘄畜乎樊中。神雖王, 不善也。

장자의 이 몇 마디 말은 중국의 문학 이야기 속에 많습니다. 특히『고사전』에 인용한 것도 많습니다. '택치(澤雉)'는 바로 강변이나 넓은 들의 꿩입니다. '십보일탁(十步一啄)', 꿩은 길을 열 걸음을 걸어가서 땅바닥에서 먹을 것을 찾아 벌레를 잡아먹습니다. '백보일음(百步一飮)', 그 꿩이 먹는 게 이렇다는 것을 묘사하고 있는데, 여러분들은 산 꿩이나 들 꿩을 본 적이 있는지 모르겠습니다! 몇 걸음 가다가 그 목을 내밀어서 땅바닥을 한 번 쫍니다. 벌레를 쪼는지 돌멩이 등등을 쪼는지 모릅니다. 몇 걸음 더 걸어갑니다. 조금 멀리 걸어가면 꿩은 또 물을 좀 찾아 마십니다. '새장 속에 갇혀서 길러지기를 바라지 않는다[不蘄畜乎樊中]', '기(蘄)'는 바라다[蘄求]는 의미입니다. 꿩은 자신이 새장 속에 갇혀 있기를 절대 바라지 않습니다. 보세요, 꿩은 얼마나 가련합니까. 음식을 찾아 배불리 먹기 위하여 하루 종일 온갖 곳을 쏘다니면서 벌레를 찾아 먹고 물을 찾아 마십니다. 비록 그렇더라도 그것은 아주 자연스럽게 살아가면서 쾌활하게 살고 즐겁게 삽니다. '불기축호번중(不蘄畜乎樊中)', 그것은 새장 속에 갇혀 있기를 바라지 않습니다. 새장 속에 갇혀있으면 날마다 먹을 쌀이 있고 또 잘 배합한 갖가지 비타민 사료가 있고 물도 있습니다. 그러나 하루 종일 새장 속에 갇혀 있으면 편하지 않습니다. 그는 차라리 배가 고프면 밖에서 벌레를 찾아 먹고 물을 찾아 마시는 것이 낫습니다. 이게 자유롭습니다! 이게 얼마나 편합니까! 이게 바로 그것의 생명입니다. 그래서 그것은 새장 속에 갇혀있기를 바라지 않는데 왜 그럴까요?

'그럴 경우 정신은 비록 왕성하더라도 생명의 도리 상으로 좋지 않기 때문이다[神雖王, 不善也]', 여기서의 '왕(王)'자는 왕성할 왕(旺)자와 같습니다. 보세요, 새장 속에 갇혀있는 꿩이나 동물, 또 저 공작 같은 것은 목을 길게 내밀고 이렇게 기웃거립니다. 아이구, 이게 공작왕(孔雀王)인데, 굉장합니다. 아무리 굉장해도 새장 속에 갇혀있습니다! 그는 말합니다. '신수왕(神雖王)', 그 정신은 보면 마치 한 왕(王) 같지만 '불선야(不善也)', 결코 좋지 않습니다. 장자가 말한 이 단락은, 사실 우리 모두는 새장 속에 갇혀있는 겁니다. 이 우주가 바로 거대한 새장입니다.

우리들의 오늘날 건축을 보면, 우리가 여기 앉아 있는 것도 대단합니다. 예컨대 저는 위에 앉아서 여러분들에게 『장자』를 강해하고 있습니다. 사람들은 모두 자기가 대단한 것처럼 보이기를 바라는데 무슨 대단함이 있을까요? 밖에서 건너다보면 이 건물은 성냥갑 같고 그 안에 우리 이 한 무리 사람들이 갇혀있습니다. 비록 우리 이 한 무더기 사람들이 여기 앉아서 의기양양해하며 자신들이 아직 왕이라고 부르고 있다고 느끼는데 '불선야(不善也)', 이것은 좋지 않습니다. 생명은 바로 그런 도리입니다. 우리 사람들은 때로는 느끼기를 자기가 하늘을 떠이고 땅위에 우뚝 서있는 영웅적 기개로서, 공명(功名)을 성취하였거나 혹은 큰돈을 벌었다고 하면서, 큰 사장님께서는 사람들 앞에 나오면 그 배를 유난히 크게 내밀어 보입니다. 돈이 있다는 것을 표시하기 때문입니다. 그렇지만 여전히 새장 속에 갇혀있습니다. 그래서 장자는 말하기를 생명의 도리상 좋지 않다[不善也]고 합니다. 이것이 두 번째 이야기입니다.

양생주 편에는 세 가지 이야기만 있습니다. 첫 번째 이야기인 포정이 소를 잡는 이야기는 우리들에게 입신처세의 마음가짐, 생활 방법은 해탈해야 하며 외부 경계에 구속되지 말고 자신의 조예가 범부를 뛰어넘어 성인에 도달해야 한다고 말했습니다. 비록 물질 세계에서 생활하고 있지만 정신은 초탈해야 한다고 일러주었습니다. 두 번째 이야기는 우리들에게 생명이 살아가면서 사람은 저마다 독립적인 생명의 가치가 있으므로 다른 사람이나 외부 환경의 영향을 받을 필요가 없다고 합니다. 그리고 진정한 생명의 가치가 천연을 본받아 이 새장 밖으로 초월해야 하며, 이 환경을 타파하려면 자기가 환경을 타파하는 능력이 있어서 천연의 생명을 창조해야 한다고 합니다. 이제 세 번째는 생사문제를 얘기합니다.

높으면 반드시 추락한다

노담(老聃)이 죽었다. 그의 친구인 진실(秦失)은 조상(弔喪)하러 와서 울음도 웃음도 아닌 소리를 크게 세 번 지르고는 밖으로 나왔다. 노담의 제자가 물었다. "선생님께서는 우리 선생님의 친구가 아니십니까?" 진실이 대답했다. "그렇지." "그렇다면 조상을 그와 같이 해도 되는 것입니까?"

老聃(耼)死, 秦失弔之, 三號而出。弟子曰 : 非夫子之友邪? 曰 : 然。然則弔焉若此, 可乎?

'노담이 죽었다. 그의 친구인 진실은 조상하러 와서 울음도 웃음도 아닌 소리를 크게 세 번 지르고는 밖으로 나왔다[老聃死, 秦失弔

之, 三號而出]', 그는 말합니다. 노자가 죽었다, 이것은 장자가 말하는 이야기입니다. 하지만 노자가 언제 죽었는지, 노자가 죽었는지 안 죽었는지는 중국문화사에서 전부터 있어온 하나의 수수께끼 사건입니다. 전하는바에 의하면 노자는 영원히 죽지 않는다고 합니다. 여기서는 말합니다. 노자가 어느 날 죽은 척 했습니다. 그의 친구인 진실(秦失)이 와서 조상(弔喪)을 했습니다. 일반인들 입장에서 말하면 친구가 죽은 것을 보면 눈물을 흘리지 않습니까! 적어도 두 방울이라도 흘립니다. 허! 그런데 그는 그렇지 않았습니다. 그는 노자의 시체를 보고서 '삼호이출(三號而出)', 크게 소리를 세 번 질렀는데 우는 것도 아니고 웃는 것도 아니었습니다. 하하하 하고 세 번 소리 지르고는 곧 떠났습니다. 그로서는 이것이 이미 큰 경례(敬禮)였습니다. '노담의 제자가 물었다[弟子曰]', 노자의 학생이 물었습니다. 이 양반은 어떤 사람이야? '선생님께서는 우리 선생님의 친구가 아니십니까[非夫子之友邪]?', 우리 선생님의 좋은 친구가 아닌가? 우는 것 같기도 하고 안 우는 것 같기도 하고, 웃는 것 같기도 하고 안 웃는 것 같기도 하고, 풍자(諷刺)하러 온 것 같네. '왈(曰) : 연(然)', 진실은 노자의 학생들이 그렇게 말하는 것을 듣자마자 대답하여 말했습니다. 그렇네! 나는 자네들 선생님의 좋은 친구지! '그렇다면 조상을 그와 같이 해도 되는 것입니까[然則弔焉若此, 可乎]?', 노자의 학생이 물었습니다. 우리 선생님이 죽어서 당신이 와서 조문을 하면서 절도하지 않고 눈물도 흘리지 않고 그저 큰 소리만 몇 번 지르는데 이래도 되는 겁니까?

"그렇지. 처음에 나는 그를 훌륭한 사람이라고 생각했는데 지금 여기 와서 보니 그렇지 못했네. 아까 내가 들어가 조상하는데 늙은 사람은 자기 아들이 죽은 듯이 울고, 젊은 사람은 자기 어머니를 여읜 듯이 울고 있었네. 저 사람들이 모인 까닭은 노담이 제자들에게 위로의 말을 하기를 바라지 않는다면서도 말하게 하고 울기를 바라지 않는다면서도 울게 하는 감정이 틀림없이 있었기 때문이네. 이는 형이상의 도인 하늘을 위반하고 진정한 감정에 어긋나며 그 생명의 본래를 잃어버린 것이네. 옛날에는 이것을 일러 하늘의 벌을 도피하는 것이라고 말했네."

曰：然。始也吾以爲其人也，而今非也。向吾入而吊焉，有老者哭之，如哭其子；少者哭之，如哭其母。彼其所以會之，必有不蘄言而言，不蘄哭而哭者，是遁天倍情，忘其所受，古者謂之遁天之刑。

　'왈(曰)：연(然)', 진실이 말합니다. 물론 그래도 되지! 이게 최고의 예절이다. 그런 다음 그는 말합니다. '처음에 나는 그를 훌륭한 사람이라고 생각했는데 지금 여기 와서 보니 그렇지 못했네[始也吾以爲其人也, 而今非也]', 여러분의 선생님이 죽었다는 얘기를 듣고서 조상을 하러 오면서 나는 그래도 그가 대단한 사람이라고 생각을 했다. 이제 지금 이곳에 와서 보니 여러분 학생들은 모두 그에게 도를 배운 사람들인데 결과적으로 배운 게 이런 모습이라니 나는 그가 사람이 아니라고 생각한다. 그는 사람이 될 자격이 없으며 도를 얻지 못했다고 생각한다.
　'아까 내가 들어가 조상하는데 늙은 사람은 자기 아들이 죽은 듯이 울고, 젊은 사람은 자기 어머니를 여읜 듯이 울고 있었네[向吾入而吊焉, 有老者哭之, 如哭其子；少者哭之, 如哭其母]', 그는 말합니다. 내가 이전에는 여러분의 선생님에 대해 마음속으로부터 존경하고 감탄했으며 그는 한 사람으로서 자격이 있다고 보았다. 그런데 내가 멀리서 조상하러 왔을 때에 여러분들의 이런 모습을 보게 되자 나는 그가 아직 도우(道友)가 아니며 한 사람이라고 하기에는 부족하다고 생각했다. 왜 그랬을까요? 그는 말합니다. 조금 전에 내가 조상하러 들어왔을 때 보니, 일부 나이 많은 사람들이 와서 조상하면서 몹시 우는데, 마치 자기 자식이 죽은 것처럼 슬퍼하였다. 많은 젊은이들이 와서 조상을 하면서 우는데, 마치 자기 어머니가 죽은 것처럼 슬퍼하였다. 왜 그들은 노자가 죽은 것을 보고서 그렇게 슬퍼하며 울었을까? 그보다 나이가 더 많은 사람도 그를 슬퍼했고 그보다 나이가 어린 사람도 그를 슬퍼했다. 울음이란 진정한 감정의 무의식중의 나타남이기 때문에 '피기소이회지(彼其所以會之)', 그래서 그들은 정감이 움직여서 말로 할 수 없었기에 울기마련이었을 것이다. '필유불기언이언(必有不蘄言而言), 불기곡이곡자(不蘄哭而哭者)', 그들의 정감을 표현할 수 있는 말이 없었기 때문에 울었다. 그렇지만 이것은 보통 일반인들의 감정이다. 그런데 여러분의 선생님인 노자는 어떠할까? 틀림없이 보통사람이 아니었다. 그는 사람들에게 인정과 물리환경을 초월하여 초신입화(超神入化)의 경지에 이르도록 가르쳐 이끄는 사람이었으며, 슬픔과 즐거움을 가슴속에 품지 않는다고 말했을 뿐만 아니라 칠정육욕(七情六欲)에조차도 이미 마음이 움직이지 않았었다.

바꾸어 말하면 이렇다는 겁니다. 도를 얻은 사람은 생사조차도 가슴속에 들어가지 않고 생사가 일체(一體)가 되어버렸다. 살아 있는 것은 눈 뜨고 꿈을 꾸고 있는 것이요, 죽음은 눈 감고 꿈을 꾸는 것으로 어쨌든 꿈속에서 유희(遊戲)하고 있는 것이다. 결과적으로 그에게서 도를 배운 여러분들은 진정한 감정을 움직여 그가 죽은 뒤에 그렇게 크게 울고불고 소리치고 요란들을 떠는데, 이를 통해서 보면 여러분들은 도를 얻지 못했다. 바꾸어 말하면 노자가 여러분들을 잘 가르치지 못한 것이다. 그러므로 진실은 노자는 사람이 훌륭한 사람이 아니며 천연(天然)을 위반했다고 보았습니다. '이는 형이상의 도인 하늘을 위반하고 진정한 감정에 어긋나며[是遁天倍情]', 여기서의 '천(天)'은 보통의 하늘이 아니라 형이상의 도입니다. 형이상의 도를 위반한 것이다.

사람의 감정으로 희노애락이 있는 것은 괜찮습니다! 자연스럽게 있습니다. 하지만 꼭 노래 부르듯이 큰 소리로 울어서 목이 쉴 정도가 되어야 비로소 슬퍼함이라고 부를 수 있는 것일까요! 그는 말합니다. 이것은 감정이 이미 일부러 그런 것이다. 그것은 진정한 감정이 아니다. '그 생명의 본래를 잃어버린 것이네[忘其所受]', 생명의 본래를 잃어버린 것이다. 생명의 본래는 무엇일까요? '적취개소산(積聚皆消散), 숭고필타락(崇古必墮落), 합회종별리(合會終別離), 유명함귀사(有命咸歸死)', 쌓여 모이면 반드시 흩어지고, 가장 높은 곳에 도달하면 반드시 떨어지며, 서로 만남이 있으면 반드시 이별이 있고, 살아있는 생명은 자연히 돌아갈 날이 있습니다. 이것은 필연적인 도리입니다 ; 그러므로 '살아있는 것은 여관에 머무는 것이요 죽을 때는 집에 돌아가 휴식하는 것입니다[生者寄也, 死者歸也]', 생명의 본성은 한번 움직이면 한번 정지하는 도리가 자연히 있습니다. '옛날에는 이것을 일러 하늘의 벌을 도피하는 것이라고 말했네[古者謂之遁天之刑]', 그는 말합니다. 사람이 삶과 죽음을 대수롭지 않게 보지 못하면 자연을 위반한다. 장자의 관념에서는 이것은 천벌[天刑]을 도피하는 것입니다. 사람은 태어남이 있으면 반드시 죽음이 있으며, 만남이 있으면 마침내 이별이 있다는 것이 바로 이 도리입니다.

"이 세상에 태어나 와서 살아간 것은 선생이 이 생명의 자연적인 세

(勢)에 따른 것이며, 이 세상에서 떠나간 것도 선생이 그 자연의 규율에 따르는 것이네. 언제 어디서나 도리에 어긋나지 않아 마음이 편하고 생사문제에 초연히 처하고 따르면, 슬프거나 즐거운 감정이 마음에 끼어들지 못하네. 옛날에 이것을 일러 '제(帝)의 현해(懸解)'라고 하였네! (이 형이상의 생명의 주재자는 세상의 학문이나 문자언어로 해석할 길이 없고 최고의 지혜로써 이해해야 한다는 뜻이네) (삶과 죽음을 마치고 난 뒤에) 육신은 장작이 되어 타져 다하지만 그 불생불멸의 생명의 불빛은 영원히 전해져 그것이 언제 다할지 알지 못한다네."

適來, 夫子時也; 適去, 夫子順也, 安時而處順, 哀樂不能入也, 古者謂是帝之縣解。指窮於爲薪, 火傳也, 不知其盡也。

그는 말합니다. 한 인간이 이 세상에 태어나서 사는 것은 이 생명의 자연적인 세(勢)를 따라서 온 것이요, 나이가 죽어야 할 때에 이르는 것도 자연의 법칙을 따르는 것이다. 그래서 노자도 말했습니다. '물장즉로(物壯則老)', 사물이 왕성하여 극점에 이르면 자연히 쇠로하기 마련입니다. '노즉불도(老則不道)', 사람이 늙으면 이 생명은 끝나고 또 하나의 새로운 생명이 시작합니다. 바꾸어 말하면 진정한 생명은 현재의 상태에 있지 않습니다. 현재의 상태에서는 생사가 있음을 보지만 우리들의 저 능히 태어나게 하고 죽어가게 하는 그 어떤 것은 육체의 생사에 있지 않습니다. 그러므로 우리는 생과 사를 꿰뚫어 보아야 합니다.
'언제 어디서나 도리에 어긋나지 않아 마음이 편하고 생사문제에 초연히 처하고 따르면, 슬프거나 즐거운 감정이 마음에 끼어들지 못하네[安時而處順, 哀樂不能入也]', 이것이야말로 최고의 수양입니다. 양생주 편의 최후의 결론은 그 중점이 이 한마디에 있는데, 생명의 도리를 꿰뚫어 보았습니다. '안시(安時)', 언제 어디서나 도리에 어긋나지 않아 마음이 편안한 것입니다. '이처순(而處順)', 설사 사람이 살아가더라도 죽음을 제외하면 큰일이 없습니다. 생사의 문제를 실체가 없는 것[空]으로 보고 자연스러운 것으로 봅니다. '안시이처순(安時而處順), 애락불능입야(哀樂不能入也)', 자기가 후천적인 감정에 어지럽혀지지 않습니다. 슬픔과 즐거움이 충(衷)에 들어가지 않습니다. 이 충(衷)은 내심입니다. 내심이 슬픔이나 즐거움에 사로잡혀 어지럽혀지지 않는 것입니다.

'옛날에 이것을 일러 '제(帝)의 현해(縣解)'라고 하였네[古者謂是帝之縣解]', 중국 고대의 문화인, 도(道), 천(天), 제(帝) 이 각 글자에 대해 여러 가지 해석이 있습니다. 제(帝)는 종교적인 하늘의 주재자를 대표하기도 하고 철학적인 형이상의 하나의 본체나 본래를 대표하기도 합니다. 여기서의 제(帝)자는 진짜로 유형의 한 하느님[上帝]으로 해석하지 마십시오. 하지만 그렇게 해석해도 되는데, 즉 생명의 주재자가 하나 있다는 것입니다. '현해(縣解)'에서 '현(縣)'은 매달 '현(懸)'입니다. 이 형이상인 생명 주재자는 세상의 학문이나 세상의 문자언어로 해석할 길이 없고, 최고의 지혜로써 이해해야 합니다. 이 도리를 이해하면 생사를 마칩니다.

다함없이 서로서로 전해지는 장작불

생사를 마치고 난 뒤에 '육신은 장작이 되어 타져 다하지만 그 불생불멸의 생명의 불빛은 영원히 전해져 그것이 언제 다할지 알지 못한다네[指窮於爲薪, 火傳也, 不知其盡也]', 장자가 여기서 사용하고 있는 이 '지(指)'자에 대해서 사람들이 심하게 논쟁하는데, 왜이 손가락 지(指)자를 썼을까요? 이 '지'는 육체를 대표합니다. 어떤 사람은 이 '지'를 종지(宗旨)의 지(旨)라고 해석합니다. 바꾸어 말하면 우리들의 진정한 생명은 마치 성냥개비처럼 그것에 불을 붙이면 이 불은 촛불로 전해지는 것과 같습니다. 성냥개비가 다 타고 나면 성냥개비의 형상(形象)은 없어지고 초가 그 빛을 이어받는데 이 한 점의 빛은 영원히 전해져갑니다. 그래서 '신진화전(薪盡火傳)'이라고 합니다. 성냥개비는 다 타버렸지만 빛은 영원히 이어져 끊어지지 않습니다. '부지기진야(不知其盡也)', 정신의 생명은 영원이 밝을 뿐만 아니라 무궁무진합니다.

장자는 이 방법을 통해서 말하여, 도가사상은 불가와 유가사상과 같다고 표현합니다. 우리들 한 인간의 육체의 생사는 현상(現象)입니다. 생멸생사는 양쪽의 현상입니다. 우리들 생명의 뿌리[根本]는 이러한 생사현상에 있지 않습니다. 태어나게 하고 죽게 할 수있는 저 생명의 빛은 영원히 불생불멸하며 다함이 없고 휴식이 없습니다. 우리가 이 도리를 이해하면 신체의 사망과 생사사이에 대하여 바라보는 게 대단히 해탈적이며 아주 가뿐하며 대단히 자유롭습니다. 이 때문에 슬픔도 즐거움도 흉중에 들어가지 않게 됩니다.

이제 이 세 이야기들을 다 풀이했으니 다시 되돌아가서 보겠습니다. 양생주 편의 첫 번째 이야기는 포정이 소를 잡는 이야기를 제시하여 우리들에게 인생의 생활에 대하여 마치 포정이 소를 잡는 것처럼 초신입화(超神入化)하라고 하며, 조예가 현상의 해탈에 까지 도달하여야 한다고 했습니다. 비록 이와 같더라도 사람됨과 일처리에서는 역시 어디에서나 근신하고 조심하라고 했습니다. 이어서 두 번째 이야기는 설명하기를 사람이 살아가면서 초연하면서 확고부동한 독립적인 인격이 있어서 외모나 외형 외부경계의 영향을 받지 않아야 한다고 했습니다. 장애자가 열등의식을 가질 필요가 없다는 것을 우사(右師)를 통하여 발이 하나인 사람도 천지사이에서 꿋꿋하게 세상에 살아가면서 천상천하유아독존(天上天下唯我獨尊)으로서 절대 외부의 영향을 받아서는 안 된다고 설명했습니다.

우리들은 저마다 열등감이 있습니다. 어떤 영웅이든 모두 열등감이 있어서 환경의 자극과 환경의 타격을 견딜 수 없어서 열등감이 자연히 생겨났습니다. 그러므로 항상 몹시 오만한 사람은 바로 그 자신의 열등감이 너무 무겁기 때문입니다. 열등감이 너무 무거우면 자연히 오만합니다. 그런 오만은 열등감에 대한 방어로서, 남이 자기를 깔볼까 몹시 두려워하기 때문에 자기가 거드름을 피워야만 합니다. 만약 열등감이 없다면 천연스럽습니다. 당신이 나를 깔보지 않더라도 나는 여전히 나입니다. 당신이 나를 깔보더라도 나는 여전히 나입니다. 나는 어디까지나 나이며, 나는 바로 그런 모습입니다. 당신이 나를 깔보지 않든 나를 깔보든 그는 말하기를 일체가 모두 자연스럽다고 말하는 것이 바로 이런 도리입니다.

이 경계에 도달하여 진정으로 자아를 인식하면 천지간에 꿋꿋하며 옛날부터 지금까지 하나의 나가 아님이 없습니다. 그러므로 살아있는 동안에 삶과 죽음을 간파할 수 있다면 나이 들고 병들어 괴롭고 태어나고 죽어갈 때에 두려움이 조금도 없으며 일체를 자연스럽게 받아드립니다. 바꾸어 말하면 생사에 대해서도 비굴하지 않습니다. 우리가 왜 죽음을 두려워할까요? 비굴하기 때문입니다. 죽고 나서 어디로 가는지를 모른다고 생각하기 때문입니다. 장자는 우리들에게 일러줍니다. 죽는다고 어디로 가는 것이 아니라 우리의 그 태어나고 죽게 할 수 있는 생명은 영원히 항상 있다. '육신은 장작이 되어 타져 다하지만 그 불생불멸의 불빛은 영원히 전해져[薪盡火傳]', 정신의 생명은 영원히 빛나며 영원히 켜져 있다. '그것이 언제 다할지 알지 못한다[不知其盡也]', 무궁무진한 것이다.

제4편 인간세(人間世)

　양생주 편 강의를 마쳤습니다. 이어서는 바로 인간세(人間世) 편
입니다. 인간세라는 명사도 장자가 제시한 것으로, 우리가 문학에
자주 사용하고 있습니다. 유의하기 바랍니다! 소요유 편을 지나서
는 제물론 편이었습니다. 이 점은 제가 매번 거듭 주의하라고 언급
했는데, 여러분들이 그것을 연관시키기 바랍니다. 소요유 편은 해
탈이기 때문에 진정으로 해탈을 얻어야 비로소 형이상의 도에 도
달할 수 있습니다. 도를 증득해야 비로소 평등하고 자재하고 제물
(齊物)할 수 있습니다. 진정으로 제물할 수 있는 뒤에라야 비로소
진정한 양생을 이해합니다. 진정한 양생을 이해하고 난 다음에야
비로소 사람 노릇할 수 있고 이 인간세상에서 살아갈 수 있습니다.
장자가 말하는 인간세는 바로 어떻게 출세간(出世間)의 도를 돌려
서 소요자재(逍遙自在)하며 이 인간세상에서 생활할 것인가 입니
다.

안회가 왕의 스승이 되고 싶어 하다

안회(顏回)가 어느 날 중니(仲尼)를 보고 출국하고 싶다고 청했다.
"어디로 가려느냐?" "위(衛)나라로 가렵니다." "거기서 무엇을 하

려느냐?" "회가 듣건대, 위나라 왕은 나이가 젊고 행위방식이 독재적이라고 합니다. 나라를 경솔하게 다스리면서도 그 잘못을 보지 못하고, 백성들을 경솔하게 부려 죽게 하여, 죽은 자의 숫자가 한 나라 만큼으로서, 늪이 불에 타져 고갈된 것처럼 나라가 대단히 위험한 지경인데도, 백성들은 어찌할 길이 없다 합니다.

顔回見仲尼, 請行。曰 : 奚之?曰 : 將之衛。曰 : 奚爲焉?曰 : 回聞衛君, 其年壯, 其行獨, 輕用其國, 而不見其過。輕用民死, 死者以國量乎, 澤若蕉。民其無如矣。

이 이야기는 가탁(假託)한 우언(寓言)인데, 장자는 특별히 공자를 빌려서 세속으로 들어가서의[入世] 사람됨과 일처리의 도리를 말하고 있습니다. 왜냐하면 공자의 학설 주장은 인도(人道)에 편중되어 있고 세속으로 들어감에 편중되어 있기 때문입니다. 그러므로 장자는 할머니가 노파심에서 거듭 거듭하는 충고를 빌려 외할아버지에게 새해 인사로 좋은 말을 하는 형식을 채용했습니다. 그것이 풍자인지 아니면 타인의 좋은 뜻을 오해할 것인지는 독자가 스스로 참구하는 데 달려있습니다. 공자의 학생으로서 제일 대단한 학생은 안회였습니다. 그래서 안회와 공자의 대화를 빌려서 표현합니다.

안회가 어느 날 공자에게 휴가를 청하며 말합니다. 저는 이곳을 떠나 출국하고 싶습니다. 더 이상 학문을 연구하지 않겠습니다. 공자가 그에게 묻습니다. 너는 어디로 가려느냐? 그가 말합니다. 저는 위(衛)나라로 갈 작정입니다. 공자는 위나라의 상대부(上大夫)들과 친분이 좋았습니다. '거기서 무엇을 하려느냐[曰 : 奚爲焉]?', 공자가 안회에게 묻습니다. 너는 위나라에 가서 뭘 하려느냐? 안회는 한 도리를 얘기하여 말합니다. 제가 남이 말하는 것을 들으니 '위나라 왕은 나이가 젊고[其年壯]', 위나라 왕이라는 사람은 나이가 한참 장년(壯年)이라 소중하며, 전도가 유망합니다. '행위방식이 독재적이라고 합니다[其行獨]', 그러나 들리는 바에 의하면 위나라 왕이란 사람은 나라를 다스림이나 사람됨에 있어서 그 행위 방식이 대단히 독재적이며 자기가 옳다고 한답니다. '나라를 경솔하게 다스리면서도[輕用其國]', 그는 너무 총명한데다가 한참 장년 때를 맞이하여 국가 정치에 대해서 자기 멋대로 여서, 하고 싶은 대로 하고, 고려하지 않는답니다. '그 잘못을 보지 못하고[而不見其過]', 자기의 잘못을 반성하지 않는답니다. 이것은 장자가 안회를 통해 위나라 왕을 말함으로써 사람됨과 일처리의 도리를 말한 것입니다. 우리가 '경용기국(輕用其國)'라는 이 한 마디 말을 그대로 베껴 쓰면, 어떤 사람들은 자기 집안에서 '집안을 경솔하게 다스리면서도[輕用其家]' 그 잘못을 보지 못하고, 사업을 하거나 회사를 차려놓고 '장사를 경솔하게 다스리면서[輕用其商] 그 잘못을 보지 못합니다. 이 말은 그 범위가 크던 작던 간에 모두 같은 도리라는 겁니다.

'백성들을 경솔하게 부려 죽게 하여[輕用民死]', 위나라 왕은 한참 혈기왕성한 장년의 시기라 장년의 사람은 용기가 있고 충동이 있지만 지혜가 부족하고 경험이 부족합니다. 그래서 위나라 정치를 엉망으로 했습니다. 한 국가의 영도자가 장년인데다가 독재하면 자기의 의지에 따라서 일체를 결정하여 그 나라를 함부로 다스려 '민사(民死)', 백성들이 재난을 당하고 시달리는 사람들이 많습니다! '죽은 자의 숫자가 한 나라 만큼으로서[死者以國量乎]', 죽은 사람이 너무나 많아서 나라로써 가늠할 정도입니다. '늪이 불에 타져 고갈된 것처럼 나라가 대단히 위험한 지경인데도[澤若蕉]', 그가 이렇게 해 나가는 것은 한 줄기 큰 강을 태워버리는 것이나 다름없습니다. 이 국가는 너무나 위험합니다. 여기서의 '초(蕉)'자는 태울 초(焦)자로 차용한 것입니다. '백성들은 어찌할 길이 없다 합니다 [民其無如矣]!' 안회는 말합니다. 저는 위나라 백성들을 불쌍하게 여기므로 제가 그들을 구하러 가야겠습니다.

"회가 들은 적이 있는데 선생님께서 말씀하시기를, '잘 다스려지고 있는 나라에서는 떠나가고, 어지러운 나라로는 들어가 구해주라. 훌륭한 의원의 집 문 앞에는 병자가 많은 법이다.' 라고 하셨습니다. 위나라는 병폐가 너무 많습니다. 제가 선생님으로부터 듣고 생각한 도리원칙을 행하고 싶습니다. 그러면 아마 나라가 치료될 수 있을 것 입니다."

回嘗聞之夫子曰：治國去之，亂國就之。醫門多疾。愿以所聞思其則，庶幾其國有瘳乎！

그는 말합니다. 선생님, 저는 당신에게서 그렇게 오랫동안 배웠고 당신의 교육을 받았습니다. 당신은 평소에 우리들에게 '잘 다스려지고 있는 나라에서는 떠나가라[治國去之]'라고 가르쳤습니다. 안회는 공자의 교육이 다음과 같은 말이라고 합니다. 잘 다스려진 국가에는 가지 말라. 좋은 국가에 가서 뭘 하겠느냐?. 공짜 밥만 먹고 공무원이나 교원 노릇하면서 높은 봉급만 받는 것은 의미가 없다. '어지러운 나라로는 들어가 구해주라[亂國就之]', 그는 말합니다. 선생님은 우리들에게 가르치시기를, 위난이 있는 국가에는 반드시 가야한다. 세상을 구제하고 사람들을 구제해야한다고 했습니다. 지금 위나라는 어지럽습니다. 그래서 제가 그들을 구하러 가겠습니다. '훌륭한 의원의 집 문 앞에는 병자가 많은 법이다[醫門多

疾]', 훌륭한 의사의 집 입구에는 병자들이 많습니다. 위나라에 가면 정치적인 심리병이 있는 병자들을 많이 볼 수 있습니다. 그래서 저는 이 정치병이 있는 나라에 좀 가보려고 합니다.

안회는 말합니다. 게다가 저는 제가 선생님에게서 배운 도리원칙을 널리 전파시키고 싶습니다. 만약 불교적으로 말한다면 바로 중생을 제도하러 가는 것이요 도를 전하러 가는 것입니다. 유가적으로 말하면 바로 그곳에 가서 세상을 구제하고 백성을 구제하는 것입니다. '그러면 아마 나라가 치료될 수 있을 것입니다[庶幾其國有瘳乎]!', 그는 말합니다. 위왕의 나라는 병폐가 너무나 많습니다. 제가 가면 아마 이 나라를 잘 구할 수 있을 것이며 그의 병을 치료할 수 있을 것입니다. 여러분 유의하기 바랍니다. 장자는 안회의 생각으로 가탁했지만 사실은 바로 청년들의 생각입니다. 우리도 청년 시절을 거쳐 온 사람으로서 젊었을 때는 조금도 남이 눈에 차지 않습니다. 마치 자기가 일어서기만 하면 틀림없이 무슨 방법이 있을 것 같습니다. 아이~! 자기가 나서지 못하는 것이 안타깝습니다. 만약에 자기를 쓴다면 벌써 방법이 있었을 텐데. 여러분 남녀 청년들은 모두 그런 심리가 있습니다. 그렇지요? 안회는 청년 심리를 대표합니다. 공자와의 세대차가 나타났습니다. 이것은 선생님과 청년 학생과의 세대차의 가장 좋은 설명입니다.

증니가 말하였다. "아아~, 너는 아마도 가면 형벌을 당하기 십상일 것이다. 인생의 한 원칙으로서 도(道)란 전일해야지 섞이는 것을 바라지 않는다. 섞이면 생각이 많아지고, 생각이 많아지면 자신을 곤혹스럽게 하고, 곤혹스럽게 하면 번뇌 근심하게 되고, 번뇌 근심하게 되면 자신을 구할 수 없다. 그런데도 남을 구하고 나라를 구할 수 있겠느냐?"

仲尼曰 : 譆, 若殆往而刑耳。夫道不欲雜, 雜則多, 多則擾, 擾
則憂, 憂而不救。

'중니가 말하였다. '아아~[仲尼曰 : 譆]', 이 '희(譆)'자를 우리는
시[西: 중국어 발음은 xi 임/역주]라고 읽습니다. 진짜로는 그렇게 읽
지 않습니다. 공자는 듣고서는 그가 위나라에 가는 심사를 유머로
써 말합니다. '너는 아마도 가면 형벌을 당하기 십상일 것이다[若
殆往而刑耳]', 야! 너 가 봐라! 너는 가면 죽임을 당할 것이다. 공자
는 이어서 한 가지 도리를 말합니다. '인생의 한 원칙으로서 도란
전일해야지 섞이는 것을 바라지 않는다[夫道不欲雜]', 공자가 여기
서 말하는 도는 수도의 도가 아닙니다. 또 하나의 원칙의 도라고
할 수도 있습니다. 인생의 대 원칙 대 도리는 모두 마찬가지로서
섞일 수 없다. 전일해야 한다. 이 말은 중요합니다. 여러분들은 수
도하고 정좌하면서 과위(果位)를 증득하고 싶다면 한 문으로 깊이
들어가야[一門深入] 합니다. 방법을 많이 배우지 말기 바랍니다. 방
법이 많을 경우 당신이 지혜가 없어 융회관통(融會貫通)할 수 없어
서 결국은 한 가지도 성취함이 없습니다. 사람됨과 일처리에 있어
이 도리, 이 법칙의 도도 마찬가지입니다. '잡즉다(雜則多)', 도가
섞여지면 생각이 많아진다. '다즉요(多則擾)', 생각이 많아지면 자
기를 곤혹스럽게 한다. '요즉우(擾則憂)', 자기를 곤혹스럽게 하면
번뇌하고 우려한다. '우이불구(憂而不救)', 사람이 번뇌 우려가 마
음속에 있으면 자기조차도 구제할 수 없는데도 남을 구제할 수 있
겠느냐? 천하 국가를 구제할 수 있겠느냐? 공자는 이렇게 안회를
꾸짖기 시작합니다.

"옛날의 지인(至人)은 먼저 자기를 구하고 그런 다음에 남을 구했다.

자기를 구하는 것조차도 아직 확정되지 않았는데 어떻게 남의 소행을 폭로할 겨를까지 있겠느냐!"

古之至人, 先存諸己, 而後存諸人, 所存於己者未定, 何暇至於暴人之所行!

이 단락은 완전히 청년들에 대한 인생철학이요, 공자가 말한 청년인의 수양철학입니다. 공자는 말합니다. 내 너에게 일러주겠다. 우리 중국 전통문화는 상고 시대와 중고 시대에 모두 '선존제기(先存諸己)'해야 한다는 것이었다. 먼저 자기를 구해야한다. 이른바 자기가 서고 남을 세워주는 것이다. 불법을 배우는 사람들에게 말하면 먼저 자기를 제도할 것[自度]을 추구하고, 그런 다음에 남을 제도하는 것[度人]입니다. '자기를 구하는 것조차도 아직 확정되지 않았는데[所存於己者未定]', 너 자신조차도 제도할 수 없으면서, 자기 자신도 구제할 수 없으면서 어떻게 남을 구제할 수 있겠느냐! '어떻게 남의 소행을 폭로할 겨를까지 있겠느냐[何暇至於暴人之所行]!', 자신의 병조차도 잘 치료하지 못했으면서 네가 남을 비판하고 남의 결점을 폭로할 겨를이 어디 있겠느냐! 그러므로 도가의 사상은 불가 유가와 모두 마찬가지인데, 중국전통문화에서의 인생수양의 가치관을 『장자』 이 부분에서 말했습니다.

진흙 보살이 강을 건너는 안회

"그리고 도덕이 진정한 도덕의 범위 밖으로 넘쳐흐르고, 지식이 진정한 학문의 범위 밖으로 벗어나는 까닭을 너도 알고 있겠지? 도덕은 명예심 때문에 그렇게 넘쳐흐르고, 지식은 경쟁심 때문에 그렇게 벗어난다. 명예심이란 서로 시샘 배척하는 것이고 지식적 선입견이란 투쟁 도구이다. 명예심과 선입견 이 두 가지는 생명을 파괴하는 천하의 흉기로서 모두 행할 바가 아니다."

且若亦知夫德之所蕩, 而知之所爲出乎哉? 德蕩乎名, 知出乎爭。名也者, 相札也; 知也者, 爭之器也。二者凶器, 非所以盡行也。

공자는 말합니다. 뿐만 아니라 너는 '도덕이 진정한 도덕의 범위 밖으로 넘쳐흐름[德之所蕩]'을 아느냐 모르느냐? 즉, 과분하게 표방하는 도덕은 도덕이 아니라는 겁니다. 한 컵에 물을 채울 경우 물을 너무 가득 채우면 물이 넘쳐서 탁자 위에도 물이 흐릅니다. 그러므로 도덕은 범위가 있는 것입니다. 이 도덕 범위를 초월하면 '탕덕(蕩德)'이라고 부릅니다. '지식이 진정한 학문의 범위 밖으로 벗어나는 까닭을 너도 알고 있겠지[而知之所爲出乎哉]?', 너는 학문이 있고 지혜가 있다고 자인(自認)한다. 하지만 총명이 지나친 것은 어리석은 것이다. 진정한 총명은 너무 지나치지 않을 것이다. 네가 그저 아주 조금 아는 것에 의지해서 남을 가르치려고 한다면 너는 너무 어리석은 것이다!

반대로 말하면, 일반인들의 수양 도덕은 왜 자기의 본분을 지키지 못하고 도리어 이 본분을 초월할까요? 심리의 영향을 받기 때문입니다. 어떤 심리일까요? 허영(虛榮)의 명예심입니다. 오늘날 말로 하면 영문을 모른 채 지명도(知名度)를 추구하기 때문입니다! 오늘날의 설법은 영문을 모른 채 지명도를 추구하기 위하기 때문에 수단을 가리지 않고 하여서 도덕적인 범위를 초월했습니다. 그게 바로 '도덕은 명예심 때문에 그렇게 넘쳐흐른다[德蕩乎名]'입니다. 왜냐하면 명예를 추구하는 심리가 인생의 행위기준을 파괴해버렸기 때문입니다. '지식은 경쟁심 때문에 그렇게 벗어난다[知出乎爭]', 아는 게 많을수록 의견의 다툼은 그만큼 크며, 진정한 학문도 사라져버립니다. 왜 그렇게 할까요? 왜냐하면 개인적인 지식견해[知見]를 고집하여 강함을 다투고 이기기를 좋아하기 때문입니다. 여기서의 '쟁(爭은)'은 바로 이기기를 좋아하는 것입니다. 우리가 보면 역사상 진정으로 학문이 있는 사람은 공명을 얻기 위해 과거시험을 본 것이 아니었습니다. 그는 공명을 바라지 않았습니다. 그는 그 자신을 위해서 글공부를 하고 자신을 위해서 도를 구했습니다. 그래서 그의 일생은 성취할 수 있었으며 이름이 천고에 남았습니다.

우스개 얘기를 하나 해보겠습니다. 당나라 왕조 이후 고시제도가 유행했습니다. 명나라 청나라 이 팔백년 사이에 일반인들은 단지 팔고문(八股文) 고시의 문장을 지을 줄만 알았지 무엇을 진정한 학문이라고 하는지는 이미 몰랐습니다. 그래서 청나라 말년에 이르렀을 때 이런 사실이 있었습니다. 우스갯말이 아닙니다. 공명시험에 합격한 거인(擧人)이 갑자기 어느 날 친구에게 물었습니다. 아! 공자는 그 당시 어느 과에 합격한 거인이었을까! 또 어떤 사람이 이미 거인 시험에 합격했는데 그는 같은 해에 합격한 동갑네기 집에 갔습니다. 동갑네기의 서가에『사기』가 한 부 놓여 있는 것을 보고는 말했습니다.『사기』, 야! 나는 이 책을 아직 본 적이 없는데 어떤 사람이 지은 거야? 사마천이잖아! 사마천은 어느 과 진사이지? 그 당시에는 이런 사람들이 있었습니다.

'명예심이란 서로 시샘 배척하는 것이고 지식적 선입견이란 투쟁 도구이다[名也者, 相札也, 知也者, 爭之器也]', 그는 말합니다. 사람이 명예를 추구하기 위하여 수단을 가리지 않고 하면 자신이 명예, 명성에 갇히게 된다. 기어코 이기기를 좋아하기 때문이거나 게시판 상에 이름이 있도록 하기 위하여 글공부를 하는 것이지 학문을 위해서 글공부를 하는 것이 아니다. '쟁지기야(爭之器也)', 이것은 투쟁 심리의 시작이다. 명예와 지식이 좋은 일이 아니라는 말이 아니라, 명예를 추구하기 위하여서나 기어코 이기기를 좋아하여 지식을 추구한다면, 이 두 가지는 다 좋은 일이 아니라는 말입니다. '명예심과 선입견 이 두 가지는 생명을 파괴하는 천하의 흉기로서 모두 행할 바가 아니다[二者凶器, 非所以盡行也]', 이 두 가지는 모두 살생 무기로서, 자기의 생명을 파괴하는 것이다. 이것은 도덕행위가 아니요 진정으로 인생생명을 이해한 것이 아니다.

인간세 편에는 하나의 중점이 있습니다. 소요유 편에서는 어떻게 해탈할 것인가를 말했고, 해탈하여 초인(超人)이 된 뒤에는 형이상의 도의 만물제일(萬物齊一)의 경지까지 닦아야 평등할 수 있고, 그런 다음에야 비로소 어떻게 한 사람이 되고, 어떻게 양생하며, 어떻게 자기의 이 생명이 가치 있게 살아가게 할 것이냐 이며, 그런 다음에야 비로소 세상에 들어갈 수 있다는 것입니다. 위에서 말한 세상으로 들어가는 이 단락은 막 조금 시작했는데, 바로 공자와 안회의 이야기입니다. 역사로부터 우리가 알듯이 공자의 일생은 위나라와 위령공(衛靈公)의 대신들과의 관계가 대단히 좋았고 대단히 깊었습니다. 공자의 절반의 생애는 모두 위나라에서 지냈습니다.

우리들의 이 역사는 아주 묘합니다. 중국역사의 특수한 부분으로 시호법[諡法]이라는 명칭이 하나 있는데, 우리 역사 특유의 정신입니다. 황제든 대신이든 유명한 사람이든 일생에 한 일이 옳았는지 옳지 않았는지를 죽은 뒤에 하나의 봉호(封號)를 두었는데, 그것을 시호법이라고 했습니다. 옛사람들은 이 봉호를 대단히 중시했습니다. 하지만 시호법은 오늘날 보전되지 않았습니다. 일부 황제들의 경우에서 우리 대충 하나를 얘기해보겠습니다. 한나라 왕조의 황제인 한애제(漢哀帝)는 슬펐습니다. 한나라 왕조는 최후에 조조(曹操)에게 제압되어 끝났던 사람이 한헌제(漢獻帝)였습니다. 헌제는 물론 이와 같이 해석하는 것은 아닙니다. 그러나 나라를 다른 사람에게 받쳤다고도 말할 수 있습니다. 또 한문제(漢文帝)·한선제(漢宣帝)·주문왕(周文王) 같은 경우, 역대에 선(宣)자로 시호를 할 수 있거나 하거나 문(文)자로 시호를 할 수 있는 경우는 쉽지 않았습니다. 대신 중에 예컨대 청나라 왕조 때 증국번(曾國藩)의 경우는 사후 봉호가 증문정(曾文正)이었는데, 이것은 가장 드문 것이었습니다. 또 명나라 왕조 때 왕양명(王陽明)의 경우는 왕문성(王文成)으로 시호를 봉했고 문정(文正)이라고 부를 길이 없었습니다. 중국의 과거 지식인들은 사후에 시호되는 이 명칭을 두려워했습니다. 그것은 영원히 변경할 방법이 없는 것이기 때문이었습니다.

또 한나라 왕조의 한영제(漢靈帝)나 전국 시대 위나라의 위령공(衛靈公)의 경우처럼 영(靈)자가 있으면 그리 영(靈)하지 않았습니다. 정신병적인 점이 조금 있었습니다. 송나라 왕조에 송신종(宋神宗)이라는 황제가 하나 있었는데 바로 아주 신 끼[神氣]가 있었습니다. 그러므로 중국의 제왕이나 대신 등의 사람됨, 특히 일처리는 역사에 대하여 책임진다는 정신이 있어야 했습니다. 아무도 역사의 공정한 평가로부터 도망갈 길이 없어서, 옳은 것은 어디까지나 옳은 것이요, 옳지 않은 것은 어디까지나 옳지 않은 것이었습니다.

이제 우리가 위령공을 이해했습니다. 역사상의 이 제후는 후세의 말로 굳이 말한다면, 이 위나라의 황제는 괜찮았습니다. 그리

나쁘지 않았습니다. 단지 좀 건들건들한 그런 사람이었습니다. 그렇지만 그가 쓴 간부 대신들은 모두 일류급이었습니다. 가장 유명한 거백옥(蘧伯玉) 같은 경우는 위령공의 재상이었으며 공자도 그에게 몹시 감복했습니다. 그러므로 공자는 일생동안 영락(零落)하여 정처 없이 떠돌아다녔지만 위나라에서는 오히려 오랫동안 머물렀습니다. 거백옥 같은 사람들이 공자를 돌보아 주었기 때문입니다.

또 예컨대 안자(晏子: 안영晏嬰)는 역사상 유명한 난장이였으며, 제(齊)나라의 현명한 재상이었는데 공자와도 사이좋게 지낸 친구였습니다. 그러나 공자는 제나라에 머물러 살 길이 없었습니다. 안자도 공자가 제나라에 머물러 살기를 바라지 않았습니다. 그래서 그가 방법을 생각해내서 공자더러 떠나라고 요구했습니다. 이것은 역사상 한 가지 비밀입니다. 안자는 공자를 보전하기 위해서였기 때문입니다. 공자가 제나라에 오랫동안 머무른다면 문제가 나타날 것이며 모략을 꾸며 그를 죽이려는 사람이 있을지 모를까 두려웠기 때문입니다. 안자는 비록 한 나라의 재상이었지만 보호할 수 없었습니다. 그래서 공자는 위나라에서 있는 시간이 많을 수밖에 없었습니다. 그러나 위나라는 어땠을까요? 황제는 이미 위령공의 후계자로서 역시 다루기 어려웠습니다. 안회가 위나라에 가겠다고 공자에게 요구했을까요 않았을까요? 역사상 찾을 수 있을까요 없을까요? 모릅니다. 하지만 『장자』속에서는 지금 이 이야기가 나왔습니다.

우리는 특히 유의해야합니다. 본편의 제목을 인간세라고 합니다. 한 지식인, 특히 우리 청년들은 저마다 국가와 천하를 위한 열정을 가지고 있는데, 이는 바로 육방옹(陸放翁)의 한 수의 명시가 묘사하고 있는 것입니다.

젊은 시절 세상일 어려운 줄 어디 알았으랴 　　早歲那知世事艱
북쪽으로 중원 바라볼 제 의분이 산처럼 솟았네 　中原北望氣如山
눈 오는 밤 전함 타고 과주 나루터를 순항했고 　樓船夜雪瓜洲渡
가을바람 속에 말 타고 대산관을 달렸지 　　鐵馬秋風大散關

　오늘날 중학교 과정 속에서 이런 시문들을 가르치는지 안 가르치는지 모르겠습니다! 왜냐하면 제가 교과서에 그리 유의하지 않기 때문입니다. 과거에 우리는 겨우 7, 8세 때에 먼저 이런 시들을 읽었습니다. 지금은 고등학교에서야 읽는 것 같습니다. 장래는 아마 대학원에서야 이런 책을 읽지 않을까 싶습니다. 이 시는 바로 청년들을 말합니다. '젊은 시절 세상일 어려운 줄 어디 알았으랴[早歲那知世事艱]', 청년은 인간 세상사의 어려움에 대해 조금도 알지 못합니다. 그래서 그 기개와 도량은 마치 천하국가는 자기가 나서기만 하면 방법이 있다는 것 같습니다. '북쪽으로 중원 바라볼 제 의분이 산처럼 솟았네[中原北望氣如山]', 보세요! 젊은이의 심리는 거의 매 시대마다 마찬가지입니다. 그 당시 남송은 한참 금나라 왕조와 전쟁을 하고 있었던 때였습니다. 국가가 전쟁 중에 있을 때 육방옹은 나라를 수복해야겠다는 생각을 언제나 가지고 있었습니다. '눈 오는 밤 전함 타고 과주 나루터를 순항했고[樓船夜雪瓜洲渡]', 고대의 누선(樓船)은 바로 오늘날 말하는 해군인데, 그는 장강(長江) 하류에서 해군으로 있었습니다. '가을바람 속에 말 타고 대산관을 달렸지[鐵馬秋風大散關]', 또 서북의 고원지대에 가서 육군이 되어 작전을 하고 싶었습니다. 육방옹의 이런 심정은 난세 시대의 아들딸이라면, 특히 청년이 교육을 받았고 기개가 있고 포부가 있는 사람이라면 모두 이런 기백을 가지고 있는데, 고금동서가 마찬가지라고 할 수 있습니다.

지금 장자가 묘사하고 있는 안회도 이런 심리입니다. 천하국가가 불안정한 것을 보고서 몹시 한번 나서서 일을 해 보고 싶습니다. 이런 심리는 모든 사람의 심리를 대표합니다. 지금 인간세 편은 바로 이런 도리를 말하고 있습니다. 장자는 비록 도가의 입장에 서 있지만 실제로는 그 당시는 유가와 도가로 분가하지 않은 시대였습니다. 후대에 도가와 유가를 엄중하게 나누었던 것처럼 그렇지 않았습니다. 그 당시의 도가란 유가와 도가를 포함한 것이었습니다. 그래서 안회는 이런 기개를 품고 위나라 임금을 만나보러 가고 싶었습니다. 위나라 임금을 교화시켜 현명한 영수(領袖)가 되게 하고 싶었습니다. 공자는 듣고서 안회를 훈계하여 지도하였는데, 이 단락도 천하의 모든 사람들을 가르치는 것입니다. 앞에서 이 중점을 이미 얘기했습니다. 공자는 말했습니다. 네가 만약 간다면 위나라 임금을 교화시킬 수 없을 뿐만 아니라 오히려 네 목숨이 날아갈 것이다. 왜냐하면 인간세상의 도리는 어지러워서는 안 되고 전일(專一)해야하기 때문이다. 정신이 전일해야 시작이 있고 끝이 있고 꾸준함이 있다. 욕망이 많고 아는 게 많으면 전일할 수 없고, 도리어 자기를 곤혹스럽게 하고 다른 사람도 곤혹스럽게 한다. 생각이 많고 복잡하면 번뇌 고통도 크다. 번뇌 고통이 너무 많으면 자기조차도 구할 수 없는데 남을 구할 수 있겠느냐? 이게 바로 인생 대원칙이다.

　　아마도 우리 일반인들은 젊어서부터 늙을 때까지 모두 이런 병폐를 범했을 것이기에 이것은 우리 자신들의 경험입니다. 그래서 나이가 많아지게 되어서는 이미 늦습니다. 저는 늘 한 가지 소감이 있는데, 만약 청년들의 용기에다 노인들의 지혜를 더해 이 두 가지가 결합된다면 천하의 일은 쉬울 것이라는 겁니다. 그런데 결과는, 사람이 늙으면 지혜는 비록 성취되었지만 용기가 없을 뿐만 아니라 누워서 잠자는 것조차도 힘이 없기 때문에 일을 할 수 없으며, 청년들은 비록 용기는 있더라도 무모하고 철이 없어 방법이 조금도 없다는 것입니다. 그러므로 만약 세대차가 있다고 말한다면 이 세대차는 메워 보충할 방법이 없습니다. 만약 어떤 사람이 젊은이의 용기와 노인의 성숙한 지혜를 함께 갖출 수 있다면 천하의 일은 두려워할 바가 못 될 겁니다. 결과적으로 우리는 그렇게 하지 못합니다. 이것은 곧 우리들 모두에 대한 하나의 경고입니다.

그러므로 공자는 안회에게 일러주면서 재삼 중국문화전통을 말합니다. '선존저기(先存諸己), 이후존저인(而後存諸人)', 먼저 자신이 일어설 수 있고 난 다음 다시 다른 사람이 일어서도록 도와주는 것입니다. 그렇지만 우리가 젊었을 때는 아무래도 한 가지 병폐가 있는데, 자신이 기어갈 줄도 모르면서 다른 사람이 일어서도록 도와주기를 좋아하고, 자신이 대단히 고명하며 많은 아이디어도 있다고 생각한다는 겁니다. 제가 수십 년 동안 젊은 학우들과 항상 함께 지냈는데, 제가 자신이 늙으면 철모르고 낙오될까봐서 그렇습니다. 그러나 젊은이들과 함께 수십 년 동안 학습한 경험에 의하면 청년들은 영원히 우리를 따라잡을 수 없다고 느꼈습니다. 문제는 무엇일까요? 왜냐하면 우리가 그들의 것을 배워버릴 때가 되면 그는 도리어 우리들의 경험을 배워가지 못하기 때문입니다. 그러므로 젊은이들은 자기를 구하여[存諸己] 일어설 수 있는 사람이 대단히 드뭅니다. 만약에 있다면 역시 대단히 특수한 사람입니다. 틀림없이 지혜능력이 대단히 우월한 사람입니다. 도를 배우는 사람도 이와 같습니다. 보세요. 장자가 한 말을, '옛날의 지인(至人)은 먼저 자기를 구하고 그런 다음에 남을 구했다[古之至人, 先存諸己, 而後存諸人]', 유가는 자기가 일어서고 난 다음에 남을 일어 세워주라고 합니다. 불가는 먼저 자기를 제도하고 그 뒤에 남을 제도하라고 합니다. 모두 마찬가지입니다. 그러므로 고금동서의 성현의 철학은 모두 동일한 노선이지 다름이 없습니다. 이것은 우리가 앞서 말했던 것을 중복한 것인데. 앞에서는 너무 서둘러 말했기 때문에 이제 한번 중복했습니다.

직업과 사업

제가 늘 친구들과 한담하면서 그들에게는 하나의 큰 문제가 있다고 말합니다. 비록 수십 년을 살았어도 자기 인생관의 방향이 없고 모두 환경에 따라서 구르고 있다는 것입니다. 이게 바로 장자가 말한 '자기를 구하는 것조차도 아직 확정되지 않았다[所存於己者未定]'를 범한 것입니다. 예를 들어 말하면, 나는 일생동안 잠만 자는 사람이 되고 싶다. 잠만 자기만하면 그것으로 좋다. 그 외에는 아무것도 상관하지 않는다. 그의 인생관은 잠자는 것으로도 마침내 드디어 확정된 셈입니다. 말하기를, 잠잔 나머지 곧 굶어 죽어 가는데 먹을 밥이 없더라도 상관하지 않겠다. 원하던 것을 얻었으니까! 그래도 됩니다. 죽은 뒤에 그에게 시호를 하나 주어 그를 영공(靈公)이라고 부르지요! 혹은 신공(神公)이라고 부르지요! 그런데 이런 신경성 인생관조차도 확정하지 못하고 환경에만 따라서 어지럽게 구를까 걱정인데, 이는 슬픈 일입니다. 절대 주의해야 합니다!

예컨대 사람의 직업은 모두 생존을 추구하는 것입니다. 황제 노릇 하는 것도 직업입니다. 밥을 걸식하는 것도 직업입니다. 직업이 다른 것이지 사업이 다른 것이 아닙니다. 중국문화에서 사업이란 무엇일까요? 공자도 『역경』 계사전(繫辭傳)에서 다음과 같이 말했습니다. '거이조지천하지민(擧而措之天下之民), 위지사업(謂之事業)', 한 인간이 황제이든 아니면 거지이든 노동일을 하든 당신의 일생에 하는 것이 '거(擧)', 바로 당신의 동작입니다. '조지천하지민(措之天下之民)', 사회로 하여금 당신의 복리를 얻게 하고 당신의 은혜를 받게 하여 일부분의 안정을 얻게 할 수 있다면, 이러한 성취를 사업이라고 합니다. 우리가 한 부의 『이십오사(二十五史)』를 보면, 몇 명의 황제, 몇 명의 재상, 몇 명의 장원급제자들을 지금 우리가 머릿속에서 말할 수 있을까요? 이십 명조차도 기억해낼 수 없습니다! 까닭이 무엇일까요? 그들은 인간 세상에 남긴 사업이 없었기 때문입니다. 인간세상에서의 그 몇 십 년이 대충 지나가버렸고. 하나의 직업일 뿐이었습니다. 특히 고대의 태자들로서 황제가 되었던 사람들, 역사상의 이런 사람들에 대하여 제가 명칭을 하나 주어 '직업 황제'라고 부릅니다. 그는 태어날 때부터 황제가 되기로 되어있어서 어쩔 길이 없었습니다. 누구 그러러 칠자(七字)가 안 좋고 팔자(八字)가 좋다고 부르겠습니까!

만주족 청나라 시대 때 한 우스개 이야기가 있었습니다. 어떤 사람이 현장(縣長)을 하러 갔습니다. 글자조차도 몰랐습니다. 一二三四五六七을 써갔습니다. 그가 七字를 쓰게 되었을 때 마땅히 오른쪽으로 꺾어져야하는데 그는 왼쪽으로 꺾어지게 썼습니다. 곁에 서 있던 경호병이 말했습니다. 나리님, 七字를 틀리게 쓰셨습니다. 七字는 요쪽으로 이렇게 굽어야 됩니다. 그런데 왜 그 쪽으로 굽게 했습니까? 이 관리가 된 현장은 참을 수가 없었습니다. 그는 붓을 내던지고 말했습니다. 이 어르신네 칠자(七字)는 잘못 써도 팔자(八字)는 좋아, 너는 군인이 되었지만 나는 그래도 관료야, 내가 글자를 잘 쓰고 잘못 쓰고를 네가 상관해! 그런 직업 황제들은 팔자는 좋았습니다. 그렇지만 그에게는 사업이 없었고 역사상 공헌이 없었습니다. 왜 공헌이 없었을까요? '자기를 구하는 것조차도 아직 확정되지 않았기' 때문이었습니다. 자기의 인생관이 확정되지 않았기 때문입니다. 확정되지 않았다는 '미정(未定)'이란 이 두 글자에 특히 유의하기 바랍니다. 한 인간이 인생관을 확정하고 난 뒤에는 부귀빈천이 상관없습니다. 지위가 있든 없든, 먹을 밥이 있든 없든, 돈이 있든 없든, 모두 마찬가지입니다. 인생이 자연히 나가 존재하는 가치가 있습니다. 그래서 공자는 안회에게 말합니다. '소존어기자미정(所存於己者未定)', 너는 자기의 인생관 수양 도덕 학문에 대해서 모두 확정이 되지 않았다. '하가지어폭인지소행(何暇至於暴人之所行)', 네가 남의 잘못을 폭로할 겨를이 어디 있느냐!

도(道)는 도이고 덕(德)은 덕이다

'차약역지부덕지소탕(且若亦知夫德之所蕩)', '도덕(道德)'이라는 두 글자는 본래 나누어졌던 것입니다. 합하여 사용하지 않았던 것으로, '도'는 도이고 '덕'은 덕이었습니다. 예컨대 노자 『도덕경』은 두 권으로 나누어져, 상권은 '도(道)'를 얘기하고 하권은 '덕(德)'을 얘기합니다. 노자는 합해서 사용하지 않았습니다. '도'는 체(體)이고 '덕'은 용(用)입니다. 옛사람이 말한 '덕'은 후대에 도덕이라는 두 글자로 연결시킨 관념과는 그 내포[內涵]와 논리 면에 있어서 차이가 있으니, 우리는 이 점을 특히 주의해야 합니다.

요즘 사람들은 도덕 얘기만 꺼내면 거의 재수 없는 것이나 같습니다. 그래서 도덕을 말하는 사람은 마치 당신이 내 왼뺨을 때리면 내 오른뺨도 내밀겠다고 해야 비로소 도덕에 부합하는 것 같아, 이 것은 뭐라고 말하기 어렵습니다. 옛 사람이 말하는 도와 덕은 후세의 그런 관념이 아니었습니다. 그것은 한계가 있었고 대단히 범위가 있었습니다. 이 덕(德)자는 얻을 득(得)자와 마찬가지입니다. 만약 중국 고서 해석대로라면 바로 '덕자득야(德者得也)'입니다. 우리가 주해를 한참 보다보면 주해를 해놓지 않은 게 오히려 더 좋습니다. 주해를 해놓은 것일수록 뭐가 뭔지 흐리멍덩합니다. 덕자(德者)는 또 왜 득야(得也)일까요? 이것은 곧 생각을 써야 합니다. 덕(德)자는 바로 성과를 말합니다. 어떤 일을 하나 다 했으면 성과가 있어야합니다. 예를 들어 말하면, 어떤 사람이 하는 말마다 인의도덕을 얘기합니다. 그러나 인의도덕이라는 하나의 성과가 있어야 합니다. 그렇지 않으면 빈말입니다. 쓸데없습니다. 지금 비가 오는데 내가 거리로 뛰어나가려고 할 경우, 당신은 그저 방안에서만 있으면서 나더러 가지 말라고 해서는 안 됩니다. 이론을 말하지 말고, 당신은 내가 거리로 가지 말라고 할 방법이 있어야합니다. 당신의 목적에 하나의 성과가 있었다면, 그럼 당신이 얻었습니다[得]. 한 구절 고시(古詩)로써 말하면 '사도유공방칭덕(事到有功方稱德)', 일이 공이 있음에 도달했기 때문에 공덕(功德)이라고 부릅니다. 어떤 일을 했는데 가장 높은 노고로 말미암아 공로가 높아 성과를 얻었다면, 이게 바로 덕(德)입니다. 어떤 사람이 말하기를 좋은 사람이 되겠다고 하는데, 당신은 좋은 사람이 되겠다고 말만 하지 말고 당신이 그렇게 해내야 됩니다. 이제 우리는 덕(德)자에 대해 먼저 이렇게 이해하였습니다.

공자는 안회에게 일러줍니다. '차약역지(且若亦知)', 이 네 글자를 보면 조금도 상관이 없는 것 같습니다. 마치 고문이 뒤죽박죽인 것 같습니다. '차(且)'는 '그리고' 뜻입니다. '약(若)'은 '너'라는 의미입니다. 좀 간단하게는 바로 우리들의 백화문으로는 이렇습니다. 너는 아느냐 모르느냐? '부(夫)'는 바로 의문부호로 변했습니다. '덕지소탕(德之所蕩)', 도덕을 얘기하는 것은 좋다, 그렇지만 도덕의 범위를 넘어서는 안 된다.

제가 늘 이야기 하나를 합니다. 어떤 학우가 밤이면 택시 운전을 하는데, 어느 날 길에서 차를 몰고 가다가 보니 어떤 사람이 구타를 당해 부상을 입었습니다. 그 학우는 채식하고 불법을 배우는 사람이며 도덕을 중시하는 사람인데, 원래는 차를 몰고 지나가 버렸습니다. 문득 생각을 해 보니 이렇게 하는 것은 불법을 배운 사람의 마음 자세가 아니었습니다. 그는 곧 바로 다시 되돌아왔습니다. 그 사람을 차에 태워서 경찰서에 보냈습니다. 제가 학생들은 누구나 다 일기를 써야한다고 규정하고 있기 때문에 제가 그 사람이 쓴 이 일기의 이 단락을 보고서는 빨간 붓으로 다음과 같이 썼습니다. 그대는 도덕적인 행위 방법을 모른다. 문제가 발생할 것이다. 그는 다음 단락의 일기에서 과연 문제가 발생해 있었습니다. 그 사람의 집안사람이 그를 찾아서는 그가 때려서 상처를 입힌 것이라고 주장했습니다. 나중에 몹시 번거로웠습니다. 그래서 말하기를 좋은 일을 하는 데는 좋은 일을 하는 방법이 있어야한다고 합니다. 특히 오늘날의 사회에서 좋은 일을 하는 것은 당연하지만 지혜롭게 처리해야합니다. 지혜로운 처리에 부합하지 못하면 좋은 일 한 게 도리어 골치 아픈 일을 부르게 됩니다. '덕지소탕(德之所蕩)'이란 바로 이런 의미입니다. 도덕은 그 나름의 도덕 기준이 있으며, 그 나름의 하는 법도 있다. 너는 지혜를 쓸 줄 모르면 그 범위를 넘어버려 도덕이 도리어 부도덕(不道德)으로 변한다. 혹은 비도덕(非道德)이라고 해야 됩니다. 부도덕이라고 말하면 너무 엄중하기 때문입니다. 비도덕이라고 하면 똑똑히 알 수가 없습니다. 부도덕이라고 말하면 너무 긍정적이 되어버립니다. 비도덕에는 아직 논의할 여지가 있습니다. 이것도 논리 문제입니다.

그 학우는 저에게 몇 번 꾸지람을 듣고 난 뒤로는, 좋은 일을 할 때면 좀 조심하게 되었습니다. 그는 좋은 일을 하는 데 열심이었다가 결국은 열심한 나머지 자신이 몹시 번민하였습니다. 이게 바로 '도덕이 진정한 도덕의 범위 밖으로 넘쳐흐르고, 지식이 진정한 학문의 범위 밖으로 벗어나는 까닭을 너도 알고 있겠지[德之所蕩, 而知之所爲出乎哉]?'이자 인생의 명언이기도 합니다.

도덕의 범람

우리가 전 세계 인류의 역사를 보면, 특히 중국 역사상 수천 년 동안 매 왕조 때마다 황제 앞에서의 그 당파 의견분쟁은 모두, '도덕은 명예심 때문에 그렇게 넘쳐흐른다[德蕩乎名]'라는 이 병폐를 범했습니다. 이른바 지식인은 큰 공을 이루고 큰 업적을 세우고 싶었지만, 그러나 명예심을 버리지 못했습니다. 명예를 좋아했기 때문에 도덕의 범위를 벗어났습니다. 역사상 이런 이야기는 너무나 많은데, 모두 명예심에 마음이 움직여 지식인은 이 병폐를 가장 쉽게 범했습니다. 절대로 주의해야 합니다.

'지식은 경쟁심 때문에 그렇게 벗어난다[知出乎爭]', 지혜나 지식이 높은 사람일수록 그의 의견도 그만큼 많고 분쟁의 발단도 그만큼 심합니다. 당신은 지식인을 만나지 마십시오. 교육을 높게 받았을수록 학문이 좋을수록 다루기 어렵고, 의견도 많습니다. 그래서 옛사람은 말했습니다. 교육을 받지 않은 보통사람도 늘 말다툼을 하지만, 그것은 간단하다. 욕망을 위해서 싸우기 때문에 욕망을 만족시켜주면 싸우지 않게 된다. 지식인들은 욕망이 만족되어도 그대로 싸운다. 왜 그럴까? 의견다툼 때문에 그렇다. 의견이 다르기 때문에 서로가 떼어놓을 수 없을 정도로 싸운다. 그러므로 역대의 당화(黨禍: 당파싸움으로 생긴 재앙/역주), 송나라 명나라의 당화를 보게 되면 슬퍼지는데, 모조리 다 '도덕은 명예심 때문에 그렇게 넘쳐흐르고, 지식은 경쟁심 때문에 그렇게 벗어난다' 는 이 말의 계율을 범한 것입니다. 그러므로 우리가 역사를 깊게 읽고 『장자』의 이 단락을 읽어보면 분명히 알 수 있습니다. 지식인일수록 명예 다툼이나 의견 다툼이 심합니다. 이런 투쟁은 그 어떠한 것보다도 두렵습니다. 왜냐하면 이 속내는 명예심의 문제와 관련이 있기 때문입니다. 여기서 말하는 명예심은 지명도를 구하는 것이 아닙니다. 여기서의 명예는 명리의 학[名理之學]이 포함되어 있습니다. 전국시대의 명리의 학은 바로 논리로서, 논리관념의 차이가 포함되어 있습니다. 그렇다면 고집하여 상호 투쟁이 발생할 것입니다.

그러므로 장자는 공자의 입을 빌려서 안회에게 말합니다. '명예심이란 서로 시샘 배척하는 것이다[名也者相札也]', 사람의 최고 도덕이 명예심을 소멸하여 없애버려서 명예에 상관없어진다는 것은 어려운 일입니다. 그래서 장자는 뒤에서 이렇게 말합니다. '소라고 부르든 말이라고 부르든, 사람들이 부르는 대로 부른다[呼牛呼馬, 呼人人呼]', 사람이 헛된 명예심을 없애버리면 남이 부르는 대로 내맡깁니다. 이런 경계에 이르러야 비로소 명예심이 없습니다. 우리가 보면 불법을 배우고 도를 닦는 사람들은 그 이름을 간파하고는 자기 이름조차도 필요치 않고 법명(法名)이라는 대명사를 취해서 대신하게 합니다. 결과적으로는 자기 이름은 다투지 않고 법명 때문에 아주 심하게 다툽니다. 목숨을 걸고 다투기도 하는데, 이것도 역시 명예심입니다. 이를 보아 알 수 있듯이 명예심을 제거하기는 어렵습니다. 그러므로 자기의 지식 면에서 고집하는 선입견[成見]은 '쟁지기야(爭之器也)', 바로 인생투쟁의 도구입니다. '이자흉기(二者凶器)', 명예심과 선입견 이 두 가지는 모두 천하의 흉기입니다. '비소이진행야(非所以盡行也)', 이것은 도덕적인 행위도 아니고 진정으로 인생을 이해한 것도 아닙니다. 앞부분은 여기까지 얘기했고 이제 공자가 안회를 훈계하는 말을 다시 한 번 보충합니다. 아직 얘기를 다하지 않았습니다.

"게다가 너는 도덕이 두텁고 자신감이 강하지만, 인간의 감정을 아직 이해하지 못하고 있다. 너의 사회적 명성은 남들과 경쟁하는 정도가 못되며 인심으로부터 아직 인정받지 못하고 있다. 그런데도 위나라 군주를 교화하기 위해 가서 억지로 인의도덕 규범의 이론을 늘어놓으면서 남의 면전에서 그의 잘못을 폭로한다면, 그 때문에 사람들은 오히려 너의 그 선의(善意)를 미워할 것이다. 이를 일컬어 재수 없는 사람이라 한다. 남을 재수 없게 하면 남은 반드시 반대로 너를 재수 없게 한다. 너는 아마 남에게 재수 없게 여겨지기 십상일 것이다."

且德厚信矼, 未達人氣, 名聞不爭, 未達人心。而彊以仁義繩墨之言術暴人之前者, 是以人惡有其美也, 命之曰菑人。菑人者, 人必反菑之, 若殆爲人菑夫！

공자는 말합니다. 게다가 우리 이런 사람들은 이 네 글자를 쉽게 범한다. '덕후신강(德厚信矼)', 지식인은 자기가 교육을 좀 받았고 지식이 좀 있어서 도덕규범에 대해 엄중하게 보는 기초가 두텁다. 불학에는 다섯 가지 견(見)이 있습니다. '견'은 바로 관념입니다.

그 중에 계금취견(戒禁取見)이라는 '견'이 하나 있습니다. 자기가
종교상의 신조인 교조(敎條)를 하나 세워 단단히 붙들어 쥐고는 이
교조를 위반하면 도덕적 교화에 부합하지 않는다고 여기는 것입니
다. 우리가 좌도(左道)라고 말하는 압단교(鴨蛋敎)를 예로 들어봅시
다! 그들은 달걀은 먹지 않고 오리 알만 먹습니다. 혹은 오리 알은
먹지 않고 달걀만 먹는지 저는 잘 모르겠습니다! 그들은 다른 것을
먹으면 계율을 범한 것이고 이것을 먹으면 옳다고 여깁니다. 이게
바로 도덕적인 고집으로서, 자기가 도덕적이라고 여기는 것입니다.
실제로는 틀린 것입니다. 이것을 사견(邪見)이라고 하며 계금취견
이라고도 합니다. 그러나 그들은 단단히 붙들어 쥐고 있습니다.
'신강(信矼)', 자신하는 마음이 너무 강합니다. '미달인기(未達人
氣)', 많은 사람들은 학문도덕을 양성하여 스스로 인정하기를 자기
의 그것이 바로 도덕이라고 합니다. 이런 부류는 바로 방강(方剛)
한 사람입니다. 그래서 바르고[方正], 강직하고[剛强], 도덕적입니
다. 그의 이 도덕적인 기준은 건드려서는 안 됩니다! 네모는 어디
까지나 네모요 둥근 것은 어디까지나 둥근 것입니다. 도리를 말하
는 게 대단히 옳지만 그는 실제로는 결코 이해하지 못했습니다. 그
래서 '도덕이 두텁고 자신감이 강하지만, 인간의 감정을 아직 이해
하지 못합니다[德厚信矼, 未達人氣]'

인정세태를 통하지 못한 사람

그는 말합니다. 너는 인생의 의미를 다 이해하지 못하고, 생명의
숨결도 다 이해하지 못한다. 자신도 비록 사람이지만 사람됨의 도

리를 모르고 있다. '너의 사회적 명성은 남들과 경쟁하는 정도가 못되며 인심으로부터 아직 인정받지 못하고 있다[名聞不爭, 未達人心]', 이것은 그가 안회를 얘기한 것인데, 안회는 공자의 학생들 중에서 도덕을 말한다면 첫째였습니다. '일단사(一簞食), 일표음(一瓢飮), 재루항(在陋巷)', 그는 형편없이 가난하여 그저 냉수 한 컵에 도시락 반 개 정도로 누추한 골목에서 살았습니다. 버스표도 살 수 없었습니다. 그는 그래도 그런 곳에서 스스로 기쁨을 느꼈으니 당연히 도덕이 좋았습니다. 하지만 공자는 말하기를 안회가 '도덕이 두텁고 자신감이 강하지만, 인간의 감정을 아직 이해하지 못하고 있다[德厚信矼, 未達人氣]', 인정(人情)을 잘 알지 못한다고 합니다. 그런데 공자는 안회가 그렇다고 말하지 않았습니다. 이 말은 모두 장자가 공자의 입을 빌려 말한 것입니다. 어쩌면 공자가 말했고 오직 장자만 들었는지도 모릅니다. 우리는 듣지 못했으며 다른 학우도 듣지 못했습니다. 그건 상관하지 맙시다! 어쨌든 장자는 어떤 일을 구실삼아 자기 말을 하고 있는데, 도리는 틀림없습니다. '명문불쟁(名聞不爭)', 바로 오늘날 사람들이 하는 이런 말입니다. 당신은 텔레비전에 나온 적이 없고 지명도가 없습니다. 신문에서도 당신의 이름을 늘 보지 못했습니다. 그러므로 다들 당신을 모릅니다. '미달인심(未達人心)', 당신이 뭐가 대단한 줄 누가 압니까? 다른 사람이 마음속으로 당신을 따르지 않을 것입니다.

　바꾸어 말하면, 공자는 그에 대해 이렇게 말하는 겁니다. 너 이녀석, 개성이 그렇게 강하고 학문이 좋다고 스스로 인정하며, 사람이 모나기가 나무보다도 더 모나고, 냉동실 속 어름덩어리 보다도 더 차갑다. 그리고는 심하게 자신하고 성깔은 우겨대고, 너는 인정세태를 잘 알지 못한다. 너 안회는 스물 몇 살에 불과한데다 네가 또 뭔데? '명문불쟁(名聞不爭), 미달인심(未達人心)', 사회적으로 그 누구도 너를 알아보지 못하는데 네가 위나라 군주를 보러가겠다고! '위나라 군주를 교화하기 위해 가서 억지로 인의도덕 규범의 이론을 늘어놓으면서 남의 면전에서 그의 잘못을 폭로한다면[而彊以仁義繩墨之言術暴人之前者]', 네가 갑자기 달려가 그에게 나의 이런 학문 인의도덕을 얘기하겠다고? '승묵(繩墨)'은 규구(規矩: 컴퍼스와 곱자/역주)인데 고대에 목공이 사용하던 것입니다.

공자는 말합니다. 너도 참! 나이도 젊으면서 위나라 군주를 교화하러 가겠다고! 그리고 억지로 '인의승묵지언(仁義繩墨之言)', 이 한 벌의 이론을 이용하여 가서 내 이 한 벌의 방법을 팔겠다니, '폭인지전자(暴人之前者)', 너는 남을 직접 마주보면 계면쩍은데도 남의 잘못을 폭로하겠다는 것이냐? '그 때문에 사람들은 오히려 너의 그 선의(善意)를 미워할 것이다[是以人惡有其美也]', 너 생각 좀 해보아라, 어느 사람이 너를 좋아할 것 같으냐? 절대 너를 옳다고 여기지 않을 것이다. 이 일은 너무 아름답지 않고 너무 잘못되었다. 너는 어찌 한 것이냐?

사실을 말하면, 이렇게 영문을 모르는 사람이 정말 적지 않습니다! 저도 늘 뜻밖에 만납니다. 먼저 다른 것은 말하지 않기로 하고, 저는 늘 학생들에게 훈계당합니다. 예전에 대학에서도 있었고 저는 최근에도 여러 분을 만났습니다. 한 분은 제가 대학에서 가르칠 때의 학우인데 잔뜩 화가 나서 씩씩거리면서 달려와 제 앞에서 서더니 말했습니다. 선생님처럼 이런 분은 숨어야 마땅합니다. 어떤 사람이 간청하더라도 모두 만나서는 안 됩니다. 그런 다음 어떻고 어떻고....하면서 한 무더기 이론을 말했습니다. 제가 말했습니다. 너의 말은 모두 옳다. 내가 생각 좀 해보지! 며칠 지나 다시 너에게 대답하겠다. 너는 우선 내 수업을 듣고 나서 다시 말하자. 며칠 지나 수업을 하고 내려왔는데 그도 더 이상 말하지 않고 나도 더 이상 묻지 않았습니다. 그는 서서히 이해했습니다. 몇 년 지난 뒤에 저는 말했습니다. 네가 당시에 달려와 내 앞에 서서 했던 말은 옳고 옳았다. 이런 사람이 지금도 현장에 있습니다.

최근에 또 어떤 학생이 달려와서 저에게 말했습니다. 선생님! 이곳에 그렇게 청중들이 많으니 과학적으로 관리해야겠습니다! 제가 말했습니다. 그래, 그래. 네가 보기에는 어떻게 관리해야 할까? 너 내게 설계 좀 해줄래? 그는 말했습니다. 좋습니다. 제가 설계해드리죠. 며칠 지나서 제가 한 학우더러 그에게 가서 좀 가르쳐달라 청하라고 했습니다. 저의 이곳은 나이 많은 사람들도 있고 나이 젊은 사람 등등이 있는데 어떻게 과학적으로 관리할지 설계 좀 해 달라고 했습니다. 그는 최후에 그 학우에게 말했습니다. 이곳은 아무래도 방법이 없는 것 같아요. 관리할 것이 아닌 것 같아요. 제가 말한 것은 모두 사실입니다. 젊은이들의 전형적인 모습입니다. 그래서 공자는 안회에게 말했습니다. 네가 이렇게 하면 남의 환심도 사지 못할 뿐 아니라 '오유기미야(惡有其美也)', 다들 네가 아름답지 않고 예쁘지 않다고 싫어할 것이다.

'이를 일컬어 재수 없는 사람이라 한다[命之曰菑人]', 너란 사람은 아마 재난이 있을 것이다. '재인(菑人)', 재수 없는 놈입니다. 너는 틀림없이 재수 없을 것이다. 공자는 말합니다. 네가 가서 위나라 군주에게 그가 옳지 않다고 말해보아라. 상해(上海) 말로는 촉매두(觸霉頭)라고 합니다. 네가 이 재수 없는 말을 다 까발려내면 남의 불운[霉頭]을 건드려 네가 재수 없는 놈으로 변하게 된다. '남을 재수 없게 하면 남은 반드시 반대로 너를 재수 없게 한다[菑人者人必反菑之]', 역으로 네가 재수가 없지 그 위나라의 군왕이 재수가 없는 것이 아니다. '너는 아마 남에게 재수 없게 여겨지기 십상일 것이다[若殆爲人菑夫]!', 너는 재수 없는 놈이 되기를 원하느냐?

"그리고 만약 어진 사람을 좋아하고 어질지 못한 사람을 미워한다면, 어떻게 그렇게 해서 보통사람과 다르기를 바라겠느냐? 네가 왕의 허락 명령이 없음에도 들어가 만난다면 왕의 좌우 대신들은 질투심에서 틀림없이 기회를 엿보면서 네가 민첩한지 민첩하지 않은지 다툴 것이다. 그리고 그들의 눈은 너를 겨누어보고 태도는 평온하게 하며 입은 듣기 좋게 말하지만 나와서 용모에서는 너에 대한 비판을 드러내고 마음에서는 선입견이 들것이다. 이는 불로써 불을 끄려 하고, 물로써 물을 막으려는 것이다. 이를 가리켜 쓸데없는 일을 하는 것이라고 한다. 그런 식으로 발전해가면 너는 후환이 끝이 없다. 네가 혹시 나의 이런 좋은 말을 믿지 않는다면 반드시 폭군 앞에서 죽을 것이다."

且苟爲悅賢而惡不肖, 惡用而求有以異? 若唯無詔, 王公必將乘人而鬪其捷。而目將熒之, 而色將平之, 口將營之, 容將形之, 心且成之。是以火救火, 以水救水, 名之曰益多, 順始無窮。若殆以不信厚言, 必死於暴人之前矣!

'그리고 만약 어진 사람을 좋아하고 어질지 못한 사람을 미워한다면[且苟爲悅賢而惡不肖]', 그리고 너는 가면, 어떤 사람은 옳고 어떤 사람은 도덕이 있다며 충신의 일면을 말하기를 당연히 아주 좋아할 것이다. 그리고 정치적으로 나쁜 사람의 일면을 너는 틀림없이 심하게 타격할 것이다. 이렇게 하면 '어떻게 그렇게 해서 보통사람과 다르기를 바라겠느냐[惡用而求有以異]?', 내 너에게 일러주지. 이렇게 하는 것은 보통사람과 다른 게 없다. 보통사람들은 좋은 일면을 좋아하고 나쁜 일면은 싫어한다. 네가 어떤 사람한테 물어봐라. 좋은 사람과 사귀어서 친구 되기를 좋아하는지, 나쁜 사람과 사귀어서 친구 되기를 좋아하는지를. 어린애조차도 네게 말할 것이다. 좋은 사람과 친구로 사귀고 싶다고 할 것이다. 역사상 황제 앞에 있던 그런 간신들은 그 당시에 보기로는 다들 간신이 아니었습니다. 만약 간신이 그렇게 쉽게 여러분들에게 분간된다면 간신이라고 불리겠습니까? 모든 간신들은 당시에 하던 게 충신보다 다 좋았고 충신보다 더 사랑스러웠습니다. 간신이라고 오로지 나쁜 일만 하는 건 아니었습니다! 그들은 좋은 일도 하곤 했습니다.

역사상 간신들은 재간이 대단했습니다! 당나라 왕조를 얘기해 보면 앞서 기용한 재상들은 모두 일류급 인재였습니다. 뒷날 당나라 명황(明皇)은 이림보(李林甫)라는 나쁜 재상을 기용하였는데, 십여 년을 기용하여 당나라 왕조가 무너져갔습니다. 안록산(安祿山)이 반란을 일으키자 양귀비도 목매달려 죽었습니다. 양귀비는 이림보가 죽게 한 것이나 다름없습니다. 또 당 명황은 어쩔 수 없이 피난을 가야했습니다. 당나라 황제가 피난을 가는 것은 청나라 말기의 자희(慈禧) 태후처럼 아주 가련했습니다. 배가 고팠는데 백성이 그에게 고구마 말랭이를 먹으라고 주었습니다. 아이구! 이게 뭔데 왜 이렇게 맛있지? 당 명황도 이런 일을 했습니다. 그 당시 오직 크지도 작지도 않은 중간치의 태감인 고력사(高力士)만이 그를 따르고 있었습니다. 두 사람이 길에 누워있는데 고력사가 말했습니다. 황상(皇上)! 당신은 수십 년 동안 황제 노릇을 했는데 몇 사람의 재상이 좋은 재상이던가요? 당 명황이 말하기를, 아무개가 좋은 사람이고 아무개가 좋은 사람이었다고 했습니다. 고력사는 듣자마자 말했습니다. 황상! 당신은 조금도 흐리멍덩하지 않고 다 또렷이 알고 계시네요? 그럼 이림보는 좋은 사람인가요 아닌가요? 당 명황이 말했습니다. 이림보 이 녀석은 아주 나쁜 사람이지. 고력사가 말했습니다. 당신도 알고 계셨군요! 당 명황이 말했습니다.

내 당연히 알고 있었지. 그렇다면 왜 당신은 그를 십몇 년 동안이나 기용했습니까? 그를 써서 나라를 망하게 하지 않았습니까? 당명황이 말했습니다. 너는 이해하지 못한다. 그를 쓰지 않으면 내가 누구를 쓰겠느냐? 이 한마디 말을 다들 틀림없이 이해하지 못할 것입니다. 황제가 되어 보지 않은 사람은 이해하지 못합니다. 지도자가 되어 보아야 이해합니다. 그가 나쁘다는 것을 뻔히 알았지만 이림보는 일처리를 할 줄 알았습니다!. 좋은 사람을 쓰면 어떨까요? 좋은 사람은 일을 할 때 어떻게 해야 할 줄 모릅니다! 사람도 좋고 일도 잘 처리할 줄 아는 사람을 찾으려고 하면 천하에서 찾을 수 없습니다. 나쁘기는 나빠도 조금 나쁘다고 그는 생각했습니다. 조금 나쁘더라도 나를 위해서 일을 좀 하면 어쨌든 괜찮겠지! 생각했다가 결과적으로 그에게 속임을 당했습니다. 황상도 알고 계셨군요! 모르시는 게 아니었군요? 그러므로 역사를 읽되 이해해야 합니다.

또 건륭(乾隆)황제가 화신(和珅)을 기용한 것을 보겠습니다. 그는 화신이 니쁜 사람이란 걸 뻔히 알았습니다. 다들 말했습니다. 황상, 당신은 이 사람을 기용해서는 안 됩니다. 건륭도 정말 대단했습니다. 나쁜 사람을 곁에 하나 두고서 자기와 함께 놀아주라고 했습니다. 황제가 바나나를 먹고 싶다면 이 일을 처리하기 쉽지 않습니다! 만약 바나나를 사오라고 메모 쪽지를 내리면 회계 상으로 오십만을 써야한다고 보고할지 모릅니다! 화신에게 한번 말하기를 너 살짝 밖으로 빠져나가서 나한테 바나나 하나 사다주라 하면 약간의 돈으로 샀으며 황제가 몰래 혼자 먹어도 아는 사람이 없었습니다. 그렇지 않으면 황제도 함부로 먹을 수 없었습니다. 황제 노릇은 아주 고달픕니다! 그러므로 다들 화신이 옳지 않다고 했지만 건륭은 말했습니다. 에이! 여러분들은 정말 이해 못하오. 당신은 알아요? 짐은 아주 고달파요. 황제 노릇하기 쉽지 않소. 여러분 좋은 사람들은 내가 다 써버렸으니까 아무래도 나에게 한 사람 남겨서 나와 놀아주게 해야지! 황제가 된 사람이 이 말을 하는 건 정말 절정에 이른 것입니다. 사람이니까요! 아무래도 함께 놀아주는 사람이 있어야 합니다. 언제나 그더러 하루 종일 황제 노릇하면서 거기 앉아서 보살 노릇을 하라면 세월 보내기가 쉽지 않습니다.

어떤 사람은 비평하기를 젊은이들은 안 된다고 하지만 젊은이들이 꼭 완전히 틀린 것은 아닙니다. 좋은 의견들이 많습니다. 그러나 쓸모가 없습니다. 좀 좋은 의견 정도일 뿐 전체적인 것이라고 부를 수 없습니다. 우리가 쓰는 문장의 경우 좋은 구절이 있지만 좋은 글은 없습니다. 몇 구절이 좋을 뿐 글 전체가 좋기는 어렵습니다. 학문이론과 수양이 제대로 이루어지지 않은 한 어렵습니다. 우리들은 저마다 머릿속에 영감(靈感)이 있습니다. 교육을 받았든 받지 않았든 아름다운 몇 구절이 항상 솟아나올 수 있습니다. 하지만 그더러 한 편의 시나 한 편의 좋은 문장을 써보라 하면 되지를 않습니다. 왜냐하면 학문수양이 부족하기 때문입니다. 그러므로 젊은이가 좋은 의견이 있으면 노년 세대들에게 공헌하거나 사회에 공헌해야 좋습니다. 안회도 젊은이였는데, 옛사람들은 젊은이들이 중요하게 하는 말이라도 젊기 때문에 무게가 없는 것으로 변한다고 보았습니다. 이 점을 반드시 알아야 합니다. 물론 이렇게 배우면 사람이 배워 교활하게 되는 것일지도 모릅니다. 그러므로 절대 교활함을 배우지 말고 처세 방법을 알아야 합니다.

이 인간세 편에서 장자는 우리에게 인간세상에서 사람됨과 일처리의 방법을 말해주고 있는데, 만약 나쁜 방면으로 연구하지 않는다면 여러분은 좋은 점을 얻습니다. 이것은 바로 인생의 예술입니다. 이제 장자는 우리에게 사람됨과 일처리를 어떻게 해야 하는지

인생의 예술을 일러주고 있습니다. 다음에서 공자는 또 훈화(訓話)합니다.

주위에서 질투하는 사람들

'네가 왕의 허락 명령이 없음에도 들어가 만난다면[若唯無詔]', 이 한마디 말은 아주 번거롭습니다. 그러므로 역사를 많이 읽어야 이해할 수 있을 겁니다. 공자는 말합니다. 너 혼자 달려가서 위나라 군주를 보러 간다는데, 편지 한 장 쓰고 보고서 하나 쓰고 명함 하나 가지고 가지만 만날지 만나지 못할지는 아직 모르며, 또 그 수위실에 신청해야 한다. 황제가 조서를 내려 너를 만나고 싶다는 명령을 해야 만이 된다. 황제가 너에게 명령을 내리지 않고 너를 보겠다고 부르지도 않는데 네가 달려가서 그를 만나면 '왕의 좌우 대신들은 질투심에서 틀림없이 기회를 엿보면서 네가 민첩한지 민첩하지 않은지 다툴 것이다[王公必將乘人而鬥其捷]', 황제 면전의, 힘을 형성한 저 높은 관원들은, 오늘날은 무슨 장(長) 아니면 무슨 원(員)인데, 고대에는 무슨 상서(尙書)나 대부(大夫) 등등 이었습니다. 그는 말합니다. 좌우의 대신들이 너라는 젊은 청년을 보고, 특히 나 공자의 첫 번째 학생이라는 것을 알게 되면 대번에 질투심이 일어나서 틀림없이 기회를 이용하여 너와 투쟁하고 너를 혼내줄 것이다.

예컨대 공자는 여러 나라를 두루 돌아다닐 때 다른 사람들에게 밀려서 떠났는데, 역시 '왕공필장승인이투기첩(王公必將乘人而鬥其捷)'이었습니다. 맹자가 양혜왕(梁惠王)에게 가서 만난 것도 다른 사람들에 의해서 밀려 떠났습니다. 이것은 필연적이며 옛사람의 명언인데 저도 늘 젊은 학우들에게 사람됨의 도리로 일러주는 것입니다. '사무현우(士無賢愚)', 한 지식인은 좋든 나쁘든 간에 현인이든 나쁜 사람이든 간에, '입조견질(入朝見嫉)', 그가 어떤 단체에 들어가기만 하면 다들 질투합니다. 이는 마치 어떤 청년이 막 대학을 졸업하고 회사에 들어가면 고참 동료직원들이 당신이라는 새 말단 직원을 보고 틀림없이 흘겨보면서 아무래도 당신을 한두 번 혼내주려 하고 당신의 무게를 달아보려 하는 것이나 다름없습니다. 그러므로 지식인은 현명하고 어리석고 할 것 없이 조정에 들어가자마자 질투 당합니다. '여무미추(女無美醜), 입궁견질(入宮見嫉)', 여인은 황제 앞에 이르러 황제가 일단 그녀를 중용하면 나머지 궁녀들은 질투했습니다. 이건 정말 큰일이네. 황제를 그녀에게 빼앗겨버렸으니. 이것은 당연한 도리로서 역사상 그런 사례가 많았습니다.

송나라 왕조 때 한 재상이었던 여몽정(呂蒙正)은 여러분들이 알듯이 그는 재능이 뛰어난 청년으로서 가난뱅이 출신이었습니다. 이 사람이 아직 자기 뜻을 이루지 못했을 때에 부부는 형편없이 가난했습니다. 설을 지내며 조왕신에게 절 올릴 때 놓을 사탕마저도 살 돈이 없어서 다음과 같은 시 한수를 지었습니다.

맑은 향 한 개비로 한 줄기 향 연기 피우노니 　一炷清香一鏤煙
조왕신이여 오늘 하늘나라에 올라가시거든 　竈君今日上青天
옥황상제께서 인간 세상사 물으실 때 　玉皇若問人間事
글은 돈이 안 된다고 저를 위해 말씀하소서 　爲說文章不值錢

그는 말합니다. 오늘날은 글이 돈이 안 됩니다. 나는 당신에게 절 올릴 돈도 없습니다. 오직 한 개비 맑은 향만 당신에게 보냅니다. 그러므로 조왕신이여, 당신은 그냥 하늘에 오르십시오!

그때 그는 땔감을 베러 갔습니다. 도시락을 지니고 갔는데 비를 만나 빗물에 말아진 밥을 먹었습니다. 뒷날 재상이 되었습니다. 송나라 왕조의 재상이 외출을 하면 곁의 비서와 부관들이 우산을 받쳐줘야 했습니다. 우산을 잘못 받쳐 빗방울이 그의 손에 떨어져 손이 파래졌습니다. 그는 곧 비서와 부관들이 어떻게 그렇게 조심하지 않느냐고 꾸짖었고 집에 돌아와서도 성을 내면서 비서와 부관들을 욕했습니다. 그의 부인이 듣고서 말했습니다. 상공(相公)! 생각해보니 예전에 당신이 산에 올라가 땔나무를 벨 때 비가 내려 빗물에 말아진 그 도시락 먹을 때도 손이 파래지지 않았는데 지금은 왜 비 한 방울에 손이 파래졌습니까? 부인이 그렇게 말하자 그는 얼떨떨해졌습니다. 이로써 알 수 있듯이 사람은 부귀해지면 안 됩니다. 부귀해지면 스스로 타락할 수 있습니다.

여몽정은 공명(功名) 시험에 합격했고 뒷날 재상이 된 첫날 조정에 나갔습니다. 문관 무장들이 양쪽에 줄지어 서 있었습니다. 이 재상이 도착하자 곁에 있던 (尙書) 장관이 몰래 욕을 했습니다. 무슨 가난뱅이 어린 녀석이 재상이 되어 왔네. 여몽정은 듣고서도 신경 쓰지 않고 곧장 황제 앞으로 걸어 올라갔습니다. 뒤에 따라오는 부관이 곁에서 그 소리를 들었습니다. 여몽정은 그더러 돌아보지 말라고 했습니다. 조정에서 나온 뒤에 그 부관이 그에게 물었습니다. 남이 당신을 욕했는데 당신은 왜 저더러 돌아보지 말라고 했습니까? 여몽정은 말했습니다. 첫 번째로 조정에 오르는데 고개 돌려 돌아보면 너는 아무개가 욕을 했는지 알게 될 것이다. 우리는 수양이 높지 않아서 마음속에서 앙심을 품을 것이고 장래에 함께 일할 때 하기 좋지 않게 된다. 어떤 사람이 욕을 했든 상관하지 마라! 여몽정은 이런 도덕수양이 있었습니다. 젊은이들은 기억해야 합니다. 그래서 그는 송나라 왕조에서 처음부터 끝까지 태평재상이었으며 국가의 일을 잘 처리했습니다.

그러므로 말하기를 어떤 사람이 어느 단계에 이르면, 관리가 되는 것은 말할 것도 없고 작은 회사에 가서 말단 직원이 되더라도 그 기존 직원들은 다들 당신을 좀 보고자한다고 합니다. '왕공필장승인이투기첩(王公必將乘人而鬥其捷)', 첩(捷)의 의미는 바로 민첩한지 민첩하지 않은지 입니다. 그런 기존 직원들이 당신과 한번 다투어서 당신이 뛰어난지 뛰어나지 않은지를 보고자 합니다.

공자는 말합니다. 네가 일단 그곳에 가면 좌우의 사람들이 틀림없이 기회를 찾아 너하고 한번 다툴 것이다. 사람과 사람사이를 아주 철저하게 묘사했습니다. 극본보다도 더 잘 묘사했습니다. '그리고 그들의 눈은 너를 겨누어보고[而目將熒之]', 새로 온 사람을 보는 그 눈들은 너를 한번 겨눠보고 '태도는 평온하게 하며[而色將平之]', 눈으로 너를 보고서 지나가버린다. 속으로는 흥, 이 녀석! 하면서도 겉으로는 노형! 형씨! 하고 외치는 그런 모습은 그런대로 보기 좋습니다. '입은 듣기 좋게 말하지만[口將營之]', 입으로는 겉으로 너에게 듣기 좋게 얘기하지만 돌아서서는 다른 사람에게 말하기를 당신 저 녀석 좀 봐요! 하고는 틀림없이 '나와서 용모에서는 너에 대한 비판을 드러내고[容將形之]', 다들 비평한다. 오늘 새내기가 하나 왔는데, 이 새 청년은 보니 어리둥절 하던데 그가 무슨 재주를 부릴지 모르겠네! '마음에서는 선입견이 들것이다[心且成之]', 마음속에서는 선입견이 나타난다. 사회 환경에 처하는 것을 장자가 한번 묘사하면서 인간세상의 그 외피를 다 벗겨버렸는데, 그 내용이 아주 꼴불견입니다! 이게 바로 인정입니다.

'이는 불로써 불을 끄려 하고, 물로써 물을 막으려는 것이다. 이를 가리켜 쓸데없는 일을 하는 것이라고 한다[是以火救火, 以水救水, 名之曰益多]', 공자는 말합니다. 네가 가는 게 무슨 소용이 있겠느냐? 너는 가지 말거라. 네가 위나라 군주 앞에 가서 결과가 어떻게 되겠느냐? 공자는 신통이 있는 듯합니다. 그는 말합니다. 나는 벌써 보았다. 틀림없이 불로써 불을 끄려는 것과 같아서 불살이 갈수록 세어질 것이며, 물로써 물을 막으려는 것과 같아서 물은 더 심하게 흐를 것이다. '명지왈익다(名之曰益多)', 오늘날 말로하면 너, 너무 쓸데없는 짓한다는 말입니다. 공자는 말합니다. 내 너에게 일러주마. 다들 너에 대해서 태도가 좋지 않고 또 선입견이 있다. '그런 식으로 발전해가면 너는 후환이 끝이 없다[順始無窮]', '순시(順始)'는 따라가는 것입니다. 이런 모습이 발전해나가면 너는 큰일 난다. 너는 앞날이 유한하게 되고 후환(後患)이 무궁하게 되어버린다.

'네가 혹시 나의 이런 좋은 말을 믿지 않는다면[若殆以不信厚言]', 공자는 말합니다. 네가 만약 이 선생님의 좋은 말을 듣지 않는다면 '반드시 폭군 앞에서 죽을 것이다[必死於暴人之前矣]!', 그 포악한 군주 앞에서 틀림없이 죽을 것이다. 너 가봐라! 너는 가면 죽는다. 그 위나라 군주 앞에서 죽는다.

장자의 말은 꼭 들어야 할 필요는 없습니다. 하지만 장자는 도가입니다. 공맹유가의 말은 무대 앞을 얘기하는 것이고 도가는 무대 뒤에 주의를 기울입니다. 예컨대 오늘 회의를 열거나 신극[話劇: 대화를 중심으로 하는 신극/역주]을 공연하거나 혹은 강연 무대를 하나 놓았다고 합시다. 그 강연 무대 앞은 틀림없이 잘 차려놓아서 장엄 엄숙합니다. 유가는 이러한 상황이 심리에 영향을 미치니 장엄해야한다고 봅니다. 하지만 도가는 다릅니다. 도가들은 전면 무대를 상관하지 않고 오로지 무대 뒤만을 재껴서 보여주고자 합니다. 그 무대 뒤에는 재끼면 볼 수 없을 정도입니다. 쓰레기야, 통들이야, 뭐든지 다 있습니다. 뒤에 다 쌓여 있습니다. 하지만 무대 전면이나 무대 후면도 다 이해해야 합니다. 이해하지 못한다면 도가에게서 나쁘게 배웁니다. 이해하고 나서야 도가가 말하는 도리가 옳다고 알게 됩니다. 왜냐하면 무대 뒤를 이해해야 비로소 무대 앞에서 마땅히 어떻게 서야하는지를 알기 때문입니다. 그러므로 유가와 도가 이 양가를 정말로 꿰뚫어야 비로소 인생을 이해합니다. 먼저 이 순서를 설명을 하고 다음으로 그는 역사의 이야기를 인용합니다.

바보인 좋은 사람 총명한 나쁜 사람

"옛날 걸(桀)은 충신인 관용봉(關龍逢)을 죽이고, 주(紂)는 충신인 왕자 비간(比干)을 죽였다. 그들은 학문도덕을 수양하여 아랫사람으로서 백성을 어루만지고 군주인 윗사람의 의견을 거역한 사람들이다. 그러므로 군주는 그들이 학문도덕을 수양하였다는 이유로 제거해버렸다. 그들은 바로 명의(名義)를 좋아했던 자들이다."

且昔者桀殺關龍逢, 紂殺王子比干, 是皆脩其身以下傴拊人之民, 以下拂其上者也, 故其君因其脩以擠之, 是好名者也。

공자는 말합니다. 역사상의 경험으로 보면 옛날 하(夏)나라 왕조의 폭군 걸(桀)은 그의 충신인 관용봉(關龍逢)을 죽였다. 왜냐하면 이 신하는 너무 충성스럽기 때문에 하나라 걸 폭군은 견딜 수 없었다. 그래서 그를 죽여 버렸다. 은나라 왕조 폭군 주(紂)왕은 왕자 비간(比干)을 죽여 버렸다. 비간은 그의 숙부였다! 이 두 사람은 고대의 유명한 충신으로서 역사상 그들을 대 충신이나 성인이라고 부르는데 왜 그들은 살해되었을까? 충신은 도리어 목숨을 부지하지 못한다. 왜냐하면 '그들은 학문도덕을 수양하여 아랫사람으로서 백성을 어루만지고 군주인 윗사람의 의견을 거역한 사람들이기 때문이다[修其身以下傴拊人之民, 以下拂其上者也]', 그는 말합니다. 그들은 학문과 도덕을 아주 잘 말했다. 부하들도 사랑했고 백성들에게도 잘했다. 그렇지만 아랫사람에게 잘함으로써 윗사람의 의견을 위반했다. 결과적으로 그 한 목숨을 헛되이 잃어버렸다. 이것은 인정세태를 통달하지 못하고 좋은 일면만 할 줄 알고 또 다른 면에 대한 생각은 소홀히 했기 때문이다.

'그러므로 군주는[故其君]', 하나라 걸과 상나라 주 이 두 폭군은 '그들이 학문도덕을 수양하였다는 이유로 제거해버렸다[因其修以擠之]', 너 자신이 도덕을 중시할 것으로 여기니 내가 도덕을 가지고서 내 너를 혼내주겠다는 것이었다. 이런 사람은 '그들은 바로 명의(名義)를 좋아했던 자들이다[是好名者也]', 무슨 이름을 좋아할까? 도덕을 위해서 죽기를 원하는 것이다. 고대의 많은 충신들은 이런 사상이었습니다. 죽는 건 중요치 않다. 내가 역사상 이름을 남겨야겠다. 이게 바로 이름을 좋아하는 자입니다. 진정한 도덕이 아닙니다. 예컨대 주(紂)왕은 그의 숙부인 비간(比干)을 죽였습니다. 주왕은 물론 나빴습니다. 하지만 총명한 사람이기도 했습니다! 중국이나 외국이나 마찬가지로 나쁜 지도자라면 모두 제1등의 총명한 사람입니다. 역사상 기록을 보면 주왕의 무공(武功)은 대단했습니다. 아홉 마리의 소를 한 손으로서 다 막을 수 있었습니다. 게다가 총명하고 문무(文武)가 다 훌륭했습니다. 뭐든지 다 이해했습니다.

　당신은 알아야합니다. 제1류의 나쁜 사람은 총명은 지나치지만 도덕 수양이 없기 때문에 결과적으로 나쁜 사람으로 변한 겁니다. 그러므로 세상 사람들 인성(人性)은 이상합니다. 총명함과 나쁨, 총명함과 교활함은 모두 종이 한 장 차이도 나지 않습니다. 성실함과 어리석음도 마찬가지입니다. 만약 성실하면서도 어리석지 않으며 총명하면서도 교활하지 않다면, 그건 바로 성인(聖人)입니다. 왕자 비간은 충신으로서 주왕에 대해서 말했습니다. 이렇게 해서는 안 됩니다. 그렇게 해도 안 좋습니다. 주왕은 듣고서 짜증이 나서 말했습니다. 숙부님, 당신이 이렇게 하는 건 마치 성인 같은데요. 제가 들으니 보통사람은 심장의 구멍이 일곱 개만 있는데 옛사람들은 말하기를 성인의 심장 구멍은 아홉 개라고 했습니다. 당신이 성인인바에야 당신의 심장을 꺼내서 한 번 봅시다! 이렇게 해서 비간을 죽여버렸습니다. 이게 바로 '인기수(因其修)'입니다. 당신이 당신은 도덕을 중시한다고 생각한다면 그 사람은 도덕으로써 그 사람을 타격합니다. 고대의 역사상 그런 사례가 많았습니다. 황제가 화를 내어 이렇게 말한 경우가 늘 있었습니다. 당신은 충신이 되고 싶군요! 좋소, 내가 당신 뜻을 이루어 주겠소. 곧 그를 죽여버렸습니다. 장자는 말하기를 그 원인이 '그들은 바로 명의를 좋아했던 자들이다[是好名者也]'라고 합니다, 역시 인생을 이해하지 못하고, 세상 사람들은 항상 이 명의(名義)를 위한다는 것을 이해하지 못하기 때문입니다. 여기서 말하는 '명(名)'자도 꼭 명예를 좋아한다의 '명'자를 가리키는 것은 아니며, '의(義)'라는 한 관념을 포함하고 있습니다. 이렇게 하는 것이 바르고, 그렇게 하는 것은 바르지 않다. 바르지 않은 것은 삐뚤어진 것이다 는 관념입니다. 이런 사람들은 모두 이런 명의(名義) 관념을 위해서 죽었습니다.

"옛날 요(堯)는 작은 나라들인 총지(叢枝)·서(胥)·오(敖)를 침략했고, 우(禹)도 유호(有扈)를 침략했다. 전쟁으로 나라살림은 텅 비고 백성들은 많이 죽었다. 그 두 사람이 군대를 동원하여 전쟁을 그치지 않음은 그들이 천하가 하나로 통일되어야 한다는 하나의 명의 관념을 실현하기를 바라며 그만두지 않았기 때문이다. 이들은 모두 명의 관념과 실제 성과에 사로잡혀 추구한 자들이다. 너는 설마 듣지 못했느냐? 명의와 실제 성과란 역사상의 성군이나 현인 재상도 그 기준에 완전히는 부합할 수 없었다는 것을 말이다. 그런데 하물며 너야 더 말할 나위가 있겠느냐! 그러나 위나라 군주에게 가서 바로잡아 주려는 네게도 반드시 네 나름의 도리방법이 있을 터이니, 어디 한 번 내게 말해 보려무나."

昔者堯攻叢枝、胥、敖, 禹攻有扈, 國爲虛厲, 身爲刑戮, 其用兵不止, 其求實無已, 是皆求名實者也。而獨不聞之乎？名實者, 聖人之所不能勝也, 而況若乎！雖然, 若必有以也, 嘗以語我來！

'옛날 요(堯)는 작은 나라들인 총지(叢枝)·서(胥)·오(敖)를 침략했고[昔者堯攻叢枝、胥、敖]', 이 몇 개는 작은 민족 작은 국가였습니다. 요(堯)는 군대를 동원하여 그들을 공격했다고 전해옵니다. '우(禹)도 유호(有扈)를 침략했다[禹攻有扈]', '유호(有扈)'도 작은 국가 작은 민족입니다. 하우(夏禹)는 큰 나라였습니다. 그는 말합니다. 역사상의 경험에 의하면 성인 황제였던 요와 우, 그 두 사람은 어쨌든 훌륭한 사람들이었지! 그렇지만 성인(聖人) 황제도 군대를 동원하여 전쟁을 한 적이 있다. 바꾸어 말하면 다른 사람을 때리고 다른 작은 민족을 침략한 적이 있었습니다. 전쟁을 발동하면 무슨 좋은 점이 있을까요? '전쟁으로 나라살림은 텅 비고[國爲虛厲]', 나라 살림이 전쟁으로 가난해지고 '백성들은 많이 죽었다[身爲刑戮]', 일반 백성들이 많이 죽었다. 비록 황제 자신은 위험이 없더라도 말입니다. '그 두 사람이 군대를 동원하여 전쟁을 그치지 않음은[其用兵不止]', 마침내 국가가 병력을 동원하여 전쟁을 그치지 않았는데 무엇을 위해서였을까? '그들이 천하가 하나로 통일되어야 한다는 하나의 명의 관념을 실현하기를 바라며 그만두지 않았기 때문이다[其求實無已]', 그가 관념 하나를 실현하고 싶어서였는데, 천하는 하나로 돌아간다[天下歸一]는 하나의 이상에 도달하고 싶어서였다. '이들은 모두 명의 관념과 실제 성과에 사로잡혀 추구한 자들이다[是皆求名實者也]', 이것은 모두 관념에 가려졌고 생각에 가려졌기 때문이었다. '너는 설마 듣지 못했느냐[而獨不聞之乎]?', 공자는 안회에게 말합니다. 이런 역사의 경험들을 너는 설마 이해하지 못하느냐?

'명의와 실제 성과란[名實者]', 천지간의 도리로서 하나의 관념인 시비선악(是非善惡)이 바로 '명(名)'인데, '명'은 곧 명리(名理)이며, 명리는 곧 논리입니다. '실(實)'은 실제의 성과입니다. '역사상의 성군이나 현인 재상도 그 기준에 완전히 부합할 수 없었다는 것을 말이다[聖人之所不能勝也]', 역사상의 성군(聖君)과 어진 재상들도 모두 도덕의 기준에 완전히 도달할 정도로 성취하지는 못했다. '그런데 하물며 너야 더 말할 나위가 있겠느냐[而況若乎]!', 공자는 말합니다. 안회야, 하물며 너야 더 말할 나위가 있겠느냐! 이상은 바로 공자가 안회를 훈계하는 한 단락의 말인데, 그를 아마 얼떨떨할 정도로 꾸짖었을 것입니다. 그렇지만 공자는 선생 노릇할 줄도 알아서, 꾸짖고 난 뒤에는 또 한 번 어루만져주고자 했습니다. '그러나 위나라 군주에게 가서 바로잡아 주려는 네게도 반드시 네 나름의 도리방법이 있을 터이니[雖然, 若必有以也]', 그러나 네가 가서 다른 사람을 바로 잡아주고 싶은 용기가 있는 바에야 너도 틀림없이 너 나름의 도리가 있을 것이다. '어디 한 번 내게 말해 보려무나[嘗以語我來]', 너의 의견을 나에게 말해보아라. 도대체 너는 어떤 생각이 있느냐? 이 단락에서 공자가 안회를 꾸짖는 도리는 모두 인생의 보편적인 도리요 사람됨의 도리이기도 합니다. 이제 그는 안회에게 말합니다. 네가 이미 그렇게 할 용기가 있는 바에야 너도 틀림없이 이상이 있겠지! 너는 너의 계획을 얘기 해 봐라. 내가 들어보겠다.

안회의 수양

안회가 말했다. "제가 학문도덕이 단정하고 마음이 비워졌으며, 어지러운 생각을 없애는 데 힘써 정념(正念)이 전일해졌다면 되겠습니까?"

顏回曰 : 端而虛, 勉而一, 則可乎?

'제가 학문도덕이 단정하고 마음이 비워졌으며, 어지러운 생각을 없애는 데 힘써 정념(正念)이 전일해졌다면 되겠습니까[端而虛, 勉而一]?', 이 여섯 글자는 실천해내기가 어렵습니다. 안회는 말하기를 자기의 수양이 '단이허(端而虛)'라고 합니다. 이미 정좌를 해서 정(定)을 얻었다는 겁니다. 그는 말합니다. 저는 학문과 도덕이 단정합니다. 앉은 자세도 단정합니다. 여러분들이 다리를 틀고 앉아서 정좌할 때처럼 '허(虛)', 마음속에 생각이 없어서 텅텅 비었습니다. 공(空)의 경계에 도달했습니다. '면이일(勉而一)', 심념에는 오로지 정념(正念)만 존재합니다. 처음 시작할 때는 마음속이 뒤죽박죽으로 생각이 어지럽습니다. 그런 다음 서서히 억지로 그 어지러운 생각을 없애버리면 사라집니다. 비워버린 뒤에는 전일(專一)하여 이 정념이 전일해집니다.

예컨대 불법을 배우는 여러분들이 오직 하나의 아미타불만 있다거나, 하느님을 믿는 사람이 주(主)여! 하느님이시여! 신이시여! 당신은 저를 보호해 주십시오 하는 이 생각만 있는 것입니다. '면이일(勉而一)', 그는 말하기를 저는 이미 수양이 전일의 경계에 이르렀다고 했습니다. 이 여섯 글자의 수양은 높습니다. 신체는 날마다 단정해서 기울어지지 않고 삿된 기운[邪氣]이 없고, 마음속은 생각이 텅텅 비었고 정념이 영원히 전일합니다. 이런 수양 공부를 성취했다면 대단해졌고 높아진 겁니다. '즉가호(則可乎)?', 그는 말합니다. 선생님! 당신이 알듯이 저 안회는 이런 수양이 있습니다. 제가 이렇게 수양한 도덕에 의거해서 남을 감화시킨다면 아무래도 되겠지요! 안회는 선생님께 한바탕 꾸지람을 듣고 나서 마음속에 그리 진심으로 신복(信服)하지는 않았습니다. 저의 수준이 이미 괜찮아졌습니다! 선생님, 당신은 아직도 마음을 놓지 못하고 제가 여행을 떠나도록 놓아주지 않는데, 저는 제가 이미 이 정도에 이르렀으니 그래도 되겠지요?

중니가 대답했다. "아니다! 그런 정도의 수양으로 어찌 되겠느냐! 너의 수양은 양극(陽極)의 경계에 있다. 양기(陽氣)가 꽉 차 양강(陽强)의 상태가 된 것으로 아직 음유(陰柔)의 상태로 변화되지 않았기에 외면의 기색이 좋았다 나빴다 일정하지 않다. 너의 그런 상황은 일반인들보다는 좀 낫지만, 그런 정도의 수양을 바탕으로 사람들과 감정이 통하기를 바라고 그 마음을 감화시키려고 하는 것이다. 너의 그런 공부를 이름 하여 '날마다 점점 닦아가는 작은 도덕도 이루지 못한 것'이라고 하는데, 하물며 큰 도덕은 더 말할 나위가 있겠느냐! 너는 그런 경지를 도라고 고집하여 변화하지 않고, 겉으로는 도가 있는 선비 모습에 부합하지만 안으로는 반성자책하지 않은데, 위나라 군주를 바로잡는 일을 어떻게 할 수 있겠느냐?"

曰：惡！惡可！夫以陽爲充孔揚，采色不定，常人之所不違，因案人之所感，以求容與其心。名之曰日漸之德不成，而況大德乎！將執而不化，外合而內不訾，其庸詎可乎！

'중니가 대답했다. 아니다! 그런 정도의 수양으로 어찌 되겠느냐[曰：惡！惡可]!', 공자가 말합니다. 안 된다! 이게 어떻게 되겠느냐? 너의 그 약간의 수양에 의지해서도 이곳을 떠나 일을 할 수 있겠느냐? 너는 그래도 미국 백악관에 가서 흔들고 돌아다니고 싶으냐! 공자는 말합니다. 안 된다!

'너의 수양은 양극(陽極)의 경계에 있다. 양기가 꽉 차 양강(陽强)의 상태가 된 것으로 아직 음유(陰柔)의 상태로 변화되지 않았기에 [夫以陽爲充孔揚]', 이 말은 완전히 내재적인 정좌 수양공부를 말합니다! 사람이 '학문도덕이 단정하고 마음이 비워진[端而虛]' 경지에 도달하면 사지와 심신이 단정합니다. 바꾸어 말하면, 기가 모두 충만해졌습니다. 정(精)을 수련하여 기(氣)로 변화시키고 기를 수련하여 신(神)으로 변화시키면, 이 사람의 마음속에는 생각이 하나도 없습니다. '어지러운 생각을 없애는 데 힘써 정념(正念)이 전일해졌다면[勉而一]', 오직 하나의 정념만 존재합니다. 이 정념은 무념(無

念)이요 공(空)한 것입니다. 공자는 말합니다. 이 경계는 양극(陽極)의 경계이다. 음양으로 대표하면 정(精)은 양기(陽氣)입니다. 신체상의 기기기맥(氣機氣脈)이 양기만으로 충만하여 유통하고 있다. 그러나 너의 이 정념은 유화(柔和)하게 할 수 없어서 양강(陽剛)의 기가 음유(陰柔)로 전환 변화될 수 없으므로 신체가 부드러워지지 않았다. 너는 몸을 잊어버리지 못했고 몸이 부드럽게 변화되지 않았다. 즉, 너는 몸을 잊어버리지 못했고 마음을 잊어버리지 못했다. 몸을 잊어버리지 못하고 마음을 잊어버리지 못하면 양기가 충실해지고 더욱 충실해진다. 이게 바로 '공양(孔揚)'인데, 갈수록 커지는 것이다. 너무 지나치게 양강하면, 지나치게 강하면 부러져서, 끝나버린다! 이것은 도가 아니다. 이것은 과정일 뿐이니 너는 그것을 궁극이라고 여기지 말거라.

'외면의 기색이 좋았다 나빴다 일정하지 않다[采色不定]', 공자는 말합니다. 안회 네가 도달한 이 경계는 수도의 궁극이 아니다. 너의 수양은 최고처에 도달하지 못했다. 외부의 기색은 좋았다 나빴다 하면서 기색이 안정되지 않았다. 양강만 있고, 음양의 합(合)이 없고 유합(柔合)한 경계가 없다. '너의 그런 상황은 일반인들보다는 좀 낫지만[常人之所不違]', 너의 이런 상황은 일반사람들과 비교해 보면 도가 있는 것 같다. 온통 얼굴에 정기(正氣)가 가득하다. 우리들의 현재로 말하면 정좌하는 사람이 붉은 빛이 얼굴에 가득한 것을 보는 겁니다. 사실은 혈압이 높은 것입니다. 이런 식으로 계속 정좌해 가면 뇌충혈로 변하고 최후에는 병 없이 죽어버립니다. 붉은 빛이 얼굴에 가득하다고 반드시 도인 것은 아닙니다! 그것을 '위충공양(爲充孔揚)'이라고 합니다. 옳지 않습니다. 너무 지나치게 양강한 겁니다. 그러므로 '외면의 기색이 좋았다 나빴다 일정하지 않습니다'. 일반인들하고 비교하면 당신은 그래도 1, 2점은 더 받을 수 있습니다. '그런 정도의 수양을 바탕으로 사람들과 감정이 통하기를 바라고 그 마음을 감화시키려고 하는 것이다[因案人之所感, 以求容與其心]', 네가 이 약간의 재간 수양을 근거로 도가 있고 감통(感通)이 있다고 생각하고는, 네가 남과 심념 상의 감통을 추구하고 싶어 하고, 그 사람과 서로 마음과 마음이 맞고 싶어 하고 다른 사람을 감화시키려고 한다면, 안 된다!

'너의 그런 공부를 이름하여 '날마다 점점 닦아가는 작은 도덕도 이루지 못한 것'이라고 하는데, 하물며 큰 도덕은 더 말할 나위가 있겠느냐[名之曰日漸之德不成, 而況大德乎]!', 너의 이 공부는, 후세의 설로써 비유하면 점수(漸修) 공부라고 할 수 있습니다, 선종의 돈오(頓悟)가 아닙니다, 너의 이런 점수의 약간의 공부와 약간의 도덕으로도 가서 다른 사람을 감화시키려고 생각한다니 그게 어떻게 가능하겠느냐! 심지어 점수의 공부도 너는 아직 완전히는 완성하지 못했는데 하물며 돈오의 대도(大道)는 더 말할 나위 있겠느냐! 주의하십시오! 안회처럼 이렇게 수행한 사람이 세상에는 적지 않습니다. 요가를 닦든 도가를 닦든 불법을 닦든 대부분 많은 사람들이 '외면의 기색이 좋았다 나빴다 일정하지 않으며' 눈을 감고서 일부러 티를 냅니다. 마치 도가 있는 듯한 모습입니다. 그리고는 다들 다른 사람을 교화하고 싶어 합니다. 다들 이런 식인데, 이것 역시 공자가 안회가 걸어가는 노선을 꾸짖는 것입니다. 공자는 말합니다. 네가 도달한 이 경지가 바로 '너는 그런 경지를 도라고 고집하여 변화하지 않고[將執而不化]', 영원히 진보하지 않는다. 왜냐하면 너는 이것이 바로 도라고 고집하고서 변화하지 않기 때문이다. '겉으로는 도가 있는 선비 모습에 부합하지만 안으로는 반성자책하지 않은데[外合而內不訾]', 겉으로 보면 도가 있는 선비 같지만 내면으로는 옳지 않다. 이것은 외도(外道)이다. '위나라 군주를 바로잡는 일을 어떻게 할 수 있겠느냐[其庸詎可乎]!', 그는 말합니다. 네가 이 약간의 재간을 믿고 가서 제왕에게 응대하고 왕사(王師)가 된다면, 그건 안 된다. 너는 공부와 수양과 학문이 모두다 아직 제대로 안됐어! 그는 말합니다. 너는 안 된다. 다른 사람의 스승이 될 수 없다. 안회는 그가 여기까지 말하는 것을 들었는데 공자에게 한 바탕 꾸지람을 듣고 나니 또 좀 진보한 듯 했습니다.

외원내방(外圓內方)

안회가 말했다. "그러면 저는 안으로는 곧고 밖으로는 굽히며 천천히 형이상(形而上)의 도(道)로 이끌어 성취시켜주되 위로 견주겠습니다." 공자가 말했다. "안으로 잡념이 비워져 곧은 자는 천지 우주와 한 무리가 된다. 천지 우주와 한 무리가 된 자는 천자와 자기가 모두 천지 우주의 자식으로서 평등하다는 것을 안다. (평등 망아忘我에 도달한 바에야 나도 없고 너도 없다) 그런데도 너는 설마 자기의 말을 좋게 여기기를 바라거나 좋지 않게 여기기를 바라겠느냐? 만약 그렇다면 고명한 사람들은 너를 어린애라고 부르고 듣기 좋게 말해 천진(天眞)하다는 의미로 '천지 우주와 한 무리가 되었다'고 말할 것이다."

然則我內直而外曲, 成而上比。內直者, 與天爲徒。與天爲徒者, 知天子之與己皆天之所子, 而獨以己言蘄乎而人善之, 蘄乎而人不善之邪？若然者, 人謂之童子, 是之謂與天爲徒。

'그러면 저는 안으로는 곧고 밖으로는 굽히며 천천히 형이상의 도(道)로 이끌어 성취시켜주되 위로 견주겠습니다[然則我內直而外曲, 成而上比]', 안회는 당장에 한번 꾸지람을 듣고는 깨달음이 좀 있었습니다. 그는 말합니다. 그렇다면, 선생님, 저의 이 내재적인 도 공부는 표현하지 않고 저는 겉으로 좀 원만하면서 그들과 상냥하게 접촉하겠습니다. 저는 안으로는 여전히 저의 도를 닦고 겉으로는 에둘러서 천천히 그를 형이상의 도로 인도한다면 아무래도 되겠지요? 이것은 유가가 말하는 외원내방(外圓內方)입니다. 안회는 공자가 꾸짖기 이전보다는 좀 진보했습니다. 안회가 이렇게 제시하자 공자는 또 비판 반박합니다.

'공자가 말했다. 안으로 잡념이 비워져 곧은 자는 천지 우주와 한 무리가 된다[內直者, 與天爲徒]', 공자는 말합니다. 너는 이게 옳다고 생각하는데 너는 여전히 옳지 않다. 그런데 안회는 진보했습니다! 공자가 안회를 가르쳐 이끄는 것도 바로 장자가 우리 후인들에게 수도나 사람됨은 진보해야 한다고 일러주는 것입니다. '내직(內直)'은 옳습니다. 머릿속이 하루 종일 텅텅 비어 잡념이 없고 망상이 없는 것입니다. 그래서 유가는 '청명재궁(淸明在躬)'이라는 네 글자를 말하는데, 영원히 청명한 것입니다. 불가로 말하면 마음속이 공(空)해진 겁니다. 청정하고 청정해진 것입니다. 이게 바로 '내직(內直)'입니다. 직심(直心)이 도량[道場]입니다. 부처님을 배움에는 첫째로 마음이 곧아야 합니다. 그래야 수도라고 부릅니다.

공자는 말합니다. 이것은 초보적인 공부다. '내직자여천위도(內直者與天爲徒)', 이렇게 해야 천인합일(天人合一)이 될 수 있다. 즉, 하늘을 본받은 것입니다. 즉, 노자가 말한 '인법지(人法地), 지법천(地法天)'입니다. '천지 우주와 한 무리가 된 자는 천자와 자기가 모두 천지 우주의 자식으로서 평등하다는 것을 안다[知天子之與己皆天子之所子]', 고대에 황제를 천자(天子)라고 불렀습니다. 황제와 보통백성들을 모두 평등하게 본 것이요, 인간세상의 일체가 모두가 평등하다고 본 것입니다. 일체의 지위나 명성, 돈이 있든 없든 벼슬이 높던 높지 않던 모두 상관없습니다. 당신도 사람이고 나도 사람입니다. '여천위도(與天爲徒)', 모두 천하의 사람들입니다. 사람과 경계가 평등한 데 도달한 이상 내재에서는 이미 수양이 일체의 인연이 공(空)해진 데 도달했습니다. 불가에서 말하는 인무아(人無我)라는 세 글자와 같습니다. 이미 나도 없고 남도 없는[無我無시] 경계를 성취하여 이 공(空)의 경계에까지 닦았습니다. 공자는 말합니다. '그런데도 너는 설마 자기의 말을 좋게 여기기를 바라거나 좋지 않게 여기기를 바라겠느냐[而獨以己言蘄乎而人善之, 蘄乎而人不善之邪?]', 너 자신의 내면의 마음이 이미 항상 공한데도 너는 구태여 남더러 너의 말을 듣고 너의 의견을 믿어달라고 할 필요가 있겠느냐? 너는 남에게 네가 옳다고 인정해달라고 요구하겠느냐? 아니면 남에게 네가 옳지 않다고 인정해 달라고 요구하겠느냐? 옳든 옳지 않든, 양쪽 다 편견에 떨어진 것이다. 편견이 있는 이상 너의 내면의 수양은 이미 공하지 않다! 이미 곧지 않다! 공은 단지 진정한 인명(因明) 논리일 뿐이다. 기타 양쪽의 논변은 논리적으로 일단 분별이 있기만 하면 너의 이 경계는 또 틀려버린다.

우리도 늘 보는데, 청년 학우들이 이제 막 청정한 경계를 조금 얻으면 비록 선생님 앞에서는 감히 많은 얘기는 안 하지만 제가 보면 그 사람의 외면의 기색이 좋았다 나빴다 일정하지 않아서, 양양한 게 마치 뭔가 얻은 것이 있는 모습입니다. 그런 다음 내 앞에서 선생님 또래 사람인 척하면서 몹시 나가서 남을 교화하고 싶어 하고, 그 약간의 공(空)을 남에게 전해주고 싶어 하는 그런 모습인데, 이것은 바로 잘못을 범한 겁니다. 당신이 이미 남에게 전해주고 싶은 어떤 것이 약간 있다면 이미 공(空)해지지 않은 것입니다. 공해지지 않았다면 이미 옳지 않습니다. 한쪽에 떨어졌으니 물론 틀린 겁니다. 공자의 논변을 보세요, 양쪽을 뒤집자 결점이 폭로되었습니다. 주의하십시오! 만약 얻은 바가 있다면 그런 생각을 할 필요가 없습니다. 지금 제가 얘기한 것이 아니라 장자가 말하는 것입니다.

'만약 그렇다면 고명한 사람들은 너를 어린애라고 부르고 듣기 좋게 말해 천진하다는 의미로 '천지 우주와 한 무리가 되었다'고 말할 것이다[若然者, 人謂之童子, 是之謂與天爲徒]', 만약 그렇다면 고명한 사람이 눈으로 한번 보면 너는 '득소위족(得小爲足)'의 어린 애에 불과하다. 선종 조사가 사람을 꾸짖는 말인데, 약간 좀 얻은 것을 가지고 스스로 대단하다고 생각하는 겁니다. 가난뱅이가 보배를 얻자마자 미쳐버린 것이나 다름없습니다. 가난뱅이가 애국복권에 당첨되면 정신병원에 들어가게 된 것이 바로 이런 맛입니다. 공자는 말합니다. 결과적으로 남들이 보니 너는 어린애에 불과하게 된다. 이것을 '여천위도((與天爲徒)'라고 부른다. 이 말은 우리가 오늘날 에둘러서 남을 욕하는 말인데, 바로 이런 말입니다. 동생! 자네도 너무 천진한 것이겠지! 천진(天眞)이란 말은 듣기 좋습니다. 천진의 이면은 유치(幼稚)입니다! 때로는 어떤 사람을 유치하다고 말하기가 거북할 경우, 당신 참 천진하시네요! 라고 하는데, 남이 듣고 나면 기분이 좋습니다. 그러므로 이렇게 에둘러서 남을 욕하는 것은 좋은 예술입니다. 천진과 유치는 마찬가지 것입니다! 공자는 말합니다. 너는 너무 천진하다. 이것은 공자가 안회의 천진한 일면을 비평한 것입니다.

"밖으로 급힌다는 것은 사람들과 한 무리가 되는 것이다. 군주에게 손을 높이 들고 꿇어앉아 팔을 급혀 절하는 것은 남의 신하 된 사람의 예로서 모두가 하거늘 어찌 감히 하지 않겠느냐! 남이 하는 대로 하면 사람들이 헐뜯는 일이 없을 것이다. 이것을 일러 '사람들과 무리가 된다' 고 한다."

外曲者, 與人之爲徒也。擎跽曲拳, 人臣之禮也, 人皆爲之, 吾敢不爲邪! 爲人之所爲者, 人亦無疵焉, 是之謂與人爲徒。

'밖으로 굽힌다는 것은 사람들과 한 무리가 되는 것이다[外曲者, 與人之爲徒也]', 무엇을 '외곡(外曲)'이라고 할까요? 비록 높은 수양이 있더라도 천리 길 벼슬하러 가는 것은 단지 재물 때문이라고 했는데 무슨 방법이 있겠습니까? '외곡'의 길을 가는 수밖에 없습니다. '외곡자(外曲者)'가 바로 여인지위도야(與人之爲徒也)'인데, 행위도 일반인들과 같아야 합니다. '군주에게 손을 높이 들고 꿇어앉아 팔을 굽혀 절하는 것은 남의 신하 된 사람의 예로서[擎跽曲拳, 人臣之禮也]', '경기(擎跽)', 황제가 조정에 오르는 것을 보면 인사하고 허리를 굽히는 것입니다. '곡권(曲拳)', 두 손을 합장하거나 부처님을 배우는 사람이 안부를 물을 때 인도의 예의를 흉내 내는 것입니다. 혹은 꿇어앉아서 신하의 예를 행하는 것입니다. '모두가 하거늘 어찌 감히 하지 않겠느냐[人皆爲之, 吾敢不爲邪]!', 당신이 다른 사람이 이렇게 하는 예절을 보고 남에게 트집잡히지 않도록 당신 자신도 하지 않을 수 없습니다. 이상을 '외곡'이라고 부릅니다. 또 '어느 언덕에 올랐다면 그 노래를 불러야한다'는 방언의 의미와도 같습니다. 그런 환경에 이르면 그 환경에게 배워야 합니다. 미국에 갔다면 사람을 만날 경우 악수를 할 수밖에 없습니다. 중국에 가서는 사람들이 장포(長袍)를 입은 것을 보고는 읍(揖)할 수밖에 없습니다. 일부 지방에 가면 혀를 내미는 예절이 있는데, 혀를 길게 내밀 수밖에 없습니다. 어느 곳마다 예절이 다릅니다. 비록 마음속으로는 원하지 않지만 환경이 그러하니 그 규범대로 해야 합니다. 공자는 말합니다. 이것을 '밖으로 굽힌다' 라고 부른다. 그리고 또 세 번째 점이 있습니다!

옛사람을 모방하는 게 좋을까

"성취시켜 주되 위로 견주겠다는 것은 옛날과 한 무리가 된다는 것이다. 그 말은 비록 교화적이지만 현실을 꾸짖는 것이요, 옛 사람이 한 말이지 자신이 한 말이 아니다. 그와 같이 하면 비록 직언하더라도 화를 불러오지 않는다. 이것을 일러 옛날과 한 무리가 된다 고 한다." 안회가 말했다. "이와 같이 하면 되겠습니까?"

成而上比者, 與古爲徒。其言雖敎, 讁之實也。古之有也, 非吾有也。若然者, 雖直而不病, 是之謂與古爲徒。若是則可乎?

공자는 말합니다. 어떻게 하는 것을 '성취시켜 주되 위로 견주는 것[成而上比者]'이라고 할까? 즉, 피차가 남을 승화시켜주는 겁니다. '옛날과 한 무리가 된다는 것이다[與古爲徒]', 오로지 옛 도를 본받아서 행한다는 것이다. 예컨대 중국문화를 기준으로 말하면 오늘날 중국문화를 얘기하는 구호를 자꾸 듣습니다. 저는 중국문화란 무엇일까를 생각하고 있습니다. 여러분들이 답을 한번 해 보시기 바랍니다. 중국문화란 채소에 무를 볶는 것입니까? 아니면 고궁박물관의 그림입니까? 만약 중국문화가 공자라고 한다면 이 대답도 틀립니다. 중국은 제자백가가 아주 많으며 공자는 제자백가 중에 하나입니다! 우리 모두들 오늘날 죽어라하고 중국문화를 얘기하는데 사실은 그렇게 말한 사람도 안회나 마찬가지로 영문을 모른 채 외치고 있습니다. 『장자』 제2편 제물론에서 말하는 취만부동(吹萬不同)과 같습니다. 바람이 어떤 구멍에 불면 우아 우아 위 위 위 소리치는데 조금도 의미가 없습니다. 그러므로 그 누가 중국문화에 대해서 하나의 정의를 내릴 수 있을까요? 제가 보기에는 대단히 어렵습니다. 이것은 오늘날 청년들이 깊이 생각해 볼 필요가 있는 하나의 문제입니다.

어떤 사람은 그저 '성이비상자(成而上比者), 여고위도(與古爲徒)'만 하려고 합니다. 복고(復古)만 하려고 합니다. '그 말은 비록 교화적이지만 현실을 꾸짖는 것이요[其言雖敎, 讁之實也]', 교화 이론상으로는 맞지만 이것은 누가 말한 것일까요? '옛 사람이 한 말이지 자신이 한 말이 아니다[古之有也, 非吾有也]', 옛사람이 말한 것입니다. 그러나 역사는 영원히 앞으로 발전하는 것입니다. 옛사람이 가졌던 것은 우리가 오늘날 가진 것이 아닙니다. 환경이 다르고 시대가 다르기 때문입니다. 오늘날 있는 것도 옛사람에게 있던 것이 아닙니다. 그러므로 공자의 손자인 자사(子思)는 그가 저술한 『중용』 속에서도 다음과 같이 얘기 했습니다. '지금 세상에 태어나서 옛날의 도를 복구하려고 하면 재앙이 그 몸에 미친다[生乎今之世, 反古之道, 如此者, 災及其身者也]', 현대인이 된 사람이 한사코 복고(復古)하려고 하여 옛사람의 노선을 걸어가려고 하면 문제가 나타나고 재난이 있기 마련입니다. 미치광이가 아닐지라도 정신병원에 보내져야 합니다.

공맹사상은 그렇게 진부하고 복고적인 것이 아닙니다! 다들 공맹사상 얘기만 꺼내면 마치 복고하려는 것 같습니다. 그러므로 다들 공맹사상의 책을 읽고 통하지 못한 것입니다. 당신이 『맹자』를 넘겨보십시오. 공자는 '성지시야(聖之時者也)'로서, 그는 시대와 함께 걸어가기를 주장했습니다. 공자는 『역경』에서 말하기를 '여시해행(與時偕行)', 시대를 파악해야 한다고 했습니다. 즉, 시대의 발걸음을 따라서 걸어가야 한다고 했습니다. 그래서 장자는 여기서도 말합니다. '옛 사람이 한 말이지 자신이 한 말이 아니다. 그와 같이 하면 비록 직언하더라도 화를 불러오지 않는다[古之有也, 非吾有也. 若然者, 雖直而不病]', 강물은 동쪽으로 흘러가면 한번 가서 돌아오지 않으며, 역사는 되돌아오지 않는 것입니다. 우리가 길을 걷는 것처럼 앞으로 한 걸음 걷는 것이지 고개를 돌려 뒤로 걸어가는 것이 아닙니다. 만약 고대였다면 소탈한 품격이 거의 가능했습니다. 그래서 말하기를 '이것을 일러 옛날과 한 무리가 된다 고 한다 [是之謂與古爲徒]', '안회가 말했다. 이와 같이 하면 되겠습니까[若是則可乎]?' 제가 옛사람의 방식을 배우면 될까요?

이 단락은 공자가 말한 것입니다. 안회가 말한 것으로 보지 말기 바랍니다. 많은 주해들이 이 단락을 안회가 말한 것으로 말합니다. 어떤 사람의 주해는 공자가 말한 것으로 봅니다. 오직 마지막 한 마디 '이와 같이 하면 되겠습니까[若是則可乎]?'야말로 안회가 말한 것입니다.

『장자』는 소요유, 제물론, 양생주 편으로부터 이제 인간세(人間世) 편에 이르렀습니다. 인간세 편은 사람됨과 처세의 도리를 말하고 있는데, 도가 있는 사람이 어떻게 처세할 것인지를 말하고 있습니다. 지난번에 공자와 안회와의 대화는 아직 다 끝나지 않아서, '여인위도(與人爲徒)'를 말했습니다. 즉, 인도(人道)인데, 오늘날 사회적으로 많은 사람이 걸어가는 길처럼 하나의 좋은 인승(人乘)의 도입니다. 여기는, 안회가 나서서 왕사가 되고 싶어 하는 것은 바로 역사상의 장량이나 제갈량 혹은 강태공 등등이 되어 지도자의 사상 태도를 고치려 하고 싶어 하는 것을 말합니다. 공자의 안회에 대한 한바탕의 교훈은 말하기를 그가 옳지 않다고 합니다. 이제 공자는 또 말합니다. '성취시켜 주되 위로 견주겠다는 것은 옛날과 한 무리가 된다는 것이다. 그 말은 비록 교화적이지만 현실을 꾸짖는 것이다[成而上比者, 與古爲徒. 其言雖敎, 謫之實也]', 우리가 역사를 보면 많은 사람들이 '성이상비(成而上比)', 이미 이루어진 사실들을 가지고 비평을 했는데 어려운 일이었습니다. 그러므로 역사상의 많은 명신(名臣)들의 주의(奏議)나 간소(諫疏)를 보아야 합니다.

여기서 우리는 먼저 말머리를 돌려 말하겠습니다. 우리는 중국문화란, 약간의 공맹학이나 『사서오경』을 가지고 입으로 설교하기를 중국문화를 대표했다고 하는 것이 아니라는 것을 이해해야 합니다. 이 문제는 아주 큽니다. 특히 우리가 중국문화를 이해하려면 설사 『이십오사』를 다 읽었다 할지라도 여전히 역사를 이해하지 못합니다. 반드시 역사의 반면(反面) 문헌을 살펴보아야 합니다. 즉, 역사상의 명신의 주의나 간소를 읽어보아야 합니다. 이런 주의나 간소들은 오늘날 큰 신문들의 사설이나 같습니다. 19세기 중기와 초기의 영국 타임지[Times] 등의 경우 그 사설들이 세계 정치와 사회에 영향을 미치기에 충분했습니다.

그러므로 역대의 대신들 중에는 엄중한 주의를 제왕에게 올리되 반대 의견을 지녔다면 한편으로는 보고서를 쓰고 한편으로는 유서를 썼던 사람들이 많았습니다. 심지어는 널까지 사놓고 죽음을 준비했습니다. 왜냐하면 그 다음날 보고하러 한번 올라가면 죽음을 당할지도 몰랐기 때문입니다. 이게 바로 중국문화에서의 지식인의 정신이었는데, 국가를 위하여 백성을 위하여 역사에 대하여 책임

을 다하기 위하여 생명을 천추(千秋)와 바꿨으며, 천하 사람들에
대하여 책임을 졌습니다. 이게 중국문화가 지식인에게 준 교양이
자 아주 특별한 점이었습니다. 특히 명나라 왕조이래로 지식인들
은 송나라의 이학(理學)의 영향을 받아, 나라가 망하고 집이 파산
되며 사회가 변란하는 때에 이르러서는 생명을 천추와 바꾼 사람
이 유달리 많았습니다. 그런데 아주 재미있는 한 가지 일은 명나라
왕조는 주원장이 황제가 된 뒤로부터 그의 자손은 황제가 될 충분
한 자격이 있는 사람이 하나도 없었다는 것입니다. 제가 명나라 역
사를 늘 보면서 좀 생각해보니 명나라의 그 황제들은 그저 중산북
로(中山北路: 대북시의 거리/역주) 주점에서 술 심부름꾼이나 하면서
뛰어다녀야 맞았습니다. 황제는 말할 것도 없고 사장될 자격조차
도 없었습니다. 하지만 명나라의 많은 유가와 지식인들 중에는 충
정의 기[忠貞之氣]가 있던 사람들이 오히려 유달리 많았습니다. 그
래서 명나라 왕조 270년의 역사는 중국 지식인이 생명의 인식에
대하여, 생명의 공헌에 대하여 일종의 충정의 정신을 표현한 것을
확실히 대표합니다.

　이제 『장자』 본문으로 되돌아가겠습니다. '성이상비자(成而上比
者), 여고위도(與古爲徒)', 그러므로 옛사람들이 주의(奏議)를 올려
급박한 일들에 대하여 토론하려고 할 때 어떻게 했을까요? 여러분
청년 학우들이 사설을 쓴다든지 비평의 글을 쓸 때에도 주의해야
합니다. '성취시켜주되 위로 견주겠다[成而上比者]'는 역사적인 사
실을 비유로 삼아 설명하는 것입니다[引古鑑今]. 그러므로 장자는,
공자가 학생인 안회를 훈계하는 말을 빌리고 있습니다. 네가 만약
가서 왕사가 된다면 '성취시켜 주되 위로 견주겠다는 것은 옛날과
한 무리가 된다는 것인데', 이렇게 하면 좋을까 좋지 않을까? 이런
방법은 바로 인승(人乘)의 도입니다.

군주의 길 신하의 길 스승의 길

여기서 또 말머리를 돌려, 인신의 도[人臣之道]에는 모두 세가지 도가 있다고 말하는데 군도(君道)·신도(臣道)·사도(師道)가 그것입니다. 예컨대 공자나 더 나아가서 인도의 석가모니불이나 서방의 예수 같은 그런 후세의 교주들이 걸어간 길은 모두 사도의 노선이었지 군도의 길을 걸어가지 않았습니다. 요(堯)·순(舜)·우(禹)·탕(湯) 이런 사람들이 걸어간 길은 군도의 노선이었습니다. 역대의 명신들이 걸어간 것은 신도의 노선이었습니다. 이 세 가지 도는 중국문화에서 사람을 교육하여 성취시키는 목표였습니다.

오늘날로 말하면 어떤 사람이 맨손으로 집안을 일으켜 한 회사의 큰 사장님이 되었다면 군도를 배워야 합니다. 즉, 어떻게 사람들을 이끌 것인지, 어떻게 사람들을 포용할 것인지, 어떻게 사람을 쓸 것인지, 좋은 사람이나 나쁜 사람을 다 쓸 수 있으며, 재능이 있는 사람이나 재능이 없는 사람을 모두 움직이게 할 수 있는 것이 군도의 학문수양입니다. 신도는 사무원이나 간부가 된 사람은 어떻게 신도로써 자기 처신을 할 것인지를 알아야 하는 것입니다. 그러므로 지금 공자는 안회에게 일러줍니다. 네가 걸어가는 길은 사도의 노선이다. '성이상비자(成而上比者), 여고위도(與古爲徒)', 역사적인 사실을 비유로 삼아 설명하면, '기언수교(其言雖敎)', 그는 말합니다. 네가 건의한 도리가 비록 효과를 발생하더라도 '적지실야(謫之實也)', 될까 안 될까? 안 된다. 왜냐하면 그 속에는 풍자의 의미가 들어있기 때문에 남이 견디지 못한다.

예컨대 오늘날 많은 청년들이 아주 재미있는데, 특히 대만에서 수십 년 동안 많은 사람들이 『정관정요(貞觀政要)』 읽기를 좋아합니다. 이 책은 당태종이 어떻게 황제 노릇을 했는지를 기록하고 있습니다. 그래서 다들 흥미진진하게 읽습니다. 그렇지만 이 책이 황제는 어떻게 황제 노릇을 하고 어떻게 영수(領袖)가 되어야 하는지를 가르쳐주고 있다는 것을 다들 잊고 있습니다. 당태종의 대신인 위징(魏徵)은 전문적으로 황제의 잘못을 바로 잡은 역사상 유명한 신하였습니다. 당태종같이 총명한 사람도 어떨 때는 견딜 수 없었습니다.『정관정요』는 당태종이 위징 등의 주의(奏議)에 대하여 그것이 긍정적인 의견이든 부정적인 의견이든 간에 모두 듣고 그대로 따랐다는 것을 기록하고 있습니다. 당태종의 위대함을 기록하고 있는 것으로 역사상 유명한 것입니다.

당태종은 새매를 데리고 놀기를 좋아했고, 새를 기르며 데리고 놀기를 좋아했습니다. 한 영웅이 천하가 무사한 때에 이르면 정신적으로 의탁할 것이 없어서 새를 가지고 놀았습니다. 이는 우리 백성들이 몇 마리 비둘기를 기르면서 데리고 노는 것과 같은데, 이건 뭐 별것도 아닙니다! 한번은 당태종이 한참 새를 데리고 놀고 있을 때에 위징이 오는 것을 보았습니다. 위징이 틀림없이 말하기를 황상께서 어찌 어린애처럼 이런 걸 가지고 노십니까! 할 것이라고 알았습니다. 어쩔 방법이 없어서 그 새를 품속에다 집어넣고는 위징과 얘기를 했습니다. 위징은 이미 그 모습을 보았습니다. 그렇지만 그도 얘기하지 않았습니다. 원래는 몇 마디 보고를 다하면 가야 마땅했는데 한사코 그는 가지 않았습니다. 일부러 어떤 일을 찾아서 한참동안이나 얘기했습니다. 마침내 위징이 가고난 뒤에 당태종이 새를 꺼내서 보니 이미 숨이 막혀 죽어 있었습니다. 그는 화가 나서 위징의 등 뒤를 가리키면서 말했습니다. 언젠가는 이 늙은 촌뜨기[土包子]를 죽여 버릴 것이다! 고대에는 토포자(土包子)라고 부르지 않고 전사옹(田舍翁)이라고 불렀습니다.『수당가어(隋唐家語)』

란 책에 이 사실이 기록되어 있습니다.

위징은 당태종을 자주 난처하게 했었는데, 이번에 새를 질식시켜버린 겁니다. 당태종은 후궁에 돌아와 욕을 했습니다. 황후는 듣자마자 이렇게 말했습니다. 당신 오늘 또 밖에서 어떤 신하한테 분함을 당했습니까? 당태종은 말했습니다. 또 누가 있겠소! 그 촌뜨기이지. 또 한 번은 황후가 당태종이 위징 때문에 화를 낸 것을 보고는 안에 들어가서 예복으로 갈아입고 나왔습니다. 당태종이 보고는 말했습니다. 당신 그렇게 엄중하여 뭐하자는 거요? 이것은 조정에 나갈 때 입는 예복이잖소! 황후가 말했습니다. 당신께 그렇게 좋은 큰 신하가 있다는 것을 축하드립니다. 오직 당신의 그런 도량만이 나라의 그렇게 훌륭한 간부를 배양해 낼 수 있습니다. 몇 마디 좋은 말을 당태종에게 얘기해 주자 마음속의 불길이 사라졌습니다. 그러나 위징이 죽은 뒤에 당태종은 그의 묘비를 끊어버렸습니다. 왜냐하면 비문이 그로 하여금 많은 일을 생각나게 했기 때문입니다. 그래서 구실을 하나 붙여서 그것을 없애버렸습니다. 과거를 다 엎어버렸습니다.

그러므로 말하기를, 영도자가 된 사람은 수양이 남을 포용할 수 있는 양(量)에 진정으로 도달할 수 있으려면 오직 도를 얻은 사람이 공(空)에 도달해야 한다고 합니다. 공(空)하지 않으면 그렇게 할 수 없습니다. 그래서 공자는 안회에게 말합니다. '기언수교(其言雖敎), 적지실야(謫之實也)', 네가 옛일을 끌어다 오늘날의 일을 비춰보며 윗사람에게 말을 한다면 너의 말이 비록 효과를 보더라도 그는 마음속으로 생각하기를 네가 역시 자기를 풍자하고 있다고 한다. 게다가 역사의 경험을 가지고 오늘날의 사실을 설명한다면 '고지유자(古之有也), 비오유야(非吾有也), 약연자(若然者), 수직불위병(雖直不爲病), 시지위여고위도(是之謂與古爲徒)', 안회는 말합니다.

제가 역사의 경험을 가지고 말하는 것도 잘못이 없습니다! 옛날에 있었으니까요! 역사상 많은 대신들이 얘기를 했는데 우리가 배워야합니다! 안회는 말합니다. '비오유야(非吾有也)', 내 의견을 대표하는 것이 아니라 옛사람의 의견을 대표하는 것입니다! 내가 그것을 가지고 얘기하면 잘못이 없습니다. '약연자(若然者)', 제가 만약 이 방법으로 이 일을 처리한다면 '수직불위병(雖直不爲病)', 말하는 것이 좀 곧더라도 아무래도 문제가 발생하지 않을 것이겠지요! 이런 방법은 인신의 도[人臣之道]를 걸어가는 것입니다. 그러므로 '옛날과 한 무리가 되는[與古爲徒]' 방법으로 해도 될까요 안 될까요?

중니가 말했다. "에이~, 어떻게 될 수 있겠느냐! 정치법령이 너무 많으면 빈틈 구멍도 그만큼 커서 범법할 기회가 많아지고 빠짐없이 자세하게 해석할 수 없으며, 비록 네가 법대로 처리했다고 하더라도 무슨 잘못은 없다. 그렇더라도 그에 그칠 뿐, 그것이 어찌 교화에까지 미칠 수 있겠느냐! 아직 너는 네 주관에만 매달려 있다."

仲尼曰 : 惡 ! 惡可 ! 大(太)多政法而不諜, 雖固亦無罪。雖然, 止是耳矣, 夫胡可以及化 ! 猶師心者也。

공자는 말합니다. '에이~, 어떻게 될 수 있겠느냐[惡 ! 惡可 !]', 앞의 '오(惡)'자는 소리를 형용하는 글자로서, 탄식하는 소리입니다! 백화를 말하면 에이~입니다. '오가(惡可)'는 속어입니다. 즉, 네가 이렇게 하는 것은 안 되며 통하지도 않는다는 말입니다. '정치법령이 너무 많으면 빈틈 구멍도 그만큼 커서 범법할 기회가 많아지고 빠짐없이 자세하게 해석할 수 없으며[太多政法而不諜]', 이는 공자가 안회에게 어떻게 인신의 도를 걸어가고 어떻게 사도를 행할 것인지를 가리켜주는 것입니다. 이 위정(爲政)의 도는 오늘날 상공업 시대에 한 회사를 이끌어가고 어떤 사업을 하면서 방법이 너무 많아서는 안 되며 일을 간소화해야 한다는 것이기도 합니다. 노자도 이런 말을 한 적이 있습니다. '법령자창(法令滋彰), 도적다유(盜賊多有)', 법령 규정이 많을수록 법령이 엄밀할수록 빈틈 구멍도 그만큼 커서 사람이 범법할 기회도 그만큼 많아집니다. 이 도리가 바로 '태다정법이불첩(太多政法而不諜)'입니다. 이 법령 문제를 처리함은 빠짐없이 상세하게 할 길이 없습니다. 여기서의 '첩(諜)'자는 첩보 간첩의 의미가 아니라 언어는 그렇게 빠짐없이 상세하게 해석할 길이 없다는 뜻입니다.

'비록 네가 법대로 처리했다고 하더라도 무슨 잘못은 없다[雖固亦無罪]', 비록 내가 법대로 일을 처리했다고 하더라도 무슨 잘못은 없다! 저는 늘 감상(感想)이 있는데, 대학교나 전문학교의 많은 졸업생들이 공무원이 되면 일처리가 확실히 진지하면서 혹은 애를 써서 법률규정에 근거해서 일처리를 하거나 혹은 법률근거가 없으면 처리를 하지 않는데, 모두 책임을 지지 않는 식입니다. 이 역시 다음 한 마디입니다. '수고역무죄(雖固亦無罪)', 잘못 처리했더라도, 여보세요! 저는 제 몇 조(條) 몇 관(款)에 따라서 처리 한 겁니다! 라고 합니다. 비록 처리를 제대로 못했더라도 마치 자기가 잘못을 범하지 않은 것 같습니다. 그렇지만 이것은 결코 국가에 충성을 다하는 식이 아닙니다. '그렇더라도 그에 그칠 뿐[雖然, 止是耳矣]', 그는 말합니다. 비록 이와 같더라도 기껏해야 그럭저럭 밥벌이나 하는 공무원 노릇을 할 뿐이다! 자기가 사람으로서 마땅히 해야 할 일을 하지 않은 것이다. 만약 교화(敎化)의 입장에서 말한다면 '그것이 어찌 교화에까지 미칠 수 있겠느냐[夫胡可以及化]!', 법에 따라 일처리만 했을 뿐 대 정치가라면 마땅히 해야 할 것이 아니다. 왜냐하면 이것은 천하를 교화해야한다는 원칙에 위반하기 때문입니다. 한 대 정치가는 곧 사도(師道) 중의 대 교육가이기도 해서 한 시대에 영향을 미치고 한 시대 역사에 영향을 미칩니다. 왜냐하면 교육에는 교화 작용이 있기 때문입니다. 그래서 말합니다. 만약 법에 따라 처리하면 맞다고 여긴다면 '아직 너는 네 주관에만 매달려 있다[猶師心者也]', 그게 바로 사심(師心)이다.

'사심(師心)'이란 자기의 주관인데, 자기가 고명하다고 여기는 겁니다. 그러므로 공자는 안회를 사심이며 역시 좋지 않다고 비평합니다.

안회가 말했다. "저는 더 이상은 모르겠습니다. 감히 그 방법을 묻고자 합니다."

顔回曰 : 吾無以進矣, 敢問其方。

안회는 원래 위나라 군주를 교화하려고 떠나려다 선생님으로부터의 이렇게 한바탕 꾸지람을 듣고 나서는 이렇게 말할 수밖에 없었습니다. '오무이진의(吾無以進矣), 감문기방(敢問其方)', 선생님 당신이 이렇게 한번 말씀해주시니, 당신에게 배웠던 뱃속 가득한 재간이 다 쓸모없게 되어버렸습니다. 다시 한 걸음 더 나아가서는 저는 모르겠습니다. 안회는 말합니다. 선생님 저에게 방향을 한번 지시해 주십시오. 도대체 어느 쪽으로 가야합니까?

우리는 이 인간세 편에 유의해야 합니다. 공자와 안회의 대화는 외용의 학[外用之學]으로부터 내양의 학[內養之學]까지 말하고 있으며, 외왕의 도[外王之道]로부터 내성(內聖)까지를 얘기하고 있기도 합니다. 이제 공자는 내성(內聖)의 수양을 제시합니다.

이 단락에는 오늘날 사람과 옛사람과의 재미있는 논쟁이 있는데, 어느 몇 구절이 공자가 얘기한 것이고 어느 몇 구절이 안회가 말한 것일까요? 우리는 모두 다 얘기 했습니다. 도대체 누가 말한 것입니까? 장자가 말한 것입니다. 믿지 못하겠다면 죽은 뒤에 장자를 찾아가서 도대체 어떻게 된 것인지 물어보면 됩니다(대중들이 웃다). 게다가 『홍루몽』에는 임대옥(林黛玉)이 가보옥(賈寶玉)이 『장자』를 읽는 것을 비평한 시 한 수가 있는데, 재미있으며 말하는 게 사리가 밝고 명백합니다.

제멋대로 붓장난하던 이 누구이던고	無端弄筆是何人
어쭙잖게 장자의 글을 흉내 내고도	作踐南華莊子因
자기의 얕은 견식을 부끄러워하지 않고	不悔自家無見識
도리어 추잡한 말로 남만 탓하는구나	卻將醜語詆他人

읽고서 다시 한 번 웃고 말았습니다.

심재(心齋)란 무엇인가

중니가 대답했다. "먼저 재계(齋戒)해라. 내가 장차 네게 말해주겠다. 유위적인 심리로써 도를 구한다면 그게 쉽겠느냐? 쉽게 전해주는 것은 하늘도 허락하지 않는다."

仲尼曰 : 齋, 吾將語若! 有而爲之, 其易邪? 易之者, 皞天不宜。

공자는 말합니다. '재(齋)', 다들 알듯이 흘소(吃素)를 흘재(吃齋)라고도 부릅니다. 공자는 그에게 한 걸음 더 나아가 배우기 위해서는 너는 먼저 가서 재(齋)하라고 말합니다. 즉, 고대의 예절인 재계목욕(齋戒沐浴)입니다. 목욕을 하고 옷을 깨끗하게 갈아입고, 또 향냄새를 쏘여야 하고 외모 상으로 청결하게 해야 합니다. 그리고 채식을 하는 것과 먼저 마음을 깨끗하게 하는 것이 포함됩니다. '내가 장차 네게 말해주겠다[吾將語若]', 내가 다시 너에게 일러주겠다. 이는 마치 남이 와서 불법을 묻는 것과 같습니다. 바삐 와서는 이렇게 말했습니다. 선생님! 제가 당신께 문제를 묻고 싶습니다. 제가 말했습니다. 내가 틈이 없습니다. 그럼 안 됩니다! 저는 미국에서 왔어요. 오후 2시 비행기로 떠나가야 합니다. 마치 제가 그에게 무슨 빚이나 진 것처럼 그렇습니다. 저는 마음속으로 말합니다. 당신 갈 길이나 가세요. 나하고는 무슨 상관이 있습니까? 오늘날 이런 사람들이 많습니다! 우리도 그렇게 하는 것이 습관이 됐습니다. 만약 제가 젊었을 때라면 벌써 거들떠보기조차도 않으면서 눈을 감고서는 속으로 말했을 겁니다. 제기랄, 내가 당신에게 빚도 안 졌습니다. 지금은 안 됩니다! 이런 것들은 모두 '유이위지(有而爲之)'입니다. 마음속에서 유위적[有爲]인 심리로써 도를 구하고, 공리주의(功利主義)로써 도를 묻습니다. '기이야(其易邪)?', 그렇게 쉬울까요? 그래서 공자는 안회더러 먼저 재계목욕(齋戒沐浴)하라고 요구했습니다. '이지자(易之者), 호천불의(皞天不宜)', 너무 쉽게 너에게 전해주는 것은 하늘도 허락하지 않는 것이다. 이른바 '상천(上天)'이란 천도(天道)를 위반한 것을 가리킵니다. 그것은 자연법칙이 허락하지 않는 것입니다.

안회가 말했다. "본래 회는 집이 가난하여 술도 사 마시지 못하고, 고기나 자극적인 채소도 사 먹지 못한지가 여러 달이 됩니다. 이와 같으면 재계라고 할 수 있겠습니까?" 중니가 대답했다. "그건 제사 때의 재계이지 마음의 재계는 아니다." 안회가 물었다. "감히 마음의 재계를 묻고자 합니다."

顔回曰 : 回之家貧, 唯不飮酒不茹葷者數月矣。若此, 則可以爲齋乎 ? 曰 : 是祭祀之齋, 非心齋也。回曰 : 敢問心齋。

안회는 듣고 나서 우리들의 관념과 마찬가지로 말합니다. 선생님! 당신이 알다시피 우리 집은 몹시 가난합니다. 술도 못 사 마시고 고기도 못삽니다. 훈채(葷菜)를 못 먹은 지 몇 달이나 되었습니다. 여기서의 '훈(葷)'자는 고기를 말하는 게 아닙니다! '훈(葷)'과 고기를 먹지 않는다는 것과는 별개입니다. 이 '훈(葷)'자는 초두(草頭)변입니다. 오훈(五葷)이란 파[蔥]·마늘[蒜]·달래[薤菜]·흥거(興渠)·부추[薤白] 이 다섯 가지인데 이를 오신(五辛)이라고도 합니다. 불가에서는 이 다섯 가지 훈채를 먹는 것을 경계합니다. 왜냐하면 이런 것들은 호르몬의 성장을 자극하기 때문입니다. 특히 성(性) 호르몬의 분비를 자극해서 수행에 아주 방해가 되기 때문입니다. 중국의 고대와 인도의 옛 문화는 같은 이치로 오신채를 먹지 않는 것을 지켜야 하지만 고기를 먹지 않는 것을 말하는 것은 아니었습니다. 그렇지만 진정으로 재를 지킨다면[持齋] 당연히 그 속에는 살생하지 않음과 고기를 먹지 않음이 들어갔습니다. 『논어』에는 공자 본인도 이런 경험이 있었습니다. '삼월이부지육미(三月而不知肉味)!'(공자께서 제나라에서 순 임금 시대의 소韶라는 음악을 들으시고 석 달 동안 고기 맛을 모르시더니 말씀하셨다. '상고의 음악이 이런 경지에까지 이른 줄은 생각지도 못했다.' 제7편 술이述而에 나옴/역주) 그러므로 안회는 말합니다. '약차(若此), 즉가이위재호(則可以爲齋乎)?', 제가 이렇게 하는 것은 날마다 재를 지키는 것[持齋]이 아닙니까? 이 자리에 있는, 불법을 배우면서 채식하는 많은 사람들은 유의하기 바랍니다. 진정으로 흘재흘소(吃齋吃素)한다는 것은 어떤 모습일까요? 다음에서 공자에게 한 도리가 있습니다.

공자는 말합니다. '그건 제사 때의 재계이지 마음의 재계는 아니다[是祭祀之齋, 非心齋也]', 너의 이것을 어떻게 흘재(吃齋)라고 하겠느냐? 이것은 제례용으로서 겉치레 형식만 갖춘 것이다. 종교적인 형태일 뿐만 아니라 이것은 제사 때 귀신에 대한 용도이다. 이것은 외재적인 재계이다. 진정한 재계는 심재(心齋)라고 부른다. 우리는 이 점에 유의해야합니다! 지금 제가 장자를 대신해서 말하겠습니다. 장자가 대표하는 중국문화의 심재의 개념은 바로 불가에서 계정혜(戒定慧) 삼학(三學)을 닦는 것에 해당합니다. 심지어는 구차제정(九次第定)을 얻어 보리를 증득하는 것도 심재의 성취에 지나지 않을 뿐이라고 말합니다.

안회는 말합니다. '감문심재(敢問心齋)', 그럼 선생님 저에게 좀 전해주십시오! 어떤 것을 심재라고 합니까? 지(持)는 보호 유지하는 것입니다. 마음속에서의 진정한 지재(持齋)는 최소한 흘소(吃素)가 아닙니다. 지재란 바로 염불(念佛)입니다.

중니가 대답했다. "너는 생각을 한곳으로 모아 전일하게 해라. 소리를 귀로써 듣지 말고 마음으로써 들어라. 마음으로써 듣지 말고 기(氣)로써 들어라. 청각작용이 귀에서 정지하고, 마음속의 생각이 정지하여야 도와 부합한다. 이때의 기(氣)란 내심이 허령(虛靈)하면서도 외부 물리세계와는 여전히 상대적인 것이다. 도는 내심의 허령한 경계를 오래 익힌 데서 모인다. 허령함이 곧 마음의 재계다."

仲尼曰：若一志，無聽之以耳而聽之以心，無聽之以心而聽之以氣。聽止於耳，心止於符。氣也者，虛而待物者也。唯道集虛，虛者，心齋也。

　이 단락은 밀종의 황교 총카파(宗喀巴)가 제창한 사마타(奢摩他: 지止)와 비파사나(毘婆舍那: 관觀) 수행의 노선과 같습니다. 불교의 천태종 지자(智者)대사가 제시한 대지관(大止觀)과 소지관(小止觀)의 육묘문(六妙門: 남회근 선생 저작 중 역자 번역의 '선정과 지혜 수행입문'을 참고하기 바람/역주)에 해당하기도 합니다. 만약 연구해본다면 참 이상합니다. 장자 그 때는 불교가 아예 중국에 들어오지도 않았습니다. 이것은 열자(列子)가 공자를 언급한 말입니다. '서방에도 성인이 있고, 동방에도 성인이 있다. 이 마음도 동일하고 이 이치도 동일하다[西方有聖人, 東方有聖人, 此心同, 此理同].' 모두들의 방향이 완전히 일치합니다.

　공자는 지금 지관(止觀)법문을 전해주고 있습니다. '너는 생각을 한곳으로 모아 전일하게 해라[若一志]', '약(若)'은 너라는 의미입니다. '일지(一志)', 먼저 심념을 전일하게 하고 생각을 전일하게 하라. '소리를 귀로써 듣지 말고 마음으로써 들어라[無聽之以耳, 而聽之以心]', 귀로써 듣지 말고 마음으로써 소리를 들어라. 이 두 마디 말은 바로 『능엄경』에서 말한 다음 구절입니다. '반문문자성(反聞聞自性), 성성무상도(性成無上道)', 이것은 불학 명사로서 관음(觀音)법문을 대표합니다. '반문문자성(反聞聞自性)', 귀로써 소리를 듣지 않습니다. 귀가 습관적으로 밖의 소리를 듣는 작용을 돌이켜서 자기 내면의 마음의 소리를 듣는 것입니다. 이것은 반드시 심장 혈액이 유동하는 소리를 듣는 것은 아닙니다.

　당신은 알아야 합니다. 우리가 고요해 졌을 때, 예컨대 정좌(靜

坐)한 사람을 예로 들면, 당신은 그가 정좌하고 있다고 생각합니까? 실제로는 마음속으로 말을 하고 있습니다. 토론회를 열고 있습니다. 이렇게 하는 게 맞는가 모르겠네. 이렇게 하면 고요해지는 걸까? 그럴싸하다! 아이고! 안타까워라. 생각이 움직였네. 아! 거의 되었다. 이미 성불했다. 자기 내면에서 온통 말을 하고 있습니다. 그러므로 되돌려서 '소리를 귀로 써 듣지 말고 마음으로써 들어라', 마음이 어떻게 고요해질 수 있을까요? 공자는 말합니다. '마음으로써 듣지 말고 기(氣)로써 들어라[無聽之以心, 而聽之以氣]', 이 '기(氣)'는 후세에 말하는 식(息)입니다. 불법에서 선관(禪觀)을 닦는 출입식법(出入息法)입니다. 식(息)은 또 무엇일까요? 한번 내쉬고 한번 들이쉬는 사이 그것을 '식'이라고 합니다. 사실 우리가 한번 내쉬고 들이쉬는 사이 그 중간에 한 토막의 내쉬지도 들이쉬지도 않음이 있습니다. 이 사이는 아주 짧으며 붙들기가 어려운데, 이것을 '식'이라고 합니다. 장자는 여기서 '식'이라는 명사를 사용하지 않았습니다.

'청각작용이 귀에서 정지하고, 마음속의 생각이 정지하여야 도와 부합한다[聽止於耳, 心止於符]', 귀의 청각이 작용을 일으키지 않습니다. 정지하여서 외부경계와의 관계에서 벗어났습니다. 우리가 평소에 귀로 밖을 향해서 이리저리 듣는 것처럼 그렇게 하지 않습니다. 그래서 그러러 듣지도 말고 선정에 들어가라고 했습니다. '심지어부(心止於符)', 마음속에서 어떠한 생각도 움직이지 않아서 자연히 도와 부합했습니다. 중국 고대의 명사로 말하면 천심(天心)과 부합한 것입니다. 천심과 화합한 것입니다. '이때의 기(氣)란 내심이 허령(虛靈)하면서도 외부 물리세계와는 여전히 상대적인 것이다[氣也者, 虛而待物者也]', 이때에 호흡하는 사이는 공령(空靈)합니다. 호흡이 없는 것이나 다름없고 심신 안팎이 온통 허령(虛靈)합니다. '허이대물자야(虛而待物者也)', 무엇을 '대물(待物)'이라 할까요? 외부의 사물과는 아직 상대적인 것입니다. 비슷한 경우로, 우리가 어제 유식학(唯識學) 수업을 막 시작했을 때 의식면에서 청정해져서, 공(空)해진 것처럼 보였는데, 여러분 알아야합니다, 이것은 단지 여러분의 의식(意識) 천지의 공일 뿐 외부는 공이 없습니다. 제가 여전히 여러분들 앞에 서 있고, 태양은 예전대로 동쪽에서 떠올라 서쪽으로 지는데, 모두 공(空)이 없습니다. 비록 내심은 허령하지만 외부 물리세계와는 여전히 상대적입니다. 이것이 첫걸음 수양입니다. 여러분은 먼저 내심의 허령에 도달할 수 있다면 옳습니다.

'도는 내심의 허령한 경계를 오래 익힌 데서 모인다[唯道集虛]', '집허(集虛)'의 '집(集)'자에 특별히 동그라미를 치기 바랍니다. '집'은 바로 누적한다는 뜻입니다. 여러분이 내심의 의식이 허령하고 공명한 경계를 오래 연습하고 오래 누적하다보면 형이상의 도에 접근이 빠릅니다. 그러므로 이 '집(集)'자에 유의하기 바랍니다. '유도집허(唯道集虛)', 당신이 내심의 의식이 움직이지 않고 마음속이 고요하면서 귀도 밖으로 향하여 듣지 않을 수 있게 되었다면 완전히 내면으로 되돌아가게 됩니다.

'허령함이 곧 마음의 재계다[虛者, 心齋也]', 이때에 내심이 진정으로 지재(持齋)하고 있는 것입니다. 불법을 배우는 많은 사람들이 팔관재계(八關齋戒)를 받았는데, 팔관재계에서의 '재'가 바로 그런 것입니다. 그런 모습 상태에 도달하는 것을 팔관재의 성취라고 합니다. '과오불식(過午不食)' 이 조목은 어떨까요? 왜냐하면 오(午)시가 지나서는 음식을 먹지 않으면 당신의 기식(氣息)을 쉽게 통하게 하고 허령하게 하여 심재의 경계에 도달하기 쉽기 때문입니다. 그러므로 융회관통(融會貫通)하면 하나를 통해서 백가지를 통합니다.

모두 같은 이치입니다. 다만 말이 다를 뿐입니다. 그는 이런 모습이야말로 진정한 지재(持齋)라고 말합니다.

장자의 이 단락 말은 공자의 입을 빌려서 얘기한 것인데, 유가·도가·현교·밀종·천태종·화엄종 등 어느 종파든, 심지어 천주교나 기독교의 폐정(閉靜)이든 모두 같은 도리로서, 이것을 '심재(心齋)'라고 부르고 이것을 영정(寧靜; 환경이나 마음 따위가 편안하다·조용하다·고요하다·평온하다/역주)이라고 합니다. 이 경계에 도달하면 초보적인 폐관(閉關)이 가능합니다. 이 경계에 도달하지 않고서는 폐관해서는 안 됩니다! 폐관하면 미칠 수 있습니다. 이 단락에서 내성수양(內聖修養)의 초보적인 공부인 심재에서의 지재(持齋)의 도리를 공자는 안회에게 전해주었습니다.

그러나 우리는 특별히 유의해야합니다! 이 편은 '인간세'라고 부르며『장자』내7편 중 제4편인데, 왜 공자가 안회에게 전해주는 이 단락을 제1편 소요유에 넣지 않고 제2편 제물론에도 넣지 않고 제3편인 양생주에도 넣지 않고, 한사코 왜 제4편인 인간세에 넣어 놓고자 했을까요? 이것은 무슨 이유에서일까요? 이것 또한 화두입니다. 여러분들 많은 학우들이 선종을 배우고 화두를 참구하고자 하는데, 이게 바로 선종이요, 바로 화두입니다. 왜 이 인간세 편에 넣어놓아 내성의 도[內聖之道]를 전하려고 했을까요? 망상하고 애를 쓰기를 좋아하는 사람들은 한번 애를 써보는 것도 무방합니다. 화두 참구란 바로 당신으로 하여금 망상하게 하고 애를 써서 연구하고 사유(思惟)하게 하는 것입니다. 자! 우리는 이 문제를 내어 여기에 놓습니다.

팔풍(八風)이 불어도 움직이지 않다

그 뒤 안회가 한동안 가르침대로 공부하고 나서 다시 물었다. "회가 처음에는 마음과 기(氣)를 합일시키지 못해 사실 저는 회였습니다. 서서히 마음과 기를 합일시키고 나자 비로소 저 자신을 잊어버리게 되었습니다. 이를 허령함이라 말할 수 있겠습니까?"

顔回曰 : 回之未始得使, 實自回也 ; 得使之也, 未始有回也, 可謂虛乎 ?

안회는 이 말을 듣고는 중간에 이미 공부를 하러 갔습니다. 하지만 글에는 기록이 없습니다. 안회는 공자가 이 방법을 전해준 것을 듣고 나서는 곧 정좌하고 공부하러 갔습니다. 한 번 앉았다가 일어나 공자에게 보고했습니다. '회가 처음에는 마음과 기(氣)를 합일시키지 못해 사실 저는 회였습니다[回之未始得使, 實自回也]', 그는 말합니다. 선생님! 당신이 저에게 이 방법을 가르쳐주서서 제가 정좌하기 시작했습니다. 여러분들이 정좌하는 것처럼 올라 앉아 있기 시작한 겁니다. '미시득사(未始得使)', 습관이 안 되어 몸과 마음이 한 데 결합되지 않았습니다. 귀는 듣지 않게 하려고 해도 한사코 들으려고 했습니다. 특히 유행 가요를 들을 때는 비록 말하기를 나는 지금 정좌하고 있는 중이니 듣고 싶지 않다고 하지만 그는 이미 춤을 추기 시작해서 어깨가 흔들리기 시작했습니다. 그 때에 저는 도에 들어가지 못해서 '실자회야(實自回也)', 나는 아직 나였습니다. '서서히 마음과 기를 합일시키고 나자[得使之也]', 서서히 공부 길에 올라서 마음과 기(氣) 두 가지가 합하여 하나가 되었습니다. '비로소 저 자신을 잊어버리게 되었습니다[未始有回也]', 저 자신을 잊어버려서 이미 저 자신이 모두 사라졌습니다. 우리들 일반 청년 학우들은 안회의 이 단계에까지도 아직 배우지 못했습니다! 그는 말합니다. 저는 그 때에 마음도 사라지고 호흡도 사라졌고 저도 잊어버렸습니다. 저는 안회가 아니었습니다. 모두 잊어버렸습니다. '이를 허령함이라 말할 수 있겠습니까[可謂虛乎?', 그는 말합니다. 선생님! 이와 같음은 공령한 경계에 도달한 것이 아닙니까?

공자가 대답했다. "되었다. 다시 내가 네게 일러주겠다. 너의 공부는 그 망아(忘我)의 울타리 안에 이제 겨우 들어가 놀 수 있게 된 정도이니, 마음이 일체의 외부경계에 감응하여 끌려가거나, 들어오면 공명하여 움직이거나, 들어오지 않으면 그치는 일들이 없게 하라."

夫子曰 : 盡矣。吾語若！若能入游其樊而無感其名，入則鳴，不入則止。

공자는 안회의 보고를 듣고는 말합니다. '되었다. 다시 내가 네게 일러주겠다[盡矣!, 吾語若]!' 좋다! 옳다! 맨 첫걸음에 도달했다. 내가 다시 너에게 한 걸음 더 나아가도록 일러주겠다. '너의 공부는 그 망아(忘我)의 울타리 안에 이제 겨우 들어가 놀 수 있게 된 정도이니 마음이 일체의 외부경계에 감응하여 끌려가거나[若能入游其樊而無感其名]', '입유기번(入遊其樊)', 이 울타리[樊門, 樊籬]에 들어섰다. 그는 말합니다. 너는 공부를 이 단계까지 성취하여 무아의 경계에 도달했다. 하지만 입문에 불과하다. '이무감기명(而無感其名)', 그러나 내 너에게 일러주마. 아직 공부가 최고에 도달한 것은 아니다! 내심의 감응(感應)이 아직 있을 것이다. 비록 네가 공령

(空靈)하지만 만약 누군가가 너를 건드린다면 너는 또 생각이 움직일지도 모른다. 너의 지금 현재의 이 청정함, 이 공(空)은 믿을 수 없는 것이다.

우리들 이 자리에 있는 여러분들 경우 정좌하는 사람·부처님을 배우는 사람·수도하는 사람·밀교를 닦는 사람이 마치 여러 영웅들이나 신선들이 있는 것 같은데, 다들 평소에 눈먼 고양이가 죽은 쥐를 만나듯이 그런 작고 작은 경험을 우연히 모두 다 해본 적이 있습니다. 그러나 영원히 지속될 수는 없습니다. 우연히 만나면 있고 두 다리를 풀어버리면 사라져버립니다. 그것은 다리를 수련하는 것이지 도를 닦는 것이 아닙니다. 어떤 때는 그것이 와서 당신에게 부딪혀 당신에게 도가 있게 되는데, 당신은 그것을 찾고자하지만 찾아내지 못합니다. 맞지요? 이 도를 추적해내지 못함이 남녀간의 애정을 추구하는 것보다 더 고통스럽습니다. 그렇지요? 신체가 건강할 때에 그런 경계가 있지만 병이 나자마자 믿을 수 없게 돼버려 고통만 알뿐 마음이 편안해질 수 없습니다. 물론 공령해질 수도 없습니다. 이것을 '너의 공부는 그 망아(忘我)의 울타리 안에 이제 겨우 들어가 놀 수 있게 된 정도이니 마음이 일체의 외부경계에 감응하여 끌려가는 것[若能入游其樊而無感其名]'이라고 합니다. 당신은 여전히 외부경계에 끌려가고 있는 것입니다. 여기서의 '명(名)'자는 외부의 사리를 대표합니다. 일체의 일(事), 일체의 리(理), 일체의 외물(外物)이 모두 아직은 당신을 끌어당겨 움직일 수 있습니다.

'들어오면 공명하여 움직이거나[入則鳴]', 바로 불경이 말하는 다음 한 마디입니다. '경풍취식랑(境風吹識浪)', 외부경계의 바람이 불자마자 이 마음의 파도가 불어져 움직인 겁니다. 원세개(袁世凱)의 아들 원한운(袁寒雲)이 지은 한 수의 명시(名詩)가 있는데 그 중간의 두 구절이 더욱 좋습니다. '태액에 파도 일어나니 마음이 멈추지 못하고, 마애에 구름 일어나니 꿈은 뛰어오르려 하네[波飛太液心無住, 雲起魔崖夢欲騰]', 이것은 그의 부친 원세개가 황제가 되고 싶어 하는 것이 옳지 않다고 말하고 있는 겁니다! '태액(太液)'은 도가의 말로서 천상 신선의 그 연못물인데, 이 마음이라는 연못[心池]을 가리킵니다. '파비태액(波飛太液)'은 바로 '경풍취식랑(境風吹識浪)'입니다. 외부경계의 바람이 불자마자 마음속의 파랑을 불어 일으켜서 멈출 수가 없습니다. 그러므로 말하기를 '파비태액심무주(波飛太液心無住)'라고 했습니다. 망념(妄念)이 올 때는 마치 '마애에 구름 일어난다[雲起魔崖]'와 같습니다. 망념 자체가 바로 마구니[魔]이지 무슨 외부의 마구니가 있겠습니까! '몽욕등(夢欲騰)', 당신의 그 꿈은 마치 자기가 날아오르려는 같아서 모두 통제하고 있을 수가 없습니다. 그래서 원세개는 아들의 이런 시들을 보고서 화가나 죽을 지경이었기에, 아들의 선생님인 허지산(許地山)을 욕하며 모두 그 허지산이 나쁘게 가르쳐 놓은 탓이라고 했습니다. 여러분 서원(書院) 학우들은 이 두 마디 시를 잘 외워놓기 바랍니다. 무상의 진언[無上咒]이니 마음속에서 생각이 움직일 때 이 두 구절을 한번 외우면 아마 마구니를 항복받을 수 있을 것입니다 (이 시 전체에 대한 설명 풀이는 '역사와 인생을 말한다' 중 '화려한 궁전 최상층까지는 오르지 말라'를 읽어보기 바랍니다/역주). 그래서 말하기를 '무감기명(無感其名)'도 바로 이 도리로서, 외부경계의 바람이 한번 불면 당신의 마음속의 이 선정의 경계인, 이 청정한 경계가 불어져 흩어져버린다고 합니다.

'입즉명(入則鳴)', 외부 경계가 들어오자마자 당신의 마음속에서는 공명(共鳴)이 일어납니다. 불경에서는 말하기를 대아라한은 습기(習氣)를 다 끊어버리지 못해서 모두 안 된다고 합니다. 예컨대 두타행(頭陀行)이 제일인 가섭(迦葉) 존자는 선종의 제1조 조사인데 그는 다생루겁(多生累劫)에 음악을 애호하였습니다. 그래서 가섭존자가 멸진정(滅盡定)에 들었을 때 천인들이 음악을 연주하고 있었습니다. 그는 한편으로는 정좌를 하고 있었고 한편으로는 음악에 따라서 흔들거렸습니다. 어떤 학우들은 정좌하고 있을 때 기맥이 움직이면 흔들리곤 하는데, 음악을 들은 습관 때문인지도 모릅니다! 곁에 있던 사람이 가섭존자가 흔들고 있는 것을 보고는 부처님께 물었습니다. 가섭존자는 어떻게 하고 있는 것일까요! 그는 아직 선정 속에 있을까요? 부처님이 말했습니다. 아직 선정 속에 있다! 그는 음악 박자를 들으면 곧 몸이 요동하는데, 다생루겁에 음악을 애호했던 습기가 고쳐지지 않았기 때문이다. 이 습기의 업력(業力)이 제8 아뢰야식(阿賴耶識) 종자 속에서 변화되지 않았기 때문이다. 이로써 수행의 어려움을 알 수 있다.

그래서 『유마힐경(維摩詰經)』에서 말하기를 하늘 꽃이 대아라한의 몸에 떨어지자 다 달라붙었는데, 비록 물질[色]을 보고서 물질을 좋아하지는 않지만 습기의 뿌리는 아직 뽑혀지지 않았기 때문이라 합니다. 평소에 심재(心齋)의 계(戒)를 지켜서 감히 움직이지 않는 사람들은 곁눈질도 하지 않습니다. 마치 비워서 최고의 경지에 도달한 것 같지만 사실은 그 뿌리가 일단 폭발했다하면 야단납니다. 그러나 하늘 꽃이 대보살의 몸에 떨어지면 달라붙지 않고 자연히 떨어져버릴 것입니다. 왜냐하면 습기가 이미 끊어졌기 때문입니다. 당연히 '일체의 외부경계가 들어오면 공명하여 움직이거나, 들어오지 않으면 그치는[入則鳴, 不入則止]' 일을 하지 않을 겁니다. 예컨대 어떤 사람이 높은 산꼭대기에서 산다면 사람을 볼 수 없음은 말할 것도 없고 귀신조차도 볼 수 없습니다! 스스로 자신이 '지금 아주 공(空)하구나!'라고 느낍니다. 그런 다음에 보니 세상

일반 사람들은 얼마나 어리석은가[愚癡]!, 이런 중생들 바쁘게 살아가는데 나같이 이런 것은 얼마나 청정한가! 그것은 빈말입니다. 자기를 속이고 남을 속이는 말입니다. 산에서 내려온 뒤에 그는 변하여 보통사람보다 더 어리석고 더 나쁠지도 모릅니다!

"이때는 따로 어떤 입문방법도 필요 없고 망상(妄想)을 다스릴 필요도 없다. (마음속에 일이 없고) 이 육신의 집에서 부득이 함에 맡기고 살아가면, 수양공부가 거의 된 것이다."

無門無毒, 一宅而寓於不得已, 則幾矣。

그는 말합니다. 내성(內聖)의 수양공부는 어느 정도까지 도달해야할까? '무문(無門)', '무문'에서의 이 '문(門)'자는 바로 방법입니다. 다시 말해서, 진정으로 수양이 최고에 이르러 도를 얻은 사람은 결코 무슨 방법을 써서 입문하지 않습니다. 무슨 기(氣) 수련이나 빛을 바라봄[看光]이나 관상(觀想)이나 지관(止觀)이 모두 없습니다. 그러므로 선종에서 뒷날 표방한 '무문위법문(無門爲法門)'은 부처님이 『능가경』에서 말씀한 것인데, 진정한 불법의 최고 경계는 '무문'입니다. 어떤 법문이 있다면 이미 아닙니다. 장자가 공자의 말을 빌려서 '무문'을 말한 것은 공자의 말인지 아닌지는 모르겠습니다. 적어도 다른 책에서는 보지 못했습니다. 장자 여기의 기록에서는 말하기를, 공자가 이때에는 어떤 법문을 쓸 필요 없다고 말했다 합니다. 이는 불학에서 6근대정(六根大定)을 말한 것과 같은데, 눈 귀 코 혀 몸 의식[眼耳鼻舌身意]이 모두 사라져버림이 바로 대정(大定)입니다. '무독(無毒)'은 바로 무치(無治)입니다. 정치(政治)의 치(治)인데, 고대에 차용한 글자입니다. 무치의 의미는 어편 방법으로 망상을 대치(對治)하고 번뇌를 대치할 필요가 없어서, 무슨 방법이든지 필요하지 않다는 겁니다. '일택이우어부득이(一宅而寓於不得已)', 우리들의 마음이 이 신체 속에 있음은, 마치 빈껍데기 방에 있는 것 같습니다. 그리고 생명의 존재는 이 신체를 빌려 머물면서 부득이하게 살아갈 뿐입니다. 마음속에는 일이 없다면 '즉기의(則幾矣)', 그는 말합니다. 견지(見地)가 이런 경지에 이를 수 있을 때 수양 공부가 거의 다 되었다. 이렇게 되었어도 아직은 최고에 이른 것이라 할 수 없습니다. 하지만 거의 되었습니다!

자기를 속이고 남을 속이고 남에게 속고

"걸어간 흔적을 끊기는 쉬워도, 땅을 걸어 다니지 않기는 어렵다. 사람에게 부려져 일하면 자신을 속이고 남을 속이는 등의 거짓을 행하기 쉽고, 천리인 도(道)에 부려져 일하면 스스로 자신에게 책임을 져야 하므로 그런 거짓을 행하기 어렵다. 너는 날개 있는 것이 난다는 얘기는 들었으나, 날개 없는 것이 난다는 얘기는 아직 듣지 못했다. 너는 학문지식의 앎으로써 도리를 안다는 것은 들었으나, 일체에 대해 앎이 없음으로써 안다는 것은 아직 듣지 못했다."

絕跡易, 無行地難。爲人使易以僞, 爲天使難以僞。聞以有翼飛者矣, 未聞以無翼飛者也；聞以有知知者矣, 未聞以無知知者也。

다시 한 걸음 더 나아가 내성의 수양이 '걸어간 흔적을 끊기는 쉬워도, 땅을 걸어 다니지 않기는 어렵다[絶跡易, 無行地難]'에 도달했습니다. 여러분들이 사회에 나가 일을 하되 혹은 장사를 하거나 채소를 팔거나 쓰레기차를 운전하거나 황제가 되더라도, 내성(內聖) 이후에 나서서 외왕(外王)이어야 합니다. 당신이 출가(出家)를 했더라도, 출가도 '외왕'으로서, 외용(外用)의 하나입니다! 당신이 어떤 모습으로 세상에 들어가든 다음 몇 글자입니다. '절적이(絶跡易), 무행지난(無行地難)', 우리가 길을 걸을 때 땅위에 발자국이 있기 마련인 것과 같습니다. 좀도둑이 손자국이나 발자국을 남기지 않기 위하여 양말을 신고 장갑을 낄 수 있습니다. 공부가 더 좀 높다면 무협소설에서처럼 날아다녀서 자취를 끊어버리거나 눈을 밟아도 흔적이 없고 땅을 밟아도 흔적이 없습니다. 그는 말합니다. 이런 것들은 그래도 하기 쉬운 셈이다. 수련해서 그렇게 할 수 있다.

그러나 '무행지난(無行地難)', 두 발이 땅바닥에 닿지 않고 공중에서 날아가기는 어렵습니다! 걸어가려면 아무래도 땅을 밟고 걸어가야 합니다. 설사 공중에서 날더라도 걸어가는 것입니다! 당신은 그래도 날아야합니다! 소요유 편 가운데서 '열자(列子)가 바람을 타고 날아다닌 것[御風而行]'과 같은데, 장자는 이게 뭐 대단하냐고 말합니다! 사람이 공중에 올라 구름을 몰아 공중에서 날아갈 수 있지만 그것도 역시 날아야 하는 것입니다. 날지 않을 수 있어야 훌륭합니다. 그렇지요? 가장 빠른 비행기를 타고 몇 십 시간이면 세계를 한 바퀴 돌 수 있습니다. 우주선을 탄다면 더욱 빠릅니다. 그러나 역시 우주선 안으로 들어가야 됩니다. 이런 것들은 당신이 여기 앉아서 한 생각 사이에 시방(十方)세계를 두루 노닐 수 있는 것만 못합니다. 그게 더 고명하지 않습니까!

그러므로 '걸어간 흔적을 끊기는 쉬워도, 땅을 걸어 다니지 않기는 어렵다[絕跡易, 無行地難]'는, 우리가 일처리나 사람됨에 있어서 흔적에 집착하지 않을 정도가 되는 것은 바로 불가에서 말하는 '상(相)에 집착하지 않는다' 입니다. 상에 집착하지 않는 것은 그래도 쉽습니다. 그렇지만 가장 고명한 것은 아닙니다. 비록 땅을 걷지 않기란 어렵다고 하더라도 당신은 여전히 하고 있고 걷고 있습니다. 어떤 일을 하면서도 한다는 생각이 전혀 없이 하기란 정말 어렵습니다. 다시 말해서 당신은 세상에 들어가려 합니까? 『장자』의 이 편은 인간세로서, 조금 전에 우리는 문제를 하나 냈었는데 지금 이미 그 답을 했습니다. 어떤 사람이 대도(大道)를 이루기를 바란다면 오직 세속에 들어가서 닦아야 한다는 것입니다. 세속을 벗어나 닦는 것은 소승법입니다. 세간에 들어가서 연마하여 닦아내지 않으면 안 됩니다. 세속에 들어가서 연마하여 닦아내야 비로소 대승도를 성취할 수 있습니다. 대승도를 닦아서 이루었다할지라도 아직은 최고가 아닙니다. 역시 '걸어간 흔적을 끊기는 쉬워도, 땅을 걸어 다니지 않기는 어렵다'에 불과합니다. 그러므로 선종은 말하기를 부처를 이루기는 쉽지만 마구니를 이루기는 어렵다고 했습니다. 당신을 정말로 마구니로 변하게 하기란 역시 정말 쉽지 않습니다! 그러나 마구니나 부처 어느 쪽에도 모두 머무르지 않고, 때로는 가끔 좀 놀아도 되기를 바란다면 반드시 인간 세상에 와서 연마해야 합니다. 그래서 공자는 또 말합니다.

'사람에게 부려져 일하면 자신을 속이고 남을 속이는 등의 거짓을 행하기 쉽고[爲人使易以僞]', '위인사(爲人使)'란 다른 사람을 위해서 일하는 겁니다. 그러므로 일함에 있어서 다른 사람에게 복종해야 합니다. 대신(大臣)이라면 영도자를 따라야 합니다. 일인지하요 만인지상의 재상이라도 '위인사' 입니다! 남의 지휘를 따르고 명령에 따라서 일을 할 때는 '이이위(易以僞)', 또 거짓을 꾸미기 쉽고 핑계를 대서 거절하기 쉽고 또 수단을 쓸 수 있습니다. '천리인 도에게 부려져 일하면 스스로 자신에게 책임을 져야 하므로 그런 거짓을 행하기 어렵다[爲天使難以僞]', 천리인 도에게 부려져 일하면[爲道] 우리는 자기를 속일 방법이 없습니다. 바꾸어 말하면, 남에게 부려지면 남을 속일 수 있습니다. 그러므로 제가 늘 말하는데, 명나라 왕조 말년에 한 선비가 있었습니다. 이름이 무엇인지는 제가 잊어버렸습니다. 그는 인생 경계에는 세 가지 일이 있다고 얘기했습니다. 그건 정말 극단적으로 말한 겁니다. 그는 말하기를 이 세상에 어떤 사람이든 일생동안 세 가지 일만을 한다고 했습니다. 자기를 속이지 않으면, 남을 속이고, 그렇지 않으면 남에게 속는다는 것입니다.

보세요. 세상 사람들은 이 세 가지 일에서 벗어날 수 있을까요? 이 세 가지로부터 벗어날 수 있다면 삼계 밖으로 뛰어넘어버린 겁니다. 당신이 말하기를 난 아무것도 안 바라고 그저 먹을 채소나 무가 있으면 되고 산에서 정좌나 하고 일체 아무것도 구하는 게 없습니다 라고 한다면, 당신은 그게 옳다고 생각합니까? 그것은 바로 자기를 속이는 것입니다. 그런 다음 우리들처럼 여기에 앉아서 장자 강의를 하고 불법 강의를 합니다. 그런 게 남을 속이고 있는 것인지도 모릅니다. 그것도 아니라면 또 어떨까요? 두 가지 다 하지 않고 나는 착실히 남의 밥이나 먹고 월급 받아서 밥 먹습니다 하는데 역시 남에게 속임을 당합니다. 이 세 가지 이외에 뭐가 있겠습니까? 그래서 말합니다. '사람에게 부려져 일하면 자신을 속이고 남을 속이는 등의 거짓을 행하기 쉽고[爲人使易以僞]'에서, '거짓을 행하기 쉽고[易以僞]'는 바로 자기를 속이고 남을 속이고 있고 남에게 속임을 당하는 것입니다. 그렇지만 '천리인 도에게 부려져 일하면 스스로 자신에게 책임을 져야 하므로 그런 거짓을 행하기 어렵다[爲天使難以僞]'는 자기 자신에 대하여 책임을 져야한다는 것입니다. 수도하는 사람이 자기를 속여서는 안 되며, 남을 속여도 안 되며, 더더구나 남에게 속아서도 안 됩니다. 설사 성현이 한 말이라 할지라도 한번은 증득을 추구해야합니다. 가볍게 믿어선 안 됩니다. 증득을 추구해서 증득하지 못한다면 의심을 품어도 됩니다.

그러므로 송나라 유학자가 말한 '육경개아주해(六經皆我注解)'라는 말의 경우, 이 말의 의미는 『사서오경』 등을 숙독해보면 모두 나에 대한 주해일 뿐이라는 겁니다. 바꾸어 말하면, 진정으로 불법을 배우는 사람에게는 삼장십이부(三藏十二部)인 현교나 밀종도 모두 그 자신에 대한 주해일 뿐입니다. 그러나 이것은 반드시 자기가 증득을 해보아야 진짜가 됩니다. 그렇지 않으면 여전히 한 의심에 떨어져 있어서 남에게 속습니다. 그러므로 도를 닦는 사람은 '위천사난이위(爲天使難以僞)', 거짓을 꾸밀 수 없습니다.

'너는 날개 있는 것이 난다는 얘기는 들었으나, 날개 없는 것이 난다는 얘기는 아직 듣지 못했다. 너는 학문지식의 앎으로써 도리를 안다는 것은 들었으나, 일체에 대해 앎이 없음으로써 안다는 것은 아직 듣지 못했다[聞以有翼飛者矣, 未聞以無翼飛者也, 聞以有知知者矣, 未聞以無知知者也]', 경계가 최고에 도달하였을 때를 공자는 하나의 비유를 들어 말합니다. 너는 날개가 있는 것은 날을 줄 안다는 말을 틀림없이 들어보았을 것이다. 그러나 너는 날개가 필요 없이 날을 수 있다는 말은 아직 들어보지 못했다. 이것은 바로 신비함입니다. 밀종입니다! 여러분은 희귀하게 느끼지 마십시오! 여러분들은 모두 날개 없이 날을 줄 압니다. 바로 마음속에서 나는 것입니다. 원한운(袁寒雲)의 시처럼 '마애에 구름 일어나니 꿈은 뛰어오르려 하네[雲起魔崖夢欲騰]'입니다. 우리는 때로는 마음속의 망념, 망상이 하늘에 오릅니다. 염두가 아주 심하게 나릅니다. 이게

바로 날개 없이 날을 줄 아는 것입니다. 꿈속의 부귀, 꿈속의 허공
꽃을 생각한대로 생각이 됩니다! 이건 두려운 일입니다. 그래서 공
자는 말합니다. '문(聞)', 너는 아무래도 들어보았겠지. '유지지자
(有知知者)', 지식학문을 통하여 도리를 안다는 얘기를. 그러나 너
는 지금까지 들어본 적이 없다. '무지(無知)'야말로 지자(知者)라는
것을. 일체의 무지함에 도달함이야말로 대 지혜의 성취로서, '앎이
없음으로써 안다는 것[無知知者也]'입니다. 우리 먼저 이 단락까지
해서 좀 멈추겠습니다.

  장자의 이 단락을 보면 당신은 장자로 인한 영향으로 중국문화
에 두 가지 것이 발생했다는 것을 발견하게 될 것입니다. 그 하나
는 도가 은사사상에 영향을 미쳤다는 것입니다. 저는 늘 말하기를
『이십오사』를 쭉 읽어내려 보면 사회에 대하여 진정으로 작용을
발생시킨 사람은 은사로서 도가 인물들이었다고 합니다. 어떤 역
사시대가 어지러운 세상을 바로잡아 정상을 회복해야 할 때에 이
르렀을 때는 모두 도가 인물인 은사의 부류들이 나타났습니다. 역
사상 이런 사람들이 아주 많았습니다. 하(夏)·은(殷)·주(周) 삼대
이래로 진(秦)나라 한(漢)나라, 당·송·원·명·청나라 시대까지
이런 인물이 출현하지 않는 왕조 시대가 없었습니다. 창업의 시기
였든 천하가 크게 혼란했던 때였든 모두 그들이 나서서 도와주었
습니다. 그리고는 그들은 성씨와 이름을 숨겨버리고 역사상 보이
지 않았습니다. 이런 사람들은 진정으로 '땅을 걸어 다니지 않는
[無行地]' 경지까지 실천해낸 것입니다.

  또 하나의 장자 사상의 영향은 정치와 은사 사이의 명사(名士)들
을 낳았다는 것입니다. 역대의 많은 명사들, 예컨대 송나라 시대의
육방옹(陸放翁)같은 사람도 나와서 일을 했습니다. 또 하나의 시인
명사였던 주돈유(周敦儒)의 자고천(鷓鴣天)이라는 한 수의 사(詞)는

이렇습니다.

나는 천궁에서 산수 관리 낭관(郎官)이었기에
하늘이 내 천성을 게으르고 거칠게 했네
일찍이 이슬과 바람을 내어주라는 명령을 내렸고
천제께 여러 번 구름 달님 빌려 달라 상소 올렸지
지은 시는 만 수요 마신 술은 천 잔
언제 왕후를 쳐다나 보았던가
백옥 누각 황금 대궐도 돌아가기 귀찮으니
머리에 매화 꽂고 낙양거리에서 취하네

我是淸都山水郎　天教嬾慢帶疏狂
曾批給露支風敕　累奏留雲借月章
詩萬首　酒千觴　幾曾著眼看侯王
玉樓金闕慵歸去　且揷梅花醉洛陽

　주돈유는 개성이 있고 학문이 있고 수양이 있었습니다. 그는 처음부터 끝까지 벼슬을 하러 나서지 않았습니다. '천교란만대소광(天教嬾慢帶疏狂)', 이 구절은 제가 제일 좋아하는 사구(詞句)입니다. 그는 '시만수(詩萬首)'라고 하지만 물론 만 수의 시가 없습니다. 허풍 친 겁니다! 이런 사람들이 진정으로 이른바 명사파(名士派)로서 장자의 영향을 가장 크게 받았습니다. 명사들은 다들 노장사상을 좋아했기에 자연히 초탈하는 일면이 있었습니다. 이것이 우리 민족의 문화 특성입니다.
　우리가 흔히 발견하는데, 사회에는 직업이나 계급을 막론하고 이런 부류의 인물이 많습니다. 현명(賢明) 법사 같은 분이 경전을 강의 할 때에 몇 분의 노년 선생들이 오셨는데, 수십 년 동안 제가 보니 그분들은 한결같이 그런 옷 한 벌을 입고 머리털이 온통 하얗고 괴상합니다. 제가 몹시 그런 사람들을 유의해보는데 그들에게는 명사들의 분위기가 있습니다. 그 눈은 마치 광채가 없으며 아무도 보지 않는 것 같습니다. 아무도 그의 눈에는 없는 것 같습니다. 바로 '언제 왕후를 쳐다나 보았던가[幾曾著眼看侯王]'입니다. 저는 애를 써서 이런 사람들한테 아부를 합니다. 왜냐하면 그들이 저를 깔볼까 걱정이 되기 때문입니다(대중이 웃다). 그렇지만 중국문화인 이런 부류의 사람들이 대단히 많으며, 이 민족의 특성입니다. 그러므로 우리 중화민족을 연구하는 것은 어렵습니다. 견해가 그렇게 간단할 수 없습니다. 물론 사회에는 나쁜 일면도 있지만 지극히 높은 일면도 절대 있습니다. '걸어간 흔적을 끊기는 쉬워도, 땅을 걸어 다니지 않기는 어렵다'의 경지를 많은 사람들이 모두 실천해냈습니다.

다음에서 우리는 공자가 안회를 가르치는 것을 계속 얘기하겠습니다. 이 선생님은 제자에게 의발(衣鉢)을 곧 전하려고 하니, 여러분들 주의하기 바랍니다. '무지(無知)'로써 아는 것이야말로 크나큰 앎[大知]입니다. 바로 내재적인 수양공부입니다. 여러분들이 정좌를 배우면서 배움이 먼저 이 정도까지 도달해야 합니다. 그래야 다시 한걸음 진보할 수 있습니다.

내성(內聖)의 수양

"원만 청정한 곳인 저 둥그스름한 것을 바라보노라면, 자기 내심의 빈 방에서 밝은 광명이 나타나며, 길상이 고요함에 머무른다. 고요함에 머무르지 못한 것을 일러 좌치(坐馳)라 한다. 귀와 눈을 사용하되 그 작용을 안쪽으로 향하여 통하게 하고 마음속에서 분별을 일으키지 않으면, 귀신도 장차 와서 머물며 너의 명령을 따를 것인데 하물며 사람이야 더 말할 나위 있겠느냐!"

瞻彼闋者, 虛室生白, 吉祥止止。夫且不止, 是之謂坐馳。夫徇耳目內通而外於心知, 鬼神將來舍, 而況人乎!

　'원만 청정한 곳인 저 둥그스름한 것을 바라보노라면, 자기 내심의 빈 방에서 밝은 광명이 나타나며, 길상이 고요함에 머무른다[瞻彼闋者, 虛室生白, 吉祥止止]', 이 세 마디 말은 바로 대 밀종이자 대 선종이기도 합니다. 그렇게 할 수 있다면 수양이 최고에 도달합니다. '첨(瞻)', 우리가 물건을 보는 것처럼 멀리서 보는 것입니다. '결자(闋者)'는 둥그스름한 동그라미입니다. 이것은 저 원만 청정한 곳을 보는 것을 형용합니다. '허실생백(虛室生白)', 이 '허실(虛室)'은 내심(內心)을 가리킵니다. 눈을 감고 있지만 온통 밝은 빛 속에 있는 것입니다. 이른바 자성(自性)의 광명이 나타난 것입니다. 어떤 사람들은 정좌 경험으로서, 밤에 등불 빛이 없는 방에서 정좌를 할 때 밝은 빛이 갑자기 나타나 눈을 뜨고 보면 무슨 물건이든지 또렷이 보입니다. 이것도 '자기 내심의 빈 방에서 밝은 광명이 나타난 것'입니다. 그렇지만 아직은 궁극의 것은 아닙니다. 내면에서 허실생광(虛室生光)에 도달하여 자성이 빛을 내어 신체 내부의 오장육부와 세포 하나하나마다 자기가 모두 또렷이 보아야 비로소 정말로 '허실생백'에 접근했다 할 수 있습니다.
　백골관을 닦는 경우 닦아서 최고 수준에 도달한 사람은 '첨피결자(瞻彼闋者), 허실생백(虛室生白)', 공령함이 극점에 이르러 자성 광명이 발생합니다. 이때야말로 비로소 옳은 겁니다! 그런 다음에 '길상지지(吉祥止止)', 이것이야말로 대지(大止)인데, 크나큰 정(定)을 얻은 것입니다. 지(止)는 정(定)이라고 할 수 있습니다. 하지만 아직은 관(觀)이 없습니다! 그러므로 『마하지관(摩訶止觀)』을 수행하거나 밀교를 수행하거나 선(禪)을 수행하거나 도가 수행을 하는 여러분은 주의하기 바랍니다! 이 경계에 도달하지 않으면 당신의 망념은 멈출 수 없습니다. '길상(吉祥)'은 크게 길함[大吉大利]입니다. 그래서 뒷날 황상길상(皇上吉祥)이라는 말을 했습니다. '지지(止止)', 앞의 '지(止)'자는 동사입니다. 뒤의 '지(止)'자는 명사입니다. 지(止)를 닦아 여기에 이르면 바로 진정으로 지(止)를 얻은 것이요 진정으로 정(定)을 얻은 것이기도 합니다.

'고요함에 머무르지 못한 것을 일러 좌치라 한다[夫且不止, 是之謂坐馳]', 다들 정좌를 하고는 사람이 앉아 있지만 마음속으로는 달리기를 하고 있습니다. 아이구! 생각이 또 나타났네. 왜 또 내가 현금 생각을 하지! 어떤 사람이 나한테 10월 빚졌지! 정좌하면서 이런 게 모두 생각이 납니다. 마음속으로는 운동회를 열고 있습니다. '좌치(坐馳)'입니다! 주의 하십시오! 다들 정좌를 하면서 모두 이런 병폐를 범하고 있습니다.

'귀와 눈을 사용하되 그 작용을 안쪽으로 향하여 통하게 하고 마음속에서 분별을 일으키지 않으면, 귀신도 장차 와서 머물며 너의 명령을 따를 것인데 하물며 사람이야 더 말할 나위 있겠느냐[夫徇耳目內通而外於心知, 鬼神將來舍, 而況人乎]!', 그는 말합니다. 너는 수양 방법을 알아야 한다. 우리는 평소에 눈을 밖으로 향하여 보기를 좋아하고, 귀는 밖으로 향하여 듣기를 좋아한다. 진정으로 수양이 도달하면 눈은 밖을 보더라도 보지 않습니다. 보이는 것이 나와 상관이 없습니다. 즉, 불학에서 하는 말인데, 내심 의식이 분별을 일으키지 않는 것입니다. 번화한 도시 거리 속에서 아무리 시끄러워도 들리지 않습니다. 불경에는 이런 기록이 있습니다. 한번은 부처님이 갠지스 강변에서 식사를 마치고 난 뒤에 우연히 잠깐 앉아 계셨습니다. 이때에 한 대상(隊商)이 강을 지나갔습니다. 수레와 말이 많았습니다. 그 수레들 소리와 말들이 우는 소리가 오랫동안 났습니다. 마침내 그 어르신께서 선정에서 나와서 보니 땅바닥이 온통 물로 엉망진창이었습니다. 그래서 제자들에게 물었습니다. 이곳이 어찌된 것이냐? 제자가 말하기를 조금 전에 많은 말과 수레들이 지나갔습니다 라고 했습니다. 부처님은 자신이 조금도 모른다고 말했습니다. 그때의 석가모니불은 혼침(昏沈)도 아니었고 잠든 것도 아니라, '순이목내통(徇耳目內通)'이었습니다. 눈을 밖으로 향하여 본 것이 아니라 안으로 보았습니다[內觀]. 귀도 밖으로 듣지 않고 안으로 통했습니다[內通]. 바로 『능엄경』에서 말하는 관음법문으로서 반문문자성(反聞聞自性)이었습니다. 이근(耳根)을 이용하여 닦는 입류망소(入流亡所)였습니다.

여러분 유의하기 바랍니다! 특히 나이가 좀 많은 사람은 관음법문을 이용하는 게 제일 좋습니다. 이근을 되돌려 자기를 들으면 장수할 수 있습니다. 왜 장수할 수 있을까요? 귀는 기해혈(氣海穴)로 통하기 때문입니다. 귀는 신해(腎海)로도 통합니다. 관음법문으로써 수지(修持)하여 '반문문자성(反聞聞自性), 성성무상도(性成無上道), 입류망소(入流亡所)'에 도달합니다. 눈과 귀의 작용 방향을 돌려서 저 법성(法性)인, 자성의 법성의 흐름으로 들어갑니다. '망소(亡所)', 듣고 들었던 경계가 사라져버립니다. 즉, 장자가 말하는 '길상지지(吉祥止止)'이기도 합니다. 이때에는 귀와 눈이 안으로 통하고[耳目內通] '이외어심지(而外於心知)'하는데, 무엇을 '외어심지'

라고 할까요? 마음을 일으키지 않고 생각을 움직이지 않는 것입니다. 한 생각도 움직이지 않는 것입니다. 망념이 움직이지 않고 제6의식을 쓰지 않으면서 천상세계나 인간세계를 알지 못하는 바가 없을 수 있습니다. 일체를 알 수 있는 능지(能知)의 지혜[智]와 그 아는 대상[所知]의 경계를 모두 비워버리고[空], 그 다음에 나오는 것을 반야(般若)라고 하는데 불학에서는 대지혜(大智慧)라고 부릅니다. 대지혜는 일체법(一切法)을 통할 수 있습니다. 불학의 도리로 말하면 바로 제8아뢰야식이 대원경지(大圓鏡智)로 전환되어 천지를 비추는 겁니다. 그는 말합니다. 그 경지에 도달하면 '귀신장래사(鬼神將來舍), 이황인호(而況人乎)!', 귀신조차도 너 앞에 서서 명령을 들을 텐데 하물며 사람이야 더 말할 나위가 있겠느냐! '사(舍)'는 이곳에 와서 정지(停止)한다는 것입니다. 당신 앞에 머문다는 것입니다(관음법문은 '선정과 지혜 수행입문' 중 '제7강 관음법문 강의'을 참조하기 바랍니다/역주).

"이것이 바로 만물을 화육(化育)하는 도(道)로서, 우임금과 순임금의 내성(內聖) 수양의 관건이었으며, 복희(伏羲)와 궤거(几蘧)가 수양하여 도달한 천인합일(天人合一)의 경지였다. 하물며 그 밖의 선조들인 황제(黃帝)나 신농(神農) 등은 더 말할 나위가 있겠느냐!"

是萬物之化也, 禹舜之紐也, 伏戲几蘧之所行終, 而況散焉者乎!

이 '만물지화(萬物之化)'는 바로 도(道)입니다. 도가 입장에서 보면 유가·도가·도통(道統)이 그 안에 다 포함됩니다. 『역경』에서 공자가 말한 것으로서, 이 경계에 이르면 '참찬천지지화육(參贊天

地之化育)', 사람의 생명 기능 가치가 최고처에 이르면 천지우주의 결함을 채워줍니다. 우리가 살고 있는 이 사바세계는 결함이 있는 곳입니다. 사람이 도를 닦고 수양하여 이 경지에 도달하면 천지의 결함을 채워줄 수 있습니다. 이게 바로 우리 전통의 도통으로서 요·순·우 삼대가 마음을 전하는 법문 요점[傳心法要]입니다. '우임금과 순임금의 내성외왕 수양의 관건이었으며[禹舜之所紐也]', 이른바 유가와 도가 양가에서 표방하는 내성외왕(內聖外王)에서 상고시대의 삼대의 성왕(聖王)이었던 요순우 그분들의 내성(內聖) 수양의 관건은 바로 여기에 있습니다.

'복희(伏羲)와 궤거(几蘧)가 수양하여 도달한 천인합일(天人合一)의 경지였다[伏戲几蘧之所行終]', '복희(伏戲)'는 바로 복희(伏羲)인데 팔괘(八卦)를 그린 선조입니다. '궤거(几蘧)'는 상고 시대의 성왕이고 명주(明主)입니다. '지소행종(之所行終)', 그들은 왜 천인합일(天人合一)할 수 있었을까요? 그들은 인간세상의 제왕으로서 불경에서 말하는 세상을 다스리는 전륜성왕(轉輪聖王)에 해당합니다. 바로 그들이 내성 수양이 만물을 화육하는 경계에까지 이르렀기 때문에 천인합일에까지 도달할 수 있었던 것입니다. 이것이 전통 문화의 도통인 내성의 도통이었습니다. '하물며 그 밖의 선조들인 황제(黃帝)나 신농(神農) 등은 더 말할 나위가 있겠느냐[而況散焉者乎]!', 그 외 우리들의 선조인 황제(黃帝)·복희(伏羲)·신농(神農) 등등은 모두 이 도통을 얻어서 내성 이후에 외왕이었습니다. 역대의 유명한 신하 재상으로서 공훈업적이 역사에 남은 사람들은 모두 그 자신이 내성을 성취했기 때문에 그런 뒤에 나와서 외왕을 했습니다.

불가에서는 '사람을 제도하고 세상을 제도한다[度人度世]'고 말합니다. 이 '사람을 제도한다'는 의미가 바로 외왕(外王)입니다(度의 의미는 건너다의 뜻. 무상과 고통의 이 언덕에서 상주하는 편안한 저 언덕으로 건너는 것. 미혹의 차안此岸에서 깨달음의 피안彼岸으로 건너 구원하는 것. 부처님의 세계로 끌어넣는 것. 이끎. 구원. 교화/역주) 당신에게 귀의하였고, 돈 봉투를 당신에게 주고, 당신이 아미타불 한번 외우는 것을 듣게 하였다면 당신이 바로 다른 사람을 또 제도한 것이라고 절대 말하지 마십시오. 만약 그런 것이라면 당신은 조심해야 합니다! 본래는 중생을 제도하고자 했는데 거꾸로 중생한테 제도당합니다. 이것은 제가 사천성 아미산에서 하산한 뒤 수십 년 동안 자기 자신에 대한 결론입니다. 저는 본래 중생을 제도하고자 했습니다! 그런데 지금에 이르러서 제가 느끼는데, 거꾸로 중생한테 제가 제도 당했습니다. 그러므로 조심해야 합니다. 남을 제도한다는 말을 함부로 하지 말기 바랍니다. 오직 당신이 내성(內聖) 공부가 이루어지고 난 다음 외왕을 할 수 있을 때만이 그럴 수 있습니다. 자, 인간세 편의 첫 단락 이야기는 여기에서 끝납니다.

공자가 안회를 교육하는 이 이야기를 우리 다시 한 번 검토해 봅시다. 첫머리에서 말하기를 춘추 시대에 제후들이 함께 일어났으며 그때에 중앙 천자의 세력은 이미 약해졌다고 했습니다. 안회는 위나라 군주가 좋은 영도자가 아니라는 얘기를 듣고는 그를 교육하고 싶었습니다. 그리하여 그로 하여금 밝은 군주로 변하게 하고 싶었습니다. 그래서 가서 왕사가 되고 싶었습니다. 이 때문에 공자에게 휴가를 청하면서 말하기를 자기가 위나라에 가서 위나라 군주에게 가르침을 주고 싶다고 했습니다. 공자가 말했습니다. 너는 가보아라! 가면 그 밥 먹는 너 목이 떨어질 것이다. 그 머리가 남에게 잘릴 것이라는 겁니다. 너의 그 조그만 재간으로 어떻게 가능하겠느냐!

이 이야기는 설명하기를 어떤 사람이 학문을 하든 도를 닦든 늘

범하는 잘못은 바로 '득소위족(得小爲足)', 약간 좀 얻으면 만족해 버린다는 것입니다. 맹자가 말한, '사람들의 큰 병폐는 남의 스승이 되기를 좋아하는 데 있다[人之患在好爲人師]'라는 잘못을 범한다는 것이기도 합니다. 우리처럼 그러면 끝장입니다. 남에게서 선생님이란 말 한마디로 불리면 즉시 재수가 없어지고 중생에게 제도 당해버립니다. 즉, 학생에게 제도 당해버린 겁니다. 그러므로 절대 남의 선생님 노릇해서는 안 됩니다. 이것이 첫 단락의 도리입니다. 그 뒤에 안회에 대한 공자의 훈화는, 바로 우리가 사회에 나가서 사람됨과 일처리에서 마땅히 지녀야할 태도를 교육해주고 있는 것이며, 영도자가 된 사람은 어떤 태도이어야 하며 남을 도와줄 때는 마땅히 어떻게 해야 하는지를 교육해주고 있는 것입니다.

안회는 듣고 나서 만족하지 못했습니다. 그래서 공자가 그에게 다시 일러주었습니다. 한걸음 더 나아가 네가 정말로 남을 제도하고 싶다면, 불교적으로 말해 세상과 사회에 대하여 공헌한 바가 있고자 한다면, 반드시 내성(內聖)의 수양을 다 갖추어서 성인(聖人)의 경계를 성취하고 그 다음에 나와서 외용(外用)해야 비로소 작용을 일으킬 수 있다. 그렇지 않다면 목전에서야 휘황찬란해서 광명찬란한 인생이지만 죽은 뒤에는 어떻겠느냐! 네 글자에다 다시 한 글자를 더해 '여초목동부(與草木同腐)', 땅속에 묻혀서 썩어갈 뿐입니다! 그러므로 제가 늘 청년 학우들에게 말해줍니다. 여러분들은 역사상 몇 명의 황제나 재상이나 장원 급제자들의 이름을 기억할 수 있습니까? 그 당시에는 그들이 대단했지만 지나가고 난 뒤에는 역사에 잊혀져버렸습니다. 왜냐하면 인간세상에 남아있는 공덕이 없기 때문입니다. 바로 내성을 잘 하지 않고 나와서 외용했기 때문입니다. 이런 사람들은 다 한 때를 쟁취할 수 있었을 뿐 천추(千秋)를 쟁취할 수는 없었습니다. 그러므로 사업이란 두 방면으로서 나뉘서 보는 것인데, 이런 성인들, 교주들은 솔직히 말하면 역시 다투고 있는 것입니다! 하지만 다투는 것이 천추이지 한때가 아닙니다.

외교 대사의 고통

섭공자고(葉公子高)가 제(齊)나라에 사신으로 가게 되어 중니에게 물었다. "왕이 저 제량(諸梁)에게 사신으로 가라는 임무가 너무 무겁습니다. 제나라는 사신을 대함에 아마도 몹시 예의가 있겠지만 중시하지는 않을 것입니다. 보통 사람의 의지도 쉽게 움직일 수 없거늘 하물며 한 국가의 지도자인 제후야 어떻겠습니까! 그래서 저는 몹시 두려워하고 있습니다."

葉公子高將使於齊, 問於仲尼曰 : 王使諸梁也甚重, 齊之待使者, 蓋將甚敬而不急。匹夫猶未可動也, 而況諸侯乎! 吾甚慄之。

　장자의 글쓰기 의도 아래 다시 공자의 이야기를 쓰고 있습니다. 고대의 섭(葉)나라는 중화민국 이래의 하남성(河南省) 섭현(葉縣)입니다. '섭공자고(葉公子高)'는 이름이 제량(諸梁)이고 초(楚)나라 장왕(莊王)의 현손(玄孫)이었습니다. '섭공자고'는 일반 통칭이었고 '제량'이 본명(本名)이었습니다. 옛날에 사람의 이름에는 관명(官名: 정식 이름/역주)이 있었고 아명[小名: 어릴 때의 이름/역주]이 있었습니다. 부모나 선생님은 아명을 불러도 됐습니다. 자신은 선생님에 대해서는 본명을 불러야 했습니다. '섭공자고'란 사람이 '장사어제(將使於齊)', 제나라에 대사로 파견될 예정이었습니다. 이 한 편은 외교관에 대한 학문입니다. 우리가 장래에 만약 한 부의 외교관의 수양이나 혹은 외교관의 철학에 대해서 책을 쓴다면 춘추전국 시대의 외교관에 관한 자료를 찾아내어 참고 해야 합니다. 이 단락은 공자가 외교를 하는 방법을 가르치는 것입니다. 섭공자고는 대사로 가는 것을 몹시 두려워했습니다. 그래서 와서 공자에게 묻습니다. '왕사제량야(王使諸梁也)', 대왕이 저를 제나라에 대사로 파견하는데 이 임무가 '심중(甚重)', 너무 무겁습니다.

우리가 역사상 외교관을 보면 자신의 머리를 사과로 삼아서 가지고 놀듯이 그렇게 감히 간 사람이 많았습니다. 어떤 때는 갔었지만 돌아오지 못한 경우가 있었습니다. '소무가 양을 쳤다[蘇武牧羊]'는 뭐 그런 것은 역시 작은 일이었습니다. 어떤 경우에는 그 자리에서 살해되었습니다. 고대에는 중국이나 외국이나 다 마찬가지였습니다. 오대(五代) 시대의 역사에서 욕을 하는 풍도(馮道)를 보면 그는 여러 차례 대사로 나갔습니다. 그때마다 모두 전전긍긍하며 목숨이 붙어서 돌아올지 못할지 몰랐습니다. 그래서 그의 시는 이렇게 말합니다. '모래 바람에 몇 사람이나 죽어 묻혔던가[幾人路死掩風沙]', 함께 간 사람들이 중도에 죽었기에 거두어서 황량한 산이나 들판에 묻었습니다. 이게 바로 당시 외교 대사의 고통이었습니다. 대사를 중국 고대역사에서는 행인지관(行人之官)이라고 불렀습니다. 즉, 오늘날 말하는 외교관입니다. 여러분이 만약 '이릉이 소무에게 답한 글[李陵答蘇武書]'을 읽어본 적이 있다면 소무가 19년 동안 양을 치고 나서 돌아온 뒤에도 외교부 장관이 아니었습니다. 외교부 내의 한 관원에 불과했습니다.

섭공자고는 또 말합니다. '제나라는 사신을 대함에 아마도 몹시

예의가 있겠지만 중시하지는 않을 것입니다[齊之待使者, 蓋將甚敬
而不急]', 제나라에 도착한 뒤에 그들이 대사인 나를 응대함에는 틀
림없이 매우 예의가 있을 것입니다. 이 경우는 그래도 일하기가 쉽
습니다. 적국에 도착했을 경우에는 예의가 없습니다. '심경이불급
(甚敬而不急)', 비록 아주 예의 바르게 대하여 주지만 결코 중시되
지는 않습니다. 제나라는 그 당시 한 강국이었습니다. 외교관의 고
통은 약한 나라는 외교가 없다는 것입니다. 비록 대사이지만 그곳
에서는 그냥 한 사람에 불과할 뿐 중시되지 않습니다. 그는 말합니
다. 저더러 외교관의 임무를 완성하라며 제나라 책임자인 제왕의
마음을 설득해서 움직이라고 하지만, '보통 사람의 의지도 쉽게 움
직일 수 없거늘 하물며 한 국가의 지도자인 제후야 어떻겠습니까
[匹夫猶未可動也, 而況諸侯乎]!', 한 보통사람의 의지조차도 바꾸기
어려운데 하물며 한 국가의 영수는 어떻겠습니까! '오심률지(吾甚
慄之)', 그래서 저는 마음속에서 몹시 두렵습니다. 이것은 그가 공
자에게 한 말입니다.

"선생님은 일찍이 저 제량에게 말씀 하시기를, '무릇 일이란 작든 크
든 완전히 성공하거나 기쁘고 원만하기란 아주 드물다. 일이 만약 성
공하지 않으면 반드시 인도(人道)의 근심이 있고, 일이 성공하면 반드
시 천도(天道)의 음양(陰陽)의 근심이 있다. 성공하든 성공하지 못하
든, 뒤에 근심이 없는 것은 오직 최고의 도덕이 있는 도를 얻은 사람만
이 할 수 있다.' 고 했습니다."

子嘗語諸梁也曰：凡事若小若大, 寡不道以懽成。事若不成, 則
必有人道之患；事若成, 則必有陰陽之患。若成若不成, 而後無
患者, 唯有德者能之。

이 몇 마디 말은 인생 최고의 철학이자, 일처리의 최고의 경계입니다. 그는 공자에게 말합니다. 선생님! 당신이 평소 저에게 하신 말씀인데요. 무릇 사람됨과 일처리에 있어서 큰일이든 작은 일이든 '과불도이환성(寡不道以懽成)', 어떤 일이 완전히 성공하거나 기쁘고 원만하기란 아주 드물다고 하셨습니다. 이것은 곧 불학의 도리인데, 사바(娑婆)세계는 만사에 다 결함이 있습니다. 원만한 사람은 하나도 없고 원만한 일이 하나도 없습니다. 지금 공자가 말한 것도 바로 이 말인데, 일이란 한 법칙에 부합할 수 있는 경우가 아주 적다는 것입니다. 무슨 법칙에 부합할까요? '환성(懽成)'. 영원히 기쁘고 즐거운 결과라야 비로소 '환성'이라고 부릅니다.

그러므로 인간세상에서 사람됨과 일처리가 어렵습니다. '사약불성(事若不成)', 일이 만약 성취되지 못한다면, 특히 정치상이나 외교상의 임무가 일이 만약 성공하지 못하면 다들 모두 좋지 않습니다. '반드시 인도의 근심이 있고[必有人道之患]', 황제에게 살해되거나 혹은 적에게 죽임을 당하거나 감옥살이를 하거나 혹은 다른 재난이 나타나거나 혹은 길에서 암살을 당합니다! 예컨대 미국 대통령은 다른 사람이 쏜 총에 맞았습니다. 어떤 때는 국가의 큰일이 성공해서 당신은 그 당시에는 대단히 휘황찬란하다고 느꼈지만 역사의 입장에서 보면 골치 아픈 일일 수도 있습니다. '천도의 음양의 근심이 있다[有陰陽之患]', 보이지 않는 천도 가운데서 나쁜 과보를 받거나 혹은 주변의 다른 사람들의 질투를 받을지 모릅니다. '약성약불성(若成若不成)', 성공하든 실패하든 간에 '이후무환자(而後無患者), 유유덕자능지(唯有德者能之)', 후환이 없게 일을 할 수 있으려면 오직 가장 최고의 도덕적이며 도를 얻은 사람이라야 그렇게 할 수 있습니다. 보통사람은 그렇게 하지 못합니다.

인간세 편이 먼저 얘기한 것은 공자가 안회에게 일러주는 말이었습니다. 즉, 한 군주를 바로잡아주려 가려는 것은 불가능하다. 세상에 들어가 제왕의 스승이 되느니 아직은 차라리 물러나 자기 수양을 하는 것만 못하다는 말이었습니다. 이것이 첫 번째 이야기로서, 세상에 들어가기의 어려움은 거의 세상을 벗어나 수도하는 것보다도 더 어렵다고 말했습니다. 그러므로 안회더러 자기 수양을 중시하라며, 자기 수양 공부하는 방법으로 말미암아 심재(心齋)이 단락을 제시했습니다.

두 번째 단락의 이야기에서 장자는 다시 적극적으로 세상에 들어가는 사람인, 섭공자고가 제나라로 사신으로 가는 이 일을 인용하여, 동란(動亂) 시대에 외교관이 되어 세상에 들어가기의 어려움을 설명하고 있습니다. 특히 고대에 적국과 아국이 서로 적대시 하고 있을 때 대사가 된 사람은 보통 나가면 돌아올 것을 준비하지 않았습니다. 전국(戰國)이라는 전란의 시대에 국가를 대표하는 외교관은 제1선의 전사(戰士)로서 언제나 위험이 있었습니다. 이 단락은 역사 이야기를 가지고 인생에서 세상에 들어가는 도리를 설명하고 있습니다. 즉, 공자가 평소에 가르치는 말인데, 무릇 일이란 크든 작든 간에, 친구 사이에나 사람됨이나 일처리 사이에서 원만하게 성공한 것은 적고, 혹은 아주 고통스러운 성공이다[寡不道以懽成]는 것이 첫 번째 구절입니다. 두 번째 구절은 '일이 만약 성공하지 않으면 반드시 인도의 근심이 있다[事若不成則必有人道之患]'이고 세 번째 구절은 '일이 성공하면 반드시 천도의 음양의 근심이 있다[事若成則必有陰陽之患]'입니다. 이것은 세상에 들어감에 대한 명언이자 이게 바로 인간세이기도 합니다.

송나라 진종(眞宗)과 구준(寇準)

무릇 우리 중국인이라면 중국 역사를 알아야 합니다. 특히 송나라 진종(眞宗) 단계의 가장 유명한 재상은 이름이 구준(寇準)이었습니다. 그때에 송나라 왕조도 남북조가 그랬듯이 금(金)나라와 전쟁 중인 외교 상태에 있었는데, 마침내 구준은 황제가 직접 정벌에 나서야 한다고 주장했습니다. 그럼 누가 황제를 호위했을까요? 구준은 자기가 가겠다고 말했습니다. 솔직히 말해서 송 진종은 몸소 정벌에 나서기를 몹시 원치 않았습니다. 송나라 왕조는 조광윤 때부터 시작하여 그의 자손에 이르기까지 북방지역은 통일되지 않았습니다. 뿐만 아니라 실재로는 통일을 두려워하기도 했으며 통일하고 싶지 않았습니다. 이것은 송대 역사상 아주 묘한 일이었습니다.

한 국가의 영수가 만약 절대적인 군인 출신이라면 일하기 쉽습니다! 그렇지 않으면 아주 절대적인 문인도 일하기 쉽습니다. 군인에서 문인으로 변한, 예컨대 조광윤의 두 형제 같은 경우는 일하기가 어렵습니다! 그러므로 송나라 왕조는 엄격히 말해서 한 왕조 시대를 이루었다고 말할 수 없습니다. 왜냐하면 송나라 왕조 300년 동안 처음부터 끝까지 남북이 대치했기 때문입니다. 북방의 국가들은 요(遼)·금(金)·원(元)나라가 있었고 서북에는 또 하(夏)나라가 하나 있었으며, 남방은 간신히 유지해가면서 송조(宋朝)라고 불렀습니다. 송태조가 곤룡포를 몸에 두르고 황제가 된 뒤부터, 그 자신이 군인이었기 때문에, 전쟁의 고통, 전쟁의 잔혹함과 전쟁의 모험을 깊이 알았습니다. 그래서 연운16주(燕雲十六州)를 지도위에서 한번 경계를 그어놓고는 내버려두었습니다. 그래서 요나라 금나라가 시종 강력하게 북방을 차지하고 있었습니다. 아울러 송나라 왕조의 토지는 대단히 작았습니다. 이른바 운남(雲南)의 대리(大理)는 또 하나의 국가였습니다. 남쪽도 없는 것이나 마찬가지였고 북쪽도 없는 것이나 마찬가지였습니다. 이렇게 3백년을 유지했습니다. 하지만 송나라 왕조는 문화 발전 면에서는 오히려 아주 찬란했습니다.

송나라 진종에게 역사가 훗날 그를 '진(眞)'자로 시호를 봉해준 것은 아주 묘합니다. 왜냐하면 그는 전쟁을 하고 싶지 않았기 때문입니다. 그러나 전국의 지식인들은 줄곧 국가를 통일하고 싶었습니다. 그래서 송나라 진종은 필사적으로 종교를 제창했습니다. 그리고 도교를 믿고 천명이 자신에게 도를 잘 닦고 더 이상 싸우지 말라 한다고 스스로 여겼습니다. 당시 재상인 왕단(王旦)은 황제의 생각에 동의하지 않았습니다. 송나라 진종은 재상을 식사에 초대했습니다. 황제는 황제 노릇하기 아주 쉽지 않습니다. 고대의 황제는 민주적이었습니다! 식사를 마치고 난 뒤 황제가 말했습니다. 아, 내가 보니 그대 재상 댁도 청렴해서 집에서 쓸 무슨 물건들이 없는데 여기 보잘 것 없는 선물이 있어 드리니 가지고 가시오. 황제가 재상을 식사에 초대했고 또 선물까지 주니 재상의 입장에서는 황상이 하사한 것을 정(情)의 도리에서 받을 수밖에 없었습니다. 마침내 돌아와 열어보니 여러 개의 단지였습니다. 아마 우리 강서(江西)에서 나오는 제일 좋은 자기(瓷器)였을 겁니다. 그 안에 들어있는 것이 온통 황금이었습니다. 황제가 뇌물을 준 것은 그더러 반대하지 말라는 것이었습니다! 그래서 왕단은 하루 밤 동안 생각해보느라 정말 잠을 이루지 못했습니다. 어떻게 할까? 그는 말을 하지 않을 수밖에 없었습니다. 뒤에 그는 선포했습니다. 저는 늙었으니 퇴직해야 마땅합니다.

뒤에 구준은 진종에게 몸소 정벌에 나서라고 했습니다. 전방에 이르러서 황하를 사이에 두고 보니 금나라의 정예부대도 양쪽으로 벌여져 있었습니다. 송나라 진종은 마음속으로 여전히 두려워하고 있었습니다. 그는 최전선에서 사람을 시켜 재상 구준이 뭘 하고 있는지 알아보라 했습니다! 구준이란 사람은 재미있는 사람이었습니다. 파견된 태감은 재상이 막사에서 마장(麻將) 놀이를 하고 있는 것을 발견했습니다. 뿐만 아니라 한편으로는 마장 놀이를 하면서 한편으로는 술을 마시고 마장 패를 가지고 놀면서 소리치고 아주 기쁘게 놀고 있었습니다. 진종은 듣고 나서 비교적 좀 안심이 됐습니다. 구준이 아직도 놀고 있구나! 아마 위험하지 않겠지. 만약 구준이 아직도 사무 처리를 하고 있거나 전화기를 들고 소식 보고를 듣고 있었다고 말했다면 진종의 심장병은 아마 발작했을 겁니다. 구준도 그 황제의 심리를 알고 있었기 때문에 일부러 가뿐한 척 했습니다.

구준은 송나라 왕조의 대 충신이요 국가를 위해서 천하를 위해서 진력한 대신이었습니다. 그러나 구준의 이런 방법은 '일이 만약 성공하지 않으면 반드시 인도의 근심이 있고[事若不成, 必有人道之患]', 이런 일을 잘못했다면 한 사람이 총살되는데 그치지 않고 구족이 멸해지는 것이었습니다! 온 가족이 몰살을 당해야 했습니다. 일이 성공했으면 어떨까요? '반드시 천도의 음양의 근심이 있다[必有陰陽之患]', 우리가 송나라 왕조의 역사를 보면 구준은 뒷날 많은 공로가 있었습니다. 그래서 내국공(萊國公)에 봉해지고 단연(澶淵)의 맹약 때 그는 군사와 외교를 혼자 도맡아 처리 했습니다. 영광스러운 외교적 승리가 있었습니다. 하지만 승리는 어디까지 승리고 양국이 맺은 것은 역시 평화조약이었습니다. 결과적으로 남방에 돌아온 뒤 구준은 시종 조정 일반의 질투를 받았는데 , 이것이 바로 '음양의 금심[陰陽之患]'입니다.

역사상 또 유명한 이야기가 하나 있습니다. 송나라 왕조 때 한분의 대단한 문인 명신인 사천성의 장영(張詠)은 지방 수장으로서 벼슬 지위도 높았습니다. 구준은 뒷날 일이 성공한 뒤에 물러나려고 했습니다. 한번은 때마침 장영이 중앙에 중요한 업무를 보고하러 [述職] 올라온 것을 섬서(陝西)에서 만났습니다. 구준의 당시의 명성은 아주 높았습니다. 장영의 학문이 훌륭하다는 것을 알고서 그에게 물었습니다. 그대는 나를 좀 살펴보오, 무슨 예비 조짐이 있소? 장영은 말했습니다. 상공 어른! 당신은 너무 겸손하십니다. 뭐든지 좋은데 저에게 물을 필요가 어디 있습니까? 하지만 한번 읽어 봐야 할 한편의 글이 있는데, 바로 『한서(漢書)』의 곽광전(霍光傳) 입니다. 구준이 생각했습니다. 이상하구나. 한서를 내가 읽어 보지 않은 것도 아닌데, 그가 왜 이런 말을 했을까! 아마 자세히 못 읽어 봤겠지. 즉시 돌아가서 곽광전을 읽어보았습니다.

곽광은 한나라 왕조에서 공로가 컸습니다. 유(劉)씨의 천하는 그가 혼자 구해낸 것이었습니다. 전기에서 그의 일생의 공로를 다 말해 놓았습니다. 『한서』를 쓴 사람은 반고(班固) 부자(父子) 부녀(父女)로서 세 사람이 공동으로 완성한 것인데, 마지막에 곽광에 대해서 한마디 평을 내려서 말하기를 그는 갖가지가 모두 좋았지만 책을 적게 읽었다고 했습니다. 네 글자로 결론을 내리기를 '불학무술 (不學無術)'이라고 했습니다. 구준은 마지막에 '불학무술'을 읽고서는 하하 웃고는, 장영이 자신을 '학식도 재간도 없다'고 말해 꾸짖고 있다는 것을 알았습니다.

곽자의(郭子儀)의 경지

그럼 '불학무술(不學無術)'에서의 '학(學)'은 무엇일까요? 우리가 '약성약불성(若成若不成), 이후무환자(而後無患者), 유유덕자능지(唯有德者能之)', 어떤 일을 해서 성공하든 성공하지 못하든 후환이 없는 것은 오직 큰 덕이 있는 사람이라야 그렇게 할 수 있다를 보는 경우입니다. 우리가 역사상으로 보면 오직 당나라 왕조의 곽자의(郭子儀) 한 사람만이 그렇게 했습니다. 곽자의의 일생을 연구해보면 정말 깔끔하기 그지없었습니다. 그가 인사(人事)에 대한 처리는 고명하기 이를 데 없었습니다. 아마『이십오사』속에서 그런 사람을 또 한사람 찾을 수 없을 겁니다. 역사상 말하기를 이 사람은 전방에 나가면 장수요 조정에 들어오면 재상이라고 했는데, 몇 차례 대원수를 지냈고 당나라 덕종(德宗)은 그를 상부(尙父)라고 불렀습니다. 이 '상부'라는 칭호는 오직 주나라 무왕(武王)이 강태공(姜太公)을 그렇게 부른 적이 있는데, 의붓아버지라는 말이나 마찬가지입니다. 의붓아버지일 뿐만 아니라 선생님이라는 의미도 있습니다. 이 명칭은 대단히 보배롭고 귀중합니다. 곽자의는 당나라 명황(明皇) 때부터 시작해서 당나라 명황의 아들인 숙종(肅宗), 손자인 대종(代宗), 더 나아가 증손자인 덕종(德宗)에 이르기까지 4대 황제가 모두 곽자의 한 사람에 의해서 호위를 받았습니다. 당나라 시대는 뒤에 이르면 모든 문관(文官) 무장(武將)이 모두 그의 부하였으며 지위들이 모두 높았습니다. 그렇지만 황제가 명령을 내려서 그더러 그만두라고 할 때마다 그는 고분고분하게 사무를 분명하게 인계해주고 집으로 돌아갔습니다. 그리고 내색 한번 한 적이 없었습니다. 국가에 난(難)이 있어 국경지역에 적들이 공격해 들어올 때가 되어서는 그더러 군대를 인솔하라고 한마디 명령하면 그는 또 전쟁에 나섰습니다.

한번은 당나라 대종(代宗) 때에 이르러 당 명황 때처럼 천하에 대란이 일어났습니다. 신강(新疆)의 회교(回敎)와 티베트의 회흘(回紇) 군대가 모반을 일으켰습니다. 장안까지 쳐들어 공격해 오려고 할 때 황제는 그더러 나서라고 명령을 내렸습니다. 그는 즉시 나섰는데 부대 하나조차도 없었습니다. 오직 신변에는 사오십 명의 노약한 패잔병들만 있었습니다. 그런데 회교의 부대는 십만 명이나 되었습니다. 이들과 어떻게 싸웠을까요? 훈련을 거치지 않은 예비군 오천 명을 간신히 모아서 적병 십만 대군에 항거하러 갔습니다. 전방에 도착해서 한번 살펴보고는 그는 아들에게 말하기를 이것은 싸울 수 없다고 했습니다. 그럼 어떻게 하지요? 그는 말했습니다. 내 혼자서 가겠다! 곧 말에 올라탔습니다. 셋째 아들도 사령관을 하고 있었는데 말했습니다. 아버지, 당신은 가서는 안 됩니다. 얼마나 위험합니까? 그의 말을 잡아 당겼습니다. 곽자의는 말채찍을 들어 그 아들의 손을 한번 때려서 놓게 했습니다. 다시 말해서 이런 말이었습니다. 너는 저리 꺼져라. 내 너에게 말한다. 싸워도 지고 싸우지 않아도 진다. 오직 나 한 사람만 가면 죽어도 나 혼자만 죽는다. 너희들이 또 무슨 방법이 있느냐? 만약 한번 싸우게 되면 온통 방법이 없다. 우리 부자들은 다 죽는다. 마침내 그 혼자서 전선으로 달려가면서 한편으로는 곽령공(郭令公)이 왔다고 소리쳤습니다! 적들은 그 곽 대원수는 벌써 죽었다고 말했습니다. 그가 군모를 벗으니 온통 머리가 백발이었습니다. 몸에 입고 있는 것도 다 벗었습니다. 손에 들고 있는 무기도 던졌습니다. 다들 한번 보니 과연 그인지라 적들은 모두 그를 향해 인사를 했습니다. 영공님! 다들 당신 죽었다고 말해서 우리가 반란을 일으켰는데 미안하게 됐습니다. 또 후면에 오는 부대가 있습니까? 곽자의는 말했습니다, 부대는 없다. 나 혼자만 왔다. 이때 그의 아들도 수백 명을 이끌고 왔습니다. 그는 되돌아보고는 손을 한번 저었습니다. 너희들은 꺼져 돌아가거라. 곽자의는 혼자 적군의 고위 장교의 손을 잡아 당겼습니다. 그런 뒤 그에게 몇 마디 말을 하고 나자 싸움을 하지 않게 되었습니다.

그렇지만, 보세요, 그는 한번 뿐만이 아니었습니다. 여러 차례의 위급을 거치면서 그렇게 큰 공로가 있었습니다. 천하에 아무 일이 없게 되자 황제가 또 그에게 돌아가라 하면 곧 그는 내려와서 허리 굽혀 절하고는 즉시 집으로 돌아갔습니다. 절대 원망하는 말을 한 마디도 하지 않았습니다. 뒤에 팔십 세까지 살았는데 여덟 명의 아들에 일곱 명의 사위, 수십 명의 손자들이 와서 그의 안부를 물었습니다. 집안의 하인들이 모두 삼천 명이나 되었습니다. 그래서 '크게 부귀하고 장수했다[大富貴, 有壽考]'고 일컬어졌습니다.

우리가 알듯이 사람됨과 일처리에 있어서 큰일이나 작은 일이나 마찬가지로, 공자가 말한 '성공하든 성공하지 못하든, 뒤에 근심이 없는 것은 오직 최고의 도덕이 있는 도를 얻은 사람만이 할 수 있다'를 오직 저 곽자의만이 그렇게 해냈습니다. 그의 공로의 높음은 황제보다도 훨씬 위대했습니다. '공개천하이주불의(功蓋天下而主不疑)', 공로가 천하를 덮었어도 위에서는 그에게 야심이 있다고 의심하지 않았습니다. 전방에 나가서는 장수요 조정에 들어와서는 재상인 그런 직위를 수십 년 동안 지냈으니 전국의 고급 간부는 그의 제자들의 무리이었지만 그 자신은 교만하지 않았습니다. 이 두 가지 점이 남이 해낼 수 없는 것입니다. 세 번째 점은 더욱 어렵습니다. 그는 사생활이 사치스럽고 호화스러웠습니다. 바꾸어 말하면 그의 생활에는 건들건들한 면이 있어서 조금도 개의치 않았습니다!

그러나 사회에서는 위로는 정부에서 아래로는 민간에 이르기까지 그가 옳지 않다고 비난한 사람이 한 사람도 없었습니다. 이 세 가지 점들은 사람들이 해내지 못하는 것입니다. 그런데 그는 해냈습니다. 그러므로 역사에서도 그가 고금이래로 제1인이라고 보았습니다.

이 때문에 제가 늘 학우들에게 말하는데, 군사를 배우는 사람이든 정치를 배우는 사람이든 그를 본보기로 삼아야한다고 합니다. 그의 가장 훌륭한 장점은 도량이 크다는 것입니다. 그 당시 황제 앞에서 가장 평판이 좋고 권력이 컸던 태감(太監)이었던 어조은(魚朝恩)은 갖가지 수단으로 그를 괴롭혔습니다. 그러나 그는 원한을 기억하지 않고 남을 포용했습니다. 최후에 어조은은 어찌해볼 수가 없어서 그의 조상 묘를 파버렸습니다. 물론 곽자의도 어조은이 한 짓이라는 것을 알았습니다. 황제조차도 알았습니다. 그러나 그는 내색을 보이지 않고 태연했습니다. 이것은 일반 사람들이 할 수 있는 일이 아닙니다. 결과적으로 한번은 황제가 묻기를 한번 규명해야 하지 않느냐고 하자 그는 황제에게 말했습니다. 저는 수십 년 동안 군대를 통솔했습니다. 저의 부대가 밖에서 남의 분묘를 파버린 일도 틀림없이 많았습니다. 저도 그렇게 많은 것을 통제할 수 없었습니다! 보세요, 그에게는 이렇게 큰 도량이 있었습니다. 이른바 도량이 크면 복도 크다는 겁니다. 그러므로 장자는 속세를 벗어나는 사상만을 얘기 한 게 아니라, 우리들에게 사람으로서 처세하는 도리도 일러주고 있는 것입니다.

천하의 큰일 두 가지

"저는 평소 생활이 검소하여 먹는 것이 담백하고 좋지 않으며, 밥 짓는 일도 부부가 하며 청소를 도와줄 사람을 두고 싶어 하지 않습니다. 오늘 아침 제가 군주의 명령을 받았는데도 초조하고 긴장되어 저녁에 얼음물을 마십니다. 제가 어찌 공명부귀에 열중하는 사람이겠습니까!"

吾食也執粗而不臧, 爨無欲清之人。今吾朝受命而夕飲冰, 我其內熱與!

'저는 평소 생활이 검소하여 먹는 것이 담백하고 좋지 않으며[吾食也執粗而不臧]', '집조(執粗)'란 채식한다는 말과 같습니다. 섭공자고는 지금 나라가 위험한 때에 임무를 받았고 개인적으로도 괴롭습니다. 그는 말하기를 평소 생활이 소박하고, 명예를 추구하고 싶지도 않고 이익을 추구하고 싶지도 않으며, 음식이 간단하다고 합니다. '밥 짓는 일도 부부가 하며 청소를 도와줄 사람을 두고 싶어 하지 않습니다[爨無欲清之人]', 옛사람들의 해석은 '찬(爨)'이란 주방에서의 밥 짓는 불이라고 했습니다. 고대에는 나무로써 불을 때서 집찬(執爨)해야 했습니다. '무욕청(無欲清)', 서늘하기를 생각하지 않는다. 불이 타도 서늘하기를 생각하지 않는다. 이게 무슨 의미입니까? 옛사람은 장자의 이 구절을 다음과 같이 해석했습니다. 섭공자고는 생활이 청담하고만 싶어 했지 불을 그렇게 뜨겁게 때고 싶지 않다. 부엌에 불을 때든 차갑게 하던 모두 중요하지 않다. 심지어 하루 종일 자신을 보러 온 사람이 아무도 없어도 나는 내내 기쁘며, 오직 청정하기만 생각하여 명예를 구하지 않고 이익을 구하지 않는다.

옛 사람이 이 한마디 말을 그렇게 해석한 것에 대하여 저는 동의하지 않습니다! 저마다 견해가 다릅니다. 저는 이렇게 봅니다. '오식야집조이부장(吾食也執粗而不臧)', 그는 자신의 생활이 소박해서 먹을 밥이 있으면 됐고 채소에 그냥 변변치 않게 먹는 밥이 있으면 충분하다는 말입니다. '찬무욕청지인(爨無欲淸之人)', 집에서도 사람을 쓸 정도가 못되어서, 비록 벼슬을 하고 있지만 집에서 밥을 짓는 것은 자기와 부인 두 사람이 하고, 부인은 거리에 나가서 채소를 사고 자신은 부엌에서 가스를 켜서 밥을 지으며, 청소를 도와줄 사람을 찾고 싶어 하지도 않고 모든 것을 자기가 한다는 겁니다. 그저 이렇게 간단한 한 마디 말을 옛 사람들은 이렇게 저렇게 해석을 해서 그럴수록 이해하지 못하게 되어버렸습니다. '찬(爨)'은 밥 짓는 것입니다. '무욕청지인(無欲淸之人)'은 다른 사람에게 와서 청소를 도와주기를 요구하지 않고 모든 것을 자기가 한다는 것입니다. 오늘날 많은 공무원들이 특히 미국식화 된 생활에서는 자기가 하지 않으면 안 됩니다! 남을 청하는 것도 청할 수 없습니다. 섭공자고는 공자에게 말하기를 자기는 본래 생활이 소박하다고 했습니다.

'오늘 아침 제가 군주의 명령을 받았는데도 초조하고 긴장되어 저녁에 얼음물을 마십니다. 제가 어찌 공명부귀에 열중하는 사람이겠습니까[今吾朝受命而夕飮冰, 我其內熱與]!', 지금 황상이 명령을 내려 저더러 이 어려운 외교관을 맡으라고 합니다. '조수명(朝受命)', 오전에 이 명령을 발표했는데 초조해진 나머지 저의 간화(肝火)가 일어나고 눈도 빨개졌습니다. 얼른 안과에 가봐야 할 지경입니다. 심장은 진정제를 먹어야 할 정도로 긴장되어 있습니다.

어쩔 방법이 없기 때문에 마음속에서는 근심한 나머지 열이 났다 차가워졌다 하는 게 마치 얼음덩어리를 먹은 것 같습니다. 양계초(梁啓超)가 음빙실문집(飮氷室文集)이라는 한 부의 책을 썼는데 그 책 제목은 바로 이 단락에서 온 것입니다. 제가 아침에 이 소식을 접하고는 마음속이 초조해져 어쩔 방법이 없는데 '아기내열여(我其內熱與)!', 제가 어찌 공명부귀에 열중하는 사람이겠습니까? 지위는 높고 권력도 크지만 이 임무는 얼마나 위험한지요!

"저는 이번 사신 일을 아직 실행하지도 않았는데 벌써 이렇게 몸에 병이 나서 음양의 근심이 있습니다. 그리고 일이 성공하지 못할 경우에는 반드시 인도(人道)의 근심도 있을 것이니, 그러면 근심이 두 가지가 됩니다. 남의 신하된 자로서 이 일을 충분히 감당할 수 없으니, 선생님은 그 어떤 방법을 좀 말씀해주십시오."

吾未至乎事之情, 而旣有陰陽之患矣；事若不成, 必有人道之患, 是兩也。爲人臣者不足以任之, 子其有以語我來！

'오미지호사지정(吾未至乎事之情)', 아직 이 임무를 완성하지 않았는데 제 자신이 벌써 병이 났습니다. '이기유음양지환(而旣有陰陽之患)', 이미 음양의 근심이 있습니다. '사약불성(事若不成)', 만일 제가 이번의 임무를 완성하지 못하면 '반드시 인도의 근심도 있을 것이니[必有人道之患]', 국내에서는 저에게 맞서는 사람이 있을 것입니다. '남의 신하된 자로서 이 일을 충분히 감당할 수 없으니[爲人臣者不足以任之]', 이것을 진퇴양난(進退兩難)이라고 합니다. 비록 제가 일인지하 만인지상에 있는 사람일지라도 저는 이 짐을 멜 수 없다고 생각합니다. 체능이 견뎌낼 수 없고 정서적으로도 감당해내지 못합니다. 임무가 너무나 무겁습니다. '선생님은 그 어떤 방법을 좀 말씀해주십시오[子其有以語我來]!', 선생님! 제발 제발, 어떻게 해야 할지를 좀 일러주십시오! 마치 여러분들이 일을 할 경우 조그만 일이 있어도 돌아와서 선생님을 찾는 것이나 다름없습니다. 저는 그럴 경우마다 항상 얼음을 먹거나 아이스케이크를 먹고 싶어집니다. 하찮은 일도 모두 저에게 찾아와 묻습니다. 저 섭공자고는 큰 일이 있고서야 공자에게 와서 물었습니다. 그는 말합니다. 선생님! 선생님은 어떻게 생각하세요? 어떻게 저를 좀 지도해 주십시오. 자, 주의하십시오! 공자가 어떻게 말하는지를 보십시오.

중니가 말했다. "천하에 큰 계율이 두 가지가 있다. 그 하나는 천명(天命)이요, 또 하나는 의(義)이다. 자식이 어버이를 사랑하는 것은 천명이니 마음에서 떠날 수 없다. 신하가 나라의 대표인 임금을 섬기는 것이 의요, 세상은 임금으로 대표되는 나라 아닌 곳이 없으니 천지간에 피할 곳이 없다. 이를 일러 큰 계율이라 한다."

仲尼曰：天下有大戒二：其一，命也；其一，義也。子之愛親，命也，不可解於心；臣之事君，義也，無適而非君也，無所逃於天地之間，是之謂大戒。

'중니왈(仲尼曰)：천하유대계이(天下有大戒二)', 공자가 말합니다. 내 너에게 일러주마. 천지 사이에는 두 조목의 큰 계율이 있다. 출가자이든 재가자든 모두 준수해야 하는 두 조목의 큰 계율이 있다. '그 하나는 천명이요, 또 하나는 의(義)이다[其一命也；其一義也]', 첫 번째 조목의 큰 계율은 이 '명(命)'을 아는 것이다. 천명(天

命)을 아는 것이다. 여기서의 '명'자는 해석하면 번거롭습니다. 사주팔자의 '명'이 아닙니다. 사주팔자의 '명'도 그 안에 포함됩니다. 이 '천명'은 인생의 가치도 포함합니다. 두 번째 조목의 계율은 '의(義)'이다. '의'란 마땅히 해야 하는 것입니다. 그 안에는 두 가지 '의'가 들어 있습니다. 하나는 진리에 부합하는 것입니다. 설사 이 머리가 잘려 떨어질지라도 한번 돌아보기조차도 않고 도리에 부합하기만 한다면 하려고 하는 것입니다. 그러므로 문천상이나 악비는 머리가 잘려 떨어져야한다고 생각했을 때 잘리면서 조금도 주저하지 않았습니다. 두 번째 '의'는 바로 우리들의 친구들 사이의 도의(道義)입니다. 사람과 사람사이의 의(義)입니다. 중국의 이 '의' 자는 어떻게 만들어졌을까요? 다들 주의하기 바랍니다! 위에는 양 양(羊) 자이고 아래에는 나아(我) 자입니다. 여기서의 양(羊)자는 길상(吉祥)하다, 크게 길하고 이롭다[大吉利]는 의미를 나타냅니다. 그러므로 의(義)란 나의 길상함을 나타냅니다. 인의(仁義)의 인(仁)자는 사람인변 하나에 두이(二)자입니다. 두 사람 사이를 인(仁)이라고 합니다. 자기를 미루어 남에게까지 미쳐서 나의 길상을 생각하고 남의 길상도 생각하는 겁니다. 내가 무엇을 필요로 하면 남도 그 무엇을 필요로 한다는 것이 바로 인의(仁義)입니다.

'자식이 어버이를 사랑하는 것은 천명이니 마음에서 떠날 수 없다[子之愛親, 命也, 不可解於心]', 공자는 말합니다. 너는 사람됨의 도리를 알아야 한다. 자식 된 사람은 부모를 사랑해야 한다. 부모를 사랑함이 바로 곧 효(孝)이다. 효자가 되고자 한다 하면 효자는 무엇을 할까요? 부모를 사랑하는 것입니다. 그 사랑이란 해석은 아주 간단합니다. 우리가 태어나자 엄마 아빠가 우리들의 똥오줌 다 받아내고 길러서 컸습니다. 저처럼 깔끔한 걸 좋아하는 사람은 어린애를 안고서 아이와 놀 때 아이를 들자마자 대변이 오줌과 함께 쏴하고 쏟아져 나왔습니다. 집안사람들이 다 웃으며 말했습니다. 이게 뭐야, 깨끗한 것 좋아하신다더니! 신경 쓰지 않기로 했고 꾸짖지도 않기로 했습니다. 제 개인의 경험도 이와 같고 여러분의 경험도 이와 같습니다. 이게 바로 부모가 아들딸을 사랑하는 마음입니다. 이와 반대로 부모님이 나이가 많아지면 이제는 아들딸들이 되돌아 부모를 사랑함이 바로 효입니다. 효라는 글자는 명사입니다. 효의 개념내용이 곧 사랑입니다. 많은 학우들이 효도를 할 수 없다고 하는데, 바꾸어 말하면 당신도 사랑하지 못하는 것입니다. 이게 바로 사랑의 철학입니다.

그래서 중국인은 말하기를 충신은 효자의 가문에서 구한다[求忠臣於孝子之門]고 합니다. 이게 바로 중국문화입니다. 대체로 대 충신은 틀림없이 대 효자입니다. 바꾸어 말하면 충(忠)이란 무엇일까요? 부모를 사랑하는 마음을 확장하여 국가를 사랑하고 천하를 사랑하고 다른 사람들을 사랑하는 것입니다. 부처님도 효도를 말했습니다. 불가에도『부모은중난보경(父母恩重難報經)』이라고 있습니다. 불법을 배우는 사람은 효도를 말하지 않는다는 말이 아닙니다! '자지애친야(子之愛親也), 명야(命也)', 자녀가 부모를 사랑하는 것은 천성입니다. 설사 자녀들이 부모에 대해서 사랑하지 않고 싫다고 느낀다면 그것도 역시 '명'입니다. 타고날 때부터 천성이 나쁜 근기(根器)이거나 좋지 못한 근성인 사람들은 그야말로 구제불능입니다. '불가해어심(不可解於心)', 얘기할 만한 이유가 없다는 의미입니다.

어떤 학생이 제게 그가 태어난 이래 얼마나 고통스러웠는지를 말했습니다. 그가 지금 여기 없기 때문에 저는 말을 할 수 있습니다. 그 당시 저는 한편으로는 들으면서 한편으로는 그를 위해서 눈물을 흘렸습니다. 그렇지만 저는 눈물을 감히 흘리지는 않았습니다. 다만 제 마음속에 한마디 결론이 있었습니다. 이 부모는 좋은 부모가 아니다. 하지만 학생을 앞에 두고 저는 감이 그 얘기를 못했습니다. 여러분 주의해야합니다. 이것은 분수[分寸]가 있는 겁니다. 그의 부모가 아무리 나빠도 그의 부모입니다! 비록 그가 제 제자이지만 제가 그 학생 앞에서 그의 부모를 욕할 수는 없습니다. 이게 바로 사람과 사람사이에 마땅히 있어야 할 분수입니다. 저는 두 번 탄식하고 결론을 지을 수밖에 없었습니다. 그 학생은 또 이렇게 말했습니다. 그의 아빠가 때로는 그에게 돈을 달라고 한답니다. 그의 아버지가 떠나고 난 다음에는 몹시 짜증이 난답니다. 이것도 탓하기 어렵습니다. 저는 그에게 한 마디만 말했습니다. 내 생각에는 네 아빠도 가련한 사람이다. 제가 말하는 가련하다의 의미에는 많은 것이 포함되어 있습니다. 이것은 1~2년 전의 일이었습니다. 최근에 생각이 나서 그에게 물었습니다. 네 아빠는 아직도 너를 찾느냐? 저를 찾아요! 여전히 돈 달라고 그래요. 그럼 너는 너의 부친에 대해서…, 그 학생은 말했습니다. 저번에 선생님하고 얘기한 뒤로는 선생님 한 마디가 영향을 미쳤습니다. 저의 아버지도 가련한 사람입니다. 그래서 제가 이제 그를 보면 그가 몹시 가련하다고 생각해요. 저는 역시 그에게 좋게 합니다. 어쨌든 제 아빠이니까요! 옳다! 이게 바로 인생이다. 이것은 제가 몸소 경험한 이야기입니다.

그러므로 자식이 어버이를 사랑하는 것은 천명[命]입니다! 이유가 없습니다[不可解於心]. 이것이 첫 번째 조목입니다. 고대는 군주시대였습니다. 이른바 중국의 오륜(五倫) 가운데서 군주는 국가를 대표합니다. 이게 바로 옛사람들이 제왕에 대하여 충성을 다 해야 하는 까닭이었습니다. 제왕에게 충성을 다하는 것이 아니라 군주에 대하여 하는 것입니다. 군주는 한 국가와 민족의 대표이기 때문입니다. 그러므로 군주를 사랑하고 충성을 다함은 국가를 사랑하고 민족을 사랑하는 것이기도 합니다. '신하가 나라의 대표인 임금을 섬기는 것이 의(義)요[臣之事君, 義也]', 이것은 인생의 결론입니다. '세상은 임금으로 대표되는 나라 아닌 곳이 없으니[無適而非君也]', 우리가 이 세상에 살면서 국가 땅위에 살면서 나라 전체가 바로 나입니다. 어떤 곳이든 모두 나의 국가입니다. '천지간에 피할 곳이 없다[無所逃於天地之間]', 당신은 도피할 수 없습니다. 설사 외국으로 나가서는 말하기를 나는 나의 나라를 사랑하지 않고, 나는 눈에 거슬렸기 때문에 다른 나라로 도망했습니다 라고 할지라도, 솔직히 말해서 당신의 마음은 결국 중국인입니다. 어느 나라 사람이든 다 마찬가지입니다.

제 친구 가운데는 아마 몽고 친구들도 많을 겁니다. 그 몽고 사막에 사랑스러운 게 뭐가 있겠습니까? 물론 우리 강남만큼 사랑스럽지 않습니다. 강남은 산수가 아름답고 살기 좋은 땅으로서 산도 물도 파랗습니다. 대만에서는 정말로 그렇게 푸른 물을 보지 못했습니다! 우리 강남은 산은 푸르고, 물은 벽록색(碧綠色)이며 바닥까지 맑습니다. 몇 마리의 물고기가 아래 저 깊은 물속에서 헤엄치는지 똑똑히 볼 수 있습니다. 그 얼마나 아름답습니까! 몽고의 저 사막은 얼마나 싫습니까! 그러나 사막에서 온 친구는 한참 얘기하다 보면 사막에서 고기 구워먹고, 말 타고, 온통 얼굴에 기름기요, 먼지 등등의 그런 맛이 좋은가 좋지 않은가를 물어보면, 정말 좋습니다! 정말 생각납니다! 라면서 역시 자기 고향을 사랑합니다. 이게 바로 인성입니다. 그러므로 자기가 어디서 나고 자랐든 그 곳을 좋아하는 것은 필연적입니다. 이것은 다시 말하면 몸만 다른 곳으로 도망갔지만 고향에 대한 감각은 여전히 있으며, 떨쳐버릴 방법이 없다는 것입니다. '이를 일러 큰 계율이라 한다[是之謂大戒]', 공자의 훈화는 섭공자고에게 이 두 조목이 큰 계율이라고 일러주었습니다.

충과 효

"그러므로 무릇 어버이를 섬기는 자가 어떤 곳에 살든 가리지 않고 어버이를 편안케 하는 것은 효도가 지극한 것이다. 또한 임금을 섬기는 자가 어떤 일을 맡기든 가리지 않고 임금을 편안케 하는 것은 충성을 다한 것이다. 인생의 가치를 알고 심성의 도를 알아서 스스로 자신의 마음을 섬기는 자는 어떤 환경 앞에서도 희비고락(喜悲苦樂) 등의 감정이 바뀌며 일어나지 않는다. 그것이 어쩔 수 없는 것임을 알고 천명처럼 편안히 여기는 것은 도덕이 지극한 것이다. (그러므로 지금 네게 주어진 임무에 대해서는 무슨 이유가 없다. 가거라!)"

是以夫事其親者, 不擇地而安之, 孝之至也 ; 夫事其君者, 不擇事而安之, 忠之盛也。自事其心者, 哀樂不易施乎前, 知其不可奈何而安之若命, 德之至也。

'그러므로 무릇 어버이를 섬기는 자가[是以夫事其親者]', 그러므로 효자는 자기 부모를 사랑함에 있어 '어떤 곳에 살든 가리지 않고 어버이를 편안케 하는 것은 [不擇地而安之]', 아빠 엄마, 제가 지금은 당신들을 상관하지 않겠습니다. 당신이 알아서 방법을 생각하세요. 제가 대북시로 달려가서 돈을 벌거든 30층짜리 서양식 빌딩을 지어 다시 당신들을 모시고 효순 할게요. 그렇게 말하는 것이 아닙니다. 그건 기다릴 수 없습니다. 부모는 이미 땅속에 들어가 있습니다. 그러므로 말하기를 자식이 부모에게 효도함에 있어서 시간과 공간을 기다리지 않고 환경을 기다리지 않으며 자기의 힘을 다할 뿐이라고 합니다. 지금 초가집에 산다면 초가집에서 부모에게 효순합니다. 겨우 꽈배기 하나를 살 수 있는 정도의 힘만 있다면 자신은 먹지 않고 먼저 아빠 엄마에게 드시라고 사드립니다. '효도가 지극한 것이다[孝之至也]', 이게 바로 효순입니다.

'또한 임금을 섬기는 자가 어떤 일을 맡기든 가리지 않고 임금을 편안케 하는 것은 충성을 다한 것이다[夫事其君者, 不擇事而安之, 忠之盛也]', 무엇을 국가를 위해서 충성을 다한다고 말할까요? 윗사람이 어떤 임무를 당신에게 맡기면 무슨 임무이든 간에 선택의 여지가 없습니다. 당신이 남의 사무원이 되었거나 남의 직원이 되었다면 사장이 당신에게 어떤 임무를 맡길 경우 명령을 따라야 한다는 말과 같습니다. 만약 명령을 따를 능력도 없고 명령할 수도 없으며 자기의 이상은 높은데다, 사장이 되어 다른 사람을 지휘할 수도 없고 다른 사람의 지휘를 따를 수도 없다면, 그건 쓸모없는 사람입니다! 그러므로 '임금을 섬기는 자가 어떤 일을 맡기든 가리지 않고 임금을 편안케 하는 것은', 무슨 임무를 당신에게 맡겨주든 당신은 모두 해내야 합니다. '충성을 다한 것이다', 이게 바로 직무에 충성을 다한 것입니다. 인생이 바로 이런 것이며, 바로 이런 것이 인생이란 것을 당신은 똑똑히 알아야 합니다.

'인생의 가치를 알고 심성의 도를 알아서 스스로 자신의 마음을 섬기는 자는 어떤 환경 앞에서도 희비고락 등의 감정이 바뀌며 일어나지 않는다[自事其心者, 哀樂不易施乎前]', 그는 말합니다. 그러므로 너는 명심견성(明心見性)해야 한다. 이것은 일처리의 명심견성입니다. 세속에 들어가 사람 노릇하는 것입니다. 당신이 인생의

가치를 이해하고 자기의 심성의 도에 대해 이해한다면 '애락불이
시호전(哀樂不易施乎前)', 비애라고 부를 것도 뭐 없고 고통이라고
부를 것도 뭐 없으며 즐거움이라고 부를 것도 뭐 없습니다. 인생에
서 마땅히 해야 할 일을 가서 하고 환경의 요소로 인해 당신의 심
정에 영향을 미치지 않는 것입니다. 이게 바로 진리입니다.

'그 것이 어쩔 수 없는 것임을 알고 천명처럼 편안히 여기는 것
은 도덕이 지극한 것이다[知其不可奈何而安之若命, 德之至也]', 어
쩔 수 없다는 것을 뻔히 알고, 가면 목숨을 잃어야 할지도 모르지
만 이를 천명처럼 편안히 여기고[安之若命], 자기 머리를 가죽 가방
에 넣을 각오로 비행기에 오르는 것입니다. '지기불가내하(知其不
可奈何)', 그것이 어쩔 수 없는 것임을 뻔히 알면서도 반드시 그렇
게 해야 한다는 것입니다. 공자는 그 자신이 그랬습니다. 오로지
세상을 구제하고 사람들을 구제하려고 했습니다. 구제할 수 없다
는 것을 뻔히 알면서도 일생을 노력했습니다. 석가모니불도 그러
해서, 일체중생을 제도하고자 했습니다. 그는 중생을 다 제도하지
못한다는 것을 뻔히 알면서도 제도하지 않으면 안 되었습니다. 이
모두는 장자의 다음 한 마디입니다. '그 것이 어쩔 수 없는 것임을
알고 천명처럼 편안히 여기는 것, 이게 바로 도덕이다.' 바꾸어 말
하면, 지금 너를 파견하는 이 임무는 할 말이 없다. 오직 한 글자로
답할 뿐이다. 가거라[去]! 무슨 이유가 없다. 너는 가면 된다.

"남의 신하된 자는 본래 부득이한 바가 있다. 일을 실정대로 행하면
서 자신의 몸을 잊어야지 어느 겨를에 삶을 기뻐하고 죽음을 싫어하겠
느냐! 선생~, 그 곳에 가는 게 옳다네!"

爲人臣子者, 固有所不得已。行事之情而忘其身, 何暇至於悅生而惡死！夫子其行可矣！

　'남의 신하된 자는[爲人臣子者]', 그는 말합니다. 천하와 국가를
위해서 공직을 맡은 사람은 어떤 때의 임무가 사실 부득이함이 있
다[有所不得已]. 부득이하기 때문에 하지 않으면 안 된다. '자신의
몸을 잊어야지[而忘其身]', 자신의 생명 신체를 모두 봉헌하는 것이
다. 이게 바로 국가 공직을 맡은 사람이 마땅히 가져야할 태도이
다. '어느 겨를에 삶을 기뻐하고 죽음을 싫어하겠느냐! 선생~, 그
곳에 가는 게 옳다네[何暇至於悅生而惡死]!, 夫子其行可矣]!', 이런
진리 원칙 아래, 너로 하여금 삶을 탐하고 죽음을 두려워하게 할
시간이 어디 있겠느냐! 죽으면 죽는 것이다. 죽고 사는 것을 도외
시해야 한다. 이게 행위 면에서의 생사를 마친 것입니다. 그런 정
좌에 의지해서 생사를 마친 것이 아닙니다. 어떤 사람들의 경우 죽
을 때 고통 없이 가부좌한 채 아미타불! 나는 떠나갑니다! 하기를
바랍니다. 그것은 아직 소승의 생사(生死)를 마치는 겁니다. 공(公)
을 위하여 봉헌하고 죽는 것이 대승의 생사로서 행동 면에서 보여
주는 것입니다.

　그러므로 다들 선(禪)을 배우면 알게 되는데 달마조사는 두 개의
문(門)을 얘기 했습니다. 그 한 개의 문은 이입(理入)입니다. 즉, 참
구(參究)하는 것입니다. 정좌하고 공부하는 것입니다. 또 한 개의
문은 행입(行入)입니다. 장자는 공자가 말한 이런 것들을 빌려 쓰
고 있는데, 바로 행문으로부터 들어가는 것입니다. 정말로 그렇게
해낼 수 있다면, 이것도 사느냐 죽느냐를 따지지 않는 것입니다.
왜냐하면 삶과 죽음을 이미 대수롭지 않게 생각하기 때문에 이 한
목숨을 보시해버리는 것입니다. 기타 종교에서 말하는 봉헌처럼
공자의 이 말도 그에게 봉헌하라고 가르치고 있습니다. '부자기행

가의(夫子其行可矣)!', 공자는 다 말하고는 학생에 대하여 한번 겸손했습니다. 선생님! 당신은 얼른 가세요! 이때에 또 뭘 고려할 게 있어요! 이것이 이 단락의 결론입니다. 이어서 공자는 섭공자고에게 외교의 도리를 말합니다.

외교정치의 철학

"내가 들은 도리 하나를 말해주고 싶다. 무릇 인접한 나라와의 외교는 반드시 신뢰로써 서로 잘 지내고, 먼 나라와의 외교는 말로써 충실히 유지하는 것이다. 말이란 반드시 누군가가 전하에 마련이다. 무릇 양쪽이 기뻐하거나 양쪽이 분노할 말을 전하는 것은 천하에 어려운 일이다."

丘請復以所聞：凡交近則必相靡以信，遠則必忠之以言。言必或傳之。夫傳兩喜兩怒之言，天下之難者也。

우리 주의해야 합니다. '구(丘)'자를 읽을 때 오늘날은 민주시대라 저도 대담하게 읽습니다만 제가 어렸을 때에는 감히 이렇게 읽지 못했습니다. 이렇게 읽었다간 머리에 알밤 하나가 돋아날 준비를 해야 했습니다. 선생님이 손가락을 굽혀서 당신의 머리를 툭! 때리시는데 당신이 아프던 안 아프던 무슨 뇌진탕이든 아니든 그런 것은 고려하지 않았습니다. 성인의 이름을 함부로 불러도 되느냐? 네가 감히 공구(孔丘)라고 불러? 우선 네 머리에 언덕을 하나 만들어 놓고 나서 얘기하자. 그러면 '구(丘)'자는 어떻게 읽어야 할까요? '모(某)'자라고 읽어서 구(丘)를 대신했습니다. 구(丘)자를 쓸 때에도 오른쪽 세로획 하나를 줄여야 했습니다. 기휘(忌諱)인데, 선조나 부모 이름에 대해서도 그렇게 했습니다. 그러나 이제 우리는 민주시대이니 구(丘)는 어디까지나 구(丘)입니다! '내가 들은 도리 하나를 말해주고 싶다[丘請復以所聞]', 공자는 말합니다. 내가 너에게 도리를 하나 일러주겠다. 이제 공자가 섭공자고에게 외교정치의 철학을 가르쳐주려고 합니다.

외교 일을 하는 사람은 주의해야합니다. 중국 외교상의 경험에는 원교근공(遠交近攻)이라는 한마디 명언이 있습니다. 이것이 비록 한마디 명언이지만 어느 때 쓰느냐에도 달려 있습니다. 원교근공이란 군국(君國) 시대에 나라와 나라 사이에 적대관계가 발생했을 때 거의 변경할 수 없는 하나의 큰 원칙이었습니다. 그러나 공자가 지금 말하는 것은 순수하게 외교상의 대원칙입니다. '무릇 인접한 나라와의 외교는 반드시 신뢰로써 서로 잘 지내고[凡交近則必相靡以信]', 인근의 국가와 서로 사귈 때에는 어느 점에서나 충실과 신용을 말해야한다. '상미(相靡)', 개인적으로 서로 대단히 사이좋게 지내고, 공적인 면에서도 피차에 비교적 솔직할 수 있는 것을 가리킵니다. 물론 때로는 국가를 위하여 비밀을 지켜야할 때는 친구에게 솔직하지 않는 것이 아니라 부득이한 일입니다. '먼 나라와의 외교는[遠交]'는 어떨까요? '말로써 충실히 유지하는 것이다[必忠之以言]', 성의 있게 권고합니다. 서로 가까이 잘 지내려고 상대의 감정을 끌면서 권고하지만 자기가 한 말에 대해서는 반드시 신용이 있어야 합니다.

외교를 한다는 것은 국가를 대표한다는 것입니다. 외교관은 말하기가 어렵습니다. 왜냐하면 임무가 몹시 중대하기 때문입니다. '말이란 반드시 누군가가 전하게 마련이다[言必或傳之])', 이 말에는 두 층의 의미가 있습니다. 하나는 국가 원수(元首)의 뜻을 전달한다는 것입니다. 그렇지만 때로는 자신의 국가 원수의 심정이 좋지 않아 국가의 일에 대하여 성을 내서 내키는 대로 다른 국가의 원수를 망할 자식이라고 욕할 수도 있지만 외교관인 당신은 그렇게 말해서는 안 됩니다. '누군가가 전하기 마련이다'는 '혹전지(或傳之)', 이 세 글자를 특별히 주의해야합니다! 외교관이 하는 말은 국가를 대표하고 역사에 대하여 책임을 져야합니다. 두 나라 쌍방이 다 기록을 하기 때문에 말에 유달리 조심해야 합니다. 왜냐하면 곧 전해질지 모르기 때문입니다. 예컨대 우리 여기에 계시는 대사 부인인 전(田) 부인도 외교계에서의 고통 경험이 아주 많답니다. 대사와 부인은 조금이라도 웃음거리가 되거나 결점을 드러내서는 안 됩니다. 전해지면 나라를 창피하게 하기 때문입니다. 그래서 어느 날 전 부인도 외교관으로서 맡은 일의 갖가지 어려움을 얘기했습니다. '혹전지(或傳之)', 이 세 글자는 득실을 가늠해 본다는 의미입니다. 이것이 두 번째 층의 의미입니다.

'무릇 양쪽이 기뻐하거나 양쪽이 분노할 말을 전하는 것은 천하에 어려운 일이다[夫傳兩喜兩怒之言, 天下之難者也]', 이것은 아마 외교관이 되어본 적이 있는 사람이나 외교계에 주임이 되어본 적이 있는 사람만이 이런 경험이 있고 이해할 수 있을 것입니다. 양쪽에게 일을 조화시키려고 중간에서 말을 전하기는 너무나 어렵습니다. 장(張)가는 이(李)가 늙은이가 망할 자식이라고 말하고 이가는 장가의 부친이 하류라고 말한다면, 이것이 양쪽을 분노하게 하는 것인데 양쪽을 분노하게 하는 말은 전할 수 없습니다. 양쪽이 기뻐할 말도 전할 수 없습니다. 양쪽의 지나친 희망과 요구를 그렇게 할 수 없다는 것을 뻔히 알기 때문에 전할 수 없습니다. 왜냐하면 중간에서의 재정(裁定)이 대단히 어렵기 때문입니다. 그러므로 일류 외교관은 그 머리의 돌아감이나 말하기의 들음직함이나 성을 내는 모두가 듣기 좋은 음악과 같습니다! 아마 하느님한테서 선택되어 왔을 겁니다! 그래서 '무릇 양쪽이 기뻐하거나 양쪽이 분노할 말을 전하는 것은 천하에 어려운 일이다', 그것은 가장 곤란하고 가장 고통스런 일입니다.

"양쪽이 기뻐할 말을 전할 경우에는 반드시 지나치게 좋은 말이 많고, 양쪽이 분노할 말을 전할 경우에는 반드시 지나치게 나쁜 말이 많다. 대개 지나친 것은 거짓된 것이요, 거짓되면 그것을 믿을 사람이 아마 없을 것이고, 믿는 사람이 없게 되면 말을 전한 사람이 화를 입게 된다."

夫兩喜必多溢美之言, 兩怒必多溢惡之言。凡溢之類妄, 妄則其信之也莫, 莫則傳言者殃。

보세요, 공자는 외교를 얼마나 잘할 줄 압니까! 외교와 외교철학을 배우는 사람이 이 단락을 가져가면 당신이 외교에 관한 박사 논문을 쓰기에 충분합니다. 게다가 무슨 심리학이니 언어학이니 제6감(第六感)이니 이런 것을 모두 더하면 바로 한 편의 좋은 논문이 되며, 당신이 외교관 시험에 일등으로 합격할 것을 보장합니다. 오늘날 글쓰기는 결코 어렵지 않습니다. 작은 제목으로 큰 문장을 만들면 됩니다. 두 마디 말을 붙들고 수십만 자를 쓸 수 있습니다. 소크라테스는 이렇게 말했고 처칠은 이렇게 말했다면서, 이렇게 하는 것이 곧 학문이 해박 정통한 것이라면, 그것으로 좋습니다.

공자는 말하기를 양쪽이 다 좋은 말만 하면 지나치게 된다고 합니다. 고대의 옛날식 중매쟁이처럼 양쪽이 좋아하는 말을 전한다면, '양쪽이 기뻐할 말을 전할 경우에는 반드시 지나치게 좋은 말이 많고[兩喜必多溢美之言]', 지나치게 남을 치켜세우는 말은 장래에 그대로 하지 못할 경우에는 큰일 납니다. '양쪽이 분노할 말을 전할 경우에는 반드시 지나치게 나쁜 말이 많다[兩怒必多溢惡之言]', 양쪽이 서로 싫어하는 심리도 표현해서는 안 됩니다. 설사 약간 표현하더라도 외교상에 대해서는 절대적인 방해가 됩니다. 요컨대 외교관이 중간에서 말을 전할 때는 어떤 사실을 넘치게[溢] 해서는 안 됩니다. '일(溢)'이란 조금 지나친 것입니다. 좋아할 말도 지나쳐서는 안 됩니다. 예를 들어 말하면, '우리 장관께서는 당신에 대해서 대단히 경복합니다[欽佩]'라는 말은 과분한 것입니다. '당신에 대해서도 경복합니다'라고 말할 수 있을 뿐입니다. 이러면 거의 충분합니다. 너무 지나친 말은 때로는 거두어들일 수 없어서 문제가 됩니다.

요컨대 과분한 말은 불가의 '거짓말하지 말라'는 계율[妄語戒]을 범한 것입니다. 거짓말을 한번 하게 되면 '그것을 믿을 사람이 아마 없을 것이고[則其信之也莫]', 사람은 다 영감이 있습니다! 당신이 좀 거짓말을 하면 다른 사람이 믿지 않게 될 것입니다. '막(莫)'은 완전 부정이 아닙니다. 그 의미는, 비슷하다·아마도·진실하지 않다는 뜻입니다. '믿는 사람이 없게 되면 말을 전한 사람이 화를 입게 된다[莫則傳言者殃]', 만약 다른 사람이 당신의 말을 믿지 않는다면 가장 먼저 재수가 없는 사람은 외교관이 되어 중간에서 말을 전한 사람입니다.

"그러므로 격언에 말하기를 '일반적인 인정과 도리를 전하고 지나친 말을 전하지 않으면 대체로 전달 임무를 완성할 수 있으리라' 했다."

故法言曰：傳其常情，無傳其溢言，則幾乎全。

노자도 이 '법언(法言)'을 사용했는데 '법언'이라는 두 글자는 건언(建言: 주장이나 의견을 진술하다는 뜻/역주)이라 부릅니다. 이른바 노자 장자가 말하는 법언은 무엇일까요? 바로 옛사람의 격언이요 고인들의 명언이기도 합니다. 무엇을 격언이라고 할까요? 영원히 변할 수 없는 하나의 기준입니다. 말이 정점에 도달한 것을 격(格)이라고 하며 이 말은 변할 수 없습니다. '그러므로 격언에 말하기를[故法言曰]', 바로 우리의 상고문화 격언이 말한 것으로, '일반적인 인정과 도리를 전하고 지나친 말을 전하지 않으면 대체로 전달 임무를 완성할 수 있으리라 했다[傳其常情, 無傳其溢言, 則幾乎全]'입니다. 그러므로 외교관이 양쪽의 의견을 전달할 때에는 머릿속에서 빨리 그 내용을 정리해야 합니다. 통역자도 마찬가지입니다. '전기상정(傳其常情)', 정규적이며 일반적이어야 합니다. '무전기일언(無傳其溢言)', 과분한 말을 해서는 안 됩니다. 좋고 나쁜 것을 조금이라도 더해서는 안 됩니다. '즉기호전(則幾乎全)', 그렇게 할 수 있다면 자기를 보존할 수 있고 그 사명도 완수할 수 있습니다. 이것은 외교관의 수양과 태도, 그리고 외교 수행의 철학에 관한 한 단락입니다.

사실 우리는 외교 쪽만으로 보아서는 안 됩니다. 그러면 잘못한 겁니다! 사람됨도 그렇습니다. 이것은 우리들에게 어떻게 사람 노릇을 해야 하는지를 일러줍니다. 외교관용일 뿐이니 나는 배울 필요가 없다고 생각하지 바랍니다. 그렇다면 당신은 『장자』를 헛배운 것입니다. 사람은 보통 이와 같습니다. 만약 말이 지나치다면 재수 없는 사람은 당신 자신입니다. 다음에서 또 인생의 도리를 하나 얘기합니다.

양모(陽謀)　음모(陰謀)

"또 모략으로써 힘을 겨루는 자는 정당한 방법인 양모(陽謀)로 시작하지만 왕왕 부정한 방법인 음모(陰謀)로 끝나며, 그 정도가 심해지면 자신을 해치는 괴이한 재주가 많아진다."

且以巧鬪力者, 始乎陽, 常卒乎陰, 大至則多奇巧;

'또 모략으로써 힘을 겨루는 자는[且以巧鬪力者]', 무엇을 '이교투력(以巧鬪力)'이라고 할까요? 바로 모략학(謀略學)입니다. 병법도 모두 용교투력(用巧鬪力)입니다. 적은 숫자로 많은 숫자를 공격하고 약한 힘으로 강한 힘을 치는 것입니다. 이것이 바로 최고의 모략이요 최고의 병법이기도 합니다. '이교투력'이란 바로 지혜를 쓰는 것입니다. 정치를 하려고 하던 군사 일을 하려고 하던, 요컨대 인생 처세에서는 모두 '교력(巧力)'을 써야합니다. 지혜를 써야합니다. 여기서의 '교(巧)'자는 지혜를 대표합니다. 지혜로써 힘을 다투는 것은 '정당한 방법인 양모(陽謀)로 시작하지만[始乎陽]', 시작할 때는 양면(陽面)적인 것으로서 정면(正面)인 의도였습니다. 그러나 지혜를 쓰고 모략을 쓰면 필연적으로 음모로 걸어갈 수 있습니다[常卒乎陰]. 그러므로 모략을 쓰는 사람들에 대하여 중국문화에서는 시종 그들을 음모가(陰謀家)라고 불렀습니다. 예컨대 진평(陳平)은 한고조(漢高祖)가 중국을 통일하도록 도와주었습니다. 한 고조는 황제가 되었고 진평도 일생동안에 여섯 번 기묘한 꾀[奇計]를 내는 데 불과했습니다. 여섯 번의 계획을 냈습니다. 기묘한 꾀가 바로 음모입니다. 그러나 사마천의 『사기』 진평전(陳平傳) 가운데는 진평 자신이 말한 '음모란 도가에서 꺼려하는 것으로 나는 후손이 없을 것이다[陰謀者, 道家之所忌, 我其無後乎]!'라는 기록이 있습니다. 여러분 주의하기 바랍니다! 오늘날 많은 젊은이들이 모략학을 배우고 싶어 하고 귀곡자(鬼谷子)를 배우고 싶어 하는데, 배우려면 좋은 것을 배워야지 왜 귀신을 따라서 배웁니까! 배우려면 천곡자(天谷子)를 배워야지요! 함부로 배워서는 안 됩니다. 진평은 말하기를 수도자가 가장 금기해야 할 것이 음모를 쓰는 것이라고 합니다. 그래서 자신의 후대가 창성하지 못할 것이라고 했습니다! 그는 음모로 한고조가 천하를 평정하도록 도와주어 그 이름이 만고에 전해졌지만 손자 대 이르러서는 공명부귀가 끊어져버렸습니다. 그러므로 '모략으로 힘을 겨루는 자(以巧鬪力者)'는 처음에는 양모(陽謀)였지만 최후에는 음모(陰謀)로 변해버립니다. 그것은 수도자가 가장 기피하는 것입니다.

그래서 장자도 말합니다. '그 정도가 심해지면 자신을 해치는 괴이한 재주가 많아진다[大至則多奇巧]', 모략을 써서 지혜를 다투고 온갖 꿍꿍이를 다 생각해 고의로 남을 속이고 좋은 말을 들려주어 최후에는 남에게 해를 끼치고는 그 자신은 남몰래 웃고 있다! 총명한 사람일수록 음험한 생각이 많고 최후에는 언제나 자기를 해친다. 이것은 아직 양면에서만 얘기한 것입니다. 불가의 입장에서 보면 최후에는 오직 지옥에 떨어질 뿐입니다. 왜냐하면 남에게 아부하고 자신을 왜곡하는[諂曲]하는 심사(心思)는 나쁘기 때문입니다. 그래서 공자는 그래선 안 된다고 말합니다. 이것은 인생철학을 얘기한 것입니다.

왜 공자는 이 단락을 제시했을까요? 여러분 주의하기 바랍니다! 좀 총명한 사람이 가장 범하기 쉬운 병통이 재주부리는 것입니다. 총명만 부리면서 자신이 고명하다고 생각합니다. 당신이 재주부리다 성실한 사람을 만나게 되면 끝장난다는 사실을 알아야합니다. 이 사람은 올곧고 아주 성실하고 우둔한데 어떻게 그에게 여전히 그렇게 재주부릴 수 있겠습니까? 당신은 끝장납니다. 당신이 이리저리 재주를 부리며 마치 원숭이처럼 깡충깡충 뛰면서 오고가다보면 마지막에는 한 주먹에 사람에게 맞아 죽습니다. 그러므로 사람은 겉으로는 유순하나 속이 검은[陰柔] 길을 걸어가서는 안 됩니다. 역시 분명하고 개방적인[陽] 길을 걸어가야 옳습니다.

"예절에 따라 술을 마시는 자는 절제함으로 시작하여 왕왕 난잡함으로 끝나며, 그 정도가 심해지면 괴이한 쾌락이 많아진다. 모든 일도 그러하다."

以禮飮酒者, 始乎治, 常卒乎亂, 大至則多奇樂, 凡事亦然,

'예절에 따라 술을 마시는 자는[以禮飮酒者]', 술을 마시는 사람을 보면 알게 되는데, 술을 마시는 사람은 처음에는 예의가 있습니다. 아이구, 우리 형제 둘이 한 잔 한 지 오래되었네, 그리고는 당신이 형이야 나는 동생이야 하면서 자네가 안마시면 내가 매스꺼워하는데, 그런 모습이 아주 좋습니다! 아주 정감이 있습니다! 마셔가다 마지막에는 취하면 제미릴! 뭐뭐 하면서 18대 조상까지 다 끄집어내서 욕을 하고 원수로 변할 수 있습니다. 그래서 공자는 말합니다. 처음에 예의에 따라 술을 마시며 '절제함으로 시작하여[始乎治]', 아주 절제함이 있다. '왕왕 난잡함으로 끝나며[常卒乎亂]', 마지막에는 어지러워져 엉망진창이 된다. 그러므로 술 고기 친구는 사귀지 말라는 게 바로 이런 이유에서 입니다. 술을 마시는 사람은 '그 정도가 심해지면 괴이한 쾌락이 많아진다[大至則多奇樂]',

술을 마셔 아주 기분이 좋아지고 마시면 마실수록 기분이 좋아져 미친[瘋狂] 상태로 진입합니다. 미친 것을 '기락(奇樂)'이라고 부릅니다. 그런 '락(樂)'은 정상적인 쾌락이 아닙니다. 이상한 쾌락입니다. 왜냐하면 신경이 알코올에 마취되었기 때문입니다.

바꾸어 말하면, 인생 경계에서 첫째로 재주부려서는 안 됩니다. 두 번째는 이상한 쾌락 놀이를 해서는 안 됩니다. 당신 자신이 득의하고 기쁘다고 보지만, 흥! 즐거움이 극에 도달하면 슬픔이 일어납니다. 당신은 요 이틀간 몹시 기쁘다고 생각하고는 깡충깡충 뛰며 자신의 술수를 부렸지만 당신이 재수 없는 것은 바로 내일입니다. 하느님이 당신에게 감옥이 어디 있는지를 이미 보여줬습니다. 염라대왕은 더더구나 당신을 기록해놓았습니다. 보살은 그런 일에 상관하지 않습니다! 눈 지그시 감고 정좌하고 있습니다. '모든 일도 그러하다[凡事亦然]', 공자는 당신에게 일러주기를, 이것은 외교관이 마땅히 주의해야할 것일 뿐만 아니라 평소 사람됨과 일처리도 모두 이 원칙이다 라고 합니다.

"인간관계란 양해(諒解)에서 시작해서 왕왕 멸시(蔑視)로 끝난다. 일이란 시작할 때는 간략하지만 장차 끝날 무렵에는 반드시 커져 수습하기 어렵다."

始乎諒, 常卒乎鄙 ; 其作始也簡, 其將畢也必巨。

'인간관계란 양해에서 시작해서[始乎諒]', 사람과 사람사이에 친구가 되면 처음에는 사이가 아주 좋습니다. 아, 당신이란 사람 정말 좋네! 내가 당신하고 친구 된 것을 좋아하니 피차 서로 양해(諒解)할 수 있습니다. 나란 사람은 성깔이 나쁜데 상관없습니다. 당신에게 좀 양보하면 됩니다. 특히 남녀가 연해할 때는 말하기를, 나는 바로 당신이 성깔 나쁜 것을 좋아해요. 당신이 나를 단속하기에 딱 좋거든요 라고 해서 아주 듣기 좋습니다! 무슨 사람을 속이는 말을 다 할 수 있습니다. '왕왕 멸시로 끝난다[常卒乎鄙]', 나중에는 어떨까요? 당신이 가장 아름답고 예쁘다고 보았던 것이 모두 옳지 않았고 생각만 하면 싫어집니다. 예전에 그 사람의 그 칠칠치 못한 모습을 보았을 때는 양해했습니다. 지금은 도리어 말하기를 그 칠칠한 모습을 견딜 수 없다고 말합니다. 감정이 나빠지면 바로 이렇습니다. 처음에는 여러 가지 양해가 있지만 마지막에는 여러 가지 천시(賤視)가 있습니다. '일이란 시작할 때는 간략하지만[其作始也簡]', 일하는 것도 그렇습니다. 막 시작 했을 때는 상관이 없습니다. 형씨가 와서 이 일을 맡아주기만 하면 당신이 하고 싶은 대로 해도 됩니다. 모두 당신 하자는 대로 따를게요. 마지막에는 어떨까요? 임무가 갈수로 어려워져 '장차 끝날 무렵에는 반드시 커져 수습하기 어렵다[其將畢也必巨]', 완수해갈 무렵에는 더욱 어려워집니다. 이게 바로 인생입니다.

왜 장자는 이 단락을 외교 방면에 넣어놓고 말할까요? 무릇 사람이라면 자기 어머니 뱃속으로부터 기어 나온 그날부터 외교를 하고 있기 때문입니다. 이게 바로 외교철학입니다. 당신은 압니까? 갓난아기가 먹을 젖을 요구할 때에 제일 첫 번째 방법이 우는 것이라는 것을. 그 다음에는 웃습니다. 이 한 번 웃고 우는 게 모두 외교 수단입니다. 인생은 태어나자마자 곧 외교를 합니다. 맞지요? 우리 외교관에게 물어보니 그는 동의했습니다. 외교를 한다는 것은 곧 사람을 달래는 것입니다. 외교관도 남을 달래야 합니다. 한번 찡그리고 한번 웃는 사이가 모두 방법입니다. 이게 바로 인생입니다. 장자는 인생의 내막을 모두 당겨 열어서 당신에게 보여줍니다. 그런 다음 어떠어떠하다고 말해줍니다.

부처님을 배우는 여러분은 주의하기 바랍니다. 이것을 세간법으로 생각하지 말기바랍니다. 이 모두가 불법입니다. 불법인 보현행원품(普賢行願品)에 속합니다. 여러분들이 『장자』를 읽고 나야 비로소 보현행원품을 이해합니다. '중생이 다함이 없으니 나의 원도 다함이 없다[衆生無盡, 我願無窮]', 한번 읽기만 한 것으로는 부족합니다. 원(願)은 실천 행위를 일으켜야 됩니다! 실천 행위는 먼저 이 도리를 이해해야 합니다. 이런 것들이 모두 계행(戒行)이며 장자가 공자의 입을 빌려서 말한 것입니다.

재앙은 입으로부터 나온다

"말이란 풍파요 행위란 득실(得失)이다. 풍파는 움직이기 쉽고, 득실은 위험하기 쉽다."

言者, 風波也 ; 行者, 實喪也。夫風波易以動, 實喪易以危。

'말이란 풍파요[言者, 風波也]', 사람이 말할 때는 특히 주의해야 합니다. 때로는 한마디의 말이 양날의 칼이어서 자기를 해치고 남을 해칩니다. '일언가이흥방(一言可以興邦), 일언가이상방(一言可以喪邦)', 한마디 말로 나라를 일으킬 수도 있고 한마디 말로 나라를 잃게 할 수도 있습니다. 당신은 자신이 방법을 부릴 줄 알고 입을 놀려 쓸 줄 안다고 생각하지만 재수 없음은 온통 자신이 입을 놀려서 나온 것입니다. 그래서 불가에서는 구업(口業)이 중요하다고 말하며, 장자는 여기에서 이미 당신에게 분명하게 일러주었습니다. 어떤 사람이 말하기를 말 잘못을 범하면 지옥에 떨어진다고 하는데 지옥에 떨어진 것을 누가 보았을까요? 사실 현생(現生)에서 볼 수 있습니다. 한 말이 옳지 않으면 즉시 풍파가 일어납니다. 지옥에 떨어질 때까지 기다릴 필요가 없습니다. 유가나 도가 모두 자기의 경험을 예로 들어 훈계합니다[現身說法]. '행위란[行者]', 이 행위는 '득실이다[實喪也]', 이 행동이 잘못되어 결과적으로 옳지 않으면 즉시 문제가 나타나고 당장에 과보가 있습니다.

'풍파는 움직이기 쉽고[夫風波易以動]', 바람이 불어오자마자 고요한 수면에 파랑이 일어납니다. 그래서 풍파라고 합니다. 한 마디 말을 옳지 않게 하면 사람과 사람 사이에 문제가 나타나고, 때로는 바로 영도자의 한 마디 말 때문에 세계의 대전쟁을 일으켰습니다. '풍파이이동(風波易以動)'은 동태(動態)를 얘기하는 것인데, 바람이 불자마자 파랑이 일어납니다. '득실은 위험하기 쉽다[實喪易以危]', 행동이 틀리면 위험합니다. 그러므로 『역경』에서 말하는 인생의 경계에는 네 가지만 있다는 것을 이해해야 합니다. 즉, '길흉회린은 움직임에서 생겨난다[吉凶晦吝, 生乎動者也])'입니다. 한 번 움직이기만 하면, 한마디 말한 것이 바로 움직인 것이요 한 가지의 일을 하거나 한 가지 행위가 바로 움직이는 것인데, 그 움직임 속의 4분지 3의 상황은 모두 좋지 않고 그 나머지 4분지 1의 길함도 자신이 없습니다. 그러므로 '동첩득구(動輒得咎)', 하는 일마다 질책을 받습니다.

"그러므로 분노를 불러일으키는 것은 다른 이유가 없고 바로 교묘한 말과 편벽된 말 때문이다."

故忿設無由，巧言偏辭。

'고분설무유(故忿設無由), 교언편사(巧言偏辭)', 이 몇 글자는 어떤 뜻일까요? 절대 주의해야합니다! 이것은 장자의 격언입니다. 사람은 왜 분노하고 화를 내곤 할까요? 사람의 심지(心地)는 본래 평정(平靜)한 것인데, 단지 어떤 한 마디 말이 옳지 않았기 때문에 '분노를 불러일으키는 것은 다른 이유가 없고[忿設無由]', 까닭 없이 심리의 분노를 불러일으킵니다. '바로 교묘한 말과 편벽된 말 때문이다[巧言偏辭]', 왜 불러일으킬까요? 지혜가 높은 사람은 교묘하게 꾸며대는 말[巧言]을 듣고 싶어 하지 않습니다. 당신이 수작들을 부리면 듣자마자 압니다. 아첨이 지나치면 바로 거짓말입니다. 그도 듣자마자 압니다. 그 사람이 아첨을 좋아하지 않는다니 내가 그를 욕하면 좋을까요? 역시 지나칩니다. 그 사람은 당신이 욕을 해야 할 사람이 아닙니다. 그러므로 교묘하게 꾸며대는 말을 하지 말고 교묘함을 부리지 마십시오. 청년 학우들은 절대 기억하고 있기 바랍니다! 수단을 부리지 마십시오. 요 일백 년 동안 인류역사 경험의 교훈은 총명을 피우고 수단을 부리며 속임수를 쓰는 데 있어 하나하나 높아져서 오늘날의 아이들조차도 어리석지 않아서 수단·재간·총명이 모두 우리들보다도 고명합니다. 장래에 전 세계 인류는 모두 너무 총명하고 너무 고명하며 너무 수단을 부리기 때문에 최후에 성공하는 사람은 바로 성실 정직한 사람입니다.

특히 저 같은 경우는 우둔하고 정직한 사람을 좋아합니다. 당신은 그가 우둔하다고 말하지만 저는 바로 그가 우둔한 것을 사랑합니다. 우리들은 너무 총명해졌고 결점은 바로 너무 성실하지 않다는 것입니다. 물론 저 성실한 사람은 좋습니다! 일부 학우들도 말하기를 사람은 저마다 성실한 사람을 좋아한다고 합니다. 이로써 알 수 있듯이 성실한 사람은 틀림없이 성공합니다. 이것은 진리입니다. 그러므로 두뇌가 총명한 사람은 반성해야 하고 정신을 차려야 합니다.

'교언편사(巧言偏辭)', '편(偏)'은 바로 지나친 것입니다. 지나친 아첨도 옳지 않으며 지나친 비평도 옳지 않습니다. 그러므로 '교묘한 말과 편벽된 말'은 남의 분노를 일으킬 것입니다. 어떤 사람이 남의 분노를 일으키거나 화나게 했다면 당신은 남을 탓하지 마십시오. 단지 자기를 반성하십시오. 모두 자기의 교묘한 말과 편벽된 말이 불러일으켰기 때문입니다.

선심이 있되 각박하지 않다

"짐승은 죽임을 당할 때 소리를 가리지 않고 마구 울부짖고 숨결이 거칠며 분노의 마음이 일어나 여귀(厲鬼)로 변한다. 사람도 마찬가지여서 자신에게나 남에게 너무 각박하면 반드시 변태심리가 나타나게 되는데, 그런데도 왜 그런지 영문을 모른다. 왜 그런지 영문을 모른다면 그 누가 그 결과를 알겠는가!"

獸死不擇音, 氣息茀然, 於是並生心厲. 剋核太至, 則必有不肖之心應之, 而不知其然也. 苟爲不知其然也, 孰知其所終!

'짐승은 죽임을 당할 때 소리를 가리지 않고 마구 울부짖고 숨결이 거칠며 분노의 마음이 일어나 여귀(厲鬼)로 변한다[獸死不擇音, 氣息茀然, 於是並生心厲]', 이는 바로 우리들에게 살생하지 말라는 것입니다! 보세요, 저 닭이나 소나 돼지를 죽이려고 할 때에 아이고...그렇게 울부짖는데, 그것도 울부짖음이 음악인지 아닌지 상관하지 않습니다. 저 돼지나 닭이나 소가 죽으려고 할 때 그 소리는 마치 우리 사람들이 다른 사람에게 핍박당하여 죽으려고 할 때 어머니 아버지 등 무슨 이상한 소리를 다 울부짖어내는 것과 다름없습니다. 어떤 생물이든 다른 것에 괴롭힘을 당하여 죽으려고 할 때 모두 분노하고, 분노하면 피의 색깔이 변합니다. 그 당시에 혈액을 뽑아내 화학실험을 해보면 피 속에 독이 있고 독합니다. 그러므로 성내는 마음[瞋心]은 독이 있는 것입니다. 만약 당신이 평소에 남을 미워하거나 분노한다면 바로 당신 마음속의 독, 독의 습기가 무거워집니다. 이것은 탐욕·성냄·어리석음[貪瞋癡]이라는 3독(三毒)의 독입니다.

그래서 장자는 말하기를 어떤 동물이 죽을 때에는 무슨 소리든지 마구 울부짖는다고 합니다. '기식(氣息)' 그 성내 울부짖음은 '불연(莕然)', 거칠게 숨쉬며. '병생심려(並生心厲)', 죽음을 앞둔 때의 그 심념, 그 분노의 한 생각은 여귀(厲鬼)로 변하는데 아주 흉합니다. 이것은 하나의 현상입니다. 왜 이 단락을 얘기할까요? 다시 말하면, 어떤 사람이 무리하게 다른 사람을 핍박하고 약자를 괴롭힌다면, 그 괴롭힘을 당한 사람은 항거할 길이 없기 때문에 그 목숨이 이미 당신에게 틀어쥐어져 죽음을 앞두었을 때 성내는 마음이 일어나 여귀로 변해서 당신의 목숨을 요구한다는 겁니다.

귀(鬼)가 있을까요 없을까요? 공자가 쓴 『춘추』와 좌구명(左丘明)의 『좌전』을 연구해보면 그 속에는 귀신 일들이 많고 많습니다! 저 공자팽생(公子彭生)이나 영고숙(潁考叔)등의 이야기들은 훗날의 경극에서 공연되어왔는데, 재수가 없을 때가 되면 그런 귀신들이 나타납니다. 그러므로 조조(曹操)같은 그런 크게 간사하고 크게 악한 사람은 죽을 때 귀혼(鬼魂)이 와서 그의 목숨을 요구하는 모습을 보고는 용서를 구할 수밖에 없었습니다. 귀신의 일은 바로 이러하며 모두 진짜입니다! 당신이 교활한 수단을 써서 다른 사람을 해쳤다고 생각하면 죽을 때 '분노의 마음이 일어나 여귀로 변합니다[並生心厲].' 그러므로 사람이란 다른 사람에게 속임을 당하지 않을 것입니다. 가장 멍청한 사람이 속임을 당했다가도 숨이 끊어질 때가 되면 갑자기 총명해집니다. 내가 속았다, 이 한 생각 사이에 증오심이 일어나면서 보복할 마음으로 변합니다. 과보는 바로 이렇게 이루어지는 것입니다.

'사람도 마찬가지여서 자신에게나 남에게 너무 각박하면 반드시 변태심리가 나타나게 되는데, 그런데도 왜 그런지 영문을 모른다[剋核太至, 則必有不肖之心應之, 而不知其然也]', 그러므로 사람은 각박해서는 안 됩니다. 만약 자신에 대하여 너무 도덕적으로 엄격하게 요구하거나 혹은 남에게 너무 엄격히 요구한다면, 그것이 바로 '자신에게나 남에게 너무 각박한 것[剋核太至]'입니다. 역사상 몇 사람의 황제가 그런 사람이 있었는데, 예컨대 명나라 왕조의 망국의 황제를 예를 들어보겠습니다. 우리가 어렸을 때 옛날부터 전해오는 얘기를 들었는데 명나라 왕조 때 이츰(李闖)과 장헌충(張獻忠)이 모반을 일으키자 국가는 만주 청나라 순치(順治) 황제에게 몽땅 바쳐져버렸고 청나라 왕조 3백 년의 천하를 형성했습니다. 명나라 최후의 황제 숭정(崇禎)은 매산(煤山)에 올라가서 목매달아 죽었습니다. 그는 죽기 전에 또 이렇게 말했습니다. 짐은 망국의 군주가 아니다. 신하들이 망국의 신하들이다. 숭정황제는 그래도 자신이 좋은 황제라고 스스로 인정하면서 신하들이 나라를 망했다고 탓했습니다.

그러나 솔직히 말해서 숭정은 바로 망국의 군주였습니다. 그는 각박하고 의심이 많았습니다. 영도자가 된 사람이 각박하고 의심이 많으면 끝장입니다. 그게 바로 '극핵태지(劇核太至)'입니다. 지나치게 의심이 많고 각박한 사람은 '즉필유불초지심응지(則必有不肖之心應之)', 심리변태로 변해버려서 심사(心思)가 이상합니다. 그러기에 불법을 배우고 도를 닦거나 종교를 배우는 여러분들이 바로 늘 그렇습니다. 자기 자신에 대한 요구가 엄격하고, 종교를 일단 배우면 다른 사람들에 대한 요구가 더욱 엄격해서 다른 사람을 보면 이 점도 옳지 않다하고 저 점도 옳지 않다고 합니다. 당신은 주의하기 바랍니다! 모두 '극핵태지' 이 병폐를 범한 것입니다.

'즉필유불초지심응지(則必有不肖之心應之)', 이 '불초(不肖)'는 정말로 '불초'로서, 바로 그 이상한 심리가 일어난 것입니다. 그러므로 서양 심리학은 대부분이 종교 심리병은 거의 치료할 방법이 없다고 봅니다. 이 한 단락은 중요하므로, 심리학을 연구하는 사람이거나 심리의학을 연구할 마음이 있는 사람은 특별히 주의해야합니다. '이부지기연야(而不知其然也)', 당신 자신의 심리변태에 대해서 영문을 모를 수 있습니다. 제가 최근 요 삼 개월 동안 매일 저녁 두 시간을 들여 『이십오사』와 현재의 중화민국사까지를 다시 한 번 읽었습니다. 그렇지만 제 머리도 세어졌고 곧 땅속에 들어갈 사람으로서 역사를 읽으면서 탄식을 금하지 못했습니다. 어떤 황제들이나 어떤 사람들을 위하여 정말 초조했고 병서(兵書)를 읽으면서 눈물을 흘렸으며 옛사람을 위하여 걱정했습니다! 사실은 옛사람을 위하여 걱정하는 것이 아니라 장래 사람들을 위하여 근심한 것입니다. 역사상 여러 명의 황제들, 진·한·당·송·원·명·청나라의 어떤 제왕들은 정말 물건들이 아니었습니다. 많은 영수들이 '자신에게나 남에게 너무 각박하면 반드시 변태심리가 나타나게 된다[劇核太至, 則必有不肖之心應之]'였습니다. 모택동(毛澤東)도 오늘날 그런 폐단을 범했습니다. 이 한 단락 글은 박사논문을 한 편 써도 좋습니다. 여러분들은 논문을 쓸 주제를 못 찾겠다고 하는데 사실 아주 많습니다. 중국문화의 쓰레기 더미 속에서 좋은 주제들을 집어낼 수 있습니다.

'그런데도 왜 그런지 영문을 모른다. 왜 그런지 영문을 모른다면 그 누가 그 결과를 알겠는가[苟爲不知其然也, 孰知其所終]', 자신이 너무 각박했기 때문에 영문을 모른 채 비정상적인 심리로 변해버리는데, 이러한 변태심리의 결과는 말하기 어렵습니다. 그러므로 부처님을 배우고 도를 닦는 많은 사람들이 출가자든 재가자든 다들 자신에게나 남에게 너무 각박합니다. 정말입니다! 이것은 수행법문[行門]으로, 조금도 여러분들을 속이지 않습니다. 저는 지금 진어자(眞語者: 진실을 말하는 자)요, 실어자(實語者: 있는 그대로 꾸밈없이 말하는 자)요, 여어자(如語者: 진리의 청정한 모습 그대로 말하는 자)요, 불광어자(不誑語者: 속이는 말을 하지 않는 자)요, 불이어자(不異語者: 다른 말을 하지 않는 자/역주)입니다. 그러나 저는 부처가 아닙니다. 그저 솔직한 말을 할 뿐입니다. 제가 늘 발견하는데 여러분들의 심리는 모두 일종의 '극핵태지'입니다. 지금 엄중하게 여러분들에게 말씀드립니다. 평소에는 그리 말하지 않습니다. 여러분들은 보기에는 모두 수행자 같습니다. 송나라 명나라 이학가들도 모두 이 병폐를 범했는데 바로 '극핵태지'입니다.

그러므로 우리가 보면 역사상 진정으로 성공한 사람들은 모두 호협의 기[豪俠之氣: 용감하고 의협심이 있는 기상/역주]가 있었습니다. 중동의 영수인 사다트에 대해서 저는 그 사람이 사랑스럽다고 생각합니다. 사랑스런 점이란 바로 '극핵태지'가 없다는 겁니다. 그에게는 건달 끼가 있었습니다. 건달 끼란 바로 협기(俠氣)입니다. 보세요, 그 사람은 말하는 게 어리숙해서 떠듬떠듬하지만 그러나 말을 했으면 그대로 했습니다. 바로 이런 맛이었는데, 그것은 하는 척 하는 것이 아니었습니다. 그가 사랑스러운 것은 바로 이 부분에 있었습니다.

그러므로 여러분 주의하십시오. 사람됨은 유가(儒家)의 원리를 배워야 합니다. 송나라 명나라 이학가들의 그런 태도를 배워서는 안 됩니다. 그건 모두 신경병이었습니다. 부처님을 배우는 것도 마찬가집니다. 계행을 배울 줄 알아야합니다. 그러나 계행이란 자신에게 요구하는 것이지 너무 각박해서는 안 됩니다. 더더구나 남에게 요구해서는 안 됩니다. 여러분들은 왕왕 계행을 가지고 남들한테 요구하기를 이러면 옳지 않고 저러면 옳지 않다고 얘기하는데 당신 자신이 이미 옳지 않고 벌써 끝장난 겁니다. 이미 변태심리 상황으로 진입했는데 자기는 모두 모릅니다. 이것이 오늘 제가 숨김없이 솔직하게 하는 말입니다. 여러분들이 수양을 해도 성취하지 못하는 까닭은 바로 이 원인 때문입니다. 불전(佛殿)을 대웅보전(大雄寶殿)이라고 부르는 것은 부처님이 대 영웅이기 때문입니다. 그 기개 도량이 얼마나 빛납니까! 당신은 또 부처님의 일생 역사를 좀 보십시오. 어디 우리 모두들처럼 이렇게 가난한 집 고운 딸 같았습니까? 절대 그렇지 않습니다. 그러므로 공자는 말합니다.

남에게 분풀이하지 않고 같은 잘못을 두 번 범하지 않는다

"그러므로 격언에 말하기를 '명령 이행을 다른 사람에게 미루지 말라, 남에게 성공을 다그치지 말라. 이것은 도를 지나친 것이다'고 했다. 명령 이행을 다른 사람에 미루고 성공을 다그침은 일을 위태롭게 한다. 좋은 일은 오래 걸려 이루어지고, 나쁜 일은 일단 이루어지면 고치기에 이미 늦으니 조심하지 않을 수 있겠느냐! 또 이 물질세계에서 생활하고 있지만 초연히 유희하는 마음을 지니고, 천명과 의(義)의 부득이함에 맡긴 채 내심의 도를 함양한다면 지극한 것이다. 어찌 보답을 위해서 그렇게 하겠느냐! 천명을 충실히 좇는 것만 못하다. 이것이 바로 어려운 일이다."

故法言曰：無遷令, 無勸成, 過度益也。遷令勸成殆事, 美成在久, 惡成不及改, 可不愼與！且夫乘物以游心, 托不得已以養中, 至矣。何作爲報也！莫若爲致命, 此其難者。

  '그러므로 격언에 말하기를 '명령 이행을 다른 사람에게 미루지 말라, 남에게 성공을 다그치지 말라. 이것은 도를 지나친 것이다'고 했다[故法言曰：無遷令, 無勸成, 過度益也]', 공무원이나 교육자인 여러분, 관료 여러분, 더 나아가 책임자이거나 반장이거나, 심지어 우리들 여기 왕반장도 모두 주의해야 합니다. '무천령(無遷令)', 이 '천령(遷令)'을 어떤 의미로 이해할까요? 제가 여러분들에게 말씀드리겠습니다. 『논어』에는 '불천노(不遷怒)'라는 한마디가 있습니다. 그렇지요? 공자가 안회의 가장 좋은 수양은 바로 '불천노'라고 얘기했습니다. 무엇을 '불천노'라고 할까요? 어떤 사람이 때마침 기분이 안 좋은 때인데 그를 찾아와서 말을 한다면 그는 당신에게 화를 낼 겁니다. 싫다고 당신을 욕을 하며 노기를 당신한테 풀 것입니다. 이게 '천노(遷怒)'입니다. 사람이 '천노'하지 않기는 어렵습니다. 다른 사람한테 분풀이를 하지 않으면 같은 잘못을 두 번 하지 않는 것[不二過]에 접근합니다. 한차례 잘못을 범했다면 이미 알고서는 다시 범하지 않을 수 있습니다. 참회란 바로 '불이과(不二過)'입니다. 두 번 다시 잘못을 범하지 않는 것입니다. 우리들처럼 이렇게 하는 것이 아닙니다. 선생님! 제가 오늘 틀렸습니다. 저는 참회했습니다. 또 내일 틀리면 선생님! 저는 또 참회해야겠습니다. 영원히 참회 가운데 있습니다. 그래도 참회라고 부르겠습니까?

'무천령(無遷令)', 바로 윗사람이 당신에게 내린 명령을 그대로 해야 한다는 것입니다. 제가 늘 발견하는데 저와 함께 일하는 학우, 예컨대 제가 말하기를 육건령(陸健齡)! 당신 아래층에 가서 내 책 좀 가지고 올라와요 라고 하면, 육건령은 아래층에 가서 말하기를 조여철(曹礪鐵)씨, 선생님이 당신더러 그 책 좀 가지고 올라가라고 합니다. 이것은 이미 혼(混)자에다 단(蛋)자까지 더해야 합니다 (혼단混蛋은 망할 자식, 머저리 같은 놈이라는 욕임/역주). 이것을 '천령'이라고 하는데, 옳지 않습니다. '무권성(無勸成)', 다른 사람을 위해 성공하라고 강요하지 않는 것입니다. 다른 사람에게는 가서 처리하여 성공하라고 요구하고 자기에게는 요구하지 않는 것이 바로 '과도익야(過度益也)', 모두 지나친 것입니다. 종교를 배우는 사람은 왕왕 다른 사람들에 대하여 지나치게 요구합니다. 자기 자신에게 자비롭고 남에게는 각박하게 변해버리기 때문입니다. 과오불식(過午不食)에 대해서 얘기해봅시다! 우리들 그 사부님 같은 경우 누룽지조차도 자물쇠를 채워버렸습니다. 제가 말했습니다. 이건 옳지 않습니다. 다른 사람이 배가 고파 위출혈이 일어나면 어떻게 하시겠습니까? 그러니 좀 느슨하게 해야 합니다. 보지 않은 척 하면 됩니다. 바로 이런 도리입니다. 그러므로 '명령이행을 다른 사람에 미루고 성공을 다그침은 일을 위태롭게 한다[遷令勸成殆事]', 이 두 가지 점은 절대 범해서는 안 되는 잘못입니다. 일을 함에 있어 명령을 미루어서는 안 됩니다. 일의 주관자는 성공을 다그쳐서는 안 됩니다. '태(殆)'는 위험하다는 뜻입니다. 만약 명령도 남에게 미루고 성공도 다그치면서 일을 한다면 위험해집니다. 우리는 이런 말들에 유의해야하는데, 도대체 공자가 장자를 대표해서 말한 것일까요? 아니면 장자가 공자를 대표해서 말한 것일까요? 역시 고증할 길이 없습니다.

섭공자고와 공자의 대화는 아직 끝나지 않았습니다. 공자는 계속 그에게 일러줍니다. '좋은 일은 오래 걸려 이루어지고, 나쁜 일은 일단 이루어지면 고치기에 이미 늦으니 조심하지 않을 수 있겠느냐[美成在久, 惡成不及改, 可不愼與]!', '미성재구(美成在久)'는 바로 우리 속담에 말하는 '좋은 일은 급하게 하지 말라'입니다. 좋은 일의 성취는 단시간에 할 수 있는 것이 아닙니다. 나쁜 일은 성취하기 쉽습니다. 그러나 일단 이루어지면 미쳐 바로잡을 수 없게 됩니다. 이것도 사람됨과 처세는 신중하게 고려해야 한다는 말입니다.

'또 이 물질세계에서 생활하고 있지만 초연히 유희하는 마음을 지니고[且夫乘物以游心]', 공자는 계속 섭공자고에게 한 사람이 처세하는 원칙을 말합니다. '승물이유심(乘物以遊心)', 즉, 수양이 있고 도가 있는 선비가 대승도의 정신과 원칙으로 세간의 일을 처리하는 것입니다. 이 물질세계에서 생활하고 있지만 초연한 관념을 유지하는 것입니다. 이것은 바로 오늘날 유행하고 있는 다음의 한마디 명언입니다. '출세간의 정신으로써 입세간의 사업을 한다[以出世的精神, 做入世的事業]', 일종의 인간세계에 유희(遊戲)하는 심정을 품은 채 일을 하는 것입니다. 이른바 유희란 건들거린다는 의미가 아닙니다. 자기 자신이 몹시 깨어있으면서 심정이 대단히 해탈적이어서 물질에 속박되지 않고 마땅히 해야 할 것은 하는 것입니다. 즉, 불학에서 말하는 해탈이기도 합니다. 그런 모습이야말로 '이 물질세계에서 생활하고 있지만 초연히 유희하는 마음을 지니는 것[乘物以遊心]'입니다.

'천명과 의(義)의 부득이함에 맡긴 채 내심의 도를 함양한다면[託不得已以養中]', 인간세상의 일에는 두 가지 큰 계율이 있다고 공자는 위에서도 말했습니다. 하나는 인명(認命)이요. 하나는 의소당위(義所當爲)입니다. 여기서의 '인명'이란 천명을 인정하는 것입니다. 마땅히 해야 할 일을 하면서 자기의 한 목숨을 바쳐야 할 것임을 뻔히 알면서도 국가를 위해서 천하를 위해서, 심지어는 종교가가 말하는 세상을 구제하고 사람들을 구제하기 위하여, 예수가 십자가에 못 박혀 죽었고 문천상이 머리가 잘렸던 등처럼 하는 것입니다. 그들은 모두 아주 태연했습니다. 이것이 '탁부득이(託不得已)'입니다. 명(命)이 있는 곳, 의(義)가 있는 곳을 부득이하는 것입니다. 그러나 그 다음은 '이양중(以養中)'이라고 했습니다. 여기서 말하는 '중(中)'이란 내심의 도(道)를 가리킵니다. 자기가 도를 닦는 것입니다. 그는 말합니다. 천지 사이의 두 가지 큰 계율은 하나는 명(命)이요 하나는 의(義)인데, 이 인생의 가치와 임무를 다 해내는 것이 바로 자기 내심의 도이다. 즉 '양중(養中)'이다.

'어찌 보답을 위해서 그렇게 하겠느냐! 천명을 충실히 좇는 것만 못하다. 이것이 바로 어려운 일이다[何作爲報也! 莫若爲致命, 此其難者]', 이 세 마디를 연결시켜 간단하게 말하면 다음과 같은 말입니다. 인생의 행위가 천명의 필연과 자연의 이와 같은 원리를 인식하고서 내가 마땅히 해야 할 것을 다하여 해내는 것은, 현재나 후세 장래의 좋은 과보를 위한 것이 결코 아니라 단지 '궁리진성이지어명(窮理盡性以至於命)'. 사물의 이치를 궁구하고 인간의 인성을 철저하게 연구함으로써 천명에 이를 뿐이다. 그러나 말은 쉽지만 진정으로 이해하고 진정으로 분별있고 진정으로 그렇게 해내기란 너무나 어렵다!

이 두 이야기는, 하나는 공자가 안회에게 대답한 것이고, 하나는 공자가 섭공자고에게 대답한 것인데, 모두 공자의 이야기로서 도리들을 설명하고 있습니다. 세 번째 이야기가 또 나오는데, 그는 또 방향을 하나 바꾸었습니다.

태자의 선생님

노(魯)나라의 안합(顏闔)이 장차 위(衛)나라 영공(靈公)의 태자의 스승으로 임명될 예정이어서 위나라 대부인 거백옥(蘧伯玉)에게 가서 물었다. "여기에 어떤 사람이 있는데 그의 덕성은 천성적으로 살생을 좋아합니다. 그와 어울리면서 바로 잡아주지 않으면 나라를 위태롭게 할 것이며, 그와 어울리면서 바로 잡아준다면 내 자신을 위태롭게 할 것입니다. 그의 총명은 남의 잘못은 족히 알면서도 자신의 잘못은 알지 못합니다. 그런 사람을 내가 어떻게 해야 할까요?"

顏闔將傅衛靈公大(太)子, 而問於蘧伯玉曰 ; 有人於此, 其德天殺。與之爲無方, 則危吾國 ; 與之爲有方, 則危吾身。其知適足以知人之過, 而不知其所以過。若然者, 吾奈之何 ?

위령공(衛靈公)의 태자는 괴외(蒯聵)라고 불렀습니다. 역사상 결코 고명하지 않는 인물이자 포악한 사람이기도 했습니다. 지금 '안합(顏闔)'이란 사람이 가서 태자의 선생님이 되라는 명령을 받았습니다. 이 선생님이란 오늘날 우리들의 그런 선생님이 아닙니다. 고대 제왕시대 태자의 선생님은 책임이 컸습니다. 청나라 왕조 말년까지 줄곧 태자태보(太子太保), 태자소보(太子少保) 등의 관직명들이 있었습니다. 물론 오늘날의 태보(太保: 불량소년/역주)가 아닙니다. 그것은 큰 태보였습니다. 벼슬자리가 태자태보나 태자소보에 이르렀다면 최고 자리에 이른 것입니다. 공명(功名)의 자리가 재상보다 더 큰 때도 있었습니다. 왜냐하면 새 황제를 보좌하는 사람이었기 때문입니다.

안압은 이 임명을 받고 마음속으로 두려워서 위나라 현인인 거백옥(蘧伯玉)에게 가서 물었습니다. 거백옥은 공자가 가장 감동했던 한 사람이기도 했습니다. 공자는 여러 명의 좋은 친구들이 있었습니다. 하나는 제나라 안영(晏嬰)이었는데 역사상 그 유명한 난쟁이 재상입니다. 또 하나는 위나라의 거백옥이었습니다. 위나라 영공이 임금 자리에 있을 때 위나라는 어지러웠습니다. 거백옥 등의 여러 명의 현인들이 보좌하여 위나라를 나라가 망할 지경에 이르지 않도록 하였기 때문에 국제적으로는 그래도 존립할 수 있었습니다. 이제 안합이 그에게 와서 가르침을 청하면서 그에게 말합니다. '여기에 어떤 사람이 있는데 그의 덕성은 천성적으로 살생을 좋아합니다[有人於此, 其德天殺]', 그는 말합니다. 어떤 사람이 있는데, 바로 위나라 태자입니다, '기덕천살(其德天殺)', 이 사람은 살생하기를 좋아합니다. 권력이 손에 있어서 툭 하면 성을 내면서 사람을 죽이려고 합니다. 그런데 누가 그를 태자라고 하겠습니까! '그와 어울리면서 바로 잡아주지 않으면 나라를 위태롭게 할 것이며[與之爲無方, 則危吾國]', 만약 그를 도와주고 가르치려면, 국사라는 이름만 걸어 놓을 뿐 만사 상관하지 않고, 당신 안녕하세요? 저는 안녕해요. 다들 안녕하세요? 회의나 좀 열고, 신문이나 보고, 담

배나 피우면서 환담이나 하고, 그런 다음에 퇴근해 버리면 그것으로 좋습니다! 이렇게 하면 장래에 이 국가는 그의 손에서 망해버릴 것입니다.

'그와 어울리면서 바로 잡아준다면 내 자신을 위태롭게 할 것입니다[與之爲有方, 則危吾身]', 만약 정규적으로 그를 교육시키고 그를 바로 잡아준다면, 제 자신이 위험하게 되고 제 목이 날아갈지도 모르며 그가 장래에 저를 미워할지 모릅니다. 역사상 태자를 교육시킨 국사는 최후에 처지가 위험했던 사람이 많았습니다. 여러 명의 대신이나 명인들도 같은 상황을 만났습니다. 사실 옛날이나 지금이나 마찬가지입니다. 우리가 남의 사무원이 되었거나 남의 간부가 되었을 때 거의 모두가 이런 상황을 만납니다. 만약 좋은 의견을 냈는데 그의 생각과 서로 반대된다면 그는 당신을 불쾌하게 여기고 당신을 싫어합니다. 만약 당신이 그에게 좋은 의견을 내지 않고 월급만 받아먹는다면 자기 양심상 미안하게 생각합니다. 그러므로 올바른 사람으로서 일하는 것은 어렵습니다.

그는 태자가 총명하다고 말합니다. '그의 총명은 남의 잘못은 족히 알면서도[適足以知人之過]', 다른 사람의 결점이나 약점을 또렷이 볼 줄 알 정도로 총명합니다. '자신의 잘못은 알지 못합니다[而不知其所以過]', 하지만 자신의 결점 약점은 영원히 보지 못합니다. 이 몇 마디 말은 간단하게 보입니다. 그러나 우리가 『이십오사』에서 찾아보면 그런 영도자들 그런 황제들 그런 황태후들 그런 황후들이 대단히 많았습니다. 거의 사람들의 공통적인 병폐입니다. 그리고 일반 사회에서 작은 리더[領導人]가 된 사람들의 공통적인 병폐라고도 말할 수 있습니다. '그런 사람을 내가 어떻게 해야 할까요[若然者, 吾奈之何]?', 제가 이제 이런 문제를 만났고 이런 사장님을 만났는데 당신이 보기에 저는 어떻게 하면 좋겠습니까?

거백옥이 대답했다. "좋은 질문입니다. 그대는 자신을 경계하고 언행을 조심하며 그대 자신을 바르게 하십시오. 겉으로 몸은 따라주는 것이 제일 좋고, 속으로 마음은 엄격하며 평화로운 것이 제일 좋습니다. 비록 그렇게 하더라도 그 두 가지에는 조심할 점이 있습니다. 겉으로 따라주되 깊이 끌려 들어가지는 않도록 하고, 안으로 엄격하며 평화로우면서도 겉으로 드러내지는 않도록 하십시오. 몸이 따라주다 깊이 끌려 들어가면 엎어지고 망하고 무너지고 넘어져죽게 됩니다. 마음이 엄격하며 평화로우면서 학문이 있고 수양이 있는 듯 겉으로 표현한다면 그 명리심 때문에 요괴가 되고 외도로 변합니다.

蘧伯玉曰：善哉問乎！戒之，愼之，正女身哉！形莫若就，心莫若和。雖然，之二者有患，就不欲入，和不欲出。形就而入，且爲顚爲滅，爲崩爲蹶。心和而出，且爲聲爲名，爲妖爲孼。

'거백옥이 대답했다. 좋은 질문입니다. 그대는 자신을 경계하고 언행을 조심하며 그대 자신을 바르게 하십시오[蘧伯玉曰：善哉問乎！戒之, 愼之, 正女身哉]!', 물론 거백옥은 이 태자를 잘 알았습니다. 거백옥은 대신이자 노신(老臣)이었습니다. 그는 말합니다. 당신 잘 물었습니다. '선재문호(善哉問乎)!', 그는 말합니다. 당신의 이 임무는 너무나 어려우니, 당신은 수시로 자신을 경계해야 하고 말할 때도 대단히 근신(謹愼)해야 합니다. '계지신지(戒之愼之)', 다시 말해서 당신은 언제나 자신을 경계(警戒)하고 일 처리할 때 언제나 근신해야 한다는 겁니다. '계지신지(戒之愼之)'의 '지(之)'자는 허자(虛字)로서 상관이 없습니다. 그러나 우리가 바른 사람으로서 일을 처리할 때 '계신(戒愼)' 이 두 글자를 일생동안 실천해내지 못합니다. 『장자』이 한 편은 인간세인데, 언행을 어디서나 경계하고 근신해야 한다는 것이 바로 이 두 글자입니다. '정여신재(正女身哉)!', 첫째, 당신 자신이 바르게 서야합니다. 우리의 보통 말로는, 당신이 생각이 순수하고 바르며, 바르게 서고, 바르게 일을 하여서 당신은 정인군자(正人君子: 품행이 단정한 사람/역주)가 되어야한다는 겁니다. 어떤 모습이 바른 것일까요? 어떤 사람이 비뚤어진 사람됨일까요? 누구나 바르게 하고, 뿐만 아니라 아무도 자신이 비뚤다고 인정하지 않을 것입니다. 특히나 이런 정치 환경에 처해서 정인군자가 되려하고 일을 잘하려고 한다면, 대단히 어려운 일입니다.

풍도(馮道)의 인생 경지

우리 역사상 한 사람이 『장자』이 단락의 비결을 얻었습니다. 그렇지만 역사상 영원히 만대(萬代)의 오명(汚名)을 하나 남겼는데, 바로 오대(五代) 시대의 풍도(馮道)입니다. 저는 그를 위해서 몹시 불만을 품고 있습니다. 만약 풍(馮)씨 성을 가진 친구가 여기 있다면 제가 반드시 그를 위해서 억울함을 깨끗이 씻어줘야만 하겠습니다. 풍도의 일생은 오대의 70~80년 동안의 정치적 변동을 거치면서 칠십 몇 세까지 살았습니다. 그는 이른바 오대의 오조원로(五朝元老)로서 다섯 차례의 망국을 거쳤는데, 그때마다 그는 매번 최고의 위치에 있었으며 지위가 갈수록 높아졌을 뿐만 아니라 마지막에는 왕에까지 봉해졌습니다.

당나라 왕조 때부터 변란이 일어난 70~80년 동안 오대의 역사 기록에는 이 사람이 황제 자리에 올랐고 저 사람이 왕제 자리에 올랐습니다. 한 사람이 황제 자리에 올라 십 몇 년 혹은 몇 년 지나면 내려오고 또 다른 사람으로 바뀌어서 얼마 지나지 않아 내려갔습니다. 이 사람이 목이 잘리고 저 사람이 다리가 잘리고 했지만 오직 풍도만은 어떤 사람이 와서 황제가 됐든 모두 그에게 나오라고 청하지 않으면 안 되었습니다. 그래서 송나라 왕조 때의 구양수(歐陽脩)가 당나라 시대의 역사를 편찬하면서 그를 형편없이 꾸짖어 말하기를, 그는 중국의 지식인들 중에서 가장 파렴치한 물건으로서 철면피의 극치였다고 했습니다. 왜냐하면 중국의 지식인은 절개를 가장 중요시 할 뿐만 아니라 지식인의 절개는 그 최고가 자기 목숨을 바치는 것이었기 때문입니다. 이 머리통을 마지막에는 꼭 잘리겠다고 준비가 돼 있어야 비로소 절개가 높다고 불렀습니다. 만약 이 머리통이 목에 아직 이어져 있다면 안 되었습니다! 이것은 중국문화에서 아주 특별한 점으로서 사람에게 머리가 잘리도록 가르치는 것입니다. 옳고 옳지 않고는 인생의 대철학적인 문제입니다.

풍도는 나이가 많아서야 죽었습니다. 그래서 장락노인(長樂老人)이라고 불렀습니다. 우리가 어렸을 때 역사를 읽으면서 노년 선배들의 영향을 받아서 풍도는 지식인의 절개를 완전히 잃어버렸다고 말했습니다. 뒷날 인생의 경험이 많아져서 중간에 회상해보고 풍도 같은 사람을 하나 찾아보려고 하니 쉽지 않았습니다. 다시 역사를 읽어보고 풍도가 정말 대단하다는 것을 발견했습니다. 뒷날 또 읽어보니 소동파와 왕안석 두 사람은 풍도에 대해서 향 피우고 절을 했었습니다. 왕안석은 말하기를 오대 시대의 풍도는 부처님 자리에 있는 사람이었다. 그는 생불(生佛)이었다고 했습니다. 소동파는 풍도는 보살이 다시 온 사람이라고 말했습니다!

이 세 사람은 모두 송나라 시대 사람인데, 구양수는 그를 그렇게 꾸짖었고 왕안석과 소동파는 또 그를 그토록 찬탄했습니다. 다시 연구해보고는 저는 왕안석과 소동파에게 찬성표를 던졌습니다. 그

두 사람에게 찬성표를 던질 뿐만 아니라 저는 풍도를 위해서 억울함도 씻어드립니다. 그래서 제가 『논어』를 강의 할 때 그를 위해서 명예를 회복해 주기 위하여 역사상의 이 사건에 대하여 철저하게 그 누명을 벗겨주었습니다. 아울러 저는 많은 사람들이 억울한 채 죽어갔던 것을 발견했습니다. 오직 풍도만은 대체로 제가 변호하고 그의 억울함을 깨끗이 씻어준 셈입니다. 저는 일생동안 세 번 남을 변호했습니다. 한번은 풍도를 위해서 했고, 한번은 공자를 위해서 했는데, 바로 『논어별재(論語別裁)』를 강의하면서 그 두 사람을 위해서 억울함을 깨끗이 씻어주었습니다. 또 한 번은 관공(關公: 삼국지의 관우關羽를 말함/역주)을 위하여 억울함을 씻어주었는데, 관공의 전기에 한편의 글을 썼습니다.

다시 풍도를 얘기해보면 정말 대단한 사람이었습니다. 다들 그에게 충성을 다하라고 요구했습니다. 지식인의 최고는 충성을 다하여 나라에 보답하는 것이지만 그는 오대 시대 몇 십 년 사이에 모두 야만 민족인 외국인들이 와서 중국의 사장인 황제 노릇을 하는데 그가 누구를 위해서 충성을 다 하겠습니까? 그러나 오대 80년 동안에 중국문화가 보존될 수 있었던 것은 오히려 그의 공로였습니다. 정권이 바뀔 때마다 천하의 대 동란 때마다 모두 그에게 나서달라고 청하지 않으면 안 되었습니다. 물론 그는 자신의 조건이 있었습니다. 그 당시 정치변동 과정에서 어찌 영수들만 피살되었겠습니까. 좌우 대신들도 다 죽어야만 했습니다. 그러나 칼날이 절대 풍도의 몸 가까이는 오지 않아서 그를 죽일 수 없었고 차마 그를 죽이지도 못했습니다. 이로써 이 사람의 인품이 평범하지 않았다는 것을 알 수 있습니다.

난세에 사람을 공격하는 결점은 오직 두 가지가 있습니다. 하나는 남녀의 문제요, 하나는 돈과 재물의 문제입니다. 세상에서 남을 비난하는 것은 호색(好色)한다고 말하는 것 아니면 재물을 좋아한다고 말하는 것입니다. 위로는 황제에 이르기까지 아래로는 채소 행상에 이르기까지 당신이 꾸짖는 것은 이 두 가지 일입니다. 이 두 가지 일은 모두 그 사실을 서로 증명하기도 어렵습니다. 당신은 그 사람이 탐오(貪汚)한다고 말하는데 당신은 보았습니까? 보았다면 탐오라고 부르지 않습니다. 그러나 풍도는 어떠했을까요? 아무것도 없었습니다! 얼음처럼 옥처럼 청결했습니다. 남의 손에 잡힐 만한 어떠한 결점도 없었습니다. 그 자신은 대단히 올바르고 일처리도 공정했으며 특히 즐기는 것[嗜好]도 없었습니다. 진정으로 부처님을 배운 사람이었습니다.

한번은 그의 아들이 살아있는 물고기를 한 마리 사왔습니다. 일인지하 만인지상의 이 재상은 아들을 오라고 불러서 말했습니다. 이 물고기를 죽이지 마라. 물고기를 방생해주어라. 그의 일생의 저작은 전해오는 게 아주 드뭅니다. 오직 시 몇 수만이 있는데 그 가운데 두 구절은 다음과 같습니다. '다만 마음에 모든 악 없게 하면, 이리나 호랑이 속에서도 꿋꿋이 산다네[但教方寸無諸惡, 狼虎叢中也立身]', 이리나 호랑이 표범 같은 야수 가운데 서 있어도 모두 두려워하지 않을 것입니다. 그는 오대 시대의 그런 황제들을 사람으로 보지 않았습니다. 그 자신은 이리나 호랑이의 무리 속에 서 있는 것으로 생각하였습니다. 이것은 정말 지옥에 들어가는 정신입니다. 그러므로 여러분이 풍도를 연구해보면 그는 난세 속에서 어지럽지 않았을 뿐만 아니라 오히려 올발랐습니다. 그 자신의 행위에 한 점의 결점도 없었습니다. 한 인간이 그렇게 할 수 있었다는 것은 너무도 어렵고 어려운 일입니다.

풍도에게는 또 하나의 이야기가 있습니다. 그 난세 사이에 나라를 구하겠다는 포부를 가진 청년 중에는 성미가 조급하게 서두르는 사람도 많았습니다. 그가 재상으로 있을 때 재능이 뛰어난 어떤 청년이 때마침 그의 손에서 공명 시험에 합격했고, 합격한 뒤에 그에게 인사를 드리러 왔습니다. 그는 재상이므로 의관을 단정하게 하고 손님을 맞이했습니다. 풍도는 앉아 있으면서 발을 꼬고 있었습니다. 인사를 하고 나서는 대체로 한번 묻고는 무슨 할 말이 없었습니다. 이 학생은 할 말이 없자 말할 화제를 찾았습니다. 그는 무릎을 꿇어 인사할 때 이 재상 나리가 발에 신고 있는 한 쌍의 신을 보았는데 자기가 조금 전에 샀던 것과 같았습니다. 그는 물었습니다. 재상 나리님! 당신의 요 신발 한 켤레는 값이 얼마였는지요? 그러면서 손으로 한 번 가리켰는데 풍도의 발을 가리켰습니다. 풍도는 말했습니다. 오백 원이었네. 허! 제기럴, 제 것은 천 원에 샀는데! 얄밉군요! 요즘 상인들 정말 신용이 없어요. 풍도는 발을 바꾸고는 다른 한 짝을 들어 올리면서 말했습니다. 이 한 짝도 오백 원 주었네. 보세요, 그가 교육하는 미묘함이 한 후진 청년을 훈련시키는 것을. 그대는 그대가 재능이 있다고 생각하는가? 이 난세에 천하를 맡으려 하면서 그렇게 조급하고 서두르고 집중력[定力]이 없고 인내심이 없어서야 자네는 어떻게 일처리를 하려는가? 신발을 통해서 그는 가볍게 그 청년을 교육시켰습니다. 천하의 일은 그렇게 조급하게 하지 마라. 묻는 말은 똑똑히 묻고 일처리도 분명히 하라. 그렇지 않으면 오백 원으로 부족하여 이백오십 원으로 변해 버리면 야단난다. 그러므로 역사상 한 인물을 찾아내려 한다면 바로 풍도 한 사람인데, 정말로 장자의 비결을 얻었습니다.

영도자를 어떻게 교육할 것인가

 '겉으로 몸은 따라주는 것이 제일 좋고, 속으로 마음은 엄격하며 평화로운 것이 제일 좋습니다[形莫若就, 心莫若和]', 거백옥은 계속 안합에게 말합니다. 큰 사업을 하면서 혼란 국면에 처했을 때는 '형막약취(形莫若就)', 외형 면에서 따라 어울리도록 보이고. 그와 함께 있으면서 친근히 하고 그를 관용해야 합니다. '심막약화(心莫若和)', 그렇지만 당신의 마음은 다릅니다. 겉으로는 부드러우나 속으로는 엄격해야[外圓內方] 합니다. 자신은 대단히 평화로워야 하며 멋대로 해서는 안 됩니다. 더욱 어울려야 하되, 그가 나쁜 일을 하면 당신도 찬성해서는 안 됩니다. 그건 옳지 않습니다. 어떤 사람을 변화시키려고 한다는 것은 대단히 어려운 일입니다. 하지만 마음속으로 멋대로 해서는 안 되고 평화롭고 완곡한 방법으로 인도해야 합니다. 그러므로 속으로는 엄격하나 겉으로는 부드러워야 합니다.

 '비록 그렇게 하더라도 그 두 가지에는 조심할 점이 있습니다[雖然, 之二者有患]', 위 두 마디 말은 누구든지 해 내기가 어렵습니다. 설사 해 냈다 할지라도 폐단이 있습니다. '겉으로 따라주되 깊이 끌려 들어가지는 않도록 하고[就不欲入]', 예컨대 겉모습으로는 그와 함께 한통속이 돼서 못된 짓을 합니다. 그가 하고자 하는 대로 나도 해야 합니다. 그가 마장 놀이를 하고 싶다고 하면 그를 모시고 두 번 합니다. 세 번째는 하지 않습니다. 그가 술을 마시고자 한다면 한 잔은 좋습니다. 두 잔은 내가 못한다고 합니다! '취불욕입(就不欲入)', 깊이 들어가서는 안 되고 꼭 알맞은 정도로 합니다. '안으로 엄격하며 평화로우면서도 겉으로 드러내지는 않도록 하십시오[和不欲出]', 당신 자신의 내면 심지(心地)는 광명정대해야 하고 단정해야 하며, 그와는 화평하고 화목한 관계도 유지해야 합니다. 그러나 겉모습에는 절대 드러내서는 안 됩니다! 당신의 정도(正道)도 겉에 드러내서는 안 됩니다.

'몸이 따라주다 깊이 끌려 들어가면[形就而入]', 그는 말하기를 이런 환경에 처하고 이런 임무를 만나게 되면 당신은 겉으로는 그와 역시 항상 함께 하라고 합니다. 바로 보살도의 사섭법인, 보시(布施)·애어(愛語)·이행(利行)·동사(同事)입니다. 사섭법(四攝法)이란 남에게 자비로워야 한다는 것입니다. 속담에 말하기를 '남을 만나 얘기 할 때는 하고 싶은 말 열 마디 중에 세 마디만 해야지 온통 자기의 마음을 다 내던져 보여선 안 된다[逢人且說三分話, 未可全抛一片心]'했는데, 남에 대해서 언제나 상냥하게 인사하는 것이 바로 애어(愛語)입니다. 이행(利行)의 의미는 행위는 모두 남을 돕는다는 것입니다. 동사(同事)는 어떤 사람이 포커놀이를 좋아한다면, 법화경 관음보살보문품(觀音菩薩普門品)이 말하기를 '마땅히 어떤 몸으로 제도 받아야 할 자인지에 따라 곧 그 몸을 나타내어 설법한다[應以何身得度者, 卽現何身而爲說法]'고 하듯이, 지금 마땅히 그 포커놀이 하는 몸으로써 제도 받아야 할 자라면 곧 포커놀이 하는 몸을 나타내어 그를 위해 설법하고, 마땅히 춤추는 몸으로써 제도 받아야 할 자라면 곧 춤추는 몸을 나타내어 그를 위해 설법한다는 것입니다. 이게 바로 동사(同事)의 도리입니다. 그러므로 '형취이입(形就而入)'은 바로 동사(同事)입니다. 그러나 형태로는 비록 함께 어울려 행동하지만[同事] 당신은 정말로 함께 들어가서는 안 됩니다. 당신이 원래 그를 모시고 포커놀이를 하려고 했는데 '엎어지고 망하고 무너지고 넘어져 죽게 됩니다[且爲顚爲滅, 爲崩爲蹶]', 결과적으로 당신이 물들어 포커 광이 되어버려 그보다 더 큰 광이 되어버립니다. 그렇게 되면 그는 끝장나고 당신조차도 끝장나서 엎어지고 멸망하여 무너지게 되며, 마지막에는 '궐(蹶)', 넘어져 죽게 됩니다.

'마음이 엄격하며 평화로우면서 학문이 있고 수양이 있는 듯 겉으로 표현한다면[心和而出]'은 어떨까요? 겉모습이야 상대와 같지만 내면으로는 스스로 도덕적인 기준이 있습니다. 그런 다음에 그 부득이함을 표현합니다. 그가 공놀이를 좋아하는데 나는 사실 공놀이를 하고 싶지 않아도 그와 어울려 놀아줄 수밖에 없습니다. 그는 포커놀이를 좋아하고 나는 정좌하기를 좋아합니다. 내가 좋아하는 것은 그와는 다릅니다. 하지만 지금은 어쩔 길이 없습니다. 포커놀이 탁자에서 그와 어울려 그는 포커놀이 하고 나는 정좌할 수밖에 없습니다. 만약 상대에게 자신을 표현하고 엄중하게 자신을 선전하여 '그 명리심 때문에[爲聲爲名]', 자기가 마치 학문이 있고 수양이 있는 듯이 표현한다면 당신은 끝장납니다. 결과적으로 '요괴가 되고 외도로 변합니다[爲妖爲孽]', 외도나 요괴로 변해버립니다. 원래는 당신이 정도(正道)였는데 그 약간의 명리심(名利心)에 지배되었기 때문에 당신의 운명의 결과는 당신의 머리, 그 밥먹는 녀석까지 잘려 땅에 떨어질지도 모릅니다.

"그가 어린아이 짓을 하려거든 역시 함께 어린아이 짓을 하십시오. 그가 어떤 방향 없는 짓을 하려거든 역시 함께 방향 없는 짓을 하십시오. 그가 어떤 기준 없는 짓을 하려거든 역시 함께 기준 없는 짓을 하십시오. 사람됨과 일처리에 통달 원융하여 하자가 없는 정도까지 이르러야 합니다."

彼且爲嬰兒, 亦與之爲嬰兒 ; 彼且爲無町畦, 亦與之爲無町畦 ;

彼且爲無崖, 亦與之爲無崖. 達之, 入於無疵.

　이 몇 마디 말들은 모두 네 가지 점입니다. 거백옥은 말합니다. 어떻게 가르쳐야 당신이 좋은 소보(少保)가 되어 태자를 보조할까요? 그건 정말 소보가 되어야 장래에 태자태보가 될 수 있습니다. 거백옥은 말합니다. 그처럼 태어날 때부터의 직업 태자는 팔자가 좋아서 틀림없이 황제가 되기로 되어 있습니다. 그렇지만 당신은 그를 좋은 황제, 국가에 공헌이 있는 좋은 황제가 되도록 교육시켜야 합니다. 지금 그는 갓난애입니다. 바로 그가 유치하다는 말인데, 그가 유치하면 당신도 따라서 유치해야 합니다. '그가 어린아이 짓을 하려거든 역시 함께 어린아이 짓을 하십시오[彼且爲嬰兒, 亦與之爲嬰兒]', 당신은 어떻게 그를 이끌어야 할까요? 만약 그가 유치원 1학년이라면 당신은 바로 유치원 2학년에 불과하여서 그보다 딱 조금 낫습니다. 만약 그하고 똑 같다면 이끌 수 없습니다. 그가 히히... 하면 당신은 하하... 합니다. 하지만 당신이 그보다 조금 더 좋게 웃으면 충분합니다. 만약 그가 히히 하고 웃는데 당신이 말하기를 그렇게 웃는 것은 어린애들이 웃는 법이니 마땅히 하하 하고 크게 웃어야한다고 한다면 끝장납니다. 안 됩니다. 그러므로 그가 유치하면 당신도 유치해야 합니다.

　'그가 어떤 방향 없는 짓을 하려거든[彼且爲無町畦]', '정휴(町畦)'란 방향입니다. '무정휴(無町畦)'란 방향이 없고 바른 길이 없는 것입니다. 농토처럼 끝이 없다는 것입니다. 즉, 멍한 백치라는 겁니다. '역시 함께 방향 없는 짓을 하십시오[亦與之爲無町畦]', 그렇다면 당신도 백치 같아야 합니다. 하지만 당신은 백치보다 조금 나아서 때로는 한 번은 깨어있어야 이끌 수 있습니다. '그가 어떤 기준 없는 짓을 하려거든[彼且爲無崖]', '애(崖)'는 절벽입니다. 높고 높은 기준이 하나 있는 것입니다. 태자 같은 종류의 사람은 무슨 기준이 없거나 혹은 기준이 높지 않습니다. 예컨대 명나라의 몇 명의 황제들은 모두 그랬습니다. 명나라 주원장의 후대 자손들 중에 여러 명의 황제들은 모두 엉망진창이었습니다. 여기 위령공의 태자보다 훨씬 못했습니다. 그러나 여전히 황제 노릇을 했습니다! 여러분들이 영화나 소설에서 보았듯이 산서(山西) 홍동현(洪洞縣)으로 갔던 명나라 무종(武宗), 정덕(正德) 황제가 바로 그런 녀석들이었습니다. 위령공의 태자가 기준이 없는 것 같으면 '역여지위무애(亦與之爲無崖)', 당신도 따라서 기준이 없는 것처럼 해야 합니다. 이 세 가지 점을 당신이 해낼 수 있어야 됩니다. 그러나 당신이 흐리멍덩해서는 안 됩니다. '사람됨과 일처리에 통달 원용하여 하자가 없는 정도까지 이르러야 합니다[達之, 入於無疵]', 당신은 사람됨과 일처리에서 통달원용(通達圓融)해야지 융통성이 없어서는 안 됩니다. 그러나 어떤 사람이 너무 원용하면 병폐가 나타날 수 있습니다. 너무 둥글면 교활한 사람으로 변합니다. 그러므로 당신은 교활해서는 안 되고 하자가 조금도 없게 해내어야 합니다.

이 자리에 계신 많은 분들이 다들 영수(領袖)가 되어 보았고 윗사람이 되어 보았고 총사령관도 되어 보았는데, 이 법보를 손안에 가지면 어디 가나 이롭지 않음이 없습니다. 이렇게 해야 합니다. 그렇지만 교활한 사람은 아닙니다! 이렇게 해야 혼란한 시대, 혼란한 단체, 혼란한 국면, 혼란한 사회 속에서 이 나쁜 영도자를 데리고 바른 길로 이끌어 정세를 전환시키고 어지러움을 바로잡아 정상으로 돌이킬 수 있습니다. 이것은 밀종을 전해주고 있는 것입니다. 사람됨의 밀종을 전해주고 처세의 비결을 전해주고 있는 것입니다. 진정한 비결입니다! 이것도 대 학문이기도 합니다. 솔직히 말해서 정좌하여 성불 하는 것은 결코 어렵지 않습니다. 난세에 쳐하여 나쁜 사람을 바르게 고치는 것, 특히 한 나라의 영도자를 바로잡아 정도(正道)로 이끄는 것은 정말 성불보다 더 어렵습니다.

그리고 불경에서 부처님은 세상을 다스리는 전륜성왕(轉輪聖王)을 거듭 찬탄합니다. 당신은 불경이 출세간법만 말한다고 생각하지 마십시오. 대승불법은 세상에 뛰어들 것[入世]을 주장합니다. 그러므로 전륜성왕은 부처님의 공덕과 동등하다고 재삼 찬탄합니다. 다른 점은 바로 한 사람은 도를 깨달았고 한 사람은 도를 깨닫지 못했다는 것입니다. 전륜성왕은 세간에 들어가 도를 행하고, 성불(成佛)은 세간을 벗어나 도를 깨닫고 도를 이루는 것입니다. 어느 방법이라야 도를 행하는 것이라 할 수 있다고 꼭 말하는 것은 아닙니다. 실제로는 세상으로 들어가는 도가 더욱 어렵습니다. 이런 까닭에 부처님은 『화엄경』에서 말하기를 오직 십지(十地) 이상의 보살만이 전륜성왕이 될 수 있다고 합니다. 바로 이 비밀도 세상으로 들어감의 어려움을 드러낸 것입니다.

자신을 과대평가하는 사마귀

"그대는 저 사마귀라는 곤충을 아실 테지요? 사마귀는 자신의 두 팔을 불끈 들어 수레바퀴에 맞서는데, 자신의 힘이 이겨 내지 못할 것은 알지 못한 채 자신의 재능을 자랑하는 것입니다. 그대는 자신을 경계하고 언행을 조심하십시오. 그런 사람은 자존심이 강해서 오만이 점점 쌓여가니 잘하는 점으로써 서서히 격려해주면서 가르치면 거의 될 것입니다!"

汝不知夫螳螂乎？怒其臂以當車轍，不知其不勝任也，是其才之
美者也。戒之，慎之！積伐而美者以犯之，幾矣！

　　중국문학에는 '당비당거(螳臂擋車)'라는 전고가 하나 있는데, 바
로 장자가 여기에서 묘사하여 나온 것입니다. 그는 말합니다. 당신
은 사마귀를 아십니까 모르십니까? 안합은 당연히 알았습니다. 이
자리에 있는 많은 청년 학우들은 모를까 싶은데, 도시에서 성장해
서 아마 사마귀를 본 적이 없을 겁니다. 작은 동물원이나 곤충학회
에 가서 한번 보아야 합니다. 우리가 어렸을 때는 오늘날 어린애들
처럼 그렇게 가련하지 않았습니다. 사마귀나 작은 게 등, 이것들이
모두 우리들의 가장 좋은 장난감이었습니다. 하지만 그것들을 가
지고 놀다 죽였습니다. 거백옥은 말합니다. 사마귀가 길에서 수레
가 삐걱삐걱 가는 소리를 듣고는 성을 내서 '사마귀는 자신의 두
팔을 불끈 들어 수레바퀴에 맞서는데[怒其臂以當車轍]', 두 팔을 들
어 올려 수레를 가로막고 싶어 합니다. '노(奴)'는 분노하다입니다.
노력하다이기도 합니다. 그는 온힘을 다 써서 수레를 가로막고 싶
어 합니다. '자신의 힘이 이겨 내지 못할 것은 알지 못한 채[不知其
不勝任也]', 이것을 '불자량력(不自量力)'이라고 하는데, 자기가 자
신은 단지 한 마리의 작은 사마귀에 불과하다는 것을 평가하지 못
한 것입니다. '자신의 재능을 자랑하는 것입니다[是其才之美者也]',
비록 이처럼 자신을 지나치게 평가하고 주제넘지만 그에게는 용기
가 있습니다. 그러므로 사람은 사마귀를 본받아야 합니다. 사실 사
마귀가 꼭 그런 용기가 있는 것은 아닙니다. 생물의 본능적인 반응
일지 모릅니다.
　　우리 역사상 이야기가 하나 있습니다. 월나라 왕 구천(句踐)은
오나라 왕 부차(夫差)를 공격했다가 실패한 뒤 돌아와 나라를 수복

하려고 생각했습니다. 십년 동안 인구를 번식시키고 물력(物力)을 모으며 십년 동안 교육 훈련시켰습니다. 이렇게 이십년 동안 고통을 겪었습니다. 월나라 왕이 한번은 밖에 나와 길에 한 마리 두꺼비가 있는 것을 보았습니다. 월나라 왕의 수레가 지나올 때 이 두꺼비는 화를 내고는 배를 아주 부풀리고 부풀려서 위풍이 대단했습니다. 월나라 왕 구천은 보고서 즉시 수레를 멈추고 내려 이 두꺼비에게 인사를 한 번 했습니다. 좌우에 있는 사람들이 다들 월나라 왕에게 물었습니다. 무슨 뜻으로 이렇게 하십니까? 월나라 왕이 말했습니다. 우리가 나라를 수복하려면 이 두꺼비의 영웅적인 기개를 본받아야 한다. 바로 그런 도리입니다. 당신은 이 사마귀가 동작이 우둔하다고 보아서는 안 됩니다. '자신의 재능을 자랑하는 [是其才之美者也]', 이런 용기는 그래도 보기 드문 겁니다.

이 이야기를 왜 여기에다가 끼워 넣었을까요? 위의 이 한 단락에서 거백옥은 안합에게 사람으로서의 처세를 일러주면서 어떻게 한 사장님을 보좌해야 할지 그 대원칙을 다 말했습니다. 그 다음에서는 일러주기를, 만약 이 방법대로 하지 않고 꼭 그 사람을 바로 잡으려고 생각한다면 그것은 사마귀가 팔로 수레를 막으려는 것과 같아서 최후에는 자기가 끝장나버린다고 합니다. 하지만 끝장난 것은 끝장난 것이고 역사상 이름을 남겼습니다.

옛날 송나라 때 황태후 한분이 계셨는데 선생님더러 태자를 가르쳐달라고 청했습니다. 어느 날 선생님이 이 태자를 좀 엄격하게 처벌했습니다. 그래서 태자가 학교를 가지 않으려고 했습니다. 송나라 왕조 때 이런 이학가 선생님들은 그 자신의 권위가 있었습니다. 즉시 태감더러 황태후에게 보고하라며, 태자더러 학교 수업에 나오도록 마땅히 청해야 한다고 했습니다! 태감은 태후를 보고자 했습니다. 태후의 전갈이 전해져 왔습니다. 우리집안의 아이, 태자이니까! 글공부를 잘하든 못하든 간에 어쨌든 황제가 되기로 돼 있다. 그가 황제가 되면 당신의 머리를 잘라버리려면 곧 잘라버리지 않겠는가! 이 선생님께서는 태감더러 황태후에게 가서 보고하라고 말했습니다. 내 의견이라고 당신은 말하십시오. 학문이 있어야 성현인 요순(堯舜)과 같은 그런 황제가 될 수 있습니다. 학문이 없다면 걸주(桀紂)와 같은 망국의 황제가 됩니다. 태후는 듣자마자 맞다! 하고는, 즉시 태자를 글공부 가라고 내보내며 선생님 말씀을 들어야한다고 했습니다. 자희(慈禧) 태후도 그런 일을 한 적이 있습니다. 그러므로 사마귀가 수레를 가로막는 이런 일이 있다고 말합니다. 그러나 이렇게 하는 식은 충신이나 열사만 될 수 있을 뿐입니다.

'그대는 자신을 경계하고 언행을 조심하십시오. 그런 사람은 자존심이 강해서 오만이 점점 쌓여가니 잘하는 점으로써 서서히 격려해주면서 가르치면 거의 될 것입니다[戒之, 愼之!, 積伐而美者以犯之, 幾矣]!', 거백옥은 말합니다. 그러므로 당신은 가면 조심하고 근신해야 합니다. 당신은 그를 서서히 교육하면서 바로잡아줄 수 있을 뿐입니다. 어떤 것을 '적벌(積伐)'이라고 할까요? 바로 자벌(自伐)입니다. 자기가 대단하다고 생각하고 자기가 공로가 있다고 자랑하는 것을 '자벌'이라고 합니다. 이런 사람은 자존심이 강합니다. 오만이 점점 누적되는 것이 바로 '적벌'입니다. '이미자이범지(而美者以犯之), 기의(幾矣)!', 당신은 서서히 그를 칭찬하고 많이많이 격려해야 합니다. 아, 이것은 좋습니다. 이 말은 옳게 말했습니다. 그는 모두 듣고서 말이 귀에 거슬리지 않습니다. 때로는 그에게 일러주어야 합니다. 이 점은 그리 좋지 않습니다. 다시 그것을 좀 고치면 당신은 성공합니다. '기의(幾矣)!', 이 점을 다시 잘하면 옳습니다. 그러므로 말합니다. 바른 사람으로서 처세하기가 얼마나 어렵습니까! 한 대신(大臣)이 되기는 더욱 어렵습니다!

호랑이 성질 말의 성질 사람의 성질

"그대는 호랑이를 기르는 사람을 아실 테지요? 호랑이에게 산 동물을 주지 않는 것은 그것을 죽이려고 성을 내기 때문입니다. 또한 통째로 주지 않는 것은 호랑이가 그것을 찢어발기려 성을 내기 때문입니다. 호랑이가 언제 배가 고프고 부르는지 그 때를 맞추고, 호랑이가 어쩌면 성을 내고 안내는지 그 마음을 잘 알아야 합니다. 호랑이가 사람과는 종류가 다르면서도 자기를 기르는 사람에게 고분 고분하는 것은 그 성질 흥미에 따라 기르기 때문이며, 호랑이가 그를 죽이는 경우는 자신에게 거슬리기 때문입니다."

汝不知夫養虎者乎？不敢以生物與之，爲其殺之之怒也；不敢以全物與之，爲其決之之怒也；時其飢飽，達其怒心。虎之與人異類而媚養己者，順也；故其殺者，逆也。

위 두 단락의 한번은 정면적이며 한번은 반면적인 이론의 뒤를 이어서, 거백옥은 또 그에게 심리양성의 일을 일러주고 있습니다. 그는 말합니다. 당신은 호랑이를 기른 사람을 본적 있습니까? 호랑이에게 소고기를 먹이려고 할 때 차라리 삶아서 먹도록 줄지언정 감히 그에게 생고기를 먹도록 주지 않습니다. 만약 닭 한 마리를 안으로 던져 놓으면 호랑이는 반드시 이 살아있는 생명을 죽여서야 비로소 먹습니다. '그것을 죽이려고 성을 내기 때문입니다[爲其

殺之之怒也]', 그렇게 하면 그의 살생의 습관을 기를 뿐만 아니라 때로는 그가 투쟁하는 습관도 기르게 될 것입니다. 또한 '통째로 주지 않는 것은[不敢以全物與之]', 차라리 먼저 그것을 썰어서 그의 입가에 주면 먹습니다. '호랑이가 그것을 찢어발기려 성을 내기 때문입니다[爲其決之之怒也]', 만약 그에게 통째로 주면 이빨로 씹어 물려고 하고 발톱으로 그것을 누릅니다. 때로는 씹히지 않아 성깔을 부려서 문제가 나타날 것입니다. 개성이 나쁜 사람은 바로 이 호랑이 같습니다. '호랑이가 언제 배가 고프고 부르는지 그 때를 맞추고, 호랑이가 어쩌면 성을 내고 안내는지 그 마음을 잘 알아야 합니다[時其飢飽, 達其怒心]', 이런 동물들을 기르는 건 번거롭습니다. 그가 언제 배가 고프고 언제 배가 부른지를 알아야 합니다. 어떻게 하면 화를 낼 수 있고 어떻게 해야 화를 내지 않을 수 있는지를 더더욱 알아야 합니다. 호랑이를 기를 때는 이런 문제들에 주의를 기울여야 합니다.

'호랑이가 사람과는 종류가 다르면서도 자기를 기르는 사람에게 고분 고분하는 것은 그 성질 흥미에 따라 기르기 때문이며, 호랑이가 그를 죽이는 경우는 자신에게 거슬리기 때문입니다[虎之與人異類而媚養己者, 順也 ; 故其殺者, 逆也]', 호랑이는 동물이며 동물의 성깔은 모두 나쁩니다. 성내는 마음도 큽니다. 이게 바로 동물로 변한 원인입니다. 호랑이는 사람과 같은 부류가 아닙니다. 그러나 자기를 길러주는 사람에게는 아주 잘하고 아주 고분고분 하는데, 그 까닭은 그에게 먹을 것을 주기 때문입니다! 뿐만 아니라 호랑이를 기르는 사람은 호랑이의 성질과 흥미에 따라서 기릅니다. 때로는 호랑이가 화를 내어서 자신을 기른 사람을 먹어버릴 수도 있습니다. 그 호랑이의 약점을 건드렸을 때는 길러주었든 그렇지 않았든 상관없이 여전히 먹어버립니다. 이것을 금수(禽獸)라고 합니다.

이 단락은 심리학을 연구하는 사람들에게 확대 연구해 보면 그 의미가 많습니다. 사실 장자는 겸손하게 얘기하고 있습니다. 호랑이와 사람은 부류가 다르다고 했지, 사람이 호랑이보다 낮다고 결코 말하지는 않았습니다. 사람 속에는 야수성[獸性]이 있습니다. 짐승 속에도 인성(人性)이 있습니다.

지난번 저 종교전시센타에서 한 학우가 물었습니다. 왜 밀교에서 빚은 불상들은 대부분 사람 모습 같지 않고 동물 모습을 닮았는가요? 우리 현교에서의 불상은 32상 80종호로 장엄하게 빚어서 아름답게 보이는 대로 빚습니다. 밀교의 불상은 사람 몸에 야수의 머리이거나 혹은 얼굴에다 손톱이 있는 경우도 있습니다. 그는 이게 무슨 도리이냐고 물었습니다. 저는 말했습니다. 이것은 간단합니다! 이것은 당신에게 인성 속에 야수성이 있으며, 야수성 속에도 인성이 있다고 말해주는 것인데, 도대체 인성이 선량한지 아니면 야수성이 선량한지 알 수 없습니다. 이 화두를 당신이 좀 참구해보세요!

당신은 사람 모습이라야 아름답다고 할 수 있다고 생각하지 말기 바랍니다. 다른 세계의 중생들이 우리들의 이런 모습을 보면 아주 꼴사납다고 생각할 것입니다. 다른 사람은 발이 네 개인데 우리들 사람은 발이 두 개일 뿐입니다. 다른 동물들은 둥글고 뒤에도 두 개의 눈이 있지만 우리 사람이란 동물은 납작하면서 앞에만 두 눈이 있을 뿐 뒤는 모두 볼 수 없습니다. 그러므로 사람이란 동물은 몹시 우둔합니다. 앞만 보지 전체의 면을 볼 수가 없습니다. 그러므로 밀교의 저 불상은 하나의 큰 화두이며 이면에 도리가 있다고 말합니다. 그 학우는 듣고서 마치 좀 문득 크게 깨달은 모습이었는데, 정말로 크게 깨달았는지 아니었는지는 저도 잘 모르겠습니다.

"말을 사랑하는 사람은 광주리로 그 똥을 받아내고, 큰 조개껍질로 그 오줌을 받아내기도 합니다. 그렇지만 어쩌다 말의 몸에 모기나 등에가 달라붙었기에, 사랑하는 마음에서 잡아주려고 파리채로 불시에 치면, 말은 뒷발로 그를 차고 재갈을 끊고서 짓밟아 그의 머리를 깨고 가슴을 부숴놓습니다. 동물이나 사람은 저마다 의식 내면에 지극히 고치기 어려운 습관기질이 있어서 사랑도 잃어질 수 있으니, 조심하지 않을 수 있겠습니까!"

夫愛馬者, 以筐盛矢, 以蜄盛溺。適有蚊虻僕緣, 而拊之不時, 則缺銜毀首碎胸。意有所至而愛有所亡, 可不愼邪！

'말을 사랑하는 사람은 광주리로 그 똥을 받아내고, 큰 조개껍질로 그 오줌을 받아내기도 합니다[夫愛馬者, 以筐盛矢, 以蜄盛溺]', 고대에 말 기르기를 좋아하는 사람들은 말이 꼬리를 치켜드는 것을 보면 그가 대변을 보려한다는 것을 알고서 즉시 말 뒤에다 광주리를 놓아 대변을 받았습니다. 말똥도 용도가 있습니다. 역시 약입니다! 연료로도 쓸 수 있습니다. 말이 오줌을 누려할 때는 해변의 그 조가비로써 그의 오줌을 받아냈습니다. 말 오줌도 약이며 역시 용도가 있습니다. 허! 보세요, 말을 위해서 목욕도 시켜주고 털도 깎아줍니다. 술도 먹여주고 콩도 먹여줍니다. 그에 대한 사랑은 정말 대단합니다. 자기 애인을 사랑하는 것보다 더 사랑합니다.

'그렇지만 어쩌다 말의 몸에 모기나 등에가 달라붙었기에, 사랑하는 마음에서 잡아주려고 파리채로 불시에 치면[適有蚊虻僕緣, 而拊之不時]', 사람들이 이렇게 말을 사랑하고 이렇게 그를 돌봐주면 말도 사람에게 잘합니다. 당신을 보고는 말이 얼굴을 당신 몸에 바짝 다가붙어 몇 번 문지릅니다. 사람은 말합니다. 보세요, 이 말이 얼마나 귀엽습니까! 이 녀석이 나를 몹시 사랑한답니다! 사람은 바로 남한테 속기를 좋아합니다. 말이 이렇게 두 번 뽀뽀하면 말하기를, 얼마나 귀엽습니까! 얼마나 좋습니까 라고 합니다. 결과적으로 모기나 등에가 날아와서 이 말을 물으니, 이 사람은 보고는 '이부지불시(而拊之不時)', 이 말을 사랑하기 때문에 파리채로 탁! 때렸는데, 말이 그에게 한번 탁! 맞고는 머리를 돌려 뒷발로 그를 한번 차서 죽여 버렸습니다. 말한테 알랑거리기를 말 뒷다리에다 한 겁니다. 왜냐하면 그가 때릴 때 잘못이었기 때문입니다. '말은 뒷발로 그를 차고 재갈을 끊고서 짓밟아 그의 머리를 깨고 가슴을 부숴놓습니다[則缺銜毀首碎胸]', 그런 뒤 말은 고삐도 물어 끊어버렸습니다. 말이 뒷발로 그렇게 한번 차버린 것이 그의 가슴팍을 차버려 그는 부상을 당했습니다. 운남백약(雲南白藥)을 먹어도 좋아지지 않았습니다.

'동물이나 사람은 저마다 의식 내면에 지극히 고치기 어려운 습관기질이 있어서 사랑도 잃어질 수 있으니, 조심하지 않을 수 있겠습니까[意有所至而愛有所亡, 可不慎邪]!', 이 두 마디 말에 주의해야 합니다. 사람됨의 도리입니다. 어떤 사람이든 각자 자유의 의지가 있습니다. 호랑이나 말이나 각종의 생물도 마찬가지입니다. 그의 그 습기(習氣)가 나타나면, 즉 제8식인 아뢰야식 습기의 뿌리가 발동해 일어나면 어떤 것도 되돌릴 수 없습니다. '의유소지(意有所至)', 심의(心意)가 그 어느 점에 집중되어 사람이 정신이 팔려있을 때 당신이 그에게 회두시안(回頭是岸: 불교에서 나온 말로서 진정으로 뉘우치면 저 언덕에 이른다는 뜻, 오류를 범한 사람이 뉘우치기만 하면 새로운 길로 나아갈 수 있음을 비유하여 말함. 뉘우치다. 깨닫다/역주)하기를 권하려고 하면 그는 말합니다. 언덕이 어디 있지요? 망망한 고통의 바다에서 어떻게 깨닫지요? 무슨 반야(般若)니 진여(眞如)니 다 소용없습니다. '의식 내면에 지극히 고치기 어려운 습관기질이 있어서 사랑도 잃어질 수 있다[意有所至, 愛有所亡]', 당신이 그를 사랑한다는 것을 잘 알면서도 때로는 그 자신의 필요 때문에 그 힘이 한 번 폭발하면 당신이 그를 사랑하고 뭐고를 잊어버립니다.

그러므로 부부 사이, 부모와 자식 사이, 형제와 친구 사이, 사람과 사람 사이는 서로 잘 지내기가 정말 어렵습니다. 사람과 말과 호랑이는 무슨 차이가 없습니다. 결국은 '의식 내면에 지극히 고치기 어려운 습관기질이 있어서 사랑도 잃어질 수 있습니다'. 우리 다시 봅시다. 역사상 대 간신, 예컨대 조조(曹操)나 진회(秦檜)나 또 청나라의 화신(和珅)이나 명주(明珠) 재상 등 가장 유명한 이런 인물들이 왜 대 간신이 되었을까요? 어떤 사람들은 황제 앞에서 한 번 권력을 잡아 내내 몇 십 년을 잡았습니다! 그 황제는 한사코 그를 떠나지 않았습니다. 왜냐하면 그는 '의식 내면에 지극히 고치기 어려운 습관기질이 있어서 사랑도 잃어질 수 있다'는 이것의 교묘함을 이해했기 때문입니다. 역사상 간신이 충신을 죽였는데, 정말로 간신이 죽이고자 했을까요? 모두 그 사장님이 충신을 죽이려고 한 것입니다. 악비(岳飛)를 죽이고자 한 사람은 꼭 진회인 것은 아니었습니다! 저 송나라 고종(高宗)은 참을 수 없었습니다. 단지 황제가 드러내놓고 말하기 거북했을 뿐입니다. 그런데 간신은 이미 황제의 '의유소지(意有所至)'임을 알았습니다. 그렇게 하고 싶으시니 나 진회가 당신에게 처리해주겠습니다. 그래서 황제는 갈수록 편안해졌습니다! 그는 정말로 다른 사람의 의도를 알았습니다.

간신이 되기는 어렵습니다! 물론 우리는 간신을 본받아서는 안 됩니다. 간신들은 남의 심리를 너무나 잘 압니다. 그러므로 대 간신이든 대 충신이든 역사상 명언이 하나 있는데, 그것은 바로 '췌마상의(揣摩上意)'입니다. 윗사람인 영도자의 뜻을 잘 연구해야 한다는 것입니다. '췌마(揣摩)'는 곧 연구한다는 뜻입니다. 윗사람은 말할 것도 없고 어떤 때는 학생들이 저의 뜻을 이해하지 못해 제가 꾸짖었습니다. 호랑이 성깔을 저도 일으킨 겁니다. 당신에게 다시 한 번 말해보세요 다시 한 번 말해보세요라고 한 것은 꼭 동의를 의미하는 것은 아닙니다. 어떤 때는 제가 좋아요 좋아요 하고 말하는데, 제가 한참 바쁘기 때문입니다. 그 좋아요 좋아요 하는 말은 대단히 동의하지 않는다는 의미인데도 그는 듣자마자 말하기를 선생님이 좋다고 약속했다라고 합니다. 그것은 제가 말[馬] 머리로 들이받은 것 아닙니까! 그 말 다리로 한 번 차버린 것 아니겠습니까! 그러므로 윗사람의 뜻을 헤아린다는 것이 얼마나 중요합니까!

윗사람의 의도를 헤아리는 것은 말할 것도 없고 두 부부, 또 친한 친구 둘 사이에도 정말로 상대의 뜻을 알기란 그야말로 쉽지 않습니다! 이것이 이른바 지기(知己)의 어려움[知己之難]입니다! 당신이 이 도리를 이해했다면 세상 속에 들어가 사람 노릇할 수 있습니다. 큰 사업을 할 수도 있습니다. 어떤 청년들은 불만을 품기를 자신의 뛰어난 재능이 얼마나 대단한데 운이 좋지 않아서 윗사람들이 나를 알아보지 못한다고 합니다. 윗사람이 당신을 알아보지 못하는 것이 아니라, 미안하지만, 당신이 윗사람을 알아보지 못하는 것입니다. 당신이 그 윗사람의 '의유소지(意有所至), 애유소망(愛有所亡)'을 알지 못하는 것입니다! 이 두 가지 일이 중점이요 가장 어려운 일이기도 합니다.

인간세 편은 장자의 밀교입니다! 당신에게 전해주는 것은 인도(人道) 면에서의 밀법(密法)입니다. 그러므로 그는 말합니다. '가불신야(可不慎邪)!', 당신은 근신해야 합니다. 세 단락 이야기들을 다 말했는데, 장자의 묘함은 바로 그가 이 말 한마디 툭 하고 저 말 한마디 툭 하는 것입니다. 선종은 뒷날 모두 장자의 그런 식을 배워서 한 단락 이야기는 이쪽에 놓아두고 한 단락은 저쪽에 놓아두고는 모두 결론을 짓지 않았습니다. 만약 그가 결론을 지었다면 가치가 없게 될 것입니다. 장자의 세 단락의 이야기를 말해왔는데 당신은 어떻게 보십니까? 마치 수정구가 하나 놓여있는 것과 같아, 사면팔방으로 볼 때 각도가 다르면 색깔도 달라지고 이해도 같지 않습니다. 이것이 바로 『장자』의 묘함입니다. 비록 세 단락이지만 단락마다 독립적이지 않고 연관된 것이니, 당신은 자세히 읽고 자세히 참구해보기 바랍니다. 안회로부터 시작해서 세 단락이 모두 서로 관련되어 있으면서, 한 층 한 층 전환이 다르고 매 단락마다 또 다른 단원의 이야기입니다. 그래서 『장자』는 천고의 절묘한 문장[妙文]입니다. 오늘날 젊은이들의 백화문도 모두 이 방법이지만 안타깝게도 장자의 문장은 아니어서, 위로는 노자(老子)에 미치지 못하고 아래로는 손자(孫子)에도 미치지 못합니다! 그것은 바로 제자백가 속 아자(兒子)이겠지요! 그래서 위로는 노자가 있고 중간에는 아자가 있고 아래로는 손자가 있어서 삼대가 다 있습니다.

제나라의 거목

장인 석(石)이 목재를 고르려고 제나라로 갔는데 곡원(曲轅) 땅에 이르러 토지신당 나무가 되어 있는 상수리나무를 보았다. 그 크기는 소들이 그 아래 서있다면 전체가 가려질 정도이고, 그 줄기 둘레는 백 뼘이나 되었다. 그 높이는 산을 대한 듯 칠십 척이나 되고, 나무 뒷면에 곁가지들이 나 있었는데 통나무배를 만들 수 있는 것이 수십 개나 되었다. 구경꾼들이 장터처럼 많았으나 장인 석은 거들떠보지도 않고 끝내 걸음을 멈추지 않았다.

匠石之齊, 至於曲轅, 見櫟社樹。其大蔽牛, 絜之百圍, 其高臨
山十仞而後有枝, 其可以爲舟者旁十數。觀者如市, 匠伯不顧,
遂行不輟。

'장석지제(匠石之齊)', 이 '석(石)'자에 대해서는 고대에 여러 가
지 해석들이 있었습니다. 하지만 이건 그리 중요하지 않습니다.
'장석(匠石)'은 어떤 사람 이름인데, 그는 기술자였습니다. '장(匠)'
은 기사(技師)이며, 이 기사의 이름이 '석(石)'씨였다고 말하는 사람
도 있습니다. 여러 가지 설이 있는데 상관하지 맙시다! 장자의 말
은 십중팔구는 우언(寓言)입니다. 어쨌든 그런 사람이 있었고, 기사
우두머리였습니다. 그는 제나라에 목재를 고르러 왔습니다. 그래서
곡원(曲轅)이란 지방에 이르렀습니다. 뒷날 어떤 사람이 고증해 보
니 곡원은 바로 공자의 고향인 곡부(曲阜)였다는데, 그런지 안 그
런지는 모르겠습니다.
　그는 한 그루의 나무를 보았는데 그 이름을 '력사수(櫟社樹)'라
고 했습니다. '사(社)'는 고대의 토지묘 같은 사당이었습니다. 오늘
날로 말하면 바로 충열사(忠烈祠)인데 우리나라의 사직(社稷)을 대
표하는 하나의 사당입니다. '력사수'는 이 신을 모신 사당속의 한
그루의 큰 나무입니다. 일본 사람들은 이런 나무를 신수(神樹) 또
는 신목(神木)이라고 부릅니다. 제가 일본에서 보니 그들은 중국의
상고문화를 보존하고 있었는데, 둥글둥글한 한 개의 돌덩이 위에
네 개의 구멍을 뚫은 사직단 앞의 신등(神燈) 따위들이 있었습니다.
　이 나무는 크기가 '폐우(蔽牛)'할 정도로 컸습니다. 여름에 더울
때 물소들이 그 나무 아래 한 번 서 있으면 소 전체가 다 가려졌습

니다. 또 사람들이 그 곁에 서 있으면 그늘져 서늘했습니다. 서로 손을 잡고서 한번 재어보니 나무줄기가 일백 뼘만큼이나 굵었습니다. 높이는 어땠을까요? '십인(十仞)'의 높이였습니다. 7척(尺)이 1인(仞)이니 곧 몇 길[丈] 높이입니다. 뒷면에 또 곁가지들이 흩어져 나와 있었는데, 그런 나무 가지의 밑 부분을 찍어 끊으면 독목주(獨木舟)를 하나 만들 수 있었습니다. 우리가 일본 교토에 갔을 때 어떤 곳에 신사(神社)가 하나 있었는데, 그 이름은 잊었습니다, 그 곳의 어떤 나무들은 바로 이런 모습이었으며, 이 신사에 와서 참배하는 사람들이 아주 많았습니다!

제자는 그 나무를 실컷 구경하고 나서 달려가 장인 석에게 물었다. "제가 도끼를 잡고 선생님을 따른 뒤로 재목이 이처럼 훌륭한 것을 본 적이 없습니다. 그런데 선생님은 거들떠보려 하지도 않고 걸음을 멈추지 않으시니 어째서입니까?"

弟子厭觀之, 走及匠石, 曰 : 自吾執斧斤以隨夫子, 夫嘗見材如此其美也。先生不肯視, 行不輟, 何邪 ?

게다가 나무를 사는 장석은 곡원에 이르러 그 큰 나무를 지나가면서 곁눈질조차도 한 번 안했습니다. 보기조차도 않고 지나가버렸습니다. '제자는 그 나무를 실컷 구경하고 나서 달려가 장인 석에게 물었다[弟子厭觀之, 走及匠石]', 하지만 선생님을 따르던 제자들은 그 나무를 보고 에워싸고는 거기서 실컷 보았습니다. '염관지(厭觀之)', 실컷 보고 충분히 보고는 고개를 돌려보니 선생님은 어땠을까요? 사부님은 보려고 멈추지 않았습니다. 가버려서 저 앞에 있었습니다. 제자들은 죽어라고 구보로 쫓아갔습니다. 사부님한테

까지 따라가서는 사부님께 말했습니다. '제가 도끼를 잡고 선생님을 따른 뒤로 재목이 이처럼 훌륭한 것을 본 적이 없습니다. 그런데 선생님은 거들떠보려 하지도 않고 걸음을 멈추지 않으시니 어째서입니까[自吾執斧斤以隨夫子, 夫嘗見材如此其美也, 生不肯視, 行不輟, 何邪?]', 제자가 말했습니다. 우리가 도끼를 잡고 당신에게 재주를 배운 이래로 그렇게 여러 해 동안 강호 각지를 두루 돌아다녔지만 저렇게 좋은 목재를 본적이 없습니다. 한그루의 큰 나무가 그렇게 예쁜데, 선생님, 당신은 나무 곁을 지나갈 때 한 번 보기조차도 않은 채 한 걸음도 멈추지 않고 오로지 앞으로만 걸어가시는 것은 무슨 이유입니까?

장인 석이 말했다. "그만 두어라. 그런 말 하지 말거라. 쓸모없는 나무다. 그것으로 배를 만들면 가라앉고, 널을 만들면 빨리 썩고, 그릇을 만들면 빨리 깨지고, 문을 만들면 수분을 많이 흡수하여 쉽게 마르지 않고, 기둥을 만들면 좀이 생긴다. 그것은 재목이 못되는 나무다. 쓸 만한 데가 없으니 그처럼 오래 산 것이다."

曰 : 己矣, 勿言之矣! 散木也。以爲舟則沉, 以爲棺槨則速腐, 以爲器則速毀, 以爲門戶則液構, 以爲柱則蠹。是不材之木也, 無所可用, 故能若是之壽。

그 사부님이 말합니다. 야! 너희들 멍청한 바보들은 모른다. '이의(己矣)', 그만둬라! 너희들은 시끄럽게 떠들지 마라. 이것은 '쓸모없는 나무다[散木也]', 이 나무로 배를 만들어 물에 놓으면 가라앉을 것이다. 이 나무로 널을 만들어 땅속에 묻으면 널이 빨리 썩어 버릴 것이다. 이 나무로 가구를 만들면 빨리 나빠진다. 이 나무로

문이나 창을 만들면 그 나무는 수분을 너무 많이 흡수하여 쉽게 마르지 않는다. 그리고 또 흰개미가 생겨서 빨리 나빠진다. 이 나무는 글쟁이와 마찬가지여서 아무짝에도 쓸데없는 서생처럼 쓸 곳이 없다. 그것은 '불재지목(不材之木)', 재목감이 못되어 쓸데가 없다. 그것이 쓸모가 없기 때문에 '고능약시지수(故能若是之壽)', 그렇게 많은 나이를 산 것이다. 이해하느냐? 장석은 학생들에게 수업을 한 번 했습니다. 학생들이 믿었는지 안 믿었는지는 모르겠습니다. 젊은 사람들은 경험이 없기 때문에 아무래도 들었기만 했을 것입니다.

나무신이 설법하다

장인 석이 집에 돌아와 저녁에 잠을 자는데 상수리나무가 꿈에 나타나 꾸짖어 말했다. "너는 무엇으로써 나를 비교하려는 것이냐? 나를 쓸모 있는 나무에다 비교하려는 것이냐?"

匠石歸, 櫟社見夢曰 : 女將惡乎比予哉? 若將比予於文木邪?

장인석이 밤에 잠을 잘 때 꿈을 하나 꾸었습니다. 꿈에 하얀 수염을 가진 영감님이 왔습니다. 그는 그렇게 말하지 않았습니다. 제가 거기다가 덧붙인 겁니다. 잘못 알지 말기 바랍니다! 그는 꿈에 사당 나무가 꾸짖어 말하는 것을 보았습니다. 너 이 녀석, 네가 뭔데 낮에 저 너의 학생들한테 그렇게 개 같은 소리를 했느냐? 너는 무엇을 가지고 나를 견주려고 하느냐? 그리고 나더러 무엇을 하라고 요구 하는 것이냐? 너는 나를 저 녹나무나 박달나무나 문목(文木) 같은 그런 최상등급 나무들에 견주려고 하느냐? 너는 잘못했다! 이 영감님 나무신이 그를 한바탕 훈계를 했습니다.

"저 아가위·배·귤·유자 같은 과일나무 무리들은 그 열매가 익으면 그 열매를 빼앗기고 욕(辱)을 당한다. 높이 자라지 않고 옆으로 자라도록 큰 가지는 꺾여 지고 너무 잎이 많지 않도록 작은 가지는 찢어져 맥이 빠진다. 이는 그 열매를 맺는 능력 때문에 그 삶이 고난을 당하는 것이다. 그러므로 천수를 다하지 못하고 중도에 요절하는 것은 스스로 세속사람들에게 타격을 받아 해를 입기 때문이다. 쓸모 있는 사물은 그와 같지 않은 것이 없다."

夫楂梨橘柚, 果蓏之屬, 實熟則剝, 則辱；大枝折, 小枝泄。此以其能苦其生者也。故不終其天年而中道夭, 自掊擊於世俗者也。物莫不若是。

그는 말합니다. 너는 저 과일나무인 귤나무나 배나무나 유자나무 등을 보아라. 이런 것들은 모두 나무 무리들인데 네가 보면 이런 과일나무들, 사과나무, 수밀도(水蜜桃)나무 이런 나무들은 얼마나 좋으냐! 꽃을 피우고 열매를 맺을 수 있다. 바로 그것들이 꽃을 피우고 열매를 맺기 때문에 그것이 키가 크게 자라도록 허락하지 않는다. 키가 크게 자라면 장래에 열매를 따기가 쉽지 않기 때문에, 조금 높이 자라면 가위질을 해서 옆으로 퍼져 자라게 하고 위로 향하여 자라지 못하도록 한다. 옆으로 자라면서 잎들이 좀 많아지면 마치 머리털이 있는 것처럼 또 그것을 빡빡 깎아 준다. 사람들은 이런 식물들에 대해서 얼마나 가혹하고 야박하느냐! 그는 말합니다. 이러한 과일나무가 쓸모 있고 꽃을 피우고 열매를 맺기 때문에 큰 가지는 꺾어 주고 작은 가지는 기가 빠져서 말라서 자기의 생명을 고통스럽게 한다.

이런 좋은 나무들은 오로지 열매를 나서 자라게 하여 사람들에게 먹게 하는데, 많이 자라고 좋을수록 고통스럽다. 그래서 몇 년 못살고 나무도 늙고 말라버린다. 마른 뒤에는 또 사람들한테 땔감으로 베어져 태워진다. '그러므로 천수를 다하지 못하고 중도에 요절하는 것은[故不終其天年而中道夭]', 나무의 본래 수명은 길지만 이런 나무들은 몇 년을 못살고 끝장난다. 단명해서 중도에 요절한다. '스스로 세속사람들에게 타격을 받아 해를 입기 때문이다[自掊擊於世俗者也]', 이는 모두 일반사람들에 의하여 해를 입기 때문이다. '쓸모 있는 사물은 그와 같지 않은 것이 없다[物莫不若是]', 쓸모 있는 모든 것들은 모두 쓸모 있기 때문에 죽는다. 당신이 재능이 있다면 바로 그 재능이 당신을 피곤해 죽을 지경으로 만들 수 있습니다. 그러므로 우리 여성 학우들은 부인이 되면 조금 게으른 게 아주 좋습니다! 바로 그런 도리입니다. 게으르지 않으면 가련합니다(대중들이 웃다).

"또 나는 내가 쓸모없기를 추구한 지 오래되었다. 중간에 사람에게 찍혀 거의 죽임을 당할 뻔도 했으나 지금에야 비로소 그것을 얻어 나의 큰 쓸모가 되었다. 만약 내가 저 과일나무들처럼 쓸모가 있었다면 이렇게 위대하게 자랄 수 있었겠느냐?"

且予求無所可用久矣, 幾死, 乃今得之。爲予大用。使予也而有用, 且得有此大也邪?

장석은 꿈속에서 그 나무신이 자신에게 이렇게 말했다고 합니다. 나는 도를 닦아 쓸모없는 경지에 도달했다. 나는 이 도를 이미 증과(證果)했다. 증과하여 도를 얻었는데, 도가 조금도 없는 경지이기도 하다. 닦아서 아무짝에도 쓸모없는 경지까지 도달했는데, 여러 해 동안 공부해서 비로소 성취하였다. 중간에 남이 거의 나를 베어버리고자 했지만 간신히 내가 쓸모없음을 보였기 때문에 베어지지 않았다. '지금에야 비로소 그것을 얻어[乃今得之]', 그래서 지금은 그 경지에 도달하였기에 사람들이 와서 향 피우고 절을 하는데, 날마다 와서 머리 조아리고 향을 올리는 사람들이 얼마나 많은지 모른다. '나의 큰 쓸모가 되었다[爲予大用]', 너는 내가 쓸모없다고 말했지? 흥! 이게 바로 이 몸의 큰 쓸모야[大用處]! 이 늙은이는 또 말합니다. '사여야이유용(使予也而有用)', 만약 나도 저 복숭아나무나 배나무처럼 그렇게 쓸모가 있었다면 '차득유차대야야(且得有此大也邪)?', 내가 그래도 이렇게 위대하게 자랄 수 있었겠느냐? 그래도 수천 년을 살았고 지금까지 살아있을 수 있었겠느냐?

　　"그리고 사람인 너와 나무인 나는 모두 천지간의 사물이다. 서로가 사물인바에야 어쩌겠느냐? 너는 곧 죽을 쓸모없는 사람으로 자기 자신도 알지 못하면서 또 어떻게 쓸모없는 나무를 알겠느냐!"

且也若與予也皆物也, 奈何哉其相物也？而幾死之散人, 又惡知散木！

　　그는 말합니다. 노형! 나와 그대 둘 중 그대는 자기가 대단하다고 보지 마라. 사람이라고 보지 말라. 사람이나 나무나 거의 차이가 없어 천지간의 사물일 뿐이다. 나도 천지간의 한 사물이고 너도 천지간의 한 사물이다. 우리 모두는 한 사물이다. 너는 오로지 나무만 보고 어째 너 자신은 좀 살펴보지 않느냐! 너는 내가 '산목(散木)'이라는 말을 하였는데, 거의 나의 비밀을 너의 제자들 면전에 드러냈다. 드러내 보였으면 비밀이 아니라 현교이다. 그럼 끝장이다. 너는 나를 '산목'이라고 꾸짖었는데 네가 바로 '산인(散人)'이다. 너는 곧 죽을 쓸모없는 사람에 불과하며, 나는 쓸모없는 나무이다. 너라는 쓸모없는 사람이 어떻게 나라는 쓸모없는 나무를 알수 있겠느냐? 장석이라는 녀석이 나무 신에게 꾸지람을 들은 뒤 그는 이 꿈도 깨었습니다.

장인 석이 놀라 깨어나 제자들을 불러 꿈 이야기를 하고 꿈 풀이를 했다.

匠石覺而診其夢。

하! 그는 꿈에서 깨어난 뒤 몹시 놀라 죽을 지경이어서 와서 해몽을 했습니다. 이는 우리 학우들이 꿈을 꾸고는 아침에 일어나 저한테 묻는 것이나 다름없습니다. 선생님, 엊저녁에 제가 꿈을 하나 꾸었습니다. 그런 다음 저에게 와서는 꿈 이야기를 합니다. 고통스러울까요 고통스럽지 않을까요! 저는 깨어있는 사람인데 다들 꿈 얘기 하는 것을 억지로 들어야하니 이게 얼마나 고통스러운 일입니까! 그렇지만 장석 선생님은 꿈에서 깨어나 제자를 오라고 불러 꿈 얘기를 하고 한 무리 제자들을 오라고 불러 회의를 열었습니다. 그는 말합니다. 어제 내가 말을 잘못해 그 신목의 신을 기분 나쁘게 해서 나무신이 나에게 꿈으로 나타났더라.

제자가 물었다. "쓸모없는 나무가 될 뜻이었다면 사당 나무가 된 것은 어째서일까요."

弟子曰 : 趣取無用, 則爲社何邪 ?

제자가 말합니다. 선생님, 이상합니다. 어제 당신은 말씀하지 않았습니까? 이것은 쓸모가 없는 나무라고요! 허! 이미 쓸모없는 나무인데도 그는 정(精)을 이룰 수 있고, 도를 수천 년 동안 닦아 요괴로 변할 수 있고, 또 한 나무 신으로 변해서 꿈으로 당신에게 나타날 수 있다니, 이것은 아주 이상합니다. 그것이 쓸모가 없을까요?

"그건 비밀이야, 너는 말하지 말거라. 그도 그저 내 꿈에 의탁하여 세상 사람들에게 기별을 전하라고 한 것이다. 자기를 알지 못한 자가 꾸짖는다고 생각한 것이지. 사당나무가 안 되었더라면 아마 베어졌을 것이다! 또한 그가 자신의 생명을 보전하는 방법이 일반인들과는 다르며 사람들은 그를 의롭다고 예찬하고 있으니, 이는 심오하고 원대하지 않느냐!"

曰 : 密 ! 若無言 ! 彼亦直寄焉 ! 以爲不知己者詬厲也。不爲社者, 且幾有翦乎 ! 且也彼其所保與衆異, 而以義譽之, 不亦遠乎 !

장석이 말합니다. 이건 비밀이다. 밀종이다 밀종, 얘기하지 마라, 얘기하지 마. 말소리를 좀 낮추어라. 가만 가만 가만히! 나무 신한테 들리지 않게 하라. 이 사부님은 하하! 크게 웃었습니다. 그가 말합니다. 내가 너에게 일러주마. '그도 그저 내 꿈에 의탁하여 세상 사람들에게 기별을 전하라고 한 것이다[彼亦直寄焉]!', 그가 이미 신이 된 바에야 왜 내게 꿈으로 나타났겠느냐! 나더러 기별 [口信]을 지니고 세상 사람들에게 전하라는 거야! 선전해주라는 거야. 나더러 텔레비전에서 방송 한 번 해주고 신문에 한 번 올려주라는 거야. 왜냐하면 그도 적막하고 지기가 없기 때문이다. '자기를 알지 못한 자가 꾸짖는다고 생각한 것이지[以爲不知己者詬厲也]', 비록 내가 그를 한바탕 꾸짖었지만 꾸짖는 것도 지기(知己)라야 꾸짖는 거야. 그가 꿈속에 나에게 이 한바탕 말을 하면서, 비록 내가 그를 이해하지 못한다고 느낀다 말했지만 실제로는 내가 그를 잘 이해한다는 것을 안 것이다. 그는 꾸짖기를 세상 사람들은 모두 멍청이로서 그를 이해하지 못하고 오직 나 한 사람만이 그를 이해한다고 했다. 그래서 나에게 꿈으로 나타나 내가 그를 대신해서 다시 한 번 설명하게 한 것이다. 너는 그 나무신이 와서 나더러 닭 한 마리 사서 그에게 절하라는 것으로 생각하느냐? 그런 뜻이 아니다.

'사당나무가 안 되었더라면 아마 베어졌을 것이다[不爲社者, 且幾有翦乎]!', 장석은 또 말합니다. 너희들은 조금 전에 잘 물었다. 이미 쓸모없는 나무인 바에도 왜 사당 뒤에 있으면서 사람들한테 절을 받겠느냐? 이것도 사당 나무가 수천 년을 산 도리이기도 하다. 너희들은 알아야한다. 쓸모 있는 나무는 그것을 베려고 하는 사람이 있다. 쓸모없는 나무는 사람들에게 더욱 빨리 베어진다. 쓸모없는 바에야 남겨두어 뭘 하겠느냐! 그러나 이 큰 나무가 사람들에게 베어지지 않았던 것은 무엇 때문이었을까? 그가 사당의 뒤에 있기 때문에 사람들이 말했다. 이 나무는 신이네! 좋은 신들이 바로 이 위에 있네! 아마 성황당 신도 이 위에 있을 거야! 건드려선 안 돼. 절만 할 수 있을 뿐이야. 그래서 보존 된 것이다.

　이런 도리를 너희들은 이해하느냐 못하느냐? 인생은 네가 쓸모가 있어도 재수가 없고, 쓸모가 없으면 더욱 재수가 없다. 쓸모가 있는 듯, 또 쓸모가 없는 듯이 해야 한다. 그래야 쓸모없음의 큰 쓸모다. 만약 나무토막 하나가 변기통이 된다면 얼마나 재수가 없느냐! 지금 이 쓸모없는 나무 한 토막을 보살로 조각하여 위에 모셔 놓고 우리가 하루 종일 그에게 절을 한다. 그러므로 이렇게 해야 좋다. 너는 이해하느냐 못하느냐? 그는 쓸모가 없어서 사당 신이 된 것이다. 만약 사당 신이 되지 않았다면 '불위사자(不爲社者), 차기유전호(且幾有翦乎)!', 그것이 절반 정도 자랐을 때 사람에게 베어져버렸을 것이다.

　'또한 그가 자신의 생명을 보전하는 방법이 일반인들과는 다르며 사람들은 그를 의롭다고 예찬하고 있으니, 이는 심오하고 원대하지 않느냐[且也彼其所保與衆異, 而以義譽之, 不亦遠乎]!', 그러므로 그가 자신의 수명을 보존하는 데는 자기 식 방법이 있었습니다. 이 사회에서 쓸모없는 사람이야말로 수명을 보존하고 살아갈 수 있습니다. 물론 쓸모없는 바에야 도 닦는 모습처럼 꾸며서 남이 한 번 보기에 도가 있는 선비이면 됩니다. 그런 다음 다시 말하기를 내가 당신에게 도를 전해주지요. 내가 말한 것을 당신은 이해 못합니다. 밀종입니다 라고 합니다. 그러면 그것으로 좋습니다. 남이 당신에게 밀종이 무엇이냐고 물으면 응! 티베트어, 티베트입니다 라고 합니다. 그렇지 않으면 말하기를 산스크리트어인데 당신은 이해하지 못합니다 라고 합니다. 혹은 말하기를 나는 압니다! 그것은 상고 시대의 범어입니다 라고 합니다. 어쨌든 이렇게 저렇게 말하면 되고 당신 자신을 보존할 수 있으며 영원히 전해갈 수도 있습니다.

그러므로 장자를 배우면 나쁘게 배울지도 모릅니다. 그러나 확실히 인생의 진정한 도리가 있습니다. '피기소보여중이(彼其所保與衆異)', 그가 자기를 보존하는 방법은 여러분들과는 다르며 세상 사람들과도 다릅니다. 그래서 그는 장수할 수 있으며 영원히 서있을 수 있습니다. '이이의예지(而以義譽之)', 그런 다음 당신은 또 그에게 만세·신·보살이라 외칠 수도 있으며 절도 하고자 합니다. '불역원호(不亦遠乎)!', 이 얼마나 심오하고 원대합니까! 이것은 밀종의 밀(密)입니다! 그는 말합니다. 너희들이 어떻게 이해하겠느냐! 이것은 장자가 말한 인생으로서 불가사의하다.

한비자가 말하는 이야기

장자는 여러 개의 이야기를 했는데, 모두 우리가 인간세상에서 생활하는 도리관념과 관계가 있습니다. 우리 중국의 제자백가에는 노자·장자·아자·손자가 있으며 그밖에 한비자(韓非子)가 있습니다. 한비자는 법가로서 정치를 얘기한 사람입니다. 어떤 책은 말하기를 그도 두 가지 이야기를 했다고 하는데, 장자의 이 도리와 마찬가지로서 영도자가 된 사람에 대하여 말한 것입니다. 한 이야기는 말합니다. 어떤 태자가 국제적으로 아주 어질다는 이름이 나 있었습니다. 이 태자가 열국(列國)을 주유(周遊)하고자 할 때 한 늙다리가 왔습니다. 낡은 솜저고리 한 벌을 입고 흰 우산을 하나 멨으며 외모가 보잘 것 없고 말은 대중들을 압도하지 못했습니다. 태자가 그에게 물었습니다. 늙은 선생님! 당신은 무슨 일로 저를 보러 오셨습니까? 늙은이가 말했습니다. 내가 당신에게 일러주리다. 당

신은 먼저 국제적으로 명성을 배양하면, 당신이 정권을 잡은 뒤에
는 다들 당신이 태자로 있을 때 명망이 높았다고 알 것입니다. 군
왕이 되거든 외교나 정치가 모두 다 성공할 것입니다 그러므로 당
신은 내가 도와주기를 바라지 않으면 안 됩니다. 그 태자는 듣자마
자 그에게 무슨 수완이 있는지를 물었습니다. 그는 말했습니다. 나
는 하찮은 능력도 없는 사람이요. 그저 이런 모습이요. 말하는 것
도 이렇게 쩍쩍쩍거리오.

태자가 물었습니다. 그럼 제가 당신을 선생님으로 모시면 무슨
좋은 점이 있습니까? 늙은이는 말했습니다. 여러 나라를 두루 돌아
다니는데 당신이 나를 데리고 가시오. 어떤 나라에 갔을 때, 예컨
대 미국 대통령 레이건이나 쓔건[樹根]이 나와서 당신을 맞이할 때
당신은 나를 앞에 서게 하여 그들이 먼저 나를 향해서 인사하도록
해야 합니다. 정부 주최 국빈연회 때는 당신은 말하기를, 자기는
중요하지 않다며 저의 선생님을 윗자리에 앉도록 해 주십시오 라
고 말해야 합니다. 당신은 가는 곳마다 나를 받들어야 합니다. 나
는 어떻게 할까요? 그저 먹을 줄만 알고 잠잘 줄만 압니다. 내게
남이 무엇을 물으면 아는 게 아무것도 없습니다. 다들 말할 것입니
다. 이 태자는 이미 국제적으로 유명한 사람이면서도 선생님에게
공경하니, 이것은 태자가 현인을 존중하고 아랫사람을 예우하는
것이며, 또 겸허하고 스승을 존중하고 도를 중시하니 장래에 틀림
없이 대단할 것이다. 뿐만 아니라 그의 선생님이 이런 모습인데 틀
림없이 밀종이다. 장래에 얼마나 큰 법보가 있을지 모르겠다. 그가
손 한번 들면 세계의 핵무기가 모조리 작동하지 않을지도 모른다.
당신은 이러면 명성을 이룬 것 아닙니까? 이 태자는 듣고 말했습니
다. '왈(曰), 선(善)', 맞소. 그대로 하겠습니다. 뒷날 이 태자는 성
공했습니다.

한비자 속에는 이야기가 많습니다! 모두 정치의 최고 예술입니다. 두 번째 이야기는 말합니다. 큰 뱀 한 마리가 거리를 건너가려고 했습니다. 큰 비가 지나간 뒤에 큰 이무기 한 마리가 신의로(信義路: 대북시 거리 이름/역주)를 건너 맞은편으로 가고자 했습니다. 작은 살모사 한 마리가 역시 거리 맞은편으로 건너가려고 했습니다. 큰 뱀이 말했습니다. 동생 좀 천천히 가게나. 민주시대이니 회의를 해서 한번 상의를 하세. 자네가 그처럼 한가하게 건너가다가는 백성들에게 두들겨 맞아 죽을지 모르고, 나 또한 이렇게 한가하게 건너가다는 백성들에게 두들겨 맞아 죽을 것이네. 우리들을 맞아죽지 않도록 보존하고 백성들로 하여금 대북시에 우리들을 위해서 용왕사당[龍王廟]을 하나 지어 민권동로(民權東路)의 은주궁(恩主宮)과 한번 비교해보도록 하기 위해서는 우리가 어깨를 으쓱거리며 걸어가도록 하자구. 이렇게 하면 백성들은 또 향 탁자를 벌려놓고 무릎 꿇고 우리들에게 절을 할 것이야. 자네 그렇게 하려는가 안 하려는가? 이 작은 뱀이 말했습니다. 이렇게 안전한 좋은 점이 있다는데 저는 당신을 따를게요! 큰 이무기가 말했습니다. 아주 간단하다네. 자네가 내 머리 위로 기어 올라가게. 꼬리를 내 머리꼭대기에 틀어 앉혀서 이렇게 고개를 쳐들게. 나는 몸을 절반을 일으켜 복청(復靑) 빌딩보다 좀 더 높게 하고서는 천천히 길을 이렇게 한가하게 건너가겠네. 백성들은 보고는 말할 것이네. 아아, 용왕이 나타났다. 큰일 났다. 절해야 한다! 은주궁으로 보내는 것은 약소하니까 원산(圓山)으로 보내서 큰 용왕사당을 하나 지어야겠다. 그런 다음 우리를 그 안에 들어가 살도록 보내주고는 초하룻날과 보름에는 닭이야 오리야 향이야 촛불이야 과일이야 모두 가지고 와 우리들에게 공양하고 절 올릴 것이네.

그러므로 여러분이 대단한 사람이 되고자 한다면 작은 뱀 한 마리를 머리에 이야 합니다. 여러분은 큰 뱀이고 지금 저는 저 작은 뱀입니다. 여러분들은 비록 저를 선생님이라고 부르지만 사실은 제가 저 작은 뱀입니다. 이 이야기는 장자가 말하는 사당신인 상수리나무[櫟社樹]와 같은 도리입니다. 어떤 사람은 말하기를 중국의 고서인 제자백가는 배워서는 안 된다. 나쁜 짓을 배울 수 있다고 합니다. 우리가 어렸을 때 노년 선배들은 제자백가를 읽도록 허락하지 않았습니다. 『삼국연의』조차도 읽는 것을 허락하지 않았습니다. 나쁜 짓을 배울까 두려웠기 때문입니다. 그러나 능력을 발휘할 여지가 있는 인생을 소유하고 대사업을 하고 싶다면 이런 도리들을 다 알아야 합니다. 대 정치가·대 외교관·대 원수·대 교육자가 되고 싶다면, 심지어 큰스님이 되고 싶다면, 어쨌든 사업을 성취하고 싶다면 군사·정치·사회·경제 더 나아가 교육이든 이런 도리들을 다 알아야 합니다. 큰스님은 바로 이 한그루의 나무로서 남에게 꿈으로 나타나 줄 수 있어야 잘 할 수 있습니다. 이것은 진짜입니다! 인간세의 도리이기도 합니다!

우리는 아직 인간세 편을 연구하고 있으며 아직 인간세상의 범위를 뛰어넘지 않았습니다. 장자의 관점에서 바로 어떻게 처세하고 사람이 되어야 하는지를 우리들에게 일러주고 있는 것입니다. 노자의 처세와 사람됨의 방법은 바로 '곡즉전(曲則全)'이라는 세 글자입니다. 오늘날 관념으로는 사람됨과 처세의 일종의 예술이라고도 말할 수 있습니다. 지난번에는 한 그루 나무의 이야기를 했는데, 이 나무는 바로 사단(社壇)·신묘(神廟) 속의 잡목이었습니다. 대만 이곳의 용수(榕樹: 뱅골보리수/역주)나 다름없습니다. 용수는 얼마 큰 용도는 없지만 사람들이 더위를 피하여 서늘한 바람을 쐴 수 있게 해주고 더 나아가 사당 앞의 표지가 될 수 있습니다. 이제 이어서 같은 종류의 이야기가 하나 있습니다.

기재(奇才)와 뛰어난 재능

남백자기(南伯子綦)가 상구(商丘)에서 한가하게 거닐 때 거목을 보았는데 특이했다. 사두마차 천 대를 매어 두어도 그 그늘에 덮여 가려질 정도였다.

南伯子綦遊乎商之丘, 見大木焉有異, 結駟千乘, 隱將芘其所藾。

상구(商丘)는 지명입니다. 그는 말합니다. '남백자기(南伯子綦)'는, 바로 앞서 제물론에서 말한 그 남곽자기(南郭子綦)입니다. 그가 큰 나무 한 그루를 보았는데 이 나무는 어느 정도 컸을까요? 일반 나무와는 달랐습니다. '결사(結駟)', 옛사람이 말하는 '사(駟)'는 네 필의 말이 나란히 한 대의 마차를 끄는 것인데, 이것을 일승(一乘)이라고 합니다. 천승(千乘)이란 일천 대의 마차를 묘사한 것으로 모두 사천 필의 말이 이 나무 아래 서있더라도 나무 그늘이 그것들을 다 가려버렸습니다. 이 나무 그늘은 얼마나 컸을까요? 우리가 다 알듯이 어떤 식물이나 어떤 나무가 나뭇잎이 어떤 곳으로 자라느냐에 따라 땅속의 뿌리도 그곳으로 뻗어나갑니다. 나무뿌리가 얼마나 큰가에 따라 나뭇가지도 그만큼 크게 흩어져 있음을 봅니다.

자기가 말했다. "이것이 무슨 나무일까? 이는 틀림없이 특이한 재목이 되리라!"

子綦曰 : 此何木也哉? 此必有異材夫 !

지금 남곽자기는 이렇게 큰 나무를 보고서 묻습니다. 이 나무는 무슨 나무일까? 우리에게 유행했던 한마디 말이 네 글자로서 '기재 이능(奇才異能)'이었습니다. 하지만 지금은 별로 사용하지 않습니다. 어떤 사람에게 특별한 면이 있다고 하는 말이 바로 기재이능지 사(奇才異能之士)입니다. 이 말도 장자의 이 '이재(異材)'라는 말로부터 발전된 것입니다. 즉, 특수한 일종의 재료입니다.

그리고 고개를 들어 그 가는 가지들을 살펴보니 구불구불하여 마룻대나 대들보를 만들 수 없고,

仰而視其細枝, 則拳曲而不可以爲棟梁。

이 나무는 고개를 쳐들어서 그것을 보니 그 작은 가지 줄기들이 구불구불했습니다. 나무는 비록 그렇게 크지만 마룻대와 대들보 감이 될 수는 없었습니다. 고대에 집 건축은 오늘날처럼 철근과 콘크리트를 쓰지 않고 온통 나무를 이용했습니다. 고대에 큰 건물을 짓거나 제왕의 궁전을 지을 때는 마룻대나 대들보용 나무를 선택하는 것은 대단히 어려웠습니다. 궁정에서 건축을 하려할 때는 그때마다 바로 백성들에게는 대 재난이었습니다. 왜냐하면 큰 나무는 깊은 산에 들어가 특별히 찾아보고, 찾아내면 베어서 수도가 장안에 있으면 나무를 장안으로 운반하고, 수도가 북경에 있다면 북경까지 운송을 해야 했기 때문입니다. 이것은 대단히 고통스런 일이었습니다.

많은 좋은 나무들이 서강(西康)과 건창(建昌)에 있었습니다. 우리

중국인에게는 방언이 하나 있습니다. '소불입광(少不入廣), 로불입촉(老不入蜀)', 젊어서는 광동지역에 가지 않는다. 그 속에 담긴 의미는 광동의 기풍은 비교적 개방적이며 풍류적이기 때문에 젊은이들이 광동지역에 들어가면 놀이에 빠져 돌아가는 것을 잊어버린다는 겁니다. '로불입촉', 늙어서는 촉 땅에 들어가지 않는다. 왜냐하면 촉도(蜀道)는 험난하기 때문입니다. 그러므로 나이가 많아지면 사천(四川)으로 가지 않습니다. 하지만 나이가 많아서 사천에 가면 좋은 점이 하나 있는데, 좋은 널이 있다는 것입니다. 왜 그럴까요? 사천이나 서강 그 일대는 일부 나무들이 침목(沈木)이기 때문입니다. 오늘날 우리가 말하는 침향목(沈香木)인데 어떤 나무들은 향기가 나고 어떤 나무들은 향기가 나지 않습니다. 한 그루의 침향목을 베어서 장강의 그렇게 많은 물에 이런 나무가 물속에 이르면 곧 가라앉았습니다. 그렇지만 고대의 제왕들이 좋은 궁전을 짓고자 한다면 반드시 이런 나무를 써야만 했습니다. 나무 한 그루를 베어서 여러 개의 성을 거쳐서 수만 리의 길을 운반했습니다. 경성에 도착하면 제왕의 건축 향수(享受)를 위하여 얼마나 많은 사람이 죽어야 했는지 모릅니다. 경제상의 손실은 더더욱 말할 필요가 없습니다. 우리 고대의 건축들은 모두 나무를 썼기 때문에 나무를 그렇게 중시했습니다. 지금 남백자기는 이 큰 나무를 보고서 고개를 쳐들어 보니 나뭇가지들이 구불구불했습니다. 나무 가지 줄기가 곧지 않아서 마룻대나 대들보 재목감이 될 수 없었습니다.

고개를 숙여 그 큰 뿌리를 살펴보니 속이 갈라져 널을 만들 수도 없었다.

俯而視其大根, 則軸解而不可以爲棺槨。

다시 그 뿌리 부분을 보니 만약 그것을 톱으로 베어 널 재료 판자로 사용하더라도 쓸모가 없었습니다. 잡목으로 만든 널은 썩기 쉽고 벌레가 생기기 쉽습니다. 뿐만 아니라 고대의 좋은 널 재료 판자는 통 판자였습니다. 두 개의 판자를 한데 합쳐서는 안 되었습니다. 틈새가 있다면 시체가 곧 썩습니다. 그래서 그것은 널 재료로 쓸 수가 없었습니다.

그 잎을 핥으면 입이 문드러지고 혀에 상처가 났다. 그 냄새를 맡으면 몹시 취해서 토하기를 사흘이 지나도 멈추지 않았다.

咶其葉, 則口爛而爲傷 ; 嗅之, 則使人狂醒, 三日而不已。

이 나무의 잎을 가져다 혀로 한번 핥으면 입이 문드러지고 혀가 상처를 입을 수 있었습니다. 그 냄새를 맡으면 마치 사람이 술에 취한 듯이 토했는데 3일 동안 내내 다 토하지 못했습니다. 이 큰 나무는 이런 목재였습니다. 크기는 몹시 크지만 쓸모가 조금도 없었습니다. 이런 나무는 비록 갖가지 점이 모두 좋지 않았지만 그것은 큰 좋은 점이 하나 있었는데, 가려서 그늘을 만들어 줄 수 있다는 것이었습니다. '결사천승(結駟千乘)', 오늘날로 말하면 위에 덮개가 있는 주차장 같아서 수천 대의 자동차를 이 나무 아래 주차시킬 수 있었습니다. 그 나무에는 이렇게 큰 좋은 점이 있었습니다. 그러므로 특이한 재목이었습니다.

자기는 말했다. "이는 과연 쓸모없는 나무다. 그러기에 이토록 클 수가 있었다. 아! 신인(神人)이란 이렇듯 쓸모없음을 쓰는구나."

子綦曰 : 此果不材之木也, 以至於此其大也。嗟乎, 神人以此不材 !

남곽자기는 말합니다. 재목감이 되지 못하는 이 큰 나무는 이름 붙일 길이 없다. 이것을 기재이능(奇才異能)이라고 부른다. 왜냐하면 그것은 특수해서 타고날 때부터 특수했기 때문에 그렇게 많은 사람들을 돌볼 수 있었다. 하지만 그 자체에 무슨 장점이 있느냐고 물어보면 장점이 하나도 없고 쓸모가 조금도 없다. 그래서 이 나무는 그렇게 크게 클 수가 있었다. '차후(嗟乎)', 아! 하고 탄식하는 것입니다. '신인이란 이렇듯 쓸모없음을 쓰는구나[神人以此不材]', 하늘이 이 나무를 낳았으나 이 나무의 목재는 아무짝에도 쓸 데가 없다. 그러나 또 쓸모가 크게 있구나.

이 이야기를 겉으로 보면 위에 나온 이야기와 마찬가지입니다. 위에 나온 이야기에서 한 그루의 큰 나무가 목재로 쓸모가 없었습니다. 그래서 결과적으로 신목이 될 수 있었습니다. 이제 이 큰 나무도 쓸모가 없습니다. 그러나 햇빛을 가릴 수 있고 천하 사람들을 다 가려 덮어줄 수 있었습니다. 다들 그 아래에서 서늘하게 바람을 쏘일 수 있어서 모두가 그 좋은 점을 얻었습니다. 이것은 무슨 나무일까요? 세상에서 가장 위대한 나무도 그렇고, 가장 쓸모없는 나무도 그렇습니다. 이런 나무는 사람으로 말하면 어떤 사람일까요? 바로 고가과인(孤家寡人)입니다. 황제가 된 사람입니다. 황제가 된 사람은 아무짝에도 쓸모가 없습니다. 당신이 그더러 벽돌을 운반하여 집을 지어라 해도 안 되고 어떤 일을 하라 해도 안 됩니다. 그에게는 오직 한 가지 재간이 있는데, 다들 모두 그 아래에 피하여 서늘하게 바람을 쏠 수 있다는 것이며, 그 자신은 비록 쓸모가 없더라도 그는 또 그렇게 큰 용도가 있다는 것입니다.

이 이야기를 쓸모없는 한 나무로 보아서는 안 됩니다. 그 나무는 큰 쓸모가 있습니다. 그의 큰 쓸모가 있기 때문에 그것이 재능 있는 자가 되지 못하고 비로소 전문적인 재능을 가진 자가 된 것입니다. 예를 들어 역사상 가장 유명한 한(漢)나라 고조 유방(劉邦)은 정말 그런 나무였습니다. 그에게는 형제가 셋 있었는데 그는 막내로서 술을 마시거나 아니면 건들거렸습니다. 그에게는 오직 한 가지 재간이 있었는데, 황제 노릇할 줄 알았다는 것입니다. 뿐만 아니라 황제 노릇도 잘했습니다. 오늘날 청년들 중에 영수(領袖)가 되고 싶어 하는 사람들이 많은데, 당신은 자신이 이 나무처럼 할 수 있는지 할 수 없는지를 살펴보세요. 만약 총명하면서도[精明] 일솜씨도 있어서[能幹] 심지어 새끼손가락조차도 총명함으로 가득 차 있다면 당신은 이 나무가 될 생각을 하지 말기 바랍니다. 그것은 단지 학자나 전기 기사가 될 수 있을 뿐입니다! 그렇지 않으면 박사가 된 뒤에 대단하다고 할 수 있습니다. 하지만 이 나무처럼 '기재이능'의 목재가 되고 싶다면 특별히 달라야 합니다.

이제 두 번째 층의 도리로서 그는 이 나무가 무슨 용도가 있는지를 말하지 않았습니다. 그렇지만 당신은 한번 척 보면 압니다. 그는 주제를 가리켜 보여주고 있습니다. 제목을 먼저 당신에게 일러주고 있습니다. 그 나무는 '결사천승(結駟千乘)', 사두마차 천 대를 매어둘 수 있다는 것입니다. '천승'의 나라는 천자(天子)의 나라입니다. 그러므로 말하기를 그 귀하기로는 천자가 된 사람이라야 이런 재능이 있으며, 이 제목의 눈이 바로 이 부분에 찍혀 있다고 합니다. 다음에서 하나의 도리를 설명합니다.

좋은 것이 바로 좋지 않은 것이다

송나라에 형씨(荊氏)라는 사람이 있는데 그의 땅에 개오동나무·잣나무·뽕나무가 잘 자랐다. 나무들이 자라 그 줄기가 두 손으로 에워싼 굵기 이상 되는 것은 원숭이 사냥 덫 발판용 재목을 구하는 사람이 베고, 좀 더 자라 서너 뼘이 되는 것은 명성 높은 사람 집의 아름다운 대문용 목재를 구하는 사람이 벤다.

宋有荊氏者, 宜楸柏桑。其拱把而上者, 求狙猴之杙者斬之;三圍四圍, 求高名之麗者斬之;

　송나라라는 곳에 성이 형씨(荊氏)라는 사람이 있었는데 그의 집에는 좋은 땅이 하나 있었습니다. 오늘날로 말하면 대단히 경제적인 가치가 있었습니다. 그들이 심은 나무는 모두 유용한 목재로서, 개오동나무·잣나무·뽕나무 같은 것들이었습니다. 이런 목재들은 아주 유용했기 때문에 '기공파이상자(其拱把而上者)', 나무 줄기가 두 손을 합한 정도의 굵기로 딱 자라면 베어졌습니다. 왜 그랬을까요? '구저후지익자참지(求狙猴之杙者斬之)', 원숭이를 잡는 틀 발판, 즉 '익(杙)'을 만드는 데 썼기 때문입니다. 고대에는 사냥을 하는 데 발판을 하나 썼습니다. 찰가닥 하면 원숭이를 붙잡아 놓았습니다. 그래서 이런 목재가 매우 유용했습니다.

　좀 더 자라서 서너 뼘 정도 굵기가 되어도 쓸모가 있어서 베어지곤 했습니다. 전해온 바에 의하면 우리들의 손을 이렇게 한번 비비면 1위(一圍)라고 하는데 '사위(四圍)'는 바로 사차(四搓)입니다. 절대 주의하십시오. 우리가 고서를 보면 관공은 허리 크기가 8위(八

圍)였다고 말하는데 만약 두 팔로 안아 이렇게 에워싸는 것이라고 한다면 이 방 공간은 아마 그런 사람이 서너 사람 앉으면 가득 찰 겁니다. 그러므로 그가 허리통이 굵어서 우리들의 허리보다도 훨씬 굵었다는 말일 뿐입니다. '명성 높은 사람 집의 아름다운 대문용 목재를 구하는 사람이 벤다[求高名之麗者斬之]', 명성이 높은 사람, 부자가 된 사람이 큰 집을 지으려고 할 때 옛날에는 몇 십 층짜리 높은 건물은 없었고 몇 개의 들어가는 뜨락이 있는 것을 지었을 뿐입니다. 한 뜨락 한 뜨락 들어가는 깊은 집 안 마당은 특별히 예쁜 나무로 대문을 만들었습니다. 세 뼘이나 네 뼘 굵기의 나무줄기의 목재는 쓰기에 꼭 알맞았습니다.

일고여덟 뼘이 되는 것은 왕·제후·높은 벼슬아치 등 귀인이나 거부(巨富)의 집안의 널판 한 쪽으로 쓸 재목을 찾는 사람이 벤다. 그러므로 천수를 다하지 못하고 중도에 도끼에 잘려 요절하는데, 이것이 쓸모 있는 나무의 재난이다.

七圍八圍, 貴人富商之家求禪(欂)傍者斬之。故未終其天年, 而中道之夭於斧斤, 此材之患也。

무엇을 '전방(欂傍)'이라고 할까요? 당신은 장자 시대에 이미 선(禪)이 있었다고 말하지 말기 바랍니다. 아직 없었습니다. 고대의 '전방'은 바로 널 한쪽의 목재입니다. 이른바 왕이나 제후 높은 벼슬아치 등의 귀인들이 선택하는 좋은 널 목재였습니다. 일곱 뼘 여덟 뼘 굵기의 나무가 가장 적합한 것이었습니다. 그래서 그것을 베었습니다. 이런 목재는 이름 있고 권세 있는 집의 큰 저택[名門大宅]의 편액(扁額)을 만들 수도 있었습니다.

'그러므로 천수를 다하지 못하고 중도에 도끼에 잘려 요절하는데, 이것이 쓸모 있는 나무의 재난이다[故未終其天年, 而中道夭於斧斤, 此材之患也]', 우리 중국문화의 오행(五行)의 입장에서 말하면 동방은 목(木)에 속하고 서방은 금(金)에 속합니다. 목(木)은 생생불이(生生不已)를 대표합니다. 초목의 수명은 길며 그리 쉽게 죽지 않습니다. 설사 베어버리더라도 다시 연속해서 자랄 수 있습니다. 그러나 어떤 나무들은 너무 쓸모가 있기 때문에 원래는 오래 살아야 할 것인데 결국은 '미종기천년(未終其天年)', 조금만 높이 자라기만 하면 곧 베어져버리곤 합니다. 그래서 생명이 절반만 살아갈 뿐입니다. 어떤 때는 그 절반조차도 못 살고 도끼에 베어져 단명이 돼버립니다. 좋은 인재도 이렇습니다.

장자의 이 도리에는 그 속에 두 가지 층의 의미가 있습니다. 앞에서의 이야기는 쓸모없는 큰 나무가 오히려 천하에 가장 유용하다는 것을 말했습니다. 그것은 한 영수의 재능을 대표했습니다. 진정으로 한 영도자가 됨에는 실제로는 아무런 재간도 없어서 할 줄 아는 것이 절대 없습니다. 그러나 영수의 장점은 일체를 포용할 수 있는 것입니다. 포용할 수 없다면 역시 안 됩니다. 그것은 고약한 냄새가나는 나무로서 오직 어떤 사당 앞에서 보살님의 보호에 의지해야 비로소 오래 살수가 있습니다. 앞에서 우리가 얘기한 큰 뱀과 작은 뱀 이야기가 바로 이 의미를 대표합니다.

남백자기가 본 이 나무는 보살님에게도 의지하지 않고 신에게도 의지하지 않았습니다. 왜냐하면 그것은 일체를 포용하고 천하 사람들을 감쌀 수 있었기 때문입니다. 우리 사람도 마찬가지입니다. 재능이 있는 사람은 그 재능을 쓰다가 피곤해서 일찍 죽습니다. 쓸모없는 사람은 어떨까요? 살아갑니다. 오래 삽니다. 예컨대 역사상 유명한 소동파는 당연히 이 두 가지 종류의 나무 중에 하나였습니다. 사실은 그 속에 왕안석도 포함되었습니다. 비록 그 두 사람은 서로가 반대했고 마지막에는 소동파가 재수가 없었지만 그들은 모두 쓸모 있는 나무였습니다. 그래서 소동파는 나이가 많아졌을 때 묘한 시를 한 수 썼습니다. 사람들에게 쓸모 있는 사람으로 변하지 말라고 바랐습니다. 그의 반대의 논조이기도 한데 그는 말합니다.

사람마다 다 총명함이 좋다고 말하지만 人人都說聰明好
나는 총명 때문에 일생이 잘못되었네 我被聰明誤一生
오직 바라노니 태어난 아이 어리석고 둔해서 但願生兒愚且魯
재난 없이 공경벼슬에 이르기를 無災無難到公卿

　세상에서 사람마다 총명을 좋아하는데 그 자신의 일생은 총명 때문에 잘못되었다는 겁니다. 그는 말합니다. 바라오니 보살님 보우해 주십시오. 어리석은 아이를 낳되 그 어리석음이 극치에 이르고, 일평생 어리석으며 그저 왕에만 봉해지고 제1류 공명부귀를 이룰 수 있게 하소서. 이 한 수의 시는 인생에 대한 소동파의 탄식입니다.

　그러므로 사람의 일생이 총명하고 능력이 있다면 바로 장자가 말한 '천수를 다하지 못하고 중도에 도끼에 잘려 요절한다[未終其天年而中道夭]'입니다. 소동파의 만년의 확철대오는 그가 옳다고 보입니까? 저는 뒷날 이 시를 읽고서 웃었습니다. 왜냐 하면 소동파는 또 총명 때문에 잘못됐기 때문입니다. 맞습니까 안 맞습니까? 천하에서 자기 뜻대로 되기만을 바라는 계산을 자기가 다 해보았습니다. 태어난 아들이 어리석으면서 멍청하지만 운이 좋아서 '무재무난도공경(無災無難到公卿)', 장관이나 상장(上將: 중장보다는 높고 대장보다는 낮은 계급/역주)까지 올라가니 얼마나 대단합니까! 그가 자기 뜻대로 되기만을 바란 것 아닙니까? 이런 생각이 또 총명 때문에 잘못되었습니다. 우리는 소동파의 이야기와 그의 일생의 운명을 통해서 세상에서 재능이 많은 사람은 모두 자기가 자기의 생명을 못 쓰게 만든다는 것을 설명하고 있습니다. 어떤 사람이든 능력이 좋으면 좋을수록 재능이 많으면 많을수록 자기 스스로가 빨리 죽기를 추구하고 있는 것입니다. 장자는 다음에서 한 결론을 내립니다.

상서롭지 못함이 바로 큰 상서로움이다

그러므로 죄를 씻고 복을 빌기 위한 제물로 이마에 흰털이 난 검은 소와 코가 우뚝 휘어진 돼지와 치질을 앓는 사람은 황하의 신에게 제사지내는 데 적합하지 않다. 이는 모두 무당들이 알고 상서롭지 못함으로 여기는 것이다. 그러나 이는 신인이 큰 상서로움으로 여기는 것이다.

故解之以牛之白顙者，與豚之亢鼻者，與人有痔病者，不可以適河。此皆巫祝以知之矣，所以爲不祥也。此乃神人之所以爲大祥也。

고대인들은 미신하여 소나 말의 머리에 흰털 부분이 있다면 상서롭지 못한 것으로 여겼습니다. 다들 『삼국연의』를 읽어보았듯이 어떤 말 머리에 흰색 털이 있는 것은 상복(喪服)을 입고 있는 것인데, 이를 '적로상주(的盧喪主)'라고 부릅니다. '우지백상(牛之白顙)',

온 몸이 검은 색인 소가 머리에 흰색 덩이가 있는 것입니다. 작은 돼지 코가 유난이 높이 쳐든 것, 예컨대 코뿔소처럼 그와 같은 것도 상서롭지 않아서 제물로는 쓸 수 없습니다. 치질이 있는 사람은 하신(河神)에게 제사지낼 수 없습니다. 하신이 응답을 하지 않습니다. 이는 마치 우리가 예전에 절강의 보타산(普陀山) 관세음보살의 도량에 갈 때 여자들이 만약 때마침 월경 때이라면 배를 타고 관세음보살에게 절하러 가는 것을 허락하지 않았던 것과 같습니다. 그렇게 하지 않으면 태풍을 만날 수 있었습니다. 만약 배가 태풍을 만나게 되면 즉시 물어보기를 여기 배에 여자가 있습니까 없습니까? 여자가 있다면 물속에 던져버렸습니다. 틀림없이 몸이 깨끗하지 못했기 때문에 보살님을 화나게 하여 태풍을 불러일으켰다고 보았습니다. 이것은 고대인들의 미신이었습니다.

 '이는 모두 무당들이 알고[此皆巫祝以知之矣]', 장자는 지금 고대인들의 미신과 관습을 인용하고 있습니다. 그는 말합니다. 이런 일들은 '무축(巫祝)', 사천 말로는 단공(端公)이고 대만 말로는 사공(師公)인데, 부적을 그리고 진언을 외는 그런 사공들이 다 알고 절에서 향 피우고 관리하는 향촉(香燭) 주관자인 남자나 여자들도 다 아는 것으로 '상서롭지 못함으로 여기는 것이다[所以爲不祥也]', 이런 일이 상서롭지 못하다는 것을 모두가 안다. 그러나 장자는 말합니다. '그러나 이는 신인이 큰 상서로움으로 여기는 것이다[此乃神人之所以爲大祥也]', 상서롭지 못하다고 말하는 것이 제일 좋은 것이다. 만약 내가 말이라면 나는 차라리 내 머리에 상복을 입겠다. 남이 감히 나를 괴롭히지 않고 나를 타지 않아 일생동안 나를 탄 사람이 없을 테니까. 내가 만약 돼지로 변한다면 차라리 코가 코뿔소처럼 치켜 올라가는 게 좋겠다. 나를 죽여서 신에게 올린다든지 절하지 않아서 내가 늙을 때까지 잘 살 수 있기 때문이다. 그는 말합니다. 세상 사람들이 상서롭지 않다고 생각하는 것은 저 하늘의 입장에서 보면 그것은 크게 상서로운 것으로서 대단히 좋다.

이 단락에서 당신은 장자의 유머를 보는데, 인생이 여기에 이르러서 그에 의해 철저하게 꿰뚫어 보아졌습니다! 인생이 명예를 추구하고 이익을 추구하며 재능 있기를 추구하고 공명을 바라고 부귀가 갖춰지기를 바라는 사람은 모두, 잘 살아가기를 바라지 않고 바쁘게 일생을 지내는 것입니다. 죽을힘을 다해 일하여 바꾸어 얻은 공명부귀는 최후에 공로가 이루어지고 명예가 성취되면 그 자신도 사라져버리게 됩니다. 마치 사과처럼 떨어져버립니다. 그러므로 장자의 관념으로 보면 자기가 사람의 가치를 발휘하지 못했고 이 세상에서 잘 살지 못했다면 모두 자기가 스스로 골칫거리를 만들었기 때문입니다.

지리소(支離疏)는 턱이 배꼽을 가리고, 두 어깨는 정수리보다 높다. 상투는 하늘을 가리키고, 오관(五官)은 위에 가 있으며, 두 넓적다리는 양 옆구리에 닿아 있다. 바늘과 실을 만드는 전문기술로는 자기 자신이 충분히 먹고 살 수 있으며, 점술 재능으로는 충분히 열 식구의 가정을 먹여 살릴 수 있다. 국가가 징병을 해도 지리소는 사람들 사이를 두 팔을 걷어붙인 채 유유히 다닐 수 있다.

支離疏者, 頤隱於齊(臍), 肩高於頂, 會撮指天, 五管在上, 兩髀爲脅。挫鍼治繲, 足以餬口 ; 鼓莢播精, 足以食十人。上徵武士, 則支離攘臂於其間 ;

'지리소(支離疏)'는 어떤 사람의 별명입니다. 왜냐하면 이 사람은 이름이 없고 외모가 생긴 게 사람 모습 같지 않았기 때문입니다.

'턱이 배꼽을 가리고[頤隱於齊]', 생긴 모습이 아주 괴이했습니다. 두 뺨이 배꼽까지 접근해 있고 '두 어깨는 정수리보다 높다[肩高於頂]', 두 어깨는 올라가서 머리보다도 높았습니다. '상투는 하늘을 가리키고 오관은 위에 가 있으며[會撮指天, 五管在上]', 머리를 쳐들고 목을 둘러 싸매면 마치 목이 없는 것 같았습니다. 코나 눈 등 이런 오관이 모두 하늘을 향해 쳐들고 있었습니다. 척추는 굽어졌고 두 넓적다리는 그의 양 늑골처럼 변해져 있어서 사람이 키가 작은데다 보기도 싫었습니다. 아마 어렸을 때 부상을 당했거나 태어날 때부터 그랬었는지 모릅니다. 예전에 우리는 이런 기형적인 사람을 본적이 있습니다.

오늘날 이런 모습을 한 사람이 있다면 이 사람은 틀림없이 운명이 좋을 것입니다. 왜냐하면 텔레비전에 좋은 방송 감이어서 틀림없이 그를 명연기자로 초청할 것이기 때문입니다. 하지만 오늘날 오히려 이런 사람을 찾기 어렵습니다. 그는 말하기를 이 사람은 두 어깨와 허리 위 몸이 굽었고 허리와 허벅지가 한데 연결되어 있다. 이 사람은 비록 사람 모습 같지 않지만 그는 쾌활하게 산다고 합니다. 그는 무슨 일을 할까요? '바늘과 실을 만드는 전문기술로는 자기 자신이 충분히 먹고 살 수 있으며[挫鍼治繲, 足以餬口]', 그에게는 우리들 옷을 짓는 바늘을 만드는 전문기술이 있습니다. 앉아서 수공으로 만드는데 그의 신체는 이런 일을 하기에 딱 좋습니다. '치해(治繲)'는 실을 만드는 것입니다. 그는 바늘과 실을 팔아서 생활도 넉넉했습니다.

중국의 과거 사회의 관습으로는, 태어날 때부터 눈먼 사람을 하나 찾아서 사주를 보고 운명을 감정하거나 점을 치면 특별히 영험했습니다. 그 외에도 맹인에게 점치고 운명을 감정하는 것을 배우게 하는 특별한 방법이 있었는데, 외워두기만 하면 되었습니다. 이른바 철판수(鐵板數) 따위는 모두 그런 사람들에게 가르치는 것이었습니다. '점술 재능으로는 충분히 열 식구의 가정을 먹여 살릴 수 있다[鼓莢播精, 足以食十人]', 점치는 데 쓰는 것인데 만약 날마다 점치는 장사가 잘 된다면 버는 돈은 식구 열 명의 가정을 부양할 수 있습니다. 이 사람은 비록 생긴 모습은 사람 같지 않지만 그 생계 도모 기술능력은 누구보다 좋습니다. '국가가 징병을 해도 지리소는 사람들 사이를 두 팔을 걷어붙인 채 유유히 다닐 수 있다[上徵武士, 則支離攘臂於其閒]', 국가가 징병할 때 비록 구청에 그의 이름이 있지만 그는 병역을 면할 수 있습니다. 국민병도 될 필요가 없습니다. 그럴 뿐만 아니라 아마 정부가 구제하려고 할 때 만약 그에게 먹을 밥이 없다면 그냥 시청에 가서 돈만 받으러 가면 되었을 겁니다.

정부에서 큰 노역에 징집하는 일이 있어도 지리소는 언제나 병이 있다 하여 일을 받지 않는다. 정부에서 병자에게 곡식을 줄 때는 삼종(三鍾)의 곡식과 열 다발의 장작을 받는다. 지리소와 같이 괴상하게 생긴 사람도 오히려 충분히 그 자신의 생활을 잘 해결하고 천수를 다할 수 있는데, 하물며 자기의 학문·수양·도덕 등 덕을 지리소처럼 괴상하게 하여 그런 사람으로 양해되는 사람이야 더 말할 나위가 있겠는가!

上有大役, 則支離以有常疾不受功; 上與病者粟, 則受之三鍾與十束薪。夫支離其形者, 猶足以養其身, 終其天年, 又況支離其德者乎!

정부가 노역에 소집하려고 할 때 그의 상황이 호적에 기록되어 있기 때문에 동원되지 않을 수 있습니다. 만약 정부가 사회복리구제금을 지급하면 그는 다 받을 수 있습니다. 보세요, 이런 사람은 정말 아주 못생겼지만 그의 인생의 여행길에서 보는 덕이 정말 큽니다. '지리소와 같이 괴상하게 생긴 사람도[夫支離其形者]', 이렇게 외모가 괴상한 한 사람이 '오히려 충분히 그 자신의 생활을 잘 해결하고 천수를 다할 수 있는데[足以養其身, 終其天年]', 자급자족할 수 있고 생활을 잘 할 수 있으며 매우 장수할 수도 있습니다. 만약 어떤 사람이 자신의 학문·수양·도덕에 대하여 약간 좀 괴이함이 있다면, 그게 바로 '지리기덕자(支離其德者)'입니다.

이 '괴상하다'는 것은 다른 게 아닙니다. 우리가 지금 좀 괴상하듯이 그런 것입니다. 성한 사람이 선(禪)을 배우고 도를 배우고 정좌를 배우고, 채식하고 절하고 징을 치고 북을 치고자 하고, 종교를 믿고 싶어서 교회당에 가는, 이 모든 것들이 '지리기덕자(支離其德者)'입니다. 정규적인 것이 아닙니다. 그리 정상적으로 보이지 않습니다. 남이 그 사람을 미신(迷信)한다고 해도 상관없습니다. '미신'이라는 두 글자를 머리에 쓴 게 하나의 좋은 모자가 되어 많은 재난을 피할 수 있습니다. 왜냐하면 미신하는 사람에게는 별 쓸모가 없기 때문에 그 사람을 찾지 않겠다고 하기 때문입니다. 그럼 그는 잘 살아갈 수 있습니다. 어쨌든 이 사람이 종교를 믿고 채식을 하기 때문에 그를 용서해 줄 수 있는 것이 바로 '자기의 학문수양 도덕 등 덕을 지리소처럼 괴상하게 하여 그런 사람으로 양해되는 사람이기 때문입니다[支離其德者]'. 도대체 그가 마음속에서 채식을 하는지 안 하는지는 별개의 일입니다.

그러므로 장자는 우리들에게 일러줍니다. 이 사회는 묘해서, 정상적인 사람이 생활해가는 것이 곤란하다. 약간 좀 이상한 점을 지니되 지나치게 이상하지 않는 것이 오히려 상당히 통쾌하게 사는 것인데, 그러려면 여러분이 '지리기덕(支離其德)'을 잘 이용하고 잘 배워서 좋은 점의 덕을 볼 수 있느냐에 달려있다. 국가에서 병역을 요구할 때 그가 와서 신고를 하면 군의관이 검사를 하고나서 말한다. 당신은 돌아가시오! 군인이 될 필요 없소! 정부에서 구제금을 지급할 때 그는 그냥 와서 수령만 하면 되오. 이렇게 하는 것이 '지리기덕(支離其德)이다.

그러나 괴이하려면 괴이한 모습도 있어야 합니다. 많은 청년들이 재주는 없으면서 성깔은 대단히 이상합니다. 그런 모습은 안 됩니다. 그렇게 하면 이마가 흰 돼지로 변해서 제단에 올리는 데 쓸 수 없고 단지 당신을 소금에 절여 말린 고기 햄으로 쓸 수 있을 뿐이어서 당신을 절여버릴 뿐입니다. 그러므로 지리소처럼 그래야 사람이 쓸모가 있습니다. 인간세 편에서 이 괴상한 사람은 공자의 전기에서는 찾을 수 없습니다. 보기에는 장자가 죽어라고 공자를 욕하고 있는 것 같지만 실제로는 장자가 언제 어디서나 공자를 받들고 있습니다.

공자의 초나라 여행

공자가 초(楚)나라에 갔는데, 초나라 광접여(狂接輿)가 소식을 듣고 찾아와 그가 머무는 집 문 밖에서 거닐며 말했다. "봉새여, 봉새여, 그대의 운이 좋지 않은 것을 어찌하겠는가! 그대가 바라는 인류의 도덕적인 사회는 아마 수천만 년 후 오는 세상에나 있을 테니 기대할 수가 없고, 수만 년 전 지나간 세상에는 있었지만 돌이킬 수 없다네. 천하에 도가 있는 태평성세는 성인이 이룩한 세계이며, 천하에 도가 없는 난세에는 성인이 세상을 구제하기 위하여 태어난다네. 지금 이 시대는 남에게 죽임만을 면해도 제일가는 복이라 할 수 있다네. 행복은 깃털 보다 가벼워 하늘하늘 슬쩍 지나가버리니 이를 어떻게 간직해야 할지 알 수 없고, 재앙·고통은 땅보다 무거우며 어느 때나 발꿈치를 떠나지 않으니 이를 어떻게 피해야 할 지 알 수 없다네."

孔子適楚, 楚狂接輿遊其門曰：鳳兮鳳兮, 何如德之衰也！來世不可待, 往世不可追也。天下有道, 聖人成焉；天下無道, 聖人生焉。方今之時, 僅免刑焉。福輕乎羽, 莫之知載；禍重乎地, 莫之知避。

이 단락의 이야기는 문화사에서 대단히 유명합니다. 즉, 공자가 초나라에 간 것입니다. 『장자』에서는 공자가 초나라에 간적이 있다고 말합니다. 그러나 일반적인 기록에 의하면 공자가 여러 나라를 두루 돌아다닐 때에 초나라에 간적은 없습니다. 그러므로 호남성(湖南省)이나 호북성(湖北省)의 많은 친구들이 늘 이야기로 웃음꽃을 피우며 말하기를, 공자는 감히 자신들의 초나라에 가지 않으려 했다고 합니다. 공자가 여러 나라를 두루 돌아다니면서 초나라의 국경에 도착하여 강을 건너려고 할 때 수레바퀴가 나빠져서 학생들을 시켜서 공구를 빌려 수리하게 했답니다. 가장 용감하고 가장 경솔하고 가장 경망스런 그 사람이 바로 자로(子路)였는데, 그는 자기가 가겠다고 말했습니다.

당시에 강가에서 어떤 여인이 빨래를 하고 있었습니다. 자로는 매우 예의 있게 손을 모아 절을 했습니다. 공자의 학생이니까요, 당연히 아주 예의가 있었습니다. 그 여인이 보니 그는 노나라 사람인 외국인이었습니다. 자로가 말했습니다. 아주머니! 당신에게 물건하나 빌릴 수 있을까 묻고 싶은데요. 그 여자가 말했습니다. 좋습니다. 제가 가져다가 드리겠습니다. 자로는 멍해져버렸습니다. 뭘 빌리겠다고 아직 얘기도 안했는데 그 여자는 떠나갔습니다. 조금 기다리니 도끼 한 자루와 못들을 좀 가지고 왔습니다. 그리고 나무도 있었습니다. 고대의 수레바퀴는 나무로 만든 것이었습니다! 그녀가 말했습니다. 가져가세요. 자로는 이상하게 여겼습니다. 물건 하나 빌리겠다고만 했는데 그녀는 뜻밖에도 가져왔습니다. 자로가 물었습니다. 아주머니! 당신은 어떻게 아셨어요? 그녀가 말했습니다. 당신은 공자의 제자가 아닙니까? 당신의 그런 옷차림과 또 도덕군자인양 점잔을 빼는 별난 모습을 보자마자 알았습니다. 그녀가 말했습니다. 당신이 물건을 빌리려고 하는데 동방갑을목(東方甲乙木)이기 때문에 당신은 나무가 필요했고, 서방경신금(西方庚申金)이기 때문에 당신은 못이 필요하고 도끼가 필요했습니다. 맞아요 안 맞아요? 자로는 멍해져버렸습니다. 조금도 틀리지 않았습니다.

　돌아와서 선생님에게 보고했습니다. 선생님, 제가 보니 우리는 수레를 고치고 난 다음에 초나라로 가지 않아야겠습니다. 공자가 왜 그래야 하느냐고 물었습니다. 초나라는 부인, 여자들조차도 모두 위로는 천문을 통하고 아래로는 지리에 통해 있습니다. 모두『역경』의 팔괘를 알고 있습니다. 제가 그저 물건하나 빌리겠다고 말했더니 그녀는 '동방갑을목'이요 '서방경신금'을 알았습니다. 선생님, 우리 이런 것 가지고 초나라에 갔다가는 통하지 않겠습니다. 그래서 공자는 듣고서 말했습니다. 우리는 수레바퀴를 고치고 나서 얼른 떠나자! 그래서 초나라에 가본 적이 없답니다. 제가 예전에 호북에 갔을 때에 저에게 이 이야기를 해준 첫 번째 사람이 바로 호북의 친구였습니다. 그는 말했습니다. 다들 우리 호북 사람들을 욕하지만 온 나라 사람들이 다 우리 초나라 사람들을 질투하고 있다네. 왜냐하면 공자조차도 감히 오지 못한 곳이기 때문일세.

장자가 말한 것인데, 공자가 가장 재수가 없던 곳도 초나라에서 였습니다. 초나라에는 한 미치광이가 있었는데, 지리소 같은 사람이었습니다. 그는 바로 당시의 초나라 광인인 육접여(陸接輿)였습니다. 훗날 도가 있는 많은 사람들을 보통사람들은 풍자(瘋子)나 광인(狂人)이라고 불렀습니다. 이 육접여는 도가의 신선이었습니다. 신선이었기 때문에 일부러 미친 척 했습니다. 그래서 다들 그를 초광(楚狂)이라고 불렀습니다.

공자가 초나라에 도착하자 초광 육접여는 공자가 왔다는 소식을 듣고 그를 보러갔습니다. 초인종도 누르지도 않고 문밖에서 한마디 했습니다. '봉새여, 봉새여, 그대의 운이 좋지 않은 것을 어찌하겠는가[鳳兮鳳兮, 何如德之衰也]!', 봉황(鳳凰)에서 봉(鳳)은 봉이고 황(凰)은 황입니다. 우리가 『초사(楚辭)』를 읽을 때 이 兮(혜)자를 습관적으로 西(서: 중국어 발음은 시xi임/역주)자 발음으로 읽습니다. 예전에 호북의 학문이 깊고 해박 정통한 연로한 선생님께서 저에게 말해줬는데, 그는 초나라 사람으로서 다들 『초사』에 나오는 兮자를 西자 발음으로 읽는 것은 틀리다고 했습니다. 이 글자의 고대의 발음은 啊(아)자라고 했습니다. 즉, 봉아~! 봉아~! 이렇게 소리를 길게 끈다는 것이었습니다. 훗날 송나라 때 주희(朱熹)가 시경(詩經)에 주석(注釋)을 달 때 잘못해서 兮啊가 西啊로 변해버렸습니다. 에이! 그렇게 오랜 세월 이미 틀렸으니 그냥 잘못인줄 알면서도 계속 잘못하지요! 저는 그가 말한 것이 대단히 도리가 있다고 생각합니다. 그것은 사람이 소리를 길게 끄는 맺는 말[尾音]입니다. 우리들 백화문의 아(啊)·니(呢)·마(嗎)·하(呀) 이런 것이나 마찬가지입니다. 그러므로 초광은 이렇게 말한 겁니다. 봉아~! 봉아~! 당신은, 당신의 운이 좋지 않습니다. '덕지쇠야(德之衰也)', 어찌 그리 운이 안 좋습니까! 이 시대에 세상에 태어나 오다니.

'그대가 바라는 인류의 도덕적인 사회는 아마 수천만 년 후 오는 세상에나 있을 테니 기대할 수가 없고, 수만 년 전 지나간 세상에는 있었지만 돌이킬 수 없다네[來世不可待, 往世不可追也]', 이것은 중국문화인 도가사상의 역사철학입니다. 초광은 말합니다. 그대 공자가 바라는 인류의 도덕적인 사회는 있습니다! 오직 두 시대에만 있습니다. 하나는 과거 수만 년 전에 있었는데 '왕세불가추야(往世不可追也)', 과거는 이미 지나갔습니다. 하나는 장래인데 '내세불가대(來世不可待)', 아마 수천만 년 이후일 것이니 이미 기다릴 수 없습니다. 이것도 제가 늘 말하는 것인데, 세상에는 좋은 사람이 오직 두 명만 있습니다. 하나는 태어나지 않은 사람이고, 하나는 이미 죽은 사람입니다. 그러므로 지금 우리 자신들은 모두 그에 합치하지 않는 사람입니다. 접여가 공자를 꾸짖는 것도 그렇습니다. 그대가 바라는 이 세상은 하나는 이미 지나갔고 하나는 오직 않았습니다. 그러므로 우리가 만난 시대를 중국문화에서는 쇠세(衰世)라고 부릅니다.

우리가 말하는 『사서오경』 중에 한 권의 경이 『춘추』입니다. 『춘추』는 역사철학을 얘기합니다. 역사만이 아니라 역사철학의 비판인데, 이것도 우리문화 속에서의 한 부의 큰 책입니다. 『춘추공양전(春秋公羊傳)』에서는 삼세(三世)를 얘기합니다. 그 하나는 망해가는 세상인 쇠세(衰世)인데, 난세보다 좀 좋습니다. 이 세계는 영원히 쇠세입니다. 그보다 좀 더 나은 것을 승평지세(昇平之世)라고 합니다. 마땅히 요순우(堯舜禹) 시대일 것입니다. 보통은 주(周)나라 왕조와 상(商)나라 왕조의 같은 경우가 바로 승평지세라고 말합니다. 천하가 태평한 대동세계(大同世界)가 태평성세(太平盛世)입니다. 그러므로 '삼세'라고 부릅니다. 이와 같이 보면 우리의 어떤 역사의 시대도 모두 쇠세가 많았습니다. 도덕이 쇠락하고 문화가 쇠락했습니다. 약간 좀 좋은 것이 바로 소강(小康)입니다. 태평이라고 할 수 없습니다. 제가(齊家) 치국(治國) 평천하(平天下)에 도달했다면 대동세계로서, 서양 철학자인 플라톤의 이상국가(理想國家)와 같습니다. 더 나아가 하느님의 천국에 해당하고 불가의 극락세계 등에 해당하는데, 서서히 추구해 가는 것이 '오는 세상은 기대할 수 없다[來世不可待]'입니다.

우리들의 운명은 고달픕니다! 모두 난세보다 조금 나은 쇠세에 살고 있는데, 문화도덕이 쇠락하였습니다. 육접여는 공자에게 말합니다. 당신은 운명이 좋지 않습니다. 운명이 고달파서 이 세상에 태어났습니다. 당신은 재수가 없습니다. 비록 봉황으로서 이때에 태어났지만 꿩만도 못합니다. 이게 무슨 소용이 있겠습니까! 남은 외국에서 온 공자인데 이 미친 사람 육접여는 문어귀에 서서 남을 한바탕 꾸짖었습니다.

'천하에 도가 있는 태평성세는 성인이 이룩한 세계이며[天下有道, 聖人成焉]', 정말로 천하에 도가 있을 때에 도달하면 바로 태평성세입니다. 이것은 성인의 시대이고 성인의 세계입니다. 똑같은 관념으로 불학에는 전륜성왕 시대가 있는데 역시 태평성세이며 성인이 공적을 이룬 시대입니다. 그러나 불학으로 해석하면 부처님의 화신(化身)·성인은 어느 때에 올까요? 철학자·종교가는 어느 때에 와서 환생할까요? 천하가 어지러울 때 세상을 구제하기 위해서 옵니다. '천하에 도가 없는 난세에는 성인이 세상을 구제하기 위하여 태어난다네[天下無道, 聖人生焉]', 그러므로 그런 성현들은 모두 사람을 구제하고 세상을 구제하려는 마음을 품고서 온 사람들이기에 운명이 고통을 당하고 재난을 당하도록 되어 있습니다.

'지금 이 시대는 남에게 죽임만을 면해도[方今之時, 僅免刑焉]',

육접여는 계속 공자에 대해서 얘기 합니다. 형씨께서는 왜 이 시대에 와서 환생했습니까! 이 시대에 와서 당신이 일생동안 밥 먹는 녀석을 떨어지게 하지 않도록 보존할 수 있어서 '근면형언(僅免刑焉)', 남에게 죽임을 당하지 않는다면 제일가는 복이라고 할 수 있습니다. 그는 공자의 문어귀에서 한 보따리나 꾸짖었습니다. 그가 공자를 꾸짖는 것일까요 아니면 아끼고 보호하는 것일까요? 도를 닦는 이 녀석 육접여 같은 부류의 사람은 말하는 게 미친 것 같습니다.

이것은 역사상 유명한 '공자봉혜지탄(孔子鳳兮之嘆)'입니다! 바로 봉황이 때를 얻지 못한 시대에 태어난 것을 가지고 공자를 비유하고 있습니다. 육접여의 이론은, 한 인간이 쇠락하고 어지러운 세상에 태어나서 잘 살아갈 수 있고 중도에 형벌을 받아서 죽지 않을 수 있는 것만으로도 이미 아주 쉽지 않은 일이라는 것입니다. 한 지식인이 이런 난세에 인간을 구제하고 세상을 구제하겠다는 생각을 품은 사람을 역사상 많이 볼 수 있습니다. 예컨대 남북조·오대·원나라 왕조 때, 그리고 청나라 왕조가 산해관을 들어왔을 때, 심지어 정치사회가 변동할 때를 만나면 가장 살아가기 쉽지 않은 사람들이 지식인들이었습니다. 현대 대륙의 문화대혁명 시기처럼 지식인들은 살아가기가 어려웠습니다. 육접여는 공자를 말합니다. '방금지시(方今之時), 근면형언(僅免刑焉)', 형벌을 받지 않고 목이 잘리지 않고 살아갈 수 있다면 이미 대단한 것입니다. 당신은 그래도 열국을 주유하려 하고 또 가는 곳마다 문화를 전파하려 하고 세상을 구제하고 사람들을 구제하려고 하니, 당신은 그야말로 살고 싶지 않은 것입니다.

'행복은 깃털보다 가벼워 하늘하늘 슬쩍 지나가버리니 이를 어떻게 간직해야 할지 알 수 없고[福輕乎羽, 莫之知載]', 인생은 모두 행복을 추구하고 싶어 한다는 것이 바로 역사철학의 명언입니다. 행복은 너무나 어렵습니다! 행복이란 것은 깃털보다도 가볍습니다. 바꾸어 말해 신식 문학으로 쓴다면, 행복은 우리들 앞에서 하늘하늘 가만히 도망쳐 지나가 버립니다. 그것은 영원히 붙들어 둘 수 없는 것입니다. 그가 고문으로 쓴 것이 바로 '복경호우(福輕乎羽), 막지지재(莫之知載)'입니다. 그것을 담아놓을 길이 없습니다. '재앙·고통은 땅보다 무거우며 어느 때나 발꿈치를 떠나지 않으니 이를 어떻게 피해야 할 지 알 수 없다네[禍重乎地, 莫之知避]', 그 고통·재난은 땅과 같아서 언제나 우리들의 발뒤꿈치를 떠나지 않습니다. 오늘날 백화문으로 말하면, 사람이 이 세상에 살면서 행복은 이처럼 붙들기 어렵습니다. 왜냐하면 너무 가볍게 펄럭이기 때문에 잠깐사이에 가만히 도망쳐버리기 때문입니다. 그러므로 사람이 일생동안 언제나 재난 속에 있습니다. 장자가 너무 지나치게 말했을까요? 이것이 바로 인생입니다. 지식인들만 이럴 뿐만 아니라 사람마다 다 그렇습니다.

"그만 둘지어다 그만 둘지어다, 천하 사람들에게 군림(君臨)하듯이 가는 곳마다 도덕 사상과 문화 관념을 전파하는 일을! 위험하고 위험하다네, 스스로 자신의 한 범위를 그어 정해놓고 걸어가는 것은. 길의 가시야 가시야, 내가 걸어갈 때 상처내지 말아다오! 내 천천히 조심스럽게 걸어가리니 내 발 상처내지 말아다오."

己乎己乎, 臨人以德! 殆乎殆乎, 畫地而趨! 迷陽迷陽, 無傷吾行! 吾行郤曲, 無傷吾足!

'그만 둘지어다 그만 둘지어다, 천하 사람들에게 군림하듯이 가는 곳마다 도덕 사상과 문화 관념을 전파하는 일을[乎已乎 , 臨人以德]!', 그만 두어요! 그만 두어! 형씨! 당신이 구태여 우리 초나라에 올 필요가 있겠습니까! 초나라에는 현인들이 많습니다! 육접여는 공자를 쫓아버리고 싶었습니다. 당신은 가는 곳마다 전도(傳道)하며 '임인이덕(臨人以德)', 마치 천하에 군림하듯이 가는 곳마다 도덕 사상과 문화 관념을 전파하고 있습니다. '위험하고 위험하다네[殆乎殆乎]', 육접여는 말합니다. 당신은 대단히 위험합니다. 특히 우리 초나라에 오는 것은 몹시 위험한 일입니다. 초나라는 얼마나 고명한데요! '스스로 자신의 한 범위를 그어 정해놓고 걸어가는것은[畫地而趨]!,' '획지이추' 이 네 글자는 중요합니다. 일반인들의 인생은 모두 이 네 글자의 잘못을 범합니다. 자기가 한 범위를 그어놓고 걸어가고 있습니다. 그러므로 지식인, 글공부 하는 사람은 바로 저 책벌레 모습으로서 '획지이추', 자기의 그 범위 속으로 뚫고 들어가면서 천하는 바로 그런 모습이라고 생각합니다.

우리는 이 네 글자를 보면 자신에 대하여 하는 하나의 큰 날카로운 말[機鋒]이라고 느낍니다. 인생에서 사람마다 모두 '획지이추'합니다. 그래서 불가에서는 두 글자를 말하는데, 대단합니다. 그것은 곧 '해탈'이라는 두 글자입니다. 어떻게 해야 해탈할 수 있을까요? 바로 '불획지이추(不畫地而趨)'입니다. 자기가 범위를 규정하지 않고 일체를 초월하는 것이야말로 진정으로 좋은 인생입니다. 그 다음에는 초나라 당시의 방언을 인용합니다. 당시 초나라가 가장 강대(强大)하였을 때는 호남과 호북에서부터 안휘(安徽) · 광서(廣西) · 귀주(貴州) 이 일대의 변두리까지였습니다.

인간세 편의 작은 결론

'길의 가시야 가시야, 내가 걸어갈 때 상처내지 말아다오! 내 천천히 조심스럽게 걸어가리니 내 발 상처내지 말아다오[迷陽迷陽, 無傷吾行!, 吾行郤曲, 無傷吾足]!', 이것은 당시 초나라에 유행하던 속담이었습니다. '미양(迷陽)'은 무슨 뜻일까요? 오늘날 보면, 높고 깊은 문학으로서 많은 문예 경계를 포함하고 있는 것으로 보이지만 그 당시에는 바로 방언이었습니다. '미양'은 바로 길에 있는 가시들인데, 가시가 있는 초목은 사람의 손발을 베고 상처를 줄 수 있습니다. 사실 '미양미양(迷陽迷陽)'은, 호남 호북 일대에 가면 고추 먹기를 좋아하는 사람이 바로 톡톡 쏘며 아리는 것이라고도 우리는 말할 수 있습니다. '무상오행(無傷吾行)', 걸어가면서 외우고 있는 것인데 이 몇 글자는 시골 사람들이 외는 주문이었습니다. 외출하기 전에 먼저 주문을 외웠는데, 고대인들은 아주 미신했습니다! 다시 말해서, 내가 지금 외출하는데 길의 가시인 나쁜 것이 나의 발을 다치게 하지 말라는 겁니다. '오행극곡(吾行郤曲)', 내가 천천히 그리고 조심스럽게 걸으니 이런 방해 물건들이 절대 내 발을 상하지 말라. 우리가 먼저 이 네 마디의 속담을 이해했는데, 인간세 편의 전체의 것이 모두 이 네 글자 속에 들어 있습니다. 다음은 한 결론인데 우리 먼저 이해해 보겠습니다.

"산에 있는 나무는 쓸모가 있기 때문에 자신을 해치게 되고, 기름불은 이용 가치가 있기 때문에 자신을 태우게 된다네. 계수나무는 먹을 수 있기 때문에 베이게 되고, 옻나무는 쓸 수 있기 때문에 잘리게 된다네. 일반 사람들은 생명이 살아감에 있어 쓸모 있는 것의 쓸모는 알지만, 쓸모없는 것의 쓸모는 모른다네."

山木自寇也, 膏火自煎也。桂可食, 故伐之;漆可用, 故割之。
人皆知有用之用, 而莫知無用之用也。

　　그는 말합니다. 산에 있는 큰 나무는 자연스럽게 거기서 잘 자라
고 있으면서도 왜 신목으로 변하여 영원히 살아갈 수 없을까요?
'산에 있는 나무는 쓸모가 있기 때문에 자신을 해치게 되고[自寇
也]', 그 자체가 너무 아름답게 자라고 너무 좋게 자랐기 때문에 다
른 사람이 베도록 스스로 불러들인 것입니다. 아주 유용한 재료는
그것을 베는 사람이 있기 마련입니다. 그러므로 산에 있는 나무는
스스로를 해치는 것입니다[自寇也]. '기름불은 이용 가치가 있기 때
문에 자신을 태우게 된다네[膏火自煎也]', 돼지 기름이나 고래 기름
등과 같은, 태울 수 있는 기름들을 고대에는 '고(膏)'라고 불렀습니
다. 역사상 기록에는 고대의 제왕의 분묘를 파내보면 그 안에 구리
솥[銅鍋] 속에 켜져 있는 등불이 천년 동안 꺼지지 않았다고 합니
다. 그 등불의 기름은 고래 기름인데 아주 천천히 타기 때문에 천
만년도 켜 놓을 수 있습니다. 왜 이런 동물들의 몸에 있는 지방이
자기 몸이 죽음을 당하도록 자초하는 것일까요? 그것에는 이용할
가치가 있기 때문입니다. '계수나무는 먹을 수 있기 때문에 [桂可
食]', 계수나무[肉桂]는 보신용 식품으로서 먹을 수 있고 약으로 만
들 수 있습니다. '베이게 되고[故伐之]', 그래서 벱니다. '옻나무는
쓸 수 있기 때문에[漆可用]', 오늘날 페인트는 화학적인 것인데 고
대에는 바로 옻나무였습니다. 이런 나무가 흘러내는 즙은 물건에
바를 수 있어서 이용가치가 있습니다. '잘리게 된다네[故割之]', 그
러므로 벱니다.

그러므로 일반인들은 생명이 살아가면서 쓸모가 있어야 하고 가치가 있어야 한다고 알고 있지만, 사실은 인생의 가치는 자신이 쓸모없다고 생각하는 것이 가장 유용합니다. 고지식하고 성실하게 일생을 살면 그것으로 좋습니다. 이것이 바로 장자의 결론입니다. 대단히 소극적이어서 사회·세계·인생에 대하여 풍자하는 것으로 보이지만 그는 조금도 풍자하고 있지 않습니다. 우리들에게 네 글자만을 일러주고 있습니다. '세로난행(世路難行)', 이 인간세 편의 결론은 말합니다. 세상의 이 한 가닥 길은 걸어가기 어렵다. 생명에는 매우 가치가 있어야하고, 자기가 생명을 처리하는 데는 매우 예술이 있어야 한다. 어떤 환경에서 어떻게 해야 하는지를 알아야 한다. 만약 자기 처신을 할 줄 모른다면 모욕을 불러올 수 있고 상해를 불러올 수 있다.

　　우리가 인간세 편을 다시 살펴보면 공자의 학생 중에서 도덕과 학문이 가장 높은 안회가 나서서 세상을 구제하려고 하면서 제왕의 스승이 되고 싶어 하는 것으로부터 시작하여, 공자에게 한바탕 꾸지람을 듣기를, 네가 나서서 왕사가 될 자격이 어디에 있느냐! 이 한 목숨을 내던지고자 하는데, 자기 자신조차 구하지 못하면서도 세상을 구제하고 사람들을 구제하고 싶어 하는 것은 자기를 먼저 구제하는 것만 같지 못하다고 했습니다. 그래서 그에게 어떻게 도를 닦고, 어떻게 심재(心齋)를 닦으며, 어떻게 자기를 이롭게 하고 난 뒤에 남을 이롭게 하는지 그 도리를 가르쳐 주었습니다. 이어서 많은 이야기를 했고 끝으로 공자 자신을 얘기했습니다. 공자는 남을 가르치는 것은 잘 했지만 자신을 가르치는 것은 잘 못했기 때문에 자기도 일생 동안 근심하고 슬퍼하고 괴로워했는데, 마침내는 미친 척하는 육접여를 만나 그에게 한바탕 꾸지람을 들었습니다. 실제로는 공자를 한바탕 추켜 올려준 것이기도 했습니다.

공자의 일생이 성인인 까닭을 어디서 볼까요?『사서오경』에서가 아니라『장자 』에서 알아볼 수 있습니다. 성인의 마음 씀은 해서는 안 되는 줄 분명히 알면서도 하는 것입니다. 이것이 바로 구세성인 (救世聖人)의 관념입니다. 그러므로 인간세 편 전체의 주요 의도[宗旨]는 공자를 비웃는 것 같아 보이지만 실제로는 공자를 대단히 받들고 있습니다. 그래서 후세의 유학자들이나 공자의 문도들, 특히 송나라 명나라 이학가들은 모두 장자가 말한 것을 채용하여 공자를 떠받들었습니다. 그들은 장자가 공자를 떠받들고 있다는 것을 알아보았습니다. 그러나 겉으로는 종교적인 배타심리 때문에 여전히 필사적으로 불가와 도가 이 양가를 꾸짖었습니다. 이것은 역사상 대단히 불공평하고 문화사적으로도 대단히 불합리한 일이었습니다. 그러므로 우리는 인간세 편의 주요 대의를 또렷이 보는데, 그 속에서 우리에게 일러주기를 세상길은 걸어가기 어렵다고 했지, 세상길은 걸어가서는 안 된다는 것은 결코 아니었습니다. 세상길은 걸어갈 수 있는 것이니, 자기 자신이 처리를 잘 해야 합니다.

총괄하면 이 인간세 편은 우리들에게 무엇을 일러줄까요? 세 글자입니다. '수본분(守本分)', 사람은 본분을 지켜야 합니다. 어떤 입장에 서 있느냐에 따라 그 입장에서 그 일을 해야 하고 그 입장의 태도를 취해야 합니다. 다들 노래방에 가서 노래하면 당신도 노래합니다. 무도장에 가서 춤을 추면 당신도 따라서 춤춰야 합니다. 다들 술을 마셔 취했으면 당신도 취한 척 해야 합니다. 다들 깨어났으면 당신도 깨어나야 합니다. 만약 다들 깨어나서 일을 하고 있는데도 당신은 여전히 거기에 누워서 잠자고 있다면 무슨 말이 되겠습니까? 그것은 미친 것이 아니라 미련하기가 절정에 이른 것입니다.

그렇지만 또 큰 도리가 하나 있습니다. 『장자』 내7편은 서로 연관되어 있습니다. 진정으로 처세를 잘 하는 사람은 세상길이 비록 걸어가기 어렵지만 세상길 걸어가기를 잘 하는 사람은 어떤 사람일까요? 도를 얻은 사람입니다. 소요유 편을 알고, 제물론 편을 알고, 그런 다음에 양생주 편을 알아서, 이 세 편의 내용을 다 성취하고 나면 바로 도를 얻은 사람입니다. 불가에서 말하는 보살도이기도 합니다. 그런 다음에야 세상에 들어갑니다. 세상에 들어간 것은 그가 어떻게 하든 간에 모두 그의 유희삼매(遊戱三昧)입니다. 이 네 편을 연결시키면 일관된 주요 대의인데, 바로 큰 제목 큰 방향입니다.